Wirtschaftsrecht für Hightech-Start-ups

Nicolai Schädel

Wirtschaftsrecht für Hightech-Start-ups

Nicolai Schädel
Stuttgart, Deutschland

ISBN 978-3-658-27032-2   ISBN 978-3-658-27033-9   (eBook)
https://doi.org/10.1007/978-3-658-27033-9

Die Deutsche Nationalbibliothek verzeichnet diese Publikation in der Deutschen Nationalbibliografie; detaillierte bibliografische Daten sind im Internet über http://dnb.d-nb.de abrufbar.

Springer Gabler

Springer Gabler ist ein Imprint der eingetragenen Gesellschaft Springer Fachmedien Wiesbaden GmbH und ist ein Teil von Springer Nature.
Die Anschrift der Gesellschaft ist: Abraham-Lincoln-Str. 46, 65189 Wiesbaden, Germany

Dieses Werk ist dem Andenken an

Hanns-Martin „Pivo" Kurz

gewidmet.

Vorwort

Viele Start-ups scheitern. Einige fantasielos konzipierte oder betriebswirtschaftlich nicht tragfähige Geschäftsmodelle scheitern zu Recht. Manch originelles Geschäftsmodell scheitert dagegen am Recht. Das ist dann besonders schade, wenn das Scheitern durch frühzeitige Befassung mit dem Recht und rechtzeitiges Ergreifen geeigneter Anpassungs- und Gestaltungsmaßnahmen vermeidbar gewesen wäre. Dieses Werk soll dazu beitragen, dass das Recht bei der Konstruktion und Planung technikbasierter Geschäftsmodelle von vorneherein als ebenso wesentlicher Machbarkeitsfaktor in den Blick genommen wird wie die Technik selbst, damit das Risiko des Scheiterns sinkt. In diesem Sinn richtet sich das Werk an alle, die an der Gründung eines Unternehmens mit technikbasiertem Geschäftsmodell mitwirken und Zugang zum Recht suchen. Gründer mit betriebswirtschaftlichem oder technischem Hintergrund sollen so an das deutsche Wirtschaftsrecht herangeführt werden, dass Assoziationen mit Formalismus und Semantik ebenso abgebaut werden wie etwaige Berührungsängste mit Gestaltungsfragen. Es geht darum, die durch das Recht gesetzten Marktrahmenbedingungen und die damit verbundenen Gestaltungsmöglichkeiten und -notwendigkeiten zu erkennen. Beratern von Gründern, auch Juristen, soll die eine oder andere neue Perspektive für die betriebswirtschaftliche Bedeutung des Rechts eröffnet werden.

Die Menge und Komplexität des Rechts machen es unmöglich, in einem Buch alle Rechtsfragen zu behandeln, die für Startups relevant sein können. Um unerfüllte Erwartungen zu vermeiden, sei daher vorausgeschickt, dass dieses Werk keinen Anspruch auf auch nur annähernde Vollständigkeit erhebt. Vielmehr geht es um Vermittlung einiger Sichtweisen, Grundlagen und Zusammenhänge, deren Kenntnis und Verständnis nach meiner persönlichen beruflichen Erfahrung für Gründer von Hightech-Startups besonders hilfreich und mitunter auch vonnöten sind.

Für die Gewährung eines Forschungssemesters, in dem die Grundlage für dieses Werk gelegt werden konnte, danke ich dem Rektor der Hochschule der Medien (HdM), Herrn Prof. Dr. Alexander Roos, und dem Dekan der Fakultät Druck und Medien der HdM, Herrn Prof. Dr. Edmund Ihler. Meinen Kollegen an der HdM Prof. Dr. Uwe Jäger, Prof. Dr. Helmut Wittenzellner, Prof. Dr. Michael Veddern, Prof. Dr. Tobias Keber und Prof. Dr. Andreas Otterbach danke ich dafür, dass sie mir das Forschungssemester durch

Vertretung ermöglicht haben. Für Anregungen und ebenso kontroverse wie fruchtbare
Diskussionen über den Inhalt des Werks danke ich den Partnern der Rechtsanwaltssozie-
tät Kurz Pfitzer Wolf in Stuttgart, den Rechtsanwälten Clemens Pfitzer, Christopher Wolf
und Dr. Markus Wekwerth. Ein ganz herzliches Dankeschön geht an Franziska Maier
für ihre Hilfe bei der Erstellung des Manuskripts. Für die verlagsseitige Betreuung des
Manuskripts und noch mehr für ihre unendliche Geduld danke ich Frau Vivien Bender.
Meiner Frau Thurid und meinen Töchtern Nele, Anna und Liv danke ich ebenfalls herz-
lich für ihre Geduld und dafür, dass sie mich auch zu unkonventionellen Zeiten haben
arbeiten lassen.

Stuttgart   Nicolai Schädel
im Juni 2019

Inhaltsverzeichnis

Abkürzungsverzeichnis

a. E.	am Ende
AEUV	Vertrag über die Arbeitsweise der Europäischen Union
AEntG	Gesetz über zwingende Arbeitsbedingungen für grenz-überschreitend entsandte und für regelmäßig im Inland beschäftigte Arbeitnehmer und Arbeitnehmerinnen (Arbeitnehmer-Entsendegesetz)
AG	(Die) Aktiengesellschaft
AGB	Allgemeine Geschäftsbedingung(en)
AMG	Gesetz über den Verkehr mit Arzneimitteln (Arzneimittelgesetz)
AO	Abgabenordnung
ArbnErfG	Gesetz über Arbeitnehmererfindungen
ArbZG	Arbeitszeitgesetz
Art.	Artikel
Az.	Aktenzeichen
B2B	Business-to-Business
B2C	Business-to-Consumer
BAG	Bundesarbeitsgericht
BDSG	Bundesdatenschutzgesetz
BGB	Bürgerliches Gesetzbuch
BGH	Bundesgerichtshof
BewG	Bewertungsgesetz
BFH	Bundesfinanzhof
BurlG	Mindesturlaubsgesetz für Arbeitnehmer (Bundesurlaubsgesetz)
BVerfG	Bundesverfassungsgericht
CEO	Chief Executive Officer
CISG	United Nations Convention on Contracts for the International Sale of Goods

DCF   Discounted Cash Flow
DesignG   Gesetz über den rechtlichen Schutz von Design
DNS   Desoxyribonukleinsäure
DPMA   Deutsches Patent- und Markenamt
DSGVO   Datenschutz-Grundverordnung
DStR   Deutsches Steuerrecht
DStRE   Deutsches Steuerrecht Entscheidungsdienst
EBIT   earnings before interest and taxes
EntgFG   Gesetz über die Zahlung des Arbeitsentgelts an Feiertagen
                                             und im Krankheitsfall
EPA   Europäisches Patentamt
EPGÜ   Das Übereinkommen über ein Einheitliches Patentgericht
EPÜ   Europäisches Patentübereinkommen
EStG   Einkommensteuergesetz
EU   Europäische Union
EU-DSGVO   VERORDNUNG (EU) 2016/679 DES EUROPÄI-
                                             SCHEN PARLAMENTS UND DES RATES vom 27.
                                             April 2016 zum Schutz natürlicher Personen bei der Ver-
                                             arbeitung personenbezogener Daten, zum freien Daten-
                                             verkehr und zur Aufhebung der Richtlinie 95/46/EG
                                             (Datenschutz-Grundverordnung)
EuG   Gericht der Europäischen Union
EuGH   Europäischer Gerichtshof
EUIPO   Amt der Europäischen Union für geistiges Eigentum
EUR oder €   Euro
e. V.   eingetragener Verein
EWIV   Europäische wirtschaftliche Interessenvereinigung
EWIV-Ausführungsgesetz   Gesetz zur Ausführung der EWG-Verordnung über die
                                             Europäische wirtschaftliche Interessenvereinigung
EWIV-VO   VERORDNUNG (EWG) Nr. 2137/85 DES RATES vom
                                             25. Juli 1985 über die Schaffung einer Europäischen
                                             wirtschaftlichen Interessenvereinigung (EWIV)
f.   folgend
ff.   folgende
FG   Finanzgericht
FGO   Finanzgerichtsordnung
GbR   Gesellschaft bürgerlichen Rechts
GebrMG   Gebrauchsmustergesetz
gem.   gemäß
GenG   Gesetz betreffend die Erwerbs- und Wirtschaftsgenossen-
                                             schaften (Genossenschaftsgesetz)
GeschGehG   Gesetz zum Schutz von Geschäftsgeheimnissen

GewStG	Gewerbesteuergesetz
GmbH	Gesellschaft mit beschränkter Haftung
GmbHG	Gesetz betreffend die Gesellschaften mit beschränkter Haftung (GmbH-Gesetz)
GmbHR	Die GmbH-Rundschau
GoB	Grundsätze ordnungsmäßiger Buchführung
GrS	Großer Senat
GRUR	Gewerblicher Rechtsschutz und Urheberrecht
GRUR-Prax	Gewerblicher Rechtsschutz und Urheberrecht, Praxis im Immaterialgüter- und Wettbewerbsrecht
GuV	Gewinn- und Verlustrechnung
GWB	Gesetz gegen Wettbewerbsbeschränkungen
HalblSchG	Gesetz über den Schutz der Topographien von mikro-elektronischen Halbleitererzeugnissen (Halbleiterschutzgesetz)
HGB	Handelsgesetzbuch
Hrsg.	Herausgeber
HS	Halbsatz
IHK	Industrie- und Handelskammer
InsO	Insolvenzordnung
i.V.m.	In Verbindung mit
KG	Kommanditgesellschaft
KPI	key performance indicator
KStG	Körperschaftsteuergesetz
KWG	Gesetz über das Kreditwesen (Kreditwesengesetz)
LAN	local area network
LG	Landgericht
MarkenG	Gesetz über den Schutz von Marken und sonstigen Kennzeichen (Markengesetz)
MPG	Gesetz über Medizinprodukte
NJW	Neue Juristische Wochenschrift
NJW-RR	NJW Rechtsprechungs-Report
NStZ	Neue Zeitschrift für Strafrecht
NZS	Neue Zeitschrift für Sozialrecht
OHG	offene Handelsgesellschaft
OLG	Oberlandesgericht
PartGG	Gesetz über Partnerschaftsgesellschaften Angehöriger Freier Berufe (Partnerschaftsgesellschaftsgesetz)
PatG	Patentgesetz
PBefG	Personenbeförderungsgesetz
ProdSG	Gesetz über die Bereitstellung von Produkten auf dem Markt (Produktsicherheitsgesetz)
RdA	Recht der Arbeit

RechKredV	Verordnung über die Rechnungslegung der Kreditinstitute und Finanzdienstleistungsinstitute (Kreditinstituts-Rechnungsle-gungsverordnung)
RL	Richtlinie
RNotZ	Rheinische Notar-Zeitschrift
S.	Seite/Seiten
SCE-AG	Gesetz zur Ausführung der Verordnung (EG) Nr. 1435/2003 des Rates vom 22. Juli 2003 über das Statut der Europäischen Genossenschaft (SCE)
SCE-VO	VERORDNUNG (EG) NR. 1435/2003 DES RATES vom 22. Juli 2003 über das Statut der Europäischen Genossenschaft (SCE)
SE-AG	Gesetz zur Ausführung der Verordnung (EG) Nr. 2157/2001 des Rates vom 8. Oktober 2001 über das Statut der Europäischen Gesellschaft (SE)
SE-VO	VERORDNUNG (EG) Nr. 2157/2001 DES RATES vom 8. Oktober 2001 über das Statut der Europäischen Gesellschaft (SE)
SGB	Sozialgesetzbuch
SolZ	Solidaritätszuschlag
SolZG 1995	Solidaritätszuschlaggesetz 1995
SortSchutzG	Sortenschutzgesetz
TzBfG	Gesetz über Teilzeitarbeit und befristete Arbeitsverträge (Teilzeit- und Befristungsgesetz)
u. a.	unter anderem/n
UG	Unternehmergesellschaft
UrhG	Urheberrechtsgesetz
URL	Uniform Resource Locator (englisch für einheitlicher Ressourcenzeiger)
USD oder $	US-Dollar
UStG	Umsatzsteuergesetz
UWG	Gesetz gegen den unlauteren Wettbewerb
VAG	Gesetz über die Beaufsichtigung der Versicherungsunternehmen
VG	Verwaltungsgericht
vgl.	vergleiche
VGH	Verwaltungsgerichtshof
VO	Verordnung
VVaG	Versicherungsverein auf Gegenseitigkeit
WLAN	wireless local area network
z. B.	zum Beispiel
zit.	zitiert

Start

In einer Garage, sie steht im kalifornischen Palo Alto, begann der Aufstieg des Hightech-Unternehmertums im Silicon Valley. Inzwischen wird das Silicon Valley von Unternehmen wie Apple, Cisco, eBay, Facebook, Google, Intel, Oracle und Tesla geprägt. Aber den Anfang machten William Hewlett und David Packard im Jahr 1939 in eben dieser Garage. Dort bauten die beiden Stanford-Absolventen den Tonfrequenzgenerator HP200A. Damit legten Hewlett & Packard das wirtschaftliche Fundament von HP. In den USA wird so etwas *„startup"* genannt – „Unternehmensgründung".

Das ist in Deutschland anders. Dort wird der Bau eines Tonfrequenzgenerators in einer Garage nicht Unternehmensgründung genannt, sondern „Nutzungsänderung". Denn nach deutschem Recht hat eine Garage dem Abstellen von Kraftfahrzeugen zu dienen. Und zwar nur dem Abstellen von Kraftfahrzeugen. Im Jahr 2016 stellte der Verwaltungsgerichtshof München dazu klar: Die Nutzung einer Garage ist *„auf das Abstellen von Kraftfahrzeugen und solche Tätigkeiten"* zu beschränken, *„die als Begleiterscheinungen (Annex) zum dauerhaften Abstellen eines Fahrzeugs angesehen werden können."*[1] Und was auch immer solche „Begleiterscheinungen" genau sein sollen – der Bau von Tonfrequenzgeneratoren zählt nicht dazu.

Wer seine Garage dennoch nicht zum Parken von Autos, sondern zum Bau elektrischer Geräte nutzt, ändert folglich die gesetzlich vorgesehene Nutzung der Garage. Und in Deutschland sind solche Nutzungsänderungen genehmigungspflichtig. Fehlt die Genehmigung, wird die gewerbliche Nutzung der Garage ordnungsbehördlich untersagt. Bei Nichtbefolgung der Untersagungsanordnung droht deren Durchsetzung im Weg der Vollstreckung. Das ist rechtmäßig und gerecht, dient dem Schutz der Nachbarn und belegt die Funktionsfähigkeit des Rechtsstaats. Und es liefert möglicherweise auch einen Ansatzpunkt für die Erklärung des folgenden Phänomens:

Seit im Zug zunehmender kommerzieller Nutzung des Internets ab Mitte der 1990er Jahre der Begriff „Start-up" in die deutsche Sprache migrierte, boomt die staatliche und halbstaatliche Förderung von Start-ups in Deutschland. Doch trotz aller

---

[1]VGH München, Beschluss vom 04.08.2016, Az 1 ZB 15.2619.

Lehrveranstaltungen[2], Subventionen, staatlichen Beteiligungsgesellschaften, IHK-Seminaren und Gründungs-Ratgeber erfolgten die wirtschaftlich wie gesellschaftlich bedeutendsten Gründungen von Unternehmen mit technikbasierten Geschäftsmodellen außerhalb Deutschlands. Tab. 1 zeigt bespielhaft Unternehmen, die seit Mitte der 1990er Jahre gegründet wurden.

Das bedeutet nicht, dass es in Deutschland keine erfolgreichen Tech-Start-ups gibt. IP Labs[3], Zalando, Simpleshow, 6Wunderkinder[4], RegioHelden[5], WKDA/Auto1 („wirkaufendeinauto.de") und die 2017 an den US-Nachhilfeanbieter Chegg veräußerte Lern-App Math42 sind Beispiele für erfolgreiche technikbasierte Unternehmensgründungen in Deutschland.[6] Allerdings wird man einräumen müssen, dass seit den 70er Jahren des 20. Jahrhunderts in Deutschland kein Unternehmen mehr gegründet wurde, dessen Hightech-Produkte oder digitale Dienste eine ähnliche globale Dominanz und Präsenz wie die von Amazon, Ebay, Google, Facebook, Uber oder Airbnb erreicht haben. Das letzte deutsche Hightech-Start-up, dessen Software Weltmärkte eroberte und dessen Aktien es in den DAX schafften, ist der 1972 in Walldorf gegründete Softwarehersteller SAP.[7] Das mag u. a. daran liegen, dass auf anderen Märkten andere Bildungssysteme, höhere Risikobereitschaft und einfacherer Kapitalzugang bestehen als in Deutschland. Aber der Erklärungsansatz, der hier verfolgt werden soll, ist das Recht.

Das deutsche Recht hat eine Regelungsdichte erreicht, vor der potenzielle Unternehmer stehen wie die europäischen Kaufleute des Mittelalters vor dem Atlantik: Betriebswirtschaftlich versiert, innovativ und motiviert. Aber weil sie den Umfang des Ozeans und die Wirkungen seiner Strömungen nicht überblickten, sahen sie lange Zeit davon ab, ihn zu durchsegeln, um neues Geschäft zu entwickeln. Und selbst Kolumbus, dem 1492 die Atlantiküberquerung gelang, landete nicht dort, wo er eigentlich hin wollte. Unternehmensgründern in Deutschland geht es ähnlich, wenn sie die durch das Recht gesetzten Marktrahmenbedingungen betrachten. Sie stehen vor einem Ozean aus Paragrafen, deren schiere Menge die kognitive Erfassung der Inhalte und Zusammenhänge der einzelnen Regelungen zum Ding der Unmöglichkeit macht.

---

[2]Dazu z. B. *Thorborg,* manager magazin online vom 08.11.2017; *Kröher,* manager magazin online vom 14.11.2017.

[3]2008 von Fujifilm erworben.

[4]Seit 2015 Teil des Microsoft-Konzerns.

[5]Seit 2015 Teil des Ströer-Konzerns.

[6]Deutschland als *„Anti-Gründer-Nation"* zu bezeichnen (so *Zimmermann,* Welt/N24 online am 23.10.2017), wirkt daher eher übertrieben als fundiert.

[7]Die SAP SE wurde 1972 von den ehemaligen IBM-Mitarbeitern Claus Wellenreuther, Hans-Werner Hector, Klaus Tschira, Dietmar Hopp und Hasso Plattner in Weinheim/Baden-Württemberg gegründet (zu Beginn allerdings nicht in der Rechtsform einer SE).

Tab. 1 Beispiele für Unternehmensgründungen ab 1994

Unternehmen	Branche(n)	Gründungsjahr	Gründungsstaat
Yahoo	Internet-Dienste	1994	Kalifornien/USA
Amazon	E-Commerce, Software	1994	Washington/USA
Ebay	Online-Marktplätze	1995	Kalifornien/USA
Netflix	Unterhaltung	1997	Kalifornien/USA
PayPal	Finanzdienstleistungen	1998	Kalifornien/USA
Google	Werbung, Internet-Suche	1998	Kalifornien/USA
Salesforce	Software, Big Data	1999	Kalifornien/USA
SpaceX	Raumfahrt, Logistik	2002	Kalifornien/USA
Tesla	Mobilität, Energie	2003	Kalifornien/USA
Skype[a]	Kommunikation	2004	Luxemburg
Palantir	Big Data	2004	Kalifornien/USA
Facebook	Kommunikation	2004	Massachusetts/USA
Youtube[b]	Web-Services	2005	Kalifornien/USA
Twitter	Kommunikation	2006	Kalifornien/USA
Spotify	Unterhaltung	2006	Schweden
Dropbox	IT-Dienstleistungen	2007	Kalifornien/USA
Airbnb	Beherbergung	2008	Kalifornien/USA
Skybox[c]	Satellitentechnik	2009	Kalifornien/USA
Uber	Mobilität	2009	Kalifornien/USA
Nest Labs[d]	Consumer-Electronics	2010	Kalifornien/USA
DeepMind Technologies[e]	Big Data, KI	2010	Vereinigtes Königreich

[a]Seit 2011 Teil des Microsoft-Konzerns
[b]Seit 2006 Teil des Google- bzw. (inzwischen) Alphabet-Konzerns
[c]Nach Übernahme durch Google (2014) umbenannt in „Terra Bella"
[d]Seit 2011 Teil des Google- bzw. (inzwischen) Alphabet-Konzerns
[e]Seit 2014 ebenfalls Teil des Google- bzw. Alphabet-Konzerns

Die Bedeutung des Wirtschaftsrechts für Unternehmensgründer

Keine Frage: In einem Rechtsstaat geht es nicht ohne Regeln. Ein funktionierender Rechtsstaat ist eine wesentliche Grundvoraussetzung für innovatives Unternehmertum. Freiheit und Rechtssicherheit, jeweils im richtigen Maß, bilden den Nährboden gesunder Volkswirtschaften. Und mehr Paragrafen ermöglichen neben mehr Einzelfallgerechtigkeit auch mehr Rechtssicherheit – allerdings nur bis zu dem Punkt, an dem das Recht gerade noch überschaubar bleibt. Wird dieser Punkt überschritten, wird die objektiv bestehende Rechtssicherheit subjektiv nicht mehr als solche wahrgenommen, weil die

Masse des Rechtsbestands die Grenzen menschlicher Wahrnehmungsfähigkeit übersteigt. Aus Sicht eines Unternehmensgründers ist es letztlich unerheblich, ob Marktrahmenbedingungen objektiv ungewiss sind oder nur subjektiv nicht erkannt werden. Beides ist für Unternehmensgründer gleichermaßen riskant, weil die Unkenntnis der Marktbedingungen die Gefahr unternehmerischer Fehlentscheidungen erhöht. Das schreckt potentielle Gründer ab.[8] Niemand weiß, wie viele Unternehmen in Deutschland aus diesem Grund gar nicht erst gegründet werden. Und viele der Unternehmen, die dennoch gegründet werden, scheitern oder kommen infolge unzutreffender Vorstellungen über die durch das Recht gesetzten Marktrahmenbedingungen in ernste Schwierigkeiten.

Der Mobilitätsdienstleister Uber kann ein Lied davon singen. Während das 2009 in San Francisco gegründete Unternehmen in den USA und weiteren Märkten Wirtschaftsgeschichte schrieb, schrieb es in Deutschland Rechtsgeschichte. Dort wurde Uber im März 2015 auf die Klage eines Zusammenschlusses von Taxizentralen hin verurteilt, *„zu unterlassen, im geschäftlichen Verkehr zu Wettbewerbszwecken Beförderungswünsche von Fahrgästen über die technische Applikation „UBER" und über die technische Applikation „UBER POP" an Fahrer/Fahrerinnen zu vermitteln, …"*[9]. Begründet wurde die Verurteilung mit Verstößen gegen das Personenbeförderungsgesetz (PBefG). Diese Rechtsverstöße konnte der klagende Taxizentralen-Zusammenschluss auf Grundlage des Gesetzes gegen unlauteren Wettbewerb (UWG) gegen Uber geltend machen.

Ob die gegen Uber ergangenen Urteile rechtmäßig und gerecht sind, soll hier nicht hinterfragt werden. Das Beispiel Uber soll lediglich veranschaulichen, dass neue Geschäftsmodelle nicht nur aus wirtschaftlichen, sondern auch aus rechtlichen Gründen scheitern können. Verstößt ein Geschäftsmodell gegen die auf einem Markt geltenden „Spielregeln", kann dies, wie im Fall Uber, von Wettbewerbern, oder – je nach Verstoß – auch von Aufsichtsbehörden oder Vertragspartnern geltend gemacht werden. Folgen können eine völlige Einstellung des Geschäftsbetriebs ebenso sein wie strafrechtliche Konsequenzen, aber auch weniger weitgehende Nachteile wie z. B. Auskunfts- und Schadensersatzpflichten.

Das gesamte Spektrum möglicher Konsequenzen bei Verstößen gegen das auf einem Markt geltende Recht ist noch deutlich breiter und für Unternehmen stets mit wirtschaftlichen Risiken verbunden. Worin diese Risiken bestehen können, ist Gegenstand des 2. Kapitels dieses Werks. Deshalb ist die Kenntnis der für einen Markt geltenden Gesetze maßgeblich für die Planung und den wirtschaftlichen Erfolg von Unternehmen. Das anwendbare Recht zu kennen und zu verstehen ist für Unternehmen daher ebenso wichtig wie die Kenntnis von Kundenanforderungen und das Verständnis von Produktionsprozessen. Die Spielregeln – mögen sie noch so umfangreich und komplex sein – sind Teil des Spiels.

---

[8]Vgl. dazu z. B. Berichte und Überschriften wie die von *Reusch, „Wie das Recht den Fortschritt ausbremst"*, manager magazin online vom 30.09.2017.

[9]LG Frankfurt am Main, Urteil vom 18.03.2015 (Az. 3-08 O 136/14), in zweiter Instanz bestätigt durch OLG Frankfurt am Main, Urteil vom 09.06.2016 (Az. 6 U 73/15).

Sicher: Eine Befassung mit Paragrafen ist nicht jedermanns Sache. Wer z. B. versucht, das deutsche Einkommensteuergesetz zu verstehen, entwickelt schnell Berührungsängste. Es ist auch keine Vereinfachung des Rechts in Deutschland absehbar. Deshalb stehen potenzielle Gründer in Deutschland im Wesentlichen vor zwei Alternativen. Die erste ist, kein Unternehmen zu gründen, zumindest nicht in Deutschland. Die zweite Alternative ist, das Recht als elementaren Bestandteil einer rechtsstaatlich fundierten Wirtschaftsordnung zu begreifen und unter Beachtung der dadurch gesetzten Marktbedingungen ein Unternehmen zu gründen und zu führen. In diesem Werk geht es ausschließlich um diese zweite Alternative.

Für diese zweite Alternative gilt: Eine Befassung mit dem für ein Unternehmen maßgeblichen Recht gleicht einer Autofahrt bei Nacht. Es geht nicht darum, alles zu sehen, um fahren zu können. Solange die Scheinwerfer zumindest das Wesentliche ausleuchten, kommt man in der Regel unfallfrei ans Ziel. Es ist daher weder Anspruch noch Anliegen dieses Werks, das gesamte für Hightech-Start-ups (potenziell) relevante Wirtschaftsrecht darzustellen. Ansatz dieses Werks ist die Betrachtung einer beschränkten Zahl wesentlicher gründungsrelevanter Rechts- und Gestaltungsfragen in der Reihenfolge, in der sie sich bei Start-up-Projekten typischerweise stellen. Potenzielle Unternehmensgründer sollen so an die betreffenden Teile des deutschen Wirtschaftsrechts und die damit zusammenhängenden Gestaltungsspielräume und -notwendigkeiten herangeführt werden, dass etwaige Berührungsängste abgebaut werden. Dabei geht es nicht um Recht*bashing*, sondern um konstruktiven Umgang mit dem Recht als Rahmen und Basis wirtschaftlichen Handelns. Dieses Werk wendet sich zudem an diejenigen Personen, die Gründer bei der Realisierung ihrer Vorhaben als Rechts- oder Patentanwälte, Steuerberater oder in anderer Funktion beraten. Dies geschieht in der Hoffnung, auch diesem Adressatenkreis den fachlichen Überblick zu erleichtern und die eine oder andere neue Sicht- oder Herangehensweise näher zu bringen.[10]

Das Recht gilt für alle Unternehmen, für bereits am Markt etablierte ebenso wie für neu gegründete. Es gilt für Lowtech-Unternehmen ebenso wie für Unternehmen in Hightech-Branchen. Aber für letztere sind mehr und miteinander verwobene Rechtsbereiche von Bedeutung. Beispielsweise kommt dem Schutz von Immaterialgütern und Fragen der Produktsicherheit bei der Entwicklung technisch anspruchsvoller Erzeugnisse eine ungleich größere Bedeutung zu als beim Betrieb eines Nagelstudios oder Restaurants. Gerade aufgrund der Quantität des Rechtsbestands in Hightech-Branchen kann das Recht in diesen Bereichen daher eine überproportionale Abschreckungswirkung für Gründer entfalten. Das ist ökonomisch betrachtet unglücklich, und zwar sowohl aus Sicht der Protagonisten ewigen Wachstums als auch für Vertreter der Donut-Ökonomie. Denn technischer Fortschritt kann sowohl Produktivitätssteigerungen bewirken als auch zur Entwicklung von Kreislaufwirtschaftssystemen beitragen. Aber in jedem Fall muss der nächste Innovationsschritt zunächst gedacht und dann gemacht werden. Dieses Werk

---

[10]Ergänzend und/oder vertiefend z. B. *Meyer,* Wirtschaftsrecht.

soll dazu beitragen, dass technisch Machbares auch gemacht und nicht vom Recht aus-
gebremst wird. Deshalb wendet sich dieses Werk in erster Linie an Gründungsvorhaben
im Hightech-Bereich. Dabei wird eine Situation als typisch zugrunde gelegt, in der
eine überschaubare Gruppe von 2 bis 7 Gründern ein gemeinsames unternehmerisches
Projekt mit einem technisch anspruchsvollen Geschäftsmodell verfolgt.

Vorgehensweise und Aufbau

Wirtschaftsrecht ist kein Selbstzweck, sondern ein makroökonomisches Lenkungs-
instrument. Es definiert und begrenzt die Märkte, auf denen Unternehmen agieren.
Für Start-ups geht es um den Eintritt in einen Markt durch Realisierung des erdachten
Geschäftsmodells, um bestimmte unternehmerische Ziele zu erreichen. Am Anfang
jeder Unternehmensgründung steht die Bestimmung dieser Ziele. Deshalb beginnt diese
Heranführung an das Wirtschaftsrecht für Start-ups nicht mit Paragrafen, sondern mit
Überlegungen zur Bestimmung von Unternehmenszielen und deren Verwirklichung.

Diese Ziele sind in der Regel keine rechtlichen, sondern betriebswirtschaftliche. Deshalb werden in den ersten beiden Kapiteln zunächst bestimmte betriebswirtschaftliche
Grundlagen und deren Zusammenhänge mit dem Wirtschaftsrecht dargestellt. Dies
betrifft u. a. die Bedeutung von Verträgen als Instrumente der Marktteilnahme, die kaufmännische Rechnungslegung, Solvenz und Insolvenz, Planung und die Bedeutung von
Compliance. Zudem wird die Herangehensweise an die Bewertung von Unternehmen
zusammengefasst dargestellt.

Auf diese Grundlagen wird im weiteren Gang der Darstellung zurückgegriffen, wenn
es um die Bedeutung des Rechts für die Verwirklichung der Unternehmensziele geht. Die
Erläuterungen zur Unternehmensbewertung verfolgen dabei einen doppelten Zweck: Zum
einen fördert die Herangehensweise an eine Unternehmensbewertung das Verständnis
dafür, wie außenstehende Dritte Unternehmen im Rahmen von Investitionsentscheidungen
betrachten. Zum anderen helfen Kenntnisse über die Bewertung von Unternehmen, die Vereinbarungen zwischen mehreren Gründungsbeteiligten sinnvoll zu gestalten. Das gilt für
Gesellschaftsverträge ebenso wie für sonstige Vereinbarungen zwischen Gesellschaftern.

Gesellschaftsverträge rücken in den Blick, sobald ein Unternehmen nicht von einem
Menschen, sondern von einer Gesellschaft betrieben werden soll. Sind an einer unternehmenstragenden Gesellschaft mehrere Personen beteiligt, hat der Gesellschaftsvertrag zusammen mit etwaigen weiteren Gesellschafter-Absprachen eine vergleichbare
Bedeutung für das Unternehmen wie der Quellcode für eine Software. Der Gesellschaftsvertrag ist dann die DNS eines Unternehmens. Deshalb folgt den betriebswirtschaftlichen Kapiteln eine Einführung ins Gesellschaftsrecht, insbesondere auch im Hinblick
auf die Gestaltung von Gesellschaftsverträgen.

In jedem Gesellschaftsvertrag spielt die Frage eine Rolle, welcher Gesellschafter welchen Beitrag zur Verwirklichung des Gesellschaftszwecks leisten muss. Dabei kommen
insbesondere Tätigkeits- und Kapitalbeiträge in Betracht. Letztere können auch – bei

Start-ups nicht selten – durch Zuführung immaterieller Güter in das Gesellschaftsvermögen erfolgen. Deshalb folgen den gesellschaftsrechtlichen Kapiteln Ausführungen zur Bedeutung und zum Schutz von Immaterialgütern für Hightech-Start-ups. Um die Herangehensweise an die Gestaltung von Gesellschafts- und anderen Verträgen, die typischerweise im Zusammenhang mit diesen abgeschlossen werden, und die Zusammenhänge mit dem Immaterialgüterrecht zu veranschaulichen, folgt eine Demonstration anhand eines Beispielfalls.

Anschließend werden ausgewählte Kodifikationen und gesetzliche Bestimmungen betrachtet, die teilweise branchenübergreifend für Hightech-Unternehmen Bedeutung haben. Dabei geht es nicht darum, die betreffenden Rechtsgebiete möglichst ausdifferenziert zu vermitteln. Ziel ist vielmehr, den Initiatoren einer Unternehmensgründung ein Bewusstsein für die Herausforderungen zu vermitteln, die das Recht an die Unternehmung stellt. Auf diese Weise soll der zur Bewältigung dieser Herausforderungen erforderliche Ressourcen- und Zeitaufwand für interessierte Unternehmensgründer planbarer werden. Damit soll ein Beitrag zur Steigerung der Realitätsnähe der Businesspläne von Start-ups geleistet und so die Wahrscheinlichkeit erhöht werden, dass geplante Vorhaben verwirklicht werden. Das Werk endet mit einer zusammenfassenden Betrachtung von Exit- und anderen Szenarien, Dritte am Unternehmen zu beteiligen.

Gewerbliche Unternehmen im Fokus

Wer in Deutschland ein Unternehmen gründen und sich deshalb mit dem anwendbaren Recht auseinandersetzen will, stellt fest: Die erste Hürde besteht darin, zu ermitteln, welche wesentlichen Gesetze überhaupt für das zu gründende Unternehmen gelten. Das deutsche Recht kennt kein einheitliches Unternehmensrecht. Es gibt kein einheitliches „Unternehmensgesetzbuch" oder eine sonstige Kodifikation, in der das für Unternehmen geltende Wirtschaftsrecht benutzerfreundlich zusammengefasst wird. Man muss sich das einschlägige Recht aus einer Vielzahl unterschiedlicher Kodifikationen zusammensuchen. Es ist auch für Juristen schwer, diese zu überblicken.

Wenig überraschen mag dabei noch, dass bestimmte Marktverhaltens- und Aufsichtsregeln nur branchenbezogen gelten. Es liegt nahe, dass z. B. für „Finanzdienstleistungsinstitute"[11] zumindest einige andere Regelungen gelten müssen als für „pharmazeutische Unternehmer"[12]. Denn Geschäfte mit Finanzinstrumenten sind mit anderen volkswirtschaftlichen Risiken und Anforderungen an den Verbraucherschutz verbunden als die Herstellung und Vermarktung von Arzneimitteln. Neben solchen branchenspezifischen, im Wesentlichen aufsichtsrechtlichen Unterschieden nimmt das deutsche Recht jedoch noch eine weitere Differenzierung vor, die weniger leicht nachvollziehbar ist:

---

[11]Der Begriff „Finanzdienstleistungsinstitut" wird in § 1 Abs. 1a KWG definiert.

[12]Wer „pharmazeutischer Unternehmer" ist, wird in § 4 Abs. 18 AMG bestimmt.

Einige wesentliche Wirtschaftsgesetze, darunter z. B. das Handelsgesetzbuch (HGB) und das Gewerbesteuergesetz (GewStG), gelten nur für „gewerbliche" Unternehmen.[13] Werden Menschen als „Selbständige" unternehmerisch tätig, kann insoweit folgende Faustformel herangezogen werden: Selbständige, die weder Freiberufler[14] noch Land- und Forstwirte[15] sind, sind Gewerbetreibende.[16] Diese Differenzierung macht die Unternehmer in Deutschland rechtlich betrachtet zu einer Zweiklassengesellschaft, weil für gewerbliche Unternehmer andere, tendenziell strengere Regeln gelten als für nicht-gewerbliche.

Wird ein Unternehmen nicht von einem Menschen betrieben, sondern von einer Gesellschaft, spielt die Differenzierung zwischen „Gewerbe" auf der einen und Freiberuflichkeit sowie Land- und Forstwirtschaft auf der anderen Seite bei einigen „Gesellschaftstypen" dagegen keine Rolle. Denn für einige „Gesellschaftstypen" gilt unabhängig vom Gegenstand des Unternehmens, das sie betreiben, eine gesetzliche „Gewerbefiktion". Das bedeutet, dass die unternehmerische Tätigkeit bestimmter Gesellschaften stets als gewerblich anzusehen ist. Dies gilt z. B. für GmbH und Aktiengesellschaften. Selbst wenn deren Unternehmensgegenstand „an sich" freiberuflich oder landwirtschaftlich ist, gelten diese stets kraft Gesetzes als gewerblich (deshalb Fiktion). Diese anachronistische, aber gleichwohl wesentliche Teile des deutschen Wirtschaftsrechts durchziehende Differenzierung zwischen gewerblichen und nicht-gewerblichen Unternehmen[17] wird in Abb. 1 zusammengefasst.

Die Unternehmensgegenstände von Start-ups im Hightech-Bereich fallen in der Regel in den gewerblichen Bereich. Dies gilt z. B. für Dienstleistungen in den Bereichen Telekommunikation, Mobilität, Werbung und Finanzen, für die Herstellung und Vermarktung von Rechnern, Robotern, Kraft- und Luftfahrzeugen, Arzneimitteln und Medizinprodukten sowie für die Erzeugung von und den Handel mit Energie. Zudem ist es sinnvoll, Unternehmen in diesen Bereichen in Form einer Gesellschaft zu betreiben, deren unternehmerische Tätigkeit ohnehin kraft Fiktion stets als gewerblich gilt. Im deutschen Recht sind namentlich GmbH aus einer Reihe von Gründen, die an späterer Stelle dargestellt werden, bestens als Unternehmensträger geeignet, auch und gerade für Start-ups. Deshalb werden die Erläuterungen in diesem Werk auf gewerbliche Unternehmen beschränkt.

---

[13]Die Komplexität des deutschen Wirtschaftsrechts könnte bereits allein durch Aufgabe der Differenzierung zwischen gewerblichen und nicht-gewerblichen Unternehmen erheblich reduziert werden. Abhandlungen wie z. B. die von *Bürger*, NJW (2019, S. 1407 ff.), wären dann nicht mehr erforderlich.

[14]Eine Übersicht darüber, welche Berufe den so genannten „Freien Berufen" zuzuordnen sind, enthalten sowohl § 1 Abs. 2 Satz 2 PartGG als auch § 18 Abs. 1 Nr. 1 EStG.

[15]Ein Bild davon, welche Tätigkeiten der Land- und Forstwirtschaft zuzuordnen sind, vermittelt § 13 EStG. Allerdings fallen diese Tätigkeiten nicht zwingend auch unter den in § 3 Abs. 1 HGB verwendeten Begriff „Land- und Forstwirtschaft".

[16]Diese Faustformel ist angelehnt an die in § 15 Abs. 2 Satz 1 EStG enthaltene – allerdings nur steuerrechtlich maßgebliche – Definition des Begriffs „Gewerbebetrieb".

[17]Vgl. dazu z. B. auch *Meyer*, Wirtschaftsrecht, S. 16/17.

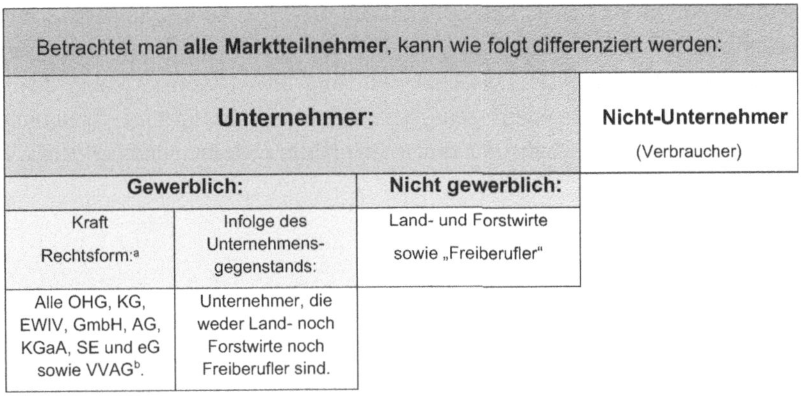

Betrachtet man **alle Marktteilnehmer**, kann wie folgt differenziert werden:			
Unternehmer:			**Nicht-Unternehmer** (Verbraucher)
Gewerblich:		**Nicht gewerblich:**	
Kraft Rechtsform:[a]	Infolge des Unternehmensgegenstands:	Land- und Forstwirte sowie „Freiberufler"	
Alle OHG, KG, EWIV, GmbH, AG, KGaA, SE und eG sowie VVAG[b].	Unternehmer, die weder Land- noch Forstwirte noch Freiberufler sind.		

Abb. 1 Differenzierung Marktteilnehmer
[a]Deshalb auch „Formkaufleute" genannt
[b]Zum VVaG vgl. § 172 VAG

Auf freiberufliche sowie land- und forstwirtschaftliche Unternehmungen wird in diesem Werk dagegen nicht eingegangen, auch wenn Unternehmensgründungen in diesen Bereichen keine Seltenheit sind. Es soll jedoch vermieden werden, dass im Rahmen dieses Werks aus Rücksicht auf diese Marktsegmente an verschiedenen Stellen immer wieder Differenzierungen erfolgen müssten, die für die meisten Hightech-Start-ups irrelevant sind. Zudem können solche Differenzierungen auch bei zwar interessierten, rechtlich jedoch nicht fundiert vorgebildeten Unternehmensgründern zu unnötigen Missverständnissen führen. Das würde das Anliegen dieses Werks unterlaufen, Unternehmensgründern die Bedeutung des Rechts für unternehmerischen Erfolg in einer Weise näher zu bringen, durch die mehr Fragen beantwortet werden als offen bleiben.

Definition einiger relevanter Begriffe

Dem Anliegen dieses Werks liefe zudem zuwider, wenn der Start mit umfangreichen Begriffsbestimmungen belastet wäre. Allerdings können ohne begriffliche Schärfe weder Wissenschaften betrieben noch das Recht verstanden und angewendet werden. Deshalb – ohne jede Semantik, nur bezogen auf dieses Werk und in aller Kürze – vorab:

Gründer und Unternehmensgründer

Wenn im Rahmen dieses Werks auf „Gründer" Bezug genommen wird, dann sind damit sämtliche an der Gründung eines Unternehmens als dessen (wirtschaftliche) Eigentümer beteiligte Personen gemeint. Dieser Personenkreis schließt die Initiatoren des Unternehmens zumindest typischerweise ein, ist aber nicht auf diese beschränkt. „Gründer" im Sinn dieses Werks sind auch andere Personen, die „von Anfang an dabei sind", aber die Gründung nicht ideell, sondern anderweitig fördern, z. B. mit Know-how oder durch Bereitstellung von Eigenkapital. „Gründer" im Sinn dieses Werks können daher auch so genannte „juristische Personen" sein, beispielsweise eine an einer Unternehmens-gründung beteiligte Gesellschaft, die einen Inkubator betreibt und/oder Risikokapital bereitstellt.

Initiatoren

Mit den „Initiatoren" sind Personen gemeint, welche die zur Gründung eines Unter-nehmens führende Idee und eventuell auch bereits Vorstellungen darüber entwickelt haben, wie diese Idee zum Gegenstand eines Geschäftsmodells gemacht werden könnte. Die Initiatoren sind – wenn man es so nennen will – die geistigen Keimzellen des Unternehmens. Im Rahmen dieses Werks wird davon ausgegangen, dass dies – zumindest noch – stets Menschen sind. Es ist zwar absehbar, dass Rechner selbständig neue Geschäftsmodelle entwickeln. Aber solange Rechner (noch) nicht wie Menschen und juristische Personen marktteilnahmefähig sind, bleiben sie bis zum Erreichen der Singularität bloße Produktionsfaktoren.

Unternehmen und Start-ups

„Unternehmen" – und gleichbedeutend damit „Unternehmung" – im Sinn dieses Werks ist jede Organisation, die darauf ausgerichtet ist, als Ergebnis eines Wertschöpfungs-prozesses Leistungen an andere Marktteilnehmer abzusetzen. „Start-up" im Sinn dieses Werks ist jedes Unternehmen, das erstmals damit beginnt, eine auf Markteintritt und Absatz ausgerichtete Organisation zu errichten, ohne bereits zuvor – auch nicht mit ande-rem Geschäftsmodell oder auf anderen Märkten – unternehmerisch tätig gewesen zu sein.

Hightech

Der im Rahmen dieses Werks im Zusammenhang mit Unternehmen, Produkten und Dienstleistungen verbundene Begriff „Hightech" schließt sämtliche Bereiche der Mecha-nik und Informationstechnologie ein, Hard- ebenso wie Software. Das Werk richtet sich an potenzielle Unternehmer, deren Berater und Investoren, die Geschäftsmodelle verwirklichen (wollen), bei denen durch Einsatz von Technik Effizienzsteigerungen und/oder Skaleneffekte erzielt werden können. Geschäftsmodelle dieser Art erfordern typischerweise mehr Kapitaleinsatz, komplexere Kompetenzen, weitsichtigere Planung und einen „längeren Atem" der Beteiligten als Unternehmen, deren Gegenstand sich im Handel oder weniger komplexen Dienstleistungen erschöpft.

Literatur

Bürger, Sebastian, Gewerbesteuerpflicht und Freiberuflichkeit, NJW 2019, S. 1407 ff., zit.: *Bürger,* NJW 2019.

Kröher, Michael, Was die Gründerzentren deutscher Hochschulen taugen, veröffentlicht am 14.11.2017 unter URL http://www.manager-magazin.de/magazin/artikel/start-ups-gruender-welle-an-deutschen-hochschulen-a-1174973.html, zit.: *Kröher,* manager magazin online vom 14.11.2017.

Meyer, Justus, Wirtschaftsrecht: Handels- und Gesellschaftsrecht, 2018, zit.: *Meyer,* Wirtschaftsrecht.

Reusch, Philipp, Wie das Recht den Fortschritt ausbremst Das deutsche Dilemma bei der Künstlichen Intelligenz, veröffentlicht am 30.09.2017 unter URL http://www.mana-ger-magazin.de/unternehmen/autoindustrie/kuenstliche-intelligenz-wie-das-recht-den-fort-schritt-ausbremst-a-1169255.html, zit.: *Reusch,* manager magazin online vom 30.09. 2017.

Thorborg, Heiner, Kann man Unternehmertum lernen? Ja, aber nicht mit BWL-Wissen, veröffent-licht am 08.11.2017 unter URL http://www.manager-magazin.de/unternehmen/artikel/thor-borg-kolumne-kann-man-unternehmertum-trainieren-a-1175994.html, zit.: *Thorborg,* manager magazin online vom 08.11.2017.

Zimmermann, Max, Warum der Erfolg die „Höhle der Löwen" langsam zerstört, veröffentlicht am 23.10.2017 unter URL https://www.welt.de/wirtschaft/webwelt/article169853.876/Warum-der-Erfolg-die-Hoehle-der-Loewen-langsam-zerstoert.html, zit.: *Zimmermann,* Welt/N24 online am 23.10.2017.

Unternehmensgründung, Betriebswirtschaft und Recht

1

Zusammenfassung

In diesem Kapitel werden zunächst einige betriebswirtschaftliche Grundlagen vermittelt, an denen gewerbliche Unternehmen nicht vorbeikommen. Zudem soll an die Bedeutung des Rechts für die wirtschaftliche Sicht auf Sachverhalte und Szenarien und die enge Verzahnung zwischen rechtlicher und wirtschaftlicher Betrachtungsweise herangeführt werden. In diesem Sinn geht es in diesem Kapitel um

- die Bedeutung von Verträgen,
- die Aufgaben des Managements,
- die Grundlagen der Rechnungslegung,
- die Bedeutung von Liquidität und
- Insolvenz von bzw. für Unternehmen sowie
- die Planung zur Zielerreichung.

1.1 Einführung

Der Mobilitätsdienstleister Uber erregte nicht nur geschäftsmodellbedingt als *„Taxi-Killer"*[1] und zeitweise höchstbewertetes Start-up der Welt[2] Aufsehen. Auch der Führungsstil des CEO brachte es in die Schlagzeilen. Was im Februar 2017 als von einer Kamera aufgezeichneter Streit zwischen einem Mitarbeiter und dem damaligen Uber-Chef *Travis*

---

[1] *Kemper,* INTERNET WORLD Business, 13.07.2015; vgl. auch stk/dpa-AFX/Reuters („Taxi-Schreck").

[2] Dazu z. B. *Dörner,* WeltN24 (WELT.de) vom 15.08.2015.

© Springer Fachmedien Wiesbaden GmbH, ein Teil von Springer Nature 2020
N. Schädel, *Wirtschaftsrecht für Hightech-Start-ups,*
https://doi.org/10.1007/978-3-658-27033-9_1

Kalanick begann, endete rund 4 Monate später mit dessen Abgang aus der unmittelbaren Unternehmensleitung.[3] Der anschließenden Berichterstattung war zu entnehmen, dass maßgebliche Investoren den Unternehmenswert von Uber nach unten korrigiert hatten.[4]

Die Abwertung der Uber-Beteiligungen durch Investoren erfolgte weder überraschend noch willkürlich. Sie war Folge grundlegender betriebswirtschaftlicher Erkenntnisse über die Zusammenhänge zwischen Unternehmensführung und Unternehmenserfolg. Sind die mit der Unternehmensleitung betrauten Personen intern zerstritten, nach außen kompromittiert und/oder inkompetent, beeinträchtigt dies die Entscheidungsfähigkeit des Unternehmens. Denn dann steigt die Wahrscheinlichkeit, dass wichtige Entscheidungen unterbleiben oder die Qualität getroffener Entscheidungen sinkt. Beides erhöht das Risiko, dass unternehmerische Ziele nicht erreicht werden und gefährdet damit den Unternehmenserfolg.

Die Frage, wer ein Unternehmen wie wohin führen soll, ist erfolgserheblich (und damit auch bewertungsrelevant). Diese Führungsfragen sollten daher vor, spätestens bei Gründung eines Unternehmens geklärt werden. Klar ist, dass zur Unternehmensführung am besten Personen geeignet sind, die physisch und psychisch robust, integer, zielstrebig, fachlich kompetent, kreativ und charismatisch sind. Zu untersuchen, wie „eierlegende Wollmilchsäue" mit diesen Eigenschaften gefunden werden können, ist jedoch weder Anspruch noch Zweck dieses Werks. Der Frage, „wer" – im Sinn einer Person oder Persönlichkeit – am besten zur Führung eines (neu gegründeten) Unternehmens geeignet ist, wird daher im Folgenden ebenso wenig nachgegangen wie der Frage nach dem idealen Führungsstil. Denn beide Fragen sind nicht in den Kategorien des Rechts zu beantworten. Im Hinblick auf diese Problemstellungen wird deshalb auf die dazu bereits reichlich vorhandene Literatur verwiesen.

Unternehmensführung ist jedoch nicht nur eine Frage von Persönlichkeit und Führungsstil, sondern auch, letztlich sogar zunächst, eine Frage von Befugnissen und Verantwortung. Dies gilt insbesondere für Fälle, in denen ein Start-up von mehreren Personen geführt werden soll. Denn dann gilt: Eine möglichst klare und zweckmäßige Zuordnung und Abgrenzung von Befugnissen und Verantwortlichkeiten senkt das Risiko, dass es intern zu „Richtungs-" oder „Kompetenzstreit" oder dazu kommt, dass sich für bestimmte Aufgaben niemand zuständig fühlt. Und dies erhöht die Wahrscheinlichkeit, dass konstruktiv zusammengearbeitet wird, Entscheidungen im Unternehmensinteresse getroffen und Unternehmensziele erreicht werden.

Damit kommt das Recht ins Spiel. Denn das Recht mag zwar weder zur Identifikation von Führungspersönlichkeiten noch zur Bewertung eines Führungsstils geeignet sein, aber es kann als Gestaltungsinstrument zur Streitvermeidung genutzt werden. Durch bewussten Umgang mit dem Recht – im Sinn einer Nutzung bestehender Gestaltungsräume – können Unternehmensziele festgelegt und Befugnisse und Verantwortlichkeiten

---

[3]Dazu z. B. *Hohensee,* WirtschaftsWoche Online vom 11.08.2017.

[4]Z. B. *Winkler/Bensinger,* THE WALL STREET JOURNAL vom 22.08.2017.

innerhalb der Unternehmensleitung zugeordnet werden. Um diese Gestaltungsräume und die damit einhergehenden Gestaltungsmöglichkeiten geht es in diesem Werk. Davor steht zunächst jedoch noch folgende ebenso banale wie wichtige Erkenntnis: Voraussetzung dafür, dass eine Regelung ihren Zweck erfüllen kann, ist, dass alle Beteiligten nicht nur die gleichen Worte benutzen, sondern mit diesen auch dasselbe meinen. Wenn mehrere Personen an einer Unternehmensgründung beteiligt sind, sollte deshalb zunächst sichergestellt werden, dass alle über dasselbe reden.

Das bedeutet nicht, dass Unternehmensgründungen mit Diskussionen über Begriffsbestimmungen beginnen sollten. Denn bei der Gründung eines Unternehmens geht es nicht um Semantik, sondern um die Realisierung eines Geschäftsmodells. (Neue) Erzeugnisse oder sonstige Leistungen sollen erfolgreich auf Ziel-Märkten abgesetzt werden. Am Beginn einer Unternehmung stehen daher die Fragen, worin genau der – als Unternehmensziel anzustrebende – Erfolg bestehen und welcher Weg der beste dort hin sein soll: Wohin soll die Reise gehen? Und wie will man dorthin reisen?

Die Diskussion dieser Fragen offenbart, ob zwischen mehreren Gründungsbeteiligten tatsächlich ein Konsens besteht. Klar ist: Diese Diskussion kann, darf und sollte ergebnisoffen und unkonventionell geführt werden. Dabei kann und darf ambitioniert, groß, optimistisch und universell gedacht werden. Aber es gibt eine Grenze, deren Überschreiten die Wurzel für utopische Mondplanungen, ein Scheitern der Unternehmung und entsprechende Enttäuschungen legt. Diese Grenze wird durch das Machbare definiert. Unternehmensziele, Planungen, Strategien und Hoffnungen außerhalb des Machbaren sind unrealistisch. Machbar ist, was technisch möglich, betriebswirtschaftlich tragfähig und rechtlich erlaubt ist oder zumindest sein wird. Abb. 1.1 zeigt diese Schnittmenge, die ständig im Fluss ist.

Unternehmerische Vorhaben außerhalb dieser Schnittmenge sind unrealistisch. Ein Konsens der Gründer über die Unternehmensziele und den Weg dorthin setzt daher keine Diskussion über Wortbedeutungen voraus, aber ein gemeinsames Verständnis über das Machbare und damit über die Grenzen dieser Schnittmenge. Das Machbare muss der kleinste gemeinsame Nenner zwischen den Gründungsbeteiligten sein.[5] Denn unzutreffende Vorstellungen über das Machbare erhöhen das Risiko, dass an der Gründung beteiligte Personen unrealistische Vorstellungen über Unternehmensziele und darüber entwickeln, wie diese erreicht werden können. Deshalb muss der Blick auf die dafür maßgebliche Schnittmenge zwischen Technik, Betriebswirtschaft und Recht und deren voraussichtliche Entwicklung gerichtet werden.

---

[5]Der gemeinsame Nenner kann, darf und sollte zwar durchaus noch größer sein als ein Konsens über das Machbare. Aber ein größerer gemeinsamer Nenner betrifft Bereiche wie Intelligenz, Empathie, Fleiß, Ausdauer, Weltanschauung, Arbeitsethos, Phantasiebegabung und Kreativität der Beteiligten. Diese Merkmale menschlicher Persönlichkeit sind jedoch nicht Gegenstand der Darstellung dieses Werks, weil sie weder in betriebswirtschaftlichen noch in rechtlichen Kategorien greifbar sind.

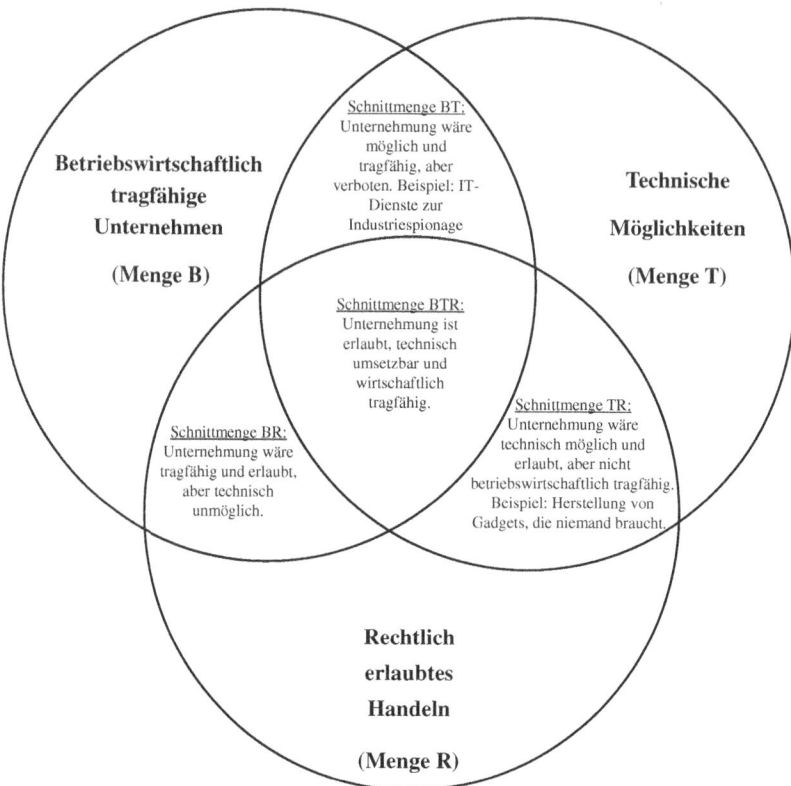

Abb. 1.1 Das Machbare

Dieser Blick für das Machbare ist anspruchsvoll. Schwierig ist bereits, bestehende technische Möglichkeiten und rechtliche Grenzen zu überblicken. Noch schwieriger ist es, zu erkennen, wohin sich diese Grenzen entwickeln. Denn die Grenzen des Machbaren – im Sinn der Fläche der Schnittmenge aus Technik, Betriebswirtschaft und Recht – sind nicht nur an vielen Stellen unscharf konturiert, sie unterliegen zudem permanenter Veränderung. Dies gilt insbesondere für die Grenzen des technisch Möglichen. Es gibt unendlich viele technische Anwendungen, die sich zudem in einer Geschwindigkeit weiter entwickeln, die den Versuch einer Moment- und Bestandsaufnahme sinnlos erscheinen lässt. Deshalb werden die Grenzen der Technik im Rahmen dieses Werks nicht betrachtet.

Die betriebswirtschaftliche Grenze des Machbaren ist dagegen konstanter. Solange Geld – sei es in Form von Gold, Silbermünzen, Papier- oder Buchgeld – auf Märkten als Tauschmittel akzeptiert wird, bleiben Überschüsse im Wesentlichen Überschüsse. Und wer kein Geld hat, aber welches braucht, hatte betriebswirtschaftlich betrachtet schon immer ein Problem. Gelingt dessen Lösung nicht, beispielsweise durch Beteiligung anderer Marktteilnehmer am eigenen unternehmerischen Risiko, erzwingt der Geldmangel früher oder später den Marktaustritt. Um Missverständnissen vorzubeugen:

Auch die betriebswirtschaftlichen Grenzen, die von Unternehmen beachtet werden müssen, unterliegen steter Entwicklung. Diese Entwicklung ist jedoch weniger dynamisch als der technische Fortschritt. Denn einige tragende Säulen der Betriebswirtschaft sind recht stabil im Boden weitgehend konsensfähiger Erkenntnis verankert und bewegen sich daher kaum. Das gilt insbesondere für die Bedeutung von Verträgen, die Grundlagen der Rechnungslegung, die Bedeutung von Liquidität und Insolvenz sowie die Bewertung von Unternehmen. Deshalb werden nachstehend zunächst diese vier Säulen der Betriebswirtschaft betrachtet. Erst vor diesem Hintergrund und auf diese betriebswirtschaftlichen Grundlagen aufbauend wird anschließend an für Start-ups in besonderer Weise maßgebliche Teile des Wirtschaftsrechts herangeführt. Denn Wirtschaftsrecht ist kein Selbstzweck, sondern ein makro- und mikroökonomisches Lenkungsinstrument. Die durch das Recht gesetzten Grenzen und die innerhalb dieser Grenzen bestehenden Gestaltungsspielräume schaffen und begrenzen Märkte und die Möglichkeiten, auf diesen zu agieren. Deshalb können die wirtschaftliche Betrachtung einer Situation oder eines Plans nicht ohne Rechtsverständnis und umgekehrt deren rechtliche Analyse nicht ohne betriebswirtschaftliches Verständnis erfolgen.

1.2 Marktteilnahme durch Verträge

1.2.1 Unternehmerische Wertschöpfung

Unternehmen werden aus Profitstreben, Leidenschaft, Idealismus, Not, Mangel an Alternativen oder um die Welt zu verändern mit verschiedensten Geschäftsmodellen gegründet. Stets geht es jedoch darum, einen – wie auch immer zu definierenden – Mehrwert zu erzeugen.[6] Dieser Mehrwert soll entstehen, indem Ressourcen („Input") miteinander zu neuen – materiellen oder immateriellen – Gütern oder sonstigen Leistungen („Output") kombiniert und auf einem Markt gegen Entgelt an Kunden abgesetzt werden („Umsatz").[7]

Die Ressourcen, die miteinander kombiniert werden, um den Mehrwert zu erzeugen, werden auch „Produktionsfaktoren" genannt. Diese beinhalten sämtliche denkbaren beweglichen und unbeweglichen körperlichen Gegenstände (Sachen) und immateriellen Güter, die für den unternehmerischen Herstellungs-, Dienstleistungs- und Absatzprozess benötigt werden. Dies schließt Betriebsgrundstücke, Rohstoffe wie beispielsweise Holz, und Komponenten ebenso ein wie Software, Technik, sonstiges Know-how, Elektrizität und menschliche Arbeitskraft (Abb. 1.2).

---

[6]Durch Verwendung des Begriffs „Mehrwert" soll nichts anderes ausgedrückt werden als die von *Thiel* mit zero to one und one to n bezeichneten Wertschöpfungsschritte (*Thiel,* ZERO TO ONE, S. 1) oder das von *Keese* in Silicon Valley, 5. Auflage 2014, S. 91 ff. (u. a. unter Bezugnahme auf die Diktion von *Thiel* [*Keese,* a. a. O, S. 101]) beschriebene Problemlösen.

[7]Ausnahmen von diesem Prinzip mögen rein altruistische Tätigkeiten darstellen, die jedoch im Rahmen dieses Werks nicht weiter beleuchtet werden.

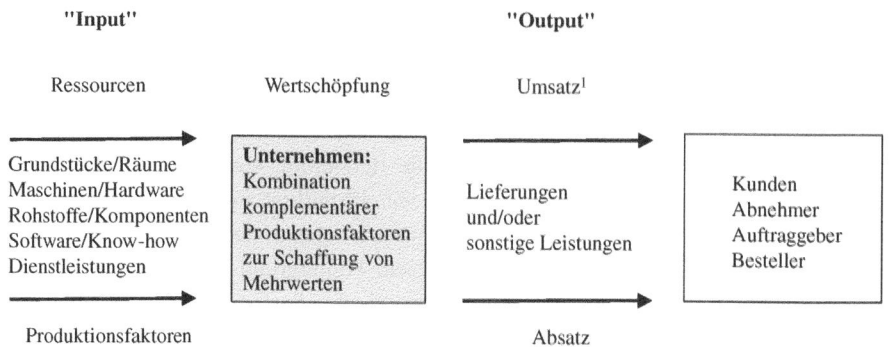

Abb. 1.2 Unternehmerische Wertschöpfung

1.2.2   Grundlagen von Beschaffung und Absatz

Dieser Wertschöpfungsprozess erfolgt auf der Grundlage von Verträgen. Der Abschluss eines Vertrags setzt grundsätzlich voraus, dass sich zwei oder mehr Marktteilnehmer verbindlich darüber einig sind, dass und von wem bestimmte Leistungen erbracht werden sollen und/oder dass eine Änderung der Vermögenszuordnung erfolgen soll. Die an einer solchen verbindlichen Einigung beteiligten Marktteilnehmer werden dadurch zu „Vertragsparteien". Im Rahmen von Verträgen können unterschiedlichste Leistungspflichten vereinbart werden, z. B.

- die Pflicht einer Vertragspartei, bestimmte Sachen (z. B. Komponenten, Rohstoffe oder Fertigerzeugnisse) oder Energie an eine andere Vertragspartei oder Dritte zu liefern,
- bestimmte Dienstleistungen (z. B. Programmier- oder Beratungsleistungen, aber auch mechanisch geprägte Leistungen wie Bau- oder Reinigungstätigkeiten) zu erbringen,
- die Pflicht, zu bestimmten Zeitpunkten bestimmte Geldbeträge an eine andere Vertragspartei oder Dritte zu leisten,
- die Pflicht, bestimmte materielle[8] (z. B. Geschäftsräume) oder immaterielle (z. B. Know-how) Güter zur Nutzung zur Verfügung zu stellen, und/oder
- die Pflicht, eine bestimmte Tätigkeit zu unterlassen.

---

[8]Mietverträge sind typische Beispiele dafür, dass sich eine Vertragspartei (Vermieter) verpflichtet, der anderen Vertragspartei ein Grundstück, eventuell auch mit einem darauf befindlichen Gebäude, ganz oder teilweise für einen bestimmten Zeitraum zur Nutzung zur Verfügung zu stellen. Die andere Vertragspartei (Mieter) ist dafür verpflichtet, als Gegenleistung zu bestimmten Zeitpunkten bestimmte Geldbeträge als „Miete" zu entrichten.

Verträge über eine Änderung der Vermögenszuordnung sind in erster Linie Verträge, durch die das Eigentum an Sachen oder die Inhaberschaft an einem Immaterialgut von einer Vertragspartei auf eine andere übertragen wird. Die Übertragung des Eigentums an einer beweglichen Sache wie beispielsweise einer Maschine oder einem Konsumartikel wird im deutschen Recht „Übereignung" genannt.[9] Die Übertragung des Eigentums an einem Grundstück (unbewegliche Sache) nennt man „Auflassung".[10] Die Übertragung des Eigentums (der Inhaberschaft) an immateriellen Vermögensgegenständen – darunter fallen insbesondere Forderungen, (gewerbliche) Schutzrechte[11] und Anteile (Beteiligungen) an Gesellschaften – erfolgt durch sogenannte „Abtretung".[12]

Ohne Verträge kann der Inhaber eines Unternehmens weder Leistungspflichten seiner Mitarbeiter noch Nutzungsüberlassungspflichten seiner Vermieter noch Abnahme- und Zahlungspflichten seiner Kunden begründen. Ebenso wenig kann der Inhaber eines Unternehmens ohne entsprechende Verträge Eigentum an zugelieferten Rohstoffen oder Komponenten erwerben oder seinen Kunden Eigentum an den vom Unternehmen hergestellten Fertigerzeugnissen verschaffen. Verträge sind daher die zentralen Instrumente der Marktteilnahme. In den Marktwirtschaften der westlichen Welt gibt es ohne Verträge keine Marktteilnahme, und ohne Marktteilnahme kein Unternehmertum.

Diese Betrachtungsweise ist kein Formalismus. Verträge haben für Unternehmen eine ähnliche Bedeutung wie Programmiersprachen für Softwareentwickler. Je mehr Vertragstypen verstanden und je besser die Mechanismen der Vertragsgestaltung beherrscht werden, desto schneller, kreativer und anpassungsfähiger kann sich das Unternehmen am Markt bewegen. Vertragsgestaltung erfordert neben Kenntnis der rechtlichen Marktrahmenbedingungen in erster Linie Fantasiebegabung und Kreativität. Dagegen sind bestimmte Missverständnisse von vornherein zu vermeiden, die im Zusammenhang mit dem Abschluss von Verträgen und deren Bedeutung auftreten können.

---

[9]Im deutschen Recht wird die Übereignung beweglicher Sachen in den §§ 929 ff BGB geregelt. Erforderlich ist danach u. a., dass sich sowohl der Veräußerer als auch der Erwerber *„darüber einig sind, dass das Eigentum übergehen soll."* (Wortlaut von § 929 Satz 1 BGB). Dieses „einig sein", also die Einigung über den Eigentumsübergang, ist ein Vertrag.

[10]Dazu §§ 873, 925 BGB.

[11]Dazu zählen beispielsweise Patente, Gebrauchsmuster und Halbleiterschutzrechte.

[12]Gemäß § 398 BGB kann eine Forderung *„von dem Gläubiger durch Vertrag mit einem anderen auf diesen übertragen werden (Abtretung)."* Die Abtretung ist folglich ein „Vertrag", weil sich sowohl die abtretende als auch die erwerbende Partei verbindlich darüber einig sind, dass das Eigentum (die Inhaberschaft) an der Forderung von ersterer auf letztere Partei übergeht. In § 413 BGB wird geregelt, dass auch die Übertragung anderer Rechte – z. B. Schutzrechte und gesellschaftsrechtliche Beteiligungen – entsprechend den für Forderungen geltenden Vorschriften erfolgt, also ebenfalls durch „Abtretung".

1.2.3   Formfreiheit

Der wirksame Abschluss eines Vertrags setzt zumindest in der Regel nicht voraus, dass eine bestimmte Form gewahrt wird.[13] Auch mündlich oder sogar nur stillschweigend – z. B. durch Gesten – Vereinbartes gilt grundsätzlich verbindlich. Von diesem Grundsatz gibt es nur wenige, für die wirtschaftsrechtliche Praxis bedeutsame Ausnahmen. Besonders wichtige Ausnahmen vom Grundsatz der Formfreiheit gelten insbesondere für

- Verträge über die Veräußerung oder den Erwerb von Grundstücken[14],
- Verträge über die Abtretung von Geschäftsanteilen an GmbH[15],
- Bürgschaften mit Verbrauchern oder nicht-gewerblichen Unternehmern[16],
- Arbeitsverträge, die eine Befristungsabrede enthalten[17],
- Verträge über die Aufhebung von Arbeitsverträgen (Auflösungsverträge)[18],

---

[13]Formfreiheit ist der Grundsatz, Formbedürftigkeit dagegen die Ausnahme. Deshalb können auch Verträge, die für die Vertragsparteien – z. B. wegen ihrer langen Laufzeit oder dem vertragsgegenständlichen Umsatzvolumen – erhebliche wirtschaftliche Bedeutung haben, grundsätzlich mündlich abgeschlossen werden, z. B. im Rahmen eines Telefonats oder eines Gesprächs auf einer Messe.

[14]Dies folgt aus § 311b Abs. 1 BGB. Erforderlich ist die notarielle Beurkundung des Vertrags.

[15]Auch insoweit ist die notarielle Beurkundung des Vertrags erforderlich, und zwar sowohl die Beurkundung des Vertrags, durch den die Pflicht zur Abtretung begründet wird (§ 15 Abs. 4 GmbHG), als auch die Beurkundung des Vertrags über die Abtretung selbst (§ 15 Abs. 3 GmbHG).

[16]Dies folgt aus § 766 Satz 1 BGB. Erforderlich ist die Schriftform der Bürgschaftserklärung im Sinn von § 126 BGB. Das Formerfordernis des § 766 Satz 1 BGB gilt jedoch nicht für Bürgschaftserklärungen, die von gewerblichen Unternehmern (Kaufleuten) abgegeben werden (dazu § 350 HGB).

[17]Dies folgt aus § 14 Abs. 4 TzBfG. Wird die Schriftform nicht gewahrt, gilt der Arbeitsvertrag gemäß § 16 Satz 1 TzBfG *„als auf unbestimmte Zeit geschlossen"* (Wortlaut von § 16 Satz 1 TzBfG). Der Arbeitsvertrag ist dann also – insoweit entgegen der ansonsten geltenden, vertragsrechtlichen Grundsätze – nicht etwa insgesamt nichtig, sondern bleibt wirksam. Insbesondere können auch Arbeitsverträge grundsätzlich formfrei – also auch mündlich – wirksam abgeschlossen werden. Ein wirksamer Arbeitsvertrag mit unwirksamer Befristungsabrede ist wie ein Arbeitsvertrag ohne Befristungsabrede und damit ein unbefristeter Arbeitsvertrag. Die Beendigung eines unbefristeten Arbeitsvertrags kann grundsätzlich nur durch Aufhebungsvereinbarung (was die Zustimmung beider Vertragsparteien voraussetzt) oder Kündigung erfolgen. Arbeitgeberseitige Kündigungen sind dann jedoch nur unter Beachtung etwa einschlägiger kündigungsschutzrechtlicher Beschränkungen möglich.

[18]Dies folgt aus § 623 BGB, der wie folgt lautet: *„Die Beendigung von Arbeitsverhältnissen durch Kündigung oder Auflösungsvertrag bedürfen zu ihrer Wirksamkeit der Schriftform, die elektronische Form ist ausgeschlossen."* Der Grundsatz der Formfreiheit gilt folglich nur für den Abschluss von Arbeitsverträgen, nicht jedoch für deren Kündigung und ebenfalls nicht für deren einvernehmliche Aufhebung durch einen zwischen Arbeitgeber und Arbeitnehmer einvernehmlich abgeschlossenen Auflösungsvertrag (Aufhebungsvertrag).

- die Vereinbarung nachvertraglicher Wettbewerbsverbote mit Arbeitnehmern[19],
- Verträge, durch die Urheber zur Einräumung von Nutzungsrechten an künftigen Werken verpflichtet werden[20],
- Verträge über die Übertragung einer europäischen Patentanmeldung[21],
- Verträge über die Übertragung einer Unionsmarke,[22]
- sogenannte „Verbraucherdarlehensverträge"[23] und
- Verträge über die güterrechtlichen Verhältnisse zwischen Ehegatten („Eheverträge").[24]

Für diese Vertragstypen ist die Beachtung einer bestimmten Form gesetzlich als Wirksamkeitsvoraussetzung vorgeschrieben. Wird die Beachtung einer Form – namentlich Schriftform[25] oder notarielle Beurkundung – für bestimmte Vertragstypen (dazu die vorstehenden Beispiele) vorgeschrieben, führt die Nichtbeachtung der gesetzlich vorgeschriebenen Form zur Nichtigkeit des Vertrags.[26] Jenseits dieser gesetzlich jeweils

---

[19]Dies folgt aus § 74 Abs. 1 HGB. Erforderlich ist ebenfalls die Wahrung der Schriftform.

[20]Für solche Verträge gilt gemäß § 40 Abs. 1 Satz 1 UrhG Schriftformzwang.

[21]Für solche Verträge gilt gemäß Art. 72 EPÜ Schriftformzwang.

[22]Gemäß Art. 20 Abs. 3 der Unionsmarkenverordnung muss die Übertragung einer Gemeinschaftsmarke grundsätzlich in schriftlicher Form erfolgen.

[23]Dazu § 492 Abs. 1 BGB.

[24]Gemäß § 1410 BGB müssen Eheverträge notariell beurkundet werden. Die wirtschaftliche Bedeutung von Eheverträgen für Unternehmensgründer erschließt sich, wenn man sich die Folgen einer Scheidung für einen Gründer vor Augen hält, dessen Unternehmen während der Ehe einen erheblichen Wertzuwachs erfahren hat. Haben Ehegatten die güterrechtlichen Verhältnisse und Folgen einer Scheidung nicht durch einen Ehevertrag im Sinn von § 1408 BGB abweichend von den gesetzlichen Bestimmungen geregelt, bilden sie eine sogenannte „Zugewinngemeinschaft" (§ 1363 Abs. 1 BGB). Endet diese Zugewinngemeinschaft durch Scheidung, sind vermögensmäßige Zugewinne der Ehegatten, welche diese während der Ehe jeweils erzielt haben, so untereinander auszugleichen, dass im Ergebnis jeder Ehegatte hälftig an dem von beiden Ehegatten insgesamt erzielten Zugewinn partizipiert. Dieser Ausgleich erfolgt durch eine Geldzahlung desjenigen Ehegatten, der während der Ehe einen höheren vermögensmäßigen Zugewinn erzielt hat, an denjenigen Ehegatten, der während der Ehe keinen oder nur einen geringeren Zugewinn erzielt hat. Dies gilt auch dann, wenn der ausgleichspflichtige Unternehmer-Ehegatte nicht über die erforderliche Liquidität verfügt. Denn insbesondere der Umstand, dass der Unternehmer-Ehegatte an einem hoch zu bewertenden Unternehmen beteiligt ist, bedeutet nicht, dass in Höhe dieses Unternehmenswerts auch liquide Mittel zur Verfügung stehen. Die mit der Scheidung verbundene Pflicht zur Leistung einer Ausgleichszahlung an den anderen Ehegatten kann den Unternehmer-Ehegatten folglich in Geldnöte bringen, weil die für den Zugewinnausgleich erforderliche Liquidität beschafft werden muss.

[25]Was unter „Schriftform" in diesem Sinn zu verstehen ist, folgt aus § 126 BGB. Die „Schriftform" im Sinn von § 126 BGB darf insbesondere nicht mit der in § 126 b BGB geregelten „Textform" verwechselt werden. Letztere kann – im Gegensatz zur „Schriftform" – auch durch E-Mail oder Telefax gewahrt werden.

[26]Die Rechtsfolge der Nichtigkeit folgt aus § 125 Satz 1 BGB, der wie folgt lautet: „*Ein Rechtsgeschäft, welches der durch Gesetz vorgeschriebenen Form ermangelt, ist nichtig.*"

geregelten Ausnahmen bleibt es jedoch bei dem Grundsatz der Formfreiheit. Insbesondere sind Verträge nicht nur dann wirksam, wenn sie schriftlich abgeschlossen oder zumindest digital dokumentiert werden. Von den wenigen Formzwang-Ausnahmen abgesehen gilt auch das mündlich oder sogar nur durch stillschweigend erzielte Übereinstimmung Vereinbarte verbindlich.

Beispiel Arbeitsvertrag

Informatiker I hilft regelmäßig jeden Freitag von 14 bis 20 Uhr mit Programmierarbeiten bei der Programmier-AG („P-AG") in München aus. Hintergrund ist, dass bei der P-AG oft Ende der Arbeitswoche Projekte abgeschlossen werden müssen und deshalb erhöhter Arbeitsbedarf besteht. I verrichtet die Programmierarbeiten in den Geschäftsräumen der P-AG. Dort ist I in die Organisation der P-AG integriert und den Weisungen des jeweiligen Projektleiters unterworfen. Am Ende jedes Monats erhält I EUR 80 pro geleistete Arbeitsstunde ohne Abzug auf sein Bankkonto. Mit dieser Bezahlung ist I zufrieden, nicht jedoch mit seinem Status. Denn zwischen I und der P-AG wurde nie ein schriftlicher Vertrag über die von I zu verrichtenden Tätigkeiten und deren Vergütung abgeschlossen. Vielmehr hatte I zunächst aufgrund einer mündlichen Absprache bei der P-AG „ausgeholfen", und anschließend hatte sich das Zusammenwirken zwischen I und der P-AG über die Jahre „so eingependelt". I meint daher, er sei lediglich als „Freelancer" bei der P-AG tätig und daher stets dem Risiko ausgesetzt, von der P-AG nicht weiter beschäftigt zu werden, und zwar auch deshalb, weil er mit der P-AG *„eigentlich keinen Vertrag"* habe. I glaubt, er habe deshalb auch weder Urlaubsansprüche noch Absicherung im Krankheitsfall. I irrt jedoch aus folgenden Gründen:

Die Abreden zwischen I und P-AG mögen nicht dokumentiert sein, stellen aber gleichwohl einen Vertrag dar. Denn ein Vertrag kann auch mündlich oder durch stillschweigend aufeinander abgestimmtes Handeln abgeschlossen werden. Zwischen I und P-AG besteht zunächst ein Dienstvertrag im Sinn von § 611 BGB („Dienstleistung gegen Vergütung"). Damit steht jedoch noch nicht fest, ob I auf Grundlage dieses Dienstvertrags als „Freelancer" (= selbstständiger Unternehmer) oder Arbeitnehmer tätig ist. Entscheidend ist, ob I bei der P-AG im Wesentlichen weisungsgebunden und fremdbestimmt arbeitet oder *„im Wesentlichen frei seine Tätigkeit gestalten und seine Arbeitszeit bestimmen kann."*[27] Da I weisungsgebunden und fremdbestimmt arbeitet, ist I Arbeitnehmer im Sinn von § 611a BGB. Danach gilt:

„Durch den Arbeitsvertrag wird der Arbeitnehmer im Dienste eines anderen zur Leistung weisungsgebundener, fremdbestimmter Arbeit in persönlicher Abhängigkeit verpflichtet. Das Weisungsrecht kann Inhalt, Durchführung, Zeit und Ort der Tätigkeit betreffen. Weisungsgebunden ist, wer nicht im Wesentlichen frei seine Zeit gestalten und seine

---

[27]Diese Formulierung entstammt dem Wortlaut von § 84 Abs. 1 Satz 2 HGB; diese Vorschrift enthält eine gesetzliche Bestimmung des Begriffs „selbstständig".

Arbeitszeit bestimmen kann. Der Grad der persönlichen Abhängigkeit hängt dabei auch von der Eigenart der jeweiligen Tätigkeit ab. Für die Feststellung, ob ein Arbeitsvertrag vorliegt, ist eine Gesamtbetrachtung aller Umstände vorzunehmen. Zeigt die tatsächliche Durchführung des Vertragsverhältnisses, dass es sich um ein Arbeitsverhältnis handelt, kommt es auf die Bezeichnung im Vertrag nicht an."[28]

Im Rahmen dieser *„Gesamtbetrachtung aller Umstände"* kann zudem berücksichtigt werden, dass I eine feste Vergütung pro Stunde unabhängig davon erhält, in welchem Umfang die P-AG die von I erbrachten Programmierleistungen tatsächlich verwerten kann. Damit trägt I kein unmittelbares Unternehmerrisiko. Unerheblich ist dagegen, dass I nur sechs Stunden pro Woche für die P-AG tätig ist (Arbeitnehmer in Teilzeit[29]). Folglich spricht einiges dafür, dass I teilzeitbeschäftigter Arbeitnehmer der P-AG ist, und zwar auf Grundlage eines formfrei abgeschlossenen, jedoch wirksamen Arbeitsvertrags. Dieser sieht eine Arbeitszeit von 6 h pro Woche jeweils am Freitag-Nachmittag gegen eine Vergütung in Höhe von EUR 80 brutto pro Stunde vor. I wäre demnach kein „Freelancer" (Selbständiger), sondern hätte als teilzeitbeschäftigter Arbeitnehmer sämtliche gesetzlich vorgesehenen Arbeitnehmerrechte.[30] Dies schließt auch einen Anspruch auf (anteiligen) bezahlten Erholungsurlaub ein (§ 4 Abs. 1 Satz 1 TzBfG i. V. m. § 1 BUrlG). Hinzu kommt gemäß §§ 2 und 3 EFZG ein Anspruch auf Entgeltfortzahlung für den Fall, dass I an einem Freitag-Nachmittag feiertagsbedingt keine Arbeit leisten muss oder krankheitsbedingt arbeitsunfähig ist.

Ein gefühlt oder vermeintlich „ohne Vertrag" für ein Unternehmen agierender „Freelancer" kann daher rechtlich als auf Grundlage eines Arbeitsvertrags voll- oder teilzeitbeschäftigter Arbeitnehmer einzuordnen sein. Mit allen Konsequenzen.[31] Der im Beispiel zitierte § 611a Satz 5 BGB, nach dem es für die Einordnung des Vertrags auf *„die tatsächliche Durchführung des Vertragsverhältnisses"* und nicht *„auf die Bezeichnung im Vertrag"*[32] ankommt, führt zudem zu einer weiteren Erkenntnis.

---

[28]Wortlaut von § 611a Abs. 1 BGB.

[29]Dazu insbesondere auch § 2 Abs. 1 TzBfG.

[30]Die P-AG könnte folglich eine Kündigung des mit I bestehenden Teilzeit-Arbeitsverhältnisses nur unter Beachtung der in § 622 BGB geregelten Kündigungsfrist und etwa einschlägiger kündigungsschutzrechtlicher Vorschriften aussprechen (z. B. nur unter Beachtung von § 1 KSchG, falls I bereits länger als sechs Monate bei der P-AG beschäftigt ist und diese insgesamt mehr als 10 Arbeitnehmer beschäftigt oder unter Beachtung von § 102 Abs. 1 Satz 1 BetrVG, falls im Betrieb der P-AG ein Betriebsrat besteht).

[31]Folge der Einordnung als Arbeitsverhältnis ist nicht nur die Anwendbarkeit einer erheblichen Bandbreite arbeitnehmerschützender Gesetze wie z. B. des TzBfG, des EFZG und des BUrlG sowie anderer arbeitsverhältnisbezogener Gesetze wie z. B. das Gesetz über Arbeitnehmererfindungen (ArbnErfG), sondern auch die Pflicht des Arbeitgebers zur Durchführung des in den §§ 38 ff EStG geregelten Lohnsteuerabzugs sowie zum Einbehalt und zur Abführung von Sozialversicherungsbeiträgen.

[32]Wortlaut von § 611a Abs. 1 Satz 5 BGB.

1.2.4 Wille über Wortlaut

Wie die Parteien eines Vertrags diesen überschreiben oder nennen, ist letztlich nicht entscheidend. Für die rechtliche Einordnung eines Vertrags ist in erster Linie der von den Parteien tatsächlich gewollte Inhalt maßgeblich. Verträge kommen durch übereinstimmende Willenserklärungen der Vertragsparteien zustande. Und dazu stellt § 133 BGB klar: *„Bei der Auslegung einer Willenserklärung ist der wirkliche Wille zu erforschen und nicht an dem buchstäblichen Sinne des Ausdrucks zu haften.“*[33]

Die Überschrift oder von den Vertragsparteien gewählte Bezeichnung des Vertrags liefert dafür allenfalls ein Indiz. Ein noch gewichtigeres Indiz für den tatsächlichen Willen der Parteien ist jedoch die Vertragswirklichkeit. Selbst wenn die im Beispiel zwischen I und P-AG getroffene Abrede schriftlich dokumentiert und mit den Worten „Vertrag über freie Mitarbeit“ oder „Dienstvertrag zwischen Unternehmern“ überschrieben worden wäre, läge ein Arbeitsvertrag vor. Denn inhaltlich – also in der Sache – wollten die Vertragsparteien I und die P-AG mit dem Vertrag erreichen, dass I zu bestimmten Zeiten in die Betriebsorganisation der P-AG eingeordnet und dort nach Weisungen des zuständigen Projektleiters Programmier-Tätigkeiten verrichtet. Dafür, dass dies so gewollt war, spricht insbesondere die tatsächliche Umsetzung des Vertrags. Der Vertrag zwischen I und der P-AG wurde einvernehmlich als Arbeitsvertrag „gelebt“. Deshalb ist dieser unabhängig davon, ob und wie der Vertrag dokumentiert und bezeichnet wurde, als Arbeitsvertrag einzuordnen.

Ist der Inhalt eines Vertrags oder dessen rechtliche Einordnung streitig, dann gilt: Die rechtliche Einordnung des Vertrags hängt vom Vertragsinhalt ab, und der Vertragsinhalt davon, was die Vertragsparteien zum Zeitpunkt des Vertragsabschlusses tatsächlich wollten. Das von den Parteien Gewollte ist durch Auslegung zu ermitteln. Dazu sind neben dem mündlich vereinbarten oder schriftlich dokumentierten Wortlaut eines Vertrags auch sämtliche für die Bedeutung des Vertrags maßgebliche Begleitumstände des Vertragsabschlusses heranzuziehen. Dazu zählt z. B. der wirtschaftliche Zusammenhang, in dem der Vertrag abgeschlossen wurde, ebenso wie das tatsächliche Verhalten der Parteien vor und nach Vertragsabschluss. Aus der Fülle dieser Indizien ist dann auf das von den Parteien Gewollte zu schließen, sofern dies zwischen den Parteien streitig ist. Auch undokumentierte Verträge sind daher grundsätzlich nicht nur wirksam, sondern auch auslegungsfähig und -bedürftig.

---

[33]Wortlaut von § 133 BGB.

1.2.5 Gründe für die Vertragsdokumentation

Der Wortlaut eines Vertrags ist und bleibt jedoch ein besonders gewichtiges Indiz dafür, wie dieser auszulegen ist.[34] Damit kommt dem Wortlaut eines Vertrags im Streitfall eine erhebliche Bedeutung für die Ermittlung des Vertragsinhalts zu. Betrachtet man vor diesem Hintergrund die Funktion von Verträgen für Unternehmen, verdeutlicht dies, warum die Dokumentation von Verträgen für Unternehmen unabhängig von gesetzlichen Formzwängen wichtig ist:

Als Marktteilnahmeinstrumente dienen Verträge Unternehmen dazu, Ansprüche (Forderungen) und Rechte (z. B. Eigentum an Gegenständen) zu begründen und zu erwerben und dadurch eine Marktposition zu erlangen. Wird diese Marktposition von anderen Marktteilnehmern bestritten, kann die Durchsetzung der eigenen Position davon abhängen, ob nachgewiesen werden kann, ob und wie die eigene Position am Markt erlangt wurde.[35] Wenn der Wortlaut einer durch Vertragsabschluss erlangten Marktposition das wichtigste Kriterium ist, um diese nachweisen zu können, dann ist es für ein Unternehmen ärgerlich, wenn dieser Wortlaut bei Bedarf nicht problemlos nachgewiesen werden kann. Dies setzt die Dokumentation des Vertrags in Schrift- oder Textform voraus. Die Dokumentation von Verträgen erfolgt daher, um im Streitfall deren Wortlaut nachweisen und damit ein gewichtiges Indiz dafür präsentieren zu können, welchen Inhalt der Vertrag hat.

Das bedeutet nicht, dass der Wortlaut einer Vereinbarung mit einem anderen Marktteilnehmer nur durch Vorlage von Urkunden oder anderer Dokumente nachgewiesen werden könnte – die Beweisführung kann auch auf Zeugenaussagen gestützt werden. Diese Art des Nachweises ist jedoch mit erheblichen Unsicherheiten behaftet. Zeugen können nicht nur ableben oder unauffindbar sein, das menschliche Gedächtnis kann die wortlautgetreue Wiedergabe eines – möglicherweise längeren – Vertragstexts nur in Ausnahmefällen leisten. Die Redensart „wer schreibt, der bleibt" hat daher ihre Berechtigung. Hinzu kommt:

---

[34]Dazu insbesondere auch die Rechtsprechung des BGH, z. B. in BGH NJW 2001, S. 144: *„Nach anerkannten Auslegungsgrundsätzen hat die Vertragsauslegung in erster Linie den von den Parteien gewählten Wortlaut der Vereinbarung und den diesem zu entnehmenden objektiv erklärten Parteiwillen zu berücksichtigen."*

[35]In der Praxis fällt in diesem Zusammenhang oft der Begriff „Rechtekette" *(chain of title)*. Wer nachweisen muss, Inhaber eines originär nicht selbst begründeten Rechts zu sein, muss im Extremfall beweisen, wann und durch wen dieses Recht ursprünglich begründet wurde und wie – über welche weiteren Personen – dieses Recht an den Beweisführer gelangt ist. Insbesondere bei Rechten an Immaterialgütern sollte daher auf eine Dokumentation dieser „Rechtekette" geachtet werden. Denn an Immaterialgütern ist kein physischer Besitz im Sinn einer tatsächlichen Sachherrschaft möglich, der für Dritte sichtbar die Vermutung begründet (dazu § 1006 Abs. 1 BGB), dass der Besitzer auch der Eigentümer ist.

Menschen vergessen nicht nur, sie kommen und gehen auch. Das gilt auch für die Mitarbeiter von Unternehmen, die dort für die Bearbeitung, Abwicklung und Erfüllung von Verträgen zuständig sind, sei es im Verhältnis zu Lieferanten oder zu Kunden. Wenn das Wissen über die Inhalte von mit Lieferanten oder Kunden geschlossenen Verträgen und damit das Wissen über die insoweit bestehende Marktposition des Unternehmens nur in den Köpfen der zuständigen Mitarbeiter gespeichert ist, erhöht dies das mit dem Abgang eines Mitarbeiters für das Unternehmen verbundene Risiko.

1.2.6 Dokumentationsgrundsätze

Daraus können folgende Grundsätze abgeleitet werden, die zumindest bei der Gestaltung und dem Abschluss von Verträgen beachtet werden sollten, die für ein Unternehmen eine nennenswerte wirtschaftliche Bedeutung haben. Nennenswerte wirtschaftliche Bedeutung für Unternehmen haben Verträge, die zumindest eine der folgenden Voraussetzungen erfüllen:

- Die vertragsgegenständlichen Leistungen haben einen erheblichen Preis oder Wert.[36]
- Der Vertrag hat eine lange Laufzeit ohne kurzfristige Kündigungsmöglichkeit.[37]
- Eine Verletzung des Vertrags ist für das Unternehmen mit erheblichen Risiken verbunden.[38]

Jedenfalls dann, wenn ein Vertrag mindestens eine dieser Voraussetzungen erfüllt, sollten folgende Dokumentationsgrundsätze umgesetzt werden:

Grundsatz	Umsetzung
Vollständigkeit	• Abbildung sämtlicher Abreden, auch Nebenabreden
	• Darstellung, wann, zwischen wem und durch wen der Vertragsabschluss erfolgte

---

[36]Wann der Wert oder Preis für eine vertragliche Leistung für ein Unternehmen erheblich ist, hängt letztlich von der Größe und Leistungsfähigkeit des jeweiligen Unternehmens ab.

[37]Z. B. langfristige Mietverträge oder Bezugspflichten (z. B. Rechnerleistungen, Cloud-Services) sowie nicht kurzfristig kündbare Arbeitsverträge.

[38]Z. B. Verträge über billige Komponenten für die Herstellung von Investitionsgütern (z. B. Satelliten oder Papierherstellungsmaschine), deren Nichtlieferung oder der Ausfall erhebliches Schadenspotenzial hat.

Grundsatz	Umsetzung
Verständlichkeit	• Präambel mit Vorstellung der Vertragsparteien und den mit dem Vertrag verfolgten Zielen
	• Nach der Präambel wird durch jeden Satz entweder i) eine konkrete Pflicht[a] für eine Partei vorgesehen oder ii) ein Begriff, eine Frist (Beginn, Ablauf, Unterbrechung), die Qualität eines Gegenstands oder einer Dienstleistung oder die Art und Weise, wie eine Pflicht zu erfüllen ist[b], weitergehend definiert[c] oder iii) einer Partei ein Recht zugeordnet[d]
	• Durchgehend nur Verwendung genau desselben Begriffs, wenn ein und dasselbe gemeint ist
	• Zeichnungen (z. B. Pläne), Aufzählungen, Tabellen oder Übersichten in Anlagen verschieben
	• Keine Verwendung undefinierter Abkürzungen

[a]Pflichten sollten unumwunden als solche bezeichnet werden, z. B., indem die betreffenden Sätze mit den Worten *„Die Partei X ist verpflichtet, … spätestens am [DATUM] … zu liefern/leisten"* oder *„Die Partei X muss der Partei Y spätestens am [DATUM] … folgende Unterlagen vorlegen (Bringschuld)"*. Alternativ, aus Sicht der anspruchsberechtigten Partei, können Formulierungen verwendet werden wie z. B. *„Wenn und sobald die beiden nachfolgend genannten Bedingungen (1. und 2.) erfüllt sind, ist Partei Y berechtigt, von Partei X die Zahlung eines Betrags in Höhe von [Währung Zahl] zu verlangen."*

[b]Z. B.: *„Eine an die Partei X zu leistende Zahlung gilt erst und nur dann als geleistet, wenn der zu zahlende Betrag auf dem nachfolgend bezeichneten Bankkonto der Partei X gutgeschrieben worden ist."*

[c]Z. B.: *„Für die Bedeutung des Begriffs „Know-how" im Sinn dieses Vertrags gilt die in der EU-Verordnung Nr. 316/2014 (Technologietransfer-Gruppenfreistellungsverordnung) geregelte Begriffsbestimmung"* oder *„Im Sinn dieses Vertrags ist ein mit einer Partei „verbundenes Unternehmen" jedes Unternehmen, das … "*

[d]Z. B.: *„Das Eigentum an den gelieferten Waren geht auf die Partei X (Käufer) über, wenn und sobald diese den vereinbarten Kaufpreis vollständig an die Partei Y (Verkäufer) gezahlt hat."* (Das vorstehende Beispiel bildet einen sogenannten „Eigentumsvorbehalt" ab. Geregelt wird, ab wann bzw. bei Eintritt welcher Bedingung[en] das Eigentum [Recht] an bestimmten Sachen von einer Vertragspartei an die andere übergeht). In Factoring-Verträgen – das sind Verträge über den Verkauf bereits entstandener, jedoch noch nicht fälliger Forderungen aus Lieferungen und sonstigen Leistungen – finden sich beispielsweise Formulierungen wie diese: *„Die Partei X (Anschlusskunde) tritt hiermit sämtliche gegenwärtig bestehenden und zukünftig noch entstehenden Forderungen aus Lieferungen und sonstigen Leistungen gegen ihre Kunden an die Partei Y (Factor) ab. Die Abtretung jeder einzelnen Forderung von der Partei X an die Partei Y steht jeweils unter der aufschiebenden Bedingung, dass zwischen den Parteien ein Kaufvertrag über die betreffende Forderung zustande kommt."*

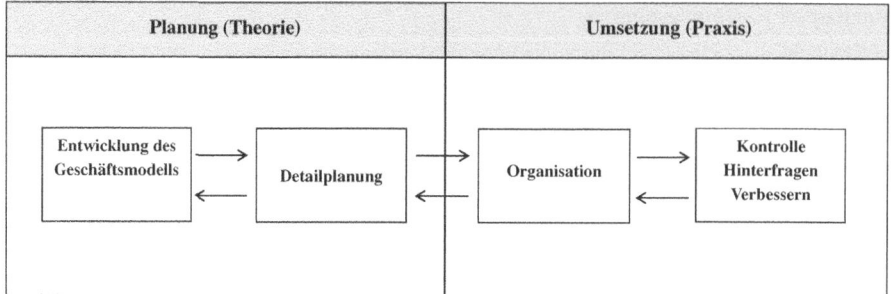

Abb. 1.3 Planung und Umsetzung

1.3   Unternehmensleitung und Management

Unternehmerische Wertschöpfung und die dafür erforderliche Marktteilnahme erfolgen nicht von selbst. Die Kombination komplementärer Produktionsfaktoren muss geplant und geleitet werden. Die dafür in Unternehmen zuständigen Personen sind die „Unternehmensleiter". Gleichbedeutend wird hier der Begriff „Manager" verwendet. Managementaufgaben sind die Umsetzung und permanente Verbesserung des jeweiligen Geschäftsmodells. Umsetzung bedeutet Machen. Das beinhaltet Zielvorgaben, Planung, Organisation und Kontrolle. Die Organisation schließt auch das Organisieren des Abschlusses der zur Ressourcenbeschaffung und zum Absatz erforderlichen Verträge ein.[39] Verbesserung erfolgt durch Hinterfragen und Entwicklung neuer Lösungen.[40] Die Umsetzung eines Geschäftsmodells verläuft nicht linear, sondern in gegenläufigen Prozessen. Denn die auf einer Entwicklungsstufe gewonnen Erkenntnisse bilden nicht nur die Grundlage für den jeweils nächsten Schritt, sondern führen auch zu Änderungen auf den gedanklich jeweils vorgelagerten Stufen (Abb. 1.3).

Spätestens dann, wenn die Umsetzung eine gewisse Nachhaltigkeit erreicht, kommt auch Berichterstattung hinzu. Diese dient dazu, die Unternehmensleiter zu kontrollieren und über die Vermögens-, Finanz- und Ertragslage der Unternehmung einschließlich wichtiger Kennzahlen – so genannter *key performance indicators* („KPI") – zu informieren. Wichtigste Adressaten der Berichterstattung sind die (wirtschaftlichen) Eigentümer, die Gläubiger und potentiellen Geschäftspartner des Unternehmens sowie verschiedene

---

[39]Zumindest muss die Unternehmensleitung dafür Sorge tragen, dass „jemand" – im Sinn eines nach der Organisation dafür zuständigen Mitarbeiters – diese Verträge mit Wirkung für den Inhaber des Unternehmens abschließt.

[40]Einen zusammenfassenden Überblick über wichtige Management-Theorien und deren Anwendung beinhaltet z. B. das von *McGrath/Bates* verfasste Werk „Der 5 Minuten Manager".

Behörden, allen voran die Finanzverwaltung. Die Berichterstattung soll das Handeln der Unternehmensleiter und deren Erfolge und Misserfolge für diese Adressaten transparent und messbar machen. Aus der Berichterstattung muss daher hervorgehen, ob der unternehmerisch angestrebte Mehrwert erzeugt wurde.

Die Berichterstattung erfolgt in der Regel nach Abschluss eines Projekts, nach Erreichen eines Meilensteins oder am Ende einer Periode, z. B. eines Geschäftsjahrs. Dennoch sollte die Berichterstattung stets von Beginn an in den Blick genommen werden. Denn die Berichtserstattung muss – dem Kontrollzweck geschuldet – in den Kategorien erfolgen, in denen unternehmerischer Erfolg gemessen wird. Werden diese Kategorien bereits zu Beginn der unternehmerischen bzw. unternehmensleitenden Tätigkeit betrachtet, wird deutlicher, worauf hinzuarbeiten ist.

1.4   „Kaufmännische" Rechnungslegung

1.4.1   Bedeutung

Abhängig vom konkreten Anlass und Adressaten kann Berichterstattung in verschiedener Form und mit unterschiedlicher inhaltlicher Ausrichtung erfolgen. Jahresabschlüsse, Ad-hoc-Mitteilungen, Steuererklärungen, mündliche Berichte in Gesellschafterversammlungen und Presse-Interviews haben unterschiedliche Anlässe, Adressaten und Berichtskategorien. Zumindest vordergründig können darin Klickzahlen, Vorbestellungen, Arbeitnehmerzufriedenheit, Mitarbeiterzahlen oder technische Durchbrüche ebenso als „Key-Performance-Indikatoren"[41] hervorgehoben werden wie der Erhalt von Auszeichnungen. Aber zumindest mittelbar geht es dabei immer auch um das tatsächliche, kurzfristig absehbare oder langfristig erwartbare, in Geldeinheiten gemessene und ausgedrückte Ergebnis des betreffenden Unternehmens. Denn zumindest langfristig „reicht nicht das Erzählte, sondern zählt das Erreichte".[42]

Wichtigste Grundlage der Berichterstattung ist deshalb die „kaufmännische" Rechnungslegung. Dies gilt namentlich für die Berichterstattung im Verhältnis zu den am Unternehmen wirtschaftlich Berechtigten, zu Gläubigern, zu potentiellen Geschäftspartnern und zur Finanzverwaltung. Denn durch die kaufmännische Rechnungslegung werden sämtliche für die Vermögens-, Finanz- und Ertragslage eines Unternehmens relevanten Tatsachen (Geschäftsvorfälle), z. B. Ausgaben und Einnahmen, erfasst

---

[41]*„Key Performance Indicator(s)"* – in der Praxis auch mit *„KPI"* abgekürzt.
[42]So ein dem Kabarettisten *Alfred Dorfer* zugeschriebener Aphorismus.

und in Geldeinheiten bewertet (gebucht). Zur Beantwortung der Frage nach dem in einer bestimmten Periode, z. B. in einem Geschäftsjahr, erzielten Ergebnis werden dann sämtliche gebuchten Geschäftsvorfälle konsolidiert, also zusammengerechnet. Beispielsweise beinhaltet ein Jahresabschluss (Berichterstattung) die konsolidierten Buchungen eines Geschäftsjahrs (Periode).

Kaufmännische Rechnungslegung ist damit nichts anderes als die Darstellung unternehmensrelevanter Geschäftsvorfälle in der Sprache der Buchhalter. Diese „Sprache der Buchhalter" ist ein System zur Erfassung, Dokumentation, Bewertung und Konsolidierung von Geschäftsvorfällen, die für die Vermögens- Finanz- und Ertragslage eines Unternehmens maßgeblich sind. „Kaufmännisch" wird die Rechnungslegung gewerblicher Unternehmen deshalb genannt, weil dieses System der Erfassung und Bewertung von Geschäftsvorfällen – zumindest in wesentlichen Teilen – in dem für „Kaufleute"[43] geltenden HGB geregelt wird.

Als Sprache der Buchhalter dient die dort vorgesehene Art der Rechnungslegung der Verständigung zwischen gewerblichen Unternehmen einerseits und den (potentiellen) Gläubigern und sonstigen Geschäftspartnern des Unternehmens sowie mit der Finanzverwaltung. Finanzämter, Steuerberater, Wirtschaftsprüfer, Kreditinstitute[44] und „Investoren" sprechen diese Sprache ebenso wie die Mitarbeiter von Kreditversicherern und der Beschaffungsabteilungen von Unternehmen. Zudem dient die Rechnungslegung der Selbstinformation und -kontrolle der Unternehmensleitung.

Einige zentrale, auch für Start-ups bedeutsame gesetzliche Bestimmungen des Wirtschaftsrechts knüpfen ebenfalls an Begriffe und Zusammenhänge aus der Rechnungslegung an. Die Geschäftsführer einer GmbH z. B. müssen anhand der Rechnungslegung beurteilen, ob Dividenden an die Gesellschafter ausgeschüttet[45], bestimmte sonstige

---

[43]Die Begriffe „Kaufleute", „Kaufmann" und „Kauffrau" sind dabei ebenso missverständlich wie die Bezeichnung „Handelsgesetzbuch". Denn entscheidend für die Qualifikation eines Marktteilnehmers als „Kaufmann" im Sinn des HGB ist nicht, dass dessen Geschäftsmodell den „Kauf" (und anschließenden Wieder-/Weiterverkauf) von Wirtschaftsgütern vorsieht. Ein Unternehmen muss keinen „Handel" treiben, um in den Anwendungsbereich des „Handelsgesetzbuchs" zu fallen. Maßgeblich für die Einordnung eines Marktteilnehmers als Kaufmann ist, dass dessen unternehmerische Betätigung als gewerblich einzustufen ist.

[44]Der Begriff „Kreditinstitut" ist in § 1 Abs. 1 GWB definiert; gemeint sind „Banken".

[45]Gemäß § 29 Abs. 1 Satz 1 GmbHG haben die Gesellschafter einer GmbH grundsätzlich *„Anspruch auf den Jahresüberschuss zuzüglich eines Gewinnvortrags und abzüglich eines Verlustvortrags, ... "* (Wortlaut von § 29 Abs. 1 Satz 1 GmbHG). Ob und in welchem Umfang ein solcher „Jahresüberschuss" erzielt worden ist, kann und muss der Rechnungslegung der betreffenden GmbH entnommen werden.

Zahlungen an die Gesellschafter erfolgen[46] oder eigene Anteile erworben[47] werden dürfen. Zudem kann der Rechnungslegung nicht nur entnommen werden, ob ein Unternehmen erfolgreich wirtschaftet, sondern sie liefert auch Ansatzpunkte dafür, an welchen Stellschrauben gedreht werden kann, um die Unternehmensziele zu erreichen.

Wer ein gewerbliches Unternehmen gründen und leiten will, sollte die „Sprache" Rechnungslegung daher zumindest in Grundzügen „sprechen", um mit Gläubigern, Investoren und der Finanzverwaltung auf einen Nenner kommen zu können. Zudem ist die Erfassung und Bewertung unternehmensrelevanter Geschäftsvorfälle im Rahmen kaufmännischer Rechnungslegung für gewerbliche Unternehmen unabhängig von deren Rechtsform zwingend vorgeschrieben.[48] Das bedeutet nicht, dass die Kenntnisse eines Steuerberaters erforderlich sind, um ein Unternehmen zu führen. Der Fahrer eines Autos muss selbst für lange Strecken nicht wissen, wie der Motor funktioniert, um ans Ziel zu kommen. Aber der Fahrer muss einige zentrale Verkehrsregeln beherrschen und wissen, wie man das Auto beschleunigt, wie man tankt und wie und wann gebremst werden muss, um einen Unfall zu vermeiden. Anderenfalls gefährdet der Fahrer andere ebenso wie sich selbst, und die Wahrscheinlichkeit, das Ziel unfallfrei zu erreichen, ist selbst dann gering, wenn nur eine kurze Strecke zurückgelegt und nur auf Sicht gefahren werden soll.

---

[46]Gemäß § 30 Abs. 1 Satz 1 GmbHG darf das *„zur Erhaltung des Stammkapitals erforderliche Vermögen der Gesellschaft … an die Gesellschafter nicht ausgezahlt werden."* Ob die für eine Auszahlung von Gesellschaftsvermögen an Gesellschafter nach § 30 Abs. 1 Satz 1 GmbHG erforderlichen Voraussetzungen vorliegen, ist dabei anhand der Rechnungslegung der jeweiligen GmbH zu klären: *„Das gem. § 30 GmbHG gebundene Gesellschaftsvermögen ist … nach den allgemeinen für die Jahresbilanz geltenden Grundsätzen festzustellen (…)."* (so BGH, NJW 2009, S. 68 [69]) Geschäftsführer, die gegen § 30 Abs. 1 Satz 1 GmbHG verstoßen, machen sich nach § 43 GmbHG schadensersatzpflichtig. Denn in § 43 Abs. 3 GmbHG wird Folgendes geregelt: *„Insbesondere sind"* die Geschäftsführer *„zum Ersatz verpflichtet, wenn den Bestimmungen des § 30 zuwider Zahlungen aus dem zur Erhaltung des Stammkapitals erforderlichen Vermögen der Gesellschaft gemacht oder den Bestimmungen des § 33 zuwider eigene Geschäftsanteile der Gesellschaft erworben worden sind."* (Wortlaut von § 43 Abs. 3 GmbHG).

[47]Nach § 33 Abs. 2 GmbHG ist eine der Voraussetzungen dafür, dass eine GmbH „eigene Anteile" (Anteile an sich selbst) erwerben kann, dass die GmbH *„im Zeitpunkt des Erwerbs eine Rücklage in Höhe der Aufwendungen für den Erwerb bilden könnte, ohne das Stammkapital oder eine nach dem Gesellschaftsvertrag zu bildende Rücklage zu mindern, die nicht zur Zahlung an die Gesellschafter verwandt werden darf."* (Wortlaut von § 33 Abs. 2 Satz 1 GmbHG). Ob diese Voraussetzung bei einer GmbH erfüllt ist, kann nicht ohne Blick in deren Rechnungslegung beantwortet werden. Denn auch insoweit gilt: *„Die Feststellung, ob der Kaufpreis für den Erwerb eigener Geschäftsanteile aus dem über den Betrag des Stammkapitals hinaus vorhandenen Vermögen der Gesellschaft aufgebracht werden kann (§ 33 II GmbHG), ist aufgrund einer den Anforderungen des § 42 GmbHG entsprechenden Bilanz zu fortgeführten Buchwerten ohne Berücksichtigung nicht aufgelöster stiller Reserven zu treffen."* (so BGH, NJW 1997, S. 196).

[48]Für GmbH folgt die aus den §§ 13 Abs. 3, 41 GmbHG, 6, 238 ff HGB.

In diesem Sinn werden nachstehend zumindest einige zentrale Grundlagen und Zusammenhänge der Rechnungslegung gewerblicher Unternehmen zusammengefasst dargestellt. Die nachfolgende Darstellung vermittelt keine Buchführungsfähigkeiten oder Kompetenz zur Ermittlung der steuerlichen Gesamtbelastung eines Unternehmens. Aber wer die nachfolgend dargestellten Grundlagen und Zusammenhänge kennt, kann zumindest in den Kategorien denken, planen, handeln und kommunizieren, die für die Sicht anderer Marktteilnehmer auf ein Unternehmen ebenso maßgeblich sind wie für die Finanzverwaltung. Diese Fähigkeit kann für die Beschaffung von Kapital ebenso hilfreich sein wie für die Vermeidung unnötiger Steuern oder persönlicher Haftungsrisiken. Zudem sind die Anforderungen an die Rechnungslegung eines Unternehmens zentrale, durch das Recht gesetzte Marktrahmenbedingungen, deren Ignoranz das Risiko eines Unternehmers erhöhen, zu scheitern.

1.4.2 Grundlagen

1.4.2.1 (Eröffnungs-)Bilanz: Ansatz von Vermögen und Verbindlichkeiten

Im System der Rechnungslegung werden bei Beginn der Geschäftstätigkeit eines Unternehmens zunächst sämtliche Vermögensgegenstände und Verbindlichkeiten (Schulden) erfasst, die diesem als Unternehmensvermögen (Betriebsvermögen) zuzuordnen sind.[49] Diese Vermögensgegenstände und Schulden sind jeweils zu bewerten und in einer konsolidierten Übersicht gegenüberzustellen. Dabei werden Vermögensgegenstände auf der linken, so genannten „Aktivseite", und die Verbindlichkeiten auf der rechten, so genannten „Passivseite", abgebildet und bewertet. Diese erste, auf den Zeitpunkt unmittelbar vor Aufnahme der Geschäftstätigkeit bezogene Gegenüberstellung ist die Eröffnungsbilanz eines Unternehmens.[50]

---

[49]Die Frage, welche Vermögensgegenstände dem Unternehmens-/Betriebsvermögen zuzuordnen sind, ist grundsätzlich in § 246 Abs. 1 Satz 2 HGB wie folgt geregelt: *„Vermögensgegenstände sind in der Bilanz des Eigentümers aufzunehmen. Ist ein Vermögensgegenstand nicht dem Eigentümer, sondern einem anderen wirtschaftlich zuzurechnen, hat dieser ihn in seiner Bilanz auszuweisen."* Dies bedeutet: Nicht der rechtliche, sondern der „wirtschaftliche" Eigentümer eines Vermögensgegenstands hat diesen in seiner Rechnungslegung – namentlich auch in der Bilanz – zu erfassen.

[50]Der Begriff „Bilanz" wird in § 242 Abs. 1 HBG definiert als *„einen das Verhältnis seines Vermögens und seiner Schulden darstellenden Abschluss (Eröffnungsbilanz, Bilanz)".*

1.4.2.2 Bewertung

Die Bewertung der in die Eröffnungsbilanz aufgenommenen Vermögensgegenstände und Verbindlichkeiten muss in Euro[51] erfolgen. Zentrale Bewertungsvorschrift ist § 253 HGB. Danach gelten zunächst folgende Bewertungsgrundsätze:

- Verbindlichkeiten sind grundsätzlich in Höhe des Erfüllungsbetrags anzusetzen (auf der Passivseite der Bilanz).[52]
- Vermögensgegenstände sind zunächst, abhängig davon, wie diese erworben wurden, in Höhe der so genannten „Anschaffungs-" oder „Herstellungskosten" anzusetzen (auf der Aktivseite der Bilanz). Dies gilt unabhängig davon, ob diese dem Anlage- oder dem Umlaufvermögen zuzuordnen sind:

Zugang durch	Vermögensgegenstände des **Anlage-** und des **Umlaufvermögens**
Erwerb von Dritten	Erwirbt ein Unternehmen Vermögensgegenstände, z. B. durch Kauf oder Tausch, sind diese grundsätzlich unabhängig davon, ob diese dem Anlage- oder Umlaufvermögen zuzuordnen sind, in Höhe der sogenannten „Anschaffungskosten" anzusetzen (zu bewerten): *„Anschaffungskosten sind die Aufwendungen, die geleistet werden, um einen Vermögensgegenstand zu erwerben und ihn in einen betriebsbereiten Zustand zu versetzen, soweit sie den Vermögensgegenständen einzeln zugeordnet werden können. Zu den Anschaffungskosten gehören auch die Nebenkosten sowie die nachträglichen Anschaffungskosten."*[a]
Eigene Herstellung	Erwirbt ein Unternehmen Vermögensgegenstände des Anlage- oder Umlaufvermögens durch eigene Herstellung[b], sind diese in Höhe der sogenannten „Herstellungskosten" anzusetzen: *„Herstellungskosten sind die Aufwendungen, die durch den Verbrauch von Gütern und die Inanspruchnahme von Diensten für die Herstellung eines Vermögensgegenstands, seine Erweiterung und für eine über seinen ursprünglichen Zustand hinausgehende wesentliche Verbesserung entstehen. Dazu gehören die Materialkosten, die Fertigungskosten und die Sonderkosten der Fertigung sowie angemessene Teile der Materialgemeinkosten, der Fertigungsgemeinkosten und des Werteverzehrs des Anlagevermögens, soweit dieser durch die Fertigung veranlasst ist. Bei Berechnung der Herstellungskosten dürfen angemessene Teile der Kosten der allgemeinen Verwaltung sowie angemessene Aufwendungen für soziale Einrichtungen des Betriebs, für freiwillige soziale Leistungen und für die betriebliche Altersversorgung einbezogen werden, soweit diese auf den Zeitraum der Herstellung entfallen. Forschungs- und Vertriebskosten dürfen nicht mit einbezogen werden."*[c]

[a]Wortlaut von § 255 Abs. 1 Satz 1 HGB
[b]Z. B. durch Konstruktion und Bau einer dann selbst genutzten Maschine oder durch Produktion von Fertigerzeugnissen aus von Lieferanten bezogenen Rohstoffen
[c]Wortlaut von § 255 Abs. 2 HGB

---

[51]Dies folgt aus § 244 HGB. Forderungen und Verbindlichkeiten in anderer Währung als Euro sind gemäß § 256 a HGB in Euro umzurechnen.
[52]Dies folgt aus § 253 Abs. 1 Satz 2 HGB.

1.4.2.3 Struktur

In § 247 Abs. 1 HGB ist für die Aktivseite (Vermögensseite) der Bilanz eine Zuordnung der Vermögensgegenstände zum „Anlagevermögen" oder zum „Umlaufvermögen" vorgesehen. Diese Zuordnung ist insbesondere auch deshalb wichtig, weil für Vermögensgegenstände des Anlagevermögens andere Bewertungsregeln gelten als für Vermögensgegenstände des Umlaufvermögens.

Dem Anlagevermögen sind gemäß § 247 Abs. 2 HGB diejenigen Vermögensgegenstände zuzuordnen, „die bestimmt sind, dauernd dem Geschäftsbetrieb zu dienen."[53] Was „dauernd" bedeuten soll, wird gesetzlich jedoch nicht näher bestimmt und lässt den Anwender daher mit einer gewissen Ratlosigkeit zurück. Der Begriff „dauernd" wird überwiegend nicht zeitbezogen – beispielsweise im Sinn einer „Mindestdauer der Betriebszugehörigkeit" oder „Mindestnutzungsdauer" – verstanden, sondern funktionsbezogen. Als Faustregel kann von Folgendem ausgegangen werden:

Was im Rahmen eines einmaligen Umsatzprozesses verbraucht oder vereinnahmt wird, „läuft durch" und ist daher dem Umlaufvermögen zuzuordnen. Dagegen sind Vermögensgegenstände, die mehrfach für Umsatzprozesse genutzt und dabei nicht verbraucht, sondern allenfalls abgenutzt werden, grundsätzlich dem Anlagevermögen zuzuordnen.[54] Eine Eröffnungsbilanz hat damit – stark vereinfacht[55] – folgende Struktur:

ERÖFFNUNGSBILANZ	
Aktiva (Vermögen)	Passiva (Kapital)
Erfassung und Bewertung der Vermögensgegenstände des **Anlagevermögens**	Die Differenz aus Bilanzsumme und Fremdkapital als so genanntes **„Eigenkapital"**[a] („EK")
Erfassung und Bewertung der Vermögensgegenstände des **Umlaufvermögens**	Erfassung und Bewertung sämtlicher unternehmensbezogener Geldverbindlichkeiten, deren Schuldner der Inhaber des Unternehmens ist (**„Fremdkapital"** – „FK")
Bilanzsumme (Summe der Werte sämtlicher Vermögensgegenstände)	

[a]Wichtig ist, zu verstehen, dass das „Eigenkapital" lediglich eine rechnerische Restgröße ist, die der Differenz aus Bilanzsumme und Fremdkapital entspricht. Das „Eigenkapital" wird zwar – wie sämtliche anderen Bilanzposten auch – in Geldeinheiten gemessen und ausgedrückt. Dies bedeutet

---

[53]Wortlaut von § 247 Abs. 2 HGB.

[54]Vgl. *Hennrichs* in Münchener Kommentar zum Bilanzrecht, 1. Auflage 2013, § 247, Rdnr. 23 und 24.

[55]Diese Grundstruktur einer Bilanz ist in § 247 Abs. 1 HGB angelegt: *„In der Bilanz sind das Anlage- und das Umlaufvermögen, das Eigenkapital, die Schulden sowie die Rechnungsabgrenzungsposten gesondert auszuweisen und hinreichend aufzugliedern."* Was *„Rechnungsabgrenzungsposten"* sind, geht aus § 250 HGB hervor und wird an dieser Stelle nicht weiter erläutert. Über § 247 Abs. 1 HGB deutlich hinausgehende Bestimmungen für die Gliederung und den Inhalt einer Bilanz enthält § 266 HGB, der jedoch nur für Kapital- und bestimmte Personengesellschaften gilt.

jedoch nicht, dass bei dem betreffenden Unternehmen eine entsprechende Menge Geld tatsächlich als Bar- oder Buchgeld vorhanden ist. Eigenkapital darf nicht mit Liquidität verwechselt werden. Ob und in welchem Umfang ein Unternehmen über Bar- oder Buchgeld (= Liquidität) verfügt, kann ausschließlich den Posten auf der Aktivseite der Bilanz entnommen werden (insbesondere „Kasse" und „Guthaben bei Kreditinstituten"). Dies bedeutet: Hat ein Unternehmen ein hohes Eigenkapital, bedeutet dies nicht automatisch auch, dass dieses Unternehmen auch über angemessene Liquidität verfügt. Das „Eigenkapital" kann auch in nicht-liquiden Vermögensgegenständen gebunden sein, beispielsweise in Immobilien oder Maschinen

Das Eigenkapitel (EK) ist dabei lediglich die Restgröße, die der Differenz aus der Bilanzsumme und dem Fremdkapital entspricht. Ein positives Eigenkapital setzt folglich voraus, dass die Bilanzsumme, also die Summe der Werte aller Vermögensgegenstände des Unternehmens, das Fremdkapital übersteigt. Ist das Fremdkapital dagegen höher als die Summe der aktivierten Vermögenswerte, würde die Rechnung „EK = Bilanzsumme − FK" zu einem negativen Eigenkapital führen. Bilanzen kennen jedoch keine negativen Zahlen. Und da das Eigenkapital nur eine Restgröße ist, welche die Summen der Aktiv- und der Passivseite ins Gleichgewicht bringt (Auffüllposten), wird das „Eigenkapital" dann auf der Aktivseite ausgewiesen. Genannt wird der Posten dann „nicht durch Eigenkapital gedeckter Fehlbetrag".[56] Beispiel:

Aktiva (Vermögen)		Passiva (Kapital)	
Anlagevermögen	€ 200.000	Verbindlichkeiten	€ 600.000
Umlaufvermögen	€ 100.000		
Nicht durch Eigenkapital gedeckter Fehlbetrag	€ 300.000		
Bilanzsumme € 600.000			

1.4.2.4 Weitere Untergliederung

Unterhalb der bilanziellen Gliederungsebenen Anlage- und Umlaufvermögen sowie Fremdkapital gibt es weitere „Ordnungsprinzipien". Vermögensgegenstände werden grundsätzlich – in nach unten absteigender Reihenfolge – nach ihrer Liquidierbarkeit (Flüssigkeit), Verbindlichkeiten (Schulden) nach ihrer Fälligkeit geordnet. Auf diese Weise steht liquides (insbesondere Bargeld und Bankguthaben) und kurzfristig liquidierbares (z. B. Fertigerzeugnisse) Vermögen auf der einen den kurzfristig fälligen Verbindlichkeiten auf der anderen Seite unmittelbar gegenüber. Insbesondere die Ordnung der Aktiva nach Flüssigkeit ist jedoch nur eine Grundüberlegung, keine gesetzliche Anordnung. Als gesetzlich zwingende Vorgabe wäre die Gliederung der Aktivseite nach Flüssigkeit kaum praktikabel. Die Fälligkeiten von Verbindlichkeiten stehen fest oder

---

[56]Vgl. dazu § 268 Abs. 3 HGB.

können ermittelt werden. Aber wer kann mit Sicherheit absehen, welcher Vermögensgegenstand sich am Markt wie leicht oder schnell veräußern (liquidieren) lassen wird?

Hilfe bei der Aufstellung von Bilanzen auch unterhalb der Gliederungsebenen
Anlage- und Umlaufvermögen bietet § 266 HGB. Dies gilt auch im Hinblick auf
die Passivseite der Bilanz. Zwingend gilt diese Vorschrift zwar nur für Kapital- und
bestimmte Personengesellschaften[57], aber § 266 HGB kann auch anderen Unternehmen
als Gliederungs- und Strukturanleitung für die Aufstellung der Bilanz dienen. Dort ist
folgende Gliederung vorgesehen:

Aktiva (Vermögen)	Passiva (Kapital)
Anlagevermögen	Eigenkapital
Umlaufvermögen	Rückstellungen
Rechnungsabgrenzungsposten	Verbindlichkeiten
Aktive latente Steuern	Rechnungsabgrenzungsposten
Aktiver Unterschiedsbetrag aus der Vermögensverrechnung	Passive latente Steuern
Bilanzsumme (Summe der Werte sämtlicher Vermögensgegenstände)	

Das in einer Bilanz mit dieser Struktur vorgesehene Nebeneinander von Liquidität – im
Sinn kurzfristig verfügbarer Geldmittel – und alsbald fälligen Schulden ist sinnvoll. Es
ermöglicht dem Betrachter einer Bilanz schnell einen ersten – wenn auch nur oberfläch-
lichen – Eindruck von der Bonität des Unternehmens. Ist bereits auf den ersten Blick
erkennbar, dass die Liquidität des Unternehmens nicht ausreicht, um zeitnah fällig wer-
dende Verbindlichkeiten zu tilgen, dann droht dem Unternehmen „Insolvenz"[58], wenn
kein Kredit in Anspruch genommen werden kann.[59] Der Umkehrschluss – dies sei bereits
an dieser Stelle bemerkt – greift allerdings zu kurz:

Übersteigt die auf der Aktivseite der Bilanz abgebildete Liquidität die kurzfristig fälligen Verbindlichkeiten, bedeutet dies umgekehrt nicht, dass dem Unternehmen keine
Insolvenz droht. Denn auf der Passivseite der Bilanz werden nur bereits bestehende
oder – in Form so genannter „Rückstellungen" – ungewisse zukünftige Verbindlichkeiten abgebildet. Verbindlichkeiten, die zum Bilanzstichtag noch nicht entstanden sind,
aber nach Ablauf bestimmter Zeiträume mit Sicherheit entstehen und dann sofort fällig
und auszugleichen sind, tauchen in der Bilanz nicht auf. Dies betrifft z. B. Mieten und

---

[57]Welche Personengesellschaften von den §§ 264 ff HGB erfasst werden, folgt aus § 264a HGB.
Danach gelten die Bestimmungen insbesondere auch für „typische" GmbH & Co. KG.

[58]Zur Bedeutung von Insolvenz für Unternehmen mehr unter Ziffer 2.6.

[59]Ob und gegebenenfalls in welchem Umfang ein Unternehmen über Kreditmöglichkeiten verfügt,
geht nicht aus der Bilanz hervor. Um dies herauszufinden, müssen andere Informationsmöglich-
keiten ausgeschöpft werden, z. B. Bank-Vertragsunterlagen oder Auskünfte des Unternehmens-
inhabers.

Gehälter, deren Zahlung das Unternehmen für den Kalendermonat nach dem Bilanzstichtag schuldet. Nur wenn die auf der Aktivseite abgebildete Liquidität ausreicht, neben den bereits passivierten, kurzfristig fällig werdenden auch die zeitnah hinzukommenden Verbindlichkeiten zu tilgen, kann das Unternehmen insoweit zunächst als stabil angesehen werden. Ist dies nicht der Fall, kann dieser Schluss gegebenenfalls erst nach weiterer Prüfungen und Überlegungen gezogen werden, worauf an späterer Stelle im Rahmen der Ausführungen zu unternehmerischer Planung zurück zu kommen sein wird. Für das Verständnis der hier lediglich betrachteten, weiteren Untergliederung der Aktivseite der Bilanz nach Flüssigkeit und der Passivseite nach Fälligkeit ist zunächst Folgendes wichtig:

Die Fälligkeit einer Verbindlichkeit kann in der Regel problemlos ermittelt werden. Denn der Fälligkeitszeitpunkt folgt aus Vertrag[60] oder Gesetz[61]. Dabei kann es vorkommen, dass eine Verbindlichkeit aus Lieferungen und/oder sonstigen Leistungen früher fällig ist als eine Steuerverbindlichkeit. Dies ändert jedoch nichts daran, dass an der im vorstehenden Ordnungsschema abgebildeten, § 266 HGB entnommenen Passivierungsreihenfolge festgehalten werden muss bzw. sollte.

Kapitalgesellschaften und die von den § 264 ff HGB erfassten Personengesellschaften müssen dieses Ordnungsschema bereits kraft Gesetzes beachten.[62] Für andere gewerbliche Unternehmen, die nicht in den Anwendungsbereich der §§ 264 ff HGB fallen, ist die Beachtung des in § 266 HGB vorgesehenen Ordnungsschemas jedoch ebenfalls sinnvoll. Denn viele Adressaten der Rechnungslegung – z. B. die Finanzverwaltung oder Warenkreditversicherer – sind mit der darin vorgegebenen Bilanzgliederung vertraut und an diese gewöhnt. Abweichungen wirken daher eher irritierend als nützlich. Die Gliederung der Passivseite einer Bilanz nach Fälligkeit erfolgt daher nur entsprechend dem in § 266 HGB vorgegebenen Gliederungsschema „typisiert", jedoch losgelöst von der konkreten Fälligkeit einzelner Verbindlichkeiten.

---

[60]Dies gilt z. B. für Verbindlichkeiten gegenüber Lieferanten. In den mit Lieferanten über die jeweiligen Lieferungen – z. B. Rohstoffe oder Komponenten – abgeschlossenen (Kauf-)Verträgen kann vereinbart werden, wann die dafür geschuldeten Kaufpreise fällig sind. Enthält ein Vertrag keine Fälligkeitsvereinbarung, gelten die §§ 271, 273 und 320 BGB: Danach sind Verbindlichkeiten in Ermangelung anderweitiger vertraglicher Vereinbarung grundsätzlich sofort fällig (§ 271 Abs. 1 BGB). Kann der Schuldner der Verbindlichkeit jedoch seinerseits eine Gegenleistung vom Gläubiger verlangen, kann die Leistung zurückgehalten werden, bis der Gläubiger die Gegenleistung „Zug um Zug", also in direktem Austausch ebenfalls bewirkt.

[61]Beispielsweise folgt die Fälligkeit von Umsatzsteuervorauszahlungen unmittelbar aus § 18 Abs. 1 Satz 4 UStG.

[62]Wenn gesetzlich nicht ausnahmsweise die Beachtung eines anderen Ordnungsschemas vorgeschrieben wird, wie z. B. für bestimmte Kredit- und Finanzdienstleistungsinstitute durch die RechKredV.

Dies gilt entsprechend für die Aktivierungsreihenfolge der Vermögensgegenstände. Auch auf der Aktivseite ist die tatsächliche konkrete Liquidierbarkeit eines Vermögensgegenstands (die im Übrigen auch schwer ermittelbar sein kann) letztlich unerheblich. Denn auch der in § 266 Abs. 2 HGB für die Aktivseite vorgesehenen Gliederung liegt ein typisierender Ansatz zugrunde. Oben stehen Vermögensgegenstände, die „typischerweise" weniger leicht und schnell am Markt liquidiert werden können als die weiter unten abgesetzten.

1.4.2.5 Fortschreibung auf Bestands-, Aufwands- und Ertragskonten

Ausgehend von der Eröffnungsbilanz werden die Geschäftsvorfälle des Unternehmens unter Fortschreibung der dort erfassten Vermögensgegenstände und Verbindlichkeiten auf dafür jeweils zu bildenden Konten dokumentiert (gebucht). Dafür werden in der Buchhaltung des Unternehmens sogenannte „aktive" und „passive" Bestandskonten angelegt. Auf den aktiven Bestandskonten werden Zu- und Abgänge von Vermögensgegenständen erfasst, die dem Betriebs-/Unternehmensvermögen zuzuordnen sind. Auf den passiven Bestandskonten werden Zu- und Abgänge von Verbindlichkeiten erfasst, deren Schuldner der Inhaber des Unternehmens ist.[63]

Neben diesen – aktiven und passiven – Bestandskonten werden so genannte „Erfolgskonten" angelegt, und zwar so genannte „Aufwandskonten" und so genannte „Ertragskonten". Auf diesen Konten wird abgebildet, ob das Vermögen des Unternehmens durch einen Geschäftsvorfall per Saldo sinkt (dann Aufwand) oder steigt (dann Ertrag). Ist ein Geschäftsvorfall erfolgsneutral, werden davon nur die Bestands-, nicht jedoch die Erfolgskonten berührt. Die folgenden Beispiele mögen dies verdeutlichen:

Beispiel Buchhandel

Ein Buchhändler erhält eine Buchlieferung von einem Verlag mitsamt Rechnung des Verlags. Der Buchhändler erfasst die Bücher auf einem für Warenbestände angelegten, aktiven Bestandskonto (Einbuchung auf Konto Waren). Gleichzeitig erfasst der Buchhändler auch die Verbindlichkeit gegenüber dem Verlag. Denn schließlich schuldet der Buchhändler dem Verlag nun den Kaufpreis für die Lieferung der Bücher. Dadurch erhöht sich auch der Bestand der Verbindlichkeiten des Buchhändlers. Diese Kaufpreisverbindlichkeit wird – da Geldschulden Passiva sind – auf einem passiven Bestandskonto erfasst. Der Zugang dieser Verbindlichkeit wird auf dem passiven Bestandskonto „Verbindlichkeiten gegenüber Lieferanten" eingebucht. Insgesamt ist dieser Vorgang deshalb erfolgsneutral. Denn der Wert der vom

---

[63]Zudem werden auch Rückstellungen im Sinn von § 249 HGB und sogenannte „passive Rechnungsabgrenzungsposten" im Sinn von § 250 Abs. 2 HGB auf passiven Bestandskonten erfasst. Darauf wird im Rahmen dieser Zusammenfassung der Grundlagen der Rechnungslegung jedoch nicht weiter eingegangen.

Buchhändler erhaltenen Bücher entspricht der Höhe der Verbindlichkeit gegenüber dem Verlag.[64] Dieser Vorgang kann mit der Buchung

„Bücher (Waren) an Verbindlichkeiten aus Lieferungen und sonstigen Leistungen"

in die Rechnungslegung des Buchhändlers eingehen. In einer unmittelbar anschließend aufgestellten Bilanz des Buchhändlers würde sich dieser Vorgang dann wie folgt bemerkbar machen:

Aktiva (Vermögen)		Passiva (Kapital)	
Bisheriges Anlagevermögen	Betrag A	Bisheriges Eigenkapital	Betrag E[a]
Bisheriges Umlaufvermögen	Betrag U	Bisheriges Fremdkapital	Betrag F
Neu zugegangene Bücher	Betrag N	Neue Verbindlichkeit für Büchererwerb	Betrag N
Bilanzsumme = Betrag A + Betrag U + Betrag N			

[a]Die Höhe des Eigenkapitals entspricht der Differenz der Bilanzsumme und der Beträge N und F. Das Eigenkapital bleibt in dem Vorgang folglich unverändert, denn der Betrag N kommt sowohl auf der Aktiv- als auch auf der Passiv-Seite hinzu

Liefert der Buchhändler die Bücher anschließend an Kunden, die dafür sofort mit Bargeld bezahlen, wird der Abgang der Bücher aus dem Betriebsvermögen des Buchhändlers ebenfalls auf diesem aktiven Bestandskonto abgebildet. Dort werden die Bücher „ausgebucht". Gleichzeitig erfasst der Buchhändler das für die Lieferung der Bücher vereinnahmte Bargeld auf einem dafür angelegten aktiven Bestandskonto („Kasse"). Da durch den Abgang der Bücher – isoliert betrachtet – das Vermögen des Buchhändlers sank, wird in Höhe der Werte, mit denen die Bücher in der Buchhaltung des Buchhändlers erfasst waren, ein Aufwand gebucht. Das betreffende Aufwandskonto in der GuV kann beispielsweise mit „Verminderung des Warenbestands" bezeichnet werden. Andererseits wuchs das Vermögen des Buchhändlers durch die Bargeldeingänge (Zahlungen von Kunden). In Höhe der von den Kunden für die

---

[64]Diese Aussage ist jedoch dann unzutreffend, wenn die Lieferung der Bücher an den Buchhändler für den Lieferanten – also den Verlag – eine in Deutschland umsatzsteuerpflichtige Lieferung darstellt und der Lieferant die anfallende Umsatzsteuer auf den Buchhändler abwälzt. Stellt der Lieferant dem Buchhändler diese Umsatzsteuer ebenfalls in Rechnung, würde der Wert der Bücher, die der Buchhändler auf dem Warenkonto einbucht, zwar gleichwohl nur dem Betrag der „Netto-Verbindlichkeit" des Buchhändlers gegenüber dem Lieferanten entsprechen (hier „Betrag N"). Die Gesamtverbindlichkeit des Buchhändlers gegenüber dem Lieferanten wäre aber um 7 % höher, als der Wert der Bücher, würde also $N \times 1,07$ betragen. Gleichwohl wäre das Geschäft aus Sicht des Buchhändlers nach wie vor erfolgsneutral, weil der Buchhändler in Höhe der in Rechnung gestellten (weiterbelasteten) Umsatzsteuer – aus der Perspektive des Buchhändlers so genannte „Vorsteuer" – einen Vorsteuererstattungsanspruch (Vorsteuerguthaben) gegen die Finanzverwaltung erwirbt, also in Höhe von $N \times 0,07$ (dazu § 15 UStG). Diesen Vorsteuererstattungsanspruch kann und muss der Buchhändler wiederum auf einem aktiven Bestandskonto erfassen.

Bücher bezahlten Netto-Buchpreise wird vom Buchhändler daher auch ein Ertragskonto bebucht, nämlich das Ertragskonto „Umsatzerlöse".[65]

1.4.2.6 Entnahmen und Einlagen

Geschäftsvorfälle, die „Aufwand" darstellen, sind nicht die einzigen Vorgänge, bei denen das Unternehmensvermögen sinkt. Denn als Aufwand werden nur solche vermögensmindernden Vorgänge erfasst, die auf die Marktteilnahme des Unternehmens als Anbieter oder Nachfrager oder die Verwirklichung von (Markt-)Risiken zurückzuführen sind. Davon abzugrenzen sind Vorgänge, bei denen die (wirtschaftlichen) Eigentümer des Unternehmens Vermögensgegenstände aus dem Unternehmensvermögen in ihr eigenes Vermögen überführen, beispielsweise Geld oder Sachwerte. Diese Vorgänge werden bei von Menschen und Personengesellschaften betriebenen Unternehmen „Entnahmen" genannt, bei von Kapitalgesellschaften betriebenen Unternehmen dagegen „Dividenden" oder „Ausschüttung". Entnahmen und Dividenden werden in der Rechnungslegung auf gesonderten „Entnahme"-Konten als Vorgänge erfasst, bei denen Unternehmensvermögen abfließt und sich das Unternehmensvermögen entsprechend mindert, die jedoch keinen Aufwand darstellen. Damit haben Entnahmen keine unmittelbaren Auswirkungen auf das Ergebnis des Unternehmens. Salopp formuliert sind Entnahmen der „Ergebnisverwendung" zuzuordnen und nicht dem Prozess der „Ergebniserzielung".

Zudem ist auch das „Gegenteil" einer Ausschüttung denkbar. Die (wirtschaftlichen) Eigentümer eines Unternehmens können diesem nicht nur Vermögen entziehen, sondern auch zusätzliches Vermögen zur Verfügung stellen. Beispielsweise können Geld und Sachwerte von den (wirtschaftlichen) Eigentümern des Unternehmens in das Unternehmensvermögen eingebracht bzw. eingelegt werden. Die Übertragung von Geld oder sonstigen Vermögensgegenständen aus dem eigenen Vermögen der (wirtschaftlichen) Eigentümer des Unternehmens in das Unternehmensvermögen wird auf Einlagekonten gebucht (Buchung: Vermögensbestandskonto an Einlagekonto).

Im System der Rechnungslegung wird folglich jeder unternehmensrelevante Geschäftsvorfall einer der fünf Kategorien „Bestand", „Ertrag", „Aufwand", „Einlage" oder „Entnahme" (Dividende) zugeordnet. „Geschäftsvorfall" in diesem Sinn ist jedes Ereignis, das Auswirkungen auf die Vermögens-, Finanz- oder Ertragslage des Unternehmens hat. Darunter fallen auch Ereignisse, die keine Auswirkungen auf die Zusammensetzung des

---

[65]Soweit die von Kunden für Bücher bezahlten Bargeldbeträge auch Umsatzsteueranteile enthalten, zählt der Umsatzsteueranteil nicht zu den Umsatzerlösen. Dies folgt nicht nur aus § 277 Abs. 1 HGB, sondern auch aus dem System: Die von den Kunden vereinnahmten „Umsatzsteueranteile" kompensieren nur die entsprechende Umsatzsteuerschuld des Buchhändlers. Deshalb werden die Einnahmen in Höhe der Umsatzsteueranteile (Bargeldzugänge auf aktivem Bestandskonto Kasse) durch die gleichzeitig mit Lieferung der Bücher an die Kunden entstehenden Umsatzsteuerverbindlichkeiten des Buchhändlers „neutralisiert". Diese bucht der Buchhändler auf dem entsprechenden passiven Bestandskonto „Umsatzsteuerverbindlichkeiten" ein.

Unternehmensvermögens, sondern lediglich auf die Bewertung einzelner Vermögensgegenstände haben. Dann kommt es zu so genannten „Abschreibungen":

1.4.2.7 Abschreibungen

Abschreibungen werden z. B. dann erforderlich, wenn ein Vermögensgegenstand im Rahmen des Wertschöpfungsprozesses (ab)genutzt wird und deshalb verschleißbedingt an Wert verliert. Denkbar ist auch, dass die Werte einzelner Vermögensgegenstände aufgrund von Ereignissen oder Entwicklungen, auf die das Unternehmen keinen Einfluss nehmen kann, unter die Buchwerte der Vermögensgegenstände fallen. Auch solche Wertverluste sind im Rahmen der Rechnungslegung durch entsprechende Abschreibungen abzubilden. Die für die kaufmännische Rechnungslegung wichtigste Vorschrift dazu ist § 253 HGB. Danach gelten für Abschreibungen folgende Grundsätze:

Vorgang/Ereignis	Vermögensgegenstände des **Anlagevermögens**	Vermögensgegenstände des **Umlaufvermögens**
Wertminderung durch Abnutzung/Verschleiß	Bei zeitlich begrenzt nutzbaren Vermögensgegenständen mit Werteverzehr, z. B. durch Verschleiß, **planmäßige Abschreibungen** erforderlich[a]	Grundsätzlich **keine planmäßigen Abschreibungen** wegen Abnutzung oder Verschleiß
Marktpreisschwankung	Außerplanmäßige Abschreibung, bei voraussichtlich dauernder Wertminderung grundsätzlich zwingend;[b] bei Finanzanlagen jedoch nur optional[c]	Abschreibungen auch bei nur vorübergehendem Wertverlust, z. B. indiziert durch Börsen- oder Marktpreis am Abschlussstichtag[d]
Verlust oder Zerstörung	„Ausbuchung" (bei Verlust) oder Abschreibung „auf Null" (bei Zerstörung)[e]	

[a]Wortlaut von § 253 Abs. 3 Satz 1 HGB. Eine *„planmäßige Abschreibung"* dient einer bei wirtschaftlicher Betrachtungsweise möglichst genauen Umlegung des Werteverzehrs auf die (voraussichtliche) Nutzungsdauer des Vermögensgegenstands. Als geeignete Abschreibungsmethoden kommen daher insbesondere die sogenannte „lineare Zeitabschreibung", eine „degressive Abschreibung" sowie die sogenannte „Leistungsabschreibung" in Betracht. Abschreibungen sind Minderungen der Buchwerte von Vermögensgegenständen, um die Folgen der Abnutzung oder anderer wertmindernder Umstände abzubilden. Im Steuerrecht wird dafür auch der Begriff „Absetzung für Abnutzung" (abgekürzt „AfA") verwendet, vgl. §§ 7 ff EStG. Abschreibungen führen zu ergebnisminderndem Aufwand, sind jedoch nicht liquiditätswirksam. Denn mit der Wertminderung eines Vermögensgegenstands ist kein Geldabfluss aus dem Unternehmen verbunden. Die Wertminderungen werden über die GuV erfasst (vgl. § 275 Abs. 2 Nr. 7 bzw. Abs. 3 Nr. 2)
[b]Dazu § 253 Abs. 4 Satz 5 HGB
[c]Dies folgt aus § 253 Abs. 3 Satz 6 HGB
[d]Wortlaut von § 253 Abs. 4 HGB
[e]Für Vermögensgegenstände des Anlagevermögens folgt dies aus § 253 Abs. 3 Satz 4 HGB, für Vermögensgegenstände des Umlaufvermögens aus § 253 Abs. 4 Satz 2 HGB

Auf das Ende jedes Geschäftsjahres werden sämtliche Bestands-, Aufwands- und Ertragskonten im Rahmen des Jahresabschlusses konsolidiert. Der Jahresabschluss besteht grundsätzlich aus zwei Rechenwerken, nämlich der Bilanz und der Gewinn- und Verlustrechnung (GuV). Die Bestandskonten werden in der Bilanz, die Aufwands- und Ertragskonten in der GuV konsolidiert. Für die im Rahmen der Jahresabschlüsse des Unternehmens aufzustellenden Bilanzen (Schlussbilanzen auf das Ende einzelner Geschäftjahre) gelten dieselben Regeln wie für die Eröffnungsbilanz.[66] Für die GuV gilt Folgendes:

1.4.2.8 Gewinn- und Verlustrechnung (GuV)

Um sich die Gliederung einer GuV mit den jeweiligen Ertrags- und Aufwandsposten zu vergegenwärtigen, wirft man am besten einen Blick in § 275 HGB. Dort werden die Gliederungen der GuV für die hier betrachteten Unternehmen[67] sowohl bei Anwendung des „Gesamtkostenverfahrens" als auch bei Anwendung des „Umsatzkostenverfahrens" vorgegeben.

Gesamtkostenverfahren		Umsatzkostenverfahren	
1.	Umsatzerlöse	1.	Umsatzerlöse
2.	Erhöhung oder Verminderung des Bestands an fertigen und unfertigen Erzeugnissen	2.	Herstellungskosten der zur Erzielung der Umsatzerlöse erbrachten Leistungen
3.	Andere aktivierte Eigenleistungen	3.	Bruttoergebnis vom Umsatz
4.	Sonstige betriebliche Erträge	4.	Vertriebskosten
5.	Materialaufwand	5.	Allgemeine Verwaltungskosten
6.	Personalaufwand	6.	Sonstige betriebliche Erträge
7.	Abschreibungen	7.	Sonstige betriebliche Aufwendungen
8.	Sonstige betriebliche Aufwendungen	8.	Erträge aus Beteiligungen
9.	Erträge aus Beteiligungen	9.	Erträge aus anderen Wertpapieren und Ausleihungen des Finanzanlagevermögens

---

[66]Vgl. § 242 Abs. 1 HGB.

[67]Die §§ 264 ff HGB – und damit auch § 275 HGB – gelten weder für unternehmerisch tätige Menschen noch für Personengesellschaften, für deren Verbindlichkeiten zumindest eine natürliche Person (= Mensch) kraft Gesetzes unbeschränkt persönlich haftet. Vielmehr gelten die §§ 264 ff HGB – und damit auch § 275 HGB – nur für Kapitalgesellschaften (AG, KGaA, GmbH und SE mit Sitz in Deutschland) und für Personenhandelsgesellschaften (OHG, KG), für deren Verbindlichkeiten keine natürliche Person kraft Gesetzes unbeschränkt persönlich haftet. Im Wesentlichen bedeutet dies, dass die §§ 264 ff HGB für sämtliche Kapitalgesellschaften und GmbH & Co. KG gelten, also für die hier ausschließlich interessierenden Unternehmensträger.

Gesamtkostenverfahren		Umsatzkostenverfahren	
10.	Erträge aus anderen Wertpapieren und Ausleihungen des Finanzanlagevermögens,	10.	Sonstige Zinsen und ähnliche Erträge, davon aus verbundenen Unternehmen
11.	Sonstige Zinsen und ähnliche Erträge, davon aus verbundenen Unternehmen	11.	Abschreibungen auf Finanzanlagen und auf Wertpapiere des Umlaufvermögens
12.	Abschreibungen auf Finanzanlagen und auf Wertpapiere des Umlaufvermögens	12.	Zinsen und ähnliche Aufwendungen, davon an verbundene Unternehmen
13.	Zinsen und ähnliche Aufwendungen, davon an verbundene Unternehmen	13.	Steuern vom Einkommen und vom Ertrag
14.	Steuern vom Einkommen und vom Ertrag	14.	Ergebnis nach Steuern
15.	Ergebnis nach Steuern	15.	Sonstige Steuern
16.	Sonstige Steuern	16.	**Jahresüberschuss/Jahresfehlbetrag**
17.	**Jahresüberschuss/Jahresfehlbetrag**		

1.4.2.9 Jahresüberschuss und Jahresfehlbetrag

Das Ergebnis der GuV eines Unternehmens ist ein „Jahresüberschuss" oder ein „Jahresfehlbetrag". Dies gilt unabhängig davon, ob die GuV nach dem Gesamtkosten- oder nach dem Umsatzkostenverfahren erstellt wird. Ein „Jahresfehlbetrag" entsteht, wenn die Summe der Aufwendungen höher ist als die Summe der Erträge. Ein „Jahresüberschuss" entsteht dagegen, wenn die Summe sämtlicher in einem Geschäftsjahr erwirtschafteten Erträge die Summe sämtlicher in dem betreffenden Geschäftsjahr angefallenen Aufwendungen übersteigt. Zu diesen Aufwendungen gehören auch die von einem Unternehmen geschuldeten Steuern. Der „Jahresüberschuss" eines Unternehmens ist folglich eine „Nachsteuer-Größe".

Ein Jahresüberschuss eines Unternehmens am Ende eines Geschäftsjahres ist damit ein in Zahlen ausgedrückter Beleg dafür, dass es dem Unternehmen in dem betreffenden Geschäftsjahr gelang, einen vom Markt akzeptierten Mehrwert zu schaffen.[68] Ein solcher Mehrwert ist zudem Voraussetzung dafür, dass den (wirtschaftlichen) Eigentümern des Unternehmens aus dem Unternehmensvermögen Geld ausgezahlt werden kann, ohne die ursprüngliche Kapitalsubstanz des Unternehmens anzugreifen. Allerdings müs-

---

[68]Steht am Ende eines Geschäftsjahres dagegen ein Jahresfehlbetrag, bedeutet dies, dass es dem Unternehmen zumindest noch nicht gelungen ist, in der abgeschlossenen Periode (Geschäftsjahr) einen vom Markt akzeptierten Mehrwert zu erzeugen.

sen erzielte Jahresüberschüsse nicht zwingend an die (wirtschaftlichen) Eigentümer des Unternehmens ausbezahlt werden. In Betracht kommt auch, den erzielten Mehrwert – zumindest vorübergehend – im Unternehmensvermögen zu belassen (sogenannte „Thesaurierung") und auf diese Weise die Kapitalsubstanz des Unternehmens zu stärken.

1.4.3   Gewinn und Verlust

Der „Jahresüberschuss" eines Unternehmens darf nicht mit dessen „Gewinn" verwechselt werden. Der Begriff „Gewinn" ist in erster Linie der steuerrechtlichen Terminologie zuzuordnen. Die Erhebung von Steuern dient der Staatsfinanzierung und der Umverteilung. „Umverteilung" bedeutet im Wesentlichen, dass die durch die Teilnahme am Markt ohne staatliche Intervention zwischen sämtlichen Marktteilnehmern erzielte, so genannte „primäre" Einkommensverteilung anschließend durch den Staat korrigiert wird, z. B. durch Sozialleistungen.[69] In diesen Kategorien betrachtet ist der Gewinn das bzw. ein Teil des von einem Marktteilnehmer durch unternehmerische Betätigung am Markt erwirtschaftete(n) Primäreinkommen(s). Der „Gewinn" ist folglich eine „Vorsteuer-Größe". Im Vergleich dazu ist der „Jahresüberschuss" eines Unternehmens Ausdruck der sekundären Einkommensverteilung. Denn im Jahresüberschuss ist die Steuerlast – in § 275 Abs. 2 Nr. 14 und Abs. 3 Nr. 13 HGB *„Steuern vom Einkommen und vom Ertrag"* genannt – bereits berücksichtigt (= abgezogen).[70]

Der „Gewinn" eines gewerblichen Unternehmens ist dementsprechend der wesentliche Teil der Bemessungsgrundlage für die Festsetzung der so genannten „Gewinnsteuern", deren Zahlung der Inhaber des Unternehmens schuldet. Zu diesen Gewinnsteuern gehören die Einkommen-, die Körperschaft- und die Gewerbesteuer. Diese Steuerarten werden auch als „Ertragsteuern" bezeichnet. Mittelbar kommt – da vom Umfang geschuldeter Einkommen- oder Körperschaftsteuer abhängig[71] – der Solidaritätszuschlag hinzu.

Definiert wird der Begriff „Gewinn" in § 4 Abs. 1 Satz 1 des Einkommensteuergesetzes (EStG) wie folgt: *„Gewinn ist der Unterschiedsbetrag zwischen dem Betriebs-*

---

[69]Das Ergebnis staatlicher Umverteilung ist dann die „sekundäre" Einkommensverteilung.

[70]Die Bezeichnung „Gewinn- und Verlustrechnung" ist letztlich verwirrend. So, wie ein Unternehmen nicht „Handel treiben" muss, um in den Anwendungsbereich des „Handelsgesetzbuchs" zu fallen, geht es in der „Gewinn- und Verlustrechnung" weder um „Gewinn" noch um „Verlust". Denn weder „Gewinn" noch „Verlust" eines Unternehmens sind Rechengrößen, Posten oder Ergebnis einer „Gewinn- und Verlustrechnung". Die „Gewinn- und Verlustrechnung" müsste daher an sich als „Ertrags- und Aufwandsrechnung" oder als „Jahresüberschuss- oder -fehlbetrags-Berechnung" bezeichnet werden.

[71]Dazu §§ 1 ff SolZG 1995.

vermögen am Schluss des Wirtschaftsjahres und dem Betriebsvermögen am Schluss des vorangegangenen Wirtschaftsjahres, vermehrt um den Wert der Entnahmen und vermindert um den Wert der Einlagen."[72] Diese in § 4 Abs. 1 Satz 1 EStG angelegte Methode der Gewinnermittlung wird deshalb auch „Betriebsvermögensvergleich"[73] genannt.

Freilich kann das Ergebnis eines solchen „Betriebsvermögensvergleichs" auch negativ sein. Dann ist das Ergebnis ein „Verlust".[74] Entscheidend für das Verständnis ist jedoch in erster Linie Folgendes:

Mit „Betriebsvermögen" ist das Netto-Betriebsvermögen bzw. das *„Reinvermögen"* gemeint, also das *„Bruttovermögen nach Abzug der Verbindlichkeiten"*[75] In Geldeinheiten ausgedrückt entspricht das für die Gewinnermittlung relevante Betriebsvermögen folglich einem Betrag in Höhe des Eigenkapitals des betreffenden Unternehmens. Will man den von einem Unternehmen in einem Jahr „primär"[76] erwirtschafteten Vermögenszuwachs wissen, muss man daher grundsätzlich die Differenz zwischen dem Eigenkapital des Unternehmens am Beginn und am Ende dieses Jahres ermitteln. Bei Ermittlung dieser Differenz bleiben jedoch noch zwei mögliche Faktoren unberücksichtigt:

1.4.3.1 Entnahmen

Zum einen ist denkbar, dass die (wirtschaftlichen) Eigentümer des Unternehmens während des Betrachtungszeitraums (Wirtschaftsjahr) Vermögen aus dem Unternehmens- in Privatvermögen überführt haben (Entnahme oder Dividende). Eine solche unterjährige Entnahme führt zu einem niedrigeren Betriebsvermögen am Ende des Wirtschaftsjahres. Ermittelt man den Gewinn lediglich durch Bildung der Differenz zwischen dem Betriebsvermögen am Ende und dem Betriebsvermögen am Anfang des Wirtschaftsjahres, hätten Entnahmen zur Folge, dass der Gewinn entsprechend niedriger ausfällt. Würde man diese „Gewinnminderung" nicht korrigieren, könnte auf diese Weise die steuerliche Bemessungsgrundlage gemindert werden. Für Zwecke der Gewinnermittlung

---

[72]Wortlaut von § 4 Abs. 1 Satz 1 EStG.

[73]Vgl. z. B. BFH, Urteil vom 03.08.2017, Az. IV R 12/14; an anderer Stelle werden gleichbedeutend auch die Begriffe *„Bestandsvergleich"* (z. B. in BFH, Urteil vom 07.11.2013, Az. IV R 13/10, und in BFH, Urteil vom 19.10.2005, Az. XI R 4/04) und „Vermögensvergleich" (z. B. in BFH, Urteil vom 24.11.1959, Az. I 47/58 U) verwendet.

[74]Vgl. z. B. BFH, Beschluss vom 26.10.1987, Az. GrS 2/86: Das Ergebnis des Betriebsvermögensvergleichs *„ist Gewinn oder Verlust"*.

[75]BFH, Beschluss vom 26.10.1987, Az. GrS 2/86.

[76]Also durch Marktteilnahme, jedoch vor Berücksichtigung der Steuerbelastung.

müssen während dem Betrachtungs- bzw. Bezugszeitraum getätigte Entnahmen dem Ergebnis daher wieder hinzugerechnet werden.

1.4.3.2 Einlagen

Zum anderen ist denkbar, dass die (wirtschaftlichen) Eigentümer eines Unternehmens dem Unternehmen unterjährig weiteres Vermögen zuführen, indem sie aus dem eigenem Vermögen etwas in das Unternehmensvermögen überführen (einlegen). Solche Einlagen erhöhen folglich das Betriebsvermögen des Unternehmens am Ende des Geschäftsjahres. Dies führt – wenn man zur Ermittlung des Gewinns lediglich die Differenz zwischen dem Betriebsvermögen am Ende und dem Betriebsvermögen am Beginn des Geschäftsjahres ermittelt – folglich zu einem höheren Ergebnis. Einen durch Einlagen bewirkten Vermögenszuwachs erzielen Unternehmen jedoch gerade nicht durch Marktteilnahme als Nachfrager oder Anbieter. Einlagen und durch Einlagen bewirkte Zuwächse des Betriebsvermögens sind nicht das Ergebnis des Abschlusses und/oder der Durchführung von Geschäften mit anderen Marktteilnehmern. Einlagen erfolgen gegenleistungslos durch die (wirtschaftlichen) Eigentümer. Die durch Einlagen bewirkten Zuwächse des Betriebsvermögens sind folglich nicht Ergebnis des durch die Marktteilnahme des Unternehmens erwirtschafteten „Primäreinkommens". Für Zwecke der Gewinnbesteuerung müssen Einlagen deshalb aus der Bemessungsgrundlage herausgerechnet werden.

Bedenkt man diese möglichen „Verzerrungen" bei der Ermittlung des – als am Markt erzieltes Primäreinkommen verstandenen – Gewinns, wird die in § 4 Abs. 1 Satz 1 EStG vorgegebene „Formel" zur Berechnung des Gewinns verständlich. Denn danach ist der von einem Unternehmen in einem Geschäftsjahr erzielte Gewinn (oder Verlust) wie folgt zu ermitteln:

Gewinnermittlung durch Betriebsvermögensvergleich		
Ausgangsgröße		Betriebsvermögen am Ende des Geschäftsjahres
Abzüglich	–	Betriebsvermögen am Anfang des Geschäftsjahres
Zuzüglich	+	Entnahmen (Dividenden) während des Geschäftsjahres
Abzüglich	–	Einlagen während des Geschäftsjahres
Ergebnis	=	Gewinn/Verlust

Offen bleibt an dieser Stelle die Frage, wie ein gewerbliches Unternehmen das für die Gewinnbesteuerung relevante Betriebsvermögen – und damit letztlich den jeweils relevanten Eigenkapitalbestand – ermitteln muss. Diese Frage wird von § 5 EStG beantwortet. Diese Vorschrift bildet zudem die zentrale Schnittstelle zwischen der im HGB angelegten, „kaufmännischen" Rechnungslegung und den für die Gewinnbesteuerung maßgeblichen Zahlen eines Unternehmens.

1.4.4 Kaufmännische Rechnungslegung und steuerliche Gewinnermittlung

Gemäß § 5 Abs. 1 Satz 1 EStG haben gewerbliche Unternehmen grundsätzlich *„für den Schluss des Wirtschaftsjahres das Betriebsvermögen anzusetzen (§ 4 Abs. 1 Satz 1), das nach den handelsrechtlichen Grundsätzen ordnungsmäßiger Buchführung auszuweisen ist, ..."*[77] Mit anderen Worten: Die weitgehend im HGB geregelte, „kaufmännische" Rechnungslegung eines Unternehmens ist auch maßgeblich für die Ermittlung von dessen „Gewinn" im steuerlichen Sinn und damit für die Gewinnsteuerbelastung (so genannte „Maßgeblichkeit"). Soweit der Grundsatz, der jedoch bereits für sich genommen Folgendes verdeutlicht:

Die Rechnungslegung ist die „Sprache", in der Unternehmen mit der Finanzverwaltung „kommunizieren" (müssen), weil in dieser „Sprache" die für wesentliche Steuerarten maßgebliche Bemessungsgrundlage ausgedrückt wird. Wer nicht zumindest die Grundzüge dieser Sprache versteht, ist nicht nur auf fremde (in der Regel mit zusätzlichem Geldaufwand verbundene) Hilfe angewiesen, sondern kann auch die anfallenden steuerlichen Belastungen nicht planen. Um die für Unternehmen zentralsten Zusammenhänge zwischen kaufmännischer Rechnungslegung und Gewinnbesteuerung abzurunden, muss zudem Folgendes verstanden werden:

Das für die steuerliche Gewinnermittlung maßgebliche Betriebsvermögen eines Unternehmens wird zwar im Wesentlichen, aber eben nicht ausschließlich durch die kaufmännische Rechnungslegung determiniert. Der Grund dafür ist in § 5 Abs. 6 EStG zu finden. Dort wird angeordnet, dass die kaufmännische Rechnungslegung der steuerlichen Gewinnermittlung nur zugrunde zu legen ist, wenn und soweit in Steuergesetzen keine Abweichungen von der kaufmännischen Rechnungslegung für Zwecke der Besteuerung vorgesehen sind. In Fällen, in denen die steuerlichen Vorschriften für Zwecke der Gewinnermittlung von den handelsrechtlichen Rechnungslegungsvorschriften abweichen, haben Unternehmen folglich eine „kaufmännische" Rechnungslegung und eine (andere, parallele) für Zwecke der Besteuerung. Das ist der Grund dafür, dass Unternehmen am Ende eines Geschäftsjahres zwei Bilanzen erstellen, nämlich eine „Handelsbilanz" und eine „Steuerbilanz". Das Beispiel „Film-AG" soll dies verdeutlichen:

Beispiel Film-AG

Die Film-AG („F-AG") mit Sitz in München hat zwei Vorstands- und drei Aufsichtsratsmitglieder. An die drei Aufsichtsratsmitglieder wird jährlich eine Vergütung in Höhe von insgesamt EUR 100.000 gezahlt (zweimal jeweils EUR 30.000 sowie EUR 40.000 an den Aufsichtsratsvorsitzenden). Die F-AG produziert in einem Jahr einen Spielfilm, dessen Herstellungskosten EUR 20 Mio. betragen. Die Produktion des Films

---

[77]Wortlaut von § 5 Abs. 1 S. 1 EStG.

wird am 23.12. des betreffenden Jahres abgeschlossen. Der Kinostart und damit die Erstverwertung des Films ist für den 01.02. des Folgejahres geplant. Das Geschäftsjahr der F-AG entspricht dem Kalenderjahr. Nach Ablauf des 31.12. des Jahres will der Vorstand der F-AG sowohl den Jahresabschluss aufstellen als auch die Körperschaftsteuererklärung für die F-AG vorbereiten. Dazu will der Vorstand der F-AG wissen, ob und gegebenenfalls welche Unterschiede zwischen der handelsrechtlichen Rechnungslegung der F-AG und der für die Besteuerung maßgeblichen Rechnungslegung der F-AG bestehen. Ein wesentlicher Unterschied besteht zunächst – zwingend – im Hinblick auf die Abbildung der Aufsichtsratsvergütung. Zudem können die Herstellungskosten für den Spielfilm in Handels- und Steuerbilanz unterschiedlich abgebildet werden, was jedoch – im Unterschied zur Behandlung der Aufsichtsratsvergütung – nicht zwingend ist. Dazu im Einzelnen:

Behandlung, Abbildung und Auswirkungen der Aufsichtsratsvergütung:
Die an die drei Aufsichtsratsmitglieder gezahlte Vergütung in Höhe von EUR 100.000 stellt handelsrechtlich, also im Rahmen der kaufmännischen Rechnungslegung – vollumfänglich Aufwand dar. Dieser Aufwand kann beispielsweise mit der Buchung

„EUR 100.000 Aufwand für Aufsichtsratsvergütung an Bankguthaben EUR 100.000"

in die Rechnungslegung der F-AG eingehen. Im Jahresabschluss der F-AG wird dieser Aufwand dann im Rahmen des „sonstigen betrieblichen Aufwands" im Sinn von § 275 Abs. 2 Nr. 8 HGB in der GuV konsolidiert und mindert das handelsrechtliche Ergebnis der F-AG in vollem Umfang.

Für Zwecke der Körperschaftsteuer – die F-AG ist gemäß § 1 Abs. 1 Nr. 1 KStG körperschaftsteuerpflichtig – gilt dies jedoch nicht. Denn bei Ermittlung des körperschaftsteuerpflichtigen Gewinns der F-AG kann die Aufsichtsratsvergütung wegen § 10 Nr. 4 KStG lediglich hälftig, also nur in Höhe von EUR 50.000 abgezogen werden. Die andere, nicht abzugsfähige Hälfte in Höhe von EUR 50.000 fließt bei der F-AG zwar tatsächlich ab (das Geld wird schließlich an die Aufsichtsratsmitglieder gezahlt). Die körperschaftsteuerliche Bemessungsgrundlage bleibt davon jedoch unberührt. Dies ist im Rahmen der steuerrechtlichen Rechnungslegung der F-AG entweder durch eine entsprechende Hinzurechnung oder dadurch abzubilden, dass eine „Steuer-GUV" erstellt wird, in der der Aufwand für Aufsichtsratsvergütung nur in Höhe von EUR 50.000 abgebildet wird (obwohl tatsächlich EUR 100.000 gezahlt wurden und abgeflossen sind). In diesem Punkt kommt es damit zwingend zu einem Unterschied zwischen „kaufmännischer" und „steuerlicher" Rechnungslegung, der durch § 10 Nr. 4 KStG bedingt ist. Dieser Unterschied führt zudem zu einer entsprechend höheren Körperschaftsteuerbelastung und damit verbundenem Liquiditätsabfluss.

Behandlung, Abbildung und Auswirkungen der Filmproduktionskosten:

Einen weiteren Unterschied kann, muss es jedoch nicht im Hinblick auf die Abbildung der Herstellungskosten für den Spielfilm geben. Dies liegt daran, dass die F-AG zumindest im Hinblick auf die Handelsbilanz wählen kann, ob Filmrechte in Höhe der Herstellungskosten angesetzt (aktiviert) werden oder nicht. Dieses Wahlrecht ist in § 248 Abs. 2 HGB wie folgt verankert: *„Selbst geschaffene immaterielle Vermögensgegenstände des Anlagevermögens* **können** *als Aktivposten in die Bilanz aufgenommen werden."*[78] Der Vorstand der F-AG kann, muss folglich aber nicht die Rechte an dem von der F-AG hergestellten Film als Vermögensgegenstand in Höhe der Herstellungskosten auf der Aktivseite der Bilanz der F-AG ansetzen. Wählt der Vorstand den Ansatz der Filmrechte, würde die Bilanz der F-AG zum 31.12. des Jahres bei hier beispielhaft unterstelltem sonstigen Vermögen im Wert von € 10 Mio. und Verbindlichkeiten im Umfang von € 8 Mio. wie folgt aussehen:

Aktiva (Vermögen)		Passiva (Kapital)	
Filmrechte	€ 20.000.000	Eigenkapital	€ 22.000.000
Sonstiges Vermögen	€ 10.000.000	Verbindlichkeiten	€ 8.000.000

Bilanzsumme € 30.000.000

Nimmt der Vorstand dagegen von einem Ansatz der Filmrechte in der Handelsbilanz Abstand, was nach § 248 Abs. 2 HGB ebenso zulässig ist, würde die Bilanz der F-AG zum 31.12. des Jahres wie folgt aussehen:

Aktiva (Vermögen)		Passiva (Kapital)	
Vermögen	€ 10.000.000	Eigenkapital	€ 2.000.000
		Verbindlichkeiten	€ 8.000.000

Bilanzsumme € 10.000.000

Im Hinblick auf die steuerrechtliche Rechnungslegung der F-AG besteht dieses Wahlrecht dagegen nicht. In der Steuerbilanz darf nach § 5 Abs. 2 EStG[79] für immaterielle Wirtschaftsgüter des Anlagevermögens wie einen zur Verwertung vorgesehenen Film ein Aktivposten nur dann angesetzt werden, wenn dieser *„entgeltlich erworben"*[80] wurde. Steuerrechtlich wäre der Ansatz der Filmrechte in der Bilanz der F-AG folglich nur dann zulässig, wenn nicht die F-AG selbst, sondern ein Dritter den Spielfilm

---

[78]Wortlaut von § 248 Abs. 2 Satz 1 HGB (Unterstreichung diesseits).

[79]Über § 8 Abs. 1 Satz 1 KStG ist § 5 Abs. 2 EStG auch im Rahmen der Körperschaftbesteuerung anwendbar und zu beachten.

[80]Wortlaut von § 5 Abs. 2 EStG.

produziert und die F-AG dann sämtliche Filmrechte von diesem Dritten entgeltlich erworben hätte. Steuerrechtlich besteht das für die Handelsbilanz in § 248 Abs. 2 HGB eingeräumte Ansatzwahlrecht also nicht. Die Steuerbilanz der F-AG muss daher wie die zweite der vorstehend gezeigten Alternativen aussehen. Deshalb ist der körperschaftsteuerliche Gewinn der F-AG um € 20 Mio. niedriger als das handelsrechtliche Ergebnis in der ersten vorstehenden Alternative. Entsprechend gering fällt auch die Körperschaftsteuerbelastung der F-AG aus.

Die handelsrechtliche („kaufmännische") und die steuerliche Rechnungslegung gewerblicher Unternehmen hängen folglich eng miteinander zusammen, aber beide sind nicht identisch. Die kaufmännische Rechnungslegung bildet die Grundlage. Auf diese Grundlage setzt die Rechnungslegung für Zwecke der Besteuerung auf. Jedoch kommt es im Rahmen der steuerlichen Rechnungslegung in einzelnen Punkten zu Modifikationen, wenn und weil einzelne Steuergesetze dies verlangen.

Betrachtet man Rechnungslegung als Sprache, in der unternehmensrelevante Tatsachen dokumentiert, bewertet, konsolidiert und an andere Marktteilnehmer kommuniziert werden können, dann ist die kaufmännische Rechnungslegung die „Hochsprache". Im Verhältnis dazu ist die steuerliche Rechnungslegung ein besonderer Dialekt. Dieser Dialekt wird von der Finanzverwaltung gesprochen und verstanden. Im Rahmen der Kommunikation mit der Finanzverwaltung, die im Wesentlichen in Form von Feststellungs- und Steuererklärungen und -bescheiden erfolgt, muss dieser Dialekt gesprochen und daher auch beherrscht werden.

In jedem Fall ist die Rechnungslegung die Berichtssprache gewerblicher Unternehmen, in deren Kategorien Erfolg und Misserfolg abgebildet, gemessen und zum Ausdruck gebracht werden. Infolge dieser Informations-, Kommunikations- und Maßstabsfunktion hat die Rechnungslegung auch Bedeutung dafür, wie und welche Unternehmensziele gesetzt und verfolgt werden.

1.5   Unternehmensziele

1.5.1   Übergeordnetes Ziel: Jahresüberschuss

Erwirtschaftet ein Unternehmen in einem Geschäftsjahr einen Jahresüberschuss, bedeutet dies, dass es gelungen ist, durch Umsetzung des Geschäftsmodells einen vom Markt anerkannten Mehrwert zu schaffen. Deshalb ist es nicht nur betriebswirtschaftlich, sondern auch volkswirtschaftlich wünschenswert, dass Unternehmen Jahresüberschüsse erzielen. Unabhängig vom konkreten Unternehmensgegenstand und dem für das Unternehmen relevanten Markt gilt daher:

Übergeordnetes Ziel eines gewerblichen Unternehmens ist es, nachhaltig möglichst hohe Jahresüberschüsse zu erzielen.[81] „Nachhaltig" in diesem Sinn bedeutet „auf lange Sicht immer wieder". Aufgabe der Unternehmensgründer und -leiter ist daher, geeignete Maßnahmen zu bestimmen und umzusetzen, um dieses Ziel zu erreichen.

1.5.2 Subziele

Die meisten anderen Ziele, die von der Unternehmensleitung gesetzt werden, entpuppen sich bei näherer und insbesondere auch langfristiger Betrachtung letztlich als Subziele auf dem Weg zum übergeordneten Ziel der Jahresüberschussmaximierung. Solche Subziele mögen z. B. die Steigerung von Umsatz, Stückzahlen oder der medialen Präsenz, die Senkung von Herstellungskosten, der Einsatz ressourcenschonender Technologien („Nachhaltigkeit"), die Verbesserung des Arbeitsklimas, die Gleichbehandlung von Mitarbeitern, Erhöhung der Kundenzufriedenheit und/oder eine bestimmte Wahrnehmung des Unternehmens am Markt (Image) sein. Das Erreichen jedes einzelnen dieser Subziele führt mit einiger Wahrscheinlichkeit langfristig auch zu einem höheren Jahresüberschuss.

Zentrale Grundvoraussetzung dafür, dass unternehmerische Ziele und Subziele verfolgt und erreicht werden können, ist die Aufrechterhaltung der Handlungsfähigkeit des Unternehmens. „Handlungsfähigkeit" in diesem Sinn bedeutet, dass die für den unternehmerischen Wertschöpfungs- und Absatzprozess erforderlichen Ressourcen – Materie, Energie und Informationen – stets rechtzeitig verfügbar sind. Wenn die (wirtschaftlichen) Eigentümer des Unternehmens die erforderlichen Ressourcen nicht gegenleistungslos zur Verfügung stellen können, müssen diese Ressourcen am Markt beschafft werden. Das erfordert Geld. Diese Fähigkeit eines Unternehmens, auf Geld zuzugreifen, um dieses am Markt als Tauschmittel zur Ressourcenbeschaffung zu nutzen, ist die Liquidität des Unternehmens.

1.5.3 Liquidität

Liquidität ist die Fähigkeit eines Unternehmens, auf Geld zugreifen zu können. Liquidität ist erforderlich, um damit die für den unternehmerischen Wertschöpfungsprozess erforderlichen Ressourcen beschaffen und bestehende Verbindlichkeiten bedienen zu

---

[81]Zur Vermeidung von Missverständnissen: Damit soll nicht in Abrede gestellt werden, dass es insbesondere auch im Bereich der Gemeinnützigkeit (vgl. dazu z. B. auch § 4 Satz 2 GmbHG) und/oder des sogenannten „Social Entrepreneurship" Unternehmen gibt, deren Ziel/e nicht oder zumindest nicht primär auf nachhaltige Jahresüberschussmaximierung gerichtet sind. Diese Fälle werden im Rahmen dieses Werks jedoch nicht weiter gesondert betrachtet. Gegenstand dieses Werks ist die Gründung von Unternehmen, durch deren Betrieb in Geldeinheiten messbare Mehrwerte durch Realisierung von Geschäftsmodellen erwirtschaftet werden sollen, die zumindest auch auf dem Einsatz anspruchsvoller Technik (im weitesten Sinn) basiert.

können. Der Verlust dieser Fähigkeit wirkt auf Unternehmen ähnlich wie ein Strömungsabriss an den Tragflächen auf ein Flugzeug in der Luft. Der Strömungsabriss führt zur
Manövrierunfähigkeit, im schlimmsten Fall auch zum Absturz. Für Unternehmen
bedeutet ein „Liquiditätsabriss" Verlust der Handlungsfähigkeit und im schlimmsten Fall
den insolvenzbedingten Marktaustritt. Das Aufrechterhalten der Liquidität und damit –
umgekehrt gewendet – das Vermeiden einer „Insolvenz" ist folglich ein permanentes,
jeden Tag erneut zu erreichendes Subziel jedes Unternehmens auf dem Weg hin zum
Jahresüberschuss. Was die Insolvenz eines Unternehmens in Deutschland bedeutet, wird
im folgenden Abschnitt näher betrachtet. Zur Vermeidung von Missverständnissen ist
zuvor jedoch noch folgendes klarzustellen:

Das Ergebnis – der Jahresüberschuss oder -fehlbetrag – eines Unternehmens wird
zwar in Geldeinheiten gemessen und ausgedrückt, hat aber ansonsten nichts mit Geld zu
tun. Maßgeblich für das Ergebnis eines Unternehmens ist dessen Vermögensentwicklung
innerhalb des betrachteten Zeitraums[82], nicht jedoch dessen Vermögenszusammensetzung. Ein Unternehmen kann über erhebliches Vermögen verfügen und erhebliche
Vermögenszuwächse erzielen, jedoch gleichwohl kein Geld haben. Das Kapital des
Unternehmens ist dann nicht als Bar- oder Buchgeld vorhanden, sondern in anderen
Vermögensgegenständen gebunden.[83] Umgekehrt können auch Unternehmen, die einen
Jahresfehlbetrag erwirtschaftet haben und deren Eigenkapital vollständig aufgebraucht
ist, über erhebliches Geldvermögen verfügen. Daher kann weder vom Ergebnis noch
von der Kapitalstruktur eines Unternehmens auf dessen Liquidität geschlossen werden.
Für die Liquidität eines Unternehmens ist vielmehr dessen Vermögenszusammensetzung
(Aktivseite der Bilanz) maßgeblich. Entscheidend ist, ob die vorhandenen Geldbestände
einschließlich ausschöpfbarer Kreditmöglichkeiten ausreichen, um die kurzfristig absehbaren und bereits entstandenen, alsbald fälligen Geldverbindlichkeiten zu decken. Ist
dies nicht der Fall, droht Insolvenz.

1.6   Insolvenz: Wann das Spiel vorbei ist

1.6.1   Grundlagen

In Deutschland sind die Voraussetzungen und Folgen der Insolvenz eines Unternehmens
überwiegend in der Insolvenzordnung (InsO) geregelt, jedoch enthalten auch andere
Gesetze vereinzelt insolvenzrechtlich relevante Bestimmungen. Außerhalb der InsO

---

[82]In der Regel also das Geschäftsjahr.

[83]Die auf einen bestimmten Stichtag aufgestellte Bilanz eines Unternehmens zeigt, in welchen
Vermögensgegenständen (Aktiva) das Kapital (Passiva) des Unternehmens an dem betreffenden
Stichtag angelegt, also investiert war. Geht aus der Aktivseite der Bilanz hervor, dass das Unternehmen zum Stichtag weder Bar- („Kasse") noch Buchgeld (Guthaben bei Kreditinstituten) besaß,
dann hatte das Unternehmen sein Kapital am Stichtag nicht in Geld investiert. „Geld" ist folglich

enthalten beispielsweise auch das GmbHG[84], das AktG[85] und das Strafgesetzbuch[86] gerade für Unternehmensleiter maßgebliche Bestimmungen, die deren persönliche zivil- und strafrechtliche Haftung im Insolvenzfall betreffen.

Das Insolvenzrecht soll die Teilnahme insolventer Unternehmen am Geschäftsverkehr unterbinden. Denn diese ist für andere Marktteilnehmer mit dem Risiko von Forderungs- ausfällen verbunden und wegen der damit verbundenen Gefahr von „Domino-Effekten"[87]

---

auch ein Investment, und zwar ein wichtiges, weil ohne Geld Insolvenz droht. Aufrechterhaltung der Liquidität bedeutet daher, stets einen ausreichenden Teil des vorhandenen Kapitals in Geld zu investieren und nicht in weniger liquide Vermögensgegenstände wie z. B. Grundstücke oder Maschinen.

[84]Z. B. wird in § 64 GmbHG folgendes geregelt: *„Die Geschäftsführer sind der Gesellschaft zum Ersatz von Zahlungen verpflichtet, die nach Eintritt der Zahlungsunfähigkeit der Gesell- schaft oder nach Feststellung ihrer Überschuldung geleistet werden. Dies gilt nicht von Zahlun- gen, die auch nach diesem Zeitpunkt mit der Sorgfalt eines ordentlichen Geschäftsmanns vereinbar sind. Die gleiche Verpflichtung trifft die Geschäftsführer für Zahlungen an Gesellschafter, soweit diese zur Zahlungsunfähigkeit der Gesellschaft führen mussten, es sei denn, dies war auch bei Beachtung der in Satz 2 bezeichneten Sorgfalt nicht erkennbar. Auf den Ersatzanspruch finden die Bestimmungen in § 43 Abs. 3 und 4 entsprechende Anwendung."* Dies belegt die Notwenigkeit für Geschäftsführer einer GmbH (und damit auch einer UG [haftungsbeschränkt]), die Liquidität des von der GmbH betriebenen Unternehmens permanent im Blick zu haben. Wer das nicht kann oder will, lebt riskant.

[85]Das Pendant zu § 64 GmbHG für Aktiengesellschaften findet sich in § 92 Abs. 2 AktG: *„Nach- dem die Zahlungsunfähigkeit der Gesellschaft eingetreten ist oder sich ihre Überschuldung ergeben hat, darf der Vorstand keine Zahlungen leisten. Dies gilt nicht von Zahlungen, die auch nach diesem Zeitpunkt mit der Sorgfalt eines ordentlichen und gewissenhaften Geschäftsleiters vereinbar sind. Die gleiche Verpflichtung trifft den Vorstand für Zahlungen an Aktionäre, soweit diese zur Zahlungsunfähigkeit der Gesellschaft führen mussten, es sei denn, dies war auch bei Beachtung der in § 93 Abs. 1 Satz 1 bezeichneten Sorgfalt nicht erkennbar."* Die Vorstands- mitglieder einer Aktiengesellschaft sind daher im Fall einer Insolvenz einem vergleichbaren persönlichen Risiko ausgesetzt, wie die Geschäftsführer einer insolventen GmbH.

[86]Im 24. Abschnitt des Strafgesetzbuchs (§§ 283 ff StGB) sind eine Reihe von Insolvenzstraftaten geregelt. Wichtig für das Verständnis ist: Die in den §§ 283 ff StGB geregelten Straftatbestände können unabhängig davon verwirklicht werden, ob eine Insolvenzantragspflicht nach der InsO besteht. Auch wer als eingetragener Kaufmann („e. K.") – das ist ein Mensch, der ein gewerbliches Unternehmen betreibt und als gewerblicher Unternehmer (= Kaufmann) im Handelsregister ein- getragen ist – am Markt agiert, kann sich nach §" 283 ff StGB strafbar machen, obwohl die InsO für eingetragene Kaufleute keine Insolvenzantragspflicht vorsieht.

[87]Der Begriff „Domino-Effekt" bezeichnet u. a. Situationen, in denen Unternehmen infolge der Insolvenz ihrer Schuldner Forderungsausfälle erleiden und deshalb ihrerseits selbst nicht mehr in der Lage sind, die eigenen Gläubiger zu befriedigen. Denn infolge des Forderungsausfalls fehlt dem Unternehmen das Geld, welches von seinem – leider jedoch insolventen – Schuldner hätte kommen müssen zur Befriedigung der eigenen Gläubiger. Auf diese Weise kann die Insolvenz eines Unter- nehmens die Insolvenz weiterer Unternehmen nach sich ziehen. Der Begriff „Domino-Effekt" ist insoweit jedoch kein *terminus technicus*, sondern der Begriff wird in den Wirtschaftswissenschaften auch zur Bezeichnung anderer Situationen gebraucht, in denen ein negatives Ereignis bei einem Unternehmen entsprechende Wirkungen bei anderen Unternehmen nach sich zieht (vgl. z. B. *Heg- mann*, WeltN24online vom 19.11.2017: *„Jobabbau bei Siemens reißt andere Arbeitsplätze mit"*).

auch volkswirtschaftlich unerwünscht. Insolvente Unternehmen sollen deshalb entweder im Rahmen eines möglichst geordneten und transparenten Verfahrens unter gerichtlicher Aufsicht saniert[88] oder von einem zu diesem Zweck gerichtlich bestellten[89] Insolvenzverwalter abgewickelt werden.

Im Rahmen eines solchen insolvenzbedingten Liquidationsverfahrens gehen die wesentlichen Leitungsbefugnisse der bisherigen Unternehmensleiter auf den Insolvenzverwalter über.[90] Dessen Aufgabe besteht dann im Wesentlichen drin, das gesamte beim Unternehmen (noch) vorhandene Vermögen „zu Geld zu machen" (= zu liquidieren). Der vereinnahmte Geldbestand (Masse) ist dann nach Abzug der Insolvenzverfahrens- und -verwalterkosten nach einem gesetzlich vorgegebenen Verteilungsschlüssel an die Gläubiger zu verteilen.[91]

Unabhängig davon, ob der Insolvenz eine Liquidation folgt oder eine Sanierung gelingt, gilt: Der oder die bisherige(n) Unternehmensleiter verlieren in der Regel zumindest bis auf weiteres die Macht im Unternehmen.[92] Daneben sind diese Personen erheblichen persönlichen Haftungsrisiken ausgesetzt. Dies gilt insbesondere dann, wenn der Insolvenzantrag nicht rechtzeitig gestellt wird. Kommt es infolge der Insolvenz zu Schäden bei Gläubigern des Unternehmens, weil deren Forderungen nicht mehr bedient werden können und deshalb ausfallen, liegt es nahe, zu versuchen, entsprechenden Schadensersatz von den Verantwortlichen zu erhalten.

Ist Inhaber eines Unternehmens kein Mensch, sondern eine Gesellschaft, für deren Verbindlichkeiten kein Mensch kraft Gesetzes[93] unbeschränkt persönlich haftet, besteht im Insolvenzfall eine Insolvenzantragspflicht. Die für die Unternehmensleitung

---

[88]Eine Restrukturierung und damit verbundene Sanierung insolventer Unternehmen kann sowohl durch den Insolvenzverwalter im Rahmen des „Regelinsolvenzverfahrens" als auch im Rahmen eines so genannten „Insolvenzplanverfahrens" (dazu §§ 217 ff InsO) erfolgen.

[89]Dazu § 27 Abs. 1 InsO: „ *Wird das Insolvenzverfahren eröffnet, so ernennt das Insolvenzgericht einen Insolvenzverwalter.* " Zudem wird in der Regel bereits mit Stellung eines Insolvenzantrags auf Grundlage von § 21 InsO ein sogenannter „vorläufiger Insolvenzverwalter" bestellt.

[90]Dies kommt in § 80 Abs. 1 InsO besonders deutlich zum Ausdruck: „ *Durch die Eröffnung des Insolvenzverfahrens geht das Recht des Schuldners, das zur Insolvenzmasse gehörende Vermögen zu verwalten und über es zu verfügen, auf den Insolvenzverwalter über.* "

[91]Dazu die §§ 187 ff InsO.

[92]Ausnahmen davon sind die praktisch seltenen Fälle so genannter „Eigenverwaltung" (dazu §§ 270 ff InsO).

[93]Mit einer „kraft Gesetzes" bestehenden Haftung für Verbindlichkeiten einer Gesellschaft ist gemeint, dass diese Haftung gesetzlich – gesellschaftsrechtlich – vorgesehen sein muss, z. B. auf Grundlage von § 128 HGB. Nicht gemeint sind dagegen Fälle, in denen ein Mensch auf schuldvertraglicher Grundlage für die Verbindlichkeiten einer Gesellschaft haftet, beispielsweise auf Grundlage einer Bürgschaft.

zuständigen Personen müssen dann einen sogenannten „Insolvenzantrag" stellen, wenn und sobald das Unternehmen insolvent ist.[94]

Für jeden, der ein Unternehmen leitet, ist es daher unabdingbar, zu wissen und zu erkennen, wann das Unternehmen – im rechtlichen Sinn – insolvent ist. Die InsO kennt grundsätzlich zwei unterschiedliche – voneinander unabhängige – Insolvenztatbestände, mit denen die Eröffnung eines Insolvenzverfahrens begründet werden kann, nämlich die „Zahlungsunfähigkeit" und die „Überschuldung".

1.6.2 Zahlungsunfähigkeit

Ein Unternehmen ist zahlungsunfähig, wenn und sobald Geldschulden bei Fälligkeit nicht bedient werden können. In § 17 Abs. 2 InsO wird dies wie folgt ausgedrückt: *„Der Schuldner ist zahlungsunfähig, wenn er nicht in der Lage ist, die fälligen Zahlungspflichten zu erfüllen. Zahlungsunfähigkeit ist in der Regel anzunehmen, wenn der Schuldner seine Zahlungen eingestellt hat."*[95]

„Zahlungsunfähigkeit" ist folglich ein rein liquiditätsbezogener Zustand.[96] Ob das betreffende Unternehmen über Eigenkapital oder eine „gute Eigenkapitalquote"[97] verfügt, ist dafür unerheblich. Auch Unternehmen mit erheblichem Eigenkapital sind zahlungsunfähig, wenn und sobald eine Handwerker- oder Telefonrechnung nicht bezahlt werden kann. Das bedeutet nicht, dass ein zum Ausgleich einer Handwerkerrechnung verpflichtetes Unternehmen die entsprechende Liquidität als Guthaben auf einem Bankkonto oder „bar in der Kasse" haben muss. Auch Unternehmen, die jederzeit problemlos – beispielsweise aufgrund entsprechender Vereinbarungen mit Banken – Dispo- oder sonstigen Geldkredite in Anspruch nehmen können, um mit geliehenem Geld fällige Verbindlichkeiten zu erfüllen, sind zahlungsfähig.

1.6.3 Überschuldung

Die Überschuldung eines Unternehmens ist dagegen in der Regel nicht „auf den ersten Blick" evident. Die Feststellung einer Überschuldung erfordert eine mehrstufige

---

[94]Diese Insolvenzantragspflicht folgt aus § 15a InsO. Gerade für Nicht-Juristen ist diese Vorschrift jedoch schwer verständlich, weil die Regelung zunächst zwischen „juristischen Personen" und „Gesellschaften ohne Rechtspersönlichkeit" differenziert, obwohl diese Unterscheidung in der Praxis ansonsten nur geringe Bedeutung hat (Unterschiede zwischen Gesellschaften, die „juristische Personen" in diesem Sinn sind und „Gesellschaften ohne Rechtspersönlichkeit" gibt es vor allem bei der Besteuerung).

[95]Wortlaut von § 17 Abs. 2 InsO.

[96]Vgl. dazu z. B. *Baumert*, NJW 2019, S. 1486.

[97]Die Eigenkapitalquote ist der Quotient aus Eigenkapital und Bilanzsumme.

Betrachtung. Denn gemäß § 19 Abs. 2 Satz 1 InsO ist ein Unternehmen überschuldet, *„wenn das Vermögen des Schuldners*[98] *die bestehenden Verbindlichkeiten nicht mehr deckt, es sei denn, die Fortführung des Unternehmens ist nach den Umständen überwiegend wahrscheinlich. "*[99] Überschuldet ist ein Unternehmen folglich nur dann, wenn beide Voraussetzungen erfüllt sind:

- Die Schulden des Unternehmens übersteigen die Summe der Werte der einzelnen Vermögensgegenstände und
- die Fortführung des Unternehmens ist nicht überwiegend wahrscheinlich.

Dabei ist es sinnvoll, die Prüfung der Überschuldung eines Unternehmens mit der zweiten Frage zu beginnen: Wie wahrscheinlich ist die Fortführung des Unternehmens unter den gegebenen Umständen? Denn die Beantwortung dieser Frage hat Auswirkungen darauf, wie die Vermögensgegenstände des Unternehmens zu bewerten sind. *„Da in der Überschuldungsbilanz die Aktivposten nur dann mit den Fortführungswerten angesetzt werden dürfen, wenn eine positive Fortbestehensprognose gestellt werden kann"*, beeinflusst *„die Wahrscheinlichkeit der Fortführung des Unternehmens … die in der Überschuldungsbilanz einzusetzenden Werte … "*. Zur Ermittlung einer etwaigen Überschuldung ist daher *„zunächst der Frage der Fortführungsmöglichkeit des Unternehmens nachzugehen. "*[100] Kann davon ausgegangen werden, dass das betrachtete Unternehmen zumindest mittelfristig am Markt (weiter) bestehen kann?

1.6.3.1 Fortbestehens- bzw. Fortführungsprognose

Als zukunftsgerichtete Wahrscheinlichkeitsurteile sind Prognosen stets mit Unsicherheiten behaftet. Deshalb stellt sich die Frage, welche Anforderungen an eine positive Fortbestehensprognose zu stellen sind. An dieser Stelle schließt sich der Kreis zur Bedeutung der Liquidität für Unternehmen. Denn auch wenn insoweit einige Unklarheiten bestehen,[101] ist zumindest eines klar: Von einem Fortbestand des Unternehmens kann nur dann ausgegangen werden, wenn das Unternehmen aller Voraussicht nach auf absehbare Zeit zahlungsfähig bleibt. Zu einer positiven Fortführungsprognose

---

[98]„Schuldner" in diesem Sinn ist der Inhaber des Unternehmens, also der „Unternehmensträger". Wird ein Unternehmen in Form einer AG betrieben, ist *„Schuldner"* im Sinn der InsO folglich diese AG (nicht dagegen die Aktionäre der AG). Wird ein Unternehmen von einem Menschen betrieben, z. B. von einem „eingetragenen Kaufmann" („e. K."), dann ist dieser Mensch der Unternehmensträger und damit der *„Schuldner"* im Sinn der InsO mit der Folge, dass nicht nur das dem Unternehmen zugeordnete Vermögen dieses Menschen, sondern auch dessen Privatvermögen in die „Insolvenzmasse" fällt.

[99]Wortlaut von § 19 Abs. 2 Satz 1 InsO.

[100]OLG Naumburg, Urteil vom 20.08.2003 (Az. 5 U 67/03), GmbHR 2004, S. 361.

[101]Vgl. dazu z. B. BGH, Urteil vom 26.01.2017 (Az. IX ZR 285/14) und 23.08.2017 (Az. 2 StR 456/16).

kann es daher z. B. dann kommen, wenn die Verbindlichkeiten des Unternehmens nicht kurzfristig fällig sind. Ist das Unternehmen zudem – gegebenenfalls nach kurzfristig realisierbarer Umstrukturierung – operativ profitabel, erscheint es wahrscheinlich, dass diese Verbindlichkeiten bei Fälligkeit auch zurückgeführt werden können.

Ist die Zahlungsfähigkeit des Unternehmens dagegen nicht oder nur kurzfristig gesichert, z. B. nur wenige Wochen oder Monate, während anschließend Liquiditätslücken absehbar sind, kann grundsätzlich keine positive Fortbestehensprognose gestellt werden. Dies gilt erst recht, wenn das Unternehmen zudem voraussichtlich auf absehbare Zeit Verluste erzielt.

Kann deshalb keine positiven Fortbestehensprognose gestellt werden, muss im nächsten Schritt, wenn zumindest kurzfristig noch ausreichend Liquidität vorhanden ist,[102] Folgendes geprüft werden, um die Frage der Überschuldung zu klären: Übersteigt die Summe aller Verbindlichkeiten des Unternehmens die Summe der Werte sämtlicher Vermögensgegenstände, welche dieser Unternehmensträger hält?

1.6.3.2 Verhältnis zwischen Vermögen und Schulden

Die Beantwortung dieser Frage setzt eine Bewertung des Unternehmensvermögens voraus. Es mag daher naheliegend erscheinen, zur Klärung dieser Frage einen Blick in die – auf den zu betrachtenden Stichtag aufgestellte – Handelsbilanz des betreffenden Unternehmens zu werfen. Die Betrachtung der Handelsbilanz ist an dieser Stelle jedoch aus folgenden Gründen problematisch:

Zunächst ist denkbar, dass die Handelsbilanz das Unternehmensvermögen nur unvollständig abbildet. Bestehen Ansatzwahlrechte, wie z. B. im Fall eigener Filmproduktion nach § 248 Abs. 2 HGB, ist möglich, dass das Unternehmen auch über Vermögensgegenstände verfügt, die in der Handelsbilanz nicht abgebildet werden. Hinzu kommt:

Die in der Handelsbilanz angesetzten Vermögenswerte – also die „Buchwerte" der aktivierten Vermögensgegenstände – können erheblich von denjenigen Werten abweichen, die im Fall einer Veräußerung am Markt erzielbar wären. Dies gilt insbesondere dann, wenn die Veräußerung „unter Liquidationsdruck" erfolgt. Denn typischerweise kann ein Unternehmen, das Vermögensgegenstände im Zug einer Liquidation unter Druck veräußert, dafür am Markt nicht dieselben Preise erzielen, wie im Fall einer ohne Zeitnot erfolgenden Veräußerung. Der sogenannte „Liquidations- oder Zerschlagungswert" von Vermögensgegenständen liegt deshalb oft unter den jeweiligen Buchwerten. Im Rahmen einer Überschuldungsprüfung sind jedoch die – insoweit dann realistischeren – Liquidationswerte anzusetzen. Aber auch der umgekehrte Fall ist denkbar:

Der in der Bilanz abgebildete Buchwert eines Vermögensgegenstands kann auch unter dem kurzfristig erzielbaren Verkehrswert liegen. Ist der Verkehrswert eines Vermögens-

---

[102]Ist bereits kurzfristig keine ausreichende Liquidität vorhanden, ist das Unternehmen ohnehin wegen Zahlungsunfähigkeit insolvent. Eine Überschuldungsprüfung erübrigt sich dann. Denn ein Unternehmen ist bereits dann insolvent, wenn ein Insolvenztatbestand – Zahlungsunfähigkeit oder Überschuldung – verwirklicht wird.

gegenstands höher als dessen Buchwert, dann liegt in dem betreffenden Vermögensgegenstand eine sogenannte „stille Reserve".[103] Solche stillen Reserven liegen in der Praxis oft in Grundstücken oder bereits weitgehend abgeschriebenem Anlagevermögen, das jedoch noch voll funktionsfähig ist.

Das im Rahmen einer Überschuldungsprüfung zu betrachtende Verhältnis zwischen Vermögen und Schulden eines Unternehmens kann und darf folglich nicht auf Grundlage der Handelsbilanz ermittelt werden. Vielmehr muss dafür eine am Zweck des Insolvenzrechts ausgerichtete „Überschuldungsbilanz" aufgestellt werden. In dieser sind sämtliche Vermögensgegenstände des Unternehmens mit kurzfristig erzielbaren „Liquidationswerten" anzusetzen. Dies kann auch die Aufdeckung stiller Reserven mit sich bringen, wenn der am Markt für einen Vermögensgegenstand kurzfristig erzielbare Liquidationserlös über dessen Buchwert liegt.

Übersteigt die Summe der Vermögenswerte des Unternehmens im Rahmen dieser Betrachtung die Summe der Verbindlichkeiten, dann liegt keine Überschuldung im Sinn von § 19 InsO vor. Übersteigt die Summe der Verbindlichkeiten dagegen die nach diesen Maßstäben bewerteten Vermögenswerte des Unternehmens, dann ist das Unternehmen im Sinn von § 19 InsO überschuldet (vgl. Abb. 1.4).

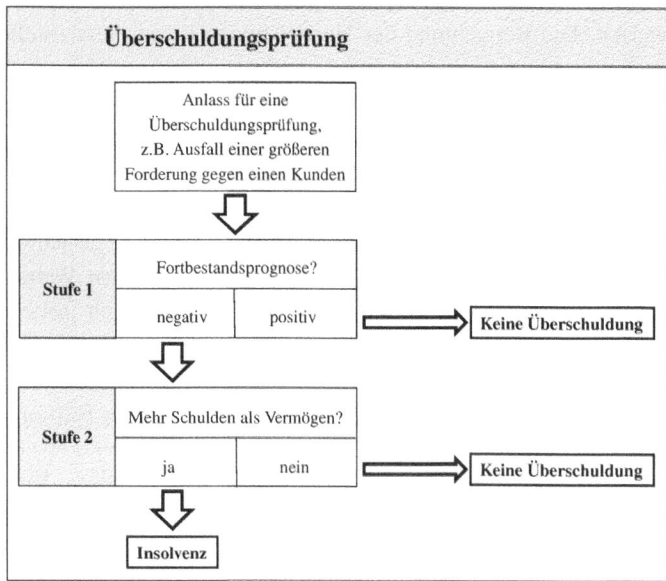

Abb. 1.4 Überschuldungsprüfung

---

[103]„Still" ist diese Wertreserve deshalb, weil sie aus der Handelsbilanz nicht ersichtlich ist, die Handelsbilanz dazu also „schweigt". Die Ursache für dieses Schweigen liegt u. a. in § 252 Abs. 1 Nr. 4 HGB: „*Gewinne sind nur zu berücksichtigen, wenn sie am Abschlussstichtag realisiert sind.*" Mit anderen Worten: Am Markt noch nicht realisierte Wertzuwächse dürfen in der (Handels-)Bilanz nicht berücksichtigt, entsprechende stille Reserven also nicht aufgedeckt werden (deshalb „still").

1.6.3.3 Anhaltspunkte und Faustregel

In Anbetracht der drastischen Folgen, die eine Insolvenz, aber auch eine verspätete Insolvenzantragstellung für ein Unternehmen und die für die Unternehmensleitung verantwortlichen Personen haben kann, stellt sich daher eine drängende Frage: Wann, also bei Vorliegen welcher Voraussetzungen, müssen die Verantwortlichen prüfen, ob das Unternehmen im Sinn von § 19 InsO „überschuldet" ist? Dabei gelten folgende Grundsätze:

- Die Verantwortlichen müssen die Finanzen des Unternehmens stets im Blick haben.
- Die Handelsbilanz des Unternehmens darf einer Überschuldungsprüfung zwar nicht zugrunde gelegt werden, aber sie liefert wichtige Signale: Übersteigen die dort ausgewiesenen Verbindlichkeiten die Summe der Buchwerte der aktivierten Vermögensgegenstände, ist dies als Alarmsignal zu werten. Eine solche „handelsbilanzielle" Überschuldung bedeutet zwar nicht zwingend auch eine Überschuldung im insolvenzrechtlichen Sinn, aber sie ist ein gewichtiger Indikator.[104]
- Liegt handelsbilanzielle Überschuldung vor, sollte daher – im Sinn einer Faustregel – stets sofort eine insolvenzrechtliche Überschuldungsprüfung eingeleitet werden. Das gleiche gilt, wenn – aus welchem Anlass auch immer – erhebliche Zweifel daran aufkommen, dass die Buchwerte der in der Handelsbilanz aktivierten Vermögensgegenstände mindestens den Verkehrswerten entsprechen.

Ein Blick in die öffentliche Berichterstattung zeigt: Hightech-Start-ups enden häufiger in der Insolvenz als als „Unicorns".[105] Ein solches Scheitern mag Unternehmensgründer um Erfahrungen bereichern, aber Erfolg ist auch eine bereichernde Erfahrung. Erfolgreich sind Unternehmen und deren Gründer, wenn die Unternehmensziele erreicht werden. Und dazu kann durchdachte, weitsichtige und belastbare Planung einen erheblichen Beitrag leisten.

1.7   Planung

1.7.1   Zweck und Bedeutung

Planung ist nicht nur Gegenstand betriebswirtschaftlicher Abhandlungen, sondern auch vieler Aphorismen. Dabei kommen Pläne nicht immer gut weg. „Planung", soll Einstein gesagt haben, ersetze „den Zufall durch Irrtum." Das klingt originell, darf jedoch nicht darüber hinwegtäuschen, dass Planlosigkeit auch kein erwiesenes Erfolgsrezept ist.

---

[104]So z. B. OLG Celle, Urteil vom 23.12.2003 (Az. 9 U 176/03).
[105]Vgl. z. B. *Steffens,* welt online vom 27.02.2018; *Rappold,* S. 171.

Planung ist auch kein Selbstzweck. In seinem Werk Silicon Valley hält *Keese* unter Berufung auf den Unternehmer *Ben Horowitz* fest, dass es bei einer Unternehmensgründung nicht darum gehe, *„ein ursprüngliches Konzept umzusetzen und damit zu beweisen, wie gut der Plan war.“*[106] Dem ist beizupflichten. Es spricht nichts dagegen, zur Vermeidung von Missverständnissen zunächst klarzustellen, was Unternehmensplanung nicht bezweckt:

Pläne sollen weder Prophezeiungen sein noch als geistiges Korsett wirken. Sie sollen weder die Weiterentwicklung von Geschäftsmodellen bremsen noch radikales Umdenken verhindern. Pläne sind keine Regeln, die neue Wege blockieren[107] und sollen das auch nicht sein. Das Gegenteil ist der Fall: Planung ist eine unternehmerische Selbstschutz- und Frühwarnmaßnahme. Planung zwingt Unternehmer dazu, getroffene Annahmen, angedachte Maßnahmen und gesetzte (Zwischen-)Ziele von Beginn an zu hinterfragen. Erscheinen Annahmen, auf denen das geplante Geschäftsmodell beruht, nicht belastbar, dann müssen Geschäftsmodell und -strategie überdacht und erforderlichenfalls geändert werden.[108]

„Pivoting“ werden radikale Geschäftsmodell- und Strategieänderungen im Jargon von Gründern und Investoren genannt.[109] Näher betrachtet steckt hinter diesem Anglizismus die Erkenntnis von Unternehmensgründern, zunächst in die falsche Richtung gedacht und gearbeitet zu haben. Diese Erkenntnis mag nicht nur emotional schmerzhaft sein, sondern der Weg dorthin ist auch mit unproduktivem und im Extremfall vollständig vergeblichem Ressourcenverbrauch verbunden. Pivoting bereichert Gründer zwar um Erfahrungen, aber diese Erfahrungen werden durch Fehlallokation von Ressourcen teuer erkauft. Als unternehmerische Selbstschutz- und Frühwarnmaßnahme verstanden kann und soll Planung daher dazu beitragen, die Erforderlichkeit von Geschäftsmodell- und Strategieänderungen möglichst frühzeitig zu erkennen. Durch Planung soll unproduktiver Ressourcenverbrauch in möglichst engen Grenzen gehalten und bestenfalls vermieden werden.

Dem Unternehmer *Manfred Helfrecht* wird der Ausspruch zugeschrieben, *„Planung“* sei *„nichts anderes als schriftliches Denken mit Methode.“* Man muss diesen Spruch nicht auf die Goldwaage legen. Einen Schriftformzwang für Pläne gibt es nicht. Unternehmensgründer können Pläne – im Sinn einer Vorstellung von künftigen Entwicklungen und Maßnahmen – auch mündlich diskutieren. Aber die Überlegungen, die es für Unternehmen sinnvoll erscheinen lassen, Verträge auch dann zu dokumentieren, wenn diese keinem Formzwang unterliegen, können ohne weiteres auf die Planung übertragen werden. Denn eine schriftliche Dokumentation der Planung zwingt Unternehmensgründer

---

[106]*Keese,* Silicon Valley, S. 96/97.

[107]Vgl. *Keese,* Silicon Germany, S. 69.

[108]Vgl. dazu z. B. *Blank/Dorf* mit *Högsdal/Bartel,* Handbuch, S. 4 ff.

[109]Dazu *Keese* Silicon Valley, S. 93 ff.

zu allererst, genau zu werden.[110] Planung soll nichts an der Vorgehensweise „*Daten erheben, Daten auswerten, dann das Produkt so schnell wie möglich an die Erkenntnisse anpassen*"[111] ändern, sondern dazu zwingen, diesen Prozess systematisch, selbstkritisch und genau durchzuführen.

1.7.2 (Mindest-)Inhalt

Versteht man Planung in diesem Sinn als Beschreibung möglicher Wege von einer gedachten Ausgangslage hin zu einem angepeilten Ziel, dann muss eine Planung mindestens die zu den nachstehenden Punkten aufgeworfenen Fragen beantworten. Gewinnt man neue Erkenntnisse, sind diese zu berücksichtigen und entsprechend um- bzw. weiter zu planen.

1.7.2.1 Ziele und Zwischenziele

Welches Ziel, welche Ziele soll das Unternehmen bis wann erreichen? Für welches technische oder sonstige Problem will das Unternehmen eine Lösung am Markt bereitstellen? Und wenn es unabhängig vom konkreten Geschäftsmodell übergeordnetes Ziel jedes Unternehmens ist, nachhaltige Jahresüberschüsse zu erwirtschaften, dann muss die Planung zudem Aufschluss darüber geben, ab wann dies realistisch erscheint. Aber es gibt noch ein – in der Regel vorgelagertes – Zwischenziel, das einen prominenten Platz in der Planung verdient hat: Der Zeitpunkt, ab dem der weitere Betrieb des Unternehmens nicht mehr auf finanzielle Beiträge der Gründer oder auf die Aufnahme von Darlehen angewiesen ist. Dieser Punkt ist erreicht, wenn und sobald das Unternehmen den Geschäftsbetrieb aus den Einnahmen finanzieren kann, die operativ durch Umsatzgeschäfte am Markt erzielt werden. Ab diesem Datum ist das Unternehmen „finanziell unabhängig", hängt also nicht mehr am Liquiditätstropf der Gründer, Darlehensgeber, sonstiger (potentieller) Investoren oder staatlicher Subventionen.

Dieser Zeitpunkt markiert einen Meilenstein jeder Unternehmensgeschichte. Denn ab diesem Zeitpunkt ist ein Unternehmen nicht mehr vom Wohlwollen anderer Marktteilnehmer abhängig. Das Unternehmen kann von diesen ab diesem Zeitpunkt auch nicht mehr – mit welcher Zielrichtung auch immer – unter Druck gesetzt werden. Es besteht ab dann aufgrund eigener Leistungsfähigkeit und Wertschöpfungskraft am Markt.

1.7.2.2 Ausgangslage

Nach den Zielsetzungen ist der Blick auf die Ausgangslage zu richten. Worauf kann bei der Planung und deren Verwirklichung aufgesetzt werden? Die Antwort auf diese

---

[110]„*Lesen macht vielseitig, Verhandeln geistesgegenwärtig, Schreiben genau.*" (Sir Francis von Verulam Bacon).
[111]*Keese*, Silicon Germany, 4. Auflage 2016, S. 36.

Frage beinhaltet die Darstellung der Ressourcen, die zu Beginn der Unternehmung zur Verfügung stehen. Ein Teil der Antwort auf diese Frage sollte von den Unternehmensgründern durch eine zu Beginn der Unternehmung aufzustellende Eröffnungsbilanz dargestellt werden. In dieser werden die verfügbaren Vermögensgegenstände (einschließlich Bank- und Buchgeld) ebenso abgebildet wie etwaige Verbindlichkeiten, die zu Beginn der Unternehmung eingegangen werden (beispielsweise „Gründerdarlehen"). Auf diese Weise fungiert die Eröffnungsbilanz bei einer Unternehmensgründung als Scharnier zwischen Realität und Planung. Denn sie dient sowohl der – die Realität in Zahlen abbildenden – Rechnungslegung als auch der Planung als Ausgangsbasis.

1.7.2.3 Der Weg vom Start zum Ziel

Welche Maßnahmen sollen ergriffen werden, um – ausgehend von der zuvor dargestellten Ausgangslage – die gewünschten Ziele und Zwischenziele zu erreichen, insbesondere auch das Zwischenziel finanzieller Unabhängigkeit. Die Planung der Maßnahmen, die dazu ergriffen und umgesetzt werden sollen, ist besonders komplex. Denn es geht dabei nicht nur darum, Kosten und Zeitrahmen möglichst realitätsnah abzuschätzen, sondern auch Ursachenzusammenhänge und die Wechselwirkungen des eigenen Verhaltens mit dem Dritter: Wie werden sich (potentielle) Kunden und Wettbewerber jeweils verhalten?[112]

Man kann der mit diesen Fragen verbundenen Ungewissheit nur begegnen, indem man unter Zugrundelegung möglichst belastbarer Annahmen die daraus ableitbare Bandbreite denkbarer Entwicklungen betrachtet. Die zugrunde gelegten Annahmen sind deshalb wesentlicher Qualitätstreiber der Planung. Das gilt für die grundsätzlichen Fragen ebenso wie für operative. Welche Ressourcen sind erforderlich, um ein bestimmtes Erzeugnis oder eine (neue) Dienstleistung am Markt anbieten zu können? Wann wird der Markteintritt erfolgen können (Zeitplan)? Welche Kunden werden zugreifen? Wie werden (potentielle) Wettbewerber reagieren? Diese Fragen sind zukunftsgerichtet und können daher nur in Form von Annahmen beantwortet werden. Das schließt Worst-Case- ebenso ein wie Best-Case-Szenarien.

1.7.2.4 Liquidität

Der Weg vom Start zum Ziel ist ebenso unweigerlich wie untrennbar mit Liquiditätsbedarf verbunden. Kann das Unternehmen zu jedem denkbaren Zeitpunkt in ausreichendem Umfang auf Geldmittel zugreifen, um sämtliche Verbindlichkeiten bei Fälligkeit zu erfüllen, die das Unternehmen eingehen muss und wird, um die geplanten Maßnahmen umzusetzen? Denn wenn dies nicht der Fall ist, droht dem Unternehmen das insolvenzbedingte Ausscheiden aus dem Markt.

---

[112]Vgl. dazu z. B. *Blank/Dorf* mit *Högsdal/Bartel,* Handbuch, S. 5 ff.

Eine mit den geplanten Maßnahmen – von der Anmietung von Geschäftsräumen über die Beschäftigung von Mitarbeitern und F&E[113] bis zum Marketing – verflechtbare Liquiditätsvorschau ist daher unverzichtbarer Bestandteil der Planung. Offenbart diese Vorschau Lücken, ist absehbar, dass und ab wann die Existenz des Unternehmens gefährdet sein wird. Man muss deshalb nicht zwingend von der Unternehmensgründung absehen. Aber die Planung erfüllt dann an dieser Stelle ihre Funktion als Frühwarnsystem. Denn sie alarmiert die Gründer und für die Unternehmensleitung Verantwortlichen, die voraussichtlich erforderliche „Finanzierungsrunde" rechtzeitig in Angriff zu nehmen.

1.7.2.5 Plan-Bilanz und -GuV

Stehen Maßnahmen- und Liquiditätsplanung und sind beide kongruent, ist es sinnvoll, daraus fiktive Jahresabschlüsse des Unternehmens für die ersten zwei bis drei Geschäftsjahre oder einen anderen absehbaren Planungshorizont zu erstellen: Wie würden Bilanz und GuV am Ende der ersten zwei oder drei Geschäftsjahre jeweils aussehen, wenn die Planung tatsächlich verwirklicht wird?

Plan-Bilanzen und -GuV ermöglichen den Abgleich mit dem gesetzten Ziel, nachhaltig Jahresüberschüsse zu erzielen. Das Aufstellen von Plan-Bilanzen und -GuV stellt insoweit eine Kontrolle dar. Weist die Plan-GuV zumindest am Ende des dritten Geschäftsjahres (oder am Ende eines anderweitig gewählten Planungshorizonts) einen Jahresüberschuss aus, spricht dies dafür, dass die Maßnahmen zielführend sind. Zumindest dann, wenn diese innerhalb der geplanten Zeiträume mit dem geplanten Aufwand realisiert werden können. Erscheinen am Planungshorizont dagegen nur Jahresfehlbeträge und/oder tauchen in den Plan-Bilanzen „nicht durch Eigenkapital gedeckte Fehlbeträge" auf, müssen die Alarmglocken läuten. Denn dies indiziert, dass die Unternehmung auf Grundlage der gegebenen Erkenntnisse und Handlungsmöglichkeiten voraussichtlich wirtschaftlich scheitern wird.

1.7.2.6 (Selbst-)Kritik und Plausibilitätskotrolle

Plant man möglichst genau, geht es auch um Einzelheiten. Das ist mit der Gefahr verbunden, Grundlegendes und Gesamtzusammenhänge aus den Augen zu verlieren. Deshalb sollten vor und nach jedem Planungszirkel immer wieder Plausibilitätskontrollen erfolgen und dabei die großen Fragen gestellt und beantwortet werden. Als Plausibilitätskontrolle kann z. B. ein sachkundiger Blick von außen dienen. Macht ein Start-up seine Planung zum Gegenstand einer Diskussion mit einem kritischen Dritten, reduziert dies das Risiko, naheliegende Gefahren, Optionen oder Zusammenhänge zu übersehen.[114]

---

[113]Die Abkürzung steht für „Forschung und Entwicklung".

[114]Da die Planung tiefen Einblick in das Innenleben eines Unternehmens gibt, namentlich in dessen Geschäftsmodell und Marktkenntnisse, ist darauf zu achten, dass etwaige Diskussionspartner einer Vertraulichkeitspflicht unterliegen. Sofern diese nicht – wie z. B. Steuerberater und Wirtschaftsprüfer – bereits kraft Gesetzes zur Verschwiegenheit verpflichtet sind, sollte daher zuvor eine entsprechende Vertraulichkeitsvereinbarung abgeschlossen werden.

Welche grundsätzlichen Fragen zudem sowohl vor dem Start als auch im Zusammenhang mit jedem Planungszyklus immer wieder neu gestellt und beantwortet werden sollten, hängt davon ab, was man als „grundsätzlich" betrachtet. Orientierung bieten z. B.
die in *Peter Thiels* Werk *ZERO TO ONE* gestellten sieben Fragen, die „jedes Unternehmen beantworten muss"[115]: Bietet das Unternehmen eine Lösung an, die für irgendein maßgebliches Problem einen Durchbruch bedeutet? Ist die Zeit reif dafür? Zielt die
Unternehmung zunächst auf einen großen Anteil an einem kleinen Markt? Hat man die
richtigen Leute? Ist der Vertrieb gesichert? Wird das Unternehmen seine Marktposition
bis auf weiteres verteidigen können? Und: Hat das Unternehmen Geschäftschancen
identifiziert, die andere bisher nicht wahrgenommen haben? Es mag weitere grundsätzliche Fragen neben denen geben, die *Peter Thiel* aufwirft. Entscheidend ist, immer wieder zu hinterfragen, ob das Geplante auch vor dem Hintergrund der Antworten auf solche
Fragen noch schlüssig ist.

1.7.3   Bedeutung des Rechts

Die Planung von der Zieldefinition bis zum Aufstellen von Plan-Bilanzen und -GuV ist
deshalb kein linear aufeinander aufbauender Vorgang, sondern ein ständiges Vor und
Zurück. Das gilt insbesondere für den anspruchsvollsten Teil der Planung, also die Maßnahmen zur Umsetzung des Geschäftsmodells und die damit einhergehende Liquiditätsplanung. Denn dabei geht es immer wieder um die Fragen, was möglich und bezahlbar
ist. Mit anderen Worten: Es geht um das Machbare.

Damit kommt neben Betriebswirtschaft und Technik einschließlich antizipierter Fort-
schritte auch das Recht ins Spiel. Die Frage lautet dann nicht mehr nur, ob das gedanklich Entworfene technisch möglich und bezahlbar ist, sondern auch, ob es sich innerhalb
der durch das Recht gesetzten Grenzen bewegt. Ist das Geplante erlaubt, verboten oder
liegt es in einer rechtlichen Grauzone? Und: Sind (Gestaltungs-)Maßnahmen erforderlich oder möglich, um sicherzustellen oder zumindest die Wahrscheinlichkeit zu erhöhen,
dass die Unternehmung nicht im Ozean der Paragrafen kentert?

Begreift man das Recht als neben Betriebswirtschaft und Technik bestehende, dritte
Grenze des Machbaren, dann muss die Betrachtung des Geschäftsmodells in den Kategorien des Rechts Teil der Planung sein. Dazu müssen die dem Geschäftsmodell
zugrunde gelegten Annahmen und die Maßnahmen, die zu dessen Umsetzung geplant
sind, auch rechtlich durchdacht werden. Denn die Analyse der Rechtslage legt die Sicht
auf Risiken frei, die – neben betriebswirtschaftlichen Risiken wie Ressourcenengpässe
oder fehlende Nachfrage – erfolgskritisch sind. Kompromittiert das Recht das geplante
Geschäftsmodell, gilt:

---

[115]*Thiel*, ZERO TO ONE, S. 153/154.

1. Entweder werden rechtliche (Gestaltungs-)Maßnahmen ergriffen (und eingeplant), um das Geschäftsmodell mit dem Recht kompatibel zu machen, z. B. durch Anpassung geplanter Vertragsinhalte oder die Beantragung einer Erlaubnis, oder, wenn das nicht möglich oder nicht gewollt ist:

2. Das Geschäftsmodell wird der Rechtslage angepasst, z. B. durch Verzicht auf den Einsatz von „Praktikanten" im Vertrieb und Marketing und – stattdessen – Beauftragung selbständiger Abschluss-/Handelsvertreter. Und dann gibt es noch eine dritte Alternative:

3. Man ändert nichts und nimmt die Risiken in Kauf, z. B. deshalb, weil ein Risiko als gering eingeschätzt wird oder eine Realisierung des Risikos wirtschaftlich verkraftbar wäre.

In betriebswirtschaftlichen Kategorien ausgedrückt bezweckt die Rechtskonformität unternehmerischen Handelns die Minimierung wirtschaftlicher Risiken bis hin zu der Gefahr, den Geschäftsbetrieb vollständig einstellen zu müssen. Unabhängig davon, welche Alternative – (1), (2) oder (3) – am Ende gewählt wird, geht es daher zunächst darum, zu erkennen, welchen rechtlichen Risiken das Geschäftsmodell und damit das Unternehmen überhaupt ausgesetzt sein kann. Dabei gilt für die rechtliche Risikoanalyse nichts anderes als für technische Problemlösungen: Es kann, darf und sollte in jede Richtung gedacht werden. Das erfordert entsprechendes Vorstellungsvermögen.

Dieses Vorstellungsvermögen soll im Rahmen dieses Werks zunächst von der Rechtsfolgenseite her entwickelt werden. Welcher Art von Risiken – im Sinn möglicher rechtlicher Konsequenzen – kann ein Unternehmen überhaupt ausgesetzt sein? Einige – z. B. Schadensersatzpflichten bei Vertragsverletzungen oder Unterlassungspflichten im Fall verbotener Handlungen – sind naheliegend, andere sind weniger bekannt. Deshalb soll im folgenden Teil zunächst ein Eindruck von der Bandbreite rechtlicher Folgen vermittelt werden, die Unternehmen treffen können, die gegen die durch das Recht gesetzten „Spielregeln" verstoßen.[116]

Literatur

Blank, Steve/Dorf, Bob, Das Handbuch für STARTUPS (deutsche Ausgabe von *The Startup Owner's Manual* mit deutschen Case Studies) mit *Högsdal, Nils/Bartel, Daniel,* Übersetzung von *Lichtenberg, Kathrin,* 1. korrigierter Nachdruck 2015, zit.: *Blank/Dorf* mit *Högsdal/Bartel,* Handbuch, S.

Dörner, Stephan, Warum ist Uber so viel wert?, veröffentlicht am 15.08.2015 unter URL https://www.welt.de/wirtschaft/webwelt/article145258717/Warum-ist-Uber-so-viel-wert.html, zit.: *Dörner,* WeltN24 (WELT.de) vom 15.08.2015

---

[116]Die Darstellung ist auch hier auf das deutsche Recht beschränkt. Man wird auf Märkten, die nicht dem deutschen Recht unterliegen, jedoch in vergleichbare Richtungen denken können und müssen. Die meisten marktwirtschaftlich-demokratisch organisierten Volkswirtschaften kennen gleiche oder vergleichbare Rechtsfolgen, im Einzelnen jedoch auch, wie z. B. im Fall von im US-amerikanischen Recht möglichen *punitive damages,* mit anderer „Intensität".

Hegmann, Gerhard, WeltN24online vom 19.11.2017: *„Jobabbau bei Siemens reißt andere Arbeits-plätze mit"*), veröffentlicht am 19.11.2017 auf welt N24 online unter URL https://www.welt. de/wirtschaft/article170740335/Jobbabbau-bei-Siemens-reisst-andere-Arbeitsplaetze-mit.html, zit.:*Hegmann,* welt online 19.11.2017

Hennrichs, Joachim/Kleindiek Detlef/. Watrin, Christoph (Herausgeber), Münchener Kommentar zum Bilanzrecht, 1. Auflage 2013, zit.: *Bearbeiter* in Münchener Kommentar zum Bilanzrecht,, 1. Auflage 2013, §, Rdnr.

Hohensee, Matthias, Ex-Vorzeige-Gründer Travis Kalanick als Betrüger verklagt, veröffentlicht am 11.08.2017 unter URL http://www.wiwo.de/unternehmen/dienstleister/uber-machtkampf-ex-vor-zeige-gruender-travis-kalanick-als-betrueger-verklagt/20176454.html, zit.: *Hohensee,* Wirt-schaftsWoche Online vom 11.08.2017

Keese, Christoph, Silicon Germany, 4. Auflage 2016, zit.: *Keese,* Silicon Germany, 4. Auflage 2016, S.

Keese, Christoph, Silicon Valley, 5. Auflage 2014, zit.: *Keese,* Silicon Valley, 5. Auflage 2014, S.

McGrath, James/Bates, Bob, Der 5 Minuten Manager, 2014, zit.: *McGrath/Bates,* Der 5 Minuten Manager

Rappold, Thomas, Peter Thiel, 1. Auflage 2017, zit.: *Rappold,* S.

Steffens, Marie, Deutschland verschenkt bei digitaler Bildung Potenzial, veröffentlicht am 27.02.2018 unter URL https://www.welt.de/wirtschaft/karriere/bildung/article174015114/Digi-tale-Bildung-Deutschland-mangelt-es-an-EdTec-Start-ups.html, zit.: *Steffens,* welt online vom 27.02.2018

Thiel, Peter, mit *Masters, Blake,* ZERO TO ONE notes on startups, or how to build the future, 2014, zit.: *Thiel,* ZERO TO ONE, S.

Winkler, Rolfe/Bensinger, Greg, Mutual Funds Mark Down Uber Investments by Up to 15 %, ver-öffentlicht am 22.08.2017 unter URL https://www.wsj.com/articles/mutual-funds-mark-down-uber-investments-by-up-to-15-1503443267 zit.: *Winkler/Bensinger,* THE WALL STREET JOURNAL vom 22.08.2017

Planung, Recht und Geschäftsmodell(re)design

2

Zusammenfassung

In diesem Kapitel wird gezeigt, dass es sich lohnt, im Rahmen der Planung einer Unternehmung das angestrebte Geschäftsmodell und die dazu getroffenen Annahmen nicht nur anzudenken, sondern in jede Richtung abzuklopfen und auszuermitteln. Die folgenden Ausführungen und Beispiele sollen einen Eindruck von der Bandbreite möglicher Risiken und Richtungen vermitteln, an und in die dabei zu denken ist. Dazu werden nachstehend zunächst mögliche Folgen rechtlicher Non-Compliance abstrakt zusammengefasst vorangestellt. In den anschließenden Abschnitten werden diese Rechtsfolgen anhand von Beispielen näher erläutert. Dabei geht es noch nicht um das Rechtssystem als solches oder die Auslegung einzelner Vorschriften. Es geht auch noch nicht um die Vermittlung spezifischer Rechtskenntnisse oder Kompetenzen im Umgang mit dem Recht. Vielmehr ist Ziel dieses Kapitels, Gründer zunächst für das gesamte Spektrum möglicher Rechtsfolgen zu sensibilisieren, die ein Unternehmen treffen können, das die auf einem Markt geltenden Spielregeln verletzt.

© Springer Fachmedien Wiesbaden GmbH, ein Teil von Springer Nature 2020
N. Schädel, *Wirtschaftsrecht für Hightech-Start-ups*,
https://doi.org/10.1007/978-3-658-27033-9_2

55

2.1 Einführung

„BGH-Urteil bedroht Jamedas Geschäftsmodell"[1] lautete die Überschrift eines am 20.02.2018 im Manager Magazin online veröffentlichten Berichts. Durch das betreffende Urteil des BGH[2] war der Betreiber des Arztsuch- und -bewertungsportals Jameda zur Löschung der über die klagende Ärztin veröffentlichten Daten verurteilt worden. Der BGH begründete das Urteil u. a. unter Bezugnahme auf Bestimmungen des BDSG[3]: durch unterschiedliche Darstellung zahlender und nicht zahlende Ärzte habe Jameda die Stellung als neutraler Informationsmittler verlassen; daher könne Jameda insoweit ein Recht auf Meinungs- und Medienfreiheit nur noch mit geringerem Gewicht geltend machen. Deshalb überwogen nach Auffassung des BGH insoweit die schutzwürdigen Interessen der klagenden – und nicht an Jameda zahlenden – Ärztin an der Löschung der Daten die schutzwürdigen Veröffentlichungsinteressen von Jameda. Etwas weniger technisch formuliert:

Jameda hatte die Spielregeln verletzt. Die klagende Ärztin hatte dies geltend gemacht und Jameda durch den Rechtsstreit zumindest ein Stück weit zum Geschäftsmodell-Redesign gezwungen. Unternehmen, die sich diese Erfahrung ersparen wollen, sind folglich gut beraten, die Spielregeln bereits im Rahmen des Geschäftsmodell-Designs und der Umsetzungs-Planung ins Auge zu fassen. Denn Änderungen des Geschäftsmodells können nicht nur sinnvoll, sondern auch teuer sein, vor allem dann, wenn bereits erfolgte Investitionen dadurch nachträglich sinnlos werden *(„sunk costs")*. Eine Befassung mit den einschlägigen Spielregeln bereits in der Planungsphase ist daher ein Gebot wirtschaftlicher Vernunft.

Das „Beachten der Spielregeln" wird mit dem Anglizismus „Compliance" bezeichnet. Wörtlich übersetzt bedeutet Compliance „Einhaltung" oder „Konformität". Die weitgehende Verrechtlichung sämtlicher Bereiche unternehmerischen Handelns macht Compliance zu einer Querschnittmaterie, die alle Ebenen des Wertschöpfungsprozesses betrifft. Die wirtschaftliche Bedeutung macht Compliance zu einer Management-Disziplin wie Beschaffung, Personal, Produktion und Vertrieb. Beides – die Bandbreite und die wirtschaftliche Bedeutung von Compliance-Risiken – werden daher im Folgenden betrachtet und veranschaulicht.

---

[1]Überschrift eines am 20.02.2018 vom Manager Magazin online unter URL http://www.manager-magazin.de/unternehmen/it/jameda-bundesgerichtshof-entscheidet-gegen-bewertungsportal-a-1194416.html ohne Autorennennung veröffentlichten Berichts; vergleichbar auch die Überschrift des von Juve am 22.02.2018 unter URL https://www.juve.de/nachrichten/verfahren/2018/02/bgh-jameda-urteil-gefaehrdet-geschaeftsmodell-von-bewertungsportalen veröffentlichten Berichts.

[2]BGH, Urteil vom 20.02.2018, Az. VI ZR 30/17.

[3]Insbesondere auch § 35 Abs. 2 Satz 2 Nr. 1 BDSG in der auf den streitgegenständlichen Sachverhalt noch anwendbaren, „alten" Fassung.

2.2 Überblick und Non-Compliance

„Non-Compliance" ist für Unternehmen mit unterschiedlichsten Risiken verbunden. Die folgende Übersicht soll einen ersten Überblick über die Bandbreite der (Rechts-)Folgen geben, welche die Nicht-Beachtung gesetzlicher Bestimmungen für Unternehmen nach sich ziehen kann. Im Anschluss an diese Übersicht folgen weitere Ausführungen mit Beispielen zu den einzelnen Risiken.

Non-Compliance-Risiko/ mögliche Folge	Bedeutung	Beispiele
Unterlassung	Vollständige oder teilweise Einstellung des Geschäftsbetriebs	Agieren ohne erforderliche staatliche Erlaubnis; Verletzung des Patents eines anderen Marktteilnehmers
Rückruf	Bereits vertriebene Produkte müssen „aus dem Verkehr" gezogen werden.	Inverkehrbringen von Produkten mit Konstruktionsfehlern; Inverkehrbringen von Erzeugnissen unter Verletzung des Markenrechts eines anderen Marktteilnehmers
Vernichtung	Bereits hergestellte Erzeugnisse müssen vernichtet werden.	Herstellung von Druckerzeugnissen unter Verletzung des Urheberrechts eines anderen Marktteilnehmers
Auskunft	Unternehmensinterne Informationen, z. B. über die Beziehungen zu Kunden oder Lieferanten, müssen offengelegt werden.	Verletzung eines Patents, einer Marke oder eines Urheberrechts eines anderen Marktteilnehmers
Schadensersatz	Schäden anderer Marktteilnehmer müssen ersetzt werden.	Verletzung gesetzlicher oder vertraglicher Pflichten, die bei einem anderen Marktteilnehmer zum Schadenseintritt führt
Vertragsbeendigung durch Vertragspartner	Verlust der vertraglich begründeten Marktposition, in der Regel „mit sofortiger Wirkung"	Erhebliche, zur Zerstörung des Vertrauensverhältnisses führende Verletzung vertraglicher Pflichten, z. B. der Pflicht zur Lohnzahlung an Arbeitnehmer
Verlängerte Widerruflichkeit von Verträgen	Verlust der vertraglich begründeten Marktposition auch längere Zeit nach Vertragsabschluss	Unzureichende vorvertragliche Aufklärung von Kunden über bestehende Widerrufsmöglichkeiten im B2C-Geschäft

(Fortsetzung)

(Fortsetzung)

Non-Compliance-Risiko/ mögliche Folge	Bedeutung	Beispiele
Nichteinbeziehung bestimmter Vertrags- bestandteile	Angestrebte Vertragsinhalte wer- den nur teilweise verbindlich.	Vereinbarung einer Entgeltpflicht für eine Nebenleistung im elekt- ronischen B2C-Geschäftsverkehr über eine Voreinstellung
Nichtigkeit von Verträgen	Die (vermeintliche) Markt-/Ver- tragsposition besteht tatsächlich nicht und ist deshalb auch nicht durchsetzbar.	Preis- oder Gebietsabsprache mit einem anderen Unternehmen unter Verstoß gegen Kartellverbot
Ungewollte Verträge	Bindung an Vertragspartner und Pflicht zur Erfüllung des Vertrags, obwohl mit diesem Vertrags- partner kein Vertrag beabsichtigt war	Beschaffung von Leiharbeit- nehmern von einem Verleiher ohne entsprechende Erlaubnis
Haftung für Verbindlich- keiten anderer Marktteil- nehmer	Pflicht, Schulden anderer Marktteilnehmer begleichen zu müssen	Geschäfte mit später insolventen Auftragnehmern, die Arbeit- nehmer unter Mindestlohn beschäftigen
Zinsen und Säumniszu- schläge	Anwachsen bestehender Geld- schulden, verbunden mit ent- sprechender Ergebnisminderung und Liquiditätsnachteilen	Nicht-rechtzeitige Erfüllung von Steuerverbindlichkeiten oder ver- traglicher Zahlungspflichten
Verspätungszuschläge	Zahlungspflicht zusätzlich zur Abgabe einer Steuererklärung	Keine oder verspätete Abgabe einer Steuererklärung
Schätzung von Besteuerungsgrundlagen	Die für die Besteuerung maß- gebliche Bemessungsgrundlage wird vom Finanzamt geschätzt.	Informationen werden gegenüber der Finanzverwaltung nicht oder nur unzureichend erteilt.
Bußgelder/Strafen	Pflicht zur Zahlung von Geld ohne Erhalt einer Gegenleistung	Beteiligung an kartellrechtlich verbotenen Preis- oder Gebiets- absprache oder Zuordnung von Kunden
Persönliche Haftung Ver- antwortlicher	Bestrafung der im Unternehmen für einen Fall von Non-Com- pliance Verantwortlichen sowie persönliche Pflicht dieser Ver- antwortlichen zur Leistung von Schadensersatz	Vorsätzliche Nicht-Einhaltung datenschutzrechtlicher Vor- schriften, fahrlässig nicht-recht- zeitige Erfüllung einer Insolvenzantragspflicht

Die Auflistung möglicher Folgen von Compliance-Verstößen für Unternehmen mag in dieser Abstraktheit noch wenig greifbar sein und daher unbedrohlich wirken. Das ändert sich jedoch, wenn man die einzelnen Compliance-Risiken näher und insbesondere anhand konkreter Beispiele betrachtet:

2.3   Unterlassung

Das bereits mehrfach herangezogene Beispiel Uber zeigt: Eine – weitreichende – Folge der Nicht-Beachtung der für die Umsetzung eines Geschäftsmodells gesetzlich erforderlichen Voraussetzungen kann darin liegen, dass eine Geschäftsaktivität eingestellt – also „unterlassen" – werden muss. Geschäftsaktivitäten unterlassen zu müssen, ist für alle Unternehmen problematisch. Aber Unternehmen, die dann auf anderweitige, bewährte Herstellungs- und Absatzprozesse und/oder Produkte zurückgreifen können, haben gegebenenfalls eine Ausweichmöglichkeit. Start-ups verfügen jedoch gerade noch nicht über bereits etablierte Herstellungs- und Absatzprozesse, auf die sie zurückgreifen können. Setzt ein anderer Marktteilnehmer eine Unterlassungspflicht gegen ein Start-up durch, kann dies zu einem erzwungenen Marktaustritt führen. Insoweit sind eine Reihe unterschiedlicher Konstellationen möglich.

2.3.1   Wettbewerbsrechtlich begründete Unterlassungsansprüche/-pflichten

In dem bereits zitierten „Uber-Urteil"[4] fehlte den fahrenden Nutzern der bereitgestellten Smartphone-App die nach § 2 Abs. 1 Nr. 4 PBefG erforderliche staatliche Genehmigung zur Personenbeförderung *„mit Kraftfahrzeugen im Gelegenheitsverkehr."*[5] Dennoch wurde die Unterlassung weder von der für die Erteilung einer solchen Genehmigung zuständigen Behörde noch gegen die jeweiligen Fahrer geltend gemacht. Vielmehr zog ein privatrechtlicher Zusammenschluss von Taxizentralen gegen eine nach dem Recht der Niederlande gegründete Uber-Gesellschaft vor das LG Frankfurt. Ermöglicht wurde dies durch das in Deutschland geltende „Gesetz gegen den unlauteren Wettbewerb" (UWG). Dessen § 3 untersagt unlautere geschäftliche Handlungen. Was „unlauter" in diesem Sinn ist, wird durch die nachfolgenden Paragrafen des UWG weiter präzisiert.[6] Das LG Frankfurt hielt die entgeltliche Vermittlung der Beförderungsleistungen durch Uber nach § 4 Nr. 11 UWG in der zum Urteilszeitpunkt geltenden Fassung (gezielte Behinderung von Mitbewerbern) für unlauter. Für verantwortlich hielt das LG Frankfurt Uber deshalb, weil Uber das Geschäftsmodell bewarb und steuerte.[7]

---

[4]LG Frankfurt am Main, Urteil vom 18.03.2015, Az. 3-08 O 136/14.

[5]Wortlaut von § 2 Abs. 2 Nr. 4 PBefG.

[6]Auch wenn das UWG zwischenzeitlich geändert wurde, können den §§ 3a, 4, 4a, 5, 5a, 6 und 7 UWG konkreter formulierte Tatbestände entnommen werden, die bestimmtes Handeln oder Unterlassen von Unternehmen angreifbar machen. Dies umfasst Tatbestände wie z. B. die Verunglimpfung der Waren oder Dienstleistungen von Mitbewerbern (§ 4 Nr. 1 UWG), unwahre oder irreführende Angaben zu eigenen Waren oder Dienstleistungen (§ 5 Abs. 1 Nr. 1 UWG) und nicht objektiv gehaltene, vergleichende Werbung (§ 6 Abs. 2 Nr. 2 UWG).

[7]Wortlaut von § 2 Abs. 2 Nr. 4 PBefG.

2.3.2 Behördliche Unterlassungsverfügungen

Das PBefG ist nicht das einzige Gesetz, das bestimmte unternehmerische Aktivitäten unter Erlaubnisvorbehalt stellt. Ebenso wie die geschäftsmäßige Beförderung von Personen erfordern z. B. auch folgende Geschäfte eine behördliche Genehmigung[8]:

- Bankgeschäfte und sonstige Finanzdienstleistungen[9],
- Pfandleihe und Pfandvermittlung[10],
- Versicherungsgeschäfte[11],
- Vermittlung von Versicherungen, Rückversicherungen[12], bestimmter Finanzanlagen[13] und bestimmter Darlehen[14],
- Vermittlung von Verträgen über den Erwerb oder die Nutzung von Immobilien[15],
- Tätigkeiten als Bauträger[16],
- Produktion von Schusswaffen und Munition[17],
- Betrieb von Spielhallen[18] und
- Herstellung von Arzneimitteln[19].

Und nicht nur Mitbewerber können Unterlassungsansprüche gegen andere Unternehmer geltend machen, die nicht über eine zum Geschäftsbetrieb erforderliche Erlaubnis verfügen. Auch die jeweiligen Aufsichtsbehörden können die Einstellung von Geschäftsbetrieben verfügen, die ohne die gesetzlich erforderliche Erlaubnis betrieben werden.

---

[8]Die Aufzählung ist in keiner Weise abschließend.

[9]Die Erlaubnispflicht für Bankgeschäfte und Finanzdienstleistungen ist in § 32 des Gesetzes über das Kreditwesen (KWG) geregelt. Zuständig für die Erteilung der Erlaubnis ist grundsätzlich die Bundesanstalt für Finanzdienstleistungsaufsicht (BaFin); dazu §§ 6 ff. KWG.

[10]Dazu § 34 GewO.

[11]Die Erlaubnispflicht für den Betrieb eines Versicherungsunternehmens folgt aus § 8 des Versicherungsaufsichtsgesetzes (VAG). Zuständig für die Erteilung der Erlaubnis ist ebenfalls grundsätzlich die BaFin (dazu § 7 Nr. 1 i. V. m. §§ 320 ff VAG).

[12]Dazu § 34b GewO.

[13]Dazu § 34 f GewO.

[14]Dazu § 34c Abs. 1 Nr. 2 sowie § 34i GewO.

[15]Dazu § 34c GewO.

[16]Dazu § 34c GewO.

[17]Die Erlaubnispflicht folgt aus § 21 des Waffengesetzes (WaffG).

[18]Die Erlaubnispflicht folgt aus § 33 i der Gewerbeordnung (GewO).

[19]Die Erlaubnispflicht für die Herstellung von Arzneimitteln folgt aus § 13 Abs. 1 des Arzneimittelgesetzes (AMG). Zuständig für die Erteilung der Erlaubnis sind die nach dem Recht der jeweiligen Bundesländer bestimmten Landesbehörden.

Beispiel fehlende arzneimittelrechtliche Herstellererlaubnis

Der Chemie-Studierende A entdeckt einen Stoff, der geeignet ist, Hepatitis-B-Viren zu töten. A beginnt, den Stoff in einem dafür angemieteten Labor in Stuttgart herzustellen und über einen dafür eingerichteten Web-Shop als „Hepatitis-B-Killerpillen" zu vermarkten. Statt des erhofften Geschäfts geht bei A jedoch kurz darauf eine Untersagungsverfügung des Regierungspräsidiums Tübingen ein. Durch diese wird A aufgegeben, die Herstellung und Vermarktung des Stoffes sofort zu unterlassen.

Da der von A hergestellte Stoff zur Anwendung im menschlichen Körper und als Mittel zur Heilung der Krankheit Hepatitis B durch pharmakologische Wirkweise bestimmt ist, ist der Stoff „Arzneimittel" im Sinn von § 2 Abs. 1 AMG. Deshalb darf dessen Herstellung gemäß § 13 AMG nicht ohne „Herstellererlaubnis" erfolgen. Da A keine Herstellererlaubnis haben, kann das hier zuständige[20] Regierungspräsidium Tübingen aufgrund von § 69 Abs. 1 AMG eine entsprechende Unterlassungsverfügung erlassen.

Sind nur bestimmte Dienstleistungs- oder Produktangebote eines Unternehmens rechtswidrig, kann eine behördliche Untersagungs-/Unterlassungsverfügung auf diese beschränkt werden. Dies kann z. B. dann der Fall sein, wenn nur ein einzelnes Produkt aus der Angebotspalette eines Unternehmens produktsicherheitsrechtlich bedenklich ist.[21] Im Übrigen unterliegen auch Gewerbebetriebe, für die an sich keine staatliche Erlaubnis erforderlich ist, einer „Gewerbeaufsicht". Nicht jeder Gewerbebetrieb ist erlaubnispflichtig. An sich gilt in Deutschland der Grundsatz der Gewerbefreiheit[22]. Dieser Grundsatz besagt:

Wer in Deutschland ein gewerbliches Unternehmen betreiben will, benötigt dafür nur dann eine staatliche Erlaubnis, wenn dies – z. B. in Bezug auf bestimmte Erzeugnisse oder Dienstleistungen – ausdrücklich gesetzlich vorgesehen ist. Ansonsten genügt eine schlichte Anzeige bei der zuständigen Behörde[23]. Dies bedeutet jedoch nicht, dass erlaubnisfrei betriebene Gewerbeunternehmen vor behördlichen Unterlassungsverfügungen gefeit sind, wie das folgende Beispiel belegt:

---

[20]Die Zuständigkeit folgt aus der Verordnung des Sozialministeriums, des Wirtschaftsministeriums und des Ministeriums für den ländlichen Raum und Verbraucherschutz über Zuständigkeiten nach dem Arzneimittelgesetz, dem Gesetz über die Werbung auf dem Gebiet des Heilwesens, dem Transfusionsgesetz, dem Medizinproduktegesetz, dem Gesetz über das Apothekenwesen und dem Betäubungsmittelgesetz (Pharmazie- und Medizinprodukte-Zuständigkeitsverordnung) des Bundeslands Baden-Württemberg vom 17.10.2000.

[21]Vgl. z. B. VG München, Beschluss vom 18.07.2016 (Az. M 16 S 15.5563).

[22]Gemäß § 1 Abs. 1 GewO gilt: *„Der Betrieb eines Gewerbes ist jedermann gestattet, soweit nicht durch dieses Gesetz Ausnahmen oder Beschränkungen vorgeschrieben oder zugelassen sind."*

[23]Die Anzeigepflicht folgt aus § 14 GewO. Nach § 14 Abs. 1 Satz 1 GewO gilt: *„Wer den selbständigen Betrieb eines stehenden Gewerbes, einer Zweigniederlassung oder einer unselbständigen Zweigstelle anfängt, muss dies der zuständigen Behörde gleichzeitig anzeigen."*

Beispiel „Seitensprungagentur"[24]:

Der bereits mehrfach vorbestrafte Unternehmer U gründet eine „Seitensprung-agentur" und wirbt für diese mit dem Versprechen, gegen Gebühr „willige Frauen von 18 bis 70 Jahren zu vermitteln". Da U jedoch nicht über eine hinreichende Zahl von Kontaktdaten vermittlungswilliger Damen verfügt, behilft U sich damit, Daten aus öffentlich zugänglichen Telefonbüchern zu übernehmen und daraus Listen angeblich vermittlungswilliger Damen anzufertigen. Diese Listen stellt U interessierten Kun-den gegen Gebühr zur Verfügung. Nachdem die zuständige Behörde vom Verhalten des U erfährt, erlässt diese eine Untersagungsverfügung gegen U. Gegen diese Unter-sagungsverfügung geht U gerichtlich vor.

Vor dem zuständigen Verwaltungsgericht hat U jedoch keinen Erfolg. Die zuständige Behörde durfte die gegen U gerichtete Untersagungsverfügung auf Grundlage von § 35 GewO[25] erlassen. Denn U war sowohl aufgrund seines „Vor-strafenregisters" als auch des konkreten Geschäftsgebarens bei Betrieb der Seiten-sprungagentur als unzuverlässig einzustufen: *„Unzuverlässig ist im Allgemeinen derjenige, der nach dem Gesamteindruck seines Verhaltens nicht die Gewähr dafür bietet, künftig sein Gewerbe ordnungsgemäß, d. h. im Einklang mit dem geltenden Recht auszuüben (...)."*[26] Zudem waren sowohl die Kunden als auch die Damen, deren Kontaktdaten U ohne entsprechende Vermittlungswünsche erhalten hatte – und damit die „Allgemeinheit" – zu schützen.

2.3.3 Unterlassungspflichten als Folge von Schutzrechtsverletzungen

Darüber hinaus kann Unterlassung nicht nur von Behörden oder Wettbewerbern geltend gemacht werden. Die Rechtsordnung sieht eine Reihe weiterer praxisrelevanter Unter-lassungsansprüche vor, die von Inhabern bestimmter Schutzrechte geltend gemacht wer-den können. Dazu folgender Hintergrund:

Als Ausfluss des Grundrechts auf Handlungsfreiheit gilt in Deutschland nicht nur Gewerbefreiheit, sondern auch Nachahmungsfreiheit. Dies bedeutet: Jeder Unternehmer darf zumindest grundsätzlich jedes andere am Markt agierende Unternehmen ganz oder

---

[24]Nachgebildet der Entscheidung des Verwaltungsgerichts Neustadt a. d. Weinstraße (Beschluss) vom 21.12.2012, Az. 4 L 1021/12.NW.

[25]Gemäß § 35 Abs. 1 Satz 1 GewO ist die Ausübung eines Gewerbes *„von der zuständigen Behörde ganz oder teilweise zu untersagen, wenn Tatsachen vorliegen, welche die Unzuverlässig-keit des Gewerbetreibenden oder einer mit der Leitung des Gewerbebetriebes beauftragten Person in Bezug auf dieses Gewerbe dartun, sofern die Untersagung zum Schutze der Allgemeinheit oder der im Betrieb Beschäftigten erforderlich ist."*

[26]So das VG Neustadt an der Weinstraße, Beschluss vom 21.12.2012 (Az. 4 L 1021/12.NW), unter Berufung auf BVerwG, GewArch1982, S. 294.

teilweise kopieren. Aber dieser Grundsatz gilt nicht uneingeschränkt. In Bezug auf die Nutzung bestimmter Immaterialgüter, z. B. Erfindungen, Computerprogramme, Marken oder Designs, können Marktteilnehmer unter bestimmten Voraussetzungen für gesetzlich definierte Gebiete bestimmte Ausschließlichkeitsrechte erwerben.

Immaterialgüter zeichnen sich dadurch aus, dass sie im Gegensatz zu körperlichen Gegenständen von einer unbeschränkten Vielzahl von Marktteilnehmern gleichzeitig genutzt werden können. Immaterialgüter sind „non-rival" nutzbar. Ein Nutzungs- und Verwertungsmonopol an einem Immaterialgut ist daher nicht Folge eines Sachzwangs, sondern entsteht nur, wenn und soweit eine (anwendbare) Rechtsordnung entsprechende Ausschließlichkeitsrechte vorsieht.

Beispiel fehlende Patentlizenz

Im (vorletzten) Beispiel der fehlenden arzneimittelrechtlichen Herstellererlaubnis bleibt es zum Entsetzen von A nicht bei der behördlichen Unterlassungsverfügung des Regierungspräsidiums Tübingen, sondern mit gleichem Posteingang geht auch ein Schreiben der Pharma-AG bei A ein. In diesem Schreiben fordert auch die Pharma-AG A auf, den Vertrieb des „Hepatitis-B-Killers" sofort einzustellen und eine „strafbewehrte Unterlassungserklärung" abzugeben. Die Pharma-AG begründet diese Aufforderung damit, Inhaberin eines für den von A hergestellten Stoff bereits erteilten Patents zu sein. Trifft diese Begründung der Pharma-AG zu, gilt Folgendes:

Die Pharma-AG kann von A zu Recht Unterlassung fordern. Denn gemäß § 9 Abs. 1 Nr. 1 des Patentgesetzes (PatG) ist *„allein der Patentinhaber befugt ..., die patentierte Erfindung im Rahmen des geltenden Rechts zu benutzen. Jedem Dritten ist es verboten, ohne seine Zustimmung ein Erzeugnis, das Gegenstand des Patents ist, herzustellen, anzubieten, in Verkehr zu bringen oder zu gebrauchen oder zu den genannten Zwecken entweder einzuführen oder zu besitzen."*[27] Und in § 139 Abs. 1 PatG wird klargestellt, dass Marktteilnehmer, welche die durch das Patent geschützte Erfindung rechtswidrig – also insbesondere ohne Zustimmung des Patentinhabers – nutzen, vom Patentinhaber *„auf Unterlassung in Anspruch genommen werden"*[28] können. Dabei ist unerheblich, ob A bekannt war, dass der Stoff bereits durch ein Patent geschützt und die Pharma-AG Inhaberin dieses Patents ist. Denn darauf kommt es weder nach § 9 PatG noch nach § 139 Abs. 1 PatG an.

Solche Nutzungs- und Verwertungsmonopole sind nicht nur für patentrechtlich geschützte Erfindungen vorgesehen, sondern auch in anderen „Schutzrechtsgesetzen" in Bezug auf andere Immaterialgüter. Die §§ 11 und 24 Abs. 1 GebrMG, §§ 38 Abs. 1 und 42 Abs. 1 DesignG, § 97 Abs. 1 UrhG enthalten Regelungen, die den im Beispiel zitierten §§ 9 und 139 Abs. 1 PatG inhaltlich im Wesentlichen entsprechen, jedoch auf andere

---

[27]Wortlaut von § 9 Abs. 1 Nr. 1 PatG.
[28]Wortlaut von § 139 Abs. 1 PatG.

Immaterialgüter bezogen sind: Neben Erfindungen werden auch Marken, persönliche geistige Schöpfungen („Werke", darunter u. a. Software), Designs, Marken, Pflanzensorten und Topografien von Halbleitern unter bestimmten Voraussetzungen geschützt. Dabei kann ein und derselbe Akt unternehmerischer Non-Compliance mehrere unliebsame Konsequenzen nach sich ziehen. Beispielsweise kann der Inhaber eines Schutzrechts von Marktteilnehmern, welche das geschützte Immaterialgut rechtswidrig nutzen, nicht nur Unterlassung, sondern auch Rückruf verlangen:

2.4   Rückrufpflichten

2.4.1   Schutzrechtsverletzungen

Beispielsweise kann der Inhaber eines Patents nach § 140a Abs. 3 PatG rechtswidrige Nutzer der geschützten Erfindung auch *„auf Rückruf der Erzeugnisse, die Gegenstand des Patents sind, oder auf deren endgültiges Entfernen aus den Vertriebswegen in Anspruch"*[29] nehmen. Die anderen Schutzrechtsgesetze enthalten auch insoweit vergleichbare Bestimmungen, auf deren Grundlage die Schutzrechtsinhaber rechtswidrige Nutzer der jeweils geschützten Immaterialgüter auf Rückruf in Anspruch nehmen können: Die Verletzer von Urheberrechten können auf Grundlage von § 98 Abs. 2 UrhG, Designkopierer auf Grundlage von § 43 Abs. 2 DesignG und Markenpiraten auf Grundlage von § 18 Abs. 2 MarkenG auf Rückruf in Anspruch genommen werden. Zudem enthalten die §§ 24a Abs. 2 GebrMG und 37a Abs. 2 SortSchG gesetzliche Grundlagen für Rückrufforderungen der Inhaber der jeweiligen Schutzrechte gegen deren Verletzer. Aber Rückrufpflichten können auch in anderen Fallkonstellationen entstehen, wie im Folgenden dargestellt wird.

2.4.2   Fehlerhafte Produkte

Zum Rückruf von Produkten können Unternehmen auch dann verpflichtet sein, wenn Sie Produkte auf den Markt bringen, von denen Gesundheitsgefahren oder andere Risiken ausgehen.[30] Dabei ist die Pflicht zum Rückruf jedoch nicht in allen Fällen eine Folge von Non-Compliance, sondern kann auch für Unternehmen bestehen, die sämtliche einschlägigen Gesetze beachtet haben. Grundsätzlich gilt:

„Wer als Hersteller oder Vertriebshändler Produkte in den Verkehr bringt, die derart beschaffen sind, dass deren bestimmungsgemäße Verwendung für die Verbraucher – entgegen ihren berechtigten Erwartungen – die Gefahr des Eintritts gesundheitlicher

---

[29]Wortlaut von § 140a Abs. 3 PatG.

[30]Vgl. dazu z. B. *Wiebe*, NJW 2019, S. 625 ff.

Schäden begründet, ist zur Schadensabwendung verpflichtet."[31] Kann nicht davon ausgegangen werden, dass eine nachträgliche Verbraucherinformation ausreicht, um die von
dem Produkt ausgehenden Gefahren abzuwenden, muss als Ausfluss dieser Schadens-
abwendungspflicht ein Rückruf erfolgen.[32]

Bestehen die Risiken, weil die Produkte ohne Wahrung des Sicherheitsstandards
hergestellt wurden, *„den die in dem entsprechenden Bereich herrschende Ver-
kehrsauffassung für erforderlich hält"*[33], ist diese Rückrufpflicht eine Folge dieser
Non-Compliance. Wurden dagegen alle Sicherheitsstandards beachtet und beruht die
Risikoeinschätzung auf nachträglich entwickelten besseren Erkenntnissen, ist die Rückrufpflicht ein nachträglich neu hinzutretendes Marktverhaltensgebot[34]. Deren Nichtbefolgung können für das Unternehmen und die dort konkret Verantwortlichen einige der
nachstehend näher beschriebenen Folgen nach sich ziehen, insbesondere Schadensersatzpflichten und Strafen.[35]

2.5 Vernichtungspflichten

Erzeugnisse, die zwar rechtswidrig hergestellt, aber noch nicht in Verkehr gebracht
worden sind (Lagerbestand), müssen mitunter vernichtet werden: *„Wer entgegen den
§§ 9 – 13 eine patentierte Erfindung benutzt,"* regelt § 140a Abs. 1 PatG, *„kann von
dem Verletzten auf Vernichtung der im Besitz oder Eigentum des Verletzers befindlichen
Erzeugnisse, die Gegenstand des Patents sind, in Anspruch genommen werden."*[36] Hat
A im „Arzneimittel-Beispiel" unter Verwendung des durch das Patent der Pharma-AG
geschützten Stoffs bereits Arzneimittel hergestellt und noch auf Lager, kann die Pharma-AG folglich deren Vernichtung verlangen

Auch solche Vernichtungsverbindlichkeiten (aus Sicht des Verletzers) bzw. Vernichtungsansprüche (aus Sicht des Verletzten) sind nicht auf das Patentrecht beschränkt.

---

[31]BGH, Urteil vom 06.07.1990 (Az. 2 StR 549/89), NJW 1990, S. 2560.

[32]Vgl. z. B. *Sprau* in *Palandt,* § 823 BGB, Rdnr. 176.

[33]BGH, Urteil vom 17.03.2009 (Az. VI ZR 176/08), NJW 2009, S. 1669 (1670).

[34]Grundlage der Rückrufpflicht kann dann z. B. auch § 6 Abs. 2 ProdSG sein.

[35]Dazu z. B. BGH, Urteil vom 06.07.1990 (Az. 2 StR 549/89), NJW 1990, S. 2560 ff: Verurteilung
der Geschäftsführer einer GmbH wegen fahrlässiger Körperverletzung (§ 230 StGB) in mehreren
Fällen, weil kein Rückruf von in Sprühdosen abgefüllter Ledersprays erfolgte, obwohl die mit der
Benutzung des Ledersprays verbundenen Gesundheitsgefahren für Verbraucher erkennbar waren:
*„Beschließen die Geschäftsführer einer GmbH einstimmig, den gebotenen Rückruf zu unterlassen,
so haften sie für die schadensfolgende Unterlassung als Mittäter."* (BGH, NJW 1990, S. 2560).

[36]Wortlaut von § 140 a Abs. 1 Satz 1 PatG.

Das Gebrauchsmusterrecht kennt sie auch[37], ebenso das Marken-[38], das Urheber-[39], das Design-[40] und das Sortenschutzgesetz[41] sowie das HalblSchG[42]. Neben diesen Vernichtungspflichten können als Folge von Compliance-Verstößen zudem Informationspflichten entstehen:

2.6   Informations- und Auskunftspflichten

Das Patentgesetz räumt Patentinhabern nicht nur Unterlassungs-, Rückruf- und Vernichtungsansprüche gegen rechtswidrige Erfindungsnutzer ein, sondern auch weitreichende Informationsrechte. Nach § 140b PatG können Patentinhaber Verletzer auch *„auf unverzügliche Auskunft über die Herkunft und den Vertriebsweg der benutzten Erzeugnisse in Anspruch"*[43] nehmen. Gemäß § 140b Abs. 3 PatG hat der *„zur Auskunft verpflichtete ... Angaben zu machen über*

1. *Namen und Anschrift der Hersteller*
2. *Lieferanten und andere Vorbesitzer der Erzeugnisse oder der Nutzer der Dienstleistungen sowie der gewerblichen Abnehmer und Verkaufsstellen, für die sie bestimmt waren, und*
3. *Die Menge der hergestellten, ausgelieferten, enthaltenen oder bestellten Erzeugnisse sowie über die Preise, die für die betreffenden Erzeugnisse oder Dienstleistungen bezahlt wurden."*[44]

Verletzt ein Unternehmen ein Patent eines anderen Marktteilnehmers, muss es sich folglich tief in die eigenen Karten blicken lassen, wenn der schutzrechtsberechtigte Markteilnehmer auf die Patentverletzungen aufmerksam wird und die Informationsansprüche geltend macht. Auch dieses Risiko besteht nicht nur im Fall einer Patentverletzung, sondern immer dann, wenn ein Unternehmen rechtswidrig Immaterialgüter nutzt, für die besondere Schutzrechte zugunsten anderer Marktteilnehmer bestehen. Auch das Gebrauchsmuster-, das Marken-, das Urheberrechts-, das Design-, das Halbleiterschutz- und das Sortenschutzgesetz sehen Auskunftsansprüche vor, die inhaltlich § 140b PatG

---

[37]Dazu § 24a Abs. 1 GebrMG.

[38]Dazu § 18 Abs. 1 MarkenG.

[39]Dazu § 98 Abs. 1 UrhG.

[40]Dazu § 43 Abs. 1 DesignG.

[41]Dazu § 37a SortSchG.

[42]Dazu § 9 Abs. 2 HalblSchG.

[43]Wortlaut von § 140 b Abs. 1 PatG.

[44]Wortlaut von § 140 b Abs. 3 PatG.

entsprechen.[45] Zudem kommen auch in anderen Konstellationen Auskunftspflichten als Folge von Non-Compliance in Betracht, und zwar auch in Fällen, in denen dies nicht ausdrücklich gesetzlich geregelt ist:

Beispiel „Mondpreiswerbung"[46]

Sowohl die X-AG als auch die Y-GmbH vertreiben Kosmetikartikel und stehen daher in Wettbewerb zueinander. Die Warenpräsentation im Web-Shop der Y-GmbH zeigt neben den jeweiligen Waren und den tatsächlich verlangten Preisen zudem durchgestrichene Preisangaben. Die durchgestrichenen Preise sind erheblich höher als die tatsächlich verlangten. Allerdings hat die Y-GmbH die als durchgestrichen angezeigten Preise tatsächlich nie verlangt. Die X-AG verlangt von der Y-GmbH daher nicht nur, diese Art der Warenpräsentation zu unterlassen, sondern auch Schadensersatz und Auskunft über die Besucherzahlen der betreffenden Internetseite und die durch die Warenpräsentation erzielten Umsätze in den letzten sechs Monaten.

Die Warenpräsentation der Y-GmbH ist wettbewerbsrechtswidrig[47]. Der Schadensersatzanspruch der X-AG folgt daher aus § 9 UWG. Allerdings sieht das UWG keinen Auskunftsanspruch vor. Dennoch gilt: *„Zur Ermittlung der Höhe etwaiger Schäden ist die"* X-AG[48] *„auf Auskünfte der"* Y-GmbH *„angewiesen, so dass die"* Y-GmbH *„gemäß § 242 BGB zur Erteilung der erforderlichen Auskünfte verpflichtet ist. Diese Auskünfte betreffen alle Informationen, die zur Berechnung eines konkreten Schadens"* der X-AG *„erforderlich sind. Hierzu zählen die Besucherzahlen der Internetseite und die hieraus resultierenden Umsätze."*[49]

Dieses Beispiel zeigt: Informationsansprüche können auch ohne ausdrückliche gesetzliche Regelung entstehen. Dies gilt z. B. in Fällen, in denen ein Geschädigter die Durchsetzung eines Schadensersatzanspruchs gegen einen Schädiger vorbereiten will. Voraussetzung ist, dass der Geschädigte unverschuldet über den Umfang des Schadensersatzanspruchs im Ungewissen ist und der Schädiger die dafür erforderlichen Informationen problemlos beschaffen und vorlegen kann.[50] Deshalb wird der Blick im Folgenden auf die Entstehung von Schadensersatzpflichten als Folge von Rechtsverstößen gerichtet:

---

[45]Die Auskunftsansprüche der jeweiligen Schutzrechtsinhaber gegen Verletzer sind in § 24b GebrMG, § 9 Abs. 2 HalblSchG (unter Verweis auf § 24b GebrMG), § 19 MarkenG, § 101 UrhG und § 37b SortSchG geregelt.

[46]In Anlehnung an LG Düsseldorf, Urteil vom 21.12.2007 (Az. 38 O 119/07 U).

[47]Vgl. § 5 Abs. 4 UWG.

[48]Im Originaltext des Urteils des LG Düsseldorf vom 21.12.2007 (Az. 38 O 119/07 U) die *„Klägerin"*.

[49]LG Düsseldorf, Urteil vom 21.12.2007 (Az. 38 O 119/07 U).

[50]Vgl. BGH, Urteil vom 25.07.2017 (Az. VI ZR 222/16), NJW 2017, S. 2755 (2756).

2.7   Schadensersatzpflichten

Werden Schutzrechte anderer Marktteilnehmer schuldhaft verletzt, können zudem Schadensersatzpflichten gegenüber den Schutzrechtsberechtigten entstehen. Und Schutzrechtsverletzungen sind bei weitem nicht die einzigen Handlungen, die Schadensersatzpflichten nach sich ziehen können. Grundsätzlich ist jede rechtswidrige Handlung[51] mit einem Schadensersatzrisiko behaftet. Voraussetzung dafür ist neben der Rechtswidrigkeit einer Aktion[52] („Pflichtverletzung") jedoch zumindest in der Regel, dass ein anderer Marktteilnehmer infolge der Pflichtverletzung (Kausalität) auch tatsächlich einen Schaden erleidet.[53]

Das Deutsche Recht enthält reihenweise Anspruchsgrundlagen für Schadensersatzansprüche. Nicht nur sämtliche „Schutzrechtsgesetze" – z. B. das PatG[54], das GebrMG[55],

---

[51]Und im Übrigen auch jedes rechtswidrige Unterlassen.

[52]Oder einem Unterlassen.

[53]Ob ein Marktteilnehmer einen Schaden erlitten hat, ist grundsätzlich unter Zugrundelegung der sogenannten „Differenzhypothese" zu ermitteln. Danach liegt ein Schaden vor, wenn sich die Vermögenslage des in seinen Rechten verletzten Marktteilnehmers infolge der Rechtsverletzung tatsächlich schlechter entwickelt hat, als sie sich ohne die Rechtsverletzung entwickelt hätte („hypothetischer Vermögensvergleich"). Ist dies der Fall, hat der in seinen Rechten verletzte Marktteilnehmer einen Schaden in Höhe des in Geldeinheiten bemessenen Betrags erlitten, um den das hypothetische Vermögen dieses Marktteilnehmers dessen tatsächliches Vermögen ohne Eintritt des schädigenden Ereignisses überstiegen hätte (dazu z. B. BGH, DStR 2017, S. 685 ff; BGH, NJW 2017, S. 1095 ff; OLG Köln, Urteil vom 22.05.2014, Az. 15 U 180/13). Dabei gilt im Fall eines Rechtsstreits der Grundsatz, dass derjenige, der Schadensersatz verlangt, darlegen und beweisen muss, dass und in welcher Höhe ein Schaden eingetreten ist. Auch von diesem Grundsatz gibt es jedoch Ausnahmen. Die wohl praktisch wichtigsten Ausnahmen von diesem Grundsatz beinhalten die „Schutzrechtsgesetze", darunter das PatG, das GebrMG, das MarkenG, das UrhG, das DesignG, das HalbISchG und das SortSchG. Im Fall einer rechtswidrigen und schuldhaften Schutzrechtsverletzung kann der Berechtigte zwar grundsätzlich vom Verletzer ebenfalls denjenigen Schaden ersetzt verlangen, den der Berechtigte durch die rechtswidrige und schuldhafte Schutzrechtsverletzung tatsächlich erlitten hat. Der Berechtigte kann stattdessen (alternativ, nicht zusätzlich) jedoch auch wahlweise Schadensersatz in Höhe fiktiver Lizenzgebühren („Lizenzanalogie") verlangen oder den Gewinn abschöpfen, den der Verletzer durch die Schutzrechtsverletzung erzielt hat („Verletzergewinn"). In § 37 Abs. 2 des SortSchG kommt dies z. B. wie folgt zum Ausdruck: *„Wer vorsätzlich oder fahrlässig handelt, ist dem Verletzten zum Ersatz des daraus entstehenden Schadens verpflichtet. Bei der Bemessung des Schadensersatzes kann auch der Gewinn, den der Verletzer durch die Verletzung des Rechts erzielt hat, berücksichtigt werden. Der Schadensersatzanspruch kann auch auf der Grundlage des Betrages berechnet werden, den der Verletzer als angemessene Vergütung hätte entrichten müssen, wenn er die Erlaubnis zur Nutzung der Sorte eingeholt hätte."* (Wortlaut von § 37 Abs. 2 SortSchG). Gleichlautende Regelungen enthalten z. B. die §§ 139 Abs. 2 PatG, 24 Abs. 2 GebrMG, 14 Abs. 6 MarkenG, 97 Abs. 2 UrhG und 42 Abs. 2 DesignG.

[54]Dazu § 139 Abs. 2 PatG.

[55]Dazu § 24 Abs. 2 GebrMG.

das MarkenG[56] und das UrhG[57] – sehen neben den bereits dargestellten Unterlassungs-, Vernichtungs-, Rückruf- und Auskunftsansprüchen der Verletzten auch Schadensersatzansprüche vor. Praktisch wichtige weitere schadensersatzrechtliche Anspruchsgrundlagen sind zudem z. B.

- § 7 Abs. 1 StVG (Kraftfahrzeug-Halterhaftung),
- § 823 BGB (Haftung für schuldhafte rechtswidrige Verletzung von Leben, Körper, Gesundheit, Freiheit und Eigentum anderer Marktteilnehmer),
- § 823 Abs. 2 BGB (Haftung in Fällen schuldhafter Verletzung sogenannter „Schutzgesetze"),
- Art. 82 Abs. 1 EU-DSGVO,
- § 1 Abs. 1 Satz 1 ProdHaftG (Produkthaftung),
- § 84 AMG (Arzneimittel-Gefährdungshaftung) und
- § 33a GWB[58].

Beispiel Arzneimittel-Gefährdungshaftung

A hat über seinen Web-Shop bereits „Hepatitis-B-Killerpillen" verkauft, bevor A von verschiedenen Seiten dazu gezwungen wurde, dies zu unterlassen. Allerdings war dem Arzneimittel keine Gebrauchsinformation beigefügt, in der auf gefährliche Wechselwirkungen zwischen dem Wirkstoff und erhöhten Blutzuckerkonzentrationen und damit verbundene Nebenwirkungen hingewiesen wurde. Der medizinischen Fachliteratur hätte entnommen werden können, dass die Einnahme des Wirkstoffs bei erhöhter Blutzuckerkonzentration das Schlaganfall-Risiko erhöht. Ein Käufer einer Hepatitis-B-Killerpille nimmt diese unmittelbar nach erheblichem Süßigkeiten-Konsum ein und erleidet daraufhin einen Schlaganfall.

Der Pillen-Konsument kann nunmehr auf Grundlage von § 84 Abs. 1 Nr. 2 AMG Schadensersatz von A verlangen. Denn gemäß § 84 Abs. 1 AMG gilt:

„1. Wird infolge der Anwendung eines zum Gebrauch bei Menschen bestimmten Arzneimittels, das im Geltungsbereich dieses Gesetzes an den Verbraucher abgegeben wurde und der Pflicht zur Zulassung unterliegt oder durch Rechtsverordnung von der Zulassung befreit worden ist, ein Mensch getötet oder der Körper oder die Gesundheit eines Menschen nicht unerheblich verletzt, so ist der pharmazeutische Unternehmer, der das Arzneimittel im Geltungsbereich dieses Gesetzes in den Verkehr gebracht hat, verpflichtet, dem Verletzten den daraus entstandenen Schaden zu ersetzen. Die Ersatzpflicht besteht nur, wenn

---

[56]Dazu § 14 Abs. 6 MarkenG.

[57]Dazu § 97 Abs. 2 UrhG.

[58]Vgl. dazu z. B. *Weitbrecht*, NJW 2017, S. 1574 ff.

1) das Arzneimittel bei bestimmungsgemäßem Gebrauch schädliche Wirkungen hat, die über ein nach den Erkenntnissen der medizinischen Wissenschaft vertretbares Maß hinausgehen oder

2) der Schaden infolge einer nicht den Erkenntnissen der medizinischen Wissenschaft entsprechenden Kennzeichnung, Fachinformation oder Gebrauchsinformation eingetreten ist."

A ist „pharmazeutische Unternehmer" in diesem Sinn[59], da A die „Hepatitis-B-Killerpillen" im eigenen Namen in den Verkehr brache (§ 4 Abs. 18 Satz 2 AMG). Die Zulassungspflicht der Pillen folgt aus § 21 Abs. 1 AMG.

Eine weitere praxisrelevante schadensersatzrechtliche Anspruchsgrundlage enthält § 280 Abs. 1 BGB: Wer schuldhaft Pflichten aus einem gesetzlichen oder vertraglichen Schuldverhältnis verletzt, muss dem Gläubiger dieser Pflicht – also dem Verletzten – „*Ersatz des hierdurch entstehenden Schadens*"[60] leisten. Ein gesetzliches Schuldverhältnis in diesem Sinn ist z. B. die nach § 27 Abs. 3 KStG bestehende Pflicht von Kapitalgesellschaften gegenüber Gesellschaftern (Aktionären), eine Bescheinigung über die Minderung des steuerlichen Einlagekontos auszustellen. Stellt ein als Kapitalgesellschaft organisiertes Unternehmen diese Bescheinigung versehentlich fehlerhaft aus und entsteht dem Gesellschafter (Aktionär) dadurch ein Schaden, folgt die Schadensersatzpflicht des Unternehmens grundsätzlich aus § 280 Abs. 1 BGB. Der Schaden des Gesellschafters kann z. B. in einer steuerlichen Mehrbelastung liegen.

Daneben gilt § 280 Abs. 1 BGB im Rahmen sämtlicher Vertragsverhältnisse. Deshalb sind Vertragsverletzungen stets mit Schadensersatzrisiken verbunden. Eine Vertragsverletzung liegt immer dann vor, wenn eine vertraglich geschuldete Leistung nicht, nicht rechtzeitig oder inhaltlich nicht wie vertraglich vereinbart erbracht wird. Dies ist z. B. dann der Fall, wenn der Schuldner eine Sachleistungspflicht nicht oder nicht rechtzeitig erfüllt oder die falschen oder zu wenig Erzeugnisse liefert. Dienstleister verletzen vertragliche Pflichten, sobald die geschuldete Dienstleistung nicht zur richtigen Zeit am richtigen Ort erbracht wird. Und wer eine vertraglich geschuldete Geldleistung nicht rechtzeitig in voller Höhe erfüllt, ist ebenfalls vertragsbrüchig. Das Einhalten der eigenen vertraglichen Pflichten ist daher ein ebenso wichtiger wie unternehmensübergreifender Teil der Compliance jedes Unternehmens.

---

[59]Tatsächlich dürfte richtigerweise – was an dieser Stelle jedoch nicht vertieft, sondern erst im Zusammenhang mit den gesellschaftsrechtlichen Ausführungen behandelt werden soll – der Zusammenschluss von A und B als Gesamtheit, nämlich als OHG, der pharmazeutische Unternehmer im Sinn des AMG sein.

[60]Wortlaut § 280 Abs. 1 Satz 1 BGB.

2.8   Beendigung von Verträgen durch Vertragspartner

Die Verletzung eigener Vertragspflichten ist nicht nur mit Schadensersatzrisiken verbunden. Daneben besteht das Risiko, dass der Vertragspartner den Vertrag einseitig beendet und das Unternehmen damit die durch den Vertrag vermittelte Marktposition verliert. Sagt ein Unternehmen die Lieferung einer Ware oder die Erbringung einer Dienstleistung zu einem bestimmten Zeitpunkt zu und wahrt diese Frist nicht, kann der Kunde z. B. nach § 323 BGB vorgehen. Der Kunde setzt dann eine Nachfrist zur Lieferung der Ware oder Erbringung der Dienstleistung und tritt anschließend vom Vertrag zurück, wenn das Unternehmen auch diese Nachfrist versäumt. „Rücktritt" bedeutet, dass der Kauf-, Dienst- oder sonstige Vertrag endet, also seine Wirkung verliert. Für das Unternehmen bedeutet dies nicht nur weniger Umsätze und in der Folge weniger Umsatzerlöse, sondern auch ein höheres Fehlinvestitionsrisiko. Hat der Kunde bereits eine Anzahlung geleistet, muss diese zurückgezahlt werden.[61] Hat das Unternehmen bereits in die ursprünglich geschuldete Leistung investiert, z. B. in Form von Materialbeschaffung oder Konstruktionsaufwand, ist dieser „versenkt", wenn keine anderweitige Verwertungsmöglichkeit besteht.

Die Erklärung eines „Rücktritts" vom Vertrag durch einen Lieferanten oder Kunden mit der Begründung, das Unternehmen habe die vertraglich geschuldete Leistung nicht vertragsgemäß erbracht, ist nicht die einzige Möglichkeit, die Wirkung eines Vertrags zu zerstören. Statt der Möglichkeit eines Rücktritts ist – abhängig vom Vertragstyp und den konkret anwendbaren gesetzlichen Bestimmungen – auch eine außerordentliche Kündigung mit sofortiger Wirkung[62] oder eine „Aufhebung des Vertrages"[63] denkbar. Das Grundprinzip ist jedoch in allen Fällen dasselbe:

- Wer gegenüber Lieferanten oder Kunden Geld-, Sach- oder sonstige Leistungen nicht wie vertraglich vereinbart erbringt, muss sich in Form einer Nachfristsetzung oder (Ab-)Mahnung an die vertragliche Absprache „erinnern" lassen.
- Wer dann auch in Anbetracht einer Nachfristsetzung oder (Ab-)Mahnung die vertraglich geschuldete Leistung nicht erbringt, muss damit rechnen, dass der Vertragspartner den Vertrag beendet.

Dabei sind Nachfristsetzung oder (Ab)Mahnung nicht immer erforderlich. Wird durch die Verletzung vertraglicher Pflichten das Vertrauen des Vertragspartners unwiederbringlich zerstört oder ist diesem eine Nachfristsetzung oder (Ab)Mahnung aus anderen Gründen nicht zumutbar, kann auf diese verzichtet werden. Der Vertrag kann dann sofort durch Rücktritt oder Kündigung beendet werden.

---

[61]Dazu § 346 Abs. 1 BGB.
[62]Dazu z. B. § 314 BGB.
[63]Dazu Art. 49 CISG.

Beispiel „Fixgeschäft"

Die Messebau-GmbH produziert und liefert Messestände. Ein Kunde bestellt einen Messestand nach bestimmten Vorgaben, dessen Lieferung von der Messebau-GmbH pünktlich zur DRUPA zugesagt wird. Leider liefert die Messebau-GmbH zum vereinbarten Lieferzeitpunkt nicht. Der Kunde erklärt darauf ohne Setzen einer weiteren Nachfrist sofort den Rücktritt von Vertrag und macht Schadensersatzansprüche geltend. Die Messebau-GmbH behauptet jedoch, der Kunde sei nicht zum Rücktritt berechtigt, sondern hätte zunächst eine Nachfrist setzen müssen.

Die Messebau-GmbH irrt. Denn das Setzen einer Nachfrist ist gemäß § 323 Abs. 2 Nr. 2 BGB entbehrlich, wenn die vertraglich geschuldete Leistung bis zu einem bestimmten Termin hätte erbracht werden müssen und die termingerechte Leistung für den Kunden wesentlich ist. Letzteres ist hier der Fall und war für die Messebau-GmbH auch erkennbar, da der Messestand nach der Messe für den Kunden keinen Nutzen mehr hat. Dass der Kunde zusätzlich Schadensersatzansprüche geltend machen kann, folgt aus § 325 BGB: *„Das Recht, bei einem gegenseitigen Vertrag Schadenersatz zu verlangen, wird durch den Rücktritt nicht ausgeschlossen."*

2.9   Verlängerung von Widerrufsmöglichkeiten

Es gibt auch Situationen, in denen Kunden bereits abgeschlossene Verträge einseitig zerstören können, obwohl das Unternehmen den Vertrag nicht verletzt hat. Der Verlust der bereits erlangten Marktposition ist in diesen Fällen keine Folge von Non-Compliance, sondern des gesetzlichen Verbraucherschutzes. Im B2C-Geschäft sind eine Reihe von Verträgen abhängig vom Inhalt oder der Art und Weise, wie diese abgeschlossen wurden, für die Kunden kraft Gesetzes noch für einen gewissen Zeitraum nach Vertragsabschluss widerruflich. Erklärt der Kunde dann innerhalb dieser Widerrufsfrist den Widerruf des Vertrags, verliert dieser seine Bindungswirkung.[64] Grundsätzlich widerruflich sind z. B. folgende Verträge, wenn diese zwischen einem Unternehmer und einem Verbraucher (B2C) abgeschlossen werden:

- Verträge, die außerhalb der Geschäftsräume des Unternehmens abgeschlossen werden[65], mit Ausnahme der in § 312 g Abs. 2 BGB genannten Verträge,
- Verträge, die im Rahmen eines für den Fernabsatz organisierten Betriebs- oder Dienstleistungssystems durch Nutzung von Fernkommunikationsmitteln, z. B. über das Internet oder telefonische Kommunikation, abgeschlossen werden (sogenannte

---

[64]Vgl. dazu § 355 Abs. 1 BGB.
[65]Dazu § 312b i. V. m. § 312 g Abs. 1 BGB.

„Fernabsatzverträge")[66], mit Ausnahme der in § 312 g Abs. 2 BGB genannten Verträge, und

- Verbraucherdarlehensverträge.

Grundsätzlich steht Verbrauchern in diesen Fällen ab Vertragsabschluss ein 14 Tage laufendes Widerrufsrecht zu.[67] Übt der Verbraucher das Widerrufsrecht innerhalb dieser Frist aus, entfaltet der Vertrag keine Bindungswirkung mehr.[68]

Allerdings setzt der Beginn der 14tägigen Widerrufsfrist in der Regel voraus, dass dem Verbraucher vor oder bei Vertragsabschluss bestimmte Informationen zur Verfügung gestellt werden.[69] Erfüllt der Unternehmer diese Informationspflichten nicht, kann es auch Monate nach Vertragsabschluss dazu kommen, dass Kunden die bereits abgeschlossenen Verträge durch Widerruf zerstören und damit dem bereits erfolgten Absatz die Grundlage entziehen. Dies bedeutet:

Zwar ist das Widerrufsrecht von Verbrauchern in den einschlägigen Fällen keine Non-Compliance-Folge. Aber Non-Compliance durch ein Unternehmen in Form einer Verletzung von Informationspflichten vor oder bei Abschluss der einschlägigen Verbraucherverträge führt zu einer Verlängerung der Widerrufsmöglichkeit durch den Verbraucher. Eine Verletzung vorvertraglicher Pflichten führt für die Unternehmen folglich zu einer (zeitlichen) Ausdehnung des mit dem Widerrufsrecht von Verbrauchern im B2C-Geschäft verbundenen Absatzrisikos.

Gerade auch im B2C-Geschäft beginnt Compliance zur Vermeidung von Absatzrisiken daher nicht erst mit dem Abschluss von Verträgen mit Kunden, sondern bereits im Vorfeld („vorvertragliches Vertragsmanagement"): Wer nicht klärt, worüber Kunden vorvertraglich zu informieren sind, oder diese Informationspflichten nicht umsetzt, dessen Umsatzerlöse stehen auf wackeligen Beinen, weil Widerrufsrechte der Kunden länger als nötig bestehen. Es sind jedoch genau diese Absatz-bezogenen Verträge, deren Bestand und Durchführung erforderlich ist, um die Basis für Jahresüberschüsse zu erzielen. Nachstehend erfolgt daher eine Übersicht über einige wichtige gesetzliche Vorschriften, die regeln, welche Informationen Kunden im B2C-Geschäft vor oder in unmittelbaren Zusammenhang mit dem Abschluss bestimmter[70] „Verbraucherverträge"[71] erteilt werden müssen. Wichtig dabei ist: Ein und derselbe Verbrauchervertrag kann in mehrere der nachstehend genannten Kategorien fallen. Das am Verbrauchervertrag beteiligte

---

[66]Dazu § 312c Abs. 1 i. V. m. § 312 g Abs. 1 BGB.

[67]Dazu § 355 Abs. 2 BGB.

[68]Dazu § 355 Abs. 1 BGB.

[69]Vgl. dazu § 356 Abs. 3 BGB.

[70]Die nachstehende Übersicht ist nicht vollständig, sondern hat lediglich Beispielfunktion.

[71]Der Begriff „Verbrauchervertrag" wird in § 310 Abs. 3 BGB definiert als *„Vertrag zwischen einem Unternehmen und einem Verbraucher"*. Gemeint sind folglich B2C-Verträge.

Unternehmen muss dabei im Hinblick auf jeden B2C-Vertrag die für sämtliche einschlägigen Vertragskategorien maßgeblichen Informationspflichten erfüllen.[72]

Vertragstyp	Gesetzliche Bestimmungen
Verbraucherverträge, die weder außerhalb von Geschäftsräumen abgeschlossen werden, jedoch weder sogenannte „Fernabsatzverträge" noch Verträge über Finanzdienstleistungen sind	§ 312a Abs. 2 Satz 1 BGB: Informationspflichten nach Maßgabe von Art. 246 EGBGB
Außerhalb von Geschäftsräumen abgeschlossene Verbraucherverträge, deren Vertragsgegenstand keine Finanzdienstleistungen sind	§ 312d Abs. 1 BGB: Informationspflichten nach Maßgabe von Art. 246a EGBGB
Fernabsatzverträge[a], deren Vertragsgegenstand keine Finanzdienstleistungen sind	§ 312d Abs. 1 BGB: Informationspflichten nach Maßgabe von Art. 246a EGBGB
Verbraucherverträge über Finanzdienstleistungen, die entweder außerhalb von Geschäftsräumen abgeschlossen werden oder Fernabsatzverträge sind	§ 312d Abs. 2 BGB: Informationspflichten nach Maßgabe Art. 246b EGBGB
Verbraucherverträge im elektronischen Geschäftsverkehr	§ 312i Abs. 1 Nr. 2 BGB: Informationspflichten nach Maßgabe von Art. 246c EGBGB
Verbraucherverträge im elektronischen Geschäftsverkehr	§ 312j Abs. 1 BGB: Angabe etwaiger Lieferbeschränkungen und akzeptierter Zahlungsmittel auf den Webseiten
Verbraucherverträge im elektronischen Geschäftsverkehr über entgeltliche Leistungen	§ 312j Abs. 2 BGB: Informationspflichten nach Maßgabe von Art. 246a § 1 Abs. 1 Satz 1 Nr. 1, 4, 5, 11 und 12 EGBGB unmittelbar vor Abgabe der Bestellung des Verbrauchers
Verbraucherdarlehensverträge[b]	§ 491a Abs. 1 BGB: Informationspflichten nach Maßgabe von Art. 247 EGBGB sowie „angemessene Erläuterungen" nach Maßgabe von § 491a Abs. 3 BGB

[a]„Fernabsatzverträge" werden in § 312c Abs. 1 BGB definiert als „*Verträge, bei denen der Unternehmer oder eine in seinem Namen oder Auftrag handelnde Person und der Verbraucher für die Vertragsverhandlungen und den Vertragsschluss ausschließlich Fernkommunikationsmittel verwenden, es sei denn, dass der Vertragsschluss nicht im Rahmen eines für den Fernabsatz organisierten Vertriebs- oder Dienstleistungssystems erfolgt*".
[b]Welche Verträge von dem Begriff „*Verbraucherdarlehensverträge*" erfasst werden, regelt § 491 Satz 2 BGB.

---

[72]Im Rahmen der nachstehenden Übersicht ist zudem § 312 BGB zu beachten. Danach sind einzelne verbraucherschützende Vorschriften vor oder bei Abschluss bestimmter Verbraucherverträge ausnahmsweise nicht anzuwenden, wenn diese die in § 312 BGB genannten Vertragsgegenstände haben und/oder notariell beurkundet werden.

2.10 Nichteinbeziehung bestimmter Vertragsbestandteile

Eine Verletzung vorvertraglicher Pflichten kann nicht nur zur zeitlichen Verlängerung einer zugunsten des Vertragspartners bestehenden Widerrufsmöglichkeit führen. Eine Konsequenz vorvertraglicher Pflichtverletzungen kann auch darin bestehen, dass einzelne Vertragsbestimmungen nicht Vertragsbestandteil werden. Relevant kann dies z. B.[73] in Fällen werden, in denen ein Unternehmen Verträge mit Verbrauchern im elektronischen Geschäftsverkehr abschließt. Dann werden Entgeltzahlungspflichten des Verbrauchers, die über das für die „Hauptleistung" vereinbarte Entgelt hinausgehen, nur dann *„Vertragsbestandteil, wenn der Unternehmer die Vereinbarung nicht durch eine Voreinstellung herbeiführt."*[74] Darüber hinaus können Fehler im vorvertraglichen Vertragsmanagement nicht nur Teile eines Vertrags erfassen, sondern dazu führen, dass vermeintlich abgeschlossene Verträge insgesamt nichtig sind. Vorvertragliches Vertragsmanagement darf daher nicht auf die Erteilung widerrufsrelevanter Informationen an Verbraucher im B2C-Geschäft beschränkt werden.

2.11 Nichtigkeit von Verträgen

2.11.1 Vorvertragliches Vertragsmanagement

Werden Vertragspartner vor Vertragsabschluss über vertragswesentliche Umstände nicht oder falsch informiert, kann dies z. B. auch dazu führen, dass die Vertragspartner den Vertrag anfechten und damit rückwirkend aus der Welt schaffen können. Und selbst dann, wenn ein Unternehmen sämtliche vor oder bei Vertragsabschluss bestehenden Informationspflichten rechtzeitig und vollständig erfüllt, sind Fälle denkbar, in denen ein Vertrag gar nicht erst wirksam wird, sondern von vornherein nichtig ist. Dazu kann es kommen, wenn der – vermeintliche – Vertrag inhaltliche oder formale Mängel aufweist. Vertragsmanagement und -compliance ist daher nicht auf laufende Verträge zu beschränken, sondern muss im Vorfeld beginnen. Bereits vor jedem Vertragsabschluss mit Lieferanten (unter Einschluss von Arbeitnehmern) oder Kunden ist zu prüfen, ob

- ein Vertrag inhaltlich wie geplant abgeschlossen werden darf oder ob der Inhalt zumindest teilweise mit der anwendbaren Rechtsordnung unvereinbar ist,
- bei Abschluss des Vertrags – ausnahmsweise – bestimmte Formvorschriften zwingend beachtet werden müssen und
- dem Vertragspartner vor oder im Zusammenhang mit dem Abschluss des Vertrags noch irgendwelche Informationen oder Hinweise erteilt werden müssen.

---

[73]Es gibt weitere Non-Compliance-Beispiele, die diese Konsequenz nach sich ziehen, z. B. die Verwendung überraschender AGB (dazu § 305c Abs. 1 BGB).

[74]So der Wortlaut von § 312a Abs. 3 Satz 2 BGB.

Denn Verträge mit unerlaubten Inhalten sind nichtig und damit nicht durchsetzbar. Verträge mit unzulässigen Inhalten vermitteln folglich keine belastbaren Marktpositionen. In anderen Konstellationen kann der Vertragspartner einen bereits abgeschlossenen Vertrag anschließend durch Anfechtung aus der Welt schaffen, wenn dem Vertragspartner vor Abschluss des Vertrags bestimmte Informationen

- nicht,
- unvollständig oder
- falsch

erteilt worden sind. Dabei muss man sich stets vor Augen halten, dass die von einem Unternehmen abgeschlossenen Verträge dessen Marktposition definieren – ohne Verträge keine Marktteilnahme. Deshalb muss vertragsrechtliche Compliance wesentlicher Teil der Umsetzung jedes Geschäftsmodells sein. Denn wenn die Verträge eines Unternehmens wackeln, wackelt auch dessen Geschäftsmodell.

2.11.2 Rechtsfolgen

2.11.2.1 Grundsätze

Nichtige Verträge sind nicht durchsetzbar. Das bedeutet, dass die Vertragsparteien die in dem – nichtigen – Vertrag vorgesehene(n) Leistung(en) nicht von der jeweils anderen Vertragspartei verlangen kann. Ein nichtiger Vertrag ist wie kein Vertrag. Aus nichtigen Verträgen folgen grundsätzlich weder Rechte noch Pflichten. Haben die Parteien eines nichtigen Vertrags gleichwohl in der Annahme, der Vertrag sei wirksam, einen Leistungsaustausch durchgeführt, kann jede Vertragspartei grundsätzlich die Rückabwicklung dieses Leistungsaustauschs verlangen.[75]

Ist z. B. ein Kaufvertrag über Rohstoffe nichtig, muss der Lieferant, mit dem der Vertrag abgeschlossen wurde, diese nicht liefern. Ist ein Vertrag auf der Absatzseite nichtig, muss der Kunde die Leistung grundsätzlich weder abnehmen noch bezahlen. Hat das Unternehmen mit entsprechenden Zahlungseingängen kalkuliert, hat es falsch geplant. Hat der Kunde die Zahlung gleichwohl – z. B. in Form einer Anzahlung – bereits ganz oder teilweise geleistet, muss das Geld auf Verlangen des Kunden an diesen zurückerstattet werden.

In Deutschland besteht zwar – wie in anderen demokratisch-marktwirtschaftlich organisierten Staaten auch – Vertragsfreiheit. „Vertragsfreiheit" bedeutet, dass die Marktteilnehmer durch Abschluss von Verträgen sowohl Rechte an Vermögensgegenständen untereinander zuordnen als auch Rechte und Pflichten, die zwischen ihnen gelten und durchsetzbar sein sollen, selbst gestalten und definieren können. Wenn die mit

---

[75]Grundlage für diese Rückabwicklung kann z. B. § 812 BGB sein.

bestimmten Vertragstypen einhergehenden Rechte und Pflichten der Vertragspartner gesetzlich geregelt werden, wie z. B. in Bezug auf Kauf-[76], Miet-[77], und Frachtverträge[78], dann sind diese gesetzlichen Regelungen grundsätzlich nur dispositiv. „Dispositiv" bedeutet:

Die Vertragsparteien können Regelungen vereinbaren, die von den gesetzlichen Bestimmungen abweichen. Sie können die gesetzlich vorgesehenen Rechte und Pflichten abbedingen und durch andere, vertragliche Regelungen ersetzen, wenn und soweit sie der Auffassung sind, dass die gesetzlich vorgesehen Rechte und Pflichten für sie nicht passen. Vertragsfreiheit bedeutet folglich, dass Marktteilnehmer das zwischen ihnen geltende Recht – zumindest im Grundsatz, nämlich soweit das gesetzliche Recht dispositiv[79] ist – selbst designen können. Erforderlich dafür ist lediglich, dass die Parteien eines Vertrags tatsächlich – und nicht nur vermeintlich – Einigkeit darüber erzielen, ab wann in Bezug auf welchen Vertragsgegenstand welche Vermögenszuordnung und/oder welche Rechte und Pflichten zwischen ihnen gelten sollen.

Allerdings besteht diese Vertragsfreiheit nicht grenzenlos. Nicht alle gesetzlichen Bestimmungen sind dispositiv. Einige gesetzliche Bestimmungen gelten zwingend und setzen der Gestaltungsfreiheit der Vertragspartner Grenzen. Bewegt sich das vertraglich Vereinbarte jenseits des gesetzlich Erlaubten, ist das Vereinbarte nichtig. Ist nur ein Teil der von den Vertragsparteien getroffenen Absprachen rechtswidrig, während der Inhalt anderer Vertragsbestandteile erlaubt ist, soll dies in der Regel dazu führen, dass dann der gesamte Vertrag nichtig ist. Die Nichtigkeit einer einzelnen Vertragsbestimmung ist folglich mit dem Risiko verbunden, dass der gesamte Vertrag von der Nichtigkeit infiziert wird.[80]

Der Grund dafür ist § 139 BGB: „*Ist ein Teil eines Rechtsgeschäfts*[81] *nichtig, so ist das ganze Rechtsgeschäft nichtig, wenn nicht anzunehmen ist, dass es auch ohne den nichtigen Teil vorgenommen sein würde.*" Diese gesetzliche Bestimmung führt folglich nicht dazu, dass die Nichtigkeit einer einzelnen Vertragsbestimmung immer auch zwingend zur Gesamtnichtigkeit des Vertrags führt. Aber diejenige Vertragspartei, die trotz

---

[76]Vgl. §§ 433 ff BGB.

[77]Vgl. §§ 535 ff BGB.

[78]Vgl. §§ 407 ff HGB.

[79]Nicht dispositiv, sondern zwingend anwendbar sind gesetzliche Bestimmungen, wenn und soweit diese Kraft gesetzlicher Anordnung nicht dispositiv sind (vgl. z. B. § 89b Abs. 4 Satz 1 HGB, § 23 Abs. 5 AktG) oder im öffentlichen Interesse oder zum Schutz Dritter bestehen, die nicht am Vertrag beteiligt sind.

[80]Dies kommt in der in § 139 BGB enthaltenen Auslegungsregel wie folgt zum Ausdruck: „*Ist ein Teil eines Rechtsgeschäfts nichtig, so ist das ganze Rechtsgeschäft nichtig, wenn nicht anzunehmen ist, dass es auch ohne den nichtigen Teil vorgenommen sein würde.*" (Wortlaut von § 139 BGB). Ein Vertrag ist ein „Rechtsgeschäft" in diesem Sinn, und zwar – da an einem Vertrag mehrere Rechtsträger beteiligt sind, ein mehrseitiges Rechtsgeschäft (in Abgrenzung dazu ist beispielsweise ein Testament – da nur vom Erblasser alleine ohne Beteiligung weiterer Personen errichtet – ein einseitiges Rechtsgeschäft).

[81]Jeder Vertrag ist ein solches „*Rechtsgeschäft*".

Nichtigkeit einer Vertragsbestimmung geltend machen will, dass der Vertrag im Übrigen wirksam bleibt, muss beweisen, dass der Vertrag auch ohne den nichtigen Vertragsbestandteil so abgeschlossen worden wäre. Gelingt dieser Nachweis nicht, führt die Nichtigkeit einer einzelnen Vertragsbestimmung zur Gesamtnichtigkeit des Vertrags.

2.11.2.2 Ausnahmen

Abweichend von der grundsätzlichen Infektionswirkung nichtiger Vertragsbestimmungen sieht das Gesetz in manchen Fällen ausnahmsweise vor, dass nur der unzulässige Vertragsteil nichtig ist. Der Vertrag bleibt in diesen Ausnahmefällen im Übrigen kraft Gesetzes wirksam und ist durchzuführen. An die Stelle des nichtigen Vertragsteils treten dann – sofern vorhanden – diejenigen gesetzlichen Bestimmungen, welche die Vertragsparteien durch die unzulässige vertragliche Regelung abbedingen oder umgehen wollten. Eine praxisrelevante Ausnahme von § 139 BGB gilt z. B. für AGB.

Besteht ein Vertrag ganz oder teilweise aus AGB, gilt § 139 BGB für diesen „AGB-Teil" eines Vertrags nicht. Denn für AGB gilt – abweichend von § 139 BGB – gemäß § 306 Abs. 1 BGB bereits kraft Gesetzes folgendes: *„Sind allgemeine Geschäftsbedingungen ganz oder teilweise nicht Vertragsbestandteil geworden oder unwirksam, so bleibt der Vertrag im Übrigen wirksam."* Im Bereich des AGB-Rechts führen daher Verstöße gegen Inhaltsverbote, z. B. Verstöße gegen §§ 307, 308 oder 309 BGB, grundsätzlich nur zur Nichtigkeit der betreffenden Klauseln, nicht jedoch zur Nichtigkeit des gesamten Vertrags.[82]

Beispiel Sparkassen-AGB

Eine Sparkasse vereinbarte sowohl mit Geschäfts- als auch mit Privatkunden, dass die von der Sparkasse gestellten AGB Teil der jeweiligen Bankverträge wurden. Diese AGB enthielten u. a. folgende Bestimmungen:

„Die Sparkasse ist berechtigt, für ihre Leistungen Entgelte, insbesondere Zinsen, Gebühren und Provisionen, vom Kunden zu verlangen. Dies gilt auch für Leistungen, die zusätzlich zu einer üblichen Grundleistung im Auftrag oder nach den Grundsätzen der Geschäftsführung ohne Auftrag im Interesse des Kunden erbracht oder im Zusammenhang mit der Geschäftsverbindung mit ihm erforderlich werden. …

---

[82]Für Fälle unwirksamer AGB folgt dies unmittelbar aus § 306 Abs. 1 BGB, der für AGB eine von der in § 139 BGB enthaltenen Auslegungsregel abweichende Besonderheit enthält (dazu BGH, NJW 2007, S. 3568 [3569]: *„Diese Norm geht der allgemeineren Regel des § 139 BGB vor und gilt auch dann, wenn sich die Unwirksamkeit der Klausel nicht aus dem Recht der Allgemeinen Geschäftsbedingungen (§§307–309 BGB), sondern aus anderen gesetzlichen Vorschriften ergibt …."*). Anstelle der unwirksamen AGB gelten dann gemäß § 306 Abs. 2 BGB insoweit die jeweils einschlägigen gesetzlichen Bestimmungen (sofern vorhanden).

Für typische, regelmäßig vorkommende Bankleistungen gelten die im Preisaushang, ergänzend im Preis- und Leistungsverzeichnis ausgewiesenen Entgelte, und zwar in der jeweils geltenden Fassung …"[83]

Ausweislich des Preis- und Leistungsverzeichnisses der Sparkasse sollte für Geschäftsgirokonten der Preis pro Posten EUR 0,32 betragen. Die Geschäftstätigkeit eines Kunden brachte in erheblichem Umfang Rücklastschriften mit sich, die von der Sparkasse zu buchen waren. Die Sparkasse belastete das Bankkonto dieses Kunden daher pro durchgeführter Rücklastschrift zusätzlich mit einer Gebühr in Höhe von EUR 0,32. Nachdem die auf diese Weise angefallenen Gebühren insgesamt einen fünfstelligen Eurobetrag erreicht hatten, verlangte der Kunde von der Sparkasse die Rückzahlung (in Form einer Gutschrift auf dem Bankkonto) dieser Gebühren. Die Sparkasse lehnte eine entsprechende Gutschrift auf dem Bankkonto des Kunden ab. Der Kunde machte daraufhin seine Forderung gegen die Sparkasse mit Erfolg gerichtlich geltend.

Der BGH hielt die zwischen der Sparkasse und dem Kunden vereinbarte Gebührenregelung aus mehreren Gründen für nichtig: Zum einen folge die Nichtigkeit aus § 134 BGB i. V. m. §§ 675e Abs. 1 und 4 sowie 675u BGB. Zudem folgte die Unwirksamkeit der Regelung nach Auffassung des BGH auch aus § 307 Abs. 1 Satz 1 BGB. Denn der BGH sah in der AGB-Regelung auch eine unangemessene Benachteiligung des Kunden. Damit war die AGB-Regelung nichtig mit der Folge, dass die Sparkasse dem klagenden Kunden die bereits vereinnahmten Beträge (und sicher geglaubten Umsatzerlöse) zurückerstatten musste.

Nichtige AGB sind nicht die einzigen Vertragsbestimmungen, für die § 139 BGB nicht gilt. Es gibt eine Reihe weiterer gesetzlicher Bestimmungen, die dazu führen, dass ein Vertrag nicht insgesamt nichtig ist oder wird, wenn einzelne Vertragsbestimmungen gegen bestimmte gesetzliche Inhaltsverbote oder Formvorschriften verstoßen. Wird z. B. in einem Verbrauchervertrag eine Entgeltregelung unter Verstoß gegen § 312a Abs. 3, 4 und/oder 5 BGB mit der Folge vereinbart, dass die Entgeltregelung unwirksam ist, kommt § 139 BGB ebenfalls nicht zur Anwendung. Vielmehr gilt dann gemäß § 312a Abs. 6 BGB – insoweit vergleichbar mit § 306 Abs. 1 BGB – ebenfalls, dass *„der Vertrag im Übrigen wirksam "*[84] bleibt. Weitere, für Start-ups besonders praxisrelevante Beispiele findet man zudem im Bereich des Arbeitsrechts:

Beispiel nichtige Arbeitsbedingungen

A gründet ein investigatives Online-Magazin. Die veröffentlichten Inhalte sollen Kommentaren entnommen werden, welche die Nutzer anderer Nachrichtenseiten in den jeweiligen Kommentarbereichen und Foren zu den dort von Journalisten und

---

[83]BGH, Urteil vom 28.07.2015, Az. XI ZR 434/14.
[84]Wortlaut von § 312a Abs. 6 BGB.

Nachrichtenagenturen veröffentlichten Artikeln posten. Zur Realisierung will A eine Software entwickeln, welche diese Kommentare prüft. Werden dabei bestimmte Glaubhaftigkeitsmerkmale erkannt, soll die Software aus den Kommentaren eine Meldung oder einen Bericht generieren, der dann auf der Plattform des Investigativ-Magazins veröffentlicht wird.[85] Um Hilfe beim Programmieren zu erhalten, überredet A den Informatik-Studenten S dazu, ein zweimonatiges Praktikum in seinem Online-Magazin zu absolvieren. S ist einverstanden und vereinbart mit A telefonisch u. a. Folgendes:

- Das Praktikum läuft (nur) für zwei Monate, danach ist automatisch wieder „Schluss", ohne dass dazu eine Kündigung erforderlich wäre.
- S hat die Weisungen von A zu befolgen und sich in dessen betriebliche Abläufe einzufügen.
- Da S noch Student und lediglich „Praktikant" sei, soll der Stundenlohn von S nur EUR 7 betragen.

In den folgenden beiden Monaten wird das zwischen A und S Vereinbarte zunächst auch tatsächlich umgesetzt. Nach Ablauf der zwei Monate verkündet S dem A jedoch, dass er sein Studium „geschmissen" habe und weiter für A arbeiten werde, jedoch zu geänderten Konditionen: A müsse S einen Stundenlohn in Höhe von mindestens EUR 9,19 zahlen. Soweit A für die vergangenen beiden Monate nur EUR 7 pro Stunde gezahlt habe, verlangt S zudem eine Nachzahlung in Höhe von EUR 2,19 pro Arbeitsstunde. A ist von den Aussagen und Forderungen von S zwar „geschockt", muss nach Befassung mit den einschlägigen gesetzlichen Bestimmungen jedoch einräumen, dass diese berechtigt sind:

Der von A und S als „Praktikum" bezeichnete Vertrag ist kein Ausbildungs-, sondern ein Arbeitsvertrag. Denn der Abschluss eines Praktikantenvertrags setzt voraus, dass der Praktikant eingestellt wird, *„um berufliche Fertigkeiten, Kenntnisse, Fähigkeiten oder berufliche Erfahrungen zu erwerben"*[86]. Um diese Voraussetzungen zu erfüllen, reicht es nicht aus, die vertraglich geschuldete Tätigkeit als „Praktikum" und die eingestellte Person als „Praktikant" zu bezeichnen, sondern das Vertragsverhältnis muss auch inhaltlich auf entsprechende Ausbildung gerichtet sein. A stellte S jedoch nicht ein, um S weitere Fertigkeiten und Erfahrungen zu vermitteln, sondern damit S seine bereits vorhandenen Programmierkenntnisse im Betrieb des A nach den Weisungen von A anwendet. Damit liegen die Voraussetzungen vor, die nach § 611a

---

[85]Zum so genannten „Roboterjournalismus" z. B. *Weberling,* NJW 2018, S. 735 ff.
[86]So der Wortlaut von § 26 des Berufsbildungsgesetzes (BBiG).

Abs. 1 BGB ein Vertragsverhältnis als Arbeitsvertrag qualifizieren.[87] Eine wirksame Befristung dieses Arbeitsvertrags auf einen Zeitraum von zwei Monaten hätte nach § 14 Abs. 4 des Teilzeit- und Befristungsgesetzes (TzBfG) jedoch vorausgesetzt, dass die Befristungsabrede in Schriftform getroffen wird. Dass A und S die Befristungsabrede lediglich mündlich getroffen haben, führt in diesem Fall jedoch nicht zur Nichtigkeit des gesamten Arbeitsvertrags, sondern gemäß § 16 Satz 1 TzBfG dazu, dass der Arbeitsvertrag als unbefristet gilt. Damit entfällt im Ergebnis nur die (nichtige) Befristungsabrede, wohingegen der Vertrag im Übrigen weiter gilt.

Auch den (Nach-)Zahlungsanspruch kann S mit Erfolg gegen A geltend machen. Denn die zwischen A und S getroffene Lohnabrede ist gemäß § 3 Satz 1 MiLoG wegen Unterschreiten des Mindestlohns – dieser beträgt € 9,19 pro Stunde – nur *„insoweit unwirksam"*[88]. Das Wort *„insoweit"* bringt zum Ausdruck, dass die Unwirksamkeit der Entgeltabrede nicht weiter geht, *„als dies zum Schutz des Mindestlohnanspruchs erforderlich ist."*[89] Auch die Nichtigkeit der zwischen A und S getroffenen Entgeltabrede infiziert folglich die übrigen Teile des Vertrags nicht. Sie führt lediglich dazu, dass S zumindest den Mindestlohn von A fordern kann, und zwar auch für die Zukunft. Wegen § 22 MiLoG kommt es dafür im Übrigen nicht einmal darauf an, ob S „Praktikant" oder „Arbeitnehmer" ist. Denn das MiLoG gilt grundsätzlich sowohl für Arbeitnehmer als auch für Praktikanten.[90]

2.11.3 (Teil-)Nichtigkeit als Folge des (angestrebten) Vertragsinhalts

Angesichts dieser Risiken sollten die Grenzen des inhaltlich Erlaubten vor dem Abschluss von Verträgen ausgelotet und Vertragsinhalte jenseits dieser Grenzen vermieden werden. Deshalb sollte jedes Start-up mit den für die eigenen Absatz- und Beschaffungsmärkte relevanten gesetzlichen Bestimmungen vertraut sein, welche die wirksame Vereinbarung bestimmter Vertragsinhalte verbieten.[91] Zudem sollten in jedem

---

[87]Auch insoweit kommt es nach § 611a Abs. 1 Satz 6 BGB nicht darauf an, ob die Parteien des Vertrags diesen ausdrücklich als „Arbeitsvertrag" bezeichnen.

[88]Wortlaut von § 3 Satz 1 MiLoG.

[89]So *Franzen,* Erfurter Kommentar zum Arbeitsrecht, 18. Auflage 2018, § 3 MiLoG, Rdnr. 1a.

[90]Dazu § 22 Abs. 1 MiLoG; allerdings gelten für bestimmte Praktikanten Ausnahmen von diesem Grundsatz, z. B. dann, wenn ein Schüler oder Studierender ein in der jeweiligen Schul-, Ausbildungs- oder Prüfungsordnung vorgesehenes Pflichtpraktikum absolviert.

[91]Auf Beschaffungsseite sind z. B. folgende gesetzliche Inhaltsverbote für Verträge zu beachten: Im Rahmen der Beschaffung von Vertriebsdienstleistungen von selbständigen Handelsvertretern ist § 89b Abs. 4 Satz 1 HGB zu beachten (Verbot, den gesetzlichen Ausgleichsanspruch von Handelsvertretern im Voraus auszuschließen; Ausnahmen von diesem Verbot bestehen, wenn der Handelsvertreter nicht nur im Nebenberuf tätig ist [§ 92 b Abs. 1 HGB], oder der Handelsvertreter nicht innerhalb des Gebietes der Europäischen Gemeinschaft oder der anderen Vertragsstaaten des EWR

Unternehmen die folgenden grundlegenden Nichtigkeitstatbestände bekannt sein und vermieden werden.

2.11.3.1 Verstoß gegen gesetzliche Verbote (§ 134 BGB)

Nach § 134 BGB gilt: Verträge, die gegen gesetzliche Verbote verstoßen, sind grundsätzlich nichtig. Gesetzliche Verbote, deren Verletzung zur Nichtigkeit eines Vertrags führen, sind z. B. das Verbot wettbewerbsbeschränkender Vereinbarungen zwischen Unternehmen[92].

Beispiel Zuweisung von Kunden

A hat eine Software entwickelt, die bei Bewerbungsverfahren im Rahmen von Assessment-Tests die Integrität von Bewerbern messen kann. Zufällig bekommt A mit, dass B eine ähnliche Software entwickelt hat und am Markt anbietet. Um „Preisdrückerei" durch die Kunden zu verhindern, vereinbaren A und B, dass weder A noch B Lizenzen an ihrer jeweiligen Software für weniger als EUR 10.000 pro Jahr anbieten. Zudem soll A seine Software nur Unternehmen der Kreditwirtschaft und Finanzdienstleistungsbranche anbieten, während B nur Kunden aus den Bereichen Automobil und Maschinenbau ansprechen darf. Im Rahmen eines Verkaufsgesprächs bei der X-Bank erfährt A vom dortigen Einkäufer, dass B der X-Bank wenige Tage zuvor eine Lizenz an seiner Software für einen Betrag in Höhe von EUR 2000 pro Jahr angeboten hatte. A verlangt von B, solche Angebote zukünftig zu unterlassen, da dies einen Bruch der getroffenen Vereinbarung darstelle.

Die Vereinbarung zwischen A und B ist jedoch gemäß § 134 BGB i. V. m. § 1 GWB nichtig. A hat deshalb keine Möglichkeit, B davon abzuhalten, seine Software Unternehmen der Kreditwirtschaft- und Finanzdienstleistungsbranche für Entgelte unterhalb der Schwelle von EUR 10.000 pro Jahr anzubieten. Denn die zwischen A und B angesprochene Zuweisung von Kunden[93] verstößt ebenso wie die Vereinbarung einer Preisuntergrenze gegen das in § 1 GWB enthaltene Verbot wettbewerbsbeschränkender Vereinbarungen zwischen Unternehmen, welches wie folgt lautet: *„Vereinbarungen zwischen Unternehmen, Beschlüsse von Unternehmensver-*

---

tätig ist [§ 92c HGB]). Im Rahmen der Kapitalbeschaffung ist z. B. § 231 Abs. 2 HS 2 HGB zu beachten (Verbot, die Beteiligung eines stillen Gesellschafters am Gewinn auszuschließen). Im Rahmen der Beschaffung des Produktionsfaktors (abhängige) Arbeit durch Arbeitnehmer ist in der Regel jede vertragliche Vereinbarung verboten, durch die von den Bestimmungen arbeitnehmerschützender gesetzlicher Bestimmungen zulasten des Arbeitnehmers abgewichen wird.

[92]Dazu § 1 GWB. Auch Art. 101 Abs. 1 AEUV verbietet wettbewerbsbeschränkende Vereinbarungen zwischen Unternehmen. Allerdings bedarf es im Fall einer Verletzung von Art. 101 Abs. 1 AEUV keines Rückgriffs auf § 134 BGB, weil die Nichtigkeitsfolge in Art. 101 Abs. 2 AEUV bereits ausdrücklich angeordnet wird.

[93]Vgl. dazu z. B. BGH, Urteil vom 11.12.2018 (Az. KZR 26/17), NJW 2019, S. 661 ff.

einigungen und aufeinander abgestimmte Verhaltensweisen, die eine Verhinderung, Einschränkung oder Verfälschung des Wettbewerbs bezwecken oder bewirken, sind verboten."[94]

Ein weiteres extrem praxisrelevantes gesetzliches Verbot enthält z. B. § 276 Abs. 3 BGB. Danach darf niemand die Haftung für eigenes vorsätzliches Verhalten im Voraus ausschließen. Deshalb sind vertragliche Haftungsbeschränkungen nichtig (und damit ohne Wert), welche zumindest auch eine Haftung für Fälle vorsätzlicher Pflichtverletzung ausschließen oder beschränken.[95]

Beispiel nichtige Haftungsbeschränkung

X hat eine Software zur Bewertung von Aktien entwickelt und bietet „Algorithmus-basierte" Anlageberatung an. X wird jedoch nervös, als Kunde K mehrere größere Investitionsentscheidungen auf den Rat von X stützen will. Zur „Absicherung" vereinbart X daher mit K, dass „jedwede Haftung von X auf einen Höchstbetrag von EUR 100.000 beschränkt ist".

Diese Haftungsbeschränkung bietet X jedoch keinen Schutz. Die Haftungsbeschränkung verstößt gegen § 276 Abs. 3 BGB und ist folglich nach § 134 BGB nichtig. Denn die Vereinbarung beschränkt „jedwede" Haftung von X auf einen Höchstbetrag von EUR 100.000, also auch eine Haftung wegen Vorsatzes.[96] Um die Nichtigkeit der Haftungsbeschränkung zu vermeiden, hätte X dafür sorgen müssen, dass der vereinbarten Haftungsbeschränkung ein Zusatz wie z. B. „die Haftung wegen vorsätzlicher Pflichtverletzung bleibt davon unberührt" oder „dies gilt nicht für eine Haftung wegen vorsätzlicher Pflichtverletzung" hinzugefügt wird.

2.11.3.2 Sittenwidrige Vertragsinhalte

Verträge mit „sittenwidrigem" Inhalt sind grundsätzlich nach § 138 BGB nichtig. Entscheidend für die Frage einer etwaigen Sittenwidrigkeit eines Vertragsinhalts sind dabei die zum Zeitpunkt des Vertragsabschlusses bestehenden Verhältnisse.[97] Ein schuldrechtlicher, auf Leistungsaustausch gerichteter Vertrag ist beispielsweise dann sittenwidrig,

---

[94]Wortlaut von § 1 GWB.

[95]Ein im Sinn von § 276 Abs. 3 BGB verbotener und damit nichtiger Haftungsausschluss liegt auch dann vor, wenn die Haftung für einen durch vorsätzliche Pflichtverletzung verursachten Schaden auf eine bestimmte Summe beschränkt oder die Verjährung eines Schadensersatzanspruchs aus vorsätzlicher Pflichtverletzung unter das gesetzliche Maß verkürzt werden soll.

[96]Vgl. dazu z. B. *Grüneberg* in *Palandt*, Bürgerliches Gesetzbuch, 78. Auflage 2019, § 276, Rdnr. 35.

[97]BGH, Urteil vom 19.12.2017 (Az. XI ZR 152/17), NJW 2018, S. 848 (850); BGH, Urteil vom 10.02.2012 (Az. V ZR 51/11), NJW 2012, S 1570 (1571), u. a. unter Bezugnahme auf BGH, NJW 1987, S. 1878.

wenn die Werte von Leistung und Gegenleistung in einem *„auffälligen Missverhältnis"*[98] zueinander stehen.

2.11.3.3 Ausschluss des außerordentlichen Kündigungsrechts bei Dauerschuldverhältnissen

Im Rahmen sogenannter vertraglicher „Dauerschuldverhältnisse" kann das Recht jeder Vertragspartei, den Vertrag aus „wichtigem Grund" mit sofortiger Wirkung zu kündigen, nicht wirksam ausgeschlossen werden. Vertragliche Dauerschuldverhältnisse sind Verträge, die nicht nur auf einen einmaligen Leistungsaustausch angelegt sind, wie z. B. Kaufverträge über eine Sache, sondern die auf einen langfristigen Leistungsaustausch zwischen den Parteien angelegt sind, wie z. B. Miet-, Arbeits- oder auch Gesellschaftsverträge.

2.11.3.4 Beschränkungen der Rechte von Insolvenzverwaltern (§ 119 InsO)

Wird ein Insolvenzverfahren über das Vermögen eines Unternehmens eröffnet und ein Insolvenzverwalter bestellt, hat dieser im Verhältnis zu früheren und gegenwärtigen Vertragspartnern des Unternehmens eine Reihe besonderer (Gestaltungs-)Rechte. Zum einen kann der Insolvenzverwalter bestimmte Transaktionen und andere Rechtshandlungen anfechten, welche das Unternehmen im Vorfeld der Insolvenz getätigt hat. Zum anderen hat der Insolvenzverwalter verschiedene Kündigungs- und sonstige Wahlrechte in Bezug auf laufende Verträge, die in den §§ 103 ff InsO geregelt sind. Diese Anfechtungs-, Kündigungs- und sonstigen Wahlrechte des Insolvenzverwalters können vertraglich weder ausgeschlossen noch beschränkt werden. Für die in §§ 129 ff InsO geregelten Anfechtungsmöglichkeiten des Insolvenzverwalters folgt dies aus dem Schutzzweck der Anfechtungsbestimmungen: Diese sollen sämtliche Gläubiger des insolventen Unternehmens schützen und können daher nicht zur Disposition Einzelner stehen. Im Hinblick auf die Wahl- und Kündigungsrechte wird in § 119 InsO ausdrücklich geregelt, dass die Anwendbarkeit der §§ 103–118 InsO durch vertragliche Vereinbarung weder ausgeschlossen noch beschränkt werden kann.

Der Abschluss von Verträgen mit insolvenzgefährdeten Vertragspartnern ist folglich im besonderen Maße riskant, und zwar gerade auch wegen der weitgehenden Rechte von Insolvenzverwaltern. Compliance und Vertragsmanagement als deren Ausfluss dürfen daher nicht auf das eigene Unternehmen beschränkt werden. Der Blick ist stets auch auf die Vertragspartner zu richten. Beim Abschluss von Verträgen mit Vertragspartnern, die insolvenzgefährdet erscheinen, ist daher doppelte Vorsicht geboten. Gegebenenfalls ist darauf zu achten, dass diese so gestaltet und durchgeführt werden, dass die Voraussetzungen einer späteren Anfechtung nicht vorliegen und keine größeren Schäden eintreten können, falls ein späterer Insolvenzverwalter Kündigungs- oder Wahlrechte ausübt.

---

[98]Wortlaut von § 138 Abs. 2 BGB.

Beispiel Programmierleistung gegen Anzahlung

M entwickelt ein Armband, das Epileptikern zuverlässige Vorhersagen über das Auftreten epileptischer Anfälle ermöglicht. Mit der Programmierung der erforderlichen Software hat M die P-GmbH beauftragt, welche die Herstellung der Software gegen ein Entgelt in Höhe von EUR 100.000 angeboten hatte. Zwischen M und P-GmbH war vereinbart worden, dass M unmittelbar nach Auftragserteilung eine Anzahlung in Höhe von EUR 50.000 leistet und die übrigen EUR 50.000 zahlt, sobald die Software fertiggestellt und abgenommen wurde und M alle erforderlichen Informationen erhalten hat, u. a. den Quellcode. Nachdem M die Anzahlung in Höhe von EUR 50.000 an die P-GmbH überwiesen hat, erfährt er während eines Abstimmungsgesprächs zufällig von einem Mitarbeiter der P-GmbH, dass diese Liquiditätsprobleme hat und insolvenzgefährdet ist. M ist daher in Sorge, dass die P-GmbH im schlimmsten Fall weder die Software zu Ende programmieren noch die – dann vergebliche – Anzahlung zurückzahlen wird. Deshalb drängt M darauf, dass die P-GmbH dem M ein Pfandrecht an einer Reihe von Rechnern der P-GmbH bestellt. Die P-GmbH kommt diesem Verlangen auch nach, „um M zu beruhigen", obwohl die Bestellung solcher Pfandrechte nach dem zwischen M und der P-GmbH bestehenden Vertrag nicht vorgesehen war. Wenige Tage später stellt der Geschäftsführer der P-GmbH einen Insolvenzantrag. Nachdem das Insolvenzverfahren über das Vermögen der P-GmbH eröffnet wurde und I vom zuständigen Amtsgericht zum Insolvenzverwalter bestellt worden ist, teilt I dem M mit, dass die bestellte Software nicht fertig gestellt wird. Zudem erklärt I die Anfechtung der Pfandrechtsbestellung und verweist M in Hinblick auf den Anspruch auf Rückzahlung der bereits geleisteten Anzahlung „auf die Tabelle".

M muss das Vorgehen von I akzeptieren. Denn gemäß § 103 InsO war I berechtigt, die Nichterfüllung des von M an die P-GmbH erteilten Auftrags zu wählen. Wegen § 105 Satz 2 InsO kann M zudem die bereits geleistete Anzahlung nicht aus der Insolvenzmasse zurückverlangen. Vielmehr ist M darauf beschränkt, den Anspruch auf Rückzahlung der bereits geleisteten Anzahlung – erforderlichenfalls nach Kündigung des Auftrags – als Insolvenzforderung im Sinne der §§ 38, 39 Abs. 1 InsO gemäß §§ 174, 175 InsO zur Tabelle anzumelden. Dies hat zur Folge, dass M nur einen der „Insolvenzquote" entsprechenden Teil seiner Anzahlung zurückerhalten wird und im Übrigen mit seiner Rückzahlungsforderung „ausfällt".

Das im Vorfeld der Insolvenz bestellte Pfandrecht hilft M ebenfalls nicht weiter, da I dessen Bestellung auf Grundlage von § 131 Abs. 1 Nr. 1 InsO anfechten konnte. M muss nach § 143 InsO das Pfandrecht an die Insolvenzmasse zurückgewähren und steht ohne Sicherheit da. Diese Situation hätte M auch nicht dadurch vermeiden können, dass im Rahmen des Auftragsverhältnisses mit der P-GmbH die Vereinbarung getroffen wird, dass die Wahl- und Anfechtungsbestimmungen der InsO „nicht gelten sollen". M hätte jedoch durch entsprechende vertragliche Abreden mit der P-GmbH sicherstellen können, dass die P-GmbH von vorneherein eine Sicherheit für einen etwaigen Anspruch von M auf Rückzahlung der geleisteten Anzahlung stellt, z. B. eine Bankbürgschaft.

Das vorstehende Beispiel zeigt, wie eng Compliance und Vertragsgestaltung zur Minimierung wirtschaftlicher Risiken zusammenhängen. Es ist riskant, Verträge als reine Formalien oder Papierkram abzutun. Wirtschaftlich sinnvolles Handeln schließt ein, darauf zu achten, dass abgeschlossene Verträge im Bedarfsfall auch „halten" und dem Unternehmen eine belast- und durchsetzbare Marktposition verschaffen. Dies lenkt den Blick auf ein vertragliches Gestaltungsinstrument, dessen Gebrauch die mit der Unwirksamkeit einzelner Vertragsbestandteile verbundenen rechtlichen und wirtschaftlichen Risiken mindern kann:

2.11.4 Erhaltungs- und Ersetzungsregelungen („salvatorische Klauseln")

Unternehmen, die vertragliche Inhaltsverbote missachten, sind dem Risiko ausgesetzt, dass die betreffenden Verträge insgesamt nichtig sind, wenn es nicht gelingt, die in § 139 BGB enthaltene Vermutung zu entkräften. Das Risiko, dass die Nichtigkeit einzelner Vertragsbestimmungen den gesamten Vertrag mit der Folge „infiziert", dass es zu dessen Gesamtnichtigkeit kommt, kann jedoch durch sogenannte „Erhaltungs-" und/oder „Ersetzungsregelungen" gemindert werden.

Solche Erhaltungs- und Ersetzungsregelungen haben erhebliche praktische Bedeutung. Eine vertragliche Erhaltungsbestimmung kann z. B. wie folgt lauten: „*Sollte eine einzelne Bestimmung dieses Vertrags nichtig sein, sollen die übrigen Bestimmungen dieses Vertrags davon unberührt bleiben und dieser Vertrag ohne die nichtige Bestimmung Bestand haben.*" Die Aufnahme einer solchen Erhaltungsregelung in einen Vertrag hat im Fall der Nichtigkeit einer einzelnen Vertragsbestimmung folgende Wirkung: Diejenige Vertragspartei, welche die Gesamtnichtigkeit des Vertrags geltend machen will, trägt die Beweislast dafür, dass der Vertrag ohne die nichtige Bestimmung von den Parteien nicht gewollt gewesen wäre.

Vertragliche Ersetzungsregelungen gehen über bloße Erhaltungsregelungen hinaus. Zweck vertraglicher Ersetzungsregelungen ist „*die Schließung der durch die Nichtigkeit einzelner vertraglicher Regelungen entstandenen Lücken.*"[99] Eine Ersetzungsregelung kann z. B. wie folgt lauten: „*Sollten einzelne Bestimmungen dieses Vertrags ganz oder teilweise gegen zwingendes Recht verstoßen oder aus anderen Gründen nichtig oder*

---

[99]BGH, Urteil vom 25.07.2007 (Az. XII ZR 43/05), NJW 2007, S. 3202 ff. (3203).

unwirksam sein, so bleibt die Gültigkeit der übrigen Bestimmungen unberührt. Die nichtige oder unwirksame Bestimmung ist durch eine solche zu ersetzen, die dem wirtschaftlich Gewollten in zulässiger Weise am nächsten kommt. "[100]

Erhaltungsregelungen können Verträge nicht nur dann „retten", wenn einzelne Vertragsbestimmungen gegen gesetzliche Inhaltsverbote verstoßen, sondern auch im Fall einer Verletzung von Formvorschriften. Das ist wichtig, weil unternehmerische Compliance und Vertragsmanagement zumindest einige (wenige) Formvorschriften stets im Blick haben sollten. Denn der Grundsatz der Formfreiheit beim Abschluss von Verträgen gilt nicht ausnahmslos.

2.11.5 Nichtigkeit als Folge von Verstößen gegen Formvorschriften

2.11.5.1 Grundsätzliches

Dass der Abschluss von Verträgen nur ausnahmsweise zwingend formbedürftig ist, wurde bereits im Zusammenhang mit der Einordnung von Verträgen als Marktteilnahme-Instrumente dargestellt. Denn es gilt der Grundsatz der Formfreiheit. Deshalb ist im Ausgangspunkt kein rechtlicher Zwang, sondern unternehmerische Vernunft der Grund, aus dem Unternehmen abgeschlossene Verträge dokumentieren (sollten). Denn durch die Dokumentation wird nicht nur die Durchsetzbarkeit der durch die jeweiligen Verträge vermittelten Marktpositionen durch bessere Nachweisbarkeit erleichtert. Auch das Wissen über Vertragsinhalte und damit verbundene Abwicklungsvorgänge wird bearbeiter- und zuständigkeitsunabhängig im Unternehmen konserviert.

Nur in Fällen, in denen gesetzlich ausnahmsweise die Wahrung einer bestimmten Form bei Abschluss eines Vertrags vorgeschrieben wird, muss diese Form bei Vertragsabschluss als Wirksamkeitserfordernis gewahrt werden. Wird bei Abschluss eines Vertrags, für den gesetzlich ausnahmsweise die Wahrung einer bestimmten Form vorgeschrieben wird, diese Form dagegen nicht gewahrt, gilt § 125 Satz 1 BGB. Danach ist ein Vertrag nichtig, wenn er *„der durch Gesetz vorgeschriebenen Form ermangelt"*[101].

2.11.5.2 Möglichkeit sogenannter „Heilung"

Allerdings gilt auch der in § 125 Satz 1 BGB geregelte Grundsatz – Nichtigkeit formzwangwidrig abgeschlossener Verträge – nicht ausnahmslos. In einigen Fällen besteht ausnahmsweise die Möglichkeit, Formmängel nachträglich „zu heilen". „Heilung" in diesem Sinn bedeutet, dass ein an sich formzwangwidrig und damit grundsätzlich gemäß § 125 Satz 1 BGB nichtiger Vertrag dennoch wirksam wird, wenn und weil die Beteiligten den Vertrag gleichwohl umsetzen (vollziehen).

---

[100]So die mit einer Erhaltungsregelung kombinierte Ersetzungsregelung, die Gegenstand eines Urteils des BGH vom 06.04.2005 (Az. XII ZR 132/03) war.
[101]Wortlaut von § 125 Satz 1 BGB.

Beispiel GmbH-Anteilsverkauf

X ist einziger Gesellschafter der X-GmbH. Auf Grundlage einer schriftlichen Vereinbarung verkauft X sämtliche Geschäftsanteile an der X-GmbH an Y. Anschließend tritt X sämtliche Geschäftsanteile an der X-GmbH im Rahmen eines notariell beurkundeten Vertrags an Y ab. Kurz darauf wird X vertragsreuig und sucht nach Wegen, diese Transaktion wieder rückabwickeln zu können. Dabei stößt X auf § 15 Abs. 4 GmbHG, wonach bereits der Verkauf der Geschäftsanteile an der X-GmbH notariell beurkundungspflichtig gewesen wäre. Mit der Begründung, der Kaufvertrag über die Geschäftsanteile an der X-GmbH sei entgegen § 15 Abs. 4 GmbHG nicht beurkundet worden und daher nach § 125 Satz 1 BGB nichtig, verlangt X nunmehr von Y die Geschäftsanteile an der X-GmbH zurück.

X hat zwar mit der Behauptung Recht, dass der Verkauf der Geschäftsanteile gemäß § 15 Abs. 4 Satz 1 GmbHG notarieller Beurkundung bedurft hätte, weil durch den Kaufvertrag eine Verpflichtung von X zur Abtretung der Geschäftsanteile an Y begründet werden sollte[102]. Allerdings übersieht X den zweiten Satz von § 15 Abs. 4 GmbHG. Danach wird ein formzwangwidrig abgeschlossener und damit an sich nichtiger Kaufvertrag über GmbH-Geschäftsanteile gültig, wenn die GmbH-Geschäftsanteile dann gleichwohl tatsächlich in notariell beurkundeter Form[103] an den Käufer abgetreten werden. Das ist im Beispielsfall erfolgt. X kann die Geschäftsanteile an der X-GmbH daher nicht von Y zurückverlangen, obwohl der Kaufvertrag ursprünglich formzwangwidrig und damit nichtig war. Denn dieser Formmangel wurde anschließend durch den tatsächlichen Vollzug des Kaufvertrags gemäß § 15 Abs. 4 Satz 2 GmbHG „geheilt". Die Nichtigkeit wurde auf diese Weise abgewendet und der Kaufvertrag trotz des Formverstoßes wirksam.

Um Missverständnisse zu vermeiden: Dass ein formzwangwidrig abgeschlossener Vertrag durch Vollzug geheilt wird, ist kein allgemein gültiger Grundsatz des deutschen Rechts. Zur Heilung formzwangwidrig abgeschlossener Verträge durch tatsächlichen Vollzug kommt es nur bei denjenigen Vertragstypen, bei denen die Möglichkeit einer solchen Heilung ausnahmsweise vorgesehen ist. Neben der Heilung formzwangwidrig abgeschlossener Verträge über Verpflichtungen zur Abtretung von GmbH-Geschäftsanteilen kommt eine Heilung z. B. bei Verträgen in Betracht, deren Gegenstand die Pflicht zur Übertragung einer Immobilie ist.[104]

---

[102]Gemäß §§ 433 Abs. 1 Satz 1 und 453 Abs. 1 BGB ist der Verkäufer eines Rechts wie hier eines Geschäftsanteils an einer GmbH aus dem Kaufvertrag verpflichtet, das Recht – hier also den GmbH-Geschäftsanteil – an den Käufer abzutreten. Käufer ist Y.

[103]Dass auch die Abtretung von GmbH-Geschäftsanteilen in notariell beurkundeter Form erfolgen muss, folgt aus § 15 Abs. 3 GmbHG.

[104]Dies folgt aus § 311b Abs. 1 Satz 2 BGB. Voraussetzung für die „Heilung" ist, dass gleichwohl das Eigentum an der betreffenden Immobilie übertragen wird.

In all den anderen Fällen von Formzwang, in denen gesetzlich keine Heilungs-
möglichkeit vorgesehen ist, bleibt es dagegen auch dann, wenn die nichtigen Verträge
tatsächlich durchgeführt werden, bei deren Nichtigkeit. Der tatsächliche Vollzug führt
dann nicht zur Wirksamkeit eines Vertrags, und jede Partei kann die Rückabwicklung
des bereits vollzogenen Leistungsaustauschs verlangen.[105] Formale Non-Compliance hat
daher in Bezug auf Verträge grundsätzlich die gleichen Auswirkungen wie inhaltliche
Non-Compliance.

2.11.6 Nichtigkeit als Folge einer Anfechtung

Zudem können selbst Verträge, die formal und inhaltlich gesetzeskonform sind, einem
Nichtigkeitsrisiko ausgesetzt sein. Denn bei Vorliegen bestimmter Voraussetzungen können Verträge von einer Vertragspartei angefochten werden. „Anfechtung" bedeutet, dass
der Vertrag auch noch nach Abschluss durch eine Anfechtungserklärung rückwirkend
zerstört wird.[106] Ein Vertrag ist anfechtbar, wenn der Vertragspartner

- durch widerrechtliche Drohung zum Vertragsabschluss genötigt oder
- durch eine arglistige Täuschung zum Vertragsabschluss veranlasst wurde[107] oder
- den Vertrag irrtumsbedingt oder
- infolge einer falschen Übermittlung der zum Vertragsabschluss führenden Erklärung
  geschlossen hat.

Dass die Nötigung von Vertragspartnern zum Vertragsabschluss ein Fall von Non-Compliance ist, überrascht ebenso wenig wie die daran anknüpfende Möglichkeit des Vertragspartners, sich von einem solchen Vertrag zu lösen. Zudem haben derartige Fälle für
Start-ups keine wesentliche Praxisrelevanz. Praktisch bedeutender ist dagegen die Frage, ob
unzutreffende Angaben über die am Markt angebotenen Güter oder Dienstleistungen – z. B.
im Rahmen von Werbeanzeigen oder -flyern – zur Anfechtbarkeit von Verträgen wegen arglistiger Täuschung führen können.

---

[105]Dazu § 812 BGB.

[106]Dass Anfechtungserklärungen Rückwirkung entfalten, folgt aus § 142 Abs. 1 BGB. Wird ein
anfechtbarer Vertrag angefochten, bedeutet „Rückwirkung", dass der Vertrag als von Anfang an
nichtig anzusehen ist. Damit tritt eine Situation ein, als habe dieser nie bestanden.

[107]Die Anfechtbarkeit von Verträgen wegen arglistiger Täuschung oder Drohung folgt aus § 123
Abs. 1 BGB.

Beispiel Werbeanzeige

X betreibt einen Kunst- und Antiquitätenhandel. Unter der Überschrift *„Schlossauf-lösung"*[108] bewirbt X bestimmte Möbel und Bilder, welche X zum Verkauf anbietet. Tatsächlich handelt es sich bei diesen Möbeln und Gemälden jedoch lediglich um Nachbildungen alter Möbel und Gemälde, denen künstlich ein historischer Anschein verliehen worden war. Diese haben nie als Einrichtungsgegenstände eines Schlosses gedient. Kunde K erwirbt von X einige dieser Möbel und Gemälde. Später stellt K fest, dass diese erst wenige Wochen vor dem Kauf hergestellt und lediglich künstlich „auf alt" getrimmt worden waren. Daraufhin erklärt K die Anfechtung des Kaufver-trags wegen arglistiger Täuschung gegenüber X und verlangt die Rückzahlung des Kaufpreises. X weist das Anliegen des K jedoch zurück und verweigert die Rück-zahlung des Kaufpreises.

K ist zur Rückforderung des Kaufpreises berechtigt und kann diese Forderung erforderlichenfalls gerichtlich durchsetzen, weil der Kaufvertrag über die Möbel und Gemälde durch die Anfechtung rückwirkend vernichtet wurde. Denn der Kaufvertrag war nach § 123 Abs. 1 BGB wegen arglistiger Täuschung anfechtbar, weil X gegen-über K vorgetäuscht hatte,

„die Möbel und Bilder … hätten ein ihrem äußeren Erscheinungsbild entsprechendes Alter, während es sich in Wirklichkeit bei den Möbeln … ausnahmslos um künstlich gealterte, neuzeitliche Nachbildungen europäischer Möbel des 18. Jahrhunderts und aus der Zeit um 1800 und bei den verkauften Gemälden … um neu produzierte Bilder handelt, die durch auf „alt" getrimmte Rahmen und Rückseiten ein höheres Alter vortäuschen. … Darauf, ob der unbefangene Leser aufgrund einer Zeitungsanzeige, wie der … aufgegebenen, die berechtigte Erwartung haben kann, es handele sich um den Verkauf von Antiquitäten oder gar Kunstwerken, kommt es aber letztlich nicht entscheidend an. Es genügt vielmehr, dass durch das Zeitungsinserat … bei einem verständigen Leser der Eindruck erweckt wurde, es handele sich um Gegenstände, die als Einrichtung eines Schlosses gedient hatten, und nicht lediglich um Nachbildungen alter Möbel und Gemälde aus jüngster Zeit, denen lediglich künstlich der Anschein langjähriger Nutzung und Alterung verliehen worden war."[109]

Verspricht ein Unternehmen durch Werbeanzeigen oder in anderer Form gegenüber Kun-den vorsätzlich mehr oder etwas anderes, als es halten kann, kann dies dazu führen, dass Kunden die mit dem Unternehmen geschlossenen Absatzverträge nachträglich anfechten. Dazu reicht es aus, dass das Unternehmen zumindest damit rechnet, dass die über die angebotenen Waren oder Dienstleistungen gemachten Werbeangaben unzutreffend sind (Angaben „ins Blaue hinein").[110] Allerdings führt nicht jede übertreibende Werbeaussage

---

[108]Vgl. der von OLG Düsseldorf, Urteil vom 18.05.2001 (Az. 22 U 52/99 und 78/99), entschiedene Fall.

[109]OLG Düsseldorf, Urteil vom 18.05.2001 (Az. 22 U 52/99 und 78/99).

[110]Vgl. z. B. BGH, Urteil vom 07.06.2006 (Az. VIII ZR 209/05), NJW 2006, S. 2839 ff.

zwangsläufig zur Anfechtbarkeit der anschließend mit Kunden abgeschlossenen Verträge. Vielmehr muss sich die *„Täuschung durch Vorspiegeln oder Entstellen von Umständen auf objektiv nachprüfbare Angaben"* beziehen *„und nicht lediglich subjektive Werturteile oder marktschreierische Anpreisungen"*[111] beinhalten.

Es ist folglich eine wesentliche Compliance-Aufgabe jedes Unternehmens, sicher zu stellen, dass sämtliche im Vertrieb tätigen Mitarbeiter wissen, wann die Bewerbung der angebotenen Güter oder Dienstleistungen den Tatbestand einer arglistigen Täuschung erfüllt. Dabei muss diesen Mitarbeitern zudem klar sein, dass arglistige Täuschungen nicht nur durch ausdrückliche Falschangaben erfolgen können, sondern auch durch vorsätzliches Verschweigen von Tatsachen, die für Kunden entscheidungsrelevant sind.

Beispiel „Lockvogelangebot"[112]

P gründet eine Online-Partnervermittlung. Um die Zahl männlicher Kunden möglichst schnell zu steigern, wirbt P mit Anzeigen, in denen das mit Originallichtbild dargestellte weibliche Fotomodel W als partnersuchend dargestellt wird. P ist jedoch bekannt, dass W verheiratet und nicht auf Partnersuche ist. Kunde K schließt einen Vermittlungsvertrag mit P in der zuvor ausdrücklich gegenüber P artikulierten Hoffnung ab, auf diese Weise mit W in Kontakt gebracht zu werden. Denn K geht es gerade um die Möglichkeit, dass sich mit W eine Beziehung entwickelt. K zahlt die von P in Rechnung gestellten Gebühren. Kurz darauf erfährt K durch Lektüre einer „Klatsch-Zeitschrift" die Wahrheit über W. Daraufhin erklärt K die Anfechtung des Vermittlungsvertrags wegen arglistiger Täuschung und verlangt sein Geld von P zurück.

K kann die Rückforderung bereits gezahlten Entgelts zu Recht geltend machen, weil der mit P abgeschlossene Vermittlungsvertrag nach §§ 142 Abs. 1, 123 Abs. 1 BGB nichtig ist. Da es K erkennbar um die Chance ging, in eine Beziehung mit W zu treten, hätte P den K vor Vertragsschluss darüber aufklären müssen, dass die in der Anzeige abgebildete W lediglich ein zur Herstellung der Werbeanzeige gebuchtes Fotomodell, nicht jedoch auch eine vermittlungsinteressierte Kundin des P ist.

Situationsabhängig können auch sonstige, nicht durch arglistige Täuschung erregte oder bestehende Irrtümer von Vertragspartnern über das anbietende Unternehmen oder den Vertragsgegenstand zu Anfechtbarkeitsrisiken führen.[113] Daher lautet eine wesentliche

---

[111]BGH, Urteil vom 19.09.2006 (Az. XI ZR 204/04), NJW 2007, S. 357 (358).

[112]Vgl. BGH, Urteil vom 17.01.2008 (Az. III ZR 239/06), NJW 2008, S. 982 ff.

[113]Dass auch ein Irrtum eines Vertragspartners über die andere Vertragspartei oder eine verkehrswesentliche Eigenschaft des Vertragsgegenstands zur Anfechtbarkeit eines Vertrags führen kann, folgt aus § 119 Abs. 2 BGB. Allerdings sind die mit irrtumsbedingter Anfechtbarkeit verbundenen Risiken geringer. Denn zum einen besteht die Möglichkeit einer irrtumsbedingten Anfechtbarkeit nach § 119 Abs. 2 BGB nicht, soweit ein Vorrang gesetzlicher Gewährleistungsvorschriften besteht (dazu z. B. OLG Düsseldorf, Urteil vom 09.08.1991 [Az. 22 U 52/91], NJW 1992, S. 1326/1327).

„Compliance-Frage" jedes Unternehmens: Worüber müssen Vertragspartner vor Vertragsabschluss informiert werden, um das Risiko zu minimieren, dass die Vertragspartner einer vertraglich erworbenen Marktposition durch Anfechtung rückwirkend den Boden entziehen? Soll der Absatz von Erzeugnissen oder Dienstleistungen auf eine sichere Basis gestellt werden, dann muss diese Frage zuvor beantwortet und die Antworten müssen umgesetzt werden.

2.11.7 Zwischenergebnis

Vertragsmanagement ist erfolgskritisch und muss im Vorfeld von Vertragsbeziehungen beginnen. Namentlich im Hinblick auf diejenigen Verträge, die nennenswerte wirtschaftliche Bedeutung haben, lohnt sich die Prüfung, ob diese dem Maßstab der durch die Rechtsordnung gesetzten Marktrahmenbedingungen Stand halten. Dies gilt insbesondere für Verträge, die

- eine lange Laufzeit haben (z. B. Miet-/Leasing- oder Arbeitsverträge),
- ein wirtschaftlich erhebliches Entgelt vorsehen (z. B. Entgelt in Höhe von mehr als 3 %[114] der jährlichen Umsatzerlöse) und/oder
- inhaltsgleich oder strukturell vergleichbar immer wieder abgeschlossen werden.

Erfüllt ein Vertrag eine dieser Voraussetzungen, sollte zur Vermeidung unnötiger Risiken vor Vertragsabschluss geklärt werden, ob

- dem Vertragspartner bestimmte Informationen vor Vertragsabschluss erteilt werden müssen,
- der Vertrag ausnahmsweise einem bestimmten Formzwang unterliegt,

---

Zudem besteht im Fall einer auf § 119 BGB gestützten Vertragsanfechtung zumindest im Grundsatz ein Schadensersatzanspruch derjenigen Vertragspartei, gegenüber der die Anfechtung erklärt wird, gegen die anfechtende Vertragspartei. Dieser Schadensersatzanspruch folgt aus § 122 Abs. 1 BGB; wobei jedoch die in § 122 Abs. 2 BGB genannten Umstände wiederum zum Anspruchsausschluss führen.

[114]Das ist nur ein Vorschlag, entspricht jedoch weder einer gesetzlichen Bestimmung noch einem anerkannten betriebswirtschaftlichen Grundsatz. Man mag daher auch andere Prozentsätze für geeignet halten. Wer – aus welchen Gründen auch immer – nicht sämtliche Verträge einer eingehenden rechtlichen Prüfung unterzieht, sollte zumindest bestimmte laufzeit- und betragsmäßige Schwellenwerte definieren, die nur nach eingehender rechtlicher Prüfung überschritten werden dürfen, wenn das Risiko vermieden werden soll, dass wirtschaftlich bedeutende Verträge nur eine vermeintliche, tatsächlich jedoch keine verbindliche und durchsetzbare Marktposition vermitteln.

- eine Bestimmung des Vertrags gegen ein gesetzliches Inhaltsverbot verstößt oder zumindest mit diesem Risiko behaftet ist,
- die eigene Position im Fall einer Insolvenz des Vertragspartners ausreichend geschützt ist und/oder
- Gestaltungsmaßnahmen ergriffen werden können, um ein bei Klärung der vorstehenden Fragen identifiziertes Risiko zu vermeiden, zumindest aber zu vermindern.

Werden diese Fragen auch im Hinblick auf wirtschaftlich bedeutende Verträge nicht geklärt, kann dies die Umsetzung des Geschäftsmodells und damit die Unternehmung gefährden, weil

- vertraglich angestrebte Marktpositionen sich als nicht durchsetzbar entpuppen,
- geplante Maßnahmen nur mit Verzögerung durchgeführt werden können oder undurchführbar werden und dadurch
- Liquiditätslücken entstehen.

2.12 Ungewollte Verträge

Dass ein Unternehmen Verträge „verliert", die an sich gewollt sind, ist eine mögliche Non-Compliance-Folge. Eine andere ist, Partner eines Vertrags werden zu müssen, den man gerade nicht abschließen will. Grundsätzlich gilt zwar: Vertragsabschlüsse erfolgen freiwillig. Wer mit einem anderen Marktteilnehmer keinen Vertrag abschließen will, muss dies auch nicht tun. Allerdings gibt es auch von diesem Grundsatz Ausnahmen. Eine wichtige Ausnahme findet sich z. B. im Bereich des Arbeitsrechts:

2.12.1 Arbeitnehmerüberlassung

Beispiel unerlaubte Arbeitnehmerüberlassung (Fortsetzung des Beispiels nichtige Arbeitsbedingungen)

A entwickelt das geplante investigative Online-Magazin weiter. S wird nunmehr zu veränderten Konditionen beschäftigt (vgl. Beispiel nichtige Arbeitsbedingungen). A muss jedoch zudem erkennen, dass er den mit der Entwicklung der „Investigativ-Story-Software" verbundenen Aufwand unterschätzt hat. Deshalb benötigt A kurzfristig weitere tatkräftige Unterstützung. Nach kurzer Recherche wird A auf die „IT-Agentur" und deren Werbung aufmerksam, wonach die IT-Agentur kurzfristig IT-Fachkräfte als Leiharbeitnehmer deutschlandweit bereitstellt. Allerdings verfügt der Inhaber der IT-Agentur nicht über eine als Verleiher zur Arbeitnehmerüberlassung erforderliche, staatliche Erlaubnis.[115] Im Rahmen eines Telefonats zwischen A und dem Inhaber der IT-Agentur wird vereinbart, dass dem A für die Dauer von sieben Monaten die bei der IT-Agentur als Leiharbeitnehmer beschäftigten Programmierer X und Y überlassen werden. Bereits am folgenden Tag beginnen X und Y ihre Tätigkeit im Betrieb des A. Als die IT-Agentur kurz darauf insolvent wird, treten X und Y mit der Behauptung an A heran, dass ihnen die Insolvenz der IT-Agentur „egal" sei, weil sie nunmehr ohnehin „in einem festen Arbeitsverhältnis" mit A stünden. A bestreitet dies mit der Begründung, weder mit X noch mit Y einen Arbeitsvertrag abgeschlossen zu haben.

A irrt jedoch. Da der IT-Agentur die zur Arbeitnehmerüberlassung erforderliche staatliche Erlaubnis fehlte, ist die von A mit der IT-Agentur getroffene Vereinbarung über die Überlassung von X und Y gemäß § 9 Abs. 1 Nr. 1 HS 1 AÜG nichtig. Eine Rechtsfolge dieser Nichtigkeit ist gemäß § 10 Abs. 1 Satz 1 AÜG auch, dass ein Arbeitsverhältnis zwischen A auf der einen und X und Y auf der anderen Seite *„als zustande gekommen"*[116] gilt. Die Unkenntnis von A vom Fehlen der staatlichen Erlaubnis der IT-Agentur ist insoweit unerheblich.

Auch dieses Beispiel belegt: Compliance geht über den Blick auf das eigene Unternehmen hinaus. Im Beispiel hat A nicht selbst unmittelbar rechtswidrig gehandelt, aber A hat sich mit einem rechtswidrig handelnden Vertragspartner eingelassen, nämlich mit der ohne die erforderliche staatliche Erlaubnis am Markt agierenden IT-Agentur. Die daraus für A erwachsende Konsequenz, nunmehr zwei Arbeitnehmer mehr als eigentlich gewollt zu haben, hätte A vermeiden können, indem er sich vor Vereinbarung der Arbeitnehmerüberlassung mit der IT-Agentur davon überzeugt hätte, dass diese insoweit rechtmäßig handelt.

2.12.2 Exkurs zum Immaterialgüterschutzrecht

In diesem Zusammenhang sei zudem angemerkt: Auch das Immaterialgüterschutzrecht enthält gesetzliche Bestimmungen, auf deren Grundlage Patent- und andere Schutzrechtsinhaber gerichtlich zum Abschluss von Lizenzverträgen mit anderen Marktteilnehmern gezwungen werden können („Zwangslizenzen"). Die Voraussetzungen, unter denen solche Zwangslizenzen erteilt werden können, sind allerdings streng.[117]

Dennoch kann das Risiko einer Zwangslizenz für Unternehmen problematisch sein. Das gilt insbesondere, wenn Ertragserwartungen auf zumindest vorübergehend

---

[115]Die Erlaubnispflicht gewerblicher Arbeitnehmerüberlassung folgt aus § 1 Abs. 1 Satz 1 AÜG. Zuständig für die Erteilung der Erlaubnis ist die Bundesagentur für Arbeit (§ 17 Abs. 1 AÜG).

[116]Wortlaut von § 10 Abs. 1 Satz 1 AÜG.

[117]Dazu z. B. § 24 PatG, § 20 GebrMG, § 42a UrhG.

eingeplanten Monopolprofiten beruhen. Aber auch Geschäftsmodelle, die auf der Annahme beruhen, andere Marktteilnehmer durch Patente oder andere Schutzrechte von der Nutzung einer Technik oder anderer Immaterialgüter abhalten zu können, werden durch Zwangslizenzen bedroht.

Eine Pflicht zur Erteilung einer Zwangslizenz begründet allerdings kein „Non-Compliance"-Risiko für ein Start-up. Denn die Pflicht zur Erteilung einer Zwangslizenz kann abgewendet werden, indem Lizenzanfragen anderer Marktteilnehmer zu fairen Konditionen akzeptiert werden, wenn damit gerechnet werden muss, dass anderenfalls eine Zwangslizenz durchgesetzt wird. In beiden Fällen ist das Unternehmen dann jedoch – einmal auf Grundlage eines freiwillig abgeschlossenen Lizenzvertrags, im anderen Fall auf Grundlage einer Zwangslizenz – verpflichtet, anderen Marktteilnehmern die Nutzung des lizenzierten Immaterialguts nicht zu verbieten. Damit besteht die eigentliche Gefahr für das Geschäftsmodell darin, dass eine zu dessen Umsetzung eingeplante, schutzrechtsgesetzlich vermittelte Monopolstellung nicht haltbar ist. Beruht ein Geschäftsmodell auf einer ausschließlichen Nutzung von Immaterialgütern, z. B. einer bestimmten Technik oder Software, sollte folglich im Vorfeld geklärt werden, mit welcher Sicherheit diese Monopolstellung realisiert werden kann. Dies erfordert eine Auseinandersetzung mit der Frage, ob andere Marktteilnehmer mit Erfolg eine Lizenz an dem betreffenden Immaterialgut verlangen könnten.

2.13 Haftung für Verbindlichkeiten anderer Marktteilnehmer

Neben ungewollten Verträgen kennt das deutsche Recht zudem Fälle, in denen Unternehmen Risiken aus Verträgen erwachsen, an denen sie weder freiwillig noch unfreiwillig beteiligt sind, sondern überhaupt nicht. Dazu kann es z. B. dann kommen, wenn Lieferanten oder deren Lieferanten oder Sub-Unternehmer ihre jeweiligen Arbeitnehmer unterhalb der im Mindestlohngesetz vorgesehenen Lohnuntergrenze bezahlen.

Beispiel „Lohndumping" bei Lieferanten

U plant eine B2B-Plattform für regionale Bioprodukte. Sitz des Unternehmens soll Marburg sein. Die Plattform soll regionale Bio-Erzeugnisse, Spediteure, Kontroll- und Zertifizierungsstellen sowie Supermärke vernetzen. Mit der Programmierung der erforderlichen Software beauftragt U die Code-GmbH mit Sitz in Böblingen. Nachdem die Software fertig gestellt und von U in Betrieb genommen worden ist, melden sich einige Arbeitnehmer der – zwischenzeitlich insolvent gewordenen – Code-GmbH bei U. Diese Arbeitnehmer fordern von U Zahlung von Arbeitslohn mit der Begründung, bei der Code-GmbH mit der Programmierung der Software für U befasst gewesen zu sein, dafür jedoch nicht einmal den Mindestlohn erhalten zu haben. U ist der Meinung, diesen Arbeitnehmern „überhaupt nichts" zu schulden. Denn schließlich habe U mit diesen „keinen Arbeitsvertrag". U irrt jedoch. Denn wenn die Behauptungen der Arbeitnehmer zutreffen, gilt Folgendes:

Nach den Bestimmungen des Mindestlohngesetzes (MiLoG) hat zunächst *„jeder Arbeitnehmer … Anspruch auf Zahlung eines Arbeitsentgelts mindestens in Höhe des Mindestlohns durch den Arbeitgeber.“*[118] U ist zwar nicht Arbeitgeber der Mitarbeiter der Code-GmbH, aber das MiLoG enthält in § 13 einen Verweis auf ein anderes Gesetz, der für U relevant wird. Denn nach § 13 MiLoG findet *„§ 14 des Arbeitnehmer-Entsendegesetzes… entsprechende Anwendung.“* Dieser Verweis hat es in sich. Denn nach § 14 AEntG gilt:

„Ein Unternehmer, der einen anderen Unternehmer mit der Erbringung von Werk- oder Dienstleistungen beauftragt, haftet für die Verpflichtungen dieses Unternehmers, eines Nachunternehmers oder eines von dem Unternehmer oder einem Nachunternehmer beauftragten Verleihers zur Zahlung des Mindestentgelts an Arbeitnehmer oder Arbeitnehmerinnen oder zur Zahlung von Beiträgen an eine gemeinsame Einrichtung der Tarifvertragsparteien nach § 8 wie ein Bürge, der auf die Einrede der Vorausklage verzichtet hat. Das Mindestentgelt im Sinne des Satzes 1 umfasst nur den Betrag, der nach Abzug der Steuern und der Beiträge zur Sozialversicherung und zur Arbeitsförderung oder entsprechender Aufwendungen zur sozialen Sicherung an Arbeitnehmer oder Arbeitnehmerinnen auszuzahlen ist (Nettoentgelt).“[119]

Daraus folgt: Da U die Code-GmbH mit der Herstellung der Software beauftragt hatte, haftet U für die Verpflichtungen der Code-GmbH zur Zahlung des Mindestlohns wie ein Bürge, der auf die Einrede der Vorausklage verzichtet hat.[120] U kann daher von den Arbeitnehmern der Code-GmbH unmittelbar auf Zahlung des Netto-Mindestlohns in Anspruch genommen werden.

Eine Haftung für Verbindlichkeiten anderer Marktteilnehmer kommt daneben u. a. auf Grundlage steuerrechtlicher Vorschriften in Betracht, z. B. nach § 42d EStG und § 25d UStG. Neben solchen gerade aus Sicht juristischer Laien versteckten Risiken gibt es allerdings auch noch weit offenkundigere Gefahren, die gleichwohl gelegentlich unterschätzt werden: Die Rede ist insbesondere vom Zinsrisiko.

2.14 Zinsen und Säumniszuschläge

Zins ist der in Geld zu zahlende Preis für die Möglichkeit, Geld anderer Marktteilnehmer einschließlich des Staates nutzen zu können. Der Anfall von Zinsen bewirkt, dass eine Geldverbindlichkeit wächst. Das Anfallen von Zinsen muss keine Non-Compliance-Folge sein. Wer einen Darlehensvertrag als Darlehensnehmer abschließt, wird mit dem

---

[118]Wortlaut von § 1 Abs. 1 MiLoG.
[119]Wortlaut von § 14 AEntG.
[120]Vgl. dazu § 771 BGB.

Darlehensgeber in der Regel auch eine Zinsabrede treffen.[121] Die Zahlung von Darlehenszinsen vom Darlehensnehmer an den Darlehensgeber ist in diesem Fall nicht Folge eines Rechtsbruchs, sondern dient gerade der Vertragserfüllung. Aber Zinsen können eben nicht nur aufgrund vertraglicher Vereinbarungen anfallen, sondern auch kraft Gesetzes als Non-Compliance-Folge – wegen unpünktlichem Zahlungsverhalten.

Ein praxisrelevantes Beispiel für eine kraft Gesetzes entstehende Zinszahlungspflicht als Folge eines Rechtsbruchs ist der Verzug. Wer mit der Erfüllung einer Geldverbindlichkeit in „Verzug" gerät,[122] schuldet ab Eintritt des Verzugs grundsätzlich Zinsen in Höhe von 5 Prozentpunkten über dem jeweils geltenden Basiszinssatz pro Jahr.[123] Im Verhältnis von gewerblichen Unternehmen untereinander kann der jeweilige Gläubiger vom Schuldner sogar unabhängig vom Verzugseintritt ab Fälligkeit Zinsen in Höhe von 5 % pro Jahr verlangen.[124]

Noch etwas höhere Zinsen fallen an, wenn Steuerverbindlichkeiten nicht rechtzeitig getilgt werden. Zinsen auf Steuerverbindlichkeiten betragen gemäß § 238 Abs. 1 AO 0,5 % pro Monat, also 6 % pro Jahr.[125] Dabei beginnt der Zinslauf grundsätzlich 15 Monate nach Ablauf des Kalenderjahres, in dem die Steuerverbindlichkeit entstanden ist. Zu diesem Zinslauf kommt es auch dann, wenn die Steuer noch nicht durch Steuerbescheid festgesetzt worden ist.[126] Für das Management eines Unternehmens bedeutet dies:

Es ist stets genug Liquidität vorzuhalten, um Geldverbindlichkeiten bei Fälligkeit rechtzeitig ausgleichen zu können. Die geeignete Compliance-Maßnahme, um dieses Management-Ziel zu erreichen, kann mit dem Begrifft „Fristenkongruenz" überschrieben werden. „Fristenkongruenz" kann bedeuten, dass gegenüber Lieferanten keine Verbindlichkeiten eingegangen werden, die kurzfristiger sind, als die Zahlungsziele, die den eigenen Kunden eingeräumt werden. Dann können – entsprechend werthaltige Kundenforderungen vorausgesetzt – die von Kunden erhaltenen Einnahmen zur rechtzeitigen

---

[121]Vgl. dazu im Übrigen § 488 Abs. 1 Satz 2 BGB.

[122]Zu den Voraussetzungen des Verzugs § 286 BGB.

[123]Dazu § 288 Abs. 1 BGB.

[124]Dies folgt aus §§ 352 Abs. 2 und 353 HGB.

[125]Zu den verfassungsrechtlich begründeten Zweifeln an der Wirksamkeit der in der AO enthaltenen Zinsregelung insbesondere auch BFH, Beschluss vom 25.04.2018 (Az. IX B 21/18), NJW 2018, S. 2340 ff.

[126]Um den Anfall von Zinsen auf Steuerverbindlichkeiten zu verstehen, muss man wissen, dass Steuerverbindlichkeiten nicht erst dann entstehen, wenn die Finanzverwaltung einen Steuerbescheid erlässt. Vielmehr entstehen Steuerverbindlichkeiten – so ausdrücklich § 38 AO – bereits in dem Moment, in dem ein Steuerpflichtiger Umstände (Tatsachen) verwirklicht, an die ein Steuergesetz, z. B. das Einkommen- oder Umsatzsteuergesetz, die Entstehung einer Steuerverbindlichkeit knüpft. Um das Anfallen von Zinsen auf Steuerverbindlichkeiten zu vermeiden sollten Steuererklärungen folglich stets rasch bei der Finanzverwaltung abgegeben werden, damit die Festsetzung der Steuern durch die Finanzverwaltung möglichst schnell erfolgt.

Tilgung der Lieferantenverbindlichkeiten genutzt werden. Im Idealfall können zudem eingeräumte Skonti abgezogen, auf jeden Fall aber kann der Anfall von Fälligkeits- oder Verzugszinsen vermieden werden. Oder, etwas einfacher ausgedrückt: Einnahmen und Ausgaben sind so zu managen, dass immer pünktlich genug Liquidität im Unternehmen verfügbar ist, um jede geschuldete Zahlung bei Fälligkeit leisten zu können.

Eine ähnliche Funktion wie Zinsen haben im Sozialversicherungs- und Steuerrecht zudem sogenannte „Säumniszuschläge". Zahlt ein Unternehmen fällige Sozialversicherungsbeiträge oder -beitragsvorschüsse nicht, wenn diese fällig sind, fallen nach § 24 Abs. 1 SGB IV Säumniszuschläge an. Diese betragen grundsätzlich 1 % des rückständigen, auf 50 EUR nach unten abgerundeten Betrags pro Monat. Wird eine Steuerverbindlichkeit bei Fälligkeit nicht ausgeglichen, fällt *„für jeden angefangenen Monat der Säumnis ein Säumniszuschlag von 1 Prozent des abgerundeten rückständigen Steuerbetrags"*[127] an. Steuerrechtliche Säumniszuschläge sind im Grundsatz folglich doppelt so hoch wie Zinsen auf Steuernachzahlungen. Im Gegensatz zum Anfall von Zinsen setzt das Anfallen von Säumniszuschlägen im Steuerrecht jedoch voraus, dass die Steuerverbindlichkeit bereits Gegenstand eines Steuerbescheids ist.[128]

2.15 Verspätungszuschläge

Nicht nur beim Zahlungsverhalten ist Pünktlichkeit eine geeignete Compliance-Maßnahme, um wirtschaftliche Nachteile zu vermeiden. Das deutsche Steuerrecht kennt neben Zinsen und Säumniszuschlägen auch sogenannte „Verspätungszuschläge". Auf Grundlage von § 152 AO kann die Finanzverwaltung gegen Unternehmen, die eine Pflicht zur Abgabe einer Steuererklärung nicht oder nicht rechtzeitig erfüllen, einen Verspätungszuschlag festsetzen. Zumindest im Grundsatz beträgt der Verspätungszuschlag *„für jeden angefangene Monat der eingetretenen Verspätung 0,25 % der festgesetzten Steuer, mindestens jedoch 10 Euro für jeden angefangen Monat der eingetretenen Verspätung."*[129]

Deshalb ist es auch eine zentrale Compliance-Aufgabe jedes Unternehmens, zu wissen, welche Steuer- und sonstigen Erklärungen, auf welche die Abgabenordnung anwendbar ist, innerhalb welcher Fristen abgegeben werden müssen. Denn wenn eine Steuererklärung bei Fälligkeit nicht abgegeben wird, kann dies zu finanziellem Mehraufwand in Form eines Verspätungszuschlags führen, ohne dass damit für das Unternehmen

---

[127]Wortlaut von § 240 Abs. 1 AO.

[128]Dies folgt aus § 240 Abs. 1 Satz 3 AO. Wichtig für das Verständnis ist in diesem Zusammenhang, dass die von einem Unternehmen selbst vorgenommenen Steueranmeldungen, z. B. eine vom Unternehmen bei der Finanzverwaltung eingereichte Umsatzsteuervoranmeldung (§ 18 Abs. 1 UStG) einem Steuerbescheid insoweit gleichgestellt sind (§ 168 AO).

[129]So der Wortlaut von § 152 Abs. 5 Satz 1 AO.

irgendein Nutzen verbunden wäre. Im Gegenteil: Die Nichtabgabe einer Steuererklärung bei Fälligkeit kann – als weitere Non-Compliance-Folge – auch eine Schätzung von Besteuerungsgrundlagen durch die Finanzverwaltung zur Folge haben.

2.16   Schätzung von Besteuerungsgrundlagen

Kann die Finanzverwaltung *„Besteuerungsgrundlagen nicht ermitteln oder berechnen"*[130], dann muss die Finanzverwaltung die Besteuerungsgrundlagen schätzen.[131] Zu einer solchen Schätzung von Besteuerungsgrundlagen durch die Finanzverwaltung kommt es nicht nur dann, wenn die Abgabe einer Steuererklärung vollständig unterbleibt. Eine Schätzung erfolgt auch dann, wenn im Verhältnis zur Finanzverwaltung bestehende Informationspflichten verletzt werden.

Das Erfüllen steuerlicher Informationspflichten setzt für gewerbliche Unternehmen zunächst grundlegend das Vorhandensein einer den Anforderungen des HGB entsprechenden Buchführung (Rechnungslegung) voraus.[132] Zudem müssen die der Rechnungslegung zugrunde liegenden Unterlagen und Belege vorgehalten werden. In § 147 AO wird ganz grundsätzlich geregelt, welche Unterlagen – in Papierform oder auf Datenträgern wiedergebbar – wie lange aufbewahrt werden müssen. Unternehmen, welche diese Rechnungslegungs- und Aufbewahrungsanforderungen erfüllen, können auf dieser Grundlage dann problemlos Informationspflichten gegenüber der Finanzverwaltung erfüllen. Dies kann neben der Abgabe von Steuererklärungen und -anmeldungen[133] u. a. die Erteilung besteuerungsrelevanter Auskünfte[134] und die Vorlage von Büchern, Aufzeichnungen, Geschäftspapieren und anderen Urkunden[135] beinhalten. Unternehmen, die dies nicht leisten (können), tragen das Risiko, dass es zu Schätzungen kommt.

Kommt es zu einer Schätzung von Besteuerungsgrundlagen durch die Finanzverwaltung, besteht zunächst das Risiko, dass die geschätzten Besteuerungsgrundlagen zu einer höheren als der an sich geschuldeten Steuer führen. Wer meint, man könne sich auf diese Weise zumindest der lästigen Pflicht zur Abgabe von Steuererklärungen entledigen und einen etwaigen Erhöhungsbetrag als eine Art „Entledigungsgebühr" betrachten, irrt jedoch. Denn nach § 140 Abs. 1 Satz 3 AO bleibt die *„Verpflichtung zur Abgabe einer*

---

[130]Wortlaut von § 162 Abs. 1 AO.

[131]Dies folgt unmittelbar aus § 162 Abs. 1 AO.

[132]Durch § 140 AO wird im Übrigen klargestellt, dass gewerbliche Unternehmen ihre handelsrechtlichen Rechnungslegungspflichten auch für Zwecke der Besteuerung erfüllen müssen.

[133]Z. B. die nach § 18 UStG abzugebenden Umsatzsteuervoranmeldungen.

[134]Dazu § 93 Abs. 1 AO.

[135]Dazu §§ 97 Abs. 1 AO, 18d UStG.

Steuererklärung ... auch dann bestehen, wenn die Finanzbehörde die Besteuerungsgrundlagen nach § 162 geschätzt hat."[136]

Zudem ist ein Unternehmen, das steuerliche Erklärungs- oder sonstige Informationspflichten gegenüber der Finanzverwaltung nicht erfüllt, nicht nur dem Risiko ausgesetzt, mehr Steuern zahlen zu müssen, als an sich geschuldet. Kommt es zu einer „Steuerverkürzung", weil ein Unternehmen Steuererklärungen nicht, nicht rechtzeitig oder inhaltlich unrichtig abgibt oder Informationspflichten gegenüber der Finanzverwaltung verletzt, verwirklicht dies auch den objektiven Tatbestand einer Steuerhinterziehung.

Der Straftatbestand der Steuerhinterziehung wird in § 370 Abs. 1 und – für besonders schwere Fälle – in Abs. 3 AO geregelt. Allerdings werden dort nur die äußeren Umstände bestimmt, die für das Vorliegen einer Steuerhinterziehung erforderlich sind. Zur Erfüllung eines Straftatbestands muss neben dessen „objektiver" Verwirklichung immer auch ein subjektives Element hinzukommen. Gemäß § 15 des Strafgesetzbuchs (StGB) ist als subjektive Strafbarkeitsvoraussetzung grundsätzlich erforderlich, dass der Täter den objektiven Straftatbestand vorsätzlich erfüllt. In bestimmten, ausdrücklich geregelten Fällen ist jedoch auch eine nur fahrlässige Verwirklichung eines objektiven Straftatbestands strafbar, z. B. nach § 229 StGB eine fahrlässige Körperverletzung. Eine fahrlässige Steuerhinterziehung gibt es jedoch nicht, sondern Steuerhinterziehung ist nur dann strafbar, wenn diese vorsätzlich verwirklicht wird. Das lenkt den Blick auf die Risiken, die mit der Verwirklichung von Ordnungswidrigkeits- und Straftatbeständen in oder durch Unternehmen verbunden sind:

2.17   Bußgelder und Strafen

Non-Compliance kann – auch in Form nur leicht fahrlässiger Rechtsverletzungen – nicht nur die vorstehend beschriebenen Folgen nach sich ziehen, sondern auch Strafen[137], Nebenstrafen[138], strafrechtliche Nebenfolgen[139] oder Geldbußen. Haupt- und Nebenstrafen, insbesondere Freiheits- und Geldstrafen, können von Gerichten verhängt werden. Geldbußen sind Zahlungen, die von einem Gericht oder einer dafür zuständigen Behörde für begangene Ordnungswidrigkeiten festgesetzt werden können.[140]

---

[136]So der Wortlaut von § 140 Abs. 1 Satz 3 AO.

[137]Strafen können Freiheits- (§§ 38, 39 StGB), Geld- (§ 40 StGB) und Ersatzfreiheitsstrafe (§ 43 StGB) sein.

[138]Als Nebenstrafe ist in § 44 StGB die Möglichkeit eines Fahrverbots vorgesehen.

[139]Strafrechtliche Nebenfolgen können gemäß § 45 StGB der Verlust der Fähigkeit, öffentliche Ämter zu bekleiden (§ 45 Abs. 1 StGB), der Verlust der Wählbarkeit und der Verlust des Stimmrechts (§ 45 Abs. 5 StGB) sein.

[140]Dazu § 35 Abs. 2 OWiG.

Beispiel Preisabsprache

Die P-AG bietet Ingenieur- und Programmierdienstleistungen an, insbesondere in den Bereichen Mobilität und Unfallsimulation. Die X-GmbH bietet ebenfalls Ingenieur- und Programmierdienstleistungen in diesen Bereichen an. Zu den (potenziellen) Kunden beider Unternehmen gehören u. a. sämtliche Automobil- und Flugzeughersteller, Werften und deren jeweilige Zulieferer. Sowohl die P-AG als auch die X-GmbH haben in ihren jeweiligen Schwerpunktbereichen Marktanteile in einer Größenordnung von 20 %. Im Rahmen einer IT-Konferenz vereinbaren die Vorstandsmitglieder der P-AG und die Geschäftsführer der X-GmbH, keine Ingenieur- und Programmierdienstleistungen mehr gegen Vergütungen anzubieten, die unter EUR 140 pro Ingenieur-Stunde liegen. Um dieser Absprache verbindlichen Charakter zu verleihen, erstellen die Vertreter der P-AG und der X-GmbH darüber im Rahmen eines gemeinsamen Abendessens nach Konferenzende ein „Beschlussprotokoll" über die „Gemeinsame Strategie zur Stärkung der jeweiligen Marktpositionen".

Verbindlich ist die getroffene Absprache jedoch schon deshalb nicht, weil diese nach § 134 BGB i. V. m. § 1 GWB nichtig ist. Denn die zwischen der P-AG und der X-GmbH in Form einer Preisuntergrenze für bestimmte Leistungen getroffene Preisabsprache bezweckt und bewirkt eine Einschränkung und Verfälschung des Wettbewerbs. Die Preisabsprache ist daher nach § 1 GWB verboten und deshalb gemäß § 134 BGB nichtig. Dies ist jedoch nicht die einzige Folge, die der Verstoß gegen § 1 GWB nach sich zieht. Denn nach § 81 Abs. 2 Nr. 1 GWB ist der Abschluss einer wettbewerbsbeschränkenden Vereinbarung zwischen Unternehmen unter Verstoß gegen § 1 GWB auch eine Ordnungswidrigkeit. Diese kann zur Festsetzung einer Geldbuße durch die zuständige Behörde[141] gegen die beteiligten Unternehmen führen. Nach § 81 Abs. 4 Satz 2 GWB kann diese Geldbuße einen Umfang von bis zu 10 % der von den beteiligten Unternehmen zuletzt jeweils erzielten Umsatzerlöse annehmen.

Die mit Non-Compliance verbundenen Risiken, namentlich auch das Strafbarkeits- und Ordnungswidrigkeitsrisiko, erschöpfen sich keineswegs in Mehraufwand oder Ertragsverlusten für das betreffende Unternehmen. Non-Compliance-Risiken können immer auch die in den betreffenden Unternehmen konkret verantwortlichen Menschen treffen.

2.18 Persönliche Haftung Verantwortlicher

Wer vorsätzlich oder – soweit ausnahmsweise ausreichend – fahrlässig einen Straftat- oder Ordnungswidrigkeitstatbestand verwirklicht, „haftet" dafür persönlich. Dies gilt auch dann, wenn eine Tat „für" ein Unternehmen oder „auf Druck" oder „im

---

[141]Dazu § 81 Abs. 10 GWB.

vermeintlichen Interesse" eines Unternehmens begangen wird. Die Verhängung einer strafrechtlichen Nebenfolge oder Festsetzung einer Geldbuße gegen den Unternehmensträger kann parallel dazu erfolgen und ändert nichts an der persönlichen Haftung der Menschen, die dafür verantwortlich sind. Der Begriff „Haftung" ist dabei nicht nur vermögensmäßig, sondern im denkbar weitesten Sinn zu verstehen. Damit ist gemeint, dass der für die Begehung der Straftat oder Ordnungswidrigkeit verantwortliche Mensch

- persönlich direkt bestraft werden kann, z. B. in Form einer Freiheits- oder Geldstrafe,
- und daneben zusätzlich persönlich direkten Schadensersatzansprüchen Dritter ausgesetzt sein kann, welche durch die Tat geschädigt wurden.

Beispiel Verletzung der Insolvenzantragspflicht[142]

Ingenieur I hat eine emissionsfreie Kühlungstechnik entwickelt und ein Patent für diese erhalten. I gründet die Kühl-GmbH zur Entwicklung und zum Vertrieb marktfähiger Produkte unter Verwendung der geschützten Technik und wird selbst Geschäftsführer der Kühl-GmbH. Als solcher schließt I im Namen der Kühl-GmbH einen auf unbestimmte Zeit laufenden Mietvertrag über Geschäftsräume mit Vermieter V und stellt einen technischen Zeichner, einen Marketing-Experten und einen weiteren Ingenieur ein. In der Folge summieren sich die von der Kühl-GmbH zu leistenden Miet- und Gehaltszahlungen auf insgesamt EUR 17.000 pro Monat.

Der von I zuvor angesparte und bei Gründung in die Kühl-GmbH eingelegte Geldbetrag in Höhe von EUR 300.000 sowie der von der Kühl-GmbH zusätzlich bei der KfW aufgenommene Darlehensbetrag in Höhe von weiteren EUR 400.000 werden nach und nach durch Miet- und Gehaltszahlungen sowie für die Anschaffung von Material und Komponenten verbraucht. Am 31.08.2018 hat die Kühl-GmbH deshalb zwar nach wie vor Darlehensschulden bei der KfW in Höhe von EUR 400.000, auf dem Kontokorrent-Geschäftskonto bei der Hausbank der Kühl-GmbH ist jedoch nur noch ein Guthaben in Höhe von EUR 18.000 vorhanden. Die Kühl-GmbH verfügt über keinen Dispo-Kreditrahmen. Die Entwicklung marktfähiger Kühlanlagen ist bisher nicht gelungen, und es ist nicht absehbar, ob und gegebenenfalls wann dies überhaupt gelingt. Deshalb konnte I auch keine Investoren dafür begeistern, der Kühl-GmbH (weitere) Darlehen zur Verfügung zu stellen oder sich im Rahmen einer Kapitalerhöhung an dieser zu beteiligen. I ist von dem Projekt jedoch nach wie vor fest überzeugt und glaubt, dass der „Durchbruch" unmittelbar bevorstehe und nur noch eine Versuchsreihe erforderlich sei. Um diese Versuchsreihe durchführen zu können, bestellt I im Namen der Kühl-GmbH bei Zulieferer Z Komponenten gegen ein Entgelt in Höhe von EUR 200.000 zzgl. Umsatzsteuer (insgesamt EUR 238.000). I vereinbart mit Z, dass die Komponenten sofort geliefert, aber erst 90 Tage nach Lieferung bezahlt werden müssen. Bei Abschluss dieser Vereinbarung ist I der festen –

---

[142]Vgl. dazu z. B. *Baumert,* NJW 2019, S. 1486 ff.

wenn auch nicht durch Tatsachen begründbaren – Überzeugung, dass bis zur Fälligkeit der an Z zu leistenden Kaufpreiszahlung der Entwicklungsdurchbruch erzielt und erste Verkaufserlöse realisiert, zumindest jedoch weitere Investoren für das Projekt gefunden werden können, die der Kühl-GmbH weitere Liquidität zur Verfügung stellen. Deshalb nutzt I die bei der Kühl-GmbH noch vorhandene Liquidität, um die Miete und Gehälter für den Monat September 2018 zu zahlen.

Nachdem in der Folge weder ein Durchbruch in der Entwicklung erzielt noch weitere Investoren gefunden und deshalb bereits im Oktober 2018 weder Miete noch Gehälter bezahlt werden können, stellen sowohl der Vermieter als auch der bei der Kühl-GmbH beschäftigte technische Zeichner einen Antrag auf Eröffnung des Insolvenzverfahrens über das Vermögen der Kühl-GmbH. Das zuständige Amtsgericht (Insolvenzgericht) beschließt die Eröffnung des Insolvenzverfahrens und bestellt Rechtsanwalt R zum Insolvenzverwalter.

R fordert I auf, die im Monat September 2018 an den Vermieter und die Arbeitnehmer der Kühl-GmbH geleisteten Miet- bzw. Gehaltszahlungen zu erstatten, wobei die Erstattungszahlungen auf ein Konto von R geleistet werden sollen. Z meldet die Kaufpreisforderung in Höhe von EUR 238.000 zwar (auch) bei R „zur Tabelle" an, verlangt den Betrag jedoch zusätzlich auch direkt von I persönlich. Z begründet die Forderung gegen I damit, dass der Verkauf der Komponenten an die Kühl-GmbH nicht erfolgt und Z dann auch nicht auf seiner Forderung „sitzen geblieben" wäre, wenn I rechtzeitig selbst einen Insolvenzantrag gestellt hätte. Nachdem I auf diese Weise von zwei Seiten – nämlich sowohl von R als auch von Z – mit einer persönlichen Haftung konfrontiert worden war, leitet zudem die zuständige Staatsanwaltschaft ein Ermittlungsverfahren gegen I mit der Begründung ein, es bestehe der Verdacht einer „Insolvenzverschleppung". Nachdem I die Rechtslage etwas genauer betrachtet, ist I entsetzt. Denn sowohl an den von R und Z geltend gemachten Forderungen als auch an dem von der Staatsanwaltschaft erhobenen Vorwurf scheint „etwas dran" zu sein:

Entscheidend für alle drei rechtlichen Fronten von I (R, Z und Staatsanwaltschaft) ist zunächst, dass die Kühl-GmbH spätestens am 31.08.2018 insolvent war. Die Kühl-GmbH war zu diesem Zeitpunkt zwar noch nicht zahlungsunfähig[143], jedoch überschuldet.[144] Denn die Kühl-GmbH hatte Verbindlichkeiten im Umfang von EUR 400.000 (KfW-Darlehen), jedoch kein nennenswertes Vermögen. Zudem war die Fortführung des von der Kühl-GmbH betriebenen Unternehmens am 31.08.2018 nicht „überwiegend wahrscheinlich"[145] (keine positive Fortbestehensprognose). Denn zu diesem Zeitpunkt waren weder Einnahmen noch Investorenbeteiligungen absehbar. Absehbar war lediglich, dass die Kühl-GmbH spätestens im Oktober 2018 zusätzlich

---

[143]Zum Begriff „Zahlungsunfähigkeit" § 17 Abs. 2 InsO.

[144]Zu den Voraussetzungen einer Überschuldung § 19 InsO.

[145]Wortlaut von § 19 Abs. 2 Satz 1 InsO.

zahlungsunfähig werden würde, da die vorhandene Liquidität dann nicht mehr zur Deckung der laufenden Ausgaben reichen würde. Gemäß § 15a Abs. 1 InsO hätte I daher spätestens am 21.09.2018 einen Antrag auf Eröffnung des Insolvenzverfahrens über das Vermögen der Kühl-GmbH stellen müssen.[146] Betrachtet man vor diesem Hintergrund die von R und Z gegen I geltend gemachten Forderungen sowie das gegen I eingeleitete Ermittlungsverfahren, bestehen für I folgende Risiken:

Da die Kühl-GmbH spätestens am 31.08.2018 insolvent war, haftet I im Verhältnis zur Kühl-GmbH nach § 64 Satz 1 GmbHG persönlich: *„Die Geschäftsführer sind der Gesellschaft zum Ersatz von Zahlungen verpflichtet, die nach Eintritt der Zahlungsunfähigkeit der Gesellschaft oder nach Feststellung ihrer Überschuldung geleistet werden. "*[147] Allerdings wird diese gesetzliche Bestimmung nicht dahingehend ausgelegt, dass eine persönliche Geschäftsführerhaftung im Fall einer Überschuldung erst ab dem Zeitpunkt eintritt, an dem die Überschuldung „positiv" oder in irgendeiner Hinsicht „förmlich" festgestellt wird. Im Fall der Überschuldung einer GmbH ist für eine Haftung des Geschäftsführers nach § 64 Abs. 1 Satz 1 GmbHG vielmehr ausreichend, dass die Überschuldung für den Geschäftsführer erkennbar ist.[148] Will I dagegen geltend machen, die Überschuldung der Kühl-GmbH sei am 31.08.2018 „nicht erkennbar" gewesen, dann muss I konkret darlegen und beweisen, woraus diese angebliche Unerkennbarkeit der Überschuldung folgen soll.[149] Etwaige Unkenntnis der Finanzlage der Kühl-GmbH entlastet I dabei ebenso wenig wie fehlende Fachkenntnis. Denn der Geschäftsführer einer GmbH hat die Pflicht, die wirtschaftliche Situation der GmbH permanent zu beobachten, etwaige Insolvenztatbestände zu diagnostizieren und daraus die richtigen Schlüsse zu ziehen.[150] Ist ein Geschäftsführer in Ermangelung betriebswirtschaftlicher und rechtlicher Kenntnisse dazu nicht in der Lage, müssen geeignete Berater hinzugezogen werden, z. B. Wirtschaftsprüfer. Da I diese Pflichten nicht erfüllte, sondern nach dem 31.08.2018 Zahlungen aus dem Vermögen der Kühl-GmbH an deren Vermieter und Arbeitnehmer veranlasste, muss I folglich damit rechnen, dass entsprechende Erstattungspflichten nach § 64 Abs. 1 GmbHG bestehen. Dies gilt namentlich deshalb, weil nicht ersichtlich ist, dass die der Mietzahlung gegenüberstehende Raumnutzungsmöglichkeit oder die den

---

[146]Die Kühl-GmbH ist als GmbH eine *„juristische Person "* im Sinn von § 15a InsO und I ist als deren Geschäftsführer – in diesem Fall das einzige – Mitglied *„des Vertretungsorgans "* im Sinn von § 15a Abs. 1 Satz 1 InsO. Deshalb hätte I ab Eintritt der Insolvenzreife am 31.08.2018 *„ohne schuldhaftes Zögern "* (so der Wortlaut von § 15a Abs. 1 Satz 1 InsO, wobei der Begriff *„ohne schuldhaftes Zögern "* in § 121 Abs. 1 BGB als *„unverzüglich "* definiert wird), spätestens jedoch nach Ablauf von drei Wochen einen Insolvenzantrag stellen müssen.

[147]Wortlaut von § 64 Satz 1 GmbHG.

[148]Vgl. dazu z. B. BGH, Urteil vom 29.11.1999 (Az. II ZR 273/98); BGH, Urteil vom 18.10.2010 (Az. II ZR 151/09).

[149]Vgl. dazu BGH, Urteil vom 29.11.1999 (Az. II ZR 273/98).

[150]Vgl. dazu z. B. OLG Celle, Urteil vom 07.05.2008 (Az. 9 U 191/07).

Gehaltszahlungen gegenüberstehenden Dienstleistungen der Mitarbeiter nach dem 31.08.2018 für die Kühl-GmbH noch irgendeinen Nutzen hatten.

Ein Anspruch aus § 64 Satz 1 GmbHG steht zwar der jeweiligen GmbH zu, hier also der Kühl-GmbH. Aber R kann diesen als Insolvenzverwalter über das Vermögen der Kühl-GmbH geltend machen. Denn der Anspruch der Kühl-GmbH gegen I ist Teil des zur Insolvenzmasse gehörenden Vermögens der Kühl-GmbH. Die Zuständigkeit für die Verwaltung dieses Vermögens – und damit auch zur Geltendmachung der Forderung gegen I – geht gemäß § 80 Abs. 1 InsO mit Eröffnung des Insolvenzverfahrens auf den Insolvenzverwalter über.

Im Verhältnis zu Z haftet I zwar nicht auf Grundlage von § 64 Abs. 1 GmbHG, aber nach anderen gesetzlichen Bestimmungen. Denn die in § 15a Abs. 1 Satz 1 InsO vorgeschriebene Insolvenzantragspflicht hat den Zweck, (potentielle) Gläubiger einer GmbH vor Vermögensschäden zu schützen, die mit Geschäftsbeziehungen zu insolventen Unternehmen verbunden sein können, insbesondere also vor Forderungsausfällen. Deshalb ist § 15a Abs. 1 Satz 1 InsO ein „Schutzgesetz" im Sinn von § 823 Abs. 2 BGB. Gläubiger sollen vor Vermögensschäden geschützt werden. Dabei muss davon ausgegangen werden, dass Z davon Kenntnis erlangt hätte, wenn I rechtzeitig einen Insolvenzantrag gestellt hätte. Z hätte dann vom Abschluss eines Kaufvertrags mit der Kühl-GmbH Abstand nehmen oder – als Lieferant der Kühl-GmbH – zumindest eine Zahlung nur gegen Vorkasse mit dieser vereinbaren können. Da I keinen Insolvenzantrag gestellt hatte, konnte Z grundsätzlich darauf vertrauen, dass die Kühl-GmbH in der Lage sein werde, den Kaufpreis für die bestellten Komponenten zu zahlen. Der Schaden von Z liegt folglich *„darin, dass er der Gesellschaft im Vertrauen auf deren Solvenz noch Geld- oder Sachmittel zur Verfügung gestellt hat, ohne einen entsprechend werthaltigen Gegenanspruch oder eine entsprechende Gegenleistung zu erlagen (…). Es handelt sich um den Ersatz eines Vertrauensschadens, der dadurch entsteht, dass der Gläubiger mit dem Schuldner einen Vertrag schließt und eine Vorleistung erbringt."*[151] Allerdings entspricht der Vertrauensschaden von Z nicht der geltend gemachten Kaufpreisforderung, weil Z diese so gerade nicht erworben hätte, wenn I rechtzeitig einen Insolvenzantrag gestellt hätte. Da die von Z gelieferten Komponenten verbraucht wurden, kann Z jedoch deren Anschaffungs- und/oder Herstellungs- sowie Lieferkosten als „Vertrauensschaden" gegen I geltend machen. Dabei muss sich Z eine etwaige Quote, die R auf die von Z zur Tabelle angemeldete Forderung an Z auszahlt, ebenfalls schadensmindernd anrechnen lassen. Es ist daher absehbar, dass I eine Schadensersatzzahlung an Z leisten muss. Allerdings wird deren Umfang niedriger sein, als der von Z geltend gemachte Betrag in Höhe der Bruttokaufpreisforderung (EUR 238.000,00).

Auch die Einleitung des strafrechtlichen Ermittlungsverfahrens gegen I ist keine Überraschung. Denn nach § 15a Abs. 4 InsO verwirklicht ein Geschäftsführer einer

---

[151]BGH, Urteil vom 22.10.2013 (Az. II ZR 394/12).

GmbH, der die Insolvenzantragspflicht nicht, nicht rechtzeitig oder nicht richtig erfüllt, einen Straftatbestand: *„Mit Freiheitsstrafe bis zu drei Jahren oder mit Geldstrafe wird bestraft, wer entgegen Absatz 1 Satz 1*[152] *... einen Eröffnungsantrag nicht oder nicht rechtzeitig stellt ... "*[153] Wird die Insolvenzantragspflicht nur fahrlässig verletzt, beträgt das Strafmaß nach § 15a Abs. 5 InsO jedoch „nur" noch *„Freiheitsstrafe bis zu einem Jahr oder ... Geldstrafe"*[154].

Das Beispiel verdeutlicht: Den durch das Recht gesetzten Marktrahmenbedingungen mit Ignoranz zu begegnen, ist riskant. Auch wenn ein Mensch eine Straftat oder Ordnungswidrigkeit „für" ein Unternehmen begeht, ändert dies nichts daran, dass die straf- und ordnungswidrigkeitsrechtlichen Folgen in erster Linie diesen Menschen unmittelbar persönlich treffen. Hält man sich diesen Befund und die vorstehend zusammengefasst dargestellten Risiken möglicher Non-Compliance für Unternehmen vor Augen, führt dies zu folgendem Zwischenfazit:

2.19 Zwischenergebnis und Folgen

Die Umsetzung eines an die vom Recht gesetzten Marktrahmenbedingungen nicht angepassten Geschäftsmodells ist ähnlich erfolgversprechend wie der Versuch einer 8000er-Besteigung ohne Sauerstoffgerät. Scheitert ein Geschäftsmodell nicht an mangelnder Nachfrage, unzureichender Logistik, Beschaffungsengpässen oder starken Wettbewerbern, sondern am Recht, kann dies zudem die dafür verantwortlichen Menschen persönlich treffen. Dabei drohen nicht nur persönliche Schadensersatzpflichten, sondern auch Geldbußen und Strafen. Dies gilt namentlich deshalb, weil im deutschen Recht nahezu jede Verletzung wirtschaftsrechtlicher Vorschriften auch einen Ordnungswidrigkeiten- oder Straftatbestand darstellt.[155]

Unternehmerische Compliance ist zwar komplex, zeitraubend und aufwändig. Aber bereits eine gedrängte Auseinandersetzung mit den verschiedenen Risiken von Non-Compliance belegt: Unternehmerische Planung kann sinnvollerweise nicht ohne Betrachtung der rechtlichen Marktrahmenbedingungen erfolgen. Die Umsetzung eines Geschäftsmodells anzustreben, das man unterlassen muss, ist ebenso sinnlos wie die Ent-

---

[152]Gemeint ist § 15a Abs. 1 Satz 1 InsO (Anmerkung diesseits).

[153]Wortlaut von § 15a Abs. 4 Nr. 1 InsO.

[154]Wortlaut von § 15a Abs. 5 InsO.

[155]Wie u. a. der im Beispiel zitierte § 15a Abs. 3 InsO belegt, finden sich Wirtschaftsstraftatbestände nicht nur im Strafgesetzbuch (StGB, dort u. a. in den §§ 363 ff StGB, 267 ff StGB, 283 ff StGB und 298 ff StGB), sondern auch in anderen wirtschaftsrechtlich relevanten Gesetzen (z. B. in §§ 331 ff HGB, §§ 370 ff AO).

wicklung eines Produkts, das niemand braucht und keiner will. Deshalb muss die Unternehmensleitung darauf hinwirken, dass der unternehmerische Wertschöpfungsprozess von der Ressourcenbeschaffung über die Produktion bis zum Absatz rechtmäßig erfolgt. Ist die Rechtslage unklar, sollten zumindest unverhältnismäßige Risiken vermieden werden.

Diese Binsenweisheit gilt für bereits etablierte Unternehmen ebenso wie für Start-ups. Bei Letzteren kann geringere unternehmerische Erfahrung jedoch mit geringerem rechtlichen Problembewusstsein und größeren Berührungsängsten mit dem Recht einhergehen. Zudem werfen neue Geschäftsmodelle rechtliche Fragen auf, die für bestehende Geschäftsmodelle bereits beantwortet sein mögen. Für Start-ups ist daher bereits die Abstimmung des Geschäftsmodells mit den maßgeblichen rechtlichen Rahmenbedingungen die erste Herausforderung. Wenn die rechtliche Validierung eines Geschäftsmodells misslingt, ist das Unternehmen unverhältnismäßig riskant und deshalb nur wenig wert.

Der Wert eines Unternehmens spielt jedoch in verschiedensten Situationen eine erhebliche Rolle. Auf den Wert eines Unternehmens kommt es nicht nur dann an, wenn einzelne (wirtschaftlich) Beteiligte hinzukommen (z. B. Investoren) oder das Unternehmen verlassen (z. B. einer von mehreren Gründern). Mögliche Unternehmenswerte und -entwicklungen sind für Gründer auch Treiber für IPO- und Exitfantasien. Deshalb wird im nächsten Kapitel auf die Ermittlung von Unternehmenswerten eingegangen, bevor vor diesem Hintergrund dann anschließend die Gründung von Gesellschaften als Unternehmensträger im Mittelpunkt steht. Dabei soll im Rahmen des folgenden Kapitels auch verdeutlicht werden, dass und warum Compliance ein Treiber für Unternehmenswerte und die Befassung mit dem Recht daher im wahrsten Sinn des Wortes lohnenswert sein kann.

Literatur

Baumert, Andreas, Feststellung der Zahlungsunfähigkeit: Wenn Strafrecht und Insolvenzrecht aufeinandertreffen, NJW 2019, S. 1486 ff, zit.: *Baumert,* NJW 2019, S.

Brudermüller, Gerd/Ellenberger, Jürgen/Götz, Isabell/Grüneberg, Christian/Herrler, Sebastian/Sprau, Hartwig/Thorn, Karsten/Weidenkaff, Walter/Weidlich, Dietmar/Wicke, Hartmut, Palandt, Bürgerliches Gesetzbuch, 78. Auflage 2019, zit.: *Bearbeiter* in Palandt, §, Rdnr.

Müller-Glöge, Rudi/Preis, Ulrich/Schmidt, Ingrid (Herausgeber), Erfurter Kommentar zum Arbeitsrecht, 18. Auflage 2018, zit.: *Bearbeiter* in Erfurter Kommentar, 18. Auflage 2018, §, Rdnr.

Weberling, Johannes, Medienrechtliche Bedingungen und Grenzen des Roboterjournalismus, NJW 2018, S. 735 ff, zit.: *Weberling,* NJW 2018, S.

Weitbrecht, Andreas, Eine neue Ära im Kartellschadensersatzrecht – Die 9. GWB-Novelle, NJW 2017, S. 1574 ff, zit.: *Weitbrecht,* NJW 2017, S.

Wiebe, Gerhard, Produktsicherheitsrechtliche Pflicht zur Bereitstellung sicherheitsrelevanter Software-Updates, NJW 2019, S. 625 ff, zit.: *Wiebe,* NJW 2019, S.

Unternehmensbewertung

3

Zusammenfassung

In diesem Kapitel geht es um folgende Fragen:

- Wie kommen Bewertungen wie z. B. die des Gebrauchtwagenhändlers *Auto1* zustande? Wie ermittelt man den Wert eines Unternehmens?
- Warum, aus welchen Anlässen und in welchen Situationen sind Unternehmensbewertungen erforderlich, zumindest aber sinnvoll? Und:
- Warum sollten Unternehmensgründer etwas davon verstehen?

Diese Fragen sollen im Folgenden beantwortet werden, um weitere Grundlagen für die anschließende Darstellung zu legen, insbesondere auch im Hinblick auf die Gestaltung von Gesellschaftsverträgen und die Beteiligung Dritter am Unternehmen.

3.1 Einführung

Im Januar 2018 konnte sich der in Berlin gegründete Gebrauchtwagenhändler Auto1 („www.wirkaufendeinauto.de") als *„Deutschlands wertvollstes Start-Up"*[1] bezeichnen. Grund dafür war eine Investition des japanischen IT- und Telekommunikationsunternehmens Softbank in Höhe von EUR 460 Mio. in das Start-up. Presseberichten war zu entnehmen, dass diesem Investment eine Unternehmensbewertung von Auto1 in Höhe von EUR 2,9 Mrd. zugrunde gelegt worden war[2]. Dass und warum der Softbank-Einstieg

---

[1]*Seibel,* welt online vom 15.01.2018.
[2]*Seibel,* welt online vom 15.01.2018.

© Springer Fachmedien Wiesbaden GmbH, ein Teil von Springer Nature 2020
N. Schädel, *Wirtschaftsrecht für Hightech-Start-ups,*
https://doi.org/10.1007/978-3-658-27033-9_3

bei Auto1 eine Unternehmensbewertung erforderte, liegt auf der Hand. Wenn ein Marktteilnehmer einem Unternehmen wie Auto1 einen Geldbetrag nicht als Darlehen zur Verfügung stellt, sondern in Form von Eigenkapital gegen Übernahme einer Beteiligung,
dann stellt sich unweigerlich folgende Frage: In welchem Umfang ist der Investor an
dem Unternehmen zu beteiligen, dem das Eigenkapital zugeführt wird?

Die Beantwortung dieser Frage erfordert die Ermittlung einer Wertrelation zwischen
dem Unternehmen und dem Eigenkapitalbetrag, den der Investor dem Unternehmen
zuführt. Denn die Beteiligungsquote, die der Investor fairerweise verlangen kann, hängt
vom Verhältnis des Werts des Eigenkapitalbeitrags zum Wert des gesamten Unternehmens ab. Damit macht die Ermittlung dieser Wertrelation eine Unternehmensbewertung erforderlich.

Beispiel Unternehmensbeteiligung gegen Geldeinlage

A, B und C betreiben gemeinsam ein Unternehmen, wobei an dieser Stelle weder dessen konkretes Geschäftsmodell noch dessen Rechtsform relevant sind. A ist mit 40 %,
B und C sind mit jeweils 30 % an diesem Unternehmen beteiligt. Die Kunden des
Unternehmens wissen dessen Produkte zu schätzen. Gleichwohl erreicht das Unternehmen das ursprünglich geplante Wachstum nicht, weil das Produkt am Markt noch
nicht den dafür erforderlichen Bekanntheitsgrad erreicht hat. A, B und C wollen deshalb eine umfangreiche Marketingkampagne starten. Allerdings ist die Kasse des
Unternehmens leer. Der am Unternehmen noch nicht beteiligte D wäre bereit, dem
Unternehmen Eigenkapital in Höhe von EUR 1 Mio. zur Realisierung der geplanten
Marketingkampagne zur Verfügung zu stellen – im Gegenzug für eine Beteiligung
am Unternehmen. Vor diesem Hintergrund stehen sich die Beteiligten wie folgt
gegenüber:

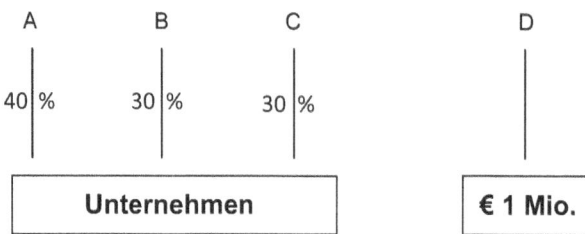

Zur Ermittlung der Beteiligungsquote, deren Einräumung D fairerweise verlangen kann, ist eine Bewertung des Unternehmens erforderlich. Maßgeblich für die
Beteiligungsquote von D ist dabei die Bewertung des Unternehmens unter Zugrundelegung der Annahme, dass dem Unternehmen zusätzliche Liquidität in Höhe von EUR
1 Mio. (von D eingelegt) zur Verfügung steht (sogenannte „Post-Money-Bewertung").
Entscheidend ist dann, welchen Anteil der von D eingelegte Betrag in Höhe von
EUR 1 Mio. an dem in Euro ausgedrückten Gesamtwert hat. Führt die Post-Money-

Bewertung des Unternehmens z. B. zu einem Unternehmenswert in Höhe von EUR
5 Mio., kann D eine Beteiligungsquote von 20 % (EUR 1 Mio.: EUR 5 Mio. = 20 %)
beanspruchen. Die Beteiligungsquoten von A, B und C reduzieren sich dann jeweils
um ein Fünftel (sogenannte „Verwässerung"). Die Umsetzung dieser Transaktion
würde dann zu folgendem Ergebnis führen:

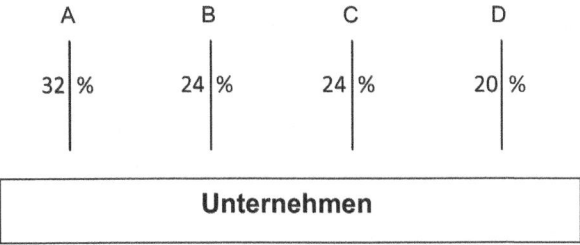

Welche genaue Struktur das Softbank-Investment in Auto1 hatte, konnte den Presse-
berichten nicht entnommen werden. Darauf kommt es an dieser Stelle auch nicht an. Die
Strukturierung und Umsetzung von Beteiligungen Dritter an Start-ups im Rahmen von
„Finanzierungsrunden" oder aus anderem Anlass ist Gegenstand eines späteren Kapitels.
An dieser Stelle wird zunächst der Frage weiter nachgegangen, wann Unternehmensbe-
wertungen notwendig werden.

3.2   Die Notwendigkeit von Unternehmensbewertungen

„Finanzierungsrunden" wie die im vorstehenden Beispiel dargestellte sind nicht die einzigen Anlässe, die Unternehmensbewertungen erfordern. Auch Unternehmer, die eine
Ehescheidung durchgemacht haben, kennen das Thema. In seiner Biografie über *Elon
Musk* beschreibt Autor *Ashlee Vance* den finanziellen Druck, dem der SpaceX- und Tes-
la-Gründer infolge der Scheidung von seiner ersten Ehefrau Justine ausgesetzt war: *„Die
Öffentlichkeit schlug sich meist auf Justines Seite und verstand nicht recht, warum sich
ein Milliardär gegen die fair wirkenden Forderungen seiner Frau wehrte. Allerdings
hatte Musk das schwere Problem, dass sein Vermögen alles andere als liquide war, sondern größtenteils in Tesla- und SpaceX-Aktien steckte."*[3]
Milliardär sein bedeutet eben nicht, auch eine Milliarde – in welcher Währung auch
immer – in Geld zu haben. Milliardär im Sinn der zitierten Musk-Biografie bedeutet vielmehr „nur", über Kapital in Höhe von einer Milliarde – hier wohl USD – zu verfügen.

---

[3]*Vance*, S. 178/179.

Soweit dieses Kapital jedoch nicht in Geld investiert,[4] sondern in anderen Vermögensgegenständen gebunden ist, z. B. in Unternehmensbeteiligungen, ist die Milliarde nicht
liquide. Dann können selbst vergleichsweise geringe Zahlungspflichten zur Insolvenz
des Milliardärs führen.

Auch in Deutschland kann eine Scheidung einen Unternehmensgründer in eine solche Drucksituation bringen. Steigt der Wert eines Unternehmens während der Ehezeit
und haben die Ehegatten die vermögensrechtlichen Folgen einer Scheidung nicht durch
Ehevertrag geregelt, ist der Wertzuwachs zulasten des Unternehmer-Ehegatten in den
Zugewinnausgleich einzubeziehen. Hat sich das Vermögen des anderen Ehegatten während der Ehe weniger positiv entwickelt und dieser keinen Zugewinn erzielt, muss der
Unternehmer-Ehegatte die Hälfte des Wertzuwachses, die das Unternehmen während der
Ehe erfahren hat, in Geld ausgleichen. Welchen in Geldeinheiten ausgedrückten Wert ein
Unternehmen hat, kann im Fall einer Scheidung folglich für die Höhe des von einem an
den anderen Ehegatten zu zahlenden Zugewinnausgleichs maßgeblich sein. Zudem erfolgen Unternehmensbewertungen insbesondere auch[5]

- bei/zur Ermittlung des Kaufpreises im Fall eines Unternehmens(ver)kaufs,
- zur Ermittlung von Wertrelationen und davon abhängenden Beteiligungsquoten im
  Fall einer Verschmelzung mehrerer Unternehmen, und
- zur Ermittlung der Höhe von Abfindungen von an Unternehmen bzw. den ein Unternehmen betreibenden Gesellschaften beteiligten Person, wenn diese Personen als
  Gesellschafter ausscheiden.

Es liegt daher auf der Hand, dass Unternehmensbewertungen auch rechtlich relevant
sind. Denn die Höhe des Zugewinnausgleichs im Fall einer Scheidung ist ebenso streitanfällig wie beispielsweise die Abfindung unfreiwillig ausscheidender Gesellschafter.

3.3   Gesetzliche Regelungen

Obwohl die rechtliche Bedeutung von Unternehmensbewertungen und deren Streitanfälligkeit auf der Hand liegen, gibt es dazu kaum gesetzliche Bestimmungen. Insbesondere gibt es nahezu keine gesetzliche Regelung darüber, wie bzw. nach welcher

---

[4]Das ist so gemeint, auch wenn zumindest umgangssprachlich häufig die Rede davon sein mag,
dass „Geld" in irgendetwas „investiert" wird. Investiert wird immer nur Kapital, Eigen- oder
Fremdkapital. Geld ist ein Investment. Wer Geld hat, hat sein Kapital in Geld gesteckt und nicht
in anderen Vermögensgegenständen gebunden. Dass Geld und Kapital häufig verwechselt oder als
identisch betrachtet werden, mag auch daran liegen, dass Kapital in Geldeinheiten gemessen wird.
[5]Weitergehend zur Bandbreite möglicher Bewertungsanlässe z. B. *Matschke/Brösel,* Unternehmensbewertung, S. 87 ff.

Methode Unternehmen grundsätzlich zu bewerten sind. Vereinzelt bestehen gesellschaftsrechtliche Regelungen, denen entnommen werden kann, dass die Verhältnisse des Unternehmens zum Zeitpunkt der Entstehung des Bewertungsanlasses maßgeblich sind[6] und dass erforderlichenfalls geschätzt werden muss.[7] Zudem enthält das – grundsätzlich jedoch nur im Bereich öffentlicher Abgaben anwendbare[8] – Bewertungsgesetz (BewG) einige rudimentäre Bestimmungen.[9]

Immerhin kann § 11 Abs. 1 BewG entnommen werden, dass ein Unternehmenswert zumindest dann als adäquat betrachtet wird, wenn dieser einer Transaktion zugrunde gelegt wird, die zwischen fremden Dritten durchgeführt wird. Dies ist z. B. dann der Fall, wenn eine börsengehandelte Aktie und damit ein in Form einer Aktie „verbriefter" Anteil an einem Unternehmen für einen bestimmten Preis den Eigentümer gewechselt hat.[10] Dem liegt die marktwirtschaftliche Überlegung zugrunde, dass das Aufeinandertreffen von Angebot und Nachfrage zumindest in der Regel zur Bildung adäquater Preise führt. Der von einem fremden Dritten für ein Unternehmen oder einen Anteil an einem Unternehmen gezahlte Preis wird folglich als eine Art „Marktbestätigung" für den Verkehrswert des Unternehmens betrachtet.

Dies kommt auch in § 11 Abs. 2 Satz 2 BewG zum Ausdruck. Diese Vorschrift gilt für Unternehmen, deren Anteile nicht an einer deutschen Börse zum Handel im regulierten Markt zugelassen sind. Damit gilt § 11 Abs. 2 Satz 2 BewG z. B. für Geschäftsanteile an GmbH und Aktien an nicht kapitalmarktorientierten[11] Aktiengesellschaften. Aus § 11 Abs. 2 Satz 2 BewG folgt, dass der Wert eines Unternehmens grundsätzlich aus tatsächlich erfolgten Verkäufen unter fremden Dritten abgeleitet werden kann, wenn ein solcher Verkauf am maßgeblichen Bewertungsstichtag nicht länger als ein Jahr zurückliegt.[12] Aber welcher Wert soll angemessen sein, wenn ein Unternehmen – wie bei der überwiegenden Zahl von Start-ups – nicht von einer AG betrieben wird, deren Aktien zum Handel an einer Börse zugelassen sind?

---

[6]Vgl. § 327b Abs. 1 AktG.

[7]Vgl. § 738 Abs. 2 BGB.

[8]Vgl. dazu § 1 Abs. 1 BewG.

[9]In § 200 BewG wird z. B. das „vereinfachte Ertragswertverfahren" gesetzlich geregelt, welches über die §§ 199, 11 Abs. 2 BewG herangezogen werden kann.

[10]Vgl. dazu § 11 Abs. 1 BewG.

[11]Zur Bedeutung des Begriffs *„kapitalmarktorientiert"* § 264d HGB.

[12]Der Wortlaut von § 11 Abs. 2 Satz 2 BewG lautet wie folgt: *„Lässt sich der gemeine Wert nicht aus Verkäufen unter fremden Dritten ableiten, die weniger als ein Jahr zurückliegen, so ist er unter Berücksichtigung der Ertragsaussichten der Kapitalgesellschaft oder einer anderen anerkannten, auch im gewöhnlichen Geschäftsverkehr für nicht steuerliche Zwecke üblichen Methode zu ermitteln; dabei ist die Methode anzuwenden, die ein Erwerber der Bemessung des Kaufpreises zugrunde legen würde."*

Als Antwort auf diese Frage bringt das BewG den „gemeinen Wert"[13] ins Spiel. Dieser *„gemeine Wert wird durch den Preis bestimmt, der im gewöhnlichen Geschäftsverkehr nach der Beschaffenheit des"* Unternehmens *„bei einer Veräußerung zu erzielen wäre. Dabei sind alle Umstände, die den Preis beeinflussen, zu berücksichtigen. Ungewöhnliche oder persönliche Verhältnisse sind nicht zu berücksichtigen."*[14] Dieser Ansatz mag abstrakt einleuchten, hilft aber konkret nicht weiter. Denn woher soll man wissen, welchen Preis man für die Veräußerung eines Unternehmens erzielen würde oder könnte, wenn ein Unternehmen tatsächlich gar nicht veräußert wird? Wie kann man einen hypothetischen Veräußerungspreis ermitteln?

Wenn es um die Bewertung von Unternehmen geht, hilft der Blick ins Gesetz folglich nur wenig weiter. Betrachtet man die wenigen einschlägigen gesetzlichen Bestimmungen, können diesen zumindest folgende Erkenntnisse entnommen werden:

1. Unternehmenswerte schwanken. Sie können daher immer nur stichtagsbezogen unter Berücksichtigung der an dem relevanten Stichtag bestehenden konkreten Verhältnisse ermittelt werden.
2. Als „richtiger" Unternehmenswert wird der Verkehrswert[15] eines Unternehmens angesehen. Wird oder wurde bei Veräußerung eines Unternehmens oder Unternehmensanteils unter fremden Dritten am Markt ein bestimmter Preis erzielt, dann indiziert dieser Marktpreis den Verkehrswert und damit den „richtigen" Wert. Die Indikationswirkung einer solchen „Marktpreisbestätigung" verfällt jedoch spätestens nach einem Jahr. Dass eine Marktpreisbestätigung einen Unternehmenswert nur vorübergehend indiziert, ist im Übrigen konsistent mit dem Grundverständnis, dass Unternehmenswerte schwanken.
3. Liegt für ein Unternehmen keine aktuelle Marktpreisbestätigung vor, ist ein „hypothetischer Marktpreis" zu ermitteln. Entscheidend ist dann, welche in Geld bemessene Gegenleistung „am Markt", durch Veräußerung des Unternehmens erzielt werden könnte.
4. Es sind verschiedene Herangehensweisen (Methoden) denkbar, anerkannt und wohl auch „üblich", um Unternehmen zu bewerten.[16]
5. Bei der Bewertung eines Unternehmens spielen dessen Ertragsaussichten und/oder dessen „Substanz" eine Rolle.

---

[13]Dazu § 11 Abs. 2 Satz 1 BewG.

[14]Wortlaut der in § 9 Abs. 2 BewG enthaltenen Bestimmung des Begriffs „gemeiner Wert".

[15]Vgl. z. B. OLG Stuttgart, Beschluss vom 08.07.2011 (Az. 20 W 14/08), AG 2011, S. 795.

[16]Ein zusammengefasster systematischer Überblick über Methoden der Unternehmensbewertung findet sich z. B. in *Matschke/Brösel*, Unternehmensbewertung, S. 122 ff.

Dass den gesetzlichen Bestimmungen letztlich nur diese abstrakten Erkenntnisse entnommen werden können, ändert jedoch nichts daran, dass über den Wert von Unternehmen – z. B. im Rahmen der Auseinandersetzung von Gesellschaftern oder Ehegatten – gestritten wird. Und wenn gestritten wird, müssen Gerichte entscheiden.

3.4 Rechtsprechung

Folge der Streitanfälligkeit von Unternehmensbewertungen ist eine entsprechende Flut von Gerichtsurteilen. Die Gerichte sind gezwungen, auf Grundlage der insoweit inhaltlich dürftigen gesetzlichen Bestimmungen zu konkreten und nachvollziehbaren Entscheidungen zu gelangen.[17] Deshalb führt ein Blick in veröffentlichte Gerichtsurteile zumindest etwas weiter, wenn es um die Herangehensweise an Unternehmensbewertungen geht.

In einem Urteil vom 29.07.2010[18] führt der Bundesfinanzhof im Hinblick auf die Ermittlung des nach dem Bewertungsgesetz maßgeblichen „gemeinen Werts" z. B. folgendes aus: Lässt sich der gemeine Wert eines Unternehmens nicht aus Verkäufen ableiten, *„die weniger als ein Jahr zurückliegen"*, dann *„ist er nach § 11 Abs. 2 Satz 2 BewG unter Berücksichtigung des Vermögens und der Ertragsaussichten ... zu schätzen (...)."*[19] Zusammengefasst können der Rechtsprechung die folgenden weiteren, anerkannten Grundsätze entnommen werden:

6. Auch in der Rechtsprechung ist – zumindest grundsätzlich – ein Vorrang tatsächlich am Markt für Unternehmen oder Unternehmensbeteiligungen gezahlter Preise vor „hypothetischen" Marktpreisen anerkannt: *„Im Allgemeinen kann man davon ausgehen, dass bei funktionierenden Marktkräften der Börsenwert der Aktie dem Wert des damit verkörperten Unternehmensanteils entspricht, d. h. der Markt nicht bereit wäre, einen bestimmten Preis für die Aktie zu zahlen, wenn dieser dem darin verkörperten (Zukunftswert) nicht entspricht, ..."*[20]

7. Steht für ein Unternehmen kein aktueller, zwischen fremden Dritten vereinbarter und somit am Markt bestätigter Wert fest oder ist ein solcher zumindest nicht bekannt, dann erfolgt die Ermittlung von Unternehmenswerten durch Schätzung.[21] Um zu

---

[17]Vgl. dazu z. B. § 313 ZPO und die dazu ergangene Rechtsprechung, nach der die Begründung eines Urteils erkennen lassen muss, *„welche tatsächlichen Feststellungen und welche rechtlichen Erwägungen für die getroffene Entscheidung maßgeblich waren."* (BAG, Urteil vom 11.12.2013, Az. 4 AZR 250/12).

[18]BFH, Urteil vom 29.07.2010 (Az. VI R 30/07), DStR 2010, S. 2231 ff.

[19]BFH, Urteil vom 29.07.2010 (Az. VI R 30/07), DStR 2010, S. 2231 (2233).

[20]So LG Frankfurt/Main, Beschluss vom 13.03.2009 (Az. 3–5 O 57/06), AG 2009, S. 749 ff.

[21]So z. B. BGH, Beschluss vom 29.09.2015 (Az. II ZB 23/14), BB 2016, S. 304 ff.; OLG Stuttgart, Beschluss vom 17.07.2014 (Az. 20 W 3/12), AG 2015, S. 580 ff.

einem vertretbaren Ergebnis zu gelangen, muss die Schätzung nach einer betriebswirtschaftlich anerkannten Methode erfolgen.[22]

8. Einen „richtigen" Unternehmenswert gibt es nicht. Es gibt immer nur eine gewisse
   Bandbreite vertretbarer Unternehmenswerte. Dass ein Unternehmenswert vertretbar
   ist, bedeutet daher nicht, dass ein anderer dies nicht auch ist. Mehrere Werte können
   richtig sein, wenn und weil sie im Rahmen einer vertretbaren Bandbreite liegen.

9. Betriebswirtschaftlich anerkannte Methoden zur Schätzung von Unternehmenswerten
   sind insbesondere die Ertragswert- und die dieser ähnlichen DCF[23]-Methode sowie
   die Substanzwertmethode.

Im Folgenden werden diese besonders praxisrelevanten Methoden der Unternehmensbewertung zusammengefasst dargestellt. Denn wer die Überlegungen nachvollziehen kann,
auf denen diese Methoden jeweils beruhen, versteht auch,

- warum außenstehende Dritte, z. B. „neue Investoren", ein Start-up wie bewerten,
- warum welche Umstände negative oder positive (Werttreiber) Auswirkungen auf
  Unternehmenswerte haben,
- die Zusammenhänge zwischen Compliance und Unternehmensbewertung,
- die mit der Anwendung der in der Rechtsprechung anerkannten Bewertungsmethoden
  verbundenen praktischen Probleme und
- wie diese Probleme vermieden werden können.

3.5   Marktpreisbestätigungen

Die Ableitung von Unternehmenswerten aus Preisen, die am, kurz vor oder kurz nach
dem maßgeblichen Bewertungsstichtag tatsächlich für das Unternehmen oder Anteile
daran gezahlt wurden, ist in erster Linie mit praktischen Schwierigkeiten verbunden.
Denn die meisten Unternehmen werden nicht mit entsprechenden Frequenzen immer
wieder verkauft. Und selbst wenn ein Verkauf erfolgt, bedeutet dies nicht, dass die
Höhe des Kaufpreises öffentlich bekannt wird. Es mag Fälle geben, in denen ein Unternehmen „frisch verkauft" wurde und Informationen über den Kaufpreis zugänglich sind,
aber diese Fälle sind eher Ausnahme als Regel. Etwas anderes gilt insoweit lediglich für
Aktiengesellschaften, deren Aktien an einem transparenten, organisierten Kapitalmarkt
(Börse) gehandelt werden. Denn dann sind jeweils aktuelle Informationen darüber erhält-
lich, welcher Preis für einen durch die Aktie „verbrieften"[24] Anteil an dem betreffenden
Unternehmen am Markt tatsächlich bezahlt wird (Marktpreisbestätigung).

---

[22]BGH, Beschluss vom 29.09.2015 (Az. II ZB 23/14), BB 2016, S. 304.

[23]Die Abkürzung „DCF" steht für „Discounted Cash Flow".

[24]Das ist nicht wörtlich zu verstehen. Die Verbriefung von Aktien kann auch ausgeschlossen werden (dazu § 5 Abs. 5 AktG).

Will man aus dem aktuellen Börsenkurs (Marktpreis) einer Aktie den Wert des von der betreffenden Aktiengesellschaft betriebenen Unternehmens ermitteln, dann ist dafür im Grundsatz nur noch eine weitere Information erforderlich: Die Zahl der Aktien, in die das Grundkapital der Aktiengesellschaft zerlegt ist.[25] Multipliziert man den Börsenkurs mit der Zahl der ausgegebenen Aktien, ist das Ergebnis die sogenannte „Marktkapitalisierung".[26] Diese entspricht dem jeweils aktuellen, marktpreisbestätigten Wert des von der betreffenden Aktiengesellschaft betriebenen Unternehmens. Die jeweils aktuelle Marktkapitalisierung kann jedoch nur für Aktiengesellschaften mit börsengehandelten Aktien unproblematisch ermittelt werden. Die Mehrzahl von Unternehmen wird jedoch nicht von Aktiengesellschaften mit börsengehandelten Aktien betrieben. Deshalb muss bei Unternehmensbewertungen in der Regel auf andere anerkannte Methoden zurückgegriffen werden.

3.6 Substanzwert

Denkbar ist zunächst, den Wert eines Unternehmens anhand des Aufwands zu beurteilen, der erforderlich wäre, um das betreffende Unternehmen zu „kopieren", also als Organisation nachzubauen. Diesem Ansatz liegt die Überlegung zugrunde, dass die „Nachbaukosten" eines Unternehmens zumindest auf transparenten Märkten mit rationalen Marktteilnehmern eine Obergrenze für den Marktpreis des Unternehmens bilden müsste. Denn es ist nicht ersichtlich, warum ein Marktteilnehmer für den Erwerb eines Unternehmens einen höheren Betrag ausgeben sollte, als denjenigen Betrag, der erforderlich wäre, um ein im Wesentlichen identisches Unternehmen selbst aufzubauen. Diese Herangehensweise an die Ermittlung eines Unternehmenswerts im Sinn eines solchen „Rekonstruktionswerts" wird „Substanzwertmethode" genannt.[27]

Der Ansatz, zur Bewertung eines Unternehmens dessen Nachbaukosten zu ermitteln, ist in der Praxis jedoch mit erheblichen Schwierigkeiten verbunden. Denn die Substanz eines Unternehmens umfasst sämtliche dem Unternehmen zuzuordnenden Positionen, die Auswirkungen auf dessen Stellung am Markt haben. Die Substanz eines Unternehmens erschöpft sich daher nicht in einer Gesamtheit von Sachen, deren Marktpreise feststellbar sind und zu einem Unternehmenswert addiert werden können. Vielmehr wird die so verstandene Substanz eines Unternehmens auch von immateriellen Positionen bestimmt. Dazu gehören z. B. die Beziehungen zu Lieferanten und Kunden, das in den Köpfen der Mitarbeiter vorhandene Know-how und der Ruf des Unternehmens am Markt. Solche Positionen sind – namentlich auch für außenstehende Dritte – schwerer

---

[25]Dies gilt freilich nur dann, wenn entweder nur Stückaktien (dazu § 8 Abs. 1 und 3 AktG) begründet wurden oder sämtliche ausgegebenen Aktien denselben Nennwert haben.

[26]Vgl. dazu z. B. *Weber,* NJW 2018, S. 995 ff.

[27]Vgl. z. B. OLG Rostock, Urteil vom 06.04.2016 (Az. 1 U 21/14).

zu erfassen als Maschinen und Warenbestände. Aber selbst wenn Mitarbeiter-Wissen, Markt-Image und interne Abläufe eines Unternehmens inventarisiert werden könnten, bliebe die Frage unbeantwortet, welcher Aufwand erforderlich wäre, um selbst vergleichbare Positionen zu erreichen. Hinzu kommt folgendes:

Der Aufwand, der erforderlich ist, um ein Wirtschaftsgut herzustellen, sagt nichts über dessen Marktwert aus. Eine überdurchschnittlich aufwändige, weil besonders schwierige oder teure Ausbildung ist schließlich auch kein Garant für ein entsprechend überdurchschnittliches Einkommen. Der Marktwert von Hochschulabsolventen wächst nicht mit dem Schwierigkeitsgrad des Studiums, sondern mit dem Erwerb von Fähigkeiten, die Bedürfnisse anderer Marktteilnehmer erfüllen zu können. Für andere Wirtschaftsgüter, auch für Unternehmen, gilt nichts anderes. Der für ein Wirtschaftsgut am Markt erzielbare Veräußerungspreis, also dessen Verkehrswert, hängt folglich nicht von den Herstellungskosten des Wirtschaftsguts ab, sondern von zwei anderen Faktoren. Diese sind

i) die Qualität und Quantität konkurrierender Angebote (Wettbewerb) sowie
ii) der Nutzen, den das Wirtschaftsgut für andere Marktteilnehmer hat.

Bei Ermittlung der Nachbaukosten eines Unternehmens im Sinn der Substanzwertmethode bleiben diese Faktoren jedoch weitgehend unberücksichtigt. Dies ist ein weiterer Grund dafür, warum die Substanzwertmethode in der Praxis der Unternehmensbewertung weniger Anwendung findet als die so genannte „Ertragswertmethode". Denn die Ertragswertmethode setzt am Nutzen an, den ein Unternehmen für seine(n) (wirtschaftlichen) Eigentümer hat. Im Folgenden wird daher die Ertragswertmethode näher betrachtet.

3.7 Ertragswertmethode

3.7.1 Grundsätzliches

Die Ertragswertmethode ist in der Entscheidungsfindung deutscher Gerichte verbreitet anzutreffen.[28] Sie beruht auf der Überlegung, dass der Nutzen und damit der Wert eines Unternehmens im Wesentlichen darin bestehen, Jahresüberschüsse für den (wirtschaftlichen) Eigentümer des Unternehmens zu erwirtschaften. Ein nach dieser Methode ermittelter Unternehmenswert entspricht daher im Grundsatz der Summe der „Zeitwerte" sämtlicher künftig erwarteter Jahresüberschüsse. „Zeitwert" ist der auf den maßgeblichen Bewertungsstichtag abgezinste Betrag eines in der Zukunft erwarteten Überschusses.

---

[28]Z. B. OLG Stuttgart, Beschluss vom 22.09.2009 (Az. 20 W 20/06), AG2010, S. 42 ff. (43); OLG Rostock, Urteil vom 06.04.2016 (Az. 1 U 21/14).

Zur Ermittlung des Unternehmenswerts nach der Ertragswertmethode ist die Summe dieser Zeitwerte sämtlicher zukünftig erwarteter Jahresüberschüsse allerdings noch um zwei Positionen zu korrigieren. Zum einen sind die Finanzverbindlichkeiten des Unternehmens abzuziehen. Zum anderen sind Vermögensgegenstände, über die das Unternehmen zwar verfügt, die für die Umsetzung des Geschäftsmodells des Unternehmens jedoch nicht benötigt werden, gesondert zu bewerten und hinzuzurechnen. Denn solche operativ nicht erforderlichen Vermögensgegenstände können außerhalb des gewöhnlichen Geschäftsbetriebs am Markt zusätzlich zu Geld gemacht werden, ohne dass die Ertragskraft des Unternehmens beeinträchtigt wird. Zum nicht betriebsnotwendigen Vermögen in diesem Sinn gehören z. B. brachliegende, weder verplante noch genutzte Grundstücke oder Lizenzen an Software, die nicht mehr genutzt wird.[29] Eine Ertragswertermittlung erfordert daher zunächst die Klärung der in der nachstehenden Übersicht zusammengestellten Vorfragen.

	Vorfragen zur Ertragswertermittlung
Zukünftig erwartete Jahresüberschüsse?	Welche Jahresüberschüsse wird das Unternehmen in Zukunft voraussichtlich erzielen? Die Beantwortung dieser Frage kann nur – da die Zukunft unbekannt ist – in Form einer möglichst fundierten Prognose erfolgen.
Geeigneter Kapitalisierungszinssatz?	Welcher Zinssatz ist zur Ermittlung des Zeitwerts der für die Zukunft prognostizierten (Jahres-)Überschüsse adäquat? Der Zinssatz muss insbesondere das unternehmensimmanente Risiko sowie etwaige Inflationserwartungen abbilden.
Verfügt das Unternehmen über für den Geschäftsbetrieb nicht notwendiges Vermögen?	Welcher Teil des Unternehmensvermögens ist zur Erzielung dieser (Jahres-)Überschüsse nicht erforderlich?
Wert des nicht-notwendigen Unternehmensvermögens?	Welchen Wert hat das für den Betrieb des Unternehmens nicht notwendige Unternehmensvermögen?
Schulden des Unternehmens am Bewertungsstichtag?	Wie hoch sind die Finanzverbindlichkeiten des Unternehmens am Bewertungsstichtag?

Nicht betriebsnotwendiges Vermögen und Schulden sind stets unternehmensindividuell. Es mag Unternehmen ohne unnötiges Betriebsvermögen ebenso geben wie Unternehmen ohne nennenswerte Verbindlichkeiten. Die für den Ertragswert eines Unternehmens maßgeblichen Treiber sind daher im Grundsatz in erster Linie die Ertragserwartungen und

---

[29]Vgl. dazu z. B. BGH, Urteil vom 17.07.2013 (Az. I ZR 129/08); EuGH, Urteil vom 03.07.2012 (Az. C-128/11); BGH, Beschluss vom 03.02.2011 (Az. I ZR 129/08).

der Kapitalisierungszinssatz, mit dem diese auf den maßgeblichen Bewertungsstichtag abgezinst werden. Dabei gelten folgende beiden Grundsätze:

- Höhere Ertragserwartungen führen nach der Ertragswertmethode zu einem entsprechend höheren Unternehmenswert. Je höher die für die Zukunft prognostizierten Jahresüberschüsse eines Unternehmens sind, desto höher ist dessen nach der Ertragswertmethode ermittelter Unternehmenswert.
- Im Hinblick auf die Abzinsung der zukünftig erwarteten (Jahres-)Überschüsse auf den Bewertungsstichtag gilt dagegen umgekehrt: Je höher der für die Abzinsung angewandte Kapitalisierungszinssatz ist, desto niedriger ist der Zeitwert des abgezinsten Betrags am Bewertungsstichtag. Je höher der für die Abzinsung herangezogene Kapitalisierungszinssatz ist, desto niedriger fällt folglich ein nach der Ertragswertmethode ermittelter Unternehmenswert aus.

3.7.2 Ertragserwartungen und -prognosen

Vorhersagen können nicht hundertprozentig sicher sein. Die Ertragserwartungen, die einer Unternehmensbewertung nach der Ertragswertmethode zugrunde gelegt werden, können daher nur geschätzt werden. Aber diese Schätzungen müssen plausibel und in dem Sinn vertretbar erscheinen, dass belastbare Gründe dafür sprechen, dass der Eintritt der prognostizierten Ergebnisse wahrscheinlich ist. Das setzt voraus, dass den zukünftigen Ertragserwartungen eine in realistischer Weise umsetzbare Planung zugrunde liegt, die auch in Form von Planbilanzen und Plan-Gewinn- und -Verlustrechnungen (Plan-GuV) abgebildet wird.

Damit spielt auch die Compliance des Geplanten eine Rolle für den Wert des Unternehmens. Denn die Erstellung von Plan-GuV erfordert u. a. das Antizipieren des mit dem Betrieb des Unternehmens voraussichtlich verbundenen Aufwands. Und jede Non-Compliance ist ein Aufwands- oder Ertragseinbußenrisiko. Wenn das Geplante die Anforderungen des Rechts nicht erfüllt, ist es unwahrscheinlich(er), dass die Planung umgesetzt und die daraus ersichtlichen Jahresüberschüsse tatsächlich erzielt werden können. Denn es muss damit gerechnet werden, dass die Non-Compliance zu ungeplantem Aufwand oder dazu führt, dass angestrebte Erträge nicht realisiert werden können. Eine realistische Aufwands- und Ertragsschätzung erfordert daher, die Umsetzung des Geschäftsmodells nicht nur technisch und betriebswirtschaftlich zu durchdenken, sondern auch rechtlich. Anderenfalls sind die Ergebnisprognosen keine taugliche Grundlage einer Ertragswertermittlung.

Salopp ausgedrückt ist Planung unternehmensbezogene Science Fiction, die in der Sprache der Buchhalter erzählt wird. Um glaubhaft zu sein, muss die Handlung aber nicht nur technisch machbar erscheinen, sondern auch erlaubt sein. Dazu sollte die „Geschichte" zumindest folgende Anforderungen erfüllen:

Anforderung	Bedeutung	Beispiel
Ins Einzelne gehend (möglichst hoher Detaillierungsgrad):	Die Qualität einer Planung wächst mit dem Detaillierungsgrad. Denn Einzelheiten lassen z. B. erkennen, welche Probleme und Lösungsmöglichkeiten wie berücksichtigt wurden und machen die Planung leichter nachvollzieh- und überprüfbar.	Einem pauschalen Ansatz von Herstellungskosten kann nicht entnommen werden, welche konkreten Annahmen zu den Beschaffungskosten und -risiken konkreter Rohstoffe getroffen wurden.
Innere Widerspruchsfreiheit	Die Planbilanzen und -GuV sowie die Liquiditätsplanungen und die daraus abgeleiteten Überschussprognosen sollten in sich schlüssig sein.	Geplante Produktionsausweitungen können unplausibel wirken, wenn keine Ausgaben/Investitionen für/in entsprechende Produktionskapazitäten geplant sind.
Äußere Widerspruchsfreiheit (Verflechtbarkeit mit anderweitig verfügbaren Informationen)	Die Planung sollte zudem mit anderweitig verfügbaren Informationen und absehbaren Entwicklungen vereinbar sein (äußere Widerspruchsfreiheit). Dazu zählen z. B. bisherige (Miss)Erfolge des betreffenden Unternehmens, Studien über Kunden, Kaufverhalten, Trends und/oder die Verfügbarkeit von Ressourcen, Markforschungsergebnisse, sowie tatsächliches oder absehbares Verhalten (potenzieller) Wettbewerber und staatlicher Institutionen.	Es wirkt unplausibel, wenn im Rahmen der Planung davon ausgegangen wird, dass der Export bestimmter Produkte in einen bestimmten anderen Staat gesteigert wird, obwohl dessen Regierung gerade angekündigt hat, die Zölle für die Einfuhr der betreffenden Produkte zu erhöhen und inländische Wettbewerber zu subventionieren.

Auch wenn diese Anforderungen erfüllt werden, bedeutet dies nicht, dass andere Prognosen über zukünftige Jahresüberschüsse des zu bewertenden Unternehmens nicht ebenfalls vertretbar wären. Entscheidend ist, dass sich die der Wertermittlung zugrunde gelegten Prognosen im Rahmen einer vertretbaren Bandbreite bewegen: *„Planungen und Prognosen … haben auf zutreffenden Informationen und daran orientierten, realistischen Annahmen aufzubauen; sie dürfen zudem nicht in sich widersprüchlich sein. Kann … auf dieser Grundlage vernünftigerweise"* angenommen werden, die *„Planung sei realistisch, darf diese Planung nicht durch andere – letztlich ebenfalls nur vertretbare – Annahmen … ersetzt werden (…).* "[30] Dass die auf diese Weise erzielten Ergebnisse in Form konkreter Zahlen ausgedrückt werden, darf jedoch trotz der dadurch suggerierten Glaubhaft-

---

[30]So OLG Stuttgart, Beschluss vom 22.09.2009 (Az. 20 W 20/06), AG 2010, S. 42 ff. (43).

und Genauigkeit nicht davon ablenken, dass diesen Zahlen nur Schätzungen zugrunde liegen. Dies gilt für die Ertragsprognosen ebenso wie für den Kapitalisierungszinssatz, mit dem die prognostizierten Jahresüberschüsse auf den Bewertungsstichtag abgezinst werden.

3.7.3 Kapitalisierungszinssatz

Für die Ermittlung des für die Abzinsung adäquaten Zinssatzes sind unterschiedliche Herangehensweisen denkbar. In einer Entscheidung aus dem Jahr 2009 verfolgte das OLG Stuttgart z. B. folgenden Ansatz: *„Der Kapitalisierungszinssatz setzt sich im Einzelnen zusammen aus einem Basiszinssatz für eine (quasi-)risikofreie Kapitalmarktanlage (...), einem Risikozuschlag zur Berücksichtigung der Unsicherheit künftiger Überschüsse aus unternehmerischer Betätigung (...) und einem Wachstumsabschlag (...).“*[31] Diese Herangehensweise ist methodisch anerkannt, wirft jedoch neue Fragen auf: i) Gibt es überhaupt risikofreie Anlagen, ii) welcher Risikozuschlag ist angemessen und iii) was ist der „Wachstumsabschlag“ und wie ist dieser zu ermitteln?

Diesen Fragen soll an dieser Stelle jedoch nicht weiter nachgegangen werden. Denn am Ende bleibt auch dann nur die Möglichkeit einer Schätzung, wenn man – wie z. B. in der zitierten Entscheidung vom OLG Stuttgart praktiziert – die Bestandteile des Kapitalisierungszinssatzes in immer weitere Komponenten zerlegt. Zudem gilt im Hinblick auf Unternehmensbewertung ähnliches wie etwa für Unternehmensbesteuerung:

Einige grundsätzliche Zusammenhänge und Mechanismen sollten wegen ihrer betriebswirtschaftlich und rechtlich weitreichenden Bedeutung für (potenzielle) Gründer bekannt sein. Aber eine vertiefte wissenschaftliche oder philosophische Befassung mit der Materie Unternehmensbewertung ist ebenso eine Lebensaufgabe wie z. B. der Versuch, das deutsche Steuerrecht in seiner Gesamtheit zu durchdringen. Deshalb werden die Ausführungen an dieser Stelle auf folgende Grundaussagen reduziert:

Zins ist der Preis – im Sinn eines als Gegenleistung zu entrichtenden Entgelts – für die Möglichkeit, Kapital zu nutzen. In einer freien Marktwirtschaft fließen in die Preisfindung und damit in den Ansatz eines adäquaten Zinses im Wesentlichen 4 Komponenten ein. Diese sind

i)   die Renditeforderung des Marktteilnehmers, der das Kapital zur Verfügung stellt,
ii)   das (einzuschätzende) Ausfallrisiko des Marktteilnehmers, dem das Kapital überlassen wird,
iii) die Inflationserwartung und
iv) die Wettbewerbssituation sowohl bei der Nachfrage als auch beim Angebot des Kapitals.

---

[31]So OLG Stuttgart, Beschluss vom 22.09.2009 (Az. 20 W 20/06), AG 2010, S. 42 ff. (43).

Eine Renditeforderung ist subjektiv. Eine Risikoeinschätzung muss – in Ermangelung aller maßgeblichen Informationen – zumindest auch auf Annahmen gestützt werden. Die Inflationserwartung ist beides, subjektiv und auf Annahmen basierend. Und der Wettbewerb, zumal im Hinblick auf das Angebot von und die Nachfrage nach Kapital, ist ohne belastbare Informationen über das Verhalten tatsächlicher und potenzieller Wettbewerber nicht hinreichend transparent.

Man kann es daher drehen und wenden, wie man will: Den einen „richtigen" Kapitalisierungszinssatz mag es geben, aber es ist unmöglich, ihn mit Sicherheit zu identifizieren. Auch bei Ermittlung des für eine Ertragswertermittlung angemessenen Kapitalisierungszinses kommt daher letztlich stets eine Bandbreite plausibler und damit vertretbarer Zinssätze in Betracht. Und bei dem Versuch, diese Bandbreite möglichst genau zu „berechnen", ist die Wirkungsweise des Ergebnisses im Rahmen der Ertragswertmethode im Auge zu behalten: Je höher der Kapitalisierungszins, desto niedriger der Unternehmenswert.

3.7.4 Zwischenfazit

Im Sinn eines Zwischenbefunds bedeutet dies: Einer Unternehmensbewertung im Weg einer Ertragswertermittlung liegt zwar ein methodisch fundierter Ansatz[32] zugrunde. Dieser Ansatz kann auch durch eine mathematische Formel mit zwei zentralen Variablen ausgedrückt werden, nämlich den zukünftigen Jahresüberschüssen und dem Kapitalisierungszinssatz. Die methodische Herangehensweise darf jedoch nicht darüber hinwegtäuschen, dass auch Ertragswerte im Ergebnis immer nur geschätzte Werte sind.[33] Denn die Zahlen, die bei Bewertung konkreter Unternehmen für diese Variablen angesetzt werden, sind die Ergebnisse von Prognosen, Risikoeinschätzungen und (subjektiven) Erwartungen. Zudem ist die Ertragswertmethode mit folgendem weiteren Ungenauigkeitsrisiko behaftet:

Jahresüberschüsse müssen nicht zwingend ausgeschüttet werden. Bei den zu bewertenden Unternehmen kann es daher zu (zeitlichen) Divergenzen zwischen dem Abzinsungsmodell und dem tatsächlichen Ausschüttungsverhalten kommen, wenn Jahresüberschüsse nicht sofort und/oder nur teilweise ausgeschüttet werden. Denn zum einen bedeutet Ertrag nicht automatisch auch Liquidität. Deshalb können zumindest sofortige Ausschüttungen am Vorhandensein der erforderlichen Liquidität im Unternehmen scheitern. Zum anderen können sonstige betriebswirtschaftliche Überlegungen dazu führen, dass erzielte Jahresüberschüsse nicht ausgeschüttet, sondern thesauriert werden, z. B. anstehende Investitionen. Um dieses Ungenauigkeitsrisiko zu vermeiden,

---

[32]In Gerichtsentscheidungen „fundamentalanalytisch" genannt, vgl. z. B. OLG Stuttgart, Beschluss vom 05.06.2013 (Az. 20 W 6/10), NZG 2013, S. 897 ff.

[33]Vgl. z. B. OLG Stuttgart, Beschluss vom 05.06.2013 (Az. 20 W 6/10), NZG 2013, S. 897 ff.

müssten daher nicht prognostizierte Jahresüberschüsse (Erträge) auf den Bewertungsstichtag abgezinst werden, sondern nur voraussichtliche Ausschüttungen. Diese Überlegung führt zum DCF-Verfahren, welches auf einer ähnlichen Ausgangsüberlegung wie die Ertragswertmethode beruht, aber keinen ertragsorientierten, sondern einen zahlungsstromorientierten Ansatz verfolgt.

3.8   DCF-Verfahren

3.8.1   Grundsätzliches[34]

„DCF" steht für „Discounted Cash Flow" und bedeutet „abgezinste Zahlungen". Auch nach der dem DCF-Verfahren zugrunde liegenden Philosophie hängt der Wert eines Unternehmens von dessen zukünftigen Nutzen für den (wirtschaftlichen) Eigentümer ab. Im Gegensatz zur Ertragswertmethode wird dieser Nutzen jedoch nicht anhand der voraussichtlichen Jahresüberschüsse des Unternehmens ermittelt, sondern anhand der voraussichtlichen tatsächlichen Ausschüttungen an dessen (wirtschaftlichen) Eigentümer.

Das DCF-Verfahren misst daher wie auch das Ertragswertverfahren den „Zukunftserfolgswert"[35] eines Unternehmens, aber mit einem anderen maßgeblichen Werttreiber. An die Stelle prognostizierter Jahresüberschüssen (Erträge) rücken prognostizierte Ausschüttungen (Liquidität). Denn das DCF-Verfahren nimmt in erster Linie die unter Berücksichtigung der Planung absehbaren Zahlungsströme vom Unternehmen an die (wirtschaftlichen) Eigentümer in den Blick. Auf diese Weise begegnet das DCF-Verfahren der bei Anwendung der Ertragswertmethode bestehenden Unschärfe, die daraus folgt, dass Ertrag nicht automatisch Liquidität und Jahresüberschuss nicht zwangsläufig Ausschüttung bedeuten.

Wie die Ertragswertmethode beinhaltet auch das DCF-Verfahren eine Prognose dieser zukünftigen Ausschüttungen und deren Abzinsung auf den Bewertungsstichtag.[36] Folglich sind bei Anwendung des DCF-Verfahrens die grundsätzlich entscheidenden Werttreiber

- die Höhe und Zeitpunkte der zukünftig erwarteten Ausschüttungen des Unternehmens an den/die (wirtschaftlichen) Eigentümer und
- der Zinssatz, mit dem diese auf den Bewertungsstichtag abgezinst werden.

---

[34]Zu den Einzelheiten und verschiedenen Varianten des DCF-Verfahrens vgl. z. B. *Heesen,* Unternehmensbewertung, S. 5 ff.

[35]Vgl. z. B. *Buchner/Friedl/Hinterdobler,* Grundsätze zur Durchführung von Unternehmensbewertungen nach dem AWH-Standard, DStR 2017, S. 1341 ff. (1343).

[36]So z. B. *Hoberg,* DB 2015, S. 1909.

3.8.2 Herangehensweise

Das bedeutet, dass auch eine Unternehmensbewertung nach dem DCF-Verfahren zunächst eine Planung erfordert, welche die bereits zum Ertragswertverfahren dargestellten Anforderungen erfüllt. Diese Planung muss neben einer Liquiditätsplanung auch Planbilanzen und -GuV enthalten, wobei das eine ohnehin sinnvollerweise nicht ohne das andere erfolgen kann. Denn auch wenn das DCF-Verfahren nicht primär prognostizierte Jahresüberschüsse in den Blick nimmt, sondern prognostizierte Ausschüttungen, gilt: Ein Jahresüberschuss muss zwar nicht ausgeschüttet werden, aber prognostizierte Ausschüttungen wirken – zumindest in der Regel[37] – unplausibel, wenn nicht irgendwann zuvor auch Jahresüberschüsse in entsprechendem Umfang erwirtschaftet werden.

Zudem müssen auch für die Anwendung des DCF-Verfahrens geeignete Kapitalisierungszinssätze ermittelt werden, mit denen die zukünftig erwarteten Zahlungen des Unternehmens auf den Bewertungsstichtag abgezinst werden. Für die Ermittlung eines adäquaten Kapitalisierungszinssatzes gelten die Überlegungen zur Ermittlung des Kapitalisierungszinssatzes bei Anwendung der Ertragswertmethode entsprechend. Deshalb ist auch ein nach dem DCF-Verfahren ermittelter Unternehmenswert im Ergebnis immer nur ein geschätzter Wert, dessen Ermittlung eine methodische Herangehensweise zugrunde liegt. Auch bei Anwendung des DCF-Verfahrens gibt es folglich nicht den einen „richtigen" Unternehmenswert, sondern eine Bandbreite vertretbarer Unternehmenswerte, von denen letztlich keiner „richtiger" ist als der andere.

3.8.3 Grenzen der Vertretbarkeit

Die Frage ist immer nur, wo die Grenzen der Bandbreite an Werten verlaufen, die im Hinblick auf ein und dasselbe Unternehmen bezogen auf ein und denselben Bewertungsstichtag zumindest gerade noch „vertretbar" sind. Was ist der Mindest-, was der Höchstwert eines Unternehmens?

Die Suche nach dieser Art von Genauigkeit ist so unbefriedigend wie der Versuch, Mut von Waghalsigkeit abzugrenzen, weil immer erst der weitere Zeitablauf die Antwort mit sich bringt. Aber es gibt zumindest eine Methode, mit der die Grenzen der Bandbreite vertretbarer Unternehmenswerte so grob markiert werden können, dass man damit in der Praxis arbeiten kann. Diese Methode besteht darin, aus anderen Unternehmenspreisen bekannte oder ableitbare „Multiplikatoren" auf das zu bewertende Unternehmen zu übertragen. Im Folgenden wird daher die Möglichkeit betrachtet, Unternehmen durch Heranziehen von Multiplikatoren zu bewerten und auf diese Weise

---

[37]Das muss nicht immer der Fall sein, weil auch andere Zahlungen vom Unternehmen an die (wirtschaftlichen) Eigentümer denkbar sind, z. B. eine Rückzahlung von Einlagen.

auch die Bandbreiten vertretbarer Ertrags- und DCF-Werte zu verplausibilisieren und zumindest grob zu definieren.

3.9   Multiplikatoren

3.9.1 Herangehensweise

Unternehmensbewertung durch Heranziehen von Multiplikatoren[38] erfolgt durch Übertragung von aus der Bewertung anderer Unternehmen bekannter Kennzahl-Wert-Relation auf das zu bewertende Unternehmen. Das folgende Beispiel mag dies zunächst veranschaulichen:

Beispiel Heranziehen von Multiplikatoren

Geschäftsmodell der VC-GmbH ist es, sich im Rahmen von Kapitalerhöhungen am Unternehmen zu beteiligen und die erworbenen Unternehmensbeteiligungen nach einigen Jahren mit Gewinn zu veräußern. Gegenwärtig prüft die VC-GmbH einen Einstieg bei der erst vor einigen Jahren gegründeten X-GmbH. Deren Geschäftsmodell ist die Entwicklung und Vermarktung von Führungskraftrobotern, die bei Unternehmen Abteilungs- und Bereichsleiter ersetzen und objektivere Leitungsentscheidungen ermöglichen sollen *(„RoboLeadership")*. Die X-GmbH hat ein Stammkapital in Höhe von EUR 1 Mio. und 50 Mitarbeiter (einschließlich Geschäftsführer). Im letzten abgeschlossen Geschäftsjahr erzielte die X-GmbH Umsatzerlöse in Höhe von EUR 10 Mio. und einen Jahresüberschuss in Höhe von EUR 100.000. Sämtliche Geschäftsanteile an der X-GmbH werden nach wie vor von den Gründern („Alt-Gesellschafter") gehalten, Verkäufe an Dritte sind bisher nicht erfolgt. Die Alt-Gesellschafter unterbreiten der VC-GmbH folgendes Angebot:

Bei der X-GmbH wird eine Erhöhung des Stammkapitals von (bisher) EUR 1 Mio. um EUR 500.000 auf dann insgesamt EUR 1,5 Mio. beschlossen. Dadurch sollen insgesamt 500.000 neue Geschäftsanteile an der X-GmbH mit einem Nennbetrag (Anteil am Stammkapital) in Höhe von jeweils EUR 1 geschaffen werden. Die VC-GmbH soll diese neuen Geschäftsanteile gegen Zahlung einer Geldeinlage („Bareinlage") in Höhe von EUR 5 pro Geschäftsanteil übernehmen. Im Ergebnis soll die VC-GmbH folglich insgesamt EUR 2,5 Mio. in die X-GmbH einlegen. Davon sollen EUR 500.000 auf das (erhöhte) Stammkapital entfallen. Die übrigen EUR 2 Mio. sollen als sogenanntes „Agio"[39] die Kapitalrücklagen[40] der X-GmbH erhöhen. Diesem Angebot

---

[38]Dazu z. B. auch *Heesen,* Unternehmensbewertung, S. 16 ff.

[39]„Agio" bedeutet „Aufgeld", vgl. z. B. BFH, Urteil vom 07.04.2010 (Az. I R 55/09) sowie *Becker,* NZG 2003, S. 510 ff.

[40]Kapitalrücklagen im Sinn von § 272 Abs. 2 Nr. 1 HGB.

an die VC-GmbH liegen demnach folgende Wertvorstellungen der Alt-Gesellschafter über „ihre" X-GmbH zugrunde:

Das von der X-GmbH betriebene Unternehmen soll unter der Voraussetzung, dass die X-GmbH eine Geldeinlage in Höhe von EUR 2,5 Mio. erhält (so genannte „post-money-Bewertung"[41]), insgesamt einen Unternehmenswert in Höhe von EUR 7,5 Mio. haben.[42] Die Alt-Gesellschafter begründen diese dem Angebot zugrunde liegende Wertvorstellung mit einem Rechenmodell nach dem DCF-Verfahren, dessen Parameter (Planungen und Kapitalisierungszins) der VC-GmbH gegenüber offengelegt werden. Die dem Rechenmodell zugrunde gelegte Planung erscheint – auch, nachdem sie von der VC-GmbH hinterfragt und „abgeklopft" wurde – plausibel und realistisch. Die VC-GmbH stellt sich jedoch gleichwohl die Frage, ob die Bewertungsvorstellungen der bisherigen Gesellschafter der X-GmbH in dem Sinn angemessen sind, dass diese im Rahmen der Bandbreite vertretbarer Unternehmenswert liegt.

Da bisher keine Geschäftsanteile an der X-GmbH verkauft worden sind, macht es keinen Sinn, herausfinden zu wollen, welche Preise für Geschäftsanteile an der X-GmbH bisher „marktüblich" waren bzw. vom Markt bestätigt worden sind. Um die Grenzen der Bandbreite vertretbarer Unternehmenswerte für die X-GmbH auszuloten, gleicht die VC-GmbH die Wertvorstellungen der Alt-Gesellschafter daher mit anderen Unternehmenswerten ab. Dabei fällt der Blick der VC-GmbH auf die Y-AG, weil diese in derselben Branche wie die X-GmbH tätig ist und ein ähnliches Geschäftsmodell hat.

Allerdings sind die Aktien der Y-AG – im Gegensatz zu den Geschäftsanteilen der X-GmbH – börsengehandelt. Die aktuelle Marktkapitalisierung und damit der marktbestätigte Unternehmenswert der Y-AG beträgt seit Abschluss des letzten Geschäftsjahrs konstant rund EUR 150 Mio. Die Auswertung der (öffentlich zugänglichen[43]) Finanzkennzahlen der Y-AG führt zu folgendem Befund: Im letzten abgelaufenen

---

[41]Vgl. *Weitnauer,* Der Beteiligungsvertrag, NZG 2001, S. 1065 ff. (1066).

[42]Dies folgt aus der Überlegung, dass die VC-GmbH für den Fall, dass das Angebot der (bisherigen) Gesellschafter angenommen und umgesetzt wird, dann im Umfang von einem Drittel an der X-GmbH beteiligt ist. Denn das Angebot zielt darauf ab, dass die X-GmbH im Ergebnis ein Stammkapital in Höhe von 1,5 Mio. EUR hat. An diesem wäre die VC-GmbH dann im Umfang von (absolut) EUR 500.000 und folglich (relativ) mit einer Quote von einem Drittel beteiligt. Da die VC-GmbH dann in Form einer Geldeinlage EUR 2,5 Mio. aufwenden müsste, um dieses Drittel an der X-GmbH zu erhalten, liegt dem Angebot ein *„post money"* unterstellter Gesamtwert des von der X-GmbH betriebenen Unternehmens von EUR 7,5 Mio. zugrunde.

[43]Vgl. dazu z. B. § 325 HGB, § 40 WpHG sowie Art. 17 der VERORDNUNG (EU) Nr. 596/2014 DES EUROPÄISCHEN PARLAMENTS UND DES RATES vom 16. April 2014 über Marktmissbrauch (Marktmissbrauchsverordnung) und zur Aufhebung der Richtlinie 2003/6/EG des Europäischen Parlaments und des Rates und der Richtlinien 2003/124/EG, 2003/125/EG und 2004/72/EG der Kommission.

Geschäftsjahr erzielte die Y-AG mit insgesamt 1000 Mitarbeitern EUR 300 Mio. Umsatzerlöse. Zudem schloss die Y-AG das letzte Geschäftsjahr mit einem Jahresüberschuss in Höhe von EUR 15 Mio. ab. Diese Analyse der Y-AG führt folglich zu folgenden Kennzahl-Unternehmenswert[44]-Relationen bei der Y-AG:

Mitarbeiter 1000 : Unternehmenswert EUR 150.000.000 = Faktor (Multiplikator) 150.000

Umsatzerlöse EUR 300.000.000 : Unternehmenswert EUR 150.000.000 = Faktor (Multiplikator) 0,5

Jahresüberschuss EUR 15.000.000 : Unternehmenswert EUR 150.000.000 = Faktor (Multiplikator) 10

Überträgt man diese Faktoren (Multiplikatoren) auf die X-GmbH, führt dies zu folgenden Ergebnissen:

Im Hinblick auf die 50 Mitarbeiter der X-GmbH führt der Multiplikator 150.000 zu einem Unternehmenswert in Höhe von EUR 7.500.000 (50 × 150.000).

Multipliziert man die zuletzt erzielten Umsatzerlöse der X-GmbH (EUR 10.000.000) mit dem bei der Y-AG errechneten Umsatzmultiplikator (Faktor 0,5), führt dies zu einem Unternehmenswert in Höhe von EUR 5.000.000 für die X-GmbH (0,5 × EUR 10.000.000).

Wird der von der X-GmbH zuletzt erzielte Jahresüberschuss (EUR 100.000) mit dem entsprechenden Multiplikator bei der Y-AG multipliziert (Faktor 10), führt dies bei der X-GmbH nur noch zu einem Unternehmenswert in Höhe von EUR 1.000.000 (10 × EUR 100.000).

Bei einem „Post-Money-Wert" der X-GmbH von EUR 7,5 Mio entspricht die Kennzahl-Wert-Relation der X-GmbH folglich nur bei der Mitarbeiterzahl (Mitarbeitermultiplikator) entsprechenden Relation bei der Y-AG. Die Übertragung anderer Kennzahl-Wert-Relationen der Y-AG auf die X-GmbH legen dagegen einen niedrigeren Unternehmenswert der X-GmbH nahe als die von den Alt-Gesellschaftern angesetzten EUR 7,5 Mio. Denn die Übertragung der Umsatz- und Jahresüberschussmultiplikatoren führen für die X-GmbH zu Unternehmenswerten von nur EUR 5 bzw. 1 Mio.

Dies bedeutet nicht zwingend, dass das von Alt-Gesellschaftern unterbreitete Angebot unangemessen, weil zu hoch ist. Aber das Heranziehen der Multiplikatoren indiziert, dass das Angebot am obersten Ende der Bandbreite der für die X-GmbH vertretbaren Unternehmenswerte liegt. Dieser Befund sollte der VC-GmbH daher Anlass zur Vorsicht und Durchführung weiterer Prüfungshandlungen geben, bevor das Angebot angenommen wird. Naheliegend wäre z. B., nicht nur Multiplikatoren der Y-AG heranzuziehen, sondern auch noch Multiplikatoren weiterer Unternehmen, die eine ähnliche Größe oder ein ähnliches Geschäftsmodell wie die X-GmbH haben und/oder die in angrenzenden Branchen tätig sind. Zudem liegt es nahe, nicht nur die

---

[44]Unter Zugrundelegung der Annahme, dass der Unternehmenswert der Marktkapitalisierung entspricht.

Relationen zwischen der Mitarbeiterzahl, dem Umsatz und dem Jahresüberschuss einerseits und dem Unternehmenswert andererseits zu betrachten, sondern auch weitere Kennzahl-Wert-Relationen.[45] Darüber hinaus sollte die VC-GmbH untersuchen, ob die X-GmbH die im Rahmen der von den Alt-Gesellschaftern angebotenen Kapitalerhöhung einzulegenden EUR 2,5 Mio. realistischer Weise so nutzen könnte, dass auch die X-GmbH in absehbarer Zeit ähnliche oder bessere Kennzahl-Wert-Relationen erreicht, als die Y-AG, z. B. deshalb, weil geplant ist, das „frische" Kapital für Investitionen zu nutzen, welche die Mitarbeiterproduktivität und damit den Jahresüberschuss voraussichtlich steigern.

Geeignete Kennzahlen sind nahezu immer Umsatzerlöse, Jahresüberschuss und EBIT[46]. Abhängig von Branche und Geschäftsmodell können zudem weitere Kennzahl-Multiplikatoren geeignet erscheinen, z. B. die Zahl der Mitarbeiter, Klickzahlen, Medienpräsenz, bestimmte Absatzzahlen (Stückzahlen), Filialzahlen und/oder die Eigenkapitalquote. Das Heranziehen von Multiplikatoren erfordert die Kenntnis der betreffenden Kennzahl-Wert-Relationen bei Unternehmen, die mit dem Bewertungsobjekt vergleichbar sind. Das können Unternehmen mit grundsätzlich vergleichbaren Geschäftsmodellen, Mitarbeiter-, Umsatz- und/oder Ergebniszahlen sein, aber auch Unternehmen mit vergleichbarer Historie, Kunden- oder Risikostruktur.

3.9.2 Ermittlung von Multiplikatoren

Unternehmensbewertung durch Multiplikatoren kann markt- und zeitnah erfolgen, sofern es vergleichbare Unternehmen gibt, über die entsprechende Kennzahl-Wert-Relationen bekannt oder zumindest problemlos ermittelbar sind. Solche Kennzahl-Wert-Relationen sind insbesondere bei Unternehmen problemlos ermittelbar, die von Gesellschaften betrieben werden, deren Anteile börsengehandelt sind. Denn entsprechende Informationen über solche kapitalmarktorientierten Unternehmen sind öffentlich verfügbar und damit leicht zugänglich. Daneben können geeignete Multiplikatoren gelegentlich auch veröffentlichten Studien oder der Wirtschaftspresse entnommen oder von transaktionserfahrenen Beratern in Erfahrung gebracht werden. Dabei sollte die Vergleichbarkeit nicht nur auf Unternehmen beschränkt werden, die in derselben oder zumindest angrenzenden Branchen tätig sind, wie das Bewertungsobjekt. Ebenfalls interessant kann auch das Heranziehen der Multiplikatoren von Unternehmen sein, die zwar in anderen

---

[45]Herangezogen werden kann z. B. auch die Relation zwischen der Zahl aller oder bestimmter Kunden und dem Unternehmenswert.

[46]"EBIT" steht für *„earnings before interest and taxes";* was in Anbetracht der Rechtsformabhängigkeit der Ertragsbesteuerung zu besserer Vergleichbarkeit führt.

Branchen aktiv, jedoch im Hinblick auf Mitarbeiter- oder Umsatzzahlen oder die Kunden- oder Kapitalstruktur mit dem Bewertungsobjekt vergleichbar sind.

3.9.3   Vor- und Nachteile von Multiplikatoren

Können geeignete Multiplikatoren ermittelt werden, ist deren Übertragung auf ein anderes Unternehmen – sofern man von diesem die entsprechenden Kennzahlen kennt – einfach und transparent umsetzbar. Durch Heranziehen verschiedener Multiplikatoren, also von mehreren Kennzahl-Wert-Relationen mehrerer „Vergleichsunternehmen", kann schnell und unkompliziert ein Wertespektrum ermittelt werden. Ein solches Wertespektrum hat immer einen niedrigsten und einen höchsten Wert. Dafür ist keine Schätzung erforderlich. Denn Wertrelationen können mathematisch genau ermittelt und übertragen werden.

Gleichwohl oder gerade deshalb ist die Übertragung von Multiplikatoren undifferenzierter, als die Anwendung der Ertragswertmethode oder des DCF-Verfahrens. Denn kein Unternehmen ist genau wie ein anderes. Deshalb sind mit Multiplikatoren „berechnete" Unternehmenswerte im Ergebnis weder genauer noch „richtiger" als Unternehmenswerte, die durch Anwendung der Ertragswertmethode oder des DCF-Verfahrens ermittelt werden. Letztere erfordern zwar Schätzungen, z. B. über zukünftige Ertragsentwicklungen, aber diese erfolgen zumindest auch anhand unternehmensspezifischer Informationen, z. B. unter Berücksichtigung der konkreten Produktionskapazität. Das Heranziehen von Multiplikatoren mag daher zwar weniger aufwändig sein als die Anwendung der Ertragswertmethode und des DCF-Verfahrens, ist jedoch pauschaler.

3.9.4   Eignung von Multiplikatoren

Das Heranziehen von Multiplikatoren liegt besonders dann nahe, wenn Geschwindigkeit gefragt ist, wenn man zeitnah einen groben Richtwert, besser noch ein Spektrum grober Richtwerte ermitteln will. Multiplikatoren sind daher auch dazu geeignet, die durch Anwendung anderer Unternehmensbewertungsmethoden gefundenen Ergebnisse zu verplausibilisieren. Denn das obere und das untere Ende des durch Multiplikatoren entwickelten Wertespektrums liefern betragsmäßig konkrete Anhaltspunkte dafür, wo die Ober- und Untergrenze der Bandbreite vertretbarer Unternehmenswerte verlaufen könnte. Liegt ein mit Ertragswertmethode oder DCF-Verfahren ermittelter Unternehmenswert innerhalb dieser Bandbreite, spricht dies für die Plausibilität und Vertretbarkeit des Ergebnisses. Liegt der durch Anwendung dieser Methoden gefundene Wert dagegen außerhalb der durch Heranziehen von Multiplikatoren entwickelten Bandbreite, besteht Anlass, die Bewertung weiter zu hinterfragen.

3.10 Zwischenfazit

Verständnis dieser Grundüberlegungen und Zusammenhänge ist für Unternehmensgründer hilfreich, weil der Wert eines Unternehmens in verschiedensten Phasen eine wirtschaftlich erhebliche Rolle spielen kann. Für Unternehmensgründer besonders relevant mag dabei zunächst die Beteiligung Dritter am Unternehmen erscheinen, z. B. die Beteiligung eines „Business Angels" oder sonstigen Investors. Denn für die Beteiligungsquote, die ein Dritter berechtigter Weise fordern kann, kommt es auf das Wertverhältnis zwischen dem Beitrag des Dritten zur Unternehmung und dem Wert des Unternehmens unter Berücksichtigung des Beitrags an, also unter Zugrundelegung der Annahme, dass der Dritte den Beitrag auch leistet. Soll dieser Beitrag in einer Geldeinlage bestehen, ist folglich der „post-money-Wert" maßgeblich.[47]

Gängige Methoden, den Wert eines Unternehmens bei solchen Anlässen zu ermitteln, sind die Ertragswertmethode und das DCF-Verfahren. Nach diesen beiden Methoden wird ein „Zukunftserfolgswert" ermittelt. Maßgeblicher Werttreiber ist dabei die voraussichtliche Fähigkeit eines Unternehmens, Jahresüberschüsse zu erwirtschaften bzw. Ausschüttungen an die (wirtschaftlichen) Eigentümer des Unternehmens zu ermöglichen. Deshalb besteht auch ein enger Zusammenhang zwischen der Compliance-Fähigkeit eines Unternehmens und dessen Wert. Denn jede Non-Compliance beinhaltet das Risiko, dass zusätzlicher Aufwand entsteht oder weniger Ertrag realisiert werden kann. Beides wirkt sich negativ auf das Ergebnis und damit auch die Ausschüttungsfähigkeit eines Unternehmens aus. Rechtliches Durchdenken eines Geschäftsmodells und dessen anschließende Anpassung an die durch das Recht gesetzten Marktrahmenbedingungen beugen daher nicht nur späteren Enttäuschungen vor. Ein Geschäftsmodell, das nicht nur betriebswirtschaftlich tragfähig und technisch umsetzbar, sondern auch rechtlich möglichst unangreifbar gestaltet wird, treibt auch den Wert eines Unternehmens.

Eine der ersten Entscheidungen, die bei jeder Unternehmensgründung getroffen werden muss, ist die Bestimmung des Unternehmensträgers. Wer soll Inhaber des Unternehmens sein? „Unternehmensträger" und „Inhaber" in diesem Sinn ist derjenige Marktteilnehmer, der die zur Umsetzung des Geschäftsmodells erforderlichen Verträge mit Lieferanten und Kunden abschließen soll. Es ist derjenige Marktteilnehmer, auf dessen unmittelbare Rechnung das Geschäftsmodell umgesetzt werden und der das unmittelbare Risiko des Scheiterns der Unternehmung tragen soll.

Die Frage, wer Inhaber eines neu zu gründenden Unternehmens sein soll, stellt sich grundsätzlich bei jeder Unternehmensgründung, aber insbesondere dann, wenn mehrere Gründer beteiligt sind. In den folgenden Kapiteln wird daher die Möglichkeit betrachtet, zum Betrieb eines Unternehmens eine Gesellschaft zu gründen, die als Träger bzw. Inhaber des Unternehmens fungiert.

---

[47]Vgl. z. B. *Weitnauer*, NZG 2001, S. 1065 ff. (1066).

Literatur

Becker, Christian, Aktienrechtliches und handelsrechtliches Agio, NZG 2003, S. 510 ff., zit.: *Becker*, NZG 2003, S.

Buchner, Markus/Friedl, Gunther/Hinterdobler, Toni, Grundsätze zur Durchführung von Unternehmensbewertungen nach dem AWH-Standard, DStR 2017, S. 1341 ff., zit.: *Buchner/ Friedl/Hinterdobler*, Grundsätze zur Durchführung von Unternehmensbewertungen nach dem AWH-Standard, DStR 2017, S.

Heesen, Bernd, Basiswissen Unternehmensbewertung, 2. Auflage 2019, zit.: *Heesen*, Unternehmensbewertung, S.

Hoberg, Peter, Fehlerhaftes DCF-Standardmodell der Unternehmens- und Markenbewertung? DB 2015, S. 1909, zit.: *Hoberg*, DB 2015, S.

Matschke, Manfred Jürgen/Brösel, Gerrit, Unternehmensbewertung, 4. Auflage 2013, zit.: *Matschke/Brösel*, Unternehmensbewertung, S.

Seibel, Karsten, Gebrauchtwagenhändler ist Deutschlands wertvollstes Start-up, veröffentlicht am 15.01.2018 unter URL https://www.welt.de/finanzen/article172513884/Gebrauchtwagenhaendler-Auto1-ist-wertvollstes-Start-up.html, zit.: *Seiber*, welt online vom 15.01.2018

Vance, Ashlee, Elon Musk, Deutsche Übersetzung von *Sascha Mattke*, 17. Auflage 2017, S. 178/179, zit.: *Vance*, S.

Weitnauer, Wolfgang, Der Beteiligungsvertrag, NZG 2001, S. 1065 ff, zit.: *Weitnauer*, Der Beteiligungsvertrag, NZG 2001, S.

Gesellschaften als Unternehmensträger

4

Zusammenfassung

In diesem Kapitel wird vermittelt, welche Gründe dafür sprechen, ein Unternehmen nicht unmittelbar selbst zu betreiben, sondern dazu eine Gesellschaft zu gründen. Dadurch werden Gesellschaften zu Unternehmern bzw. „Unternehmensträgern" oder – insoweit synonym – „Unternehmensinhabern". Die Gründer der Gesellschaft betreiben das Unternehmen dann nicht unmittelbar selbst. Vielmehr sind die Gründer an der Gesellschaft und damit am Unternehmensträger bzw. Unternehmensinhaber beteiligt.

4.1 Gründe für Gesellschaften als Unternehmensträger[1]

Wer Märkte betrachtet, stellt fest, dass die meisten, jedenfalls aber die wirtschaftlich bedeutendsten Anbieter keine Menschen – in der Sprache der Gesetze „natürliche Personen" genannt[2] – sind, sondern Gesellschaften verschiedener Rechtsformen. Schokolade wird z. B. von der Ferrero Commerciale Italia S.r.l. (Ferrero), der Nestlé Suisse S.A. (Nestlé) oder der Alfred Ritter GmbH & Co. KG (Ritter Sport) hergestellt. Vertrieben wird diese dann z. B. in Läden der real,- SB-Warenhaus GmbH, einem Tochterunternehmen der Metro AG. Wer solche Läden nicht aufsuchen, sondern online einkaufen will, nimmt die Dienste der Google Inc. (Google) in Anspruch, um geeignete Angebote zu finden. Wer online nicht nur nach Schokolade sucht, sondern auch nach

---

[1]Fraglos können „*Vereine und Gesellschaften*" (Vgl. Art. 9 Abs. 1 GG) auch zur Verfolgung nicht-unternehmerischer Zwecke gegründet werden. Dies ist jedoch nicht Gegenstand dieser Betrachtung.

[2]Vgl. z. B. §§ 1897 Abs. 1 BGB, 1 Abs. 1 EStG.

© Springer Fachmedien Wiesbaden GmbH, ein Teil von Springer Nature 2020
N. Schädel, *Wirtschaftsrecht für Hightech-Start-ups*,
https://doi.org/10.1007/978-3-658-27033-9_4

Schuhen oder sonstiger Bekleidung, stößt dann z. B. auf die Angebote der Zalando SE (Zalando). Warum ist das so?

Wer verstehen will, warum Gesellschaften als Unternehmensträger[3] gegründet werden, muss die Risiken und Beschränkungen betrachten, denen Menschen ausgesetzt sind, die Unternehmen betreiben. Ein Vergleich zwischen Menschen als Unternehmensträgern – also als Inhaber von Unternehmen – und Gesellschaften als Unternehmensträgern belegt: Zumindest einige Gesellschaftstypen (Rechtsformen) sind als Träger eines gewerblichen Unternehmens nicht nur besser geeignet als ein „selbständiger" Mensch. Sie können den wirtschaftlich „hinter der Gesellschaft" stehenden Menschen – also den Gesellschaftern – auch einen ruhigeren Schlaf ermöglichen.

Dieser Vergleich soll im Folgenden durchgeführt werden. Dazu wird zunächst die Situation von unmittelbar selbst unternehmerisch tätigen Menschen (Selbstständigen) dargestellt. Vor diesem Hintergrund werden anschließend die Vorteile aufgezeigt, die mit der Gründung einer Gesellschaft zum Betrieb eines Unternehmens verbunden sein können.

4.2 Menschen als Unternehmer

4.2.1 Privat- und Unternehmensvermögen (Betriebsvermögen)

Wenn Menschen als selbstständige Unternehmer handeln, dann haben diese Menschen zwei Vermögenssphären, nämlich eine private und eine unternehmerische. Auch die Schulden (= Verbindlichkeiten) solcher Unternehmer sind entweder der privaten oder der unternehmerischen Sphäre zuzuordnen.

Kauft z. B. der Inhaber einer Werbeagentur einen neuen Rechner für einen Mitarbeiter, sind sowohl der Rechner als auch die gegenüber dem Lieferanten bestehende Kaufpreisschuld der unternehmerischen Sphäre des Agenturinhabers zuzuordnen. Nimmt der Agenturinhaber zudem ein Darlehen auf, um ein ausschließlich betrieblich genutztes Grundstück mit Gebäude anzuschaffen, gehören sowohl das Grundstück (mit Gebäude) als auch die Darlehensschuld zum Unternehmensbereich.

Beim Inhaber einer Werbeagentur kommt diese Zuordnung auch in der Rechnungslegung zum Ausdruck. Denn als Gewerbebetriebe fallen Werbeagenturen und deren Inhaber als „Kaufleute" in den Anwendungsbereich des HGB. Bei Erreichen der in § 241a HGB genannten Schwellenwerte müssen daher sowohl die Anschaffung des Rechners und der Immobilie als auch die Kaufpreis- und Darlehensverbindlichkeiten nach den einschlägigen Rechnungslegungsvorschriften erfasst werden. In der im Rahmen des Jahresabschlusses aufzustellenden Bilanz wird der Inhaber der Werbeagentur

---

[3]Dazu z. B. auch *Engelhardt,* Gesellschaftsrecht, S. 4 ff.

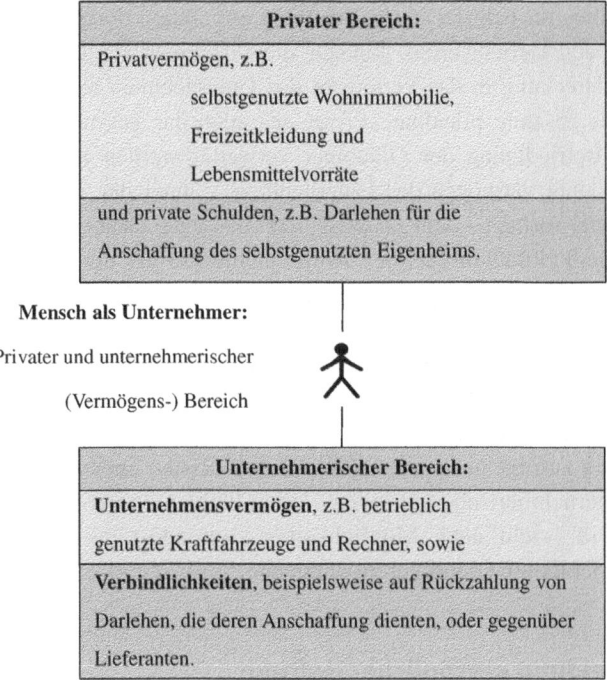

Abb. 4.1 Privat- und Betriebsvermögen

deshalb das Grundstück und den Rechner auf der Aktivseite (Vermögen) und die Kauf-preis- bzw. Darlehensverbindlichkeit auf der Passivseite (Kapital) ansetzen. Nimmt derselbe Werbeunternehmer dagegen ein Darlehen zur Finanzierung eines Eigenheims auf, dann sind sowohl dieses Darlehen als auch die damit finanzierte, selbstgenutzte Wohn-Immobilie der Privatsphäre zuzuordnen. Weder das Eigenheim noch die Dar-lehensverbindlichkeit tauchen in der Buchhaltung oder im Jahresabschluss der Werbe-agentur auf (Abb. 4.1).

4.2.2 Persönliche Haftung des Unternehmensinhabers

Ist ein Mensch Inhaber eines Unternehmens, ist er nicht nur Schuldner sämtlicher pri-vater Verbindlichkeiten, sondern auch sämtlicher im Unternehmen begründeter Ver-bindlichkeiten. Für die Erfüllung sämtlicher privater und betrieblich begründeter Verbindlichkeiten haftet dieser Mensch unbeschränkt persönlich. „Haftung" bedeutet, dass die Gläubiger dieser Verbindlichkeiten die Erfüllung der Verbindlichkeiten verlangen und dies im Fall der Nicht-Erfüllung gerichtlich durchsetzen können. Ergeht ein entsprechendes Gerichtsurteil, können die Gläubiger auf Grundlage des Urteils[4] die Zwangsvollstreckung in das Vermögen des Unternehmers betreiben. Dies bedeutet, dass sowohl das gesamte pfändbare Privat- als auch das gesamte pfändbare Betriebsvermögen zur Befriedigung der Gläubiger verwertet werden kann. Damit ist grundsätzlich das gesamte Vermögen des Unternehmers – unter der Voraussetzung, dass ein Vollstreckungstitel vorliegt – dem „Zugriff" der Gläubiger ausgesetzt.

Der Drogeriemarktkettenbetreiber Anton Schlecker ist ein prominentes Beispiel für einen Unternehmer[5], den diese persönliche Haftung für betriebliche Verbindlichkeiten traf.[6] Nachdem Schlecker – Arbeitgeber mehrerer tausend Mitarbeiter und Inhaber mehrerer hundert Drogeriefilialen – am 23.01.2012 einen Insolvenzantrag gestellt hatte, war von offenen Verbindlichkeiten im Milliarden-Euro-Bereich zu lesen.[7] Und auf dieser Milliarde Euro an Schulden blieb Anton Schlecker der weiteren Berichterstattung zufolge auch sitzen.[8] Wer dieses Risiko unbeschränkter persönlicher Haftung für unternehmerisch begründete Verbindlichkeiten vermeiden oder zumindest beschränken will, sucht nach Möglichkeiten, zumindest das Privatvermögen dem Zugriff der betrieblichen Gläubiger zu entziehen.

4.2.3 Vermeidung persönlicher Haftung

Ziel ist eine Abschirmung des Privatvermögens von durch den Betrieb des Unternehmens begründeten Verbindlichkeiten und Risiken. Um eine Abschirmung im Sinn einer haftungsrechtlichen Trennung zwischen privater und unternehmerischer Vermögenssphäre herbeizuführen, liegt es – sofern dies möglich ist – nahe, einen gesonderten, „künstlichen" Rechtsträger zu gründen,

---

[4]Gerichtliche Endurteile sind so genannte „Vollstreckungstitel" (vgl. dazu § 704 ZPO); weitere Vollstreckungstitel werden in § 794 ZPO genannt.

[5]Vgl. OLG Stuttgart, Beschluss vom 27.06.2012 (Aktenzeichen 8 W 228/12); EuGH, Urteil vom 12.09.2013 (Aktenzeichen C-64/12).

[6]Dazu z. B. *Koepsell,* Besondere Risiken für einen Einzelkaufmann im Insolvenzfall am Beispiel Anton Schlecker.

[7]So eine am 19.07.2012 unter URL http://www.zeit.de/wirtschaft/unternehmen/2012-07/schlecker-insolvenz-schulden veröffentlichte Nachricht von AFP und dpa.

[8]So z. B. faz-net unter URL http://www.faz.net/aktuell/wirtschaft/unternehmen/schlecker-bleibt-auf-einer-milliarde-euro-schulden-sitzen-15418638.html sowie ntv unter URL https://www.n-tv.de/wirtschaft/Schlecker-bleibt-auf-einer-Milliarde-sitzen-article20254202.html, jeweils am 26.01.2018.

- der wie ein Mensch unternehmerisch am Markt teilnehmen, also auch selbst Forderungen begründen und Verbindlichkeiten eingehen kann,
- und der für diese Verbindlichkeiten „geradestehen muss" (= Haftung),
- jedoch ohne dass daneben weitere Personen – insbesondere auch nicht der/die Gründer/Gesellschafter – ebenfalls haften muss/müssen,
- wobei der/die Gründer/Gesellschafter gleichwohl von einem etwaigen unternehmerischen Erfolg dieses „künstlichen" Rechtsträgers profitieren wollen.

Gerade auch der zuletzt genannte Punkt muss entscheidend hinzukommen. Denn bei der zur Haftungsvermeidung angestrebten Entkoppelung der privaten von der unternehmerischen Vermögenssphäre geht es nicht um eine vollständige Trennung beider Bereiche, sondern nur um eine Risiko-Abschirmung. Eine Abschirmung von den mit Unternehmertum verbundenen Chancen, namentlich den Einkommensaussichten, ist dagegen gerade nicht gewollt. Vielmehr sind die mit Unternehmertum verbundenen Einkommensaussichten – neben anderen – gerade einer der Gründe für die Aufnahme und Fortsetzung unternehmerischer Aktivitäten. Ziel ist folglich Risikovermeidung bei gleichzeitigem Chancenerhalt.

4.3 Risikobeschränkung bei Erhalt der unternehmerischen Geschäftschancen

4.3.1 Gesellschaften als Unternehmensträger

Gesellschaften sind von der Rechtsordnung anerkannte – und damit künstliche im Gegensatz zu natürlichen – Rechtsträger, die jedoch wie Menschen am Markt teilnehmen können. Und einige – nicht jedoch alle – Gesellschaftstypen (Rechtsformen), die zum Betrieb eines Unternehmens gegründet werden können, ermöglichen genau dies: Eine haftungsrechtliche Abschirmung der Gesellschaften von den Risiken der unternehmerischen Tätigkeit ohne gleichzeitigen Verlust der Möglichkeit, von deren Chancen zu profitieren. Dies ist z. B. bei Gesellschaften mit beschränkter Haftung (GmbH) und Aktiengesellschaften (AG) so vorgesehen (Abb. 4.2).[9]

---

[9]Um Missverständnisse zu vermeiden: Die Abb. 4.2 „Beispiel GmbH" soll lediglich beispielhaft eine Grundüberlegung veranschaulichen, die durch Gründung einer GmbH realisiert werden kann. Es geht um die Abschirmung von Risiken unter Beibehaltung der Chancen. Die Abbildung soll keinesfalls den Eindruck erwecken, als sei unternehmerische Tätigkeit durch GmbH nur in der dargestellten Struktur möglich. Sowohl GmbH als auch AG können beliebig viele Gesellschafter bzw. Aktionäre haben. Und diese Gesellschafter bzw. Aktionäre können sowohl in- als auch ausländische natürliche oder nicht-natürliche Rechtsträger sein wie z. B. andere Gesellschaften, Stiftungen oder sonstige rechtsfähige Konstruktionen. An dieser Stelle geht es ausschließlich darum, aufzuzeigen, warum das Streben nach Haftungsvermeidung ein wesentlicher Grund dafür ist, dass zur Aufnahme und Verfolgung unternehmerischer Aktivitäten Gesellschaften gegründet werden.

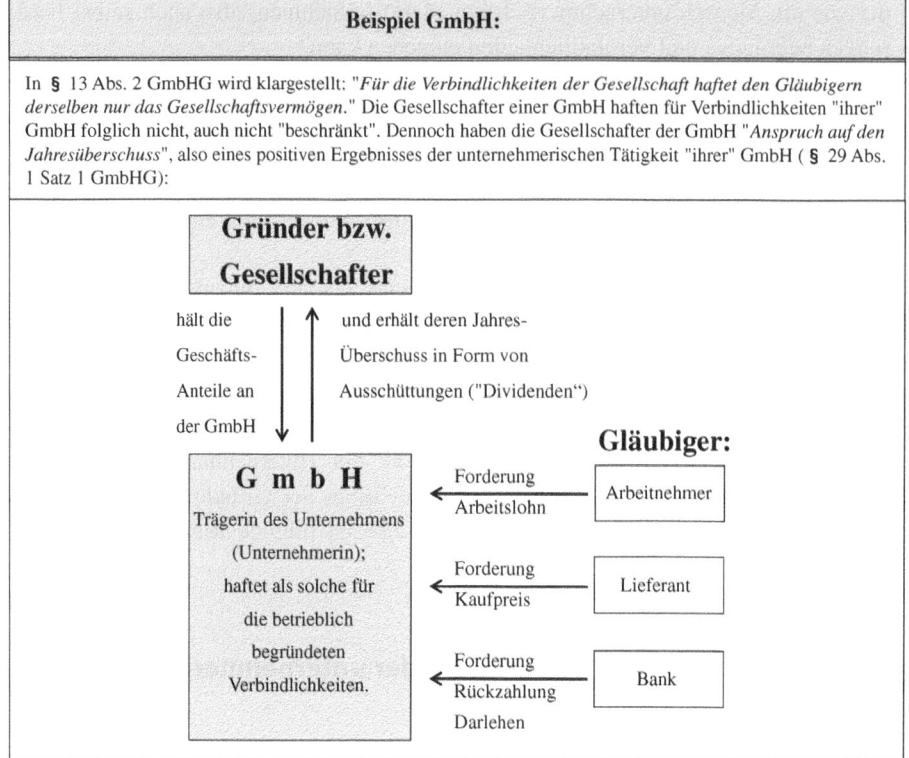

Beispiel GmbH:

In § 13 Abs. 2 GmbHG wird klargestellt: *"Für die Verbindlichkeiten der Gesellschaft haftet den Gläubigern derselben nur das Gesellschaftsvermögen."* Die Gesellschafter einer GmbH haften für Verbindlichkeiten "ihrer" GmbH folglich nicht, auch nicht "beschränkt". Dennoch haben die Gesellschafter der GmbH "*Anspruch auf den Jahresüberschuss*", also eines positiven Ergebnisses der unternehmerischen Tätigkeit "ihrer" GmbH (§ 29 Abs. 1 Satz 1 GmbHG):

Abb. 4.2 Beispiel GmbH

4.3.2   Exkurs: Haftungsdivisionalisierung in Konzernen

Es sind im Übrigen nicht nur Unternehmensgründer, die Gesellschaften gründen, um Haftungsrisiken zu vermeiden. Der Wunsch, einzelne, mit einem bestimmten Geschäftszweig, Projekt, Markt oder Kundenkreis verbundene unternehmerische Risiken oder Risiko-Cluster auf separate Gesellschaften zu verteilen, um andere Rechtsträger von diesen Risiken abzuschirmen, ist auch ein wesentlicher Grund für die Entstehung sogenannter „Konzerne". „Konzerne" sind Unternehmensorganisationen, die zwar wirtschaftlich eine Einheit bilden, rechtlich jedoch aus zwei oder mehr „miteinander verbundenen" Unternehmensträgern (Rechtsträgern) bestehen:[10] Die Abbildung „Haftungsdivisionalisierung im Konzern" (Abb. 4.3) mag dies beispielhaft veranschaulichen.

---

[10]Konkret wird der Begriff „Konzern" in § 18 Abs. 1 Satz 1 AktG wie folgt definiert: *„Sind ein herrschendes und ein oder mehrere abhängige Unternehmen unter der einheitlichen Leitung des herrschenden Unternehmens zusammengefasst, so bilden sie einen Konzern; die einzelnen Unternehmen sind Konzernunternehmen."* Das Vorliegen eines Konzerns setzt nicht voraus, dass eine Unternehmensorganisation eine bestimmte Größe erreicht oder eine bestimmte Mitarbeiterzahl hat.

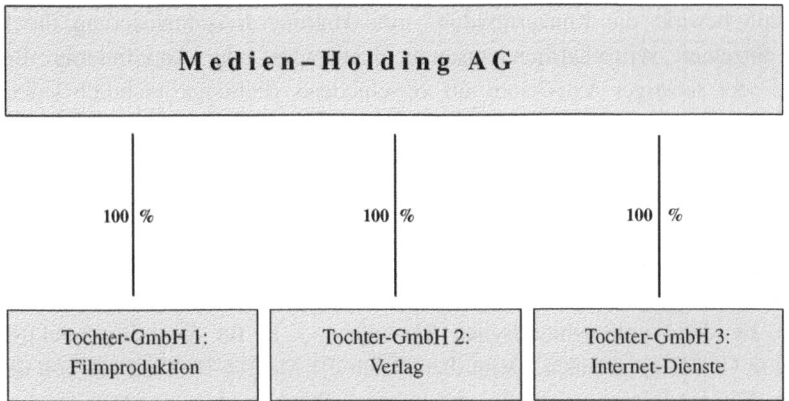

Abb. 4.3 Haftungsdivisionalisierung im Konzern

Wird z. B. von der in Abb. 4.3 enthaltenen Tochter-GmbH 1 eine Verbindlichkeit begründet, dann haftet dem Gläubiger dieser Verbindlichkeit grundsätzlich nur diese Tochter-GmbH 1 und damit auch nur deren Vermögen für die Erfüllung dieser Verbindlichkeit. Die Konzernobergesellschaft (in Abb. 4.3 die Medien-Holding AG), die Tochter-GmbH 2 und die Tochter-GmbH 3 haften dagegen nicht kraft Gesetzes[11] für die Verbindlichkeit der Tochter-GmbH 1.

Der in § 13 Abs. 2 GmbHG geregelte Grundsatz, dass den Gläubigern einer GmbH nur deren Vermögen haftet, gilt auch im Konzern. Das deutsche Recht kennt keine allgemeine Konzernhaftung in dem Sinn, dass Unternehmen (Unternehmensträger, Rechtsträger) für die Verbindlichkeiten anderer Unternehmensträger einstehen müssen, mit denen sie „verbunden" sind, also einen Konzern bilden.

Und obwohl der Konzern-Begriff im Aktiengesetz definiert wird, muss an einem Konzern auch keine AG beteiligt sein. Auch wenn eine OHG, eine GmbH oder eine nach ausländischem Recht errichtete Gesellschaft eine Tochter-GmbH hat, bilden diese Gesellschaften einen Konzern im Sinn des deutschen Rechts, und zwar auch dann, wenn diese Unternehmensorganisation wirtschaftlich unbedeutend ist. Auch für die folgende Abbildung gilt im Übrigen: Ein Konzern muss nicht zwingend so strukturiert sein, wie in der Abbildung beispielhaft dargestellt. Weder muss das herrschende Unternehmen (Mutterunternehmen oder Konzernobergesellschaft) die Rechtsform einer AG noch müssen die abhängigen Unternehmen (Tochtergesellschaften) GmbH sein.

[11]Dass weder die Konzernobergesellschaft (im Beispiel die Medien-Holding AG) noch die Tochter-GmbH 2, noch die Tochter-GmbH 3 „kraft Gesetzes" für Verbindlichkeiten der Tochter-GmbH 1 haften, bedeutet: Ein Gläubiger der Tochter-GmbH kann nicht automatisch von der Konzernobergesellschaft und/oder den Tochter-GmbH 1 und 2 verlangen, die Verbindlichkeit der Tochter-GmbH 1 zu erfüllen. Der Konzernobergesellschaft bleibt es jedoch – ebenso wie auch der Tochter-GmbH 2 und der Tochter-GmbH 3 – unbenommen, sich vertraglich, also freiwillig, gegenüber einem Gläubiger der Tochter-GmbH 1 zu verpflichten, für deren Verbindlichkeit(en)

Deshalb bewirkt die Konzernbildung eine Haftungsdivisionalisierung durch Allokation einzelner, wirtschaftlich zusammenhängender oder koordinierter Bereiche, Projekte oder sonstiger Aktivitäten auf verschiedene, (haftungs-)rechtlich jedoch selbständige Gesellschaften. Haftungsdivisionalisierung in diesem Sinn bedeutet dann: Nicht das gesamte, im Konzern vorhandene Vermögen haftet auch für sämtliche im Konzern begründeten Verbindlichkeiten. Vielmehr haben Gläubiger nur auf das Vermögen derjenigen (einzelnen) Konzerngesellschaft Zugriff, gegen die sie eine Forderung haben.[12]

Will in dem in Abb. 4.3 gezeigten Beispiel die Medien-Holding AG das eigene Vermögen vor den Risiken bestimmter unternehmerischer Aktivitäten schützen, dann liegt es nahe, für diese unternehmerischen Aktivitäten, z. B. für die Filmproduktion, eine gesonderte GmbH zu gründen. Denn diese kann die Medien-Holding AG von den Risiken des Filmproduktionsgeschäfts abschirmen. Wird in dem in Abb. 4.3 gezeigten Beispiel etwa die Tochter-GmbH 1 (Filmproduktionsgesellschaft) zahlungsunfähig, muss nur diese einen Insolvenzantrag stellen und insolvenzbedingt aus dem Markt ausscheiden.

Innerhalb einer Unternehmensorganisation können z. B. nicht nur für bestimmte Geschäftsbereiche oder Produktionsstätten gesonderte Gesellschaften gegründet werden, sondern auch für einzelne Projekte. Auf diese Weise kann eine sehr weitgehende Haftungsdivisionalisierung erreicht werden. Gesellschaften, die nur für einen eng umrissenen Zweck gegründet werden, z. B. zur Realisierung eines einzelnen Kauf-, Darlehens- oder Leasinggeschäfts, werden auch *„special purpose vehicle"* („SPV")[13]

---

einzustehen bzw. für diese zu haften, z. B. durch Übernahme einer Bürgschaft. Würde in der abgebildeten Konstellation die Tochter-GmbH 1 z. B. zur Finanzierung eines Projekts ein Darlehen bei einer Bank aufnehmen, dann kann es passieren, dass eine Bank nur dann bereit ist, der Tochter-GmbH 1 ein Darlehen zu gewähren, wenn der Anspruch der Bank auf Rückzahlung des Darlehens durch eine Bürgschaft der Medien-Holding AG abgesichert wird. Verbürgt diese sich dann gegenüber der darlehensgebenden Bank für die Rückzahlung des Darlehens, hätte dies zur Folge, dass nicht nur die Tochter-GmbH 1 für die Rückzahlung des Darlehens haftet, sondern auch die Medien-Holding AG. Diese Haftung der Medien-Holding AG für die Darlehensverbindlichkeit der Tochter-GmbH 1 folgt dann jedoch nicht aus einer gesetzlichen Regelung, sondern aus einem – freiwillig abgeschlossenen – Vertrag, nämlich aus dem Bürgschaftsvertrag mit der Bank.

[12]Ein Konzern kann als solcher weder Vermögen noch Verbindlichkeiten haben, weil ein Konzern als solcher kein Rechtsträger und deshalb auch kein Marktteilnehmer ist, der Rechte und Pflichten haben kann. Der Begriff „Konzern" beschreibt einen Sachverhalt, in dem mehrere (mindestens 2) Marktteilnehmer, in der Regel Gesellschaften, über gesellschaftsrechtliche Beteiligungen zu einer wirtschaftlichen Einheit verbunden sind. Dadurch erlischt die rechtliche Selbstständigkeit der einzelnen Konzern-Gesellschaften jedoch nicht. Ein Konzern beinhaltet daher eine wirtschaftliche Einheit, aber keine rechtliche Einheit der gesellschaftsrechtlich miteinander verbundenen Rechtsträger. Gesetzlich ist der Begriff „Konzern" in § 18 Abs. 1 AktG definiert, für dessen Verständnis wiederum die in den §§ 15–17 AktG definierten Begriffe „verbundene", „in Mehrheitsbesitz stehende", „mit Mehrheit beteiligte", „abhängige" und „herrschende" Unternehmen maßgeblich sind.

[13]Vgl. z. B. *Engelhardt,* Gesellschaftsrecht, S. 13.

oder *„special purpose entity"* („SPE") genannt. Solche SPV verdanken ihre Gründung dem Streben der dahinterstehenden Gesellschafter, von den Risiken eines bestimmten Projekts abgeschirmt zu werden. Dahinter steckt folglich dieselbe Überlegung, aus der heraus auch Menschen nicht selbst unternehmerisch tätig werden, sondern für „ihr" Unternehmen eine Gesellschaft zu gründen.

4.4 Ressourcenpooling einschließlich Finanzierung

Gesellschaften werden jedoch nicht nur zur Haftungsvermeidung oder -divisionalisierung gegründet, sondern auch aus anderen Gründen. Ein weiterer Grund ist die Beschaffung von Produktionsfaktoren bzw. das Vermeiden von Aufwand für deren Beschaffung.

4.4.1 Beschaffung von Produktionsfaktoren

Zur Erinnerung: „Produktionsfaktoren" sind sämtliche materiellen und immateriellen Güter sowie Dienstleistungen (Arbeitskraft), die ein Unternehmen benötigt, um die am Markt angebotenen Gegenstände und/oder Dienstleistungen liefern bzw. erbringen zu können. Will ein Unternehmen beispielsweise Medikamente herstellen und vertreiben, benötigt es dazu u. a. bestimmte Rohstoffe, ein Betriebsgrundstück, Maschinen und menschliche Arbeitskraft zu deren Bedienung. Möglicherweise will oder muss das Unternehmen zudem ein Herstellungsverfahren nutzen, welches durch ein Patent geschützt ist. Dann ist als weiterer Produktionsfaktor die Erlaubnis des Patentinhabers zur Nutzung dieses Herstellungsverfahrens (Lizenz) erforderlich. Diese Produktionsfaktoren muss das Unternehmen am Markt beschaffen, um die Produktionsfaktoren miteinander kombinieren und als Ergebnis Medikamente am Markt anbieten zu können. Produktionsfaktoren, die ein Unternehmensgründer selbst nicht hat, können grundsätzlich auf zwei verschiedenen Wegen beschafft werden:

4.4.2 Abschluss schuldrechtlicher Austauschverträge

Erste Möglichkeit der Ressourcenbeschaffung ist der Abschluss schuldrechtlicher Austauschverträge. Darunter fallen z. B. Kauf-, Arbeits-, Lizenz- und Mietverträge, auf deren Grundlage Rohstoffe gekauft, Arbeitskraft beschafft, Technologiegebrauch erlaubt und Raumnutzung ermöglicht wird. In der Regel liegt diesen schuldrechtlichen Austauschverträgen das Prinzip „Leistung (= Produktionsfaktor, Ressource) gegen Geld" zugrunde.

Beispielsweise verlangen Arbeitnehmer ebenso wie externe Dienstleister Geld als Gegenleistung (im Austausch) für menschliche Arbeitskraft.[14] Als Arbeitgeber bzw. Auftraggeber schuldet der Unternehmer die Zahlung des vereinbarten Entgelts, welches typischerweise zeitnah fällig wird.[15] Die Erfüllung dieser Zahlungspflichten setzt voraus, dass der Unternehmer über entsprechende Geldmittel verfügt (Liquidität). Und selbst wenn die erforderliche Liquidität vorhanden ist, wird das Ergebnis des Unternehmens belastet (Aufwand). Nichts anderes gilt für die Beschaffung anderer Produktionsfaktoren. Auch Zahlungen an Vermieter von Geschäftsräumen, an Lieferanten (Verkäufer) von Rohstoffen[16], an Lizenzgeber und Stromversorger belasten die Liquidität des Unternehmers und – sofern nicht lediglich ein Aktivtausch[17] erfolgt – auch dessen Ergebnis (Abb. 4.4).

Wer die für die Beschaffung von Produktionsfaktoren auf Grundlage schuldrechtlicher Verträge erforderliche Liquidität nicht aufbringen kann oder will, muss alternative, insbesondere liquiditätsschonendere Beschaffungsmöglichkeiten in Betracht ziehen. Da andere Marktteilnehmer in der Regel nicht bereit sind, Produktionsfaktoren

---

[14]Grundsätzlich ist jeder Arbeitsvertrag auch gleichzeitig ein Dienstvertrag im Sinn der §§ 611 ff BGB, aber nicht jeder Dienstvertrag im Sinn der §§ 611 ff BGB ist auch ein Arbeitsvertrag. Entscheidend für die Qualifikation eines Dienstvertrags als „Arbeitsvertrag" ist nicht dessen Bezeichnung durch die Vertragsparteien, sondern dessen Inhalt und tatsächliche Durchführung: *„Arbeitnehmer ist, wer aufgrund eines privatrechtlichen Vertrags im Dienste eines anderen zur Leistung weisungsgebundener, fremdbestimmter Arbeit in persönlicher Abhängigkeit verpflichtet ist (…). Das Arbeitsverhältnis ist ein auf den Austausch von Arbeitsleistung und Vergütung gerichtetes Dauerschuldverhältnis. Die vertraglich geschuldete Leistung ist im Rahmen einer von Dritten bestimmten Arbeitsorganisation zu erbringen. Die Eingliederung in die fremde Arbeitsorganisation zeigt sich insbesondere darin, dass der Beschäftigte einem Weisungsrecht seines Vertragspartners (Arbeitgebers) unterliegt. Das Weisungsrecht kann Inhalt, Durchführung, Zeit, Dauer und Ort der Tätigkeit betreffen. Arbeitnehmer ist derjenige Mitarbeiter, der nicht im Wesentlichen frei seine Tätigkeit gestalten und seine Arbeitszeit bestimmen kann (…). Selbstständig ist dagegen, wer im Wesentlichen frei seine Tätigkeit gestalten und seine Arbeitszeit bestimmen kann, § 84 I 2 HGB. Der jeweilige Vertragstyp ergibt sich aus dem wirklichen Geschäftsinhalt. Widersprechen sich Vereinbarung und tatsächliche Durchführung, ist das Letztere maßgebend. Dabei kommt es auf eine Gesamtwürdigung der Umstände des Einzelfalls an (…)."* (Urteil des BAG vom 20. August 2003 [5 AZR 610/02], NJW 2004, S. 461 [462]).

[15]Bei Arbeitnehmern in der Regel spätestens am Ende eines Monats, vgl. § 64 HGB.

[16]Auch Arbeitnehmer sind im wirtschaftlichen Sinn „Lieferanten" eines Unternehmens, weil sie den Produktionsfaktor Arbeit bzw. Dienstleistung „liefern". Der Begriff „Arbeitnehmer" ist deshalb missverständlich. Denn wirtschaftlich betrachtet stellen Arbeitnehmer den Produktionsfaktor Arbeit/Dienstleistung bereit, „geben" diesen also, während Unternehmer/Arbeitgeber diesen Produktionsfaktor ab- bzw. entgegennehmen.

[17]Ein Aktivtausch liegt vor, wenn der Abgang und die damit verbundene Ausbuchung eines Wirtschaftsguts aus dem Vermögen eines Unternehmens unmittelbar durch Zugang und damit verbundenes Einbuchen eines anderen, gleichwertigen Wirtschaftsguts kompensiert wird und daher gewinnneutral erfolgt (vgl. dazu z. B. BGH, Beschluss vom 01.12.2015 [Az. 1 StR 154/15], NStZ 2016, S. 300).

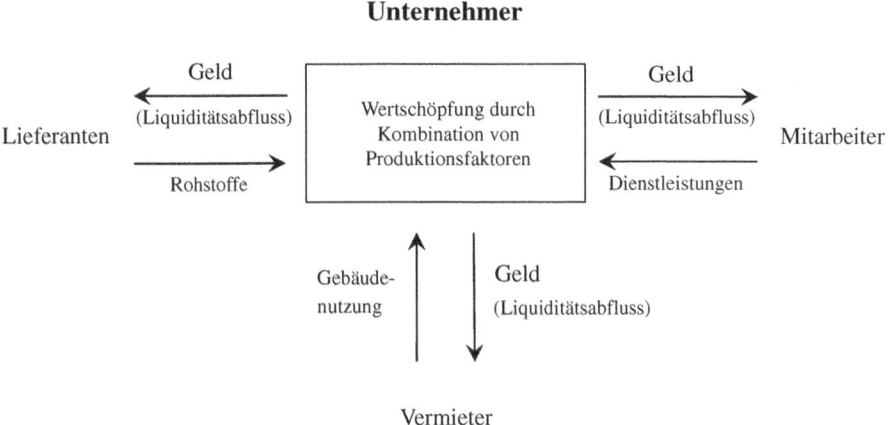

Abb. 4.4 Liquiditätsabflüsse

ohne Gegenleistung zur Verfügung zu stellen, gibt es – wenn diese Gegenleistung nicht in Geld bestehen soll – im Wesentlichen nur folgende Alternative: Die Beteiligung der Ressourcen-Lieferanten (im weitesten Sinn) an den mit der Unternehmung verbundenen Chancen anstelle einer zeitnah fälligen Vergütung in Geld.

4.4.3 Beteiligung von Ressourcen-Lieferanten

Der Beteiligung von Ressourcen-Lieferanten an den mit der Unternehmung verbundenen Chancen liegt ein anderes Prinzip zugrunde als der Formel Leistung gegen Geld: Wer einen zum Betrieb des Unternehmens erforderlichen Produktionsfaktor beiträgt („liefert"), erhält nur und auch erst dann etwas für diesen Einsatz, wenn die Unternehmung tatsächlich Erfolg hat, also entsprechende Ergebnisse erzielt. Bis dahin werden weder die Liquidität noch das Ergebnis des Unternehmens durch den Beschaffungsvorgang belastet.

Eine solche Unternehmensbeteiligung als „Gegenleistung" (anstelle einer Vergütung in Geld) für einen zum Betrieb des Unternehmens erforderlichen Ressourcen-Beitrag kann rechtlich durch Abschluss eines Gesellschaftsvertrags umgesetzt werden. Parteien des Gesellschaftsvertrags wären dann der oder die Initiator(en) des Unternehmens und ein oder mehrere Lieferant(en). Im Gesellschaftsvertrag wäre dann zu regeln, welche Beiträge der/die Initiator/en einerseits und welche Beiträge der/die Lieferant/en andererseits zu der durch den Gesellschaftsvertrag neu gebildeten Organisation leisten müssen, um das von der Organisation betriebene Unternehmen zu fördern.

Die Frage der von den jeweiligen Gesellschaftern zu leistenden Beiträge ist freilich nicht der einzige Regelungsgegenstand eines Gesellschaftsvertrags. Weitere gesellschaftsvertragliche Regelungen können z. B. Stimm-, Geschäftsführungs- und Kündigungsrechte der Gesellschafter betreffen. Durch einen Gesellschaftsvertrag entsteht zwischen den Beteiligten eine auf Dauer angelegte Organisation, die über einen bloßen Austausch von Leistungen und Gegenleistungen hinausgeht. Einer solchen Organisation erkennt die Rechtsordnung eine eigene Marktteilnahmefähigkeit in Form einer eignen „Rechtspersönlichkeit" zu.[18]

Die Folge der Gründung einer Gesellschaft ist, dass Inhaber, Träger und Betreiber des Unternehmens nicht mehr die einzelnen Gesellschafter oder die Gesellschafter in ihrer Gesamtheit sind, sondern die Gesellschaft als solche. Die Gesellschaft ist dann Inhaberin (rechtlicher Träger, Rechtsträger) des Unternehmens, während die Gesellschafter über das Medium des Gesellschaftsvertrags an diesem nur wirtschaftlich beteiligt sind. Wird eine Gesellschaft zum Betrieb eines Unternehmens gegründet, dann gehört das Unternehmen folglich nicht den Gesellschaftern, sondern der Gesellschaft.

4.4.4 Beteiligung von Geldgebern

Zur Vermeidung von Missverständnissen: Auf die gleiche Weise wie Personen, die Ressourcen in Form von Sachen, Rechten oder Dienstleistungen zum Unternehmen beitragen, können auch Geldgeber am Unternehmen beteiligt werden. Unerheblich ist dabei, ob man Geld als Produktionsfaktor oder lediglich als Tauschmittel zur Beschaffung von Produktionsfaktoren ansieht. In jedem Fall gilt:

Benötigt ein Unternehmen Geld, bestehen grundsätzlich zwei Möglichkeiten: Entweder hat der Träger des Unternehmens selbst das erforderliche Geld (Eigenfinanzierung) oder das Geld muss von anderen Marktteilnehmern geliehen werden (Fremdfinanzierung), z. B. von Banken. Auch für geliehene Geldbeträge ist in der Regel in Form von Zinsen eine Vergütung zu zahlen. Zudem ist es das Wesen eines Darlehens, dass der Darlehensbetrag früher oder später an den Darlehensgeber zurückgezahlt werden muss,[19] wenn auch möglicherweise in Raten. Die für eine Fremdfinanzierung anfallenden Zinsen belasten folglich sowohl das Ergebnis als auch die Liquidität des Unternehmens. Hinzu kommt die am Ende der Laufzeit (Endfälligkeit) oder in Form von Raten stetige Belastung der Liquidität durch Rückzahlung des Darlehens.

Sollen die mit einer Fremdfinanzierung verbundenen Belastungen des Ergebnisses und der Liquidität vermieden werden, kommt anstelle eines Zins- und Rückzahlungsver-

---

[18]Dies kommt z. B. in § 1 Abs. 1 Satz 1 AktG wie folgt zum Ausdruck: *„Die Aktiengesellschaft ist eine Gesellschaft mit eigener Rechtspersönlichkeit."* Vergleichbare Formulierungen finden sich auch in anderen Gesetzen für andere „Gesellschaftstypen", z. B. in § 13 Abs. 1 GmbHG für GmbH, in § 124 Abs. 1 HGB für offene Handelsgesellschaften, in § 17 Abs. 1 GenG für Genossenschaften und in § 21 BGB für eingetragene Vereine (*„Rechtsfähigkeit"*).

[19]Vgl. § 488 Abs. 1 Satz 2 BGB.

sprechens gegenüber dem Geldgeber dessen Beteiligung am Unternehmen in Betracht: Beteiligung statt Darlehen. Der Geldgeber stellt dann nicht befristet und entgeltlich gegen Zinsen Fremdkapital, sondern unbefristet Eigenkapital zur Verfügung und wird dafür am Unternehmen beteiligt, und zwar an den damit verbundenen Risiken ebenso wie an den Chancen.

4.5 Besteuerung

4.5.1 Einführung

Lieferanten sind nicht die einzigen Gläubiger eines Unternehmens. Auch der Staat – im Zusammenhang mit der Erhebung von Steuern auch „Fiskus" genannt – fordert seinen Teil an den Gewinnen, aber auch an den Umsätzen von Unternehmen. Steuerschulden können jedoch nicht in der Weise abgewendet werden, dass der Fiskus anstelle einer Geldzahlung eine Beteiligung an den Chancen (und Risiken) des Unternehmens (Steuerschuldner) in Form einer gesellschaftsrechtlichen Beteiligung erhält.

Will ein Unternehmen den Steueraufwand und die damit verbundenen Liquiditätsabflüsse vermeiden oder reduzieren, kann aber versucht werden, das Unternehmen zumindest möglichst steuergünstig zu strukturieren. Denn das deutsche Unternehmensrecht ist auch im Bereich der Besteuerung uneinheitlich. Dies gilt auch für die Besteuerung von Unternehmens-Gewinnen. Die Besteuerung von Gewinnen[20] erfolgt im deutschen Recht rechtsformabhängig. Daneben spielt die Einordnung eines Unternehmers als gewerblich eine Rolle. Deshalb kann auch das Streben nach möglichst geringer Steuerbelastung ausschlaggebend für die Gründung einer Gesellschaft zum Betrieb eines Unternehmens sein. Die wichtigsten Unternehmenssteuern der Bundesrepublik Deutschland sind die Umsatz-, die Einkommen-, die Körperschaft- und die Gewerbesteuer. Auf diese vier Steuerarten wird im hier maßgeblichen Zusammenhang mit der Rechtsformwahl kurz eingegangen, wobei folgende Einschränkung zu beachten ist:

Das deutsche Steuerrecht kann nicht auf wenigen Seiten dargestellt werden, auch nicht auf wenigen hundert Seiten. Die Quantität und Komplexität des deutschen Steuerrechts machen dieses nur noch für Personen durchdringbar, die wesentliche Teile ihres Lebens dafür verwenden, das Steuerrecht zu verstehen. Das sind im wesentlichen Menschen, die ihre Brötchen mit dem Steuerrecht verdienen, insbesondere Steuerberater, Fachanwälte für Steuerrecht, Mitarbeiter von Steuerbehörden oder der Steuerabteilungen von Unternehmen und ein paar Hochschullehrer. Für Unternehmer, z. B. für Handwerker, Patentanwälte, Ärzte oder Personalberater, ist es unmöglich, die anwendbaren Paragrafen zu verstehen und daraus die eigene Steuerbelastung selbst zu ermitteln. Den meisten Unternehmern dürfte es ohne fremde Hilfe nicht einmal gelingen, die anwendbaren

---

[20]Alternativ auch „Ertragsbesteuerung" genannt.

Paragrafen selbst zu ermitteln. Im Folgenden geht es daher nicht darum, (potenziellen) Unternehmensgründern steuerrechtliche Kompetenzen zu vermitteln oder sie für das Steuerrecht zu begeistern. Vielmehr soll lediglich ein Überblick verschafft werden, der verständlich macht, warum es auch aus steuerrechtlichen Gründen sinnvoll sein kann, zum Betrieb eines Unternehmens eine Gesellschaft zu gründen.

4.5.2 Umsatzsteuer

Im Rahmen dieser Betrachtung spielt die Umsatzsteuer keine Rolle. Denn die Besteuerung von Umsätzen erfolgt rechtsformneutral.[21] Hinzu kommt, dass die Umsatzsteuer zumindest in ihrer Grundidee für Unternehmen nicht mit einer wirtschaftlichen Belastung verbunden sein soll. Schuldner der Umsatzsteuer sind zwar grundsätzlich[22] die Unternehmer, die Lieferungen oder sonstige Leistungen gegen Entgelt in der Bundesrepublik Deutschland ausführen[23]. Die von einem Unternehmen zu zahlende Umsatzsteuer wird von diesem jedoch in der Regel dessen Kunden in Rechnung gestellt, also an diese weiterbelastet. Dies bedeutet:

Die Zahlung von Umsatzsteuer wird zwar von Unternehmen geschuldet, die damit verbundene wirtschaftliche Belastung wird jedoch letztlich auf die Endkunden – in erster Linie Verbraucher – abgewälzt. Oder, in anderen Worten ausgedrückt: Die Umsatzsteuer wird zwar grundsätzlich von Unternehmen erhoben, wirtschaftlich jedoch von den Endkunden getragen. Deshalb spielen umsatzsteuerliche Erwägungen bei der Rechtsformwahl in der Regel keine ausschlaggebende Rolle. Anders ist dies jedoch bei der Einkommen- und Körperschaftsteuer sowie – mit Einschränkungen – bei der Gewerbesteuer.

---

[21]Damit soll nicht behauptet werden, dass die Umsatzbesteuerung „einheitlich" sei. Auch die Umsatzbesteuerung kennt steuerfreie und steuerpflichtige Lieferungen und sonstige Leistungen (dazu § 4 UStG), und innerhalb der steuerpflichtigen Lieferungen und sonstigen Leistungen kommen unterschiedliche Steuersätze zur Anwendung (dazu § 12 UStG). Rechtsformneutralität der Umsatzsteuer bedeutet lediglich, dass es für die Umsatzbesteuerung keinen Unterschied macht, ob ein bestimmter Umsatzsteuertatbestand von einem Menschen oder von einer Gesellschaft (in welcher Rechtsform auch immer) verwirklicht wird. Deshalb spielt die Umsatzbesteuerung in der Regel keine Rolle für die Fragen, ob für den Betrieb eines Unternehmens eine Gesellschaft gegründet und, falls ja, welche konkrete Rechtsform gewählt werden soll.

[22]„Grundsätzlich" deshalb, weil zumindest bestimmte Umsatzsteuertatbestände (dazu § 1 Abs. 1 Nr. 4 UStG) auch von Nicht-Unternehmern verwirklicht werden können. Dies wird hier jedoch nicht vertieft, weil Gegenstand der Betrachtung ausschließlich Unternehmer sind.

[23]Dazu § 1 Abs. 1 Nr. 1 UStG.

4.5.3 Einkommensteuer

4.5.3.1 Grundlagen

Die – im Einkommensteuergesetz (EStG) geregelte – Einkommensteuerbelastung ist
bereits deshalb rechtsformabhängig, weil Einkommensteuer im deutschen Recht ausschließlich von Menschen geschuldet wird. Gesellschaften sind im deutschen Recht
keine Einkommensteuersubjekte, schulden also nie Einkommensteuer.[24] Von den auf der
Erde lebenden Menschen – in der Sprache des EStG „*natürliche Personen*"[25] genannt –
sind für den deutschen Fiskus nicht alle gleichermaßen interessant. Betrachtet man das
EStG, fällt jeder Mensch einkommensteuerlich betrachtet in eine der folgenden drei
Kategorien:

Kategorie:	**Unbeschränkt** ein-kommensteuerpflichtig	**Beschränkt** ein-kommensteuerpflichtig	**Nicht** einkommen-steuerpflichtig
Voraussetzungen:	Wohnsitz[a] oder gewöhnlicher Aufenthalt[b] in Deutschland	**Weder Wohnsitz noch** gewöhnlicher **Aufenthalt,** jedoch **Einkunftsquelle**(n) in Deutschland	**Weder Wohnsitz noch** gewöhnlicher **Aufenthalt noch Einkunftsquelle** in Deutschland
Einkommensteuer-pflichtig in Deutsch-land ist:	Das weltweit erzielte Einkommen (**Weltein-kommen**)	Das Einkommen aus der/den Einkunfts-quelle(n) in Deutsch-land	Kein Einkommen; es wird keine Ein-kommensteuer nach dem EStG geschuldet.

[a]Der Begriff „Wohnsitz" wird in § 8 AO definiert.
[b]Dazu § 9 AO

Den deutschen Fiskus interessieren nur unbeschränkt und beschränkt einkommensteuer-
pflichtige Menschen. Deren Einkommensteuer-Zahlungspflichten hängen von der jeweils
maßgeblichen Bemessungsgrundlage ab.

4.5.3.2 Bemessungsgrundlage

Bemessungsgrundlage für die Einkommensteuer ist das „zu versteuernde Einkommen".[26]
Wenn ein Mensch als Inhaber eines gewerblichen Unternehmens einen Gewinn erwirtschaftet, geht dieser Gewinn in die Bemessungsgrundlage ein.[27] Der Gewinn wird dann
Teil, möglicherweise der wesentliche Teil des „zu versteuernden Einkommens" und
erhöht damit die Einkommensteuerbelastung des Unternehmers.

---

[24]Denkbar ist jedoch, dass eine Gesellschaft für die Einkommensteuerschuld eines Dritten haftet,
z. B. für die von einem Arbeitnehmer oder Anteilseigner geschuldete Einkommensteuer.
[25]Wortlaut von § 1 Abs. 1 Satz 1 EStG.
[26]Vgl. §§ 2 Abs. 4, 32 a Abs. 1 Satz 1 EStG.
[27]Dazu § 2 Abs. 1 bis 4 EStG.

Ob die *„Einkünfte aus Gewerbebetrieb"*[28] den wesentlichen oder nur einen unwesentlichen Teil der einkommensteuerlichen Bemessungsgrundlage eines Unternehmers ausmachen, hängt nicht nur von der Höhe des Gewinns ab. Maßgeblich ist auch, ob der Unternehmer neben den gewerblichen noch anderweitige Einkünfte erzielt.[29] Denn ein und derselbe Mensch kann jeweils unterschiedlich zu klassifizierende Einkünfte erzielen. Diese werden dann zur Ermittlung der einkommensteuerlichen Bemessungsgrundlage addiert.[30]

4.5.3.3 Einkommensteuertarif

Steht die Bemessungsgrundlage – also das *„zu versteuernde Einkommen"* eines Menschen – fest, dann hängt die Höhe der geschuldeten Einkommensteuer vom anwendbaren Einkommensteuertarif ab. Dabei kennt das deutsche Einkommensteuerrecht keinen einheitlichen Steuertarif in dem Sinn, dass sämtliche Einkommensteuerpflichtigen einen bestimmten Prozentsatz ihres zu versteuernden Einkommens an den Fiskus abgeben müssen. Stattdessen erfolgt die Einkommensbesteuerung nach einem progressiven Steuertarif. Dabei gilt:

Je höher das zu versteuernde Einkommen (= Bemessungsgrundlage), desto höher ist der Einkommensteuertarif auf jeden zusätzlichen Euro, um den sich das zu versteuernde Einkommen und damit die Bemessungsgrundlage erhöht. Folglich erhöht sich die Grenzsteuerbelastung auf jeden zusätzlich erzielten Euro. Die maximale Grenz- und Einkommensteuerbelastung liegt derzeit bei einem Tarif in Höhe von 45 %.[31]

4.5.3.4 Einkommen- und Gewerbesteuer

Die Einkommensbesteuerung gewerblich tätiger Menschen erfolgt grundsätzlich neben der Erhebung der Gewerbesteuer. Der von einem gewerblichen Unternehmer erzielte Gewinn unterliegt sowohl einer Gewerbe- als auch einer Einkommensteuerbelastung. Allerdings sieht das EStG für diesen Fall in § 35 EStG eine Ermäßigung der geschuldeten Einkommensteuer vor, durch welche eine entsprechende Steuer-Doppelbelastung in den dort geregelten Grenzen vermieden wird.

Ist eine Personengesellschaft Inhaberin eines Gewerbebetriebs, dann ist zwar diese Personengesellschaft Schuldnerin der Gewerbesteuer, und nicht die Gesellschafter. Wegen § 35 Abs. 1 Nr. 2 EStG führt die Gewerbesteuerbelastung der Personengesellschaft jedoch

---

[28]Dazu § 2 Abs. 1 Nr. 2 EStG.

[29]Die einkommensteuerlich relevanten Einkunftsarten werden in § 2 Abs. 1 EStG abschließend aufgeführt.

[30]Dazu § 2 EStG: Ausgangsgrundlage für die Ermittlung der einkommensteuerlichen Bemessungsgrundlage ist danach die *„Summe der Einkünfte"*.

[31]Dazu § 32a Abs. 1 Nr. 5 EStG.

zu einer Einkommensteuerentlastung der an dieser Personengesellschaft als Gesellschafter (Mitunternehmer) beteiligten Menschen.[32]

4.5.3.5 Solidaritätszuschlag

Zudem wird die Einkommensteuerbelastung um den sogenannten „Solidaritätszuschlag" erhöht. Dieser beträgt 5,5 % der geschuldeten Einkommensteuer. Auch wenn die auf diese Weise noch weiter erhöhte Gewinnsteuerbelastung durch verschiedene Maßnahmen wie beispielsweise die Thesaurierung von Gewinnen[33] zumindest teilweise aufgeschoben werden kann, gibt es Menschen, die diese Steuerbelastung als (zu) hoch empfinden. Deshalb wird der Blick auf die Besteuerung von unternehmerisch tätigen Gesellschaften gerichtet. Dies führt zunächst zu folgendem Befund:

4.5.3.6 Keine Einkommensteuerpflicht von Gesellschaften

Wird ein und dasselbe Unternehmen nicht von einem Menschen betrieben, sondern von einer Gesellschaft, schuldet diese keine Einkommensteuer auf die erwirtschafteten Gewinne. Dies bedeutet nicht, dass von Gesellschaften erzielte Gewinne keiner Steuerbelastung unterliegen. Die Gewinnbesteuerung von Gesellschaften ist jedoch komplexer als die von unternehmerisch tätigen Menschen. Denn zunächst muss zwischen verschiedenen Gesellschaftsformen (Rechtsformtypen) differenziert werden, nämlich zwischen „Körperschaften" und „Personengesellschaften". Welche der im deutschen Recht geregelten Gesellschaftstypen zu den Körperschaften zählen, kann § 1 Abs. 1 KStG entnommen werden. Darunter fallen neben Genossenschaften, Europäischen Gesellschaften, AG und KGaA insbesondere auch die in diesem Werk besonders im Vordergrund stehenden GmbH. Personengesellschaften sind dagegen GbR, Partnerschaften, OHG, KG und Europäische Wirtschaftliche Interessenvereinigungen. Im Bereich der Gewinnbesteuerung hat die Einordnung einer Gesellschaft als Körperschaft auf der einen oder als Personengesellschaft auf der anderen Seite erhebliche Auswirkungen, nämlich folgende:

---

[32]Dazu § 35 Abs. 1 Nr. 2 EStG. Damit fungiert § 35 EStG als Scharnier, welches die mit Unternehmensgewinnen verbundenen Gewerbe- und Einkommensteuerbelastungen in der Weise miteinander verknüpft, dass Gewerbesteuerbelastungen zu Einkommensteuerentlastungen führen. Eine vergleichbare Verknüpfung zwischen Gewerbe- und Körperschaftsteuerbelastung besteht dagegen nicht.

[33]„Thesaurierung" bedeutet Nicht-Entnahme von Gewinnen. Erzielte Gewinne werden im Unternehmen belassen und nicht aus dem Unternehmens- bzw. Betriebsvermögen in das Privatvermögen des Unternehmers überführt. Gemäß § 34a EStG besteht die Möglichkeit, die Einkommensteuerbelastung auf nicht-entnommene Gewinne zumindest zunächst auf 28,25 % zu senken. Allerdings kommt es dann bei Eintritt der in § 34a Abs. 4–6 EStG genannten Voraussetzungen zu einer Nachversteuerung.

4.5.4 Körperschaftsteuer

4.5.4.1 Grundlagen

Die Gewinne von Gesellschaften, die Körperschaften und als solche in der Bundesrepublik Deutschland körperschaftsteuerpflichtig sind, unterliegen der Körperschaftsteuer.[34] Die Körperschaftsteuer ist für Körperschaften[35] so etwas wie die Einkommensteuer für Menschen. Im Hinblick auf die Frage der Körperschaftsteuerpflicht ist das im KStG angelegte System in wesentlichen Punkten mit dem des EStG vergleichbar. Dabei wird jedoch anstelle des Wohnsitzes an den satzungsmäßigen, also den im Gesellschaftsvertrag geregelten Sitz und den Ort der tatsächlichen Geschäftsleitung von Körperschaften angeknüpft. Das KStG kennt dabei, insoweit mit dem EStG vergleichbar, ebenfalls drei Kategorien, von denen den deutschen Fiskus nur die ersten beiden interessieren:

Kategorie:	**Unbeschränkt** körperschaftsteuerpflichtig	**Beschränkt** körperschaftsteuerpflichtig	**Nicht** körperschaftsteuerpflichtig
Voraussetzungen:	**Sitz** oder **tatsächliche Geschäftsleitung** in Deutschland[a]	**Weder Sitz noch tatsächliche Geschäftsleitung**, jedoch **Einkunftsquelle**(n) in Deutschland	**Weder Sitz noch** tatsächliche **Geschäftsleitung, noch Einkunftsquelle** in Deutschland
Körperschaftsteuerpflichtig in Deutschland ist:	Das weltweit erzielte Einkommen (**Welteinkommen**)	Das Einkommen aus der/den Einkunftsquelle(n) in Deutschland	Kein Einkommen der Körperschaft

[a]Dies folgt aus § 1 Abs. 1 KStG.

4.5.4.2 Bemessungsgrundlage

Die Kategorien der Steuerpflicht sind nicht die einzigen Parallelen zwischen Einkommen- und Körperschaftsteuer. Auch die für die Besteuerung maßgebliche Bemessungsgrundlage einer Körperschaft ist deren „zu versteuerndes Einkommen"[36]. Und auch im Rahmen der Körperschaftsteuer gilt: Betreibt eine Körperschaft ein

---

[34]Genau genommen gilt auch hier: Bemessungsgrundlage für die Festsetzung von Körperschaftsteuer nach dem KStG ist das „zu versteuernde Einkommen" einer Körperschaft (vgl. §§ 7 Abs. 1, 23 Abs. 1 KStG). Der Gewinn geht (als maßgeblicher Teil) in diese Bemessungsgrundlage ein.

[35]Der Vollständigkeit halber wird darauf hingewiesen, dass auch Stiftungen in den Anwendungsbereich des Körperschaftsteuergesetzes fallen, auch wenn Stiftungen keine Körperschaften sind. Körperschaften haben Mitglieder (Gesellschafter, Aktionäre, Genossen), Stiftungen jedoch nicht. Dies ändert jedoch nichts an der Körperschaftsteuerpflicht von Stiftungen (vgl. dazu § 1 Abs. 1 Nr. 5 KStG).

[36]Dazu § 7 Abs. 1 KStG.

gewerbliches Unternehmen und erzielt damit einen Gewinn, wird dieser Gewinn wesentlicher oder sogar einziger Bestandteil dieser Bemessungsgrundlage.[37] Die Höhe der geschuldeten Körperschaftsteuer entspricht dann dem Produkt aus Bemessungsgrundlage und Steuersatz.

4.5.4.3 Steuersatz

Dabei besteht im Hinblick auf den Steuersatz (Steuertarif) ein wichtiger Unterschied zwischen Einkommen- und Körperschaftsteuer. Denn anders als bei der Einkommensteuer gibt es bei der Körperschaftsteuer keinen progressiven Anstieg des Tarifs. Der Körperschaftsteuersatz beträgt derzeit einheitlich 15 % des zu versteuernden Einkommens.[38] Verglichen mit dem Höchstsatz der Einkommensteuer (45 %) erscheint dies folglich – zumindest auf den ersten Blick – als erhebliche Besserstellung von Körperschaften im Vergleich zu Menschen.

4.5.4.4 Besteuerung von Gesellschaftern

Dieser Befund wird jedoch relativiert, wenn man nicht nur die Körperschaft in den Blick nimmt, die den Gewinn erzielt hat, sondern auch deren Gesellschafter. Denn wenn das nach Abzug der auf diesen Gewinn anfallenden Steuern verbleibende Ergebnis (Jahresüberschuss) dann an die Gesellschafter der Körperschaft ausgeschüttet wird, führt diese Ausschüttung bei den Gesellschaftern zu Einkommen. Dieses Einkommen unterliegt bei den Gesellschaftern einer (wirtschaftlich betrachtet nochmaligen) Einkommen- oder Körperschaftbesteuerung, je nachdem, ob Gesellschafter ein Mensch oder eine Körperschaft ist. Damit wird ein und dasselbe wirtschaftliche Substrat im Fall einer Ausschüttung[39] auf Ebene der Gesellschafter der betreffenden Körperschaft nochmals besteuert.

Die mit dieser „nochmaligen" Besteuerung für die jeweiligen Gesellschafter verbundene Steuerbelastung ist jedoch uneinheitlich. Die Besteuerung der Ausschüttung bei den Gesellschaftern hängt nicht nur von deren individuellen Verhältnissen wie z. B. Ansässigkeit im In- oder Ausland, sondern auch von deren Eigenschaft als natürliche Person, Körperschaft oder Personengesellschaft ab. Die Belastungswirkungen variieren bereits bei reinen Inlandssachverhalten erheblich:

---

[37]Diese Parallelen zwischen Körperschafts- und Einkommensbesteuerung sind nicht zufällig, sondern gesetzlich vorgesehen. Gemäß § 8 Abs. 1 KStG ist das zu versteuernde Einkommen einer Körperschaft – unter Beachtung körperschaftsteuerlicher Besonderheiten – ebenfalls *„nach den Vorschriften des Einkommensteuergesetzes"* zu ermitteln (Wortlaut von § 8 Abs. 1 Satz 1 KStG).

[38]Dies folgt aus § 23 Abs. 1 KStG.

[39]Wenn und solange keine Ausschüttung erfolgt, kommt es insoweit auch zu keiner Einkommen- oder Körperschaftbesteuerung der Gesellschafter.

Dividenden-Empfän-ger	Dividende wird gezahlt von Körperschaft an		
	Mensch	Andere Körperschaft	Personengesellschaft
Körperschaftsteuer-Be-lastung	Folge:	Folge:	Folge:
	Abgeltungssteuer (25 %) oder **Teilein-künfteverfahren** (Belastung von 40 % der Ausschüttung abhängig von indivi-duellem Steuersatz des Dividendenempfängers)	**Nur geringe KSt-Be-lastung,** dazu § 8b Abs. 1 und 5 KStG	Keine unmittelbare KSt-Belastung der Personengesell-schaft; Zurechnung an Gesellschafter

4.5.4.5 Körperschaft- und Gewerbesteuer

Für das Verhältnis zwischen Körperschaft- und Gewerbesteuer gilt, wie auch für das Verhältnis zwischen Einkommen- und Gewerbesteuer, zunächst ebenfalls: Die Körperschaftsteuer wird zusätzlich zur Gewerbesteuer erhoben. Allerdings führt die Gewerbesteuerbelastung, insoweit anders als bei der Einkommensteuer, nicht zu einer Ermäßigung geschuldeter Körperschaftsteuer. Der Gewerbesteueraufwand mindert auch nicht die körperschaftsteuerliche Bemessungsgrundlage.

Die Körperschaftsteuerbelastung besteht neben der Gewerbesteuerbelastung. Gewinne von Körperschaften unterliegen sowohl der Gewerbe- als auch der Körper-schaftsteuer. Dies führt bei Körperschaften zu einer Gesamt-Gewinnsteuerbelastung in Höhe von $(15+X)\%$, wobei X die vom Hebesatz der jeweiligen Gemeinde abhängige Gewerbesteuerbelastung darstellt. Rechnet man typisiert mit einem rea-listischen Gewerbesteuersatz in Höhe von 15 %, kann bei Körperschaften von einer Gesamt-Gewinnsteuerbelastung von rund 30 % ausgegangen werden. Hinzu kommt die – allerdings erheblich variierende – Besteuerung der Gesellschafter im Fall einer Ausschüttung.

4.5.5   Gewinnbesteuerung von Personengesellschaften

4.5.5.1 Weder (direkte) Einkommen- noch direkte Körperschaftsteuerpflicht

Wird ein gewerbliches Unternehmen von einer Personengesellschaft betrieben, ist diese zwar gewerbesteuerpflichtig, im Übrigen jedoch weder einkommen- noch körperschaft-steuerpflichtig. Dies bedeutet jedoch nicht, dass von Personengesellschaften erzielte Gewinne keiner Einkommen- oder Körperschaftsteuerbelastung unterliegen. Die ein-kommen- oder körperschaftsteuerliche Belastungswirkung wird jedoch nicht durch eine direkte Besteuerung der Personengesellschaften herbeigeführt, sondern durch zusätzliche Besteuerung von deren Gesellschaftern. Diese erfolgt grundsätzlich in zwei Schritten:

1. In einem ersten Schritt wird im Anschluss an ein „Feststellungsverfahren"[40] in einem vom Finanzamt erlassenen Feststellungsbescheid zunächst das Ergebnis der Personengesellschaft für das betreffende Jahr festgestellt.[41] Dieses Ergebnis kann ein Gewinn oder ein Verlust sein. Zudem wird das Ergebnis im Rahmen des Feststellungsbescheids anteilig den einzelnen Gesellschaftern der Personengesellschaft zugeordnet.

2. Im zweiten Schritt geht der einem Gesellschafter zugeordnete Ergebnisanteil (Anteil am Gewinn oder Verlust) in dessen individuelle einkommen- oder körperschaftsteuerliche Bemessungsgrundlage ein. Dort – also beim Gesellschafter – führt dieser Ergebnisanteil dann zu einer entsprechend höheren (bei Zuordnung eines Gewinnanteils) oder niedrigeren (im Fall der Zuordnung eines Verlustanteils) Einkommen- oder Körperschaftsteuerbelastung.

4.5.5.2 Einkommen- und körperschaftsteuerliche Transparenz

Personengesellschaften werden deshalb als für Zwecke der Einkommen- und Körperschaftsteuer „transparent" bezeichnet. Denn Personengesellschaften sind selbst nicht (direkt) einkommen- oder körperschaftsteuerpflichtig, sondern die einkommen- oder körperschaftsteuerlichen Folgen des Gewinns oder Verlusts einer Personengesellschaft treten bei deren Gesellschaftern ein.

Ist ein Mensch Gesellschafter einer Personengesellschaft und wird diesem ein Anteil am Ergebnis der Personengesellschaft zugeordnet, erhöht (Gewinnanteil) oder verringert (Verlustanteil) dies die einkommensteuerliche Bemessungsgrundlage dieses Menschen. Folge ist, dass dieser Mensch entsprechend mehr oder weniger Einkommensteuer schuldet.

Ist eine Körperschaft, z. B. eine GmbH, Gesellschafterin einer Personengesellschaft und wird dieser deshalb ein Anteil am Ergebnis der Personengesellschaft zugeordnet, geht dieser Ergebnisanteil in die körperschaftsteuerliche Bemessungsgrundlage der

---

[40]Für Feststellungsverfahren gelten die abgabenverfahrensgesetzlichen Bestimmungen für den Erlass von Steuerbescheiden entsprechend (§ 181 Abs. 1 Satz 1 AO). Am Ende eines solchen Verfahrens wird jedoch kein Steuerbescheid, sondern ein Feststellungsbescheid gegen die Personengesellschaft erlassen. Die Personengesellschaft ist zwar an diesem Verfahren beteiligt, aber die Folgen dieses Verfahrens treffen deren Gesellschafter.

[41]Man nennt dies eine „einheitliche und gesonderte Feststellung von Besteuerungsgrundlagen" im Sinn der §§ 179, 180 AO. „Gesondert" deshalb, weil die für die Besteuerung maßgeblichen Grundlagen nicht bei den eigentlich steuerpflichtigen – nämlich den Gesellschaftern – ermittelt werden, sondern bei der Gesellschaft. „Einheitlich" ist diese Art der Feststellung von Besteuerungsgrundlagen, weil die gegenüber der Gesellschaft getroffenen Feststellungen für sämtliche Gesellschafter einheitlich gelten.

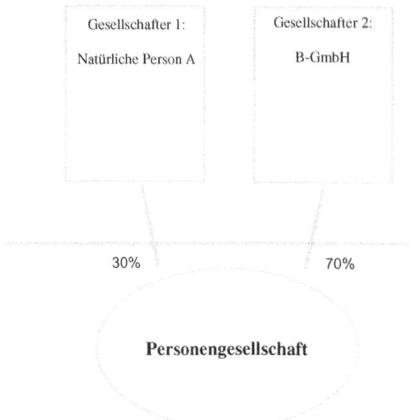

Ebene der Gesellschafter:

Der Gewinn/Verlust der Personengesellschaft wird den Gesellschaftern anteilig abhängig von deren jeweilige Beteiligungsquote zugerechnet und ist von diesen dann jeweils individuell zu versteuern. Im Beispiel wird A 30% des Ergebnisses der Personengesellschaft zugerechnet und geht in die einkommensteuerliche Bemessungsgrundlage von A ein. Die übrigen 70% werden der B-GmbH zugerechnet und gehen in deren körperschaftsteuerliche Bemessungsgrundlage ein.

Ebene der Gesellschaft:

Die Personengesellschaft ist für Zwecke der Einkommen- und Körperschaftsteuer "transparent". Auf Ebene der Personengesellschaft wird für Zwecke der Einkommen- und Körperschaftbesteuerung daher lediglich festgestellt, (i) welches Ergebnis erzielt wurde und (ii) welchem Gesellschafter welcher Ergebnisanteil zuzurechnen ist.

Gesetzliche Grundlagen dieser Art der Einkommen- und Körperschaftbesteuerung der Gesellschafter von Personengesellschaften sind die §§ 179, 180 Abs. 1 Nr. 2a) AO (einheitliche Feststellung des Ergebnisses auf Ebene der Personengesellschaft) und die §§ 15 Abs. 1 Satz 1 Nr. 2, 18 Abs. 4 Satz 2 EStG (Qualifizierung der Gewinnanteile der Gesellschafter als Einkünfte im Sinn des EStG) sowie § 8 Abs. 1 Satz 1 KStG (Geltung der einkommensteuerlichen Vorschriften über die Einkommensermittlung auch für körperschaftsteuerpflichtiges Einkommen). Diese Art der Besteuerung der Gesellschafter von Personengesellschaften gilt grundsätzlich für sämtliche Personengesellschaftstypen. Deshalb ist im Beispiel unerheblich, ob die Personengesellschaft eine GbR, OHG oder KG ist. Fest steht lediglich, dass die Personengesellschaft im Beispiel keine Partnerschaft sein kann. Denn Gesellschafter ("Partner") einer Partnerschaft können nur natürliche Personen sein. An sämtlichen anderen Personengesellschaftstypen können auch nicht-natürliche Personen als Gesellschafter beteiligt sein. Wichtig ist zudem: Personengesellschaften sind nur für Zwecke der Einkommen- und Körperschaftsteuer "transparent", nicht jedoch in Bezug auf andere Steuerarten. Betreibt eine Personengesellschaft ein gewerbliches Unternehmen, dann ist die Personengesellschaft z.B. selbst Schuldnerin der Gewerbe- und Umsatzsteuern.

Abb. 4.5 Einkommen- und körperschaftsteuerliche Transparenz von Personengesellschaften

Körperschaft ein. Folge ist, dass die Körperschaft deshalb entsprechend höhere (Gewinnanteil) oder niedrigere (Verlustanteil) Körperschaftsteuer schuldet (Abb. 4.5).

4.5.6 Gewerbesteuer

4.5.6.1 Grundlagen

Die Gewerbesteuer ist im Gewerbesteuergesetz (GewStG) geregelt. Bei dessen Betrachtung wirkt die Gewerbebesteuerung zunächst rechtsformneutral. Denn gemäß § 2 Abs. 1 GewStG unterliegt der Gewerbesteuer *„jeder stehende Gewerbebetrieb, soweit er im Inland betrieben wird."*[42] „Stehender Gewerbebetrieb" ist *„jeder Gewerbebetrieb, der kein Reisegewerbebetrieb … ist."*[43] Schuldner der Gewerbesteuer ist nach § 5 Abs. 1 GewStG unabhängig von der Rechtsform derjenige Marktteilnehmer, der

---

[42]Wortlaut von § 2 Abs. 1 Satz 1 GewStG.

Das betrifft sämtliche im Rahmen dieses Werks in den Blick genommenen gewerblichen Unternehmen unabhängig davon, ob diese von Menschen oder Gesellschaften betrieben werden.

[43]So § 1 der Gewerbesteuer-Durchführungsverordnung; der Begriff *„Reisegewerbebetrieb"* wird in § 35a Abs. 2 GewStG u. a. unter Bezugnahme auf § 55 GewO definiert.

das Unternehmen betreibt. Das kann ein Mensch sein, aber auch eine Personengesellschaft, Körperschaft oder Stiftung. Bei weitergehender Analyse des GewStG wird jedoch deutlich, dass die Gewerbesteuerbelastung gewerblicher Unternehmen uneinheitlich ist. Denn das GewStG kennt sowohl rechtsformabhängige als auch ortsabhängige Belastungsfaktoren.

4.5.6.2 Hebesatzrecht der Gemeinden

Ortsabhängig ist die Gewerbesteuerbelastung deshalb, weil die Höhe der Gewerbesteuer von einem sogenannten „Hebesatz" abhängt, den jede Gemeinde für ihr Gebiet selbst bestimmen kann.[44] Dies führt zu einer erheblichen Bandbreite bei der Gewerbesteuerbelastung. Der Durchschnitt liegt in einer Größenordnung von ca. 15 %. Damit ist die Standortwahl eines Start-ups auch für dessen Gewerbesteuerbelastung maßgeblich. Aber auch die Rechtsformwahl kann zusätzlich eine Rolle für die Gewerbesteuerbelastung spielen.

4.5.6.3 Rechtsformabhängige Belastungswirkungen

Wird ein gewerbliches Unternehmen von einer Personengesellschaft betrieben, dann kann die Veräußerung eines Gesellschaftsanteils durch einen Gesellschafter deren gewerbesteuerliche Bemessungsgrundlage erhöhen.[45] Nach § 7 Abs. 1 Satz 2 GewStG gehört zum Gewerbeertrag einer gewerblich tätigen Personengesellschaft auch der Gewinn aus der Veräußerung des Anteils eines Gesellschafters.[46] Bei Personengesellschaften kann folglich ein Vorgang auf Gesellschafterebene – die Veräußerung des Gesellschaftsanteils – zu einer Gewerbesteuer-Mehrbelastung der Gesellschaft führen. Wird ein Unternehmen dagegen nicht von einer Personengesellschaft, sondern von einer Körperschaft betrieben, z. B. von einer GmbH, führen Anteilsveräußerungen durch Gesellschafter dort zu keinen Gewerbesteuer-Mehrbelastungen. Damit ist die Gewerbesteuerbelastung nicht nur orts-, sondern auch rechtsformabhängig.

4.5.6.4 Zwischenergebnis

Nach dieser einführenden Betrachtung der wichtigsten Unternehmenssteuern kann festgehalten werden:

- Die Besteuerung von Unternehmen in Deutschland erfolgt uneinheitlich.
- Die Steuerbelastung eines Unternehmens hängt von dessen Rechtsform ab.

Die Gesamtsteuerbelastung eines von einem Menschen betriebenen Unternehmens ist weder zwingend höher noch zwingend niedriger als die Gesamtsteuerbelastung eines

---

[44]Dazu § 16 Abs. 1 GewStG.
[45]Dazu § 7 GewStG.
[46]Konkret: § 7 Abs. 1 Satz 2 GewStG.

Unternehmens, das von einer Gesellschaft betrieben wird. Abhängig von der konkreten Situation kann die – unter Einbeziehung der Gesellschafter betrachtete – Gesamtsteuerbelastung eines von einer Gesellschaft betriebenen Unternehmens jedoch insgesamt geringer sein. Dies hängt neben der gewählten Rechtsform, in der das Unternehmen betrieben wird, u. a. davon ab, ob und gegebenenfalls ab wann Verluste oder Gewinne erzielt werden und ob letztere an die Gesellschafter ausgeschüttet oder thesauriert werden. Zusammenfassend gilt zur Gewinnbesteuerung:

Unternehmer, der Gewinn erzielt, ist	Mensch	Körperschaft	Personengesellschaft
Einkommensteuer (ESt)	Gewinn unterliegt der Einkommensteuer	Keine Einkommensteuerpflicht	Keine (direkte) Einkommensteuerpflicht
Körperschaftsteuer (KSt)	Keine Körperschaftsteuerpflicht	Gewinn unterliegt der Körperschaftsteuer	Keine (direkte) Körperschaftsteuerpflicht
Gewerbesteuer (GewSt)	Gewinn unterliegt GewSt; dafür aber ESt-Entlastung	Gewinn unterliegt GewSt; keine KSt-Entlastung	Gewinn unterliegt GewSt; ESt-Entlastung bei ESt-pflichtigen Gesellschaftern möglich
Solidaritätszuschlag (SolZ)	Ja, SolZ in Höhe von 5,5 % der ESt-Schuld	Ja, SolZ in Höhe von 5,5 % der KSt-Schuld	Keine (direkte) SolZ-Belastung; diese tritt bei den Gesellschaftern ein.
Besteuerung der Gesellschafter	–	Besteuerung der Gesellschafter nur im Fall der Ausschüttung	Anteilige Zurechnung des Gewinns an die Gesellschafter und KSt- oder ESt-Besteuerung des jeweiligen Gewinnanteils bei den Gesellschaftern

Abhängig von den Umständen des Einzelfalls kann die erwartete Gewinnsteuerbelastung folglich auch ein gewichtiger Grund dafür sein, zum Betrieb eines gewerblichen Unternehmens eine Gesellschaft zu gründen. Ob die Gründung einer Personen- oder anderen Gesellschaft zur Senkung der Steuerbelastung sinnvoll ist, hängt von der konkreten unternehmerischen Planung bei Gründung sowie davon ab, ob diese Planungen später auch realisiert werden. Da Steuerbelastungen mit entsprechenden Liquiditätsabflüssen verbunden sind, ist die erwartete Steuerbelastung ohnehin untrennbar mit der Planung verbunden.

4.6   Zusammenfassung

Zusammenfassend können drei zentrale Gründe festgehalten werden, die für die Gründung einer Gesellschaft zum Betrieb eines Unternehmens sprechen können. Diese Gründe sind

- die haftungsrechtliche Abschirmwirkung, die durch Gründung einer Gesellschaft herbeigeführt werden kann,
- die Möglichkeit zu Ressourcenpooling sowie liquiditäts- und ergebnisschonender Ressourcenbeschaffung und
- die Möglichkeit, den Unternehmensträger so zu strukturieren, dass die Gesamtsteuerbelastung möglichst gering gehalten wird.

Damit steht jedoch noch nicht fest, welcher Gesellschaftstyp (Rechtsform) der passende ist. Das Recht kennt unterschiedliche Rechtsformtypen. Und nicht jedes mit der Gründung einer Gesellschaft verfolgte Ziel kann mit jeder Rechtsform in gleicher Weise erreicht werden. Bereits die vorstehenden Ausführungen zur Besteuerung zeigen z. B.: Die Gewinnbesteuerung von Gesellschaften, die zu den Körperschaften zählen, weist erhebliche Unterschiede im Vergleich zur Gewinnbesteuerung von Personengesellschaften auf. Aber auch die zur Vermeidung persönlicher Haftung für Unternehmensverbindlichkeiten bezweckte Abschirmwirkung kann nicht mit jeder Rechtsform erreicht werden. Soll zum Betrieb eines Unternehmens eine Gesellschaft gegründet werden, muss eine Rechtsformwahl erfolgen. Diese erfordert die Klärung folgender Fragen:

1. Welche Rechtsformen stehen grundsätzlich zur Verfügung?
2. Welche der zur Verfügung stehenden Rechtsformen ist/sind für das konkrete Unternehmen, aber auch für den oder die Gesellschafter, am besten geeignet?

Diese Fragen sollen im nächsten Kapitel geklärt werden.

Literatur

Engelhardt, Clemens, Gesellschaftsrecht, 2018, zit.: *Engelhardt*, Gesellschaftsrecht, S.
Koepsell, Johannes, Besondere Risiken für einen Einzelkaufmann im Insolvenzfall am Beispiel Anton Schlecker, veröffentlicht am 27.05.2016 unter URL https://www.anwalt24.de/fachartikel/wirtschaft-und-gewerbe/45292, zit.: *Koepsell*, Besondere Risiken für einen Einzelkaufmann im Insolvenzfall am Beispiel Anton Schlecker, veröffentlicht 27.05.2016

Gesellschaftstypen und Rechtsformwahl 5

Zusammenfassung

In diesem Kapitel wird vermittelt, welche verschiedenen Rechtsformtypen das deutsche Recht bereitstellt und welche wesentlichen Unterschiede zwischen diesen im Hinblick auf deren Eignung zum Betrieb eines gewerblichen Unternehmens bestehen. Zudem werden ausschlaggebende Kriterien für die Rechtsformwahl bei einer Unternehmensgründung dargestellt.

5.1 Gesellschaften

5.1.1 Rechtsfähige Marktteilnehmer

Gesellschaften sind – wie Stiftungen und vergleichbare, nach dem Recht anderer Staaten errichtete Rechtskonstruktionen – nicht-menschliche, aber gleichwohl von der Rechtsordnung anerkannte und daher in gewisser Weise synthetische Marktteilnehmer. Gesellschaften können – wie sonst nur Menschen – Eigentum an Gegenständen, Forderungen und sonstige Rechte erwerben, Verbindlichkeiten eingehen und Partei eines Vertrags und eines Rechtsstreits sein. Gesellschaften sind folglich wie Menschen rechtsfähig bzw. – bei wirtschaftlicher Betrachtungsweise – marktteilnahmefähig.

Im Unterschied zu Menschen sind Gesellschaften jedoch nicht selbst handlungsfähig. Eine GmbH kann als solche weder schreiben noch sprechen. Um am Markt teilzunehmen, das heißt, um Verträge abzuschließen und zu erfüllen, um Eigentum zu erwerben und um mit anderen Marktteilnehmern zu streiten, sind Gesellschaften deshalb auf Menschen angewiesen, die als Vertreter für sie agieren.[1]

---

[1]Dazu z. B. *Metzing*, NJW 2017, S. 3194 ff.

© Springer Fachmedien Wiesbaden GmbH, ein Teil von Springer Nature 2020
N. Schädel, *Wirtschaftsrecht für Hightech-Start-ups*,
https://doi.org/10.1007/978-3-658-27033-9_5

5.1.2 Organisationsverfassung

Wer, also welche konkrete(n) Person(en) für eine Gesellschaft welche Handlungen(en) vornehmen, diese also gegenüber anderen Marktteilnehmern vertreten oder intern Entscheidungen treffen kann, hängt von der Organisationsverfassung einer Gesellschaft ab. Die Organisationsverfassung einer Gesellschaft gibt Antworten auf die Fragen, wer bei einer bestimmten Gesellschaft nach innen (Geschäftsführung) und nach außen (Vertretung) was kann und darf. Ist eine Gesellschaft Inhaberin eines Unternehmens, ist deren Organisationsverfassung folglich für die Verteilung der Kompetenzen und Leitungsbefugnisse in diesem Unternehmen maßgeblich.

Diese Organisationsverfassung ist nicht bei jeder Gesellschaft dieselbe, sondern variiert zwischen einzelnen Rechtsformen. Für jede Rechtsform gelten unterschiedliche gesetzliche Bestimmungen, die im Einzelnen jeweils unterschiedliche Organisationsverfassungen vorsehen, also jeweils unterschiedliche gesellschaftstypspezifische Kompetenzordnungen. Hinzu kommt: Von diesen gesetzlich für die jeweiligen Gesellschaftstypen vorgesehenen Organisationsverfassungen kann durch Regelungen im Gesellschaftsvertrag – bei einigen Rechtsformtypen wird dieser auch „Satzung" genannt – abgewichen werden. „Abweichen" bedeutet, dass im Gesellschaftsvertrag (Satzung) eine andere als die für die jeweilige Gesellschaft im Gesetz angelegte Regelung mit der Folge vorgesehen wird, dass die gesellschaftsvertragliche Regelung die gesetzliche verdrängt. Die Organisationsverfassung einer Gesellschaft hängt folglich sowohl von deren Rechtsform als auch vom Inhalt des Gesellschaftsvertrags (der Satzung) ab.

Allerdings kann im Gesellschaftsvertrag nicht von allen gesetzlich vorgesehenen Organisationsvorschriften abgewichen werden. Bestimmte gesetzliche Bestimmungen über die Organisationsverfassung einzelner Gesellschaftstypen sind nicht dispositiv, sondern gelten zwingend. Gilt eine gesetzliche Regelung zwingend, kann sie nicht wirksam durch eine abweichende gesellschaftsvertragliche Regelung geändert, ersetzt, verdrängt oder abbedungen werden.[2] Hierbei wird den Gesellschaftern bei den verschiedenen Gesellschaftstypen ein unterschiedliches Maß an Freiheit eingeräumt.

Bei Aktiengesellschaften ist dieses Maß an Freiheit z. B. geringer als bei GmbH. Der Grund dafür ist § 23 Abs. 5 AktG. Dort wird geregelt, dass in der Satzung einer AG von den Bestimmungen des AktG nur abgewichen werden darf, wenn dies – ausnahmsweise – an der betreffenden Stelle im AktG *„ausdrücklich zugelassen ist."*[3] Dies bedeutet, dass die Bestimmungen des AktG grundsätzlich zwingend gelten, während Abweichungen die Ausnahme sein sollen. Das für GmbH geltende GmbH-Gesetz enthält dagegen keine mit § 23 Abs. 5 AktG vergleichbare Regelung. Deshalb ist der Spielraum bei der Gestaltung des

---

[2]Verstößt ein Gesellschaftsvertrag dennoch gegen eine solche zwingend geltende gesetzliche Bestimmung, ist der Gesellschaftsvertrag zumindest insoweit nichtig.

[3]Wortlaut § 23 Abs. 5 Satz 1 AktG.

Gesellschaftsvertrags einer GmbH erheblich größer als der Spielraum bei Gestaltung der
Satzung einer AG.

Weil die Verteilung gesellschaftsinterner Befugnisse und damit die Machtallokation
zwischen den Beteiligten auch Regelungsgegenstand des Gesellschaftsvertrags ist,
kann die Freiheit bei Gestaltung des Gesellschaftsvertrags entscheidend für die Rechtsformwahl sein. Denn wenn die für eine bestimmte Rechtsform geltenden gesetzlichen
Bestimmungen die von den Unternehmensgründern gewollte Machtverteilung nicht
erlaubt, gibt es nur zwei Möglichkeiten: Entweder einigen sich die Gründer auf eine
andere Machtverteilung, oder sie müssen auf eine andere Rechtsform ausweichen.

5.2 Gesellschaftstypen (Rechtsformen)

5.2.1 Einführung

Für die im Recht der Bundesrepublik Deutschland geregelten Gesellschaftstypen
(Rechtsformen) gilt der sogenannte *„numerus clausus* des Gesellschaftsrechts". Dies
bedeutet, dass nach deutschem Recht nur diejenigen Gesellschaftstypen (Rechtsformen)
gegründet werden können, die gesetzlich ausdrücklich vorgesehen sind. Rechtsformen,
die das deutsche Recht nicht kennt, können nach deutschem Recht auch nicht gegründet
werden.[4]

Von den zur Verfügung stehenden Rechtsformen ist nicht jede für jedes Unternehmen
geeignet. Manche Rechtsformen sind überhaupt nicht als Unternehmensträger gedacht.
Auch hat keine Rechtsform nur Vorteile oder nur Nachteile, sondern jede Rechtsform
hat bestimmte Vor- und Nachteile. Deshalb werden die im deutschen Recht geregelten
Gesellschaftstypen nachstehend zunächst im Hinblick auf deren jeweilige Eignung als
Unternehmensträger vorgestellt und kategorisiert. Anschließend werden nur diejenigen
Rechtsformen weiter betrachtet, die für die Gründung und den Betrieb gewerblicher
Unternehmen besonders geeignet sind.

5.2.2 Überblick

Im nachstehenden Rechtsform-Überblick wird zunächst die bereits im Rahmen der
Einführung in die Gewinnbesteuerung von Gesellschaften aufgezeigte Differenzierung

---

[4]An dieser Stelle soll der Blick nicht voreilig auf diejenigen Gesellschaftstypen verengt werden,
die das deutsche Recht bereitstellt. Auch nach ausländischem Recht – also von der Rechtsordnung
eines anderen Staates geregelte – Gesellschaften können in der Bundesrepublik Deutschland
Unternehmen betreiben. Allerdings werden Rechtsformen, die nicht im deutschen Recht geregelt
sind, hier nicht weiter betrachtet.

zwischen Personengesellschaften und Körperschaften aufgegriffen. Dies führt zu folgender Übersicht über die im deutschen Recht geregelten Rechtsformtypen:

Personengesellschaften		Körperschaften	
Rechtsform	Geregelt in/im	Rechtsform	Geregelt in/im
Gesellschaft bürgerlichen Rechts (GbR)	§§ 705 ff BGB	Verein	§§ 29 ff BGB
Offene Handelsgesellschaft (OHG)	§§ 105 ff HGB	Versicherungsverein auf Gegenseitigkeit (VVaG)	§§ 171 ff VAG
Kommanditgesellschaft (KG)	§§ 161 ff HGB	Genossenschaft (e.G.)	GenG
Partnerschaft	PartGG	Aktiengesellschaft	AktG
		Kommanditgesellschaft auf Aktien (KGaA)	AktG
		Gesellschaft mit beschränkter Haftung (GmbH)[a]	GmbHG

[a]Unter Einschluss der Unternehmergesellschaft (haftungsbeschränkt)

Hinzu kommen die in erster Linie EU-rechtlich geregelten Körperschaftstypen Europäische Gesellschaft („SE") und Europäische Genossenschaft („SCE") sowie die Europäische wirtschaftliche Interessenvereinigung („EWIV")[5] als weitere Personengesellschaft.

5.2.3 Wesentliche Unterschiede zwischen Personengesellschaften und Körperschaften

In der bereits dargestellten Gewinnbesteuerung liegt nicht der einzige grundlegende Unterschied zwischen Körperschaften und Personengesellschaften. Es gibt weitere wesentliche Unterschiede. Diese werden in der folgenden Übersicht zunächst abstrakt zusammengefasst vorangestellt, bevor anschließend auf die einzelnen Rechtsformen und deren Eignung als Vehikel gewerblicher Unternehmen eingegangen wird.

---

[5]EU-rechtliche Grundlage der EWIV ist die Verordnung (EWG) Nr. 2137/85 des Rates vom 25.07.1985 über die Schaffung einer europäischen wirtschaftlichen Interessenvereinigung (EWIV) („EWIV-VO"). Eine EWIV unterliegt neben den Bestimmungen der EWIV-VO ergänzend den jeweiligen nationalstaatlichen gesellschaftsrechtlichen Bestimmungen desjenigen Mitgliedstaats der EU, in dem eine EWIV nach ihrem Gründungsvertrag ihren Sitz hat (Art. 2 Abs. 1 EWIV-VO). Sieht der Gründungsvertrag einer EWIV vor, dass diese ihren Sitz in Deutschland hat, unterliegt eine solche EWIV folglich ergänzend zu den Bestimmungen der (EU-rechtlichen) EWIV-VO dem deutschen Gesellschaftsrecht. Damit gilt für EWIV mit Sitz in Deutschland ergänzend zur EWIV-VO das (deutsche) EWIV-Ausführungsgesetz und – weiter ergänzend – die für OHG geltenden gesetzlichen Bestimmungen (dazu § 1 des EWIV-Ausführungsgesetzes).

Körperschaften		Personengesellschaften
Grundsätzlich[a] **keine Haftung** der Gesellschafter **für Verbindlichkeiten der Gesellschaft**[b]	**Haftung der Gesellschafter**	Grundsätzliche **Haftung der Gesellschafter** für Verbindlichkeiten der Gesellschaft[c]
Gewerbesteuer- und Körperschaftsteuerpflicht	**Besteuerung von Gewinnen**	Gegebenenfalls Gewerbesteuerpflicht, jedoch **für Zwecke der Körperschaft- und Einkommensteuer Transparenz**
Gesellschaftsvertrag (Satzung) über Register **öffentlich einsehbar**	**Transparenz (Registerpublizität)**	**Gesellschaftsvertrag nicht** über Register **öffentlich einsehbar**
Tendenziell mehr Formvorschriften und höhere Rechtsformkosten	**Formerfordernisse und Rechtsformkosten**	Tendenziell weniger Formvorschriften und geringere Rechtsformkosten

[a]Ausnahme: Persönliche Haftung des Komplementärs einer KGaA
[b]Vgl. z. B. §§ 1 Abs. 1 Satz 2 AktG, 13 Abs. 2 GmbHG
[c]Zentralste Vorschrift: § 128 HGB

5.3 Vereine

5.3.1 Grundlagen

Die Grundform aller Körperschaften ist der Verein. Das Vereinsrecht wird in den §§ 21 ff BGB geregelt. Das Vereinsrecht ist jedoch auf Verbände zugeschnitten, deren *„Zweck nicht auf einen wirtschaftlichen Geschäftsbetrieb gerichtet ist"*[6]. Gemeint sind sogenannte „Idealvereine".[7] Vereine sind daher als Unternehmensträger grundsätzlich ungeeignet. Deshalb werden Vereine an dieser Stelle nicht weiter betrachtet. Lediglich eine im Vereinsrecht des BGB enthaltene gesetzliche Bestimmung – nämlich § 35 BGB – wird an dieser Stelle gleichwohl dargestellt. Dies hat folgenden Grund:

5.3.2 Sonderrechte von Mitgliedern

Gemäß § 35 BGB können in der Satzung eines Vereins für einzelne Mitglieder so genannte *„Sonderrechte"*[8] vorgesehen werden. Hat ein Vereinsmitglied – also ein

---

[6]Vgl. Wortlaut von § 21 BGB.
[7]Vgl. dazu z. B. BayObLG, Beschluss vom 08.04.1998 (Az. 3 Z BR 302–97), NJW-RR 1999 S. 765.
[8]Wortlaut von § 35 BGB.

„Gesellschafter" des Vereins – nach der Satzung ein bestimmtes Sonderrecht, dann kann ihm dieses Sonderrecht gegen seinen Willen nicht mehr entzogen werden. Das Sonderrecht ist „mehrheitsfest". Es kann selbst durch einen mit überwältigender Mehrheit der übrigen Vereinsmitglieder gefassten Beschluss nicht mehr abgeschafft werden.

Das mag zunächst abstrakt und für Start-ups unbedeutend klingen. Aber das ändert sich, wenn man den Begriff „Mitglied" durch „Gesellschafter" und den Begriff „Mitgliederversammlung" durch „Gesellschafterversammlung" ersetzt und sich vor Augen hält, dass § 35 BGB auch für die Satzungen anderer Körperschaften gilt. Denn wenn § 35 auch für die Satzungen von Körperschaftstypen gilt, die – anders als Vereine – als Start-up-Vehikel in Betracht kommen, dann können Sonderrechte auch dort als Gestaltungsinstrumente genutzt werden. Insbesondere können einzelne oder bestimmte Minderheitsgesellschafter durch Sonderrechte in bestimmten Punkten oder in bestimmter Hinsicht vor der „Herrschaft der Mehrheitsgesellschafter" geschützt werden. Um ein konkretes Beispiel zu nennen:

Verliert ein Gründer, dessen Start-up in Form einer GmbH gegründet wird, im Rahmen einer Finanzierungsrunde die Mehrheit der Gesellschaftsanteile, weil neue Gesellschafter dazu kommen, kann ein Sonderrecht z. B. wie folgt als Gestaltungsmöglichkeit genutzt werden: Der Gründer kann mit den Neugesellschaftern z. B. die Aufnahme eines unentziehbaren Sonderrechts auf die Geschäftsführerstellung in den Gesellschaftsvertrag (= Satzung) aushandeln. Wird das Sonderrecht dann in den Gesellschaftsvertrag aufgenommen, kann dem Gründer die Geschäftsführerstellung grundsätzlich auch durch einen mit der Mehrheit der übrigen Gesellschafter gefassten Gesellschafterbeschluss nicht mehr entzogen werden. Auf diese Weise kann der Gründer einen gewissen Einfluss auf das Unternehmen absichern und erhalten, auch wenn zwischenzeitlich Dritte (Investoren) die Mehrheit der Gesellschaftsanteile übernommen haben. Daraus folgt zusammenfassend:

5.3.3 Zwischenergebnis

Vereine sind nicht als Start-up-Vehikel geeignet. Dennoch lohnt sich der Blick in das im BGB geregelte Vereinsrecht auch für Unternehmensgründer. Denn das Vereinsrecht eröffnet die Möglichkeit, zugunsten einzelner Gesellschafter[9] „mehrheitsfeste"

---

[9]In § 35 BGB wird – vereinsrechtlicher Terminologie entsprechend – der Begriff „Mitglied" verwendet. Das „Mitglied" im Verein entspricht insoweit jedoch dem „Gesellschafter" der GmbH oder dem „Aktionär" der AG. Gemeint sind in allen Fällen die Personen, die an die jeweilige Satzung (bei GmbH „Gesellschaftsvertrag") gebunden und innerhalb des jeweiligen Verbands die kraft Gesetzes bestehenden oder durch die Satzung eingeräumten Rechte geltend machen können, z. B. das Stimmrecht.

Sonderrechte in der Satzung zu verankern. Die Möglichkeit eines Sonderrechts ist ein zentrales Gestaltungsinstrument zum Schutz von Minderheitsgesellschaftern. Unternehmensgründer sollten dieses kennen und spätestens dann auch zum Erhalt bestimmter (Mit-)Entscheidungsrechte nutzen, wenn Dritte – z. B. Investoren – die Mehrheit im Unternehmen erwerben. Darauf wird bei Betrachtung derjenigen Rechtsformtypen zurückzukommen sein, die als Unternehmensträger prädestiniert und geeignet sind. Einer dieser Körperschaftstypen ist die Gesellschaft mit beschränkter Haftung (GmbH).

5.4   GmbH und Unternehmergesellschaft (haftungsbeschränkt)

5.4.1   GmbH und UG

Die GmbH ist als Rechtsform zur Unternehmensgründung prädestiniert und bestens geeignet. Dies schließt so genannte „Unternehmergesellschaften (haftungsbeschränkt)" mit ein. Die Unternehmergesellschaft (haftungsbeschränkt), kurz „UG (haftungsbeschränkt)", im Folgenden auch nur „UG" genannt, wird deshalb an dieser Stelle mit betrachtet. Denn UG sind GmbH, für die lediglich in einigen Punkten Besonderheiten gelten. Diese wenigen Besonderheiten ändern jedoch nichts an der grundsätzlichen Qualifikation der UG als (besondere Form der) GmbH. Die für UG im Vergleich zu einer „normalen" GmbH geltenden Besonderheiten werden im Folgenden jeweils entsprechend hervorgehoben.

5.4.2   Gesetzliche Grundlage

Wesentliche Grundlage für die Gründung, Gestaltung und Führung einer GmbH ist das „Gesetz betreffend die Gesellschaften mit beschränkter Haftung" („GmbHG"). Nach den Bestimmungen des GmbHG sind GmbH von der Rechtsordnung anerkannte, „künstliche" Marktteilnehmer[10], die „zu jedem gesetzlich zulässigen Zweck"[11] gegründet werden können. GmbH können also – wie Menschen – Vermögen erwerben, Verträge abschließen und Verbindlichkeiten eingehen.[12]GmbH können deshalb zum Betrieb von Unternehmen jeder Art gegründet und genutzt werden, wobei folgende Grundsätze gelten:

---

[10]Dies folgt aus § 13 Abs. 1 GmbHG: *„Die Gesellschaft mit beschränkter Haftung als solche hat selbständig ihre Rechte und Pflichten; sie kann Eigentum und andere dingliche Rechte an Grundstücken erwerben, vor Gericht klagen und verklagt werden."* Damit wird zum Ausdruck gebracht, dass GmbH „eigene Rechtspersönlichkeiten" haben.

[11]So ausdrücklich § 1 GmbHG.

[12]Dies kommt in § 13 Abs. 1 GmbHG zum Ausdruck.

5.4.2.1 Keine Haftung der Gesellschafter für Verbindlichkeiten der GmbH

Hat eine GmbH Verbindlichkeiten, ist Schuldnerin dieser Verbindlichkeiten nur die GmbH selbst. Wer eine Forderung gegen eine GmbH erwirbt, kann diese gegen die GmbH geltend machen und erforderlichenfalls durchsetzen. Die Gesellschafter der GmbH mögen zwar deren „wirtschaftliche Eigentümer"[13] sein, sind jedoch nicht mit dieser identisch.

Gesellschafter einer GmbH sind andere Marktteilnehmer als die GmbH selbst. Schulden einer GmbH sind deshalb weder „automatisch" noch „gleichzeitig" auch Schulden der Gesellschafter. Gesellschafter einer GmbH haften nach der gesetzlichen Konzeption folglich für die Verbindlichkeiten „ihrer" GmbH nicht beschränkt, sondern überhaupt nicht.[14]

Mit „gesetzlicher Konzeption" ist gemeint, dass weder die Bestimmungen des GmbHG noch die Bestimmungen anderer Gesetze eine grundsätzliche (persönliche) Haftung der Gesellschafter einer GmbH für deren Verbindlichkeiten vorsehen. Deshalb ist die Gründung einer GmbH zum Betrieb eines Unternehmens für die hinter der GmbH stehenden Gesellschafter mit einer haftungsrechtlichen Abschirmwirkung verbunden. Denn die mit dem Betrieb des Unternehmens unmittelbar verbundenen Risiken, insbesondere das Risiko einer direkten Inanspruchnahme durch Dritte, treffen dann nicht die hinter der GmbH stehenden Gesellschafter, sondern nur die GmbH.

5.4.2.2 Ausschüttungsmöglichkeiten (Dividenden) zugunsten der Gesellschafter

5.4.2.2.1 Grundsatz

Der Betrieb eines Unternehmens durch eine GmbH schirmt deren Gesellschafter zwar von den Risiken ab, nicht jedoch von Chancen, die mit der von der GmbH betriebenen Unternehmung verbunden sind. Denn wenn eine GmbH durch den Betrieb des Unternehmens einen Jahresüberschuss erzielt, dann steht dieser Jahresüberschuss den Gesellschaftern zu.[15]

---

[13]Der Begriff „wirtschaftlicher Eigentümer" ist an dieser Stelle lediglich umgangssprachlich zu verstehen. Damit soll zum Ausdruck gebracht werden, dass die Gesellschafter einer GmbH nicht Eigentümer des von „ihrer" GmbH betriebenen Unternehmens im rechtlichen Sinn sind. Eigentümer des von einer GmbH betriebenen Unternehmens im rechtlichen Sinn ist die GmbH selbst. Die Gesellschafter sind an dem Unternehmen – über das Vehikel GmbH – jedoch bei Zugrundelegung einer wirtschaftlichen Betrachtungsweise „wirtschaftlich beteiligt".

[14]Dies kommt in § 13 Abs. 2 GmbHG wie folgt zum Ausdruck: „*Für die Verbindlichkeiten der Gesellschaft haftet den Gläubigern derselben nur das Gesellschaftsvermögen.*" Dies bedeutet, dass die Gesellschafter einer GmbH zumindest gesellschaftsrechtlich nicht für die Verbindlichkeiten „ihrer" GmbH haften. Die Gesellschafter einer GmbH können sich jedoch gegenüber Gläubigern der GmbH vertraglich – also freiwillig – dazu verpflichten, für die Verbindlichkeiten der GmbH einzustehen. Gesellschafter einer GmbH können sich z. B. für Verbindlichkeiten „ihrer" GmbH verbürgen oder eine Schuldmitübernahme erklären. Dann haften die Gesellschafter der GmbH für die Verbindlichkeiten der GmbH auf vertraglicher Grundlage, nicht jedoch auf Grundlage der gesetzlichen bzw. gesellschaftsrechtlichen Haftungsverfassung.

[15]Dies folgt aus § 29 Abs. 1 Satz 1 GmbHG.

Der von der GmbH erzielte Jahresüberschuss kann, soweit dieser nicht zum Ausgleich eines bestehenden Verlustvortrags erforderlich ist, in Form so genannter „Dividenden"[16] an die Gesellschafter ausgeschüttet werden. Durch Gründung einer GmbH können sich deren Gesellschafter folglich unternehmerischer Risiken weitgehend entledigen, ohne auf die mit dem Unternehmertum verbundenen Chancen verzichten zu müssen.

5.4.2.2.2 Besonderheit UG

Im Hinblick auf die Möglichkeit, einen erzielten Jahresüberschuss an die Gesellschafter auszuschütten, ist bei UG eine Besonderheit im Vergleich zu „normalen" GmbH zu beachten: Nach § 5a Abs. 3 GmbHG müssen UG in ihrer Bilanz eine Rücklage bilden, in die in jedem Geschäftsjahr ein Viertel des um einen Verlustvortrag aus dem Vorjahr geminderten Jahresüberschusses einzustellen ist. Die auf diese Weise gebildete Rücklage darf nur verwandt werden

- zur Durchführung einer so genannten „Kapitalerhöhung aus Gesellschaftsmitteln" im Sinn von § 57c GmbHG, z. B., um aus der UG eine „normale GmbH" mit einem durch „Umwandlung" der Rücklage gebildeten und entsprechend erhöhten Stammkapital von mindestens EUR 25.000 zu machen,
- zum Ausgleich etwaiger Jahresfehlbeträge aus Vorjahren und/oder
- zum Ausgleich von Verlustvorträgen aus Vorjahren.

5.4.2.2.3 Anknüpfung an die „Sprache der Buchhalter"

Unabhängig davon, ob ein Jahresüberschuss vollständig oder – wie bei UG – nur teilweise ausgeschüttet werden darf und im Übrigen in eine Rücklage eingestellt werden muss, gilt: Auch die betreffenden Bestimmungen des GmbHG verwenden in diesen Punkten die Sprache der Buchhalter. Wer diese gesetzlichen Bestimmungen anwenden und umsetzen will, muss diese Sprache daher zumindest in Grundzügen verstehen.

Die Bilanz, auf die in § 5a Abs. 3 GmbHG Bezug genommen wird, ist eine Bilanz im Sinn des HGB, also ein Zahlenwerk, in dem die Bestandskonten der Buchhaltung zu konsolidieren sind. Und die in § 5a Abs. 3 GmbHG genannte „gesetzliche Rücklage" ist ein (Unter-)Posten dieses Zahlenwerks.[17] Deshalb ist eine Befassung mit Start-up-geeigneten Rechtsformen nur vor dem Hintergrund dieser an der Schnittstelle von Recht und Betriebswirtschaft zu verortenden Kategorien und Zusammenhänge sinnvoll. Dabei steht immer wieder die Frage im Zentrum, ob überhaupt ein (ausschüttungsfähiger) Jahresüberschuss erwirtschaftet wird.

---

[16]Vgl. z. B. *Stenzel*, DStR 2018, S. 82 ff. sowie S. 139 ff.; BFH, Beschluss vom 16.12.1998 (I R 50/95), DStRE 1999, S. 249 ff.

[17]Vgl. § 266 Abs. 3 A III. Nr. 1 HGB.

5.4.2.3 Buchführung und Rechnungslegung

Ob überhaupt ein ausschüttungsfähiger Jahresüberschuss erzielt wird, ist am Ende jedes Geschäftsjahres zu ermitteln. Dies erfolgt durch Konsolidierung sämtlicher während des Geschäftsjahres in der „kaufmännischen" Buchführung der GmbH erfassten Aufwendungen und Erträge in einer Gewinn- und Verlustrechnung. Dass jede GmbH an Ende jedes Geschäftsjahrs eine solche GuV aufstellen muss, folgt daraus, dass GmbH so genannte „Handelsgesellschaften" im Sinn des HGB sind.[18] Nach § 6 Abs. 1 HGB gelten für GmbH daher stets auch die für „Kaufleute" – also für gewerbliche Unternehmen – vorgesehenen Rechnungslegungsbestimmungen.[19]

Der in § 29 Abs. 1 GmbHG verwendete Begriff „Jahresüberschuss" knüpft unmittelbar an das Ergebnis dieser Rechnungslegung nach Maßgabe des HGB an.[20] Neben der Frage, ob und gegebenenfalls in welchem Umfang eine GmbH Dividenden an die Gesellschafter ausschütten kann, bestehen weitere Verbindungen zwischen dem GmbH-Recht und der kaufmännischen Rechnungslegung. Denn die Gründung einer GmbH setzt voraus, dass ein bestimmtes Mindest-Eigenkapital aufgebracht wird. Und auch darüber, ob und in welchem Umfang eine GmbH über Eigenkapital verfügt, gibt eine bilanzielle Betrachtungsweise Aufschluss. Dazu im Einzelnen:

5.4.2.4 Stammkapital und Geschäftsanteile

5.4.2.4.1 Grundlagen

Nach § 5 Abs. 1 GmbHG muss eine GmbH ein so genanntes „Stammkapital" in Höhe von mindestens EUR 25.000 haben. Dieses Stammkapital einer GmbH ist deren „Nenn-" oder „Nominalkapital". Dessen Höhe wird im Gesellschaftsvertrag einer GmbH bestimmt[21] und dient in erster Linie als Bezugsgröße für die Beteiligungsquoten der Gesellschafter. Denn jede gesellschaftsrechtliche Beteiligung an einer GmbH – „Geschäftsanteil" genannt[22] – muss nominal einen Teil des Stammkapitals umfassen. Die

---

[18]So ausdrücklich § 13 Abs. 3 GmbHG.

[19]In den §§ 264 ff HGB enthält das HGB darüber hinaus eine Reihe von Rechnungslegungsvorschriften, die nicht für jeden Kaufmann gelten, sondern nur für Kapitalgesellschaften wie z. B. GmbH und für bestimmte Personengesellschaften. Die Frage, ob sich die von der GmbH betriebene Unternehmung für die Gesellschafter zumindest finanziell „gelohnt" hat, kann folglich nur in der „Sprache" der Buchhalter beantwortet werden. Deshalb ist es zweckmäßig, sich vor Gründung eines Unternehmens zumindest mit der Struktur und den zentralen Grundbegriffen dieser „Sprache" vertraut zu machen. Aus diesem Grund werden die Grundlagen der Rechnungslegung zu Beginn dieses Werks „vor die Klammer gezogen" dargestellt.

[20]Vgl. dazu insbesondere § 275 Abs. 2 Nr. 17 und Abs. 3 Nr. 16 sowie § 266 Abs. 3 A V HGB.

[21]Der in § 5 Abs. 1 GmbHG geregelte Mindest-Stammkapitalbetrag in Höhe von EUR 25.000 bildet folglich lediglich eine Untergrenze. Der Gesellschaftsvertrag einer GmbH kann auch ein höheres Stammkapital vorsehen. Aus § 5 Abs. 2 GmbHG folgt jedoch, dass das Stammkapital stets auf volle Euro lauten muss.

[22]Vgl. dazu z. B. § 5 Abs. 2 und 3 GmbHG.

Summe der Nenn-Beträge der an einer GmbH bestehenden Geschäftsanteile entspricht dem Stammkapital.

Unterschiedliche Geschäftsanteile können unterschiedliche Nennbeträge haben.[23] Z. B. kann der Gesellschaftsvertrag einer GmbH ein Stammkapital in Höhe von EUR 51.000 vorsehen, welches auf insgesamt 34.001 Geschäftsanteile entfällt. Dieses Stammkapital kann z. B. auf einen Geschäftsanteil mit einem Nennbetrag von EUR 17.000 sowie auf 34.000 weitere Geschäftsanteile mit einem Nennbetrag von jeweils EUR 1 entfallen. Ebenso ist möglich, dass an einer GmbH nur ein einziger Geschäftsanteil besteht, dessen Nennbetrag dann dem Betrag des gesamten Stammkapitals entspricht.

Jeder Gesellschafter, der bei Gründung einen oder mehrere Geschäftsanteil(e) übernimmt, muss die GmbH mindestens in dem Umfang mit Eigenkapital ausstatten, der der Summe aller Nennbeträge der übernommenen Geschäftsanteile entspricht.[24] Diese Ausstattung der GmbH mit Eigenkapital erfolgt, indem die Gesellschafter Geld oder andere Vermögensgegenstände in das Vermögen der GmbH überführen, also an die GmbH übereignen oder abtreten. In der Diktion des Rechts müssen die Gesellschafter Geld oder andere Vermögensgegenstände in die GmbH „einlegen"[25]. Auf diese Weise wird das Stammkapital – als das zur Gründung der betreffenden GmbH erforderliche Mindest-Eigenkapital – aufgebracht (Abb. 5.1).[26]

Bringt ein Gesellschafter zum Zweck der Kapitalaufbringung Geld – in Form von Bar- und Buchgeld – in das Vermögen der GmbH ein, wird dies „Geld-" oder „Bareinlage"[27] genannt. Bringt ein Gesellschafter zum Zweck der Aufbringung des Stammkapitals dagegen kein Geld, sondern andere Vermögensgegenstände in die GmbH ein, wird dies „Sacheinlage"[28] genannt.[29]

---

[23]So ausdrücklich § 5 Abs. 3 Satz 1 GmbHG.

[24]In § 5 Abs. 2 Satz 2 GmbHG wird klargestellt, dass ein Gesellschafter auch mehrere Geschäftsanteile an einer GmbH übernehmen kann.

[25]Vgl. dazu z. B. § 3 Abs. 1 Nr. 4 GmbHG („Einlage").

[26]Zur Verwendung des Begriffs „Kapitalaufbringung" vgl. z. B. BGH, Urteil vom 02.12.2002 (Az. II ZR 101/02), DStR 2003, S. 1131 ff.

[27]Vgl. dazu z. B. BGH, Urteil vom 22.06.1992 (Az. II ZR 30/91), DStR 1992, S. 1067 ff; eine Bareinlage erfordert daher nicht die Übereignung von Bargeld (Euro-Banknoten in Sinn von Art. 128 AEUV) an die GmbH, sondern ein Gesellschafter kann die Pflicht zur Bareinlage durch Überweisung des geschuldeten Einlagebetrags auf ein Bankkonto der GmbH erfüllen (BGH, Urteil vom 22.06.1992 [Az. II ZR 30/31], NJW 1992, S. 2698 ff.).

[28]Vgl. dazu z. B. § 9 GmbHG.

[29]Werden zur Kapitalaufbringung keine körperlichen Gegenstände in das Vermögen der GmbH überführt, sondern Rechte, z. B. Patente, Marken, Forderungen oder Anteile an anderen Gesellschaften, wird dies gleichwohl „Sacheinlage" genannt, obwohl der Begriff „Sache" in § 90 BGB nur als „körperlicher" Gegenstand definiert wird. Gesellschaftsrechtlich dient der Begriff „Sacheinlage" in erster Linie dazu, die Art der Einlage von der „Geld-" bzw. „Bareinlage" abzugrenzen. Denn für Sacheinlagen gelten andere Regelungen als für Bareinlagen (dazu z. B. §§ 8 Abs. 1 Nr. 5, 9, 9c Abs. 1 Satz 2, 19 Abs. 4 GmbHG).

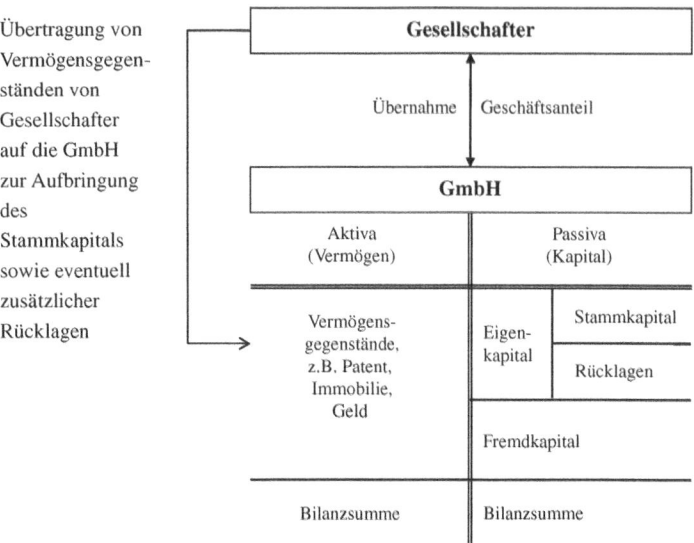

Abb. 5.1 Kapitalaufbringung bei GmbH

Was Gegenstand einer Sacheinlage sein kann, wird im GmbHG nicht ausdrücklich geregelt. In der Rechtsprechung ist anerkannt, dass insoweit für GmbH nichts
anderes gelten kann, als für Aktiengesellschaften.[30] Und für diese gilt nach § 27 Abs.
2 AktG: *„Sacheinlagen … können nur Vermögensgegenstände sein, deren wirtschaftlicher Wert feststellbar ist; Verpflichtungen zu Dienstleistungen können nicht Sacheinlagen … sein."*[31] Gegenstand einer Sacheinlage können folglich sämtliche materiellen
und immateriellen Vermögensgegenstände sein, deren Übertragung auf die GmbH dazu
führt, dass deren Eigenkapital steigt. Deshalb kommen z. B. Immobilien, Maschinen
oder Rohstoffe ebenso als Sacheinlagen in Betracht wie z. B. Patente oder Marken.

5.4.2.4.2 Keine Identität von Stammkapital, Geldbeständen und Eigenkapital
Dass das Stammkapital einer GmbH in deren Gesellschaftsvertrag als Eurobetrag festgelegt wird, bedeutet allerdings nicht, dass die betreffende GmbH zu irgendeinem

---

[30]Dazu BGH, Urteil vom 14.06.2004 (Az. II ZR 121/02): *„Nach § 27 II AktG können Sacheinlagen nur Vermögensgegenstände sein, deren wirtschaftlicher Wert feststellbar ist; da es sich um
eine Kodifizierung der im deutschen Kapitalgesellschaftsrecht allgemein anerkannten Grundsätze
über Sacheinlagen handelt, ist diese Inhaltsbestimmung entsprechend auf das GmbH-Recht übertragbar (…). Obligatorische Nutzungsrechte haben – wie der Senat bereits für das Aktienrecht
entschieden hat – jedenfalls dann einen im Sinne der Einlagefähigkeit feststellbaren wirtschaftlichen Wert, wenn ihre Nutzungsdauer in Form einer festen Laufzeit oder als konkret bestimmte
Mindestdauer feststeht (…); der Zeitwert eines solchen Nutzungsrechts errechnet sich aus dem für
die Dauer des Rechts kapitalisierten Nutzungswert."*
[31]Wortlaut von § 27 Abs. 2 AktG.

Zeitpunkt tatsächlich über entsprechende Geldmittel verfügt. Dass eine GmbH ein bestimmtes Stammkapital hat, bedeutet auch nicht, dass die betreffende GmbH stets mindestens über Eigenkapital in Höhe des Stammkapitals verfügt. Eine GmbH muss nur einmalig bei Gründung – durch Geld- und/oder Sacheinlagen der Gesellschafter – mit einem Eigenkapital mindestens in Höhe des Stammkapitals ausgestattet werden.

Anschließend kann die GmbH mit diesem Kapital arbeiten, also die von den Gesellschaftern zur Kapitalaufbringung erhaltenen Geldbeträge oder sonstigen Vermögensgegenstände nutzen, verändern, verwerten oder verbrauchen. Wenn die GmbH dabei erfolglos agiert und ein Verlust entsteht, sinkt das Eigenkapital der GmbH im Umfang dieses Verlusts und wird insoweit aufgebraucht. Das Eigenkapital einer GmbH kann folglich im weiteren Verlauf auch niedriger sein bzw. werden als das im Gesellschaftsvertrag festgelegte Stammkapital.[32]

5.4.2.4.3 Besonderheiten bei UG

Das Stammkapital und dessen Aufbringung sind zwei weitere Bereiche, in denen Besonderheiten für UG im Vergleich zu „normalen" GmbH gelten. Diese Besonderheiten werden ebenfalls in § 5a GmbHG geregelt und sind folgende:

- Eine UG kann auch mit einem Stammkapital gegründet werden, das niedriger als EUR 25.000 ist.[33] Allerdings muss das Stammkapital einer UG mindestens 1 EUR betragen. Denn auch eine UG muss mindestens einen Gesellschafter haben, der mindestens einen Geschäftsanteil übernimmt, und ein Geschäftsanteil muss mindestens 1 EUR Nennbetrag haben.[34]
- Anders als bei „normalen" GmbH muss das Stammkapital einer UG durch Geldeinlagen aufgebracht werden. Eine Aufbringung des Stammkapitals einer UG mit Sacheinlagen ist nach § 5a Abs. 2 Satz 2 GmbHG verboten.

5.4.2.5 Geschäftsführer

Besonders wichtig sind die Zusammenhänge zwischen Stammkapital, dessen Aufbringung und Abbildung in der Buchhaltung, der Ermittlung und Ausschüttung etwaiger Jahresüberschüsse und etwaigen Besonderheiten bei UG für den oder die

---

[32]Soweit das Eigenkapital einer GmbH deren Stammkapital unterschreitet, wird dies „Unterbilanz" genannt, vgl. z. B. OLG Dresden, Urteil vom 09.07.1997 (Az. 6 U 230/97). Dass bei einer GmbH, z. B. durch Verluste, eine solche Unterbilanz entsteht, ist weder verboten noch immer zu vermeiden. Nicht erlaubt ist jedoch, dass eine Unterbilanz dadurch herbeigeführt wird, dass die GmbH Geld oder andere Vermögensgegenstände in das Vermögen der Gesellschafter überführt (§ 30 GmbHG). Zudem müssen die Geschäftsführer einer GmbH nach § 49 Abs. 3 GmbHG unverzüglich eine Gesellschafterversammlung einberufen, sobald das Eigenkapital einer GmbH die Hälfte des Stammkapitals unterschreitet.

[33]Dies folgt aus § 5a Abs. 1 GmbHG.

[34]Dies folgt – auch für UG – aus § 5 Abs. 2 Satz 1 GmbHG.

Geschäftsführer. Bei Gründung einer GmbH müssen deren Gesellschafter mindestens einen (ersten) Geschäftsführer bestellen,[35] damit die GmbH im Verhältnis zu Dritten handlungsfähig ist. Ohne Geschäftsführer kann eine GmbH nicht am Markt teilnehmen. Denn im Verhältnis zu Dritten wird eine GmbH nach § 35 GmbHG durch den oder die Geschäftsführer vertreten, z. B. beim Abschluss von Verträgen.[36] Es ist auch Sache der Geschäftsführer, noch ausstehende Einlagen von den Gesellschaftern einzutreiben, welche bei Gründung der GmbH Geschäftsanteile übernommen und in diesem Zug entsprechende Einlagezusagen abgegeben haben.

5.4.2.6 Gesellschafter

Grundsätzlich kann jeder Marktteilnehmer, egal ob Mensch oder sonstiger Rechtsträger, z. B. eine Stiftung, eine Personengesellschaft, eine ausländische Kapitalgesellschaft oder eine GmbH Gesellschafter einer GmbH werden. Die Pflicht zur Leistung einer Einlage an die GmbH trifft jedoch nicht jeden Gesellschafter. Zur Leistung einer Einlage an die GmbH sind nur Gesellschafter verpflichtet, die

- bei Gründung der GmbH mindestens einen Geschäftsanteil übernehmen,
- später im Zug einer Kapitalerhöhung mindestens einen neu geschaffenen Geschäftsanteil an der GmbH übernehmen oder
- von einem Gesellschafter einen Geschäftsanteil erwerben, auf den die Einlage noch nicht geleistet wurde.[37]

Ist die Einlage auf einen neu geschaffenen Geschäftsanteil vollständig an die GmbH geleistet worden und wird dieser Geschäftsanteil anschließend an einen anderen Marktteilnehmer (Erwerber) veräußert, muss der Erwerber keine Einlage mehr an die GmbH leisten. Die Veräußerung eines Geschäftsanteils hat ebenso wie dessen Vererbung von einem GmbH-Gesellschafter an einen anderen Marktteilnehmer grundsätzlich[38] keine

---

[35]Die Bestellung des oder der Geschäftsführer kann entweder *„im Gesellschaftsvertrag"* (§ 6 Abs. 3 Satz 2 GmbHG) oder durch Beschluss der Gesellschafter erfolgen.

[36]Hat eine GmbH nur einen Geschäftsführer, kann dieser die GmbH stets allein vertreten. Werden zwei oder mehr Personen zu Geschäftsführern bestellt, sind diese nach § 35 Abs. 2 GmbHG grundsätzlich *„nur gemeinschaftlich zur Vertretung der Gesellschaft befugt"*, sofern im Gesellschaftsvertrag der GmbH keine andere Regelung getroffen wird. Der Gesellschaftsvertrag einer GmbH kann z. B. vorsehen, dass auch dann, wenn mehrere Personen zu Geschäftsführern bestellt worden sind, jeder Geschäftsführer die GmbH stets einzeln vertreten kann. Ebenfalls möglich sind gesellschaftsvertragliche Regelungen, nach denen immer zwei Geschäftsführer gemeinsam vertretungsbefugt sind (4-Augen-Prinzip).

[37]Dies folgt aus § 16 Abs. 2 GmbHG. Veräußert ein Gesellschafter einen Geschäftsanteil an einer GmbH, auf den die Einlageleistung nicht erbracht worden ist, haften im Verhältnis zur GmbH sowohl der Veräußerer als auch der Erwerber des Geschäftsanteils für die rückständige Einlage.

[38]Eine Ausnahme von diesem Grundsatz besteht in dem Fall, dass eine GmbH eigene Geschäftsanteile „an sich selbst" erwirbt oder veräußert. Die Voraussetzungen, unter denen eine GmbH eigene Geschäftsanteile erwerben darf, werden in § 33 GmbHG geregelt.

Auswirkungen auf die Vermögens-, Finanz- oder Ertragslage der GmbH. Änderungen in der Zusammensetzung der Gesellschafter einer GmbH sind aus Sicht der GmbH grundsätzlich „erfolgsneutral". Es mag lediglich sein, dass der Erwerber des Geschäftsanteils dafür eine Gegenleistung an den Veräußerer erbringen muss, z. B. in Form eines Kaufpreises, weil der bisherige Gesellschafter den Geschäftsanteil an den Erwerber verkauft hat.

5.4.2.7 Entstehung

Wie und in welchem Umfang bei Gründung einer GmbH Kapital aufgebracht wird und wer Geschäftsführer sein soll, muss feststehen, bevor eine GmbH „als solche"[39] entstehen kann. Denn nach § 11 Abs. 1 GmbHG setzt die Entstehung einer GmbH deren Eintragung in das Handelsregister voraus.

Die Eintragung einer GmbH in das Handelsregister erfordert eine den Anforderungen des GmbHG entsprechende Anmeldung, die u. a. Informationen und Nachweise über die Leistung der Einlagen beinhalten muss. Diese Anmeldung muss durch den oder die Geschäftsführer in einer Form erfolgen, welche die Mitwirkung eines Notars voraussetzt. Dies gilt nicht nur deshalb, weil die Anmeldung einer GmbH zur Eintragung ins Handelsregister in öffentlich beglaubigter Form erfolgen muss.[40] Auch der Gesellschaftsvertrag der GmbH muss der Anmeldung beigefügt sein.[41] Und der „*Gesellschaftsvertrag bedarf notarieller Form.*"[42]

5.4.3 Erfordernis notarieller Beurkundung

Der Gesellschaftsvertrag einer GmbH muss notariell beurkundet werden, um wirksam zu sein.[43] Dieser Formzwang mag auf Gründer zunächst ebenso abschreckend wirken wie die Notwendigkeit eines Mindest-Stammkapitals und einer Handelsregistereintragung einschließlich der damit dann verbundenen „Registerpublizität". Denn mit diesen Notwendigkeiten mögen verschiedentlich Begriffe wie „Kosten", „Formalismus" und „Transparenz" assoziiert werden und damit all das, was die Gründer von Start-ups gerne vermeiden wollen. Solche Assoziationen sollten jedoch nicht davon ablenken, dass GmbH als mit erheblicher Gestaltungsfreiheit und haftungsrechtlicher Abschirmwirkung verbundene Marktteilnahme-Vehikel für Start-ups gleichwohl bestens geeignet sind.

Namentlich das Erfordernis notarieller Beurkundung sollte von Unternehmensgründern nicht nur als „reine Formalie" begriffen werden. Denn auf diese Weise werden

---

[39]Wortlaut von § 11 Abs. 1 GmbHG.

[40]Dazu § 12 HGB.

[41]Dazu § 8 Abs. 1 Nr. 1 GmbHG.

[42]So ausdrücklich § 2 Abs. 1 Satz 1 GmbHG.

[43]Dies folgt unmittelbar aus § 2 Abs. 1 Satz 1 GmbHG.

Gründer bereits in einem frühen Stadium der Unternehmensentwicklung zu einer Person geführt, zu deren Amt auch *„die Beratung der Beteiligten"*[44] gehört. Das kostet zwar Geld, aber die Aufgabe der Notare geht über das Vorlesen der Vertragstexte weit hinaus: *„Der Notar soll den Willen der Beteiligten erforschen, den Sachverhalt klären, die Beteiligten über die rechtliche Tragweite des Geschäfts belehren und ihre Erklärungen klar und unzweideutig in der Niederschrift wiedergeben. Dabei soll er darauf achten, dass Irrtümer und Zweifel vermieden sowie unerfahrene und ungewandte Beteiligte nicht benachteiligt werden. "*[45]

Der Gang zum Notar ist daher kein unnötiger bürokratischer Kostenfaktor, sondern eine Gelegenheit, das Gründungsvorhaben zu hinterfragen und den Rat eines kompetenten Dritten einzuholen. Denn gerade dann, wenn an einer GmbH-Gründung mehr als eine Person beteiligt sind, ist eine ganze Reihe von Fragen regelungs- und gestaltungsbedürftig.

5.4.4 Wichtige Fragen

Dass bestimmte Fragen vor Beurkundung des Gesellschaftsvertrags einer GmbH geklärt werden müssen, folgt zunächst bereits daraus, dass jeder Gesellschaftsvertrag einer GmbH nach § 3 Abs. 1 GmbHG einen bestimmten Mindestinhalt haben muss. Der Gesellschaftsvertrag muss zumindest Firma, Sitz und Unternehmensgegenstand der GmbH sowie den Betrag des Stammkapitals und die Nennbeträge der Geschäftsanteile regeln, *„die jeder Gesellschafter gegen Einlage auf das Stammkapital (Stammeinlage) unternimmt. "*[46] Gerade dann, wenn mehrere Gesellschafter eine GmbH gründen, sind dies jedoch bei weitem nicht die einzigen regelungsbedürftigen Punkte. Der Reglungs- und damit verbundene Gestaltungsbedarf geht dann weit über diesen Mindestinhalt hinaus.

Um die Fragen zu identifizieren, die vor Abschluss des Gesellschaftsvertrags gestellt und durch den Gesellschaftsvertrag beantwortet werden sollten, braucht man zunächst keine Rechtskenntnisse. In erster Linie ist Fantasiebegabung erforderlich. Es geht darum, zu antizipieren, in welche Situationen, insbesondere in welche Konfliktsituationen die Gesellschafter und das von der GmbH betriebene Unternehmen in der weiteren Entwicklung kommen könnten. Denn wenn man diese möglichen zukünftigen Situationen und Konflikte vor Augen hat, kann überlegt und gestaltet werden, welche Konfliktlösungsmechanismen und -regelungen dann sinnvoll erscheinen und deshalb greifen sollen.

Das bedeutet nicht, dass sich Gesellschafter einer GmbH in einem Rechts- oder Konfliktlösungsmechanismus-freien Raum bewegen, wenn der Gesellschaftsvertrag nur den Mindestinhalt hat und die Regelung sonstiger Problemstellungen unterlassen wurde. Denn wenn sich dann im Lauf der weiteren Entwicklung des Unternehmens Probleme

---

[44]So ausdrücklich § 24 Abs. 1 Satz 1 BNotO.

[45]Wortlaut von § 17 Abs. 1 des Beurkundungsgesetzes (BeurkG).

[46]Wortlaut von § 3 Abs. 1 Nr. 4 GmbHG.

oder Fragen stellen, für die der Gesellschaftsvertrag keine Lösung bietet, gelten diejenigen Regelungen, die das Gesetz – in erster Linie das GmbHG – dafür bereitstellt. Die
Gesellschafter tragen jedoch das Risiko, dass die Regelungen, die dann zur Anwendung
kommen, für das konkrete Unternehmen nicht passen oder zumindest einzelne
Gesellschafter überraschen oder benachteiligen.

Beispiel Investitionsentscheidung

A, B und C gründen gemeinsam die FinConsult-GmbH. Deren Unternehmensgegenstand besteht darin, Kapitalanlegern automatisierte Investitionsentscheidungen
zu ermöglichen. Das Stammkapital der FinConsult-GmbH beträgt EUR 120.000.
A, B und C sind daran jeweils im Umfang von einem Drittel (= EUR 40.000)
beteiligt. A, B und C haben die Einlagen jeweils in Geld geleistet. Zudem werden A, B und C auch Geschäftsführer der FinConsult-GmbH. Im Gesellschaftsvertrag der FinConsult-GmbH ist nur der im GmbHG vorgesehene Mindestinhalt
geregelt. Die Gesellschafter sind sich darüber einig, dass die erste Maßnahme der
FinConsult-GmbH die Erteilung eines Auftrags an ein Softwareentwicklungsunter-
nehmen zur Programmierung einer „Investment-Software" nach den Vorstellungen
der Gesellschafter sein soll. Genauere Absprachen haben die Gesellschafter vor
Gründung der FinConsult-GmbH nicht getroffen. Nachdem die FinConsult-GmbH
errichtet und in das Handelsregister eingetragen worden ist,[47] stellt sich jedoch
heraus, dass sich die Gesellschafter über den Umfang des Entwicklungsauftrags
uneinig sind. A und B wollen, dass die FinConsult-GmbH nicht nur die von den
Gesellschaftern eingelegten EUR 120.000 dazu verwendet, die Entwicklung einer
Investment-Software in Auftrag zu geben, sondern zusätzlich ein Darlehen in Höhe
von (weiteren) EUR 100.000 aufnimmt und den dann verfügbaren Gesamtbetrag in
Höhe von EUR 220.000 in die Entwicklung einer „richtig guten" Software investiert.
C ist dagegen und meint, dass es ausreiche, „nur" EUR 100.000 in die Entwicklung
der Software zu investieren.

Da der Gesellschaftsvertrag der FinConsult-GmbH keine Reglungen dazu enthält, wie die zwischen den Gesellschaftern bestehenden Meinungsverschiedenheiten
zu entscheiden sind, gelten die gesetzlichen Bestimmungen. „Machtzentrum" jeder
GmbH sind dabei die Gesellschafter. Denn die Gesellschafter können alle maßgeblichen Entscheidungen an sich ziehen und den – hier personenidentischen – Geschäftsführern Weisungen erteilen. Die in § 47 GmbHG für Gesellschafterbeschlüsse
vorgesehene Abstimmungsregel führt insoweit zunächst zu einer „bösen Überraschung" für C. Denn nach § 47 Abs. 1 und 2 GmbHG ist für einen Gesellschafterbeschluss grundsätzlich eine einfache Stimmenmehrheit ausreichend. Dabei wird
nicht „nach Köpfen" abgestimmt, sondern jeder Gesellschafter hat eine Stimme für

---

[47]Die Eintragung der GmbH in das Handelsregister ist wegen § 11 GmbHG für deren Entstehung
wichtig.

jeden Euro, den der betreffende Gesellschafter am Stammkapital der Gesellschaft hält. Danach können A und B den C folglich problemlos mit 80.000 zu 40.000 Stimmen überstimmen und einen Gesellschafterbeschluss herbeiführen, durch den die Geschäftsführer angewiesen werden, im Namen der FinConsult-GmbH ein Bankdarlehen aufzunehmen und anschließend einen Software-Entwicklungsauftrag mit einem Volumen von bis zu insgesamt EUR 220.000 zu erteilen.

Bei der Umsetzung dieses Gesellschafterbeschlusses sind A und B dann jedoch auf die Mitwirkung von C angewiesen. Denn die FinConsult-GmbH muss bei Abschluss der zur Umsetzung des Gesellschafterbeschlusses erforderlichen Verträge über die Aufnahme des Darlehens und die Herstellung der Software gemäß § 35 GmbHG von ihren Geschäftsführern vertreten werden. In Ermangelung besonderer, im Gesellschaftsvertrag enthaltener Bestimmungen kann die FinConsult-GmbH bei Aufnahme des Darlehens und Erteilung des Auftrags an den Softwareprogrammierer jedoch weder von A noch von B allein vertreten werden. A und B sind auch gemeinsam nicht vertretungsberechtigt. Denn gemäß § 35 Abs. 2 GmbHG gilt: *„Sind mehrere Geschäftsführer bestellt, sind sie alle nur gemeinschaftlich zur Vertretung der Gesellschaft befugt, es sei denn, dass der Gesellschaftsvertrag etwas anderes bestimmt."* Bei der FinConsult-GmbH bestimmt der Gesellschaftsvertrag jedoch gerade nichts anderes. Deshalb muss C als Geschäftsführer an der Aufnahme des Darlehens und bei Erteilung des Auftrags an den Softwareprogrammierer mitwirken. Verweigert C diese Mitwirkung und damit die Umsetzung des Gesellschafterbeschlusses, können A und B gleichwohl nicht „automatisch" auch ohne C agieren. Vielmehr muss C im schlimmsten Fall zunächst als Geschäftsführer abberufen oder gerichtlich zur Mitwirkung gezwungen werden. Beide Lösungen sind nicht ideal, sondern mit dem Risiko eines dauerhaften Zerwürfnisses der Gesellschafter verbunden. Hätten A, B und C sich bereits bei Gründung der FinConsult-GmbH mit den vorgesehenen gesetzlichen Bestimmungen befasst, hätte die Situation weder A noch B noch C überrascht. Vielmehr hätten die Gesellschafter gewusst, worauf sie sich einlassen, und den Gesellschaftsvertrag durch Aufnahme von Regelungen gestalten können, mit denen alle Gesellschafter „leben können". C hätte z. B. versuchen können, von vornherein eine Regelung in den Gesellschaftsvertrag der FinConsult-GmbH aufzunehmen, nach der Gesellschafterbeschlüsse über Investitionen einer bestimmten Größenordnung, z. B. mit einem über EUR 100.000 hinausgehenden Investitionsvolumen, nur einstimmig gefasst werden können. A und/oder B hätten z. B. eine gesellschaftsvertragliche Regelung durchsetzen können, nach der immer jeweils zwei Geschäftsführer in beliebigen Kombinationen befugt sind, die FinConsult-GmbH beim Abschluss von Verträgen zu vertreten („Vier-Augen-Prinzip"). Durch entsprechende Gestaltung des Gesellschaftsvertrags kann das Risiko eines Konflikts zwischen den Gesellschaftern folglich erheblich gemindert werden.

Um die Realisierung solcher Risiken zu vermeiden, sollten konfliktträchtige Fragen vor der Gesellschaftsgründung identifiziert und mit Abschluss des Gesellschaftsvertrags – allerdings nicht zwingend im Gesellschaftsvertrag – geregelt werden. Gründen mehr als eine Person eine GmbH, dann sollten zwischen diesen Personen mindestens folgende Fragen über den Mindestinhalt eines Gesellschaftsvertrags hinaus geregelt werden:

5.4.4.1 Einlagen und sonstige Beiträge der Gesellschafter

Welcher Gesellschafter soll welchen Beitrag zu dem von der GmbH betriebenen Unternehmen leisten? Diese Frage betrifft nicht nur die zu leistenden Eigenkapitalbeiträge (Einlagen). Beiträge zum Eigenkapital können von den Gesellschaftern sowohl durch Einlage von Geld als auch durch Einlage von anderen Vermögensgegenständen geleistet werden, z. B. indem Maschinen oder Immaterialgüter in das Gesellschaftsvermögen eingebracht werden. Darüber hinaus können Beitragsleistungen auch erbracht werden, indem ein Gesellschafter

- Dienstleistungen für die Gesellschaft erbringt, z. B. als Geschäftsführer oder im Rahmen einer sonstigen Mitarbeit,
- der Gesellschaft (materielle oder immaterielle) Vermögensgegenstände unentgeltlich oder gegen ein bestimmtes, möglicherweise „ermäßigtes" Entgelt dauerhaft oder auf bestimmte Zeit zur Verfügung stellt und/oder
- der Gesellschaft Fremdkapital oder Sicherheiten zur Verfügung stellt, z. B. in Form einer Bürgschaft.[48]

Wie und im Rahmen welcher Verträge – im Gesellschaftsvertrag oder an anderer Stelle – diese Punkte geregelt werden können oder sollten, wird erst an späterer Stelle anhand eines Beispiels dargestellt. Zuvor werden zunächst weitere gestaltungsbedürftige Punkte identifiziert:

5.4.4.2 Ergebnisbeteiligung und -verwendung

Erreicht ein von einer GmbH betriebenes Unternehmen das übergeordnete Unternehmensziel, einen Jahresüberschuss zu erwirtschaften, dann steht dessen Verwendung grundsätzlich zur Disposition der Gesellschafter.[49] Das wirft mehrere Fragen auf:

- Soweit der Jahresüberschuss nicht zum Ausgleich eines bestehenden Verlustvortrags erforderlich ist, kann dieser – ganz oder teilweise – an die Gesellschafter ausgeschüttet oder in der Gesellschaft belassen werden (sogenannte „Thesaurierung"). Die Thesaurierung würde die Eigenkapitalquote des Unternehmens erhöhen und dessen Liquidität schonen, die Ausschüttung dagegen die persönliche Liquidität und Kaufkraft der Gesellschafter steigern. Soll ein Jahresüberschuss vor diesem Hintergrund ganz oder

---

[48]Z. B. kann ein Gesellschafter sich im Zug der Gründung einer Gesellschaft gegenüber der Gesellschaft und/oder den anderen Gesellschaftern dazu verpflichten, sich zugunsten von Dritten, z. B. zugunsten einer Bank, für Verbindlichkeiten der Gesellschaft zu verbürgen.

[49]Dies folgt aus § 29 Abs. 1 GmbHG.

teilweise an die Gesellschafter ausgeschüttet oder – zumindest teilweise – im Unternehmen belassen werden?

- Wie soll derjenige Teil des Jahresüberschusses, der an die Gesellschafter ausgeschüttet wird, gegebenenfalls zwischen den Gesellschaftern verteilt werden? Soll die Verteilung z. B. abhängig von der jeweiligen Beteiligungsquote oder „nach Köpfen" („disquotal"[50]) erfolgen?

5.4.4.3 Beschlussfassung der Gesellschafter

Nach welchen Regeln sollen Beschlüsse der Gesellschafter zustande kommen, z. B. Beschlüsse über die Verwendung erzielter Jahresüberschüsse, die Einstellung von Mitarbeitern oder Investitionen? Diese Frage führt im Wesentlichen zu folgenden „Unterfragen":

- Welche Mehrheitsanforderungen (einfache Mehrheit, qualifizierte Mehrheit oder einstimmig) sollen für welche Beschlussgegenstände gelten? Und:
- Soll eine Beschlussfassung nur möglich sein, wenn (zuvor) bestimmte formale Anforderungen gewahrt wurden, z. B. eine mit einer bestimmten Frist erfolgte Ladung der Gesellschafter zu einer Gesellschafterversammlung und damit verbundener Ankündigung der Beschlussgegenstände durch eine Tagesordnung?

5.4.4.4 Anfechtung von Gesellschafterbeschlüssen

Und was soll gelten, falls ein Gesellschafterbeschluss – aus welchen Gründen auch immer – fehlerhaft gefasst wird? Innerhalb welcher Zeiträume soll dies dann wie und gegenüber wem geltend gemacht werden können?

5.4.4.5 Veräußerbarkeit von Geschäftsanteilen

Sollen die Gesellschafter ihre jeweiligen Geschäftsanteile an der Gesellschaft frei an Mitgesellschafter oder Dritte veräußern können, oder sollen insoweit bestimmte Beschränkungen bestehen? Und was soll für den Fall gelten, dass ein Gesellschafter stirbt?

5.4.4.6 Mitveräußerungspflichten

Soll man einen Gesellschafter – umgekehrt – zumindest in bestimmten Situationen dazu zwingen können, seine Geschäftsanteile an der Gesellschaft an einen Mitgesellschafter oder an einen Dritten zu veräußern? Was soll z. B. gelten, wenn ein Dritter bereit ist, sämtliche – aber eben nur sämtliche und nicht nur einige – Geschäftsanteile an der GmbH für einen hohen Betrag zu erwerben und die Mehrheit der Gesellschafter veräußerungswillig ist, ein einzelner Gesellschafter jedoch nicht?

---

[50]Erfolgt die Ausschüttung eines Jahresüberschusses oder Gewinns bei einer Gesellschaft an die Gesellschafter nicht nach dem Verhältnis der Beteiligungsquoten, sondern nach anderen Kriterien, wird dies „inkongruente" (vgl. dazu z. B. *Birnbaum/Escher*, inkongruente Gewinnverteilung bei Kapital- und Personengesellschaften, DStR 2014, S. 1412 ff.) oder „disquotale" (Gewinn-)Ausschüttung genannt.

5.4.4.7 Ausschlussmöglichkeiten

Soll es – zumindest in bestimmten Situationen – auch aus anderem Anlass möglich sein, einzelnen Gesellschaftern ihre Gesellschafterposition zu entziehen? Falls ja: In welchen Situationen soll ein „Rausschmiss" von Gesellschaftern erlaubt sein? Soll ein Gesellschafter dann eine Kompensation für den Verlust seiner Gesellschafterstellung erhalten und, falls ja, in welchem Umfang?

5.4.4.8 Unternehmensbewertung

Falls ein Gesellschafter eine Kompensation für den Verlust der Gesellschafterstellung erhalten soll, deren Umfang vom Unternehmenswert zum Zeitpunkt des Ausscheidens abhängt, wie soll dann der maßgebliche Unternehmenswert bestimmt werden? Spätestens an dieser Stelle sollte deutlich werden, warum Kenntnisse über Unternehmungsbewertung hilfreich für die Gestaltung von Gesellschaftsverträgen sind.

Ins Detail gehende, gesetzliche Bestimmungen darüber, wie ein von einer GmbH betriebenes Unternehmen zu bewerten ist, wenn darüber Streit zwischen den Gesellschaftern besteht, gibt es nicht. Wie in Kap. 4 gezeigt wurde, gibt es mehrere betriebswirtschaftlich anerkannte Bewertungsmethoden mit jeweils unterschiedlichen Variablen. Kommt es zwischen den Gesellschaftern zu Meinungsverschiedenheiten über den Unternehmenswert und haben die Gesellschafter diese Frage nicht geregelt, kann folglich bereits ganz grundlegend über die anzuwendende Bewertungsmethode gestritten werden. Ist darüber einmal Einigung erzielt, kann dann im Rahmen der Anwendung dieser Bewertungsmethode über die einzelnen Variablen gestritten werden. Bei Anwendung der Ertragswertmethode kann man z. B. insbesondere über die zu erwartenden zukünftigen Überschüsse und den „richtigen" Kapitalisierungszinssatz streiten. Sollen das damit verbundene Konfliktpotenzial und die mit derartigen (Rechts-)Streiten verbundenen Unsicherheiten, zeitlichen Verzögerungen und finanziellen Aufwendungen minimiert werden, sollten Bewertungsfragen von vorneherein geregelt werden.

5.4.4.9 Geschäftsführung

Ebenfalls streitanfällig sind Geschäftsführungsfragen: Soll die Geschäftsführung durch einzelne oder sämtliche Gesellschafter erfolgen, oder sollen zumindest auch Dritte zu Geschäftsführern bestellt werden? Welcher Geschäftsführer soll gegebenenfalls welche Kompetenzen haben? Und: Soll es auch zwischen den Geschäftsführern ausdrückliche Regeln darüber geben, wie diese sich untereinander abstimmen und Beschlüsse fassen?

Falls ein Gesellschafter auch als Geschäftsführer tätig werden soll, stellt sich zudem die Frage nach dessen Kompensation: Soll die Tätigkeit unentgeltlich erfolgen, durch die (Aussicht auf) Dividende abgegolten sein oder soll der Gesellschafter zu Konditionen als Geschäftsführer tätig werden, die man auch einem Dritten für eine solche Tätigkeit anbieten würde?

5.4.4.10 Wettbewerbsmöglichkeiten oder -verbote

Sollen die Gesellschafter die Möglichkeit haben, sich zugleich auch an anderen Unternehmen zu beteiligen, für andere Unternehmen tätig zu werden und/oder andere

Unternehmen in anderer Weise zu unterstützen (z. B. durch Darlehensgewährung)? Falls ja: Soll dies unbeschränkt gelten oder sollen zumindest bestimmte Tätigkeits- oder Wettbewerbsverbote bestehen? Und welche Folgen soll es nach sich ziehen, falls ein Gesellschafter gegen ein vereinbartes Wettbewerbsverbot verstößt oder der Gesell- schaft eine Geschäftschance entwendet?

5.4.4.11 Verortung von Regelungen

Dass der Anmeldung einer GmbH zur Eintragung in das für jedermann einsehbare Handelsregister u. a. der Gesellschaftsvertrag beigefügt werden muss, führt unweigerlich zu folgender Frage: Müssen sämtliche regelungsbedürftigen Punkte im Gesellschafts- vertrag geregelt werden, oder können zumindest einige Regelungen auch außerhalb des Gesellschaftsvertrags zwischen den Gesellschaftern vereinbart werden?

In Anbetracht der mit der Registerpublizität von GmbH verbundenen Transparenz[51] ist dies keine nur formale Frage. Denn nicht alle internen Abreden zwischen den Gesellschaftern, z. B. über Mitveräußerungspflichten, die Bewertung des von der GmbH betriebenen Unternehmens oder etwaige Nachschusspflichten, gehen die breite Öffentlichkeit etwas an. Beispielsweise kann es für die Gesellschafter nachteilig sein, wenn Wettbewerber oder potenzielle Erwerber der Gesellschaft unproblematisch Zugang zu bestimmten marktrelevanten Informationen erhalten.

Wollen die Gesellschafter einer GmbH vermeiden, dass Dritte sich darüber infor- mieren können, wie die Gesellschafter bestimmte Interna geregelt haben, müssen diese folglich außerhalb des Gesellschaftsvertrags geregelt werden. Das ist zwar nicht in jeder Hinsicht möglich. Denn jeder Gesellschaftsvertrag einer GmbH muss einen bestimmten Mindestinhalt haben.[52] Im Hinblick auf Regelungen, die über diesen Mindestinhalt hinausgehen, ist jedoch anerkannt, *„dass Gesellschafter Rechtsverhältnisse in oder zu der Gesellschaft auch außerhalb des Gesellschaftsvertrags durch schuldrechtliche Nebenabreden regeln können, soweit nicht zwingendes Recht entgegensteht (…).“*[53]

Solche Nebenabreden der Gesellschafter einer GmbH außerhalb des Gesellschafts- vertrags, jedoch parallel zu diesem, werden in der Praxis – in Abgrenzung zum Gesell- schaftsvertrag – oft „Gesellschaftervereinbarung" genannt. Bei Gründung einer GmbH ist deshalb nicht nur darüber nachzudenken, welche Fragen wie geregelt werden sol- len, sondern auch, in welchem Vertrag eine Regelung abgebildet werden soll. Um zu vermeiden, dass Dritte sich über sämtliche zwischen den Gesellschaftern bestehenden Vereinbarungen informieren können, kann der über das Handelsregister veröffentlichte Gesellschaftsvertrag auf den Mindestinhalt beschränkt werden. Darüber hinausgehende

---

[51]Das Handelsregister sowie die zum Handelsregister eingereichten Dokumente sind grundsätz- lich für jedermann jederzeit einsehbar (§ 9 HGB). Die Einsichtnahme kann online über das Portal www.handelsregister.de erfolgen. Der Inhalt des Gesellschaftsvertrags einer GmbH ist daher „öffentlich".

[52]Dazu insbesondere § 3 GmbHG.

[53]So BGH, Beschluss von 15.03.2010 (Az. II ZR 4/09), NJW 2010, S. 3718 ff.

Fragen können die Gesellschafter in einer parallel und zusätzlich zum Gesellschaftsvertrag abzuschließenden „Gesellschaftervereinbarung" regeln, welche für die Öffentlichkeit unzugänglich ist.

5.4.5 Herangehensweise

5.4.5.1 Anforderungen an einen Gesellschaftsvertrag

Die vorstehende Befassung damit, welche Fragen bei Gründung einer GmbH von den Gesellschaftern bedacht und geregelt und wo diese Regelungen verortet werden sollten, soll zunächst nur ein Problemaufriss sein. Damit soll erreicht werden, dass die Gründung einer GmbH nicht als Formalie wahrgenommen wird, sondern als kreativer Akt, der mit dem Bau einer Maschine, der Planung einer Stadt oder der Programmierung einer Software vergleichbar ist. Denn in dieser Phase einer Unternehmensgründung geht es darum, in Form des Gesellschaftsvertrags und weiterer Verträge eine Grundlage für zukünftiges Zusammenwirken der Beteiligten zu schaffen, die namentlich Folgendes ermöglichen soll:

Qualität	Zur Umsetzung und Verbesserung des Geschäftsmodells bis hin zum „Pivoting" erforderliche Entscheidungen werden möglichst richtig getroffen.
Geschwindigkeit	Die Entscheidungsfindung muss möglichst schnell möglich sein.
Rechtssicherheit	Getroffene Entscheidungen sollen von mit diesen unzufriedenen Beteiligten nach Möglichkeit nicht angreif- und damit (rückwirkend) vernichtbar sein.
Problemlösungsmechanismen	Etwaige Konflikte zwischen des Beteiligten können möglichst schnell und ohne wesentliche Beeinträchtigung oder Gefährdung der Unternehmung beendet oder gelöst werden.

Wer zur Umsetzung eines neuen Geschäftsmodells Hardware, z. B. eine Maschine oder ein Auto, baut oder eine Software programmiert, stellt die gleichen Anforderungen an deren Funktionsweise. Hard- und Software sollen schnell hochwertige Ergebnisse ermöglichen, die von Wettbewerbern und anderen Marktteilnehmern nicht „angegriffen"[54] werden können. Und wenn der Prozess irgendwo „klemmt", muss eine möglichst unaufwendige Lösung möglich sein.

Deshalb steckt man entsprechenden Aufwand in die Konstruktion neuer Hard- und Software mit dem Ziel, die Anforderungen des Markts und die Bedingungen zu antizipieren, unter denen diese zum Einsatz kommen werden. Beispielsweise sollen Temperatur-, Luftfeuchtigkeits- und Spannungsveränderungen die Mechanik einer Maschine nach Möglichkeit nicht beeinträchtigen, und ein etwa erforderlicher Austausch von Komponenten soll möglichst reibungslos möglich sein. Wer eine neue Maschine konstruiert,

---

[54]Z. B. mit dem Vorwurf, ein Erzeugnis verletzte ein Patent oder eine Produktsicherheitsanforderung.

würde daher nicht auf die Idee kommen, irgendeine öffentlich zugängliche „Standard-
konstruktion" unhinterfragt zu übernehmen und darauf zu vertrauen, dass „das dann
schon so passen wird". Bereits vorhandene Konstruktionsmuster werden allenfalls mit
dem Ziel ausgewertet, Anregungen zu erhalten und bereits positiv getestete Teile zu
übernehmen, sofern sie passen. Aber um herauszufinden, welche Teile passen und welche neu entwickelt werden müssen, wird das Gesamtkonstrukt hinterfragt und von Grund
auf durchdacht. Denn die Konstruktion einer Maschine ist deren DNS, so wie der Quell-
code einer Software deren DNS ist. Die Qualität dieser DNS ist für die Funktionsweise
und Anpassungsfähigkeit der Hard- oder Software maßgeblich. Und von diesen beiden
Voraussetzungen hängt ab, ob sich die Maschine oder Software am Markt durchsetzt.

Für die Gestaltung der vertraglichen Grundlagen eines Unternehmens gilt nichts
anderes. Als maßgebliche Faktoren für die Funktionsweise und Anpassungsfähigkeit
eines Unternehmens sind sie dessen DNS. Wer einen bereits bestehenden Konstruktions-
plan übernimmt, der für ein anderes Unternehmen entworfen wurde, kann nicht
erwarten, dass dieser auch zur Umsetzung eines neuen Geschäftsmodells mit anderen
Beteiligten geeignet ist. Die Erfolgsaussichten eines Unternehmens hängen auch von
dessen rechtlicher Grundkonstruktion ab.

Wird ein Unternehmen von einer Gesellschaft mit mehreren Gesellschaftern betrieben,
bilden die zwischen diesen getroffenen Vereinbarungen den Dreh- und Angelpunkt dieser Konstruktion. Soll diese Konstruktion stabil, flexibel, funktions- und anpassungsfähig
sein, muss sie für das konkrete Geschäftsmodell und die konkret Beteiligten entworfen
werden. Das erfordert namentlich die Beantwortung und Regelung der im vorstehenden
Punkt 5.4.4 aufgeworfenen Fragen in praktisch um- und rechtlich durchsetzbarer Weise.
Wer diese Überlegungen nicht teilt oder den mit der Konstruktion einer gesellschaftsvertraglichen Grundlage verbundenen Aufwand „sparen" will, kann unter bestimmten
Voraussetzungen eine GmbH auch im sogenannten „vereinfachten Verfahren" gründen.

5.4.5.2 GmbH-Gründung im vereinfachten Verfahren

Nach § 2 Abs. 1a GmbHG kann eine GmbH „*in einem vereinfachten Verfahren
gegründet werden, wenn sie höchstens drei Gesellschafter und einen Geschäftsführer
hat. Für die Gründung im vereinfachten Verfahren ist das in der Anlage bestimmte
Musterprotokoll zu verwenden. Darüber hinaus dürfen keine vom Gesetz abweichenden
Bestimmungen getroffen werden. Das Musterprotokoll gilt zugleich als Gesellschafter-
liste. Im Übrigen finden auf das Musterprotokoll die Vorschriften dieses Gesetzes über
den Gesellschaftsvertrag entsprechende Anwendung.*"[55]

Soll eine GmbH nur höchsten drei Gründer und höchstens einen Geschäftsführer
haben, kann die Gründung folglich ohne „lästige" Gestaltungsüberlegungen erfolgen,
indem der in der Anlage zum GmbHG abgebildete „Standard-Gesellschaftsvertrag" verwendet wird. Ob dieser inhaltlich als Grundlage der konkret geplanten Unternehmung

---

[55]Wortlaut von § 2 Abs. 1 a GmbHG.

geeignet ist, zeigt sich dann erst, wenn es zu Konflikten zwischen den Beteiligten kommt. Nachträgliche „Reparaturen" werden dann freilich schwierig und sind unter Umständen nicht mehr durchsetzbar.

Um diese vorstehend abstrakt beschriebene Herangehensweise an die Gestaltung eines Gesellschaftsvertrags greifbarer zu machen, werden die Fragen, was wie und wo geregelt werden sollte, im nachstehenden Kap. 7 anhand eines Beispiels erläutert. Konkret geht es dabei um eine Gruppe von Gründern, die zur Realisierung eines technikbasierten Geschäftsmodells eine GmbH errichtet. Bevor die Herangehensweise anhand dieses Beispiels demonstriert wird, soll jedoch noch ein weitergehendes Verständnis dafür erzeugt werden, warum die GmbH – auch in Form einer UG – eine für Start-ups bestens geeignete Rechtsform ist. Einen wesentlichen Beitrag dazu soll ein Vergleich der GmbH mit den anderen Rechtsformtypen leisten, die das deutsche Recht bereithält. Deshalb werden diese anderen Rechtsformen im Anschluss zunächst im Einzelnen dargestellt, wobei der Umfang der jeweiligen Erläuterungen von der Eignung der jeweiligen Rechtsform zur Umsetzung von Hightech-Gründungsvorhaben abhängt. Um diese anderen Rechtsformtypen jeweils mit der GmbH vergleichen zu können, wird unmittelbar folgend zuvor noch die Organisationverfassung zusammengefasst, welche GmbH nach den Bestimmungen des GmbHG zumindest grundsätzlich haben.

5.4.6 Organisationsverfassung

5.4.6.1 Überblick

Die Organisationsverfassung einer GmbH kann vereinfacht wie in Abb. 5.2 erfolgt zusammengefasst dargestellt werden:[56] Diese Abbildung verdeutlicht auch, wo innerhalb einer GmbH die Macht liegt.

Innerhalb einer GmbH liegt die Macht bei den Gesellschaftern, nicht bei den Geschäftsführern, auch wenn letztere nach außen – also im Verhältnis zu anderen Marktteilnehmern – oft sichtbarer sein mögen als die Gesellschafter. Dies liegt daran, dass GmbH nach außen, z. B. beim Abschluss von Verträgen mit Dritten, von den Geschäftsführern vertreten werden.[57] Dass die Macht innerhalb einer GmbH den-

---

[56]Im Rahmen der stark vereinfachten Abbildung der Organisationsverfassung einer GmbH bleibt unberücksichtigt, dass eine GmbH bei Vorliegen bestimmter Voraussetzungen neben der Gesellschafterversammlung und den Geschäftsführern ein drittes Organ in Form eines Aufsichtsrats haben muss. Bei einer GmbH muss z. B. dann ein Aufsichtsrat gebildet werden, wenn sie in der Regel mehr als 500 Arbeitnehmer hat. Die Pflicht zur Bildung des Aufsichtsrats folgt dann aus § 1 Abs. 1 Nr. 3 des Drittelbeteiligungsgesetzes.

[57]Dazu § 35 GmbHG; allerdings ist auch die Liste der Gesellschafter einer GmbH (vgl. dazu §§ 8 Abs. 1 Nr. 3, 40 GmbHG) für Interessierte beim Handelsregister einsehbar (dazu § 9 GmbHG; die Einsichtnahme kann auch über www.handelsregister.de erfolgen).

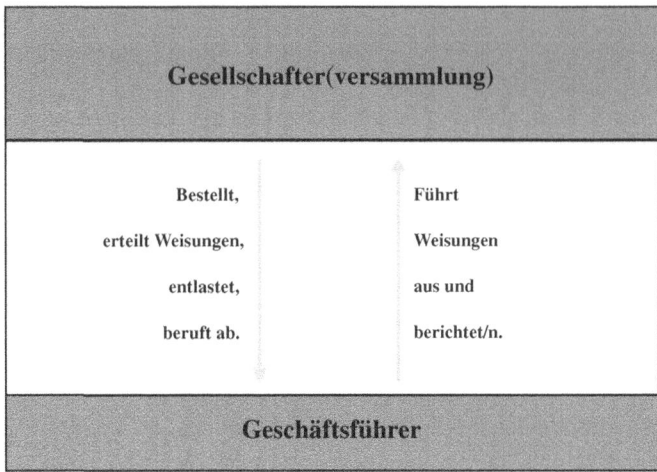

Abb. 5.2 Organisationsverfassung einer GmbH (vereinfacht)

noch nicht bei den Geschäftsführern, sondern bei den Gesellschaftern liegt, folgt insbesondere aus den §§ 37 Abs. 1 und 38 Abs. 1 GmbHG.

5.4.6.2 Weisungs- und Abberufungskompetenz der Gesellschafter

Nach § 37 Abs. 1 GmbHG sind die Geschäftsführer *„verpflichtet, die Beschränkungen einzuhalten, welche für den Umfang ihrer Befugnis, die Gesellschaft zu vertreten, durch den Gesellschaftsvertrag, oder soweit dieser nicht ein anderes bestimmt, durch die Beschlüsse der Gesellschafter festgesetzt sind."*[58] Aus dieser Bindung der Geschäftsführer einer GmbH an die Gesellschafterbeschlüsse folgt eine Weisungsbefugnis der Gesellschafter gegenüber den Geschäftsführern.[59]

Setzt ein Geschäftsführer eine Weisung der Gesellschafterversammlung nicht um, kann die Gesellschafterversammlung den Geschäftsführer abberufen. Welche Macht die Gesellschafter einer GmbH im Verhältnis zu den Geschäftsführern haben, wird in § 38 Abs. 1 GmbHG besonders deutlich: *„Die Bestellung der Geschäftsführer ist zu jeder Zeit widerruflich, …"*[60] Geschäftsführer einer GmbH können von den Gesellschaftern folglich selbst dann abberufen werden, wenn sie sich nichts zuschulden kommen lassen.

---

[58]Wortlaut von § 37 Abs. 1 GmbHG.
[59]Vgl. z. B. BGH, Urteil vom 14.12.1959 (Az. II ZR 187/57).
[60]Wortlaut der ersten Hälfte von § 38 Abs. 1 GmbHG.

Insbesondere ist kein wichtiger Grund erforderlich, um den Geschäftsführer einer GmbH abzuberufen.[61]

5.4.6.3 Gesellschafter

Da die Gesellschafter einer GmbH grundsätzlich deren „Machtzentrum" sind, wird der Blick zunächst auf diese gerichtet. Gesellschafter einer GmbH wird, wer

- bei Gründung einer GmbH einen oder mehrere Geschäftsanteile[62] übernimmt,
- einen oder mehrere Geschäftsanteile übernimmt, die an einer bereits bestehenden GmbH neu geschaffen werden, oder
- von einem Gesellschafter einen oder mehrere bereits bestehende Geschäftsanteile an einer bereits bestehenden GmbH erwirbt.

Für die Gesellschafter einer GmbH gelten zunächst folgende Grundsätze:

Gesetzliche Bestimmung	Wesentlicher Inhalt und Bedeutung	Gelten für UG Besonderheiten?
Wer kann Gesellschafter sein?	Gesellschafter einer GmbH kann jeder rechtsfähige in- oder ausländische Marktteilnehmer sein oder werden. Darunter fallen Menschen mit deutscher oder anderer Staatsangehörigkeit unabhängig von deren Alter. Auch Kleinkinder können Gesellschafter einer GmbH sein oder werden.[a] Zudem können sämtliche anderen, von der Rechtsordnung mit Rechtsfähigkeit ausgestatteten Marktteilnehmer, z. B. Gesellschaften oder Stiftungen, Gesellschafter einer GmbH sein oder werden.[b]	Nein
Zahl der Gesellschafter: § 1 GmbHG	GmbH können einen oder mehrere (beliebig viele) Gesellschafter haben. Dies folgt aus § 1 GmbHG.[c] Bei Vorliegen bestimmter Voraussetzungen kann eine GmbH auch Geschäftsanteile an sich selbst (eigene Geschäftsanteile) erwerben, also selbst ihr eigener Gesellschafter werden[d]	Nein

---

[61]Dies gilt jedoch nur im Hinblick auf die gesellschaftsrechtliche Stellung als Geschäftsführer. Besteht zwischen der GmbH und dem Geschäftsführer neben dem gesellschaftsrechtlichen Geschäftsführerverhältnis auch ein schuldrechtlicher Anstellungsvertrag (Geschäftsführer-Dienstvertrag), dann können die Gesellschafter diesen nicht „jederzeit" oder „einfach so" kündigen, sondern nur dann, wenn dies dienst- oder eventuell auch arbeitsrechtlich möglich ist. Dies kommt in § 38 Abs. 1 durch die Klarstellung zum Ausdruck, dass etwaige *„Entschädigungsansprüche aus bestehenden Verträgen"* von einer Abberufung des Geschäftsführers unberührt bleiben.

[62]Der Gesellschaftsanteil (Beteiligung) an einer GmbH wird im GmbHG „Geschäftsanteil" genannt.

Gesetzliche Bestimmung	Wesentlicher Inhalt und Bedeutung	Gelten für UG Besonderheiten?
Gesellschafter-beschlüsse und Gesellschafter-versammlung	Hat eine GmbH mehr als einen Gesellschafter, können diese nicht jeweils einzeln die Befugnisse ausüben, die das GmbHG den Gesellschaftern zuordnet. Vielmehr muss eine gemeinsame Willensbildung der Gesellschafter in Form von Gesellschafterbeschlüssen erfolgen. Gesellschafter-beschlüsse können inner- und außerhalb von Gesellschafter-versammlungen gefasst werden, z. B. im Rahmen eines Umlaufverfahrens.	Nein

[a]Die Rechtsfähigkeit von Menschen beginnt nach § 1 BGB „mit Vollendung der Geburt." Soll ein Kleinkind Gesellschafter einer GmbH werden, muss dieses beim Erwerb der Geschäftsanteile einer GmbH lediglich ordnungsmäßig vertreten werden, insbesondere/beispielsweise durch die Eltern (dazu § 1629 BGB).

[b]Soll eine Gesellschaft oder Stiftung Gesellschafter einer GmbH werden, gilt für diese im Hinblick auf die Vertretung letztlich nichts anderes als für ein Kleinkind: Auch die Gesellschaft oder Stiftung muss beim Erwerb der Geschäftsanteile an der GmbH ordnungsmäßig vertreten werden, z. B. durch Gesellschafter (im Fall einer Personengesellschaft), Geschäftsführer (im Fall einer GmbH) oder Mitglieder des Vorstands (im Fall eines Vereins, einer Stiftung oder einer AG).

[c]Gemäß § 1 GmbHG können GmbH „durch einen oder mehrere Personen errichtet werden." Der Begriff „Personen" schließt nicht-natürliche Personen wie z. B. Vereine, GmbH, nach ausländischem Recht errichtete Gesellschaften und Stiftungen mit ein. Wenn im Gesetzestext auf „Personen" Bezug genommen wird, dann sind damit in der Regel „rechtsfähige Marktteilnehmer" gemeint

[d]Dazu § 33 GmbHG

5.4.6.4 Geschäftsführer

Geschäftsführer einer GmbH wird, wer bei Errichtung einer GmbH im Gesellschaftsver-trag[63] oder später durch Gesellschafterbeschluss[64] zum Geschäftsführer bestellt wird.[65] Im Übrigen gelten für die Geschäftsführer einer GmbH folgende Grundsätze:

Regelungs-/Gestaltungsfrage	Wesentlicher Inhalt und Bedeutung	Gelten für UG Besonderheiten?
Zahl der Geschäftsführer:	Nach § 6 Abs. 1 GmbHG müssen und können GmbH „einen oder mehrere Geschäftsführer haben." Die Zahl der Geschäftsführer ist daher nach oben offen und kann den Bedürfnissen des Unternehmens angepasst werden.	Nein

---

[63]Dazu § 6 Abs. 3 Satz 2 GmbHG.

[64]Dazu § 46 Nr. 5 GmbHG.

[65]In bestimmten Ausnahmesituationen, welche im Rahmen dieser Darstellung nicht weiter betrachtet werden, mag zudem eine gerichtliche Geschäftsführerbestellung in Betracht kommen (in analoger Anwendung von § 29 BGB).

Regelungs-/Gestaltungsfrage	Wesentlicher Inhalt und Bedeutung	Gelten für UG Besonderheiten?
Wer kann Geschäftsführer sein? § 6 Abs. 2 und 3 GmbHG	Geschäftsführer können nur Menschen sein, die unbeschränkt geschäftsfähig[a] und nicht innerhalb bestimmter Zeiträume vor Bestellung zum Geschäftsführer wegen bestimmter Insolvenz- oder Vermögensdelikte rechtskräftig strafrechtlich verurteilt worden sind.[b] Unerheblich ist dagegen die Staatsangehörigkeit des Geschäftsführers. Zudem folgt aus § 6 Abs. 3 GmbHG, dass Geschäftsführer nicht gleichzeitig Gesellschafter der betreffenden GmbH sein müssen, aber sein können.[c]	Nein
Vertretung: § 35 GmbHG	Die Geschäftsführer vertreten die GmbH im Verhältnis zu Dritten, insbesondere beim Abschluss von Verträgen zwischen der GmbH und anderen Marktteilnehmern. GmbH sind zwar auch von der Rechtsordnung anerkannte Marktteilnehmer, können als solche jedoch selbst – in Ermangelung eigener Körperlichkeit und Ausdrucksfähigkeit – nicht handeln. Für GmbH müssen daher Menschen handeln, deren Handlungen und Erklärungen der GmbH zugerechnet werden. Mit anderen Worten: GmbH müssen sich bei rechtsgeschäftlich relevanten Handlungen von Menschen vertreten lassen. Aus § 35 GmbHG folgt, dass die Menschen, durch die GmbH am Markt teilnehmen, grundsätzlich nicht die Gesellschafter sind, sondern primär[d] die Geschäftsführer. Dies ist auch der Grund dafür, dass die Geschäftsführer einer GmbH nach außen oft „sichtbarer" sind als deren Gesellschafter.	Nein
Weisungsabhängigkeit der Geschäftsführer: § 37 Abs. 1 GmbHG	Trotz dieser infolge der gesetzlichen Vertretungsmacht nach außen hin mitunter stark erscheinenden Stellung der Geschäftsführer ist deren Macht innerhalb des Organisations- und Kompetenzgefüges einer GmbH äußerst beschränkt. Denn Geschäftsführer sind an Weisungen der Gesellschafter gebunden. Diese Hierarchie zwischen Gesellschaftern und Geschäftsführern folgt insbesondere auch aus § 37 Abs. 1 GmbHG.[e]	Nein

Regelungs-/Gestaltungsfrage	Wesentlicher Inhalt und Bedeutung	Gelten für UG Besonderheiten?
Buchführung und Rechnungslegung	Die Geschäftsführer sind dafür verantwortlich, dass sämtliche für das Vermögen der GmbH relevanten Maßnahmen buchhalterisch erfasst werden. Denn nach § 41 GmbHG sind die Geschäftsführer „*verpflichtet, für die ordnungs-mäßige Buchhaltung der Gesellschaft zu sorgen.*"[f] Damit ist primär die im HGB angelegte „kaufmännische" Buchführung gemeint.[g] Zudem müssen die Geschäftsführer zum Abschluss jedes Geschäftsjahrs einen Jahres-abschluss für die GmbH aufzustellen, der neben einer Bilanz und einer GuV einen sogenannten „Anhang"[h] enthalten muss. Zusätzlich ist ein sogenannter „Lagebericht" aufzustellen.[i]	Nein
Insolvenzantragstellung: § 15a InsO	Wird eine GmbH insolvent, muss nach § 15a Abs. 1 InsO jeder Geschäftsführer unverzüg-lich, spätestens nach Ablauf von 3 Wochen, einen Antrag auf Eröffnung des Insolvenzver-fahrens über das Vermögen der GmbH stellen.	Nein
Haftung: §§ 43, 64 GmbHG	Verletzt ein Geschäftsführer Pflichten im Ver-hältnis zur GmbH, muss der Geschäftsführer der GmbH die Schäden ersetzen, die der GmbH infolge der Pflichtverletzung entstehen. Der Sorgfaltsmaßstab, an dem Geschäftsführer gemessen werden, ist dabei extrem streng.	Nein

[a]Unbeschränkt geschäftsfähig sind nach deutschem Recht – konkret nach den §§ 2, 104 und 106 BGB – Menschen, die das 18. Lebensjahr vollendet haben.

[b]Die betreffenden Straftaten werden in § 6 Abs. 2 Nr. 3 GmbHG im Einzelnen aufgeführt

[c]In § 6 Abs. 3 GmbHG findet das Prinzip der „Fremdorganschaft" Ausdruck. Danach können auch Personen zu Mitgliedern der Leitungs- und Vertretungsorgane bestimmter Körperschaften bestellt werden, die nicht Gesellschafter bzw. Mitglieder der Körperschaft und damit auch nicht „wirtschaftliche Eigentümer" des Unternehmensträgers sind.

[d]„Primär" deshalb, weil die Geschäftsführer nach § 35 GmbHG die gesetzlichen Vertreter einer GmbH und als solche grundsätzlich – je nach gesellschaftsvertraglicher Regelung und Bestellungs-beschluss jeweils einzeln oder zusammen – befugt sind, Erklärungen mit Wirkung für die GmbH abzugeben. Kraft dieser originären gesetzlichen Vertretungsbefugnis können die Geschäfts-führer auch Dritten im Namen der GmbH eine Vollmacht erteilen, die GmbH – in den Grenzen der erteilten Vollmacht – gegenüber Dritten zu vertreten. Personen, die auf diese Weise eine Voll-macht für die GmbH erhalten, sind dann nicht „primäre" gesetzliche Vertreter der GmbH, sondern deren Befugnis, die GmbH zu vertreten, ist lediglich eine von den Geschäftsführern abgeleitete Befugnis („gewillkürte" Vertretungsmacht der Bevollmächtigten im Gegensatz zur „gesetzlichen" Vertretungsmacht der Geschäftsführer). Zudem gibt es Fälle, in denen ausnahmsweise nicht die Geschäftsführer für die GmbH vertretungsbefugt sind, sondern die Gesellschafter. Dies gilt ins-besondere in Fällen, in denen eine GmbH eine gesellschaftsrechtliche oder vertragliche Beziehung mit einem Geschäftsführer begründet, ändert oder beendet. Deshalb erfolgt die Bestellung eines

Geschäftsführers nicht durch andere Geschäftsführer, sondern durch die Gesellschafter (vgl. § 46 Nr. 5 GmbHG). Und auch bei Abschluss eines Geschäftsführer-Anstellungsvertrags zwischen einer GmbH und einem Geschäftsführer sowie bei der Geltendmachung von Schadensersatzansprüchen einer GmbH gegen einen Geschäftsführer wird die GmbH nicht durch (etwaige andere) Geschäftsführer vertreten, sondern durch die Gesellschafter (vgl. § 46 Nr. 8 GmbHG). Zudem haben die Gesellschafter eine gewisse Vertreterrolle in Fällen sogenannter „Führungslosigkeit". Damit sind Situationen gemeint, in denen eine GmbH keinen Geschäftsführer hat (§ 35 Abs. 1 Satz 2 GmbHG). Wird eine in diesem Sinn „führungslose" GmbH insolvent, sind die Gesellschafter zur Insolvenzantragstellung berechtigt (§ 15 Abs. 1 Satz 2 InsO) und verpflichtet (§ 15 a Abs. 3 InsO).

ᵉDer Wortlaut von § 37 Abs. 1 GmbHG lautet wie folgt: *„Die Geschäftsführer sind der Gesellschaft gegenüber verpflichtet, die Beschränkungen einzuhalten, welche für den Umfang ihrer Befugnis, die Gesellschaft zu vertreten, durch den Gesellschaftsvertrag oder, soweit dieser nicht ein anderes bestimmt, durch die Beschlüsse der Gesellschafter festgesetzt sind."* Auch wenn der Begriff „Weisung" im Wortlaut dieser Bestimmung nicht vorkommt, wird § 37 Abs. 1 GmbHG in der Rechtsprechung dahingehend ausgelegt, dass die Gesellschafter auch *„den Geschäftsführer zu einer einzelnen Geschäftsführermaßnahme anweisen"* (BGH, Urteil vom 01.04.2004, Az. IX ZR 205/00) können.

ᶠWortlaut von § 41 GmbHG

ᵍDies folgt daraus, dass eine GmbH gemäß § 13 Abs. 3 GmbHG *„als Handelsgesellschaft im Sinne des Handelsgesetzbuchs"* gilt. Gemäß § 6 HGB finden für solche *„Handelsgesellschaften"* grundsätzlich die gleichen Bestimmungen Anwendung, die auch für „Kaufleute" gelten. Infolge dieser gesetzlichen Verweisungskette gelten die §§ 238 ff HGB, welche die „kaufmännische" Rechnungslegung regeln, auch für GmbH.

ʰDer Anhang ist kein Zahlenwerk, sondern dient der Erläuterung einzelner Posten der Bilanz und der GuV. Was im Anhang im Einzelnen erläutert werden muss, folgt aus den §§ 284 ff. HGB. Für Start-ups in Form einer GmbH kann § 288 HGB hierbei bestimmte Erleichterungen mit sich bringen. Solange die in § 267 Abs. 1 HGB genannten Schwellenwerte nicht überschritten werden, müssen die in § 288 Abs. 1 HGB aufgeführten Anhangangaben nicht gemacht werden.

ⁱDies folgt aus § 264 Abs. 1 Satz 1 HGB

5.4.6.5 Zusammenfassung

Fasst man die vorstehend in Bezug genommenen gesetzlichen Bestimmungen zusammen, kann die Organisationsverfassung einer GmbH – erweitert um weitere Einzelheiten – wie in Abb. 5.3 erfolgt zusammengefasst dargestellt werden.

Auch wenn man die gesetzlich angelegte Organisationsverfassung einer GmbH auf einzelne Aufgaben und Befugnisse der Gesellschafter und Geschäftsführer herunterbricht, bleibt eine auf diese Weise betrachtete GmbH etwas Abstraktes. Diese Wahrnehmung ändert sich jedoch, wenn man sich vor Augen hält, dass dieses im Gesetz grundsätzlich angelegte Organisations- und Kompetenzgefüge durch den Gesellschaftsvertrag und daneben weitere Vereinbarungen gestaltbar ist. Wie Gründer an diese Gestaltungsaufgabe herangehen können, wird in Kap. 8 anhand eines Beispielfalls veranschaulicht, nachdem zunächst die übrigen Rechtsformen betrachtet wurden, die das deutsche Recht bereitstellt. Dazu wird der Blick zunächst auf die Aktiengesellschaft (AG) gerichtet, die als „Kapitalgesellschaft" erhebliche Ähnlichkeiten, allerdings auch wesentliche Unterschiede im Vergleich zur GmbH aufweist.

Gesellschafter(versammlung)		
Wichtigste Aufgaben und Befugnisse:		
Änderungen des Gesellschaftsvertrags	Auflösung der Gesellschaft	Feststellung des Jahresabschlusses
Entlastung der Geschäftsführer	Erteilung von Weisungen an Geschäftsführer	Entscheidung über Ergebnisverwendung
Bestellung der Geschäftsführer	Abberufung der Geschäftsführer	Vertretung der Gesellschaft gegenüber Geschäftsführern
Bestellung Weisung Entlastung Abberufung		Auflösung der Weisung und Vorlage von Jahresabschlüssen und anderen Berichten
Geschäftsführer		
Wichtigste Aufgaben und Befugnisse:		
Buchhaltung /Rechnungslegung	Organisation / Führung	Umsetzung der Gesellschafterbeschlüsse
Aufstellung des Jahresabschlusses	Vertretung der Gesellschaft gegenüber Dritten	Insolvenzantragstellung im Fall der Insolvenz

Abb. 5.3 Organisationsverfassung einer GmbH (erweiterte Darstellung)

5.5   Aktiengesellschaft

5.5.1 Grundsätzliches und Parallelen zur GmbH

Die AG ist eine Rechtsform, die nicht nur dafür geeignet, sondern dazu prädestiniert ist, Trägerin eines Unternehmens zu sein. Eine AG ist – wie eine GmbH – *„eine Gesellschaft mit eigener Rechtspersönlichkeit"*[66], die im Grundsatz zur Verfolgung jedes denkbaren Zwecks gegründet werden kann, auch und gerade zum Betrieb eines Unternehmens. Zudem sind AG in weiteren wesentlichen Punkten mit GmbH vergleichbar. Insbesondere bestehen folgende wichtige Gemeinsamkeiten zwischen AG und GmbH:

5.5.2 Gründer und Gesellschafter

Wie GmbH können auch AG von einer oder mehreren Person(en) gegründet werden.[67] Mit „Person" ist jeder Marktteilnehmer gemeint. Jeder – egal ob Mensch, Verein, in- oder

---

[66]Wortlaut von § 1 Abs. 1 Satz 1 AktG.

[67]So ausdrücklich § 2 AktG.

ausländische Körperschaft oder sonstiger in- oder ausländische Rechtsträger – kann allein oder gemeinsam mit anderen Marktteilnehmern eine AG gründen.

Dass die Gründer und Gesellschafter einer AG „Aktionäre" und nicht „Gesellschafter" genannt werden, ist lediglich eine Frage von Begriffen, die letztlich keine inhaltliche Bedeutung hat. Bei einer AG sind die „Aktionäre", was bei einer GmbH die „Gesellschafter" sind.

Das bedeutet nicht, dass die Stellung der Aktionäre innerhalb einer AG in jeder Hinsicht der Stellung der Gesellschafter einer GmbH entspricht. Insoweit bestehen im Einzelnen zum Teil erhebliche Unterschiede. Aber dies ändert nichts an der grundsätzlichen Vergleichbarkeit von GmbH-Gesellschaftern und Aktionären als „Eigentümer" der jeweiligen Gesellschaft. Denn es sind bei beiden Rechtsformen diejenigen Personen, die wirtschaftlich betrachtet hinter dem von der jeweiligen Gesellschaft betriebenen Unternehmen stehen.[68] Es ist zudem die organisierte kollektive Willensbildung dieser Personen, die für grundlegende, über das operative Tagesgeschäft hinausgehende Entscheidungen erforderlich ist, z. B. für Änderungen der Satzung[69] oder der Rechtsform.[70]

Während das organisierte Zusammenwirken der Gesellschafter einer GmbH „Gesellschafterversammlung" genannt wird, nennt man die Zusammenkunft der Aktionäre einer AG „Hauptversammlung". Auch dies sind jedoch nur unterschiedliche Begriffe, die letztlich dass gleiche meinen, nämlich das organisierte Zusammenwirken der „wirtschaftlichen Eigentümer"[71] des Unternehmens zum Zweck interner Willensbildung. Und bei beiden Rechtsformen kommen die Ergebnisse dieser Willensbildung durch Beschlüsse zum Ausdruck, bei GmbH durch Gesellschafter- und bei AG durch Hauptversammlungsbeschlüsse.

5.5.3 Nennkapital

Auch AG haben – wie GmbH – ein bestimmtes Nenn-bzw. Nominalkapital. Bei AG wird dieses Nenn- oder Nominalkapital jedoch nicht Stammkapital genannt, sondern „Grundkapital" (§ 6 AktG). Die Funktion dieses als Satzungsbestandteil in vollen Euro

---

[68]Zur Klarstellung: Die Aktionäre sind nicht die Eigentümer des von „ihrer" AG betriebenen Unternehmens im rechtlichen Sinn. Eigentümerin des von einer AG betriebenen Unternehmens ist die AG selbst.

[69]Dass für eine Änderung der Satzung einer AG die Hauptversammlung zuständig ist, folgt aus § 179 Abs. 1 Satz 1 AktG; für GmbH gilt nach § 53 Abs. 1 GmbHG Entsprechendes für eine Änderung des Gesellschaftsvertrags.

[70]Auch ein nach §§ 191 ff UmwG möglicher „Formwechsel" erfordert gemäß § 193 Abs. 1 UmwG einen „*Beschluss der Anteilsinhaber des formwechselnden Rechtsträgers*".

[71]Auch an dieser Stelle nochmals zur Klarstellung: Weder sind die Gesellschafter einer GmbH die rechtlichen Eigentümer des von der GmbH betriebenen Unternehmens (Eigentümerin des Unternehmens ist die GmbH selbst) noch sind die Aktionäre einer AG Eigentümer des von der AG betriebenen Unternehmens. Wenn GmbH-Gesellschafter oder Aktionäre, z. B. im Rahmen eines Presseberichts, als „Eigentümer" eines Unternehmens bezeichnet werden, liegt dieser Bezeichnung eine wirtschaftliche Betrachtungsweise zugrunde und keine rechtliche.

festzulegenden Kapitalbetrags ist bei AG grundsätzlich dieselbe wie bei GmbH. Das Grundkapital bezeichnet ein Mindesteigenkapital, das bei Gründung einer AG aufgebracht werden muss[72] und in Aktien „zerlegt"[73] ist. In welchem Umfang ein Aktionär an einer AG beteiligt ist, richtet sich nach dem Anteil am Grundkapital, der auf Aktien des betreffenden Aktionärs entfällt.

5.5.4 Beteiligungserwerb

Auch im Hinblick auf den Erwerb einer Beteiligung an einer AG gilt dasselbe wie für die Beteiligung an einer GmbH: Aktionär einer AG kann man werden durch

- Erwerb einer oder mehrerer Aktien von einer Person, die bereits Aktionär ist,
- Übernahme neu geschaffener („junger") Aktien, die im Zug einer Kapitalerhöhung einer bereits bestehenden AG gebildet werden, gegen Einlage,
- Übernahme von Aktien bei Gründung einer AG gegen Einlage oder
- Im Rahmen von Umwandlungsvorgängen.

Zwischen diesen Alternativen, Aktien an einer AG zu erwerben, bestehen einige erhebliche Unterschiede. Diese sind für Personen, die sich erstmals mit Aktienerwerb befassen, nicht immer sofort klar. Zur Vermeidung etwaiger Missverständnisse sei daher an dieser Stelle zumindest Folgendes ausgeführt:

5.5.4.1 Aktienerwerb von Altaktionären

Der Erwerb von Aktien von einer Person, die bereits Aktionär ist, hat grundsätzlich keine Auswirkungen auf die Vermögens-, Finanz- und Ertragslage der betreffenden AG. Veräußert oder vererbt ein Aktionär („Altaktionär") eine Aktie an einen Erwerber („Neuaktionär"), ist dieser Vorgang für die AG in dem Sinn „neutral", dass der AG auf diese Weise kein neues oder zusätzliches Kapital zufließt.[74] Erbringt der Neuaktionär eine Gegenleistung für den Erwerb der Aktie, z. B. in Form einer Geldzahlung, fließt diese nicht der AG zu, sondern dem Altaktionär. Bilanzsumme, Vermögen, Eigen- und Fremdkapital der AG bleiben von diesem Vorgang unberührt (Abb. 5.4).

5.5.4.2 Aktienerwerb durch Übernahme bei Gründung oder Kapitalerhöhung

Im Gegensatz zum Aktienerwerb von Altaktionären erfordert der Erwerb – die „Übernahme" – von Aktien bei Gründung oder Durchführung einer Kapitalerhöhung einer AG

---

[72]Dazu insbesondere §§ 54 Abs. 1 bis 3, 36 Abs.2, 36a, 37 Abs. 1 AktG. ′

[73]Vgl. § 23 Abs. 2 Nr. 4 AktG.

[74]„Neutral" in diesem Sinn bedeutet jedoch nicht „egal". Eine AG hat aus verschiedenen Gründen ein Interesse daran, zu wissen, wer in welchem Umfang Aktionär ist, z. B. mit Blick auf § 67 AktG oder deshalb, weil die AG von einem anderen Unternehmen „abhängig" ist oder wird (dazu z. B. §§ 15 ff und §§ 311 ff AktG).

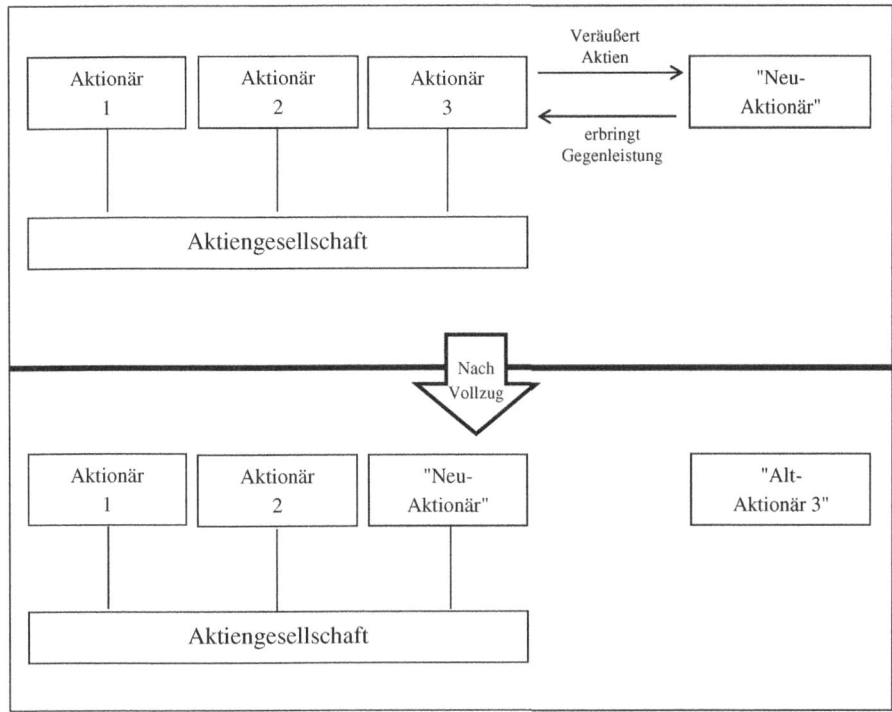

Abb. 5.4 Aktienerwerb von bisherigem Aktionär

die Leistung einer Kapitaleinlage vom Erwerber (Übernehmer) an die AG. Dies bedeutet, dass der Erwerber als Gegenleistung für den Erhalt der übernommenen Aktie(n) Geld oder andere Vermögensgegenstände in das Vermögen der AG einbringen muss,[75] und zwar mindestens in Höhe des so genannten „Ausgabebetrags".

Gemäß § 9 Abs. 1 AktG muss dieser „Ausgabebetrag" für jede Aktie mindestens dem Anteil am Grundkapital entsprechen, der auf die betreffende Aktie entfällt. Deshalb entspricht das Eigenkapital bei Gründung einer AG mindestens dem Grundkapital. Werden bei Gründung einer AG dagegen Aktien für einen Ausgabebetrag ausgegeben, der über dem rechnerischen Anteil der jeweiligen Aktien am Grundkapital liegt, übersteigt das Eigenkapital der AG – zumindest bei Gründung – deren Grundkapital. Die AG hat dann über das Grundkapital hinaus zusätzlich Kapitalrücklagen[76]. Der Betrag, um den der Ausgabebetrag für eine Aktie deren rechnerischen Anteil am Grundkapital übersteigt, wird „Aufgeld" oder „Agio" genannt.

---

[75]Dazu insbesondere §§ 9 und 27 AktG (Gründung) sowie §§ 182 und 183 Abs. 1 AktG (Kapitalerhöhung).

[76]„Kapitalrücklagen" im Sinn der §§ 266 Abs. 3 A II und 272 Abs. 2 Nr. 1 HGB.

5.5.4.3 Aktienerwerb im Rahmen von Umwandlungsvorgängen

Zudem können Marktteilnehmer auch durch Umwandlungsvorgänge Aktionär einer AG werden. Z. B. können Gesellschafter einer GmbH, die auf eine AG verschmolzen[77] oder im Weg eines Formwechsels[78] in eine AG umgewandelt wird, auf diese Weise Aktionäre dieser AG werden. Bei diesen Umwandlungsvorgängen ist der Gründungsvorgang im hier verstandenen Sinn jedoch bereits abgeschlossen. Die Umwandlung ist in diesen Fällen eine Maßnahme, die erst zu einem späteren Zeitpunkt nach Aufnahme der Geschäftstätigkeit und/oder Gesellschaftsgründung erfolgt. Die Möglichkeit, durch Umwandlung Aktionär einer AG zu werden, wird daher an dieser Stelle nicht weiter betrachtet. Wichtig ist dagegen der Blick auf die formalen Voraussetzungen, die bei Gründung einer AG zu beachten sind.

5.5.5 Gründungsformalien

Im Hinblick auf die Gründungsformalien besteht eine weitere Gemeinsamkeit zwischen AG und GmbH. Denn ebenso wie der Gesellschaftsvertrag einer GmbH muss auch die Satzung – das ist nichts anderes als der Gesellschaftsvertrag – einer AG notariell beurkundet werden, um wirksam zu sein.[79] Und wie die Gründung einer GmbH erfordert auch die Gründung einer AG, dass

- die AG zur Eintragung in das Handelsregister angemeldet wird,
- dem Eintragungsantrag eine Reihe von Nachweisen beigefügt wird und
- die Eintragung der AG in das Handelsregister auch tatsächlich erfolgt.[80]

5.5.6 Haftung der Aktionäre

Auch das Haftungsregime einer AG entspricht im Grundsatz der Haftungsregime einer GmbH. Denn die Aktionäre einer AG haften nicht persönlich für Verbindlichkeiten „ihrer" AG, sondern für die Verbindlichkeiten einer AG *„haftet den Gläubigern nur das Gesellschaftsvermögen"*[81]. Daraus folgt: Die Gründung einer AG zum Betrieb eines

---

[77]Die Möglichkeiten einer Verschmelzung einer GmbH auf eine AG sind in den §§ 2 ff. UmwG geregelt.

[78]Die Möglichkeit, eine GmbH durch Wahrung ihrer Identität durch Formwechsel in eine AG umzuwandeln, wird in §§ 190 ff. UmwG geregelt.

[79]Dazu § 23 Abs. 1 AktG: *„Die Satzung muss durch notarielle Beurkundung festgestellt werden."*

[80]Der Eintragung einer AG in das Handelsregister kommt wegen § 41 Abs. 1 Satz 1 AktG entscheidende Bedeutung zu. Denn vor *„der Eintragung in das Handelsregister besteht die Aktiengesellschaft als solche nicht."* (Wortlaut von § 41 Abs. 1 Satz 1 AktG).

[81]Wortlaut von § 1 Abs. 1 Satz 2 AktG. Daraus folgt: Wenn man zum Betrieb eines Unternehmens eine AG gründet, hat diese AG für die Aktionäre die gleiche haftungsrechtliche Abschirmwirkung wie die Gründung einer GmbH.

Unternehmens ist für die hinter der AG stehenden Aktionäre mit einer haftungsrechtlichen Abschirmwirkung verbunden. Ebenso wie durch Gründung einer GmbH kann auch durch Gründung einer AG eine Entkoppelung der mit dem Betrieb eines Unternehmens verbundenen Risiken von den damit verbundenen Chancen erreicht werden.

5.5.7 Verwendung des Jahresüberschusses

Realisiert eine AG unternehmerische Chancen und erzielt einen Jahresüberschuss, kann dieser in Form von Dividenden an die Aktionäre ausgeschüttet werden.[82] Ob ein ausschüttungsfähiger Jahresüberschuss erzielt wurde, hängt wie bei einer GmbH auch bei der AG vom Ergebnis der auf das Ende jedes Geschäftsjahres aufzustellenden Gewinn- und Verlustrechnung ab.

5.5.8 Rechnungslegung

Dass eine AG auf das Ende jedes Geschäftsjahrs als Teil des Jahresabschlusses u. a. eine GuV aufstellen muss, ist wie bei GmbH Folge der gesetzlichen Einstufung von AG als „Handelsgesellschaften" im Sinn des HGB.[83] Deshalb müssen auch AG sämtliche Geschäftsvorfälle, die sich auf die Vermögens-, Finanz- und/oder Ertragslage auswirken, im Rahmen einer kaufmännischen Buchführung erfassen. Man mag eine AG daher zwar noch ohne Rechnungslegungskenntnisse gründen, aber man wird sie nicht leiten können, ohne zumindest in Grundzügen zu verstehen, wie Geschäftsvorfälle zu erfassen sind und welche Auswirkungen sie haben.

5.5.9 Wesentliche Unterschiede im Vergleich zur GmbH

AG und GmbH sind folglich strukturell und funktional durchaus vergleichbar. Insbesondere können durch beide Rechtsformen Unternehmen betrieben und eine haftungsrechtliche Abschirmwirkung für die hinter der jeweiligen Gesellschaft stehenden Gesellschafter – im Fall einer AG „Aktionäre" genannt – erzielt werden. Es gibt jedoch auch wichtige, wirtschaftlich bedeutende Unterschiede zwischen AG und GmbH. Diese werden in der nachstehenden Übersicht zusammengefasst.

---

[82]Sofern die Satzung der AG dies erlaubt, kann die Hauptversammlung einer AG auch Sachausschüttungen beschließen (§ 58 Abs. 3 AktG).

[83]Für Aktiengesellschaften folgt dies aus § 3 Abs. 1 AktG. Auch Aktiengesellschaften müssen daher sämtliche für die Vermögens-, Finanz- und Ertragslage relevanten Geschäftsvorfälle nach Maßgabe der Rechnungslegungsbestimmungen des HGB, des EStG und des KStG erfassen.

GmbH	Kriterium	Aktiengesellschaft
Für Gesellschaftsverträge einer GmbH besteht grundsätzlich Vertragsfreiheit. Die Gesellschafter einer GmbH können deren Gesellschaftsvertrag nach ihren Bedürfnissen designen, soweit einzelne Bestimmungen nicht ausnahmsweise verboten sind.[a]	Gestaltungs-Freiheit	Die Satzung einer AG ist dagegen deutlich weniger frei gestaltbar, weil die Bestimmungen des AktG grundsätzlich zwingend gelten.[b] Die Satzung einer AG darf z. B. nicht vorsehen, dass die AG keinen oder einen nur mit zwei Personen zu besetzenden Aufsichtsrat hat.[c]
Mindest-Stammkapital: EUR 25.000[d]	Mindestnennkapital § 5 Abs. 1 GmbHG im Vergleich zu § 6 AktG	Mindest-Grundkapital: EUR 50.000[e]
Soll das Eigenkapital durch Sacheinlage(n) aufgebracht werden und ist der tatsächliche Wert eingelegter Vermögensgegenstände niedriger als der Nennbetrag der dafür übernommenen Geschäftsanteile, muss der Gesellschafter den Differenzbetrag zwischen dem tatsächlichen Wert der eingebrachten Vermögensgegenstände und dem Nominalbetrag der übernommenen Geschäftsanteile in Geld an die Gesellschaft zahlen („Differenzhaftung").[f]	Differenzhaftung bei Kapitalaufbringung mit Sacheinlagen	Soll bei einer AG Eigenkapital durch Sacheinlagen aufgebracht werden, reicht eine etwaige Differenzhaftung der Aktionäre weiter als die Differenzhaftung der Gesellschafter einer GmbH. Denn die Differenzhaftung erstreckt sich bei AG nicht nur auf die Differenz zwischen dem tatsächlichen Wert der Sacheinlage und dem Nominalbetrag der übernommenen Aktien, sondern auf den Differenzbetrag zwischen dem tatsächlichen Wert der Sacheinlagen und dem Ausgabebetrag der gezeichneten Aktien.[g]
GmbH können/dürfen Rücklagen[h] grundsätzlich (zurück) in das Vermögen der Gesellschafter überführen.[i]	Kapitalerhaltung	Bei AG verbietet § 57 Abs. 1 grundsätzlich[j] jede Einlagenrückgewähr an die Aktionäre.
Geschäftsführer einer GmbH sind den Weisungen der Gesellschafter unterworfen.	Rechtsstellung der Mitglieder des Leitungsorgans	Mitglieder des Vorstands einer AG sind weder an Weisungen der Hauptversammlung noch des Aufsichtsrats gebunden.[k]
Geschäftsanteile an GmbH können grundsätzlich frei veräußert werden[l]. Allerdings sind dabei die nach § 15 Abs. 3 und 4 GmbHG bestehenden Erfordernisse notarieller Beurkundung zu beachten. Deshalb sind Geschäftsanteile an GmbH *„ihrer Art nach nicht an Finanzmärkten handelbar"*[m] und nicht zum Handel an einer Börse zulassungsfähig.	Veräußerung und Handelbarkeit von Anteilen	Aktien können ebenfalls grundsätzlich frei veräußert werden.[n] Für die Übertragung von Aktien gilt kein Formzwang.[o] Namensaktien können zudem durch sogenanntes „Indossament"[p] übertragen werden.[q] Aktien sind „Wertpapiere"[r] und können zum Handel (im regulierten Markt) an einer Börse zugelassen werden.[s]

[a]Dass für Gesellschaftsverträge von GmbH grundsätzlich Vertrags- und damit verbundene Gestaltungsfreiheit gilt, kommt in § 45 Abs. 1 GmbHG wie folgt zum Ausdruck: *„Die Rechte, welche den Gesellschaftern in Angelegenheiten der Gesellschaft, insbesondere in Bezug auf die Führung der Geschäfte zustehen, sowie die Ausübung derselben bestimmen sich, soweit nicht gesetzliche Vorschriften entgegenstehen, nach dem Gesellschaftsvertrag."*

[b]Dies kommt in § 23 Abs. 5 AktG wie folgt zum Ausdruck: *„Die Satzung kann von den Vorschriften dieses Gesetzes nur abweichen, wenn es ausdrücklich zugelassen ist. Ergänzende Bestimmungen der Satzung sind zulässig, es sei denn, dass dieses Gesetz eine abschließende Regelegung enthält."*

[c]Eine in der Satzung einer AG enthaltene Bestimmung, nach welcher der Aufsichtsrat der AG nur mit zwei Personen zu besetzen ist, würde gegen § 95 Sätze 1 und 2 AktG verstoßen. Denn nach § 95 Sätze 1 und 2 AktG muss der Aufsichtsrat einer AG mindestens drei Mitglieder haben.

[d]Dies folgt aus § 5 Abs. 1 GmbHG.

[e]Dies folgt aus § 6 AktG.

[f]Grundlage dieser sogenannten „Differenzhaftung" ist § 9 Abs. 1 GmbHG.

[g]Dazu z. B. OLG Frankfurt/Main, Urteil vom 06.07.2010 (Az. 5 U 205/07); das macht Sacheinlagen bei AG für Gründer im Grundsatz riskanter als die Kapitalaufbringung durch Sacheinlagen bei GmbH.

[h]„Rücklagen" sind über das Stammkapital hinausgehendes Eigenkapital. Rücklagen können z. B. durch Thesaurierung von Jahresüberschüssen oder dadurch entstehen, dass die Gesellschaft über das Stammkapital hinausgehende Einlagen an die GmbH leisten, z. B. in Form eines „Agios" (Aufgelds) bei Gründung der GmbH.

[i]Dies folgt aus § 30 Abs. 1 GmbHG. Danach darf das *„zur Erhaltung des Stammkapitals erforderliche Vermögen"* einer GmbH *„an die Gesellschafter nicht ausgezahlt werden."* Im Umkehrschluss bedeutet dies: Die (über dem Betrag des Stammkapitals hinausgehenden) Rücklagen können/dürfen grundsätzlich an die Gesellschafter einer GmbH ausgezahlt werden.

[j]Von diesem Grundsatz gibt es nur wenige Ausnahmen, z. B. *„beim zulässigen Erwerb eigener Aktien"* (§ 57 Abs. 1 AktG) oder dann, wenn die AG als abhängiges Unternehmen Partei eines Beherrschungs- oder Gewinnabführungsvertrags mit einem anderen (herrschenden) Unternehmen ist.

[k]Dies folgt aus der Formulierung in § 76 Abs. 1 AktG, nach welcher der Vorstand einer AG diese *„unter eigener Verantwortung"* leitet. Ausnahmen von diesem Grundsatz gelten, wenn eine AG als „abhängige Gesellschaft" mit einem anderen Unternehmen als „herrschendem Unternehmen" einen Beherrschungsvertrag abschließt. Dann ist das herrschende Unternehmen nach § 308 Abs. 1 AktG *„berechtigt, dem Vorstand der Gesellschaft hinsichtlich der Leitung der Gesellschaft Weisungen zu erteilen."* (§ 308 Abs. 1 Satz 1 AktG)

[l]Dies folgt aus § 15 Abs. 1 GmbHG; die Veräußerbarkeit kann jedoch durch Bestimmungen im Gesellschaftsvertrag der GmbH beschränkt werden (sogenannte „Vinkulierung", dazu § 15 Abs. 5 GmbHG).

[m]Vgl. § 2 Abs. 1 WpHG

[n]Allerdings ist bei Namensaktien ebenfalls – wie bei Geschäftsanteilen an einer GmbH – eine so genannte „Vinkulierung" in Form einer Regelung in der Satzung der AG möglich, nach der zur Wirksamkeit der Übertragung einer Namensaktie die Zustimmung der betreffenden AG erforderlich ist (§ 68 Abs. 2 AktG).

[o]Dazu z. B. BGH, Urteil vom 20.09.2004 (Az. II ZR 288/02), NJW 2004, S. 3561 ff.

[p]Vgl. dazu Art. 11 ff des Wechselgesetzes (WG)

[q]Dies folgt aus § 68 Abs. 1 AktG.

[r]Vgl. dazu die gesetzliche Bestimmung des Begriffs „Wertpapier" in § 2 Abs. 1 WpHG.

[s]Vgl. § 32 BörsenG

Für Unternehmensgründer wirtschaftlich besonders wichtig sind dabei insbesondere die Organisationsverfassung von Aktiengesellschaften und die im Vergleich zu GmbH geringere Flexibilität bei Gestaltung der Satzung. Diese (Regelungs-)Bereiche werden daher im Folgenden näher betrachtet.

5.5.10 Satzungsstrenge des Aktienrechts

Während in § 45 GmbHG die Bedeutung des Gesellschaftsvertrags einer GmbH als zentrales Instrument der Gesellschafter zur Gestaltung „ihrer" GmbH hervorgehoben wird, ist das Aktiengesetz im Hinblick auf die Gestaltung von Satzungen „strenger". Denn nach § 23 Abs. 5 Satz 1 AktG kann in der Satzung einer AG von den Vorschriften des Aktiengesetzes nur abgewichen werden, wenn dies im Gesetz ausdrücklich erlaubt wird. Und die Bestimmungen des Aktienrechts ergänzende Satzungsregelungen sind nach § 23 Abs. 5 Satz 2 AktG nur zulässig, wenn die aktiengesetzliche Bestimmung nicht abschließend ist. Diese grundsätzliche Dominanz der aktiengesetzlichen Paragrafen zulasten des verbleibenden Spielraums von Gründern bei Gestaltung der Satzung wird als (aktienrechtliches Prinzip der) *„Satzungsstrenge"*[84] bezeichnet. Dieses Prinzip sei wie folgt verdeutlicht:

Beschlüsse der Hauptversammlung einer AG erfordern nach § 133 Abs. 1 AktG grundsätzlich (nur) eine einfache Stimmenmehrheit. Aber § 133 Abs. 1 AktG erlaubt ausdrücklich, dass die Satzung einer AG für Hauptversammlungsbeschlüsse eine größere Mehrheit vorsieht, z. B. eine Zweidrittelmehrheit. Dagegen kann die Satzung einer AG nicht vorsehen, dass für die Anfechtbarkeit von Hauptversammlungsbeschlüssen eine längere als die in § 246 Abs. 1 AktG vorgesehene 1-Monats-Frist ab Beschlussfassung gilt. Denn § 246 AktG enthält keine ausdrückliche Regelung dahingehend, dass in der Satzung einer AG auch alternative Anfechtungsfristen vorgesehen werden können. Im Gesellschaftsvertrag einer GmbH kann für Gesellschafterbeschlüsse dagegen z. B. eine Anfechtungsfrist von 2 Monaten oder 6 Wochen vorgesehen werden.[85] Für Gründer bedeutet die aktienrechtliche „Satzungsstrenge" folglich weniger Flexibilität im Hinblick auf die Gestaltung des Gesellschaftsvertrags bzw. der Satzung. Dies gilt gerade auch im Hinblick auf die Organisationsverfassung von AG.

5.5.11 Organisationsverfassung

5.5.11.1 Grundsätzliches

Während für Vereine und GmbH gesetzlich grundsätzlich nur zwei Organe – Mitgliederversammlung und Vorstand bei Vereinen bzw. Gesellschafterversammlung und

---

[84]Vgl. z. B. LG Frankfurt a. M., Urteil vom 23.12.2014 (Az. 3–05 O 47/14), NZG 482 ff (484).
[85]Vgl. z. B. OLG Karlsruhe, Urteil vom 17.05.2013 (Az. 7 U 57/12), NZG 2013, S. 942 ff. (944).

Geschäftsführer bei GmbH – vorgesehen sind, muss jede AG drei Organe haben. Diese sind

- die Hauptversammlung,
- der Vorstand und
- der Aufsichtsrat.

Im Vergleich dazu gilt z. B. für GmbH: Wenn die Gesellschafter die Bildung eines Aufsichtsrats oder eines sonstigen zusätzlichen Organs, z. B. eines Beirats, für zweckmäßig halten, dann kann[86] ein solches zusätzliches Organ im Gesellschaftsvertrag angelegt werden. Umgekehrt kann bei Errichtung einer AG nicht auf die Bildung eines Aufsichtsrats verzichtet werden, wenn und weil dieser im konkreten Fall für unzweckmäßig oder überflüssig gehalten wird. Denn § 23 Abs. 5 AktG verbietet insoweit Abweichungen von den Bestimmungen des Aktiengesetzes. Die Bildung eines Aufsichtsrats wird in den §§ 30, 95 ff AktG ohne die Möglichkeit vorgesehen, auf einen Aufsichtsrat zu verzichten. Die Organisationsverfassung einer AG wird daher stets von drei Organen geprägt. Deren Zusammenwirken wird in Abb. 5.5 erheblich vereinfacht und zusammengefasst veranschaulicht.

5.5.11.2 Hauptversammlung

Obwohl die Aktionäre als „Anteilseigner" die (wirtschaftlichen) Eigentümer der AG sind, ist die Macht der Hauptversammlung innerhalb einer AG begrenzt. Insbesondere ist die operative Leitung des von einer AG betriebenen Unternehmens erheblich von einer direkten Einflussmöglichkeit der Hauptversammlung entkoppelt. Nach § 119 AktG hat die Hauptversammlung insbesondere zu entscheiden über

- die Bestellung der Mitglieder des Aufsichtsrats, soweit diese nicht von einzelnen, mit einem entsprechenden Sonderrecht ausgestatteten Aktionären in den Aufsichtsrat zu entsenden[87] oder nach einem der Mitbestimmungsgesetze[88] als Aufsichtsratsmitglieder der Arbeitnehmer zu wählen sind;

---

[86]Dies gilt freilich nur unter der Voraussetzung, dass die GmbH nicht in den Anwendungsbereich des DrittelbG fällt. Überschreitet eine GmbH den in § 1 Abs. 1 Nr. 3 DrittelbG genannten Schwellenwert *(„mit in der Regel mehr als 500 Arbeitnehmern")*, dann muss auch eine GmbH zwingend einen Aufsichtsrat bilden.

[87]Nach § 101 Abs. 2 AktG kann die Satzung einer AG auch für bestimmte Aktionäre oder die jeweiligen Inhaber bestimmter Aktien das Recht vorsehen, Mitglieder in den Aufsichtsrat zu entsenden. Allerdings können solche „Entsenderechte" höchstens für ein Drittel der Aufsichtsratsmitglieder vorgesehen werden, die grundsätzlich von der Hauptversammlung zu wählen wären.

[88]„Mitbestimmungsgesetze" in diesem Sinn sind das Drittelbeteiligungsgesetz (DrittelBG), das Mitbestimmungsgesetz (MitbestG), das Montan-Mitbestimmungsgesetz, das Mitbestimmungsergänzungsgesetz sowie das Gesetz über die Mitbestimmung der Arbeitnehmer bei einer grenzüberschreitenden Verschmelzung.

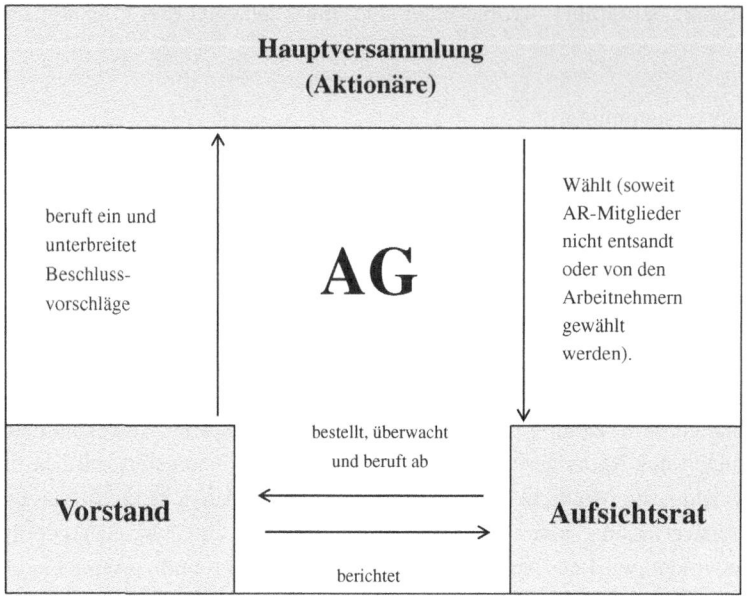

Abb. 5.5 Organisationsverfassung einer AG (vereinfacht)

- die Verwendung des Bilanzgewinns;
- die Entlastung der Mitglieder des Vorstands und des Aufsichtsrats;
- die Bestellung des Abschlussprüfers[89];
- Satzungsänderungen;
- Maßnahmen der Kapitalbeschaffung und der Kapitalherabsetzung;
- die Bestellung von Prüfern zur Prüfung von Vorgängen bei der Gründung oder der Geschäftsführung;
- die Auflösung der Gesellschaft.

Der in § 119 Abs. 1 AktG enthaltene Zuständigkeitskatalog führt die Kompetenzen der Hauptversammlung einer AG nicht abschließend auf. Neben den in § 119 Abs. 1 AktG genannten, bestehen eine Reihe weiterer Hauptversammlungszuständigkeiten nach anderen Vorschriften des AktG, anderen Gesetzen oder aufgrund von so genanntem *„Case Law"*. Dieser Begriff bezeichnet eine Form von Recht, das nicht von dem für die Gesetzgebung an

---

[89]Damit ist nur die Wahl des Abschlussprüfers im Sinn von § 318 Abs. 1 Satz 1 HGB gemeint. Davon zu unterscheiden ist die Erteilung des schuldrechtlichen Prüfungsauftrags an den von der Hauptversammlung gewählten Abschlussprüfer. Im Prüfungsauftrag können z. B. bestimmte Prüfungsschwerpunkte und die Vergütung des Abschlussprüfers vereinbart werden. Die Erteilung des Prüfungsauftrags ist nicht Sache der Hauptversammlung, sondern fällt in die Zuständigkeit des Aufsichtsrats (vgl. § 111 Abs. 2 Satz 3 AktG, § 318 Abs. 1 Satz 4 HGB).

sich zuständigen Legislativorgan, z. B. dem Bundestag, gesetzt wurde, sondern durch Organe der Rechtsprechung, insbesondere durch Gerichte.[90] Weitere wichtige gesetzliche oder kraft Rechtsprechung bestehende Hauptversammlungszuständigkeiten sind insbesondere

- die Abberufung bestimmter Aufsichtsratsmitglieder (§ 103 Abs. 1 AktG),
- der Verzicht auf oder ein Vergleich über etwaige Schadensersatzansprüche der Aktiengesellschaft gegenüber (ehemaligen) Mitgliedern des Vorstands oder des Aufsichtsrats (§§ 50, 93 Abs. 4, 116 AktG),
- Entscheidungen über die Fortsetzung der Aktiengesellschaft, nachdem diese bereits aufgelöst worden ist (§ 274 Abs. 1 und 2 AktG),
- der Abschluss und die Änderung sogenannter „Unternehmensverträge"[91], z. B. der Abschluss von Gewinnabführungs- und Beherrschungsverträgen,
- eine etwaige Umwandlung der Gesellschaft, z. B. eine Verschmelzung der Gesellschaft auf eine andere Gesellschaft[92] oder die Änderung der Rechtsform[93],
- Entscheidungen über den Abschluss von Verträgen, „*durch den sich eine Aktiengesellschaft zur Übertragung des ganzen Gesellschaftsvermögens verpflichtet, ohne dass die Übertragung unter die Vorschriften des Umwandlungsgesetzes fällt*",[94] sowie

---

[90]Bei der Anwendung von „*Case Law*" werden Überlegungen, die von einem Gericht oder einer Behörde in Bezug auf einen konkreten Anwendungsfall entwickelt wurden, verallgemeinert und auf vergleichbare Fälle übertragen. „*Case Law*" wird zwar in erster Linie mit dem angloamerikanischen Rechtskreis assoziiert, aber es gibt „*Case Law*" auch in anderen Rechtsordnungen, auch im deutschen Recht (vgl. dazu z. B. § 31 Abs. 1 BVerfGG für die Bindungswirkung von Entscheidungen des Bundesverfassungsgerichts sowie § 176 Abs. 1 Nr. 3 AO, wo die Anwendung von Rechtsprechung [!], also deren Verallgemeinerung und Übertragung auf andere Fälle, ausdrücklich vorausgesetzt wird).

[91]Der Begriff „Unternehmensvertrag" wird in § 291 Abs. 1 AktG definiert. Neben Beherrschungs-, Gewinn- und Teilgewinnabführungsverträgen umfasst der Begriff u. a. sogenannte „Betriebspacht-" bzw. „Betriebsüberlassungsverträge" sowie „Gewinngemeinschaften" (§ 292 Abs. 1 Nr. 1 AktG).

[92]Nach den §§ 2 ff des Umwandlungsgesetzes (UmwG) können Aktiengesellschaften unter Auflösung ohne Abwicklung als so genannte „übertragende Rechtsträger" z. B. auf eine bereits bestehende GmbH oder eine andere AG als so genannter „übernehmender Rechtsträger" verschmolzen werden. Eine solche Verschmelzung stellt eine Art gesellschaftsrechtlichen Erbfall dar. Die übertragende AG erlischt und wird vom übernehmenden Rechtsträger „beerbt". Denn der übernehmende Rechtsträger wird Rechtsnachfolger des übertragenden Rechtsträgers, tritt also – wie ein Erbe nach dem Tod des Erblassers (§ 1922 BGB) – in sämtliche Rechte und Pflichten des übertragenden Rechtsträgers ein.

[93]Nach den §§ 190 ff UmwG kann eine AG z. B. in eine GmbH umgewandelt werden. Dabei wahrt der Rechtsträger als solcher, also der formwechselnde Marktteilnehmer, seine Identität, erhält jedoch ein neues rechtliches Gewand.

[94]So ausdrücklich § 179a Abs. 1 AktG.

- so genannte „Holzmüller"-Entscheidungen.[95]

Letztere sind Entscheidungen über Maßnahmen, die – in den Worten des BGH – *„sich im Kernbereich der Unternehmenstätigkeit"*[96] abspielen, für die jedoch keine ausdrückliche gesetzliche Hauptversammlungszuständigkeit bestehen. Betrachtet man die genannten Hauptversammlungszuständigkeiten, führt dies daher zu folgendem Befund: Die Hauptversammlung ist in erster Linie für außerordentliche, grundlegende und/oder strukturelle Fragen zuständig, namentlich für Satzungsänderungen, Umwandlungen und Auflösung. Hinzu kommen wenige periodisch wiederkehrende Entscheidungen wie die Wahl bestimmter Aufsichtsratsmitglieder oder die Ergebnisverwendung. Von der operativen Leitung des von einer AG betriebenen Unternehmens sind die Aktionäre, ist die Hauptversammlung dagegen folglich weitgehend ausgeschlossen.

5.5.11.3 Vorstand

5.5.11.3.1 Wesentliche Aufgaben
Die Leitung des von einer AG betriebenen Unternehmens ist Sache des Vorstands. Inhaltlich gleichen die Leitungsaufgaben des Vorstands einer AG im Wesentlichen denen der Geschäftsführer einer GmbH. Die Mitglieder des Vorstands müssen das von der AG betriebene Unternehmen nach außen – gegenüber Dritten – vertreten[97] und dessen

---

[95]Im Fall „Holzmüller" entschied der BGH mit Urteil vom 25.02.1982 (Az. II ZR 174/80) u. a., dass der Vorstand einer AG bei Vorliegen bestimmter Voraussetzungen auch dann verpflichtet ist, eine geplante Maßnahme der Hauptversammlung zur Entscheidung vorzulegen, wenn das AktG nicht ausdrücklich eine entsprechende Hauptversammlungszuständigkeit vorsieht: *„Es gibt jedoch grundlegende Entscheidungen, die durch die Außenvertretungsmacht des Vorstands, seine gem. § 82 Abs. 2 AktG begrenzte Geschäftsführungsbefugnis wie auch durch den Wortlaut der Satzung formal noch gedeckt sind, gleichwohl aber so tief in die Mitgliedsrechte der Aktionäre und deren im Anteilseigentum verkörpertes Vermögensinteresse eingreifen, dass der Vorstand vernünftigerweise nicht annehmen kann, er dürfe sie in ausschließlich eigener Verantwortung treffen, ohne die Hauptversammlung zu beteiligen."* Eine Maßnahme mit solcher Tragweite ist die Auslagerung eines Kernbereichs der Unternehmenstätigkeit der AG auf eine neu gegründete Tochtergesellschaft. Im konkreten „Holzmüller"-Fall war dies die vom Vorstand der Holzmüller AG ohne ausdrücklich zustimmenden Hauptversammlungsbeschluss durchgeführte Abspaltung des Seehafenbetriebs der Holzmüller AG und dessen Verlagerung auf eine neu gegründete Tochtergesellschaft.

[96]BGH, Urteil vom 25.02.1982 (Az. II ZR 174/80 – „Holzmüller").

[97]Die Vertretungsmacht des Vorstands folgt aus § 78 AktG. Danach gilt für die Vertretungsmacht des Vorstands einer AG im Prinzip nichts anderes als für die Vertretungsmacht der Geschäftsführer einer GmbH: Besteht der Vorstand nur aus einem Mitglied, ist dieses stets einzelvertretungsberechtigt. Gibt es mehrere Vorstandsmitglieder, sind diese vorbehaltlich anderweitiger Satzungsbestimmungen nur gemeinschaftlich zur Vertretung der AG befugt. Hat eine AG drei oder mehr Vorstandsmitglieder, kann durch die Satzung die Wahrung des 4-Augen-Prinzips z. B. in der Weise umgesetzt werden, dass jedes Vorstandsmitglied stets gemeinschaftlich mit jeweils einem anderen Vorstandsmitglied vertretungsbefugt ist.

Geschäfte führen.[98] Letzteres beinhaltet u.a die Pflicht, das Unternehmen der AG so zu organisieren, dass dessen Geschäftsmodell nicht nur möglichst risikoarm und ertragreich umgesetzt, sondern auch stetig hinterfragt, verbessert und erforderlichenfalls neu aufgestellt wird.

Die Geschäftsführungspflicht des Vorstands beinhaltet deshalb auch die Installation eines betriebswirtschaftlichen Frühwarnsystems: *„Der Vorstand hat geeignete Maßnahmen zu treffen, insbesondere ein Überwachungssystem einzurichten, damit den Fortbestand der Gesellschaft gefährdende Entwicklungen früh erkannt werden. "*[99] Der Vorstand einer AG muss folglich organisatorisch sicherstellen, ständig diejenigen Informationen zu erhalten, die für die betriebswirtschaftliche Lage des Unternehmens und deren Entwicklung erheblich sind. Das gilt für unternehmensinterne Faktoren wie z. B. das Vorhandensein der erforderlichen Liquidität oder etwaige Produktionsschwierigkeiten ebenso wie für unternehmensexterne Faktoren. Zu letzteren gehören z. B. sich abzeichnende Rohstoffengpässe, Abhängigkeiten von nur einem oder wenigen Kunden, die Erlangung gewerblicher Schutzrechte durch andere Marktteilnehmer, insbesondere Wettbewerber, Änderungen der Rechtslage sowie sonstige politische Entwicklungen. Dass der Vorstand einer AG stets über die aktuelle Liquiditäts-, Vermögens- und Ertragslage des von der AG betriebenen Unternehmens informiert sein muss, korreliert im Übrigen mit der Verantwortlichkeit des Vorstands für die Rechnungslegung.

Die Rechnungslegung einer AG umfasst zunächst die kaufmännische Buchführung und das Aufstellen der Jahresabschlüsse. Der Vorstand *„hat dafür zu sorgen, dass die erforderlichen Handelsbücher geführt werden "*[100]. Der Vorstand einer AG kommt an der kaufmännischen Rechnungslegung daher ebenso wenig vorbei wie die Geschäftsführer einer GmbH. Auch die Geschäftstätigkeit einer AG muss folglich permanent, vollständig und richtig in der Sprache der Buchhalter mitgeschrieben und erzählt werden.[101] Vorstandsmitglieder

---

[98]Die Leitungs- und Geschäftsführungsbefugnis des Vorstands ist im Grundsatz in den §§ 76 und 77 AktG angelegt. Besteht der Vorstand aus mehreren Personen, sind diese nach § 77 Abs. 1 AktG grundsätzlich *„nur gemeinschaftlich zur Geschäftsführung befugt. "* Allerdings kann durch die Satzung der AG oder eine Geschäftsordnung des Vorstands eine Zuordnung verschiedener Zuständigkeiten an einzelne Vorstandsmitglieder erfolgen. Um Missverständnisse zu vermeiden, muss in diesem Zusammenhang jedoch darauf hingewiesen werden, dass durch die Zuordnung einer Zuständigkeit, z. B. der Zuständigkeit für Beschaffung, Produktion oder Vertrieb, an ein Vorstandsmitglied die Verantwortlichkeit der übrigen Vorstandsmitglieder für diese Bereiche nicht vollständig entfällt. Vielmehr trifft sämtliche Vorstandsmitglieder eine Gesamtverantwortung für die Angelegenheiten der AG. Deshalb bleibt jedes Vorstandsmitglied auch im Fall einer Zuständigkeitenallokation durch Satzung oder Geschäftsordnung verpflichtet, (Un-)Tätigkeiten der anderen Vorstandsmitglieder zu überwachen, zu hinterfragen und erforderlichenfalls einzuschreiten, sobald erkennbar wird, dass andere Vorstandsmitglieder innerhalb ihres Zuständigkeitsbereichs nicht im Unternehmensinteresse agieren.

[99]So ausdrücklich § 91 Abs. 2 AktG.

[100]So ausdrücklich § 91 Abs. 1 AktG.

[101]Die Buchführungspflicht einer AG folgt aus § 3 Abs. 1 AktG i.V.m. den §§ 6, 238 ff HGB. Zudem folgt aus § 264 Abs. 1 HGB die Pflicht des Vorstands einer AG, Buchführung zum Ende jedes Geschäftsjahres in Form eines Jahresabschlusses zu konsolidieren.

einer AG, welche die Vermögens-, Finanz- und Ertragslage einer AG falsch darstellen, leben riskant. Denn § 400 Abs. 1 AktG stellt die „unrichtige Darstellung" ebenso unter Strafe wie § 331 HGB.[102] Zudem geht die handelsrechtliche Rechnungslegungspflicht des Vorstands Hand in Hand mit dessen Verantwortlichkeit für die Erledigung der steuerlichen Deklarationspflichten der AG.

Als gesetzliche Vertreter der AG haben deren Vorstandsmitglieder auch – aufbauend auf der kaufmännischen Rechnungslegung der AG – *„deren steuerliche Pflichten zu erfüllen."*[103] Kann die AG Steuerschulden oder andere Verbindlichkeiten bei Fälligkeit nicht erfüllen, ist eine AG also zahlungsunfähig[104], treffen Vorstandsmitglieder einer AG die gleichen Pflichten wie Geschäftsführer einer GmbH. Jedes Vorstandsmitglied muss dann unverzüglich, spätestens jedoch drei Wochen ab Eintritt der Zahlungsunfähigkeit einen Antrag auf Eröffnung eines Insolvenzverfahrens über das Vermögen der AG zu stellen.[105] Dasselbe gilt, wenn eine AG überschuldet ist. Dabei gibt es im Vorfeld einer Überschuldung typischerweise ein Warnzeichen, bei dessen Aufleuchten unverzüglich die Hauptversammlung einzuberufen und zu informieren ist:

„Ergibt sich bei Aufstellung der Jahresbilanz oder einer Zwischenbilanz oder ist bei pflichtgemäßem Ermessen anzunehmen, dass ein Verlust in Höhe der Hälfte des Grundkapitals besteht, so hat der Vorstand unverzüglich die Hauptversammlung einzuberufen und ihr dies anzuzeigen."[106] Entgegen diesem Wortlaut wird diese Vorschrift allerdings nicht dahingehend ausgelegt, dass der Vorstand im Fall eines Jahresfehlbetrags in Höhe von mindestens 50 % des Grundkapitals stets die Hauptversammlung einberufen muss. Vielmehr wird die Bestimmung dahingehend verstanden, dass der Vorstand zur Einberufung und Information der Hauptversammlung verpflichtet ist, wenn das Eigenkapital der AG unter den Schwellenwert von 50 % des Grundkapitals sinkt.[107] Auch diese Vorschrift belegt im Übrigen: Ohne die Rechnungslegung der AG im Sinn einer Wiedergabe der Vermögens-, Finanz- und Ertragslage der AG „in der Sprache der Buchhalter" zu verstehen, kann der Vorstand seine Leitungsaufgaben nicht erfüllen.

Dies bedeutet nicht, dass die Mitglieder des Vorstands selbst jeden Geschäftsvorfall buchhalterisch erfassen müssen, der die Vermögens-, Finanz- und/oder Ertragslage der AG betrifft. Das Buchen von Geschäftsvorfällen kann vom Vorstand ebenso wie die Beschaffung

---

[102]Voraussetzung für eine Strafbarkeit nach den §§ 331 HGB, 400 AktG („unrichtige Darstellung"), z. B. durch unzutreffende Wiedergabe der Vermögens-, Finanz- und/oder Ertragsverhältnisse einer AG im Jahresabschluss, ist nach § 15 StGB jedoch, dass dies vorsätzlich erfolgt.

[103]Wortlaut von § 34 Abs. 1 Satz 1 AO.

[104]Zu den Voraussetzungen der „Zahlungsunfähigkeit" § 17 Abs. 2 InsO.

[105]Dies folgt aus § 15a Abs. 1 Satz 1 InsO. Vorstandsmitglieder, die den nach § 15 a Abs. 1 InsO zu stellenden Insolvenzantrag vorsätzlich oder fahrlässig nicht oder zu spät stellen, machen sich nach § 15a Abs. 4 (im Fall von Vorsatz) oder Abs. 5 (bei Fahrlässigkeit) InsO strafbar.

[106]Wortlaut von § 92 Abs. 1 AktG.

[107]BGH, AG 1958, S. 293; OLG Köln, AG 1978, S. 17/22.

von Produktionsfaktoren oder die Durchführung von Werbemaßnahmen auf Arbeitnehmer der AG oder sonstige Dritte delegiert werden. Der Vorstand kann und darf das von der AG betriebene Unternehmen so organisieren, dass die zur Umsetzung des Geschäftsmodells erforderlichen Handlungen nicht von den Vorstandsmitgliedern selbst ausgeführt werden, sondern von anderen Personen. Aber diese Delegationsmöglichkeit ist auf das Umsetzen des Geschäftsmodells beschränkt. Die Verantwortung bleibt dagegen beim Vorstand. Deshalb müssen Vorstandsmitglieder verstehen, was warum im Unternehmen passiert und wie dies in der Sprache der Buchhalter ausgedrückt werden kann und muss. Das „eigene" Unternehmen sollten die Vorstandsmitglieder zudem deshalb verstehen, weil der Vorstand neben den Vertretungs- und Geschäftsführungsaufgaben auch Auskunfts- und Berichtspflichten gegenüber der Hauptversammlung und dem Aufsichtsrat hat.

Nach § 131 Abs. 1 AktG ist jedem Aktionär „*auf Verlangen in der Hauptversammlung vom Vorstand Auskunft über Angelegenheiten der Gesellschaft zu geben, soweit sie zur sachgemäßen Beurteilung des Gegenstands der Tagesordnung erforderlich ist.*"[108] Nach § 131 Abs. 3 AktG ist der Vorstand zwar bei Vorliegen bestimmter Voraussetzungen zur Auskunftsverweigerung berechtigt. Jedoch setzt auch die Beurteilung der Frage, ob die Voraussetzungen für eine Verweigerung der Auskunft vorliegen, weitreichende Kenntnisse über die betriebswirtschaftlichen Verhältnisse des Unternehmens und dessen rechtliches Umfeld voraus. Beispielsweise kann der Vorstand eine von einem Aktionär verlangte Auskunft verweigern,

- „*soweit die Erteilung der Auskunft nach vernünftiger kaufmännischer Beurteilung geeignet ist, der Gesellschaft oder einem verbundenen Unternehmen einen nicht unerheblichen Nachteil zuzufügen,*"[109] oder
- „*soweit sich der Vorstand durch die Erteilung der Auskunft strafbar machen würde.*"[110]

Mitglieder des Vorstands müssen im Übrigen nicht nur befähigt sein, solche kaufmännischen und rechtlichen Fragen im Rahmen von Hauptversammlungen zu beurteilen. Der Vorstand ist zudem für die Einberufung[111] und Vorbereitung[112] der Hauptversammlung verantwortlich.

Zentrale Berichtspflichten des Vorstands gegenüber dem Aufsichtsrat werden zunächst in § 90 AktG geregelt. Daneben bestehen weitere gesetzliche Regelungen, die Informationspflichten des Vorstands im Verhältnis zum Aufsichtsrat oder einzelner Aufsichtsratsmitglieder vorsehen. Danach muss der Vorstand einer AG dem Aufsichtsrat insbesondere wie folgt berichten:

---

[108] Wortlaut von § 131 Abs. 1 Satz 1 AktG.

[109] So § 131 Abs. 3 Nr. 1 AktG.

[110] So ausdrücklich § 131 Abs. 3 Nr. 5 AktG.

[111] Dazu § 121 Abs. 1 AktG.

[112] Dazu insbesondere § 124 ff AktG.

Wichtige Berichtspflichten des Vorstands gegenüber dem Aufsichtsrat		
Inhalt des Berichts	(Mindest-)Frequenz	Form
Beabsichtigte Geschäftspolitik, grundsätzliche Unternehmensplanung (u. a. Finanz-, Investitions- und Personalplanung) unter Aufzeigen etwaiger Abweichung der tatsächlichen Entwicklung von früheren Planungszielen[a]	1 x jährlich	Textform[b]
Rentabilität des Eigen- und Gesamtkapitals sowie wesentlicher Investitionen sowie Umsatzrentabilität („Umsatzrendite")[c]	In der Aufsichtsratssitzung, deren Gegenstand der Jahresabschluss der AG ist	Textform
Geschäftsgang, Umsatzentwicklung, Lage der AG[d]	1 x pro Quartal	Textform
(Geplante) Geschäfte mit erheblichem Risikopotential und/oder erheblicher Bedeutung für Rentabilität und/oder Liquidität der AG[e]	So rechtzeitig, dass der Aufsichtsrat zuvor Stellung nehmen kann	Textform
Wichtiger Anlass[f]	Schnellstmöglich	Kein Formzwang
Wirtschaftliche, technische und/oder rechtliche Angelegenheiten der AG[g]	Jederzeit auf Verlangen des Aufsichtsrats	Textform
Mitteilungen über die Einberufung von Hauptversammlungen im Sinn von § 125 Abs. 1 AktG[h]	Auf Verlangen jedes Aufsichtsratsmitglieds	Kein Formzwang
Hauptversammlungsbeschlüsse	Auf Verlangen jedes Aufsichtsratsmitglieds	Kein Formzwang

[a]Dazu § 90 Abs. 1 Nr. 1 AktG

[b]Was zur Wahrung von „Textform" erforderlich ist, wird in § 126 b BGB geregelt. Danach erfordert Textform „*eine lesbare Erklärung, in der die Person des Erklärenden genannt ist*" und die „*auf einem dauerhaften Datenträger abgegeben*" wird. „Dauerhafter Datenträger" in diesem Sinn „*ist jedes Medium, das es dem Empfänger ermöglicht, eine auf dem Datenträger befindliche, an ihn persönlich gerichtete Erklärung so aufzubewahren oder zu speichern, dass sie ihm während eines für ihren Zweck angemessenen Zeitraums zugänglich ist, und geeignet ist, die Erklärung unverändert wiederzugeben*" (Wortlaut von § 126 b BGB).

[c]Dazu § 90 Abs. 1 Nr. 2 AktG

[d]Dazu § 90 Abs. 1 Nr. 3 AktG

[e]Dazu § 90 Abs. 1 Nr. 4 AktG; darunter könnten z. B. die (geplante) Annahme eines Großauftrags, der Einsatz einer noch unerprobten Technologie, die Aufnahme eines Darlehens, die Eröffnung oder Schließung von Standorten oder die Aufnahme oder Beendigung von Geschäftsaktivitäten im Ausland fallen.

[f]Dazu § 90 Abs. 1 Satz 3 AktG; ein „wichtiger Anlass" kann jedes (geplante) Ereignis mit dem Potential einer erheblichen Auswirkung auf die Vermögens-, Finanz- und/oder Ertragslage der AG sein, z. B. (absehbare) Lieferengpässe, die Insolvenz eines wichtigen Lieferanten oder Kunden, unerwartete Gerichtsentscheidungen oder politische Entwicklungen sowie der Marktein- oder -austritt von Wettbewerbern.

[g]Dazu § 90 Abs. 3 AktG

[h]Dazu § 125 Abs. 3 AktG

Die Berichte des Vorstands sind neben eigener Kenntnis und eigenem Verständnis der Aufsichtsratsmitglieder von dem für die AG relevanten Marktgeschehen die wichtigste Grundlage für die Tätigkeit des Aufsichtsrats als zentralem Kontrollorgan der AG. Um die Rolle des Aufsichtsrats besser einordnen zu können, wird zuvor jedoch noch weitergehend auf die Position des Vorstands und der einzelnen Vorstandsmitglieder eingegangen. Im Hinblick auf die Rechtsformwahl bei Gründung eines Unternehmens sind dabei insbesondere die erheblichen Unterschiede im Vergleich zu den Geschäftsführern einer GmbH wichtig.

5.5.11.3.2 Weisungsunabhängigkeit

Der wohl wichtigste Unterschied erschließt sich bei Lektüre der einschlägigen Gesetzestexte nicht zwingend sofort. Nach § 76 Abs. 1 AktG hat der Vorstand „*unter eigener Verantwortung die Gesellschaft zu leiten.*"[113] Diese Eigenverantwortlichkeit beinhaltet nicht nur das Recht und die Pflicht des Vorstands zur Eigeninitiative, sondern bedeutet auch „Weisungsfreiheit". Der Vorstand einer AG ist im Gegensatz zur Geschäftsführung einer GmbH nicht an Weisungen der Hauptversammlung oder des Aufsichtsrats gebunden.[114] Auch gegenüber einzelnen Vorstandsmitgliedern besteht keine Weisungsbefugnis der Hauptversammlung oder des Aufsichtsrats. Diese Weisungsunabhängigkeit ermöglicht Vorstandsmitgliedern einer AG ein erhebliches Maß an Freiheit. Diese Freiheit geht mit einer entsprechenden haftpflichtrechtlichen Verantwortung einher. Im Folgenden wird die Position der Mitglieder des Vorstands einer AG näher betrachtet.

5.5.11.3.3 Position der Vorstandsmitglieder

5.5.11.3.3.1 Gesellschaftsrechtliche Stellung

Mitglied des Vorstands einer AG können – ebenso wie Geschäftsführer einer GmbH – nur unbeschränkt geschäftsfähige Menschen sein. Wie auch für GmbH ist als Geschäftsleiter disqualifiziert, wer einem Berufsverbot unterliegt oder bereits wegen einer der in § 76 Abs. 3 Nr. 3 AktG genannten Wirtschaftsstraftaten verurteilt worden ist.[115] Im Übrigen bestehen im Hinblick auf die gesellschaftsrechtliche Position der Mitglieder des Vorstands einer AG erhebliche Unterschiede im Vergleich zur gesellschaftsrechtlichen Position von GmbH-Geschäftsführern. Diese Unterschiede werden in nachstehender Tabelle zusammengefasst.

---

[113]Wortlaut von § 76 Abs. 1 AktG.

[114]Vgl. dazu z. B. BGH, Urteil vom 05.05.2008 (Az. II ZR 108/07), NZG 2008 S. 507 ff.

[115]Zu den in § 76 Abs. 3 Nr. 3 AktG genannten Wirtschaftsstraftaten zählen u. a. Insolvenzverschleppung und andere Insolvenzstraftaten, buchführungs- und jahresabschlussbezogene Straftaten sowie Betrug und Untreue.

Geschäftsführer	Kriterium	Vorstandsmitglied
Die Bestellung einer Person zum Geschäftsführer einer GmbH erfolgt grundsätzlich auf unbestimmte Zeit (unbefristet).	**Dauer der Amtszeit**	Eine Person kann für höchstens 5 Jahre zum Vorstandsmitglied bestellt werden. Eine erneute, auch eine wiederholt erneute Bestellung ist zulässig, jeweils für höchstens (erneut) 5 Jahre.[a]
Geschäftsführer sind grundsätzlich an Weisungen der Gesellschafter (-versammlung) gebunden.[b]	**Weisungs(un) abhängigkeit**	Grundsätzlich[c] bestehen keine Weisungsbefugnisse von Hauptversammlung oder Aufsichtsrat gegenüber Vorstandsmitgliedern.
Geschäftsführer einer GmbH können von der Gesellschafterversammlung grundsätzlich[d] *„zu jeder Zeit"*[e] abberufen werden, und zwar auch ohne Vorliegen eines (wichtigen) Grundes.[f]	**Abberufung**	Während der (von vornherein befristeten) Amtszeit können Vorstandsmitglieder nur aus wichtigem Grund abberufen werden, z. B. wegen grober Pflichtverletzung oder Unfähigkeit zur Geschäftsführung.[g]

[a]Dies folgt auch § 84 Abs. 1 AktG

[b]Dies folgt aus § 37 Abs. 1 GmbHG

[c]Eine Ausnahme von diesem Grundsatz regelt § 308 Abs. 1 AktG: *„Besteht ein Beherrschungsvertrag, so ist das herrschende Unternehmen berechtigt, dem Vorstand der Gesellschaft hinsichtlich der Leitung der Gesellschaft Weisungen zu erteilen. Bestimmt der Vertrag nichts anderes, so können auch Weisungen erteilt werden, die für die Gesellschaft nachteilig sind, wenn sie den Belangen des herrschenden Unternehmens oder der mit ihm und der Gesellschaft konzernverbundenen Unternehmen dienen."* Dieser Ausnahmefall einer Weisungsabhängigkeit des Vorstands einer AG setzt voraus, dass die betreffende AG als abhängiges Unternehmen Partei eines Beherrschungsvertrags im Sinn von § 291 Abs. 1 AktG ist

[d]Eine Ausnahme von diesem Grundsatz gilt z. B. dann, wenn ein Gesellschafter einer GmbH nach dem Gesellschaftsvertrag ein Sonderrecht im Sinn von § 35 BGB darauf hat, Geschäftsführer der Gesellschaft zu sein.

[e]So der Wortlaut von § 38 Abs. 1 GmbHG

[f]Vgl. dazu z. B. OLG Zweibrücken, Urteil vom 08.06.1999 (Az. 8 U 138/98), NZG 1999, S. 1011

[g]Dies folgt aus § 84 Abs. 3 AktG

Vorstandsmitglieder einer AG können immer nur höchstens auf 5 Jahre befristet in das Vorstandsamt bestellt werden. Allerdings ist nach Ablauf einer Amtsperiode eine wiederholte Bestellung auf erneut bis zu 5 Jahren möglich. Während einer solchen Amtsperiode können Vorstandsmitglieder frei von Weisungen des Aufsichtsrats und der Hauptversammlung und – im Gegensatz zu Geschäftsführern einer GmbH – ohne den Druck agieren, jederzeit auch grundlos abberufen werden zu können. Allerdings ist auch die mit der Weisungsunabhängigkeit des Vorstands verbundene Entscheidungsfreiheit bei der Leitung des von der AG betriebenen Unternehmen nicht grenzenlos. Vielmehr haben auch Vorstandsmitglieder einer AG neben der Bindung an Recht und Gesetz

- das jeweilige Gesellschafts- bzw. Unternehmensinteresse,
- das Wohl der Gesellschaft und
- die nach der Satzung oder einem Beschluss des Aufsichtsrats bestehenden Zustimmungserfordernisse

zu beachten. Diese jeweils gesellschaftsspezifischen Beschränkungen des Vorstands bei der Ausübung der Leitungstätigkeit werden in nachstehender Tabelle zusammengefasst.

Wichtige gesellschaftsspezifische Beschränkungen des Vorstandshandelns	
Art der Beschränkung	Bedeutung im Einzelnen
Beachtung des „Gesellschafts-" bzw. „Unternehmensinteresses"[a]	Das „Unternehmensinteresse" im Sinn eines Schmelztiegels der Partikularinteressen sämtlicher „Stakeholder"[b] einer AG ist inhaltlich schwer greifbar. Deshalb ist die Verfolgung des Unternehmensinteresses als Maßstab für die Ausübung des Leitungsermessens des Vorstands in der Praxis nur bedingt geeignet. Die Ausrichtung des Vorstandshandelns am Unternehmensinteresse bedeutet, dass der Vorstand nicht verpflichtet ist, bei Wahrnehmung seiner Leitungskompetenz ausschließlich die Interessen der Aktionäre oder einer anderen Stakeholder-Gruppe zu beachten.
Handeln zum *„Wohle der Gesellschaft"*[c]	Verglichen mit dem Unternehmensinteresse ist das „Wohl der Gesellschaft" griffiger. Dem Wohl der Gesellschaft dienen Maßnahmen, welche die Wettbewerbsfähigkeit und insbesondere die Ertragskraft des von der AG betriebenen Unternehmens nachhaltig steigern.
In der Satzung der AG geregelte oder vom Aufsichtsrat beschlossene Zustimmungserfordernisse[d]	Setzen Vorstandsmitglieder eine nach der Satzung oder einem Aufsichtsratsbeschluss zustimmungspflichtige Maßnahme ohne vorherige Zustimmung des Aufsichtsrats um, stellt dies eine Pflichtverletzung dieser Vorstandsmitglieder dar. Diese Pflichtverletzung kann eine Abberufung rechtfertigen. Maßnahmen, die der Vorstand ohne die nach Satzung oder Aufsichtsratsbeschluss erforderliche Zustimmung des Aufsichtsrats umsetzen, z. B. durch Abschluss entsprechender Verträge mit Dritten, sind im Außenverhältnis, also im Verhältnis der AG zu anderen Marktteilnehmern, auch ohne Zustimmung des Aufsichtsrats wirksam. Ein nach § 111 Abs. 4 Satz 2 AktG bestehendes Zustimmungserfordernis wirkt folglich nicht dahingehend, dass ein ohne die erforderliche Zustimmung des Aufsichtsrats vom Vorstand abgeschlossenes Geschäft nicht für und gegen die AG gilt.

[a]Im AktG kommt der Begriff „Unternehmensinteresse" zwar nicht vor. Gleichwohl ist anerkannt, dass Handlungen des Vorstands, die nicht im Unternehmensinteresse erfolgen, pflichtwidrig sind (vgl. z. B. BGH, Urteil vom 22.11.2005 [1 StR 571/04]; BGH, Urteil vom 12.10.2016 [Az. 5 StR 134/15], NJW 2017, S. 578 ff).
[b]Dazu z. B. OLG Frankfurt, Urteil vom 17.08.2011, Az. 13 U 100/10
[c]Die Pflicht des Vorstands *„zum Wohle der Gesellschaft zu handeln"*, kann § 93 Abs. 1 Satz 2 AktG entnommen werden.
[d]Gemäß § 111 Abs. 4 Satz 2 AktG kann in der Satzung einer AG geregelt und/oder vom Aufsichtsrat beschlossen werden, dass der Vorstand bestimmte Arten von Geschäften nur mit Zustimmung des Aufsichtsrats vornehmen darf.

5.5.11.3.3.2 Haftung der Vorstandsmitglieder

Wenn Vorstandsmitglieder bei Ausübung ihrer Leitungstätigkeit die vorstehend aufgezeigten Grenzen missachten oder andere Pflichten verletzen, ist damit das Risiko
einer persönlichen Haftung verbunden, wenn die AG dadurch einen Schaden erleidet.
Denn gemäß § 93 Abs. 2 Satz 1 AktG gilt: „*Vorstandsmitglieder, die ihre Pflichten verletzen, sind der Gesellschaft zum Ersatz des daraus entstehenden Schadens als Gesamtschuldner verpflichtet.*"[116]

Zur Vermeidung etwaiger Missverständnisse sei dabei klargestellt: Diese Vorstands-
haftung beinhaltet keine Außenhaftung der Vorstandsmitglieder gegenüber Dritten, z. B.
gegenüber Vertragspartnern oder sonstigen Gläubigern der AG.[117] Vielmehr betrifft § 93
AktG das Verhältnis der AG zu „ihren" Vorstandsmitgliedern. Insoweit gilt im Einzelnen:

In § 93 Abs. 1 AktG wird ein Sorgfaltsmaßstab definiert wird, dem Vorstandsmitglieder bei Erfüllung ihrer Vorstandsaufgaben entsprechen müssen.[118] In § 93 Abs. 2
AktG ist eine Schadensersatzpflicht der Vorstandsmitglieder gegenüber „ihrer" AG für
den Fall vorgesehen, dass ein Vorstandsmitglied in diesem Sinn sorgfaltspflichtwidrig
agiert und dadurch (Kausalität) der AG einen Schaden zufügt.

5.5.11.3.3.3 Dienstverträge zwischen Vorstandsmitgliedern und AG

Die rechtliche Beziehung eines Vorstandsmitglieds zur AG muss nicht auf das
gesellschaftsrechtliche Amtsverhältnis beschränkt sein. Wie ein Geschäftsführer einer
GmbH neben dem gesellschaftsrechtlichen Geschäftsführerverhältnis zusätzlich einen
Dienstvertrag mit der GmbH abschließen kann, können auch Vorstandsmitglieder entsprechende Dienstverträge mit der AG abschließen.[119] In einem solchen Dienstvertrag
können z. B. geregelt werden

---

[116]Wortlaut von § 93 Abs. 2 Satz 1 AktG.

[117]Das bedeutet nicht, dass Vorstandsmitglieder keine Außenhaftung im Verhältnis zu Dritten treffen kann. Eine direkte Haftung von Vorstandsmitgliedern gegenüber Gläubigern der AG kommt
z. B. dann in Betracht, wenn Vorstandsmitglieder eine rechtzeitige Insolvenzantragstellung unterlassen (dazu § 15 a InsO) und ein „Neugläubiger" (vgl. dazu z. B. BGH, Urteil vom 15.03.2011,
Az. II ZR 204/09), der in Unkenntnis der Insolvenz der AG in eine Geschäftsbeziehung mit dieser
tritt, deshalb einen Schaden erleidet; zu den Grenzen der Haftung von Vorstandsmitgliedern im
Außenverhältnis gegenüber Dritten vgl. jedoch z. B. BGH, Urteil vom 18.06.2014 (I ZR 242/12)
und vom 10.07.2012 (Az. VI ZR 341/10).

[118]Nach § 93 Abs. 1 Satz 1 AktG haben die Vorstandsmitglieder „*bei ihrer Geschäftsführung die
Sorgfalt eines ordentlichen und gewissenhaften Geschäftsleiters anzuwenden.*" (Wortlaut von § 93
Abs. 1 Satz 1 AktG).

[119]Die Zulässigkeit solcher Dienstverträge wird in § 84 Abs. 3 Satz 5 AktG ausdrücklich vorausgesetzt (dort unter Verwendung des Begriffs „*Anstellungsvertrag*", was mit dem hier verwendeten
Begriff „Dienstvertrag" synonym ist).

- die Vergütung, die ein Vorstandsmitglied von der AG dafür beanspruchen kann, als Vorstandsmitglied für die AG tätig zu werden,
- die Pflicht des Vorstandsmitglieds, innerhalb des Vorstands ein bestimmtes Ressort zu übernehmen und zu leiten sowie
- die Laufzeit des Dienstvertrags einschließlich etwaiger ordentlicher Kündigungsmöglichkeiten.

Bei Abschluss eines solchen schuldrechtlichen Dienstvertrags zwischen einem Vorstandsmitglied und einer AG wird letztere nicht von den anderen oder übrigen Vorstandsmitgliedern vertreten, sondern vom Aufsichtsrat.[120]

5.5.11.4 Aufsichtsrat

5.5.11.4.1 Aufgaben und Befugnisse

Der Aufsichtsrat muss aus mindestens drei Personen bestehen,[121] die nicht gleichzeitig Mitglied des Vorstands sein dürfen.[122] Die Befugnis des Aufsichtsrats zur Vertretung der AG gegenüber Vorstandsmitgliedern ist Ausfluss der Hauptaufgabe des Aufsichtsrats, die darin besteht, den Vorstand zu überwachen.[123] Um dieser Überwachungsaufgabe entsprechen zu können, räumt das Aktiengesetz dem Aufsichtsrat noch eine Reihe weiterer Befugnisse ein, darunter insbesondere auch folgende:

- Wer Mitglied des Vorstands einer AG wird, entscheidet der Aufsichtsrat. Nach § 84 Abs. 1 AktG werden Vorstandsmitglieder vom Aufsichtsrat bestellt.
- Wichtigstes Kontrollmittel des Aufsichtsrats sind die Berichte und sonstigen Informationen, die der Vorstand dem Aufsichtsrat schuldet.
- Gemäß § 111 Abs. 2 AktG kann der Aufsichtsrat zudem die Geschäftsunterlagen der AG u. a. unter Einschluss der Waren-, Wertpapier- und Kassenbestände einsehen und prüfen. Damit kann der Aufsichtsrat auch einzelne Aufsichtsratsmitglieder oder externe Sachverständige beauftragen.
- Erlangt der Aufsichtsrat Kenntnis von Pflichtverletzungen einzelner Vorstandsmitglieder, kann der Aufsichtsrat diese aus wichtigem Grund abberufen.[124]

Diese Aufgaben sollten die Aufsichtsratsmitglieder nicht nur im Interesse des Unternehmens wahrnehmen, sondern auch im eigenen. Denn Aufsichtsratsmitglieder, die bei Ausübung der Aufsichtsratstätigkeit unsorgfältig agieren, sind einem vergleichbaren persönlichen Haftungsrisiko ausgesetzt wie Vorstandsmitglieder, die ihre Pflichten verletzen.

---

[120]So ausdrücklich § 112 AktG.

[121]So § 95 Abs. 1 AktG.

[122]Vgl. § 105 AktG.

[123]Dazu § 111 Abs. 1 AktG.

[124]Dazu § 84 Abs. 3 AktG.

5.5.11.4.2 Haftung der Aufsichtsratsmitglieder

Diese persönliche Haftung von Aufsichtsratsmitgliedern im Verhältnis zu „ihrer" AG ist in § 116 AktG dahingehend geregelt, dass für Aufsichtsratsmitglieder im Prinzip das gleiche gilt wie für Vorstandsmitglieder: Aufsichtsratsmitglieder unterliegen demselben Sorgfaltsmaßstab wie Vorstandsmitglieder. Agiert ein Aufsichtsratsmitglied sorgfaltspflichtwidrig und verursacht dadurch einen Schaden bei der AG, entsteht eine Schadensersatzpflicht im Innenverhältnis gegenüber der AG.

5.5.12 Zwischenergebnis

Die Rechtsform AG ist für Start-ups nicht von vorneherein ungeeignet. Aber verglichen mit der GmbH ist die AG die komplexere und grundsätzlich mit höheren Rechtsformkosten und weniger Flexibilität verbundene Rechtsform. Bei Gründung einer GmbH besteht mehr Gestaltungsfreiheit als bei Gründung einer AG, weil der Grundsatz der „Satzungsstrenge"[125] für AG gilt, aber nicht für GmbH.

Deshalb sollte eine AG nur dann als Start-up-Vehikel in Betracht gezogen werden, wenn es entscheidend auf die Fungibilität der Anteile (Aktien) ankommt und/oder die Organisations- und/oder Finanzverfassung einer AG in der konkreten Situation ideal erscheint. Letzteres kann z. B. dann der Fall sein, wenn sichergestellt werden soll, dass das Leitungsorgan des Unternehmens – also der Vorstand – weisungsunabhängig agieren kann.[126] Im Übrigen geht der Rechtsformvergleich zwischen AG und GmbH im Hinblick auf deren Eignung als Start-up-Vehikel aus den genannten Gründen zugunsten der GmbH aus.[127]

5.6   KGaA

5.6.1   Grundsätzliches

Ebenfalls zumindest auch im AktG geregelt wird die Kommanditgesellschaft auf Aktien (KGaA). Diese ist eine Hybridform aus AG und Kommanditgesellschaft (KG). Die KGaA wird den Körperschaften zugeordnet[128], weist jedoch auch erhebliche Wesensmerkmale

---

[125]Dazu § 23 Abs. 5 AktG.

[126]Auch in diesem Fall kann jedoch in Betracht gezogen werden, eine GmbH zu gründen und durch entsprechende Gestaltungsmaßnahmen eine Situation zu schaffen, in der deren Geschäftsführer ebenfalls weitgehend unabhängig von den Weisungen der Gesellschafter agieren können.

[127]Dieses Ergebnis steht jedoch stets unter dem Vorbehalt, dass das angestrebte Geschäftsmodell überhaupt von einer GmbH realisiert werden kann; vgl. dazu z. B. § 8 Abs. 2 VAG.

[128]Vgl. dazu z. B. § 1 Abs. 1 Nr. 1 KStG.

einer Personengesellschaft auf.[129] Letzteres kommt z. B. dadurch zum Ausdruck, dass eine KGaA als Leitungsorgan keinen Vorstand hat. Die Vertretung und Geschäftsführung[130] einer KGaA ist Sache eines oder mehrerer „persönlich haftender Gesellschafter" (sogenannte „Komplementäre"). Diese Komplementäre haften für Verbindlichkeiten einer KGaA unbeschränkt persönlich.[131] Dies bedeutet: Für den oder die persönlich haftenden Gesellschafter (Komplementäre) bewirkt die Gründung und Beteiligung an einer KGaA zum Betrieb eines Unternehmens keine haftungsrechtliche Abschirmwirkung.

Eine persönliche Haftung für Verbindlichkeiten der KGaA ist nur für die Komplementäre vorgesehen, nicht jedoch für die übrigen Gesellschafter.[132] Diese übrigen Gesellschafter werden „Kommanditaktionäre"[133] genannt. Ein Komplementär kann zugleich auch Kommanditaktionär sein. Dies ändert zwar nichts an der persönlichen Haftung des Komplementärs für Verbindlichkeiten der KGaA, führt jedoch dazu, dass der Komplementär in der Hauptversammlung einer KGaA über Stimmrechtsmacht verfügt.[134]

5.6.2 Regelungstechnik

KGaA sind rechtlich komplexer als z. B. AG oder GmbH. Denn die KGaA ist nur grundsätzlich im AktG geregelt. Im Übrigen gelten für KGaA eine Reihe von Bestimmungen des HGB. Im Einzelnen kann dies wie folgt zusammengefasst werden:

Für KGaA geltende gesetzliche Bestimmungen	
Grundsatz: Es gelten die §§ 278–290 AktG	
Soweit in den §§ 278–290 AktG nicht etwas anderes geregelt wird, gelten die Bestimmungen des HGB für das Verhältnis	Im Übrigen gelten, wenn nicht aus dem Fehlen eines Vorstands etwas anderes folgt, die §§ 1–277 AktG sinngemäß, also z. B. für die
• der Komplementäre untereinander, • der Komplementäre zur Gesamtheit der Kommanditaktionäre und • der Komplementäre gegenüber Dritten.	• Kapitalaufbringung und -erhaltung, • Mehrheitserfordernisse für Hauptversammlungsbeschlüsse und • Notwendigkeit, Aufgaben und Befugnisse eines Aufsichtsrats.

---

[129]Dies zeigt sich z. B. bei der Einkommensbesteuerung der persönlich haftenden Gesellschafter (Komplementäre) von KGaA; dazu § 15 Abs. 1 Nr. 1 EStG.

[130]Einschließlich Rechnungslegung.

[131]Dies folgt aus § 278 Abs. 2 AktG, der wiederum auf § 161 HGB verweist, in dessen Absatz 2 dann u. a. § 128 HGB in Bezug genommen wird.

[132]Vgl. dazu § 278 Abs. 1 AktG.

[133]Vgl. § 278 Abs. 1 AktG.

[134]Dies folgt aus § 285 Abs. 1 Satz 1 AktG.

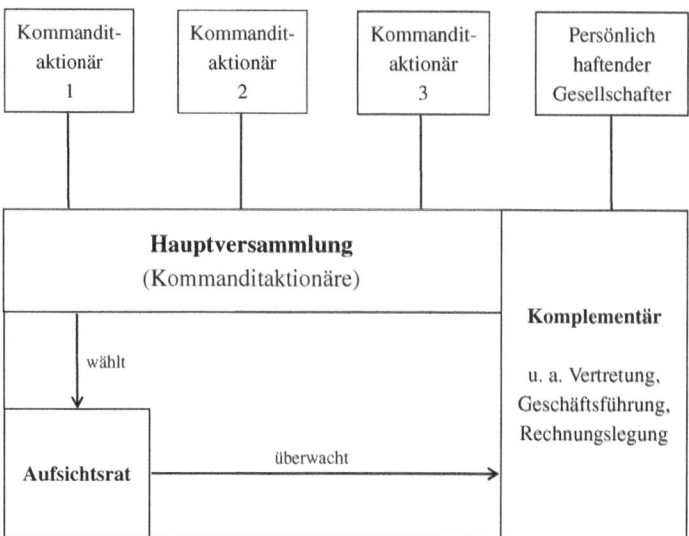

Abb. 5.6 Organisationsverfassung KGaA (stark vereinfacht)

5.6.3 Organisationsverfassung

Eine KGaA hat zwar keinen Vorstand. Aus der ergänzenden sinngemäßen Anwendbarkeit der §§ 1–277 AktG folgt jedoch, dass eine KGaA wie eine AG einen Aufsichtsrat und eine Hauptversammlung haben muss.

Die Komplementäre sind zwar sowohl Leitungsorgan als auch Gesellschafter der KGaA, aber trotz dieser Gesellschafterstellung nicht Teil der Hauptversammlung. Die Hauptversammlung dient bei der KGaA nicht dem organisierten Zusammenwirken sämtlicher Gesellschafter, sondern nur dem der Kommanditaktionäre. Ein Komplementär kann folglich nur dann auch Teil der Hauptversammlung sein, wenn der Komplementär zugleich Kommanditaktionär ist.[135] Die Organisationsverfassung von KGaA wird in Abb. 5.6 stark vereinfacht und zusammengefasst dargestellt.

5.6.4 Zwischenbefund

Die für KGaA geltenden gesetzlichen Bestimmungen sind unübersichtlicher als z. B. die für AG oder GmbH geltenden. Die Gründung und der Betrieb einer KGaA sind daher mit einem im Vergleich zu AG und GmbH erhöhten Rechtsermittlungsaufwand verbunden.

---

[135]Dann jedoch mit den in § 285 Abs. 1 Satz 2 Nr. 1–6 genannten Stimmverboten.

Dieses höhere Maß an rechtlicher Komplexität macht die Rechtsform KGaA für Gründer nur wenig attraktiv.

Hinzu kommt die unbeschränkte persönliche Haftung der unternehmensleitenden Gesellschafter (Komplementäre) für sämtliche Verbindlichkeiten des Unternehmens. Die Rechtsform KGaA ist zwar zum Betrieb von Unternehmen gedacht. Aber wenn es um die Frage der Eignung als Start-up-Vehikel geht, sprechen mehr Argumente für die Gründung einer GmbH. Von einer vertiefenden Betrachtung der KGaA wird daher an dieser Stelle abgesehen.

5.7 Europäische Gesellschaft (SE)

Ähnlich komplex, da mehrschichtig und entsprechend unübersichtlich, wie die Regelung der für KGaA geltenden gesetzlichen Bestimmungen ist das für Europäische Gesellschaften – kurz „SE" – geltende Recht. Primäre rechtliche Grundlage für die Gründung einer SE ist die SE-Verordnung der EU[136] („SE-VO"). Diese gilt unmittelbar in sämtlichen Mitgliedstaaten der EU.[137] Nach Art. 1 SE-VO können SE in jedem Mitgliedstaat der EU nach Maßgabe der SE-VO und dem ergänzenden Recht des jeweiligen Sitz-Mitgliedstaats gegründet werden. Für SE mit Sitz in Deutschland gilt ergänzend zur SE-VO in erster Linie das deutsche SE-Ausführungsgesetz („SEAG"). Soweit das SEAG Fragen ungeregelt lässt, finden auf SE mit Sitz in Deutschland die Bestimmungen des AktG Anwendung.[138]

Trotz der ergänzenden Geltung der Bestimmungen des AktG bestehen jedoch erhebliche Unterschiede zwischen SE und AG, namentlich auch im Hinblick auf die Gründungsvoraussetzungen. Aus Art. 1 Abs. 1 SE-VO folgt, dass SE nur unter den in der SE-VO genannten Voraussetzungen gegründet werden können. Diese Voraussetzungen werden in Art. 2 SE-VO geregelt. Danach können SE (nur) gegründet werden,

- in bestimmten Konstellationen von bereits bestehenden Gesellschaften und/oder juristischen Personen des öffentlichen Rechts, die dem Recht eines oder mehrerer Mitgliedstaaten der EU unterliegen, sowie
- in bestimmten Fällen durch Umwandlung bereits bestehender Aktiengesellschaften[139].

Dagegen können Menschen (natürliche Personen) keine SE gründen. Die Gründung einer SE setzt folglich voraus, dass zuvor bereits Gesellschaften anderer Rechtsformen gegründet wurden und diese die in Art. 2 Abs. 2, 3 und/oder 4 SE-VO genannten (internationalen) Voraussetzungen erfüllen.

---

[136]Verordnung (EG) Nr. 2157/2001 des Rates vom 08.11.2001 über das Statut der Europäischen Gesellschaft (SE).

[137]Vgl. Art 288 Abs. 2 AEUV.

[138]Dies folgt aus Art. 9 Abs. 1 c) ii) SE-VO.

[139]Dazu Art. 2 Abs. 4 SE-VO.

Aus diesen Gründen zieht die SE namentlich im Rechtsformvergleich mit der GmbH den Kürzeren, wenn es um die Frage der Eignung als Start-up-Vehikel geht. Zudem setzt die Gründung einer SE im Grundsatz eine Entwicklung voraus, bei der eine Unternehmensgründung im hier verstandenen Sinn bereits abgeschlossen ist. Deshalb werden SE als Start-up-Vehikel an dieser Stelle nicht weiter in den Blick genommen.

5.8   Genossenschaft

5.8.1 Grundsätzliches und Parallelen mit SE, AG und GmbH

Die Rechtsform Genossenschaft ist sowohl der AG als auch der GmbH in vielen Punkten ähnlich. Insbesondere bestehen folgende Parallelen:

- Auch Genossenschaften sind von der Rechtsordnung anerkannte Marktteilnehmer mit eigener Rechtspersönlichkeit[140], die zum Betrieb von Unternehmen gegründet werden können.
- Ebenso wie bei AG und GmbH ist auch bei Genossenschaften gesetzlich keine Haftung der Gesellschafter – im Fall einer Genossenschaft „Mitglieder" genannt – für Verbindlichkeiten „ihrer" Genossenschaft vorgesehen.[141]
- Auch Genossenschaften fallen in den Anwendungsbereich des HGB.[142] Deshalb unterliegen auch Genossenschaften den im HGB vorgesehenen Rechnungslegungspflichten. Ob eine Genossenschaft durch Umsetzung ihres Geschäftsmodells ein positives oder negatives Ergebnis erzielt, wird folglich in denselben Kategorien gemessen und ausgedrückt wie bei AG oder GmbH.

Diese allgemeinen Punkte mögen Genossenschaften auf den ersten Blick als grundsätzlich geeignete Start-up-Vehikel erscheinen lassen, aber dieser erste Eindruck täuscht. Denn eine weitergehende Betrachtung der Bestimmungen des Genossenschaftsgesetzes (GenG) führt zu folgendem Befund:

5.8.2 Satzungsstrenge

5.8.2.1 Bedeutung
Zunächst gibt es eine wesentliche Gemeinsamkeit, welche Genossenschaften mit SE und AG teilen, nicht jedoch mit GmbH: Nach § 18 Satz 2 GenG gilt auch für Genossenschaften das Prinzip der „Satzungsstrenge". Das bedeutet, dass die Satzung einer

---

[140]Dazu § 17 Abs. 1 GenG.

[141]So ausdrücklich § 2 GenG.

[142]Dies folgt aus § 17 Abs. 2 GenG, wonach Genossenschaften stets als *„Kaufleute in Sinne des Handelsgesetzbuchs"* gelten.

Genossenschaft von den Bestimmungen des Genossenschaftsgesetzes nur insoweit abweichen darf, *„als dies ausdrücklich für zulässig erklärt ist."*[143] Damit ist ein geringeres Maß an Flexibilität verbunden, als bei Nutzung von GmbH als Gründungs-Vehikel, und zwar u. a. mit folgenden konkreten Auswirkungen:

5.8.2.2 Satzungsänderungen

Satzungsändernde Beschlüsse der Generalversammlung einer Genossenschaft erfordern grundsätzlich eine *„Mehrheit, die mindestens drei Viertel der abgegebenen Stimmen umfasst"*[144]. Allerdings kann in der Satzung einer Genossenschaft für satzungsändernde Beschlüsse – zumindest grundsätzlich – auch ein anderes Mehrheitserfordernis vorgesehen werden. Dies gilt jedoch nicht für Satzungsänderungen, welche die in § 16 Abs. 2 GenG genannten Punkte betreffen. Satzungsänderungen, welche diese Punkte betreffen, müssen zwingend mit einem Mehrheitsbeschluss der Generalversammlung beschlossen werden, der *„mindestens drei Viertel der abgegebenen Stimmen umfasst"*[145]. Dies betrifft z. B. Satzungsänderungen, welche die Einführung oder Erhöhung eines Mindestkapitals[146], die Zulassung „investierender Mitglieder"[147] oder die Einführung oder Erweiterung von Mehrstimmrechen[148] betreffen.

Nach § 16 Abs. 2 Satz 2 GenG ist es zwar erlaubt, für solche Satzungsänderungen noch größere, über das Erfordernis einer ¾-Mehrheit hinausgehende Mehrheitserfordernisse vorzusehen. Aber der Grundsatz der Satzungsstrenge verbietet, für entsprechende Satzungsänderungen geringere Mehrheitserfordernisse vorzusehen. Es ist daher z. B. nicht möglich, in der Satzung einer Genossenschaft vorzusehen, dass die Erhöhung des Mindestkapitals auch mit nur 60 %iger Mehrheit der Generalversammlung beschlossen werden kann. Das setzt der Möglichkeit, in der Satzung einer Genossenschaft eine Dominanz einzelner Mitglieder oder bestimmter Mitglieder-Gruppen anzulegen, enge Grenzen. Diese Grenzen werden durch die in § 43 GenG vorgesehenen Beschränkungen der Stimmrechtsmacht einzelner Mitglieder noch weiter verstärkt.

5.8.2.3 Stimmrechtsmacht

In § 43 Abs. 1 Satz 1 GenG ist vorgesehen, dass jedes Mitglied einer Genossenschaft grundsätzlich nur eine Stimme hat. Nach § 43 Abs. 3 Satz 2 GenG können in der Satzung zwar Mehrstimmrechte vorgesehen werden, jedoch nur in engen Grenzen. Danach müssen Mehrstimmrechte eines Mitglieds auf drei Stimmen begrenzt sein, und zwar

---

[143]Wortlaut von § 18 Satz 2 GenG.

[144]So § 16 Abs. 4 GenG.

[145]Wortlaut von § 16 Abs. 2 GenG.

[146]Dazu § 16 Abs. 2 Nr. 7 GenG.

[147]Dazu § 16 Abs. 2 Nr. 11 GenG.

[148]Dazu § 16 Abs. 2 Nr. 7 GenG.

auch dann, wenn ein Mitglied mehr als drei Geschäftsanteile an der Genossenschaft hält. Zudem muss in der Satzung sichergestellt werden, dass investierende Mitglieder die übrigen, „ordentlichen" Mitglieder *„in keinem Fall überstimmen können"*[149].

5.8.3 Zusammenfassung

Dieses insbesondere im Vergleich zur GmbH geringere Maß an Flexibilität macht die Rechtsform Genossenschaft für Unternehmensgründer unattraktiv. Hinzu kommt, dass eine Genossenschaft stets mindestens drei Mitglieder (Gesellschafter) haben muss. Das schließt die Gründung einer Genossenschaft für Unternehmen aus, die von nur zwei Personen gegründet werden. Deshalb wird von einer weitergehenden Darstellung dieser Rechtsform abgesehen.

5.9 SCE

Auch die Rechtsform „SCE" ist als Start-up-Vehikel weitgehend unattraktiv und kommt ohnehin in vielen Konstellationen aufgrund besonderer Gründungsanforderungen von vornherein nicht in Betracht. Die SCE wird daher im Folgenden ebenfalls nur in Kürze und der Vollständigkeit halber mitbetrachtet.

„SCE" steht für „Europäische Genossenschaft". Ebenso wie es auf Grundlage des EU-Rechts SE, also Europäische (Aktien-)Gesellschaften gibt, kennt das EU-Recht auch Europäische Genossenschaften. Primäre Rechtsgrundlage für die Gründung Europäischer Genossenschaften ist die Verordnung (EG) Nr. 1435/2003 des Rates vom 22.06.2003 über das Statut der Europäischen Genossenschaft (SCE), kurz „SCE-VO". Betrachtet man deren Bestimmungen im Einzelnen, springen folgende Argumente ins Auge, die dagegen sprechen, eine SCE als Start-up-Vehikel zu nutzen:

- Das auf eine SCE anwendbare Gesellschaftsrecht ist nicht einheitlich in einem Gesetz oder in einer Verordnung zusammengefasst, so wie z. B. das auf GmbH anwendbare Gesellschaftsrecht im GmbHG kodifiziert ist. Vielmehr ist das „SCE-Gesellschaftsrecht" ebenso mehrschichtig aufgebaut wie das auf SE anwendbare Recht Nach Art. 8 SCE-VO besteht ein „Hintereinander" der SCE-VO, der zu dieser jeweils in Kraft gesetzten Ausführungsgesetze der einzelnen Mitgliedstaaten und der mitgliedstaatlichen Genossenschaftsgesetze.[150] Diese Mehrschichtigkeit des einschlägigen Gesellschaftsrechts macht

---

[149]So ausdrücklich § 8 Abs. 2 Satz 2 GenG.

[150]Dazu Art. 8 SCE-VO, dessen Struktur und Regelungstechnik der von Art. 9 der SE-VO entspricht.

die rechtliche Handhabung einer SCE bereits ganz grundsätzlich aufwendiger als den Umgang mit einer komprimierter kodifizierten Rechtsform.

- Zudem können auch SCE – anders als etwa AG oder GmbH – nicht beliebig von einer oder mehreren natürlichen oder juristischen Personen gegründet werden, sondern nur in bestimmten Konstellationen. Art. 2 Abs. 1 SCE-VO erlaubt z. B. die Gründung einer SCE *„von mindestens fünf natürlichen Personen, deren Wohnsitze in mindestens zwei Mitgliedsstaaten liegen"*[151]. Auch die weiteren zulässigen Konstellationen für die Gründung einer SCE setzen voraus, dass die Gründer eine bestimmte internationale Zusammensetzung aufweisen und/oder bestimmte Rechtsformen haben.[152]

Im Rahmen des hier angestellten Rechtsformüberblicks werden SCE daher nicht weitergehend betrachtet. Denn aus den vorstehend aufgeführten Gründen sind SCE für Gründer nicht nur weniger geeignet als andere Rechtsformtypen, sondern kommen in den meisten Gründungskonstellationen ohnehin von vornherein nicht als Start-up-Vehikel in Betracht.

5.10 VVaG

Aus ähnlichen Gründen wird auch von einer ausführlicheren Darstellung des Rechtsformtyps „VVaG" abgesehen. Grundlage für die Gründung eines „Versicherungsvereins auf Gegenseitigkeit" ist das Versicherungsaufsichtsgesetz (VAG)[153]. Nach § 171 VAG ist ein Versicherungsverein auf Gegenseitigkeit ein *„Verein, der die Versicherung seiner Mitglieder nach dem Grundsatz der Gegenseitigkeit betreiben will ..."*[154]. Zur Realisierung anderer Geschäftsmodelle kann ein VAG dagegen nicht gegründet werden. Deshalb ist eine weitergehende Darstellung dieses Rechtsformtyps nicht erforderlich. Damit führt die bis an dieser Stelle erfolgte Betrachtung der im deutschen Recht zur Verfügung stehenden Körperschaftstypen zu folgendem Zwischenbefund:

5.11 Zwischenbefund

Nahezu sämtliche Geschäftsmodelle können durch GmbH realisiert werden. Die Gründung einer GmbH scheidet nur dann aus, wenn die beabsichtigten Geschäfte aufgrund branchenspezifischer Gesetze nicht von GmbH ausgeführt werden dürfen. Dies betrifft

---

[151]Wortlaut von Art. 2 Abs. 1 erster Spiegelstrich SCE-VO.

[152]Dazu die im zweiten, dritten, vierten und fünften Spiegelstrich von Art. 2 Abs. 1 SCE-VO geregelten Voraussetzungen für die Gründung einer SCE.

[153]Genaue und vollständige Bezeichnung: „Gesetz über die Beaufsichtigung der Versicherungsunternehmen".

[154]Wortlaut von § 171 VAG.

jedoch nur wenige Ausnahmefälle. Zudem schirmen GmbH die Gesellschafter von den mit der Umsetzung des Geschäftsmodells verbundenen Haftungsrisiken ab, bieten ein erhebliches Maß an Gestaltungsfreiheit und sind nur einer zumindest überschaubaren Gewinnsteuerbelastung ausgesetzt.

Eine haftungsrechtliche Abschirmwirkung kann zwar auch durch Gründung einer AG erreicht werden, und auch die Gewinne einer AG werden wie die einer GmbH besteuert. Aber eine AG bietet weniger Gestaltungsfreiheit und verursacht tendenziell höhere Rechtsformkosten als eine GmbH. Deshalb ist der Rechtsformtyp GmbH zumindest verglichen mit den anderen, vorstehend betrachteten Rechtsformtypen der Favorit, wenn es um die Wahl eines geeigneten Start-up-Vehikels geht.

Ob die GmbH diesen Favoritenstatus auch im Vergleich mit den zur Gründung eines gewerblichen Unternehmens in Betracht kommenden Personengesellschaften behaupten kann, ist bis zu dieser Stelle allerdings noch offen. Die vom deutschen Recht für die Gründung gewerblicher Unternehmen bereitgestellten Personengesellschaftstypen werden nachfolgend betrachtet. Diese Betrachtung beginnt mit dem Rechtsformtyp „Gesellschaft bürgerlichen Rechts" („GbR"), obwohl die GbR nicht als Träger eines gewerblichen Unternehmens vorgesehen ist. Die GbR ist jedoch die Grundform sämtlicher im deutschen Recht geregelten Personengesellschaftstypen. Die gesetzlichen Regelungen sämtlicher weiterer Personengesellschaftstypen, z. B. der OHG, setzen auf das GbR-Recht auf. Deshalb kann die Betrachtung der zum Betrieb gewerblicher Unternehmen konzipierten Personengesellschaftstypen sinnvollerweise nicht ohne vorherige Erläuterungen zur GbR erfolgen.

5.12   Gesellschaft bürgerlichen Rechts (GbR)

5.12.1 Grundsätzliches

Wären Personengesellschaften Personenkraftwagen, wäre die GbR das Basismodell. Denn sämtliche anderen Personengesellschaftstypen setzen auf das Recht der GbR auf und sind letztlich nichts anderes als GbR mit besonderen Eigenschaften oder Betriebsvoraussetzungen. Beispielsweise ist eine – im Rahmen dieses Werks nicht weitergehend dargestellte[155] – Partnerschaft nichts anderes als eine besondere Form der GbR, die nur natürlichen Personen offen steht[156], die Angehörige eines Freien Berufs sind.[157]

---

[155]Der im Partnerschaftsgesellschaftsgesetz (PartGG) geregelte Personengesellschaftstyp „Partnerschaft" wird im Rahmen dieses Werks deshalb nicht weitergehend betrachtet, weil die Gründung einer Partnerschaft nach § 1 Abs. 1 PartGG nur für angehörige Freier Berufe zur gemeinschaftlichen Berufsausübung möglich ist, nicht jedoch zum Betrieb gewerblicher Unternehmen. In § 1 Abs. 1 Satz 2 PartGG wird klargestellt, dass eine Partnerschaft *„kein Handelsgewerbe"* ausübt.

[156]Dazu § 1 Abs. 1 PartGG.

[157]Dazu ebenfalls § 1 Abs. 1 PartGG.

Befasst man sich mit Personengesellschaften, muss der Blick folglich zunächst auf die GbR gerichtet werden, auch wenn die Rechtsform einer GbR für die hier interessierenden Start-ups mit gewerblichen Geschäftsmodellen letztlich nicht in Betracht kommt. Um zu verstehen, warum eine GbR kein taugliches Vehikel zum Betrieb eines gewerblichen Hightech-Unternehmens ist, muss man zunächst folgende Grundlagen und Zusammenhänge betrachten:

5.12.2 Wichtige gesetzliche Regelungen

5.12.2.1 Gründungsvoraussetzungen

Die GbR wird in den §§ 705 ff. BGB geregelt. Aus § 705 BGB folgt, dass die Entstehung einer GbR nur drei Voraussetzungen hat, nämlich

1. Klarheit über den Kreis der Gesellschafter,
2. eine Einigung der Gesellschafter über den Gesellschaftszweck, also das von der Gesellschaft zu verfolgende Ziel, sowie
3. die Beträge, die jeder Gesellschafter zu diesem Zweck an die Gesellschaft bzw. für die Gesellschaft leisten soll.

Diese Voraussetzungen werden im Folgenden im Einzelnen betrachtet:

5.12.2.2 Gesellschafter

In § 705 BGB wird zunächst – insoweit abweichend von den für GmbH und AG geltenden Bestimmungen – die Beteiligung mehrerer Gesellschafter vorausgesetzt. Die Gründung einer GbR erfordert deshalb eine Beteiligung von mindestens zwei Personen. Die Gründung einer Personengesellschaft durch nur eine Person ist im deutschen Recht ausgeschlossen.

Nicht erforderlich ist dagegen, dass sich nur natürliche Personen, also nur Menschen, an der Gründung einer GbR beteiligen. Auch nicht-natürliche Personen wie Gesellschaften und Stiftungen können Gesellschafter einer GbR sein oder werden.

GbR sind folglich wie auch GmbH und AG grundsätzlich für eine unbestimmte Vielzahl natürlicher und nicht-natürlicher, in- und ausländischer Personen als Gesellschafter offen. Grundsätzlich kann jeder rechtsfähige Marktteilnehmer Gesellschafter einer GbR sein oder werden. Allerdings kann kein Marktteilnehmer allein eine GbR gründen. Es gibt zwar „Ein-Personen-GmbH" und „Ein-Personen-AG", jedoch keine „Ein-Personen-GbR".

5.12.2.3 Gesellschaftszweck

Das BGB enthält keine Beschränkung der Zweckrichtung, für die eine GbR gründet werden kann. Der Zweck einer GbR kann, muss deshalb jedoch nicht auf den Betrieb eines Unternehmens gerichtet sein. Unternehmenstragende GbR, z. B. als Zusammenschluss von Patentanwälten, Zahnärzten oder Steuerberatern zur gemeinschaftlichen Berufsausübung, sind daher ebenso denkbar wie nicht-unternehmerische GbR, z. B. in Form einer Reisegruppe.

5.12.2.4 Beiträge

Die Bestimmungen des BGB sehen zudem keine Beschränkungen im Hinblick auf Umfang oder Art des Beitrags vor, zu dessen Leistung sich ein Gesellschafter zur Förderung des Gesellschaftszwecks einer GbR verpflichten kann oder muss. In § 706 Abs. 3 BGB wird lediglich klargestellt, dass der *„Beitrag eines Gesellschafters auch in der Leistung von Diensten bestehen"*[158] kann. Das bedeutet – und dieser Grundsatz gilt für sämtliche Personengesellschaften:

Gesellschafter einer GbR kann man – das Einverständnis der übrigen Gesellschafter vorausgesetzt – auch werden, ohne gesellschaftsrechtlich zur Leistung einer Kapitaleinlage verpflichtet zu sein.[159] Dies ist einer der Gründe, der Personengesellschaften insbesondere für nicht-vermögende Gründer verführerisch macht. Ein weiterer Grund dafür ist, dass GbR ohne nennenswerte formale Beschränkungen gegründet werden können.

5.12.3 Grundsätzlich kein Formzwang

Im Gegensatz zur Gründung einer GmbH oder AG, die jeweils mit der Notwendigkeit einer notariellen Beurkundung des Gesellschaftsvertrags bzw. der Satzung verbunden sind, besteht kein gesetzlicher Formzwang für die Gründung einer GbR. Der Gesellschaftsvertrag einer GbR kann grundsätzlich auch mündlich oder in jedweder anderen Form abgeschlossen werden, z. B. per E-Mail in Textform.

Beispiel Reisegruppe

A, B und C verabreden mündlich, im August gemeinsam zelten zu gehen. Dabei wird ausgemacht, dass A sein Auto stellt, um gemeinsam zum Zeltplatz zu fahren, während B sein Zelt mitbringen soll, damit alle Beteiligten darin schlafen können. C soll für die Verpflegung sorgen. Auch wenn A, B und C dies möglicherweise nicht klar sein mag, haben A, B und C auf diese Weise eine Gesellschaft gegründet, deren Zweck auf das Verbringen eines gemeinsamen Urlaubs auf einem Zeltplatz gerichtet ist. Die jeweiligen Beitragspflichten der Gesellschafter A, B und C wurden im Rahmen dieses Gesellschaftsvertrags geregelt. Ein Formzwang war dabei nicht zu beachten. Ebenfalls keine Rolle spielt, dass die Gesellschaft nicht auf unbestimmte Zeit gegründet worden ist. Denn sofern die Gesellschafter nichts anderes vereinbaren, endet eine GbR kraft Gesetzes automatisch, *„wenn der vereinbarte Zweck erreicht"*[160] worden ist.

---

[158]Wortlaut von § 706 Abs. 3 BGB.

[159]Zur Klarstellung: Die Gesellschafter können auch die Leistung von Kapitaleinlagen vereinbaren, müssen dies jedoch nicht. Eine Person kann folglich auch nur verbunden mit dem Beitragsversprechen Gesellschafter einer GbR werden, pro Woche oder Monat während bestimmter Zeiträume für die GbR tätig zu werden (Dienste zu leisten).

[160]So ausdrücklich § 726 BGB.

Allerdings gilt der Grundsatz der Formfreiheit für Gesellschaftsverträge von GbR nicht in allen Fällen. Vielmehr kann die Art des Beitrags, den ein Gesellschafter in das Gesellschaftsvermögen leisten soll, dazu führen, dass der Gesellschaftsvertrag ausnahmsweise einem entsprechenden Formzwang unterliegt. Dies gilt z. B. dann, wenn der Beitrag eines Gesellschafters darin bestehen soll, das Eigentum an einem Grundstück in die GbR einzubringen, also vom eigenen in das Gesellschaftsvermögen zu überführen. Denn dann fällt der Gesellschaftsvertrag in den Anwendungsbereich von § 311b Abs. 1 BGB. Nach dieser Bestimmung bedürfen Verträge notarieller Beurkundung, durch die sich eine Vertragspartei *„verpflichtet, das Eigentum an einem Grundstück zu übertragen oder zu erwerben"*[161]. Damit erfasst der Wortlaut dieser Vorschrift auch Gesellschaftsverträge, durch die sich eine Vertragspartei, also ein Gesellschafter, dazu verpflichtet, das Eigentum an einem Grundstück auf die GbR zu übertragen. Denn die GbR ist nicht mit den Gesellschaftern identisch, sondern ein eigener Marktteilnehmer mit zivilrechtlich[162] eigenem Vermögen.

5.12.4 Grundsätzlich kein Betrieb gewerblicher Unternehmen durch GbR

Nicht entnommen werden kann den vorstehend dargestellten Grundsätzen jedoch, dass und warum GbR als Träger gewerblicher Unternehmen grundsätzlich weder geeignet noch gedacht sind. Insbesondere verbietet das BGB die Gründung einer GbR zum Betrieb eines gewerblichen Unternehmens nicht ausdrücklich.

Um zu erkennen, was passiert, wenn Personen eine GbR zum Betrieb eines gewerblichen Unternehmens gründen, muss man neben den §§ 705 ff BGB zusätzlich die Bestimmungen des HGB betrachten, dort insbesondere § 105 Abs. 1 HGB. Danach ist eine GbR, *„deren Zweck auf den Betrieb eines Handelsgewerbes unter gemeinschaftlicher Firma gerichtet ist, eine offene Handelsgesellschaft, wenn bei keinem der Gesellschafter die Haftung gegenüber den Gesellschaftsgläubigern beschränkt ist."* Daraus folgt:

Eine – vermeintliche – GbR, die ein gewerbliches Unternehmen betreibt, ist Kraft Gesetzes, also „automatisch", eine offene Handelsgesellschaft (OHG). Dabei ist unerheblich, ob den Gesellschaftern dieser Umstand bewusst ist. Bilden Marktteilnehmer durch Abschluss und Vollzug eines Gesellschaftsvertrags eine Personengesellschaft, die ein gewerbliches Unternehmen betreibt, ist diese folglich auch dann eine OHG, wenn die Gesellschafter die Organisation „GbR" nennen und diese als GbR firmiert.

---

[161]Wortlaut von § 311b Abs. 1 Satz 1 BGB.

[162]„Zivilrechtlich" deshalb, weil eine einkommen- und körperschaftsteuerliche Betrachtung einen anderen Eindruck erwecken kann. Denn da Personengesellschaften, also auch GbR, für Zwecke der Einkommen- und Körperschaftbesteuerung „transparent" sind, werden bzw. bleiben die Vermögensgegenstände einer Personengesellschaft (steuerrechtlich dann „Mitunternehmerschaft" genannt, vgl. dazu z. B. § 15 Abs. 1 Nr. 2 EStG) für Zwecke der Einkommen- und Körperschaftbesteuerung den Gesellschaftern (Mitunternehmern) zugeordnet, auch wenn zivilrechtlich die Personengesellschaft deren Eigentümerin ist und die Vermögensgegenstände auch von dieser wirtschaftlich genutzt werden.

Beispiel „App-GbR"

Die Informatik-Studierenden A, B und C wollen bereits während des Studiums gemeinsam „freiberuflich" unternehmerisch tätig werden. Durch eine Internet-Recherche haben sie herausgefunden, dass eine GbR formlos, ohne irgendein Mindestkapital und dementsprechend auch ohne die Notwendigkeit von Kapitaleinlagen gegründet werden kann. A, B und C vereinbaren daher mündlich, jedoch ausdrücklich „verbindlich", gemeinsam als ABC-App-GbR anderen Unternehmen Programmierdienstleistungen anzubieten. Das Angebot soll insbesondere das Programmieren von Apps umfassen, durch die andere Unternehmen ihre jeweiligen Geschäftsmodelle „auf die Smartphones ihrer Kunden bringen" können.

Im Einzelnen vereinbaren A, B und C zudem, dass jeder Gesellschafter mindestens 15 h pro Woche für das gemeinsame Unternehmen, welches als ABC-App-GbR firmieren soll, tätig werden muss, und zwar in erster Linie in Form von Programmierarbeiten. Erforderlichenfalls soll jeder Gesellschafter jedoch auch den anfallenden „Verwaltungskram" machen. Weitere Einzelheiten werden zwischen A, B und C nicht vereinbart, sondern sie „legen einfach los". Da das Geschäft nur mäßig anläuft und A der Meinung ist, dass die ABC-App-GbR neben Programmierdienstleistungen künftig auch Hardware anbieten und ausliefern sollte, bestellt A ohne vorherige Rücksprache mit B und C „in Namen der ABC-App-GbR" einen Kleintransporter bei Automobilhändler X für einen Nettokaufpreis in Höhe von EUR 60.000. Leider verfügt die ABC-App-GbR bei Fälligkeit des Kaufpreises nicht über die erforderliche Liquidität. Daraufhin erhebt X Klage sowohl gegen die ABC-App-GbR als auch gegen A, B und C jeweils persönlich. Der von X beim zuständigen Gericht gestellte Antrag lautet dahingehend, dass die ABC-App-GbR sowie A, B und C als Gesamtschuldner verurteilt werden, EUR 60.000 (Kaufpreis) an X zu leisten, Zug um Zug gegen Abnahme des von A bestellten Transporters. B und C sind entsetzt und verteidigen sich mit mehreren Argumenten. Zum einen meinen A und B, dass „im BGB doch keine persönliche Haftung der Gesellschafter einer GbR vorgesehen" sei. Zum anderen meinen sie, A hätte den Vertrag mit X „doch gar nicht alleine als Vertreter der ABC-App-GbR abschließen" dürfen.

Ob die Klage von X nicht nur gegen A, sondern auch gegen die ABC-App-GbR sowie B und C erfolgreich ist, hängt maßgeblich davon ab, ob das zuständige Gericht die Unternehmung als gewerblich einordnet:

Im Fall einer Einordnung des Geschäftsmodells der ABC-App-GbR als nicht-gewerblich wäre die ABC-App-GbR tatsächlich eine GbR. Dann wäre zumindest die von B und C erhobene Einwendung erheblich, dass A bei Abschluss des Kaufvertrags mit X nicht allein zur Vertretung der ABC-App-GbR befugt gewesen sei. Denn in Ermangelung anderweitiger gesellschaftsvertraglicher Vereinbarungen zwischen A, B und C wären A, B und C dann wegen § 709 Abs. 1 BGB nur gemeinschaftlich zur Geschäftsführung und – in der Folge – gemäß § 714 BGB auch nur gemeinschaftlich zur Vertretung der ABC-App-GbR befugt gewesen. Da B und C am Abschluss des

Vertrags mit X nicht beteiligt waren und A auch nicht mit Einverständnis von B und C gehandelt hatte, würde der Vertrag mit X in diesem Fall keine Wirkung für und gegen die ABC-App-GbR entfalten. Folge wäre dann, dass A bei Abschluss des Vertrags mit X zwar im Namen der ABC-App-GbR gehandelt hätte, in Ermangelung einer entsprechenden Vertretungsmacht jedoch als „Vertreter ohne Vertretungsmacht". A würde dementsprechend nach § 179 Abs. 1 BGB im Verhältnis zu X persönlich haften. Dagegen würden weder die ABC-App-GbR noch B und C persönlich für die gegenüber X bestehende Verbindlichkeit haften.

Vollständig anders wäre die Situation dagegen dann, wenn das von X angerufene Gericht die von der ABC-App-GbR angebotenen Programmierdienstleistungen als „gewerblich" einstufen würde. Denn dann würde die ABC-App-GbR trotz der Firmierung als „GbR" grundsätzlich in den Anwendungsbereich von § 105 Abs. 1 HGB fallen und wäre als OHG einzuordnen. Eine wesentliche Konsequenz dieser Einordnung wäre auch die Anwendbarkeit von § 125 Abs. 1 HGB. Danach ist zur Vertretung einer OHG „*jeder Gesellschafter ermächtigt, wenn er nicht durch den Gesellschaftsvertrag von der Vertretung ausgeschlossen ist.*"[163] In Ermangelung abweichender gesellschaftsvertraglicher Vereinbarungen wären A, B und C folglich kraft Gesetzes jeweils einzeln befugt gewesen, die ABC-App-GbR beim Abschluss von Verträgen zu vertreten, wenn diese nicht als GbR, sondern als OHG anzusehen wäre. Mit dieser gesetzlichen Vertretungsmacht ausgestattet hätte A den Kaufvertrag über den Transporter folglich allein (ohne Mitwirkung von B und/oder C) wirksam mit Wirkung für und gegen die ABC-App-GbR mit X abschließen können. Dies würde zudem dazu führen, dass neben der dann als Vertragspartnerin primär zur Kaufpreiszahlung verpflichteten ABC-App-GbR nach § 128 HGB auch A, B und C jeweils persönlich für die Kaufpreisverbindlichkeit haften würden.

Ob das von X angerufene Gericht die ABC-App-GbR als (nicht-gewerbliche, sondern freiberufliche) „GbR" oder als (gewerbliche) OHG ansehen und dementsprechend die ABC-App-GbR gemeinsam mit A, B und C gesamtschuldnerisch zur Zahlung verurteilen würde, wäre nicht sicher vorhersehbar. Einerseits hat z. B. der Bundesfinanzhof IT- und softwarebezogene Dienstleistungen in verschiedenen (steuerrechtlichen) Entscheidungen als nicht-gewerblich eingestuft.[164] Andererseits ordnete z. B. das OVG Lüneburg im Rahmen eines gewerbeaufsichtsrechtlichen Verwaltungsrechtsstreits Softwareentwickler als „gewerblich" ein.[165] Das Beispiel verdeutlicht daher nicht nur wichtige Unterschiede zwischen GbR und OHG, sondern

---

[163]Wortlaut von § 125 Abs. 1 HGB.

[164]Dazu z. B. BFH, Urteil vom 22.09.2009 (Az. VIII R 31/07) sowie Urteil vom 22.09.2009 (Az. VIII R 63/06).

[165]OVG Lüneburg, Urteil vom 16.05.2012 (Az. 7 LC 15/10).

auch, welche unnötig komplexen Differenzierungen das deutsche Wirtschaftsrecht vorsieht und welche Rechtsunsicherheiten damit einhergehen können.[166]

Wichtig ist: Eine vermeintliche GbR, die ein gewerbliches Unternehmen betreibt, ist nach § 105 Abs. 1 HGB auch dann eine OHG, wenn die Gesellschaft nicht als OHG in das Handelsregister eingetragen wird. Wer meint, die Gründung einer OHG setze deren Eintragung in das Handelsregister voraus, irrt. Richtig ist:

Wer eine OHG gründet, muss diese zur Eintragung in das Handelsregister anmelden.[167] Die Pflicht, eine Gesellschaft als OHG zur Eintragung in das Handelsregister anzumelden, entfällt nicht etwa deshalb, weil den Gesellschaftern nicht klar ist, dass sie eine OHG gegründet haben. Eine Pflicht zur Eintragung ins Handelsregister entfällt nur dann, wenn das Geschäftsmodell zwar gewerblich ist, das Unternehmen aufgrund seiner überschaubaren Größe und Komplexität jedoch nur ein „Kleingewerbe" darstellt.[168] Dieses Werk ist jedoch nicht auf den Betrieb von Kleingewerben

---

[166]Das vorstehend in Bezug genommene Urteil des OVG Lüneburg ist in dieser Hinsicht besonders „lesenswert". Denn das OVG Lüneburg setzt sich in der Urteilsbegründung zwar mit der Rechtsprechung des BFH auseinander, in der IT- und softwarebezogene Dienstleistungen als nicht-gewerblich eingestuft wurden. In der Folge „erläutert" das OVG Lüneburg dann jedoch, dass die steuerrechtliche Qualifizierung einer Tätigkeit als nicht-gewerblich *für die gewerberechtliche Bewertung einer Tätigkeit als freiberuflich oder gewerblich wegen der fehlenden Übertragbarkeit der steuerrechtlichen Regelung auf die Gewerbeordnung ... keine Bindungs-, sondern allenfalls Indizwirkung"* habe. (Im Rahmen dieser Begründung wird vom OVG Lüneburg im Übrigen unzutreffend behauptet, die in § 1 Abs. 1 Satz 2 PartGG enthaltene Aufzählung Freier Berufe enthalte im Gegensatz zu der in § 18 Abs. 1 Nr. 1 Satz 2 EStG enthaltenen Aufzählung keine *„Öffnungsklausel zugunsten „ähnlicher Berufe".* „Diese Begründung ist freilich deshalb unzutreffend, weil die in § 1 Abs. 2 Satz 2 PartGG enthaltene Aufzählung Freier Berufe ebenfalls eine solche „Öffnungsklausel" enthält: „.... *Journalisten, Bildberichterstatter, Dolmetscher, Übersetzer und ähnlicher Berufe ...".* (Wortlaut von § 1 Abs. 2 Satz 2 PartGG).

[167]Dies folgt aus § 106 Abs. 1 HGB.

[168]Dies folgt aus § 105 Abs. 2 i.V.m. § 1 Abs. 2 HGB. Danach gilt ein Unternehmen dann nicht als *„Handelsgewerbe"* im Sinn des HGB, wenn der Betrieb des Unternehmens *„einen in kaufmännischer Weise eingerichteten Geschäftsbetrieb nicht erfordert."* (Wortlaut von § 1 Abs. 2 HGB). Solche „Kleingewerbe" fallen grundsätzlich nicht in den Anwendungsbereich des HGB, und zwar auch dann nicht, wenn diese von einer Personengesellschaft betrieben werden. Beispiel: A und B schließen sich zusammen, um gelegentlich nebenberuflich „Tupper-Partys" zu veranstalten und dabei „Tupperware" zu vertreiben. Die Zahl der Partys beträgt höchstens 12 und die Umsatzerlöse der aus A und B bestehenden Personengesellschaft liegen unter EUR 15.000 pro Jahr (mit der Folge, dass das Unternehmen auch umsatzsteuerlich nur „Kleinunternehmer" im Sinn von § 19 UStG ist). Betreiben ein Mensch oder eine Gesellschaft ein solches Kleingewerbe, besteht keine Pflicht, eine Eintragung als „eingetragener Kaufmann" oder „OHG" in das Handelsregister herbeizuführen. Eine Eintragung in das Handelsregister ist in solchen Fällen jedoch freiwillig möglich. Führt man diese Eintragung freiwillig herbei, dann löst die Handelsregistereintragung die Anwendbarkeit des HGB auf das Unternehmen aus, im Fall einer Personengesellschaft mit der Folge, dass diese als OHG einzuordnen ist (vgl. dazu § 105 Abs. 2 HGB).

zugeschnitten, sondern das Werk richtet sich an Gründer, die technikbasierte und skalierbare Geschäftsmodelle planen und verwirklichen wollen. Dies kann in Form einer OHG erfolgen. Diese Rechtsform wird daher im Folgenden betrachtet.

5.13 Offene Handelsgesellschaft (OHG)

5.13.1 Grundlagen

Wie vorstehend dargelegt, ist eine OHG im Grundsatz nichts anderes als eine GbR, die ein gewerbliches Unternehmen betreibt. OHG sind folglich Gesellschaften, die grundsätzlich[169] formzwangfrei von zwei oder mehr Marktteilnehmern zum Betrieb eines gewerblichen Unternehmens gegründet werden können. Diese Gesellschafter müssen keine Menschen sein. Auch in- und ausländische juristische Personen können Gesellschafter einer OHG sein oder werden.

Durch Gründung einer OHG entsteht ein neuer Marktteilnehmer, der als Träger des Unternehmens selbst Verträge abschließen, Eigentum an Vermögensgegenständen erwerben und Partei eines Rechtsstreits sein kann.[170] Dabei sind sämtliche Geschäftsvorfälle, z. B. der Erwerb von Anlagevermögen oder die Bezahlung von Arbeitnehmern, von den Gesellschaftern im Rahmen einer kaufmännischen Buchführung zu erfassen und abzubilden.[171] Im Hinblick auf die Rechnungslegung sind OHG daher durchaus mit GmbH und AG vergleichbar.

5.13.2 Geschäftsführung und Vertretung

Zudem sind die Gesellschafter zur Geschäftsführung und Vertretung der OHG befugt. Insoweit sehen § 114 Abs. 1 grundsätzlich eine Einzelgeschäftsführungsbefugnis und § 125 Abs. 1 grundsätzlich eine Einzelvertretungsbefugnis jedes Gesellschafters vor – mit entsprechenden Risiken für das Unternehmen und die übrigen Gesellschafter. Deshalb können die Gesellschafter im Gesellschaftsvertrag anderweitige Regelungen vereinbaren, z. B. dass jeder Gesellschafter stets nur mit einem anderen Gesellschafter zusammen

---

[169]Insoweit gilt das zum Formzwang bei der Gründung von GbR Ausgeführte entsprechend. Die Art der für einen Gesellschafter vereinbarten Beitragspflicht kann folglich auch beim Abschluss eines OHG-Gesellschaftsvertrags einen Formzwang auslösen. Dies ist z. B. dann der Fall, wenn ein Gesellschafter durch den Gesellschaftsvertrag verpflichtet werden soll, ein Grundstück in das Gesellschaftsvermögen einzubringen (vgl. § 311b Abs. 1 BGB).

[170]Dies wird in § 124 Abs. 1 HGB klargestellt.

[171]Dies folgt aus den §§ 6, 238 ff HGB.

geschäftsführungs- und vertretungsbefugt ist.[172] Denn für die Gestaltung des Gesellschaftsvertrags einer OHG besteht grundsätzlich Vertragsfreiheit.[173] Insoweit ist die Rechtsform OHG mit der Rechtsform GmbH vergleichbar.

5.13.3 Gestaltung des Gesellschaftsvertrags

Die für OHG geltenden, gesellschaftsrechtlichen gesetzlichen Bestimmungen sind grundsätzlich dispositiv. Die einschlägigen Regelungen des HGB über die Organisationsverfassung einer OHG gelten folglich nur, wenn und soweit die Gesellschafter gesellschaftsvertraglich keine anderen Regelungen vereinbaren. Insoweit stellen sich bei Gründung einer OHG für die Gesellschafter im Wesentlichen die gleichen Fragen im Hinblick auf die Gestaltung des Gesellschaftsvertrags wie bei Gründung einer GmbH. Auch bei Gründung einer OHG sollten folglich namentlich folgende Fragen bedacht und geregelt werden:

- Wie soll welcher Gesellschafter zur Verwirklichung des Gesellschaftszwecks – also zum Betrieb des Unternehmens – beitragen?
- Welcher Gesellschafter soll welche Kompetenzen haben? Sollen z. B. bestimmte Ressort- oder anderweitige Zuständigkeiten bestehen?
- Welche Voraussetzungen sollen für Gesellschafterbeschlüsse gelten? Sollen z. B. für bestimmte Beschlussgegenstände besondere Mehrheitserfordernisse gelten?
- Sollen den Gesellschaftern auch Nebentätigkeiten und/oder anderweitige unternehmerische Aktivitäten oder Beteiligungen gestattet werden und, falls ja, welche?
- Unter welchen Voraussetzungen soll einem Gesellschafter ein Ausscheiden aus der Gesellschaft möglich sein und wie soll sich dies gegebenenfalls auf den Bestand der Gesellschaft auswirken?
- Unter welchen Voraussetzungen soll es möglich sein, einen Gesellschafter aus der Gesellschaft hinaus zu kündigen und wie soll sich dies gegebenenfalls auf die Gesellschaft auswirken?
- Nach welchen Grundsätzen sollen Abfindungen bemessen werden, die Gesellschafter im Fall des Ausscheidens beanspruchen können?
- Sollen Gesellschafter ihre Gesellschaftsanteile zumindest unter bestimmten Bedingungen an Dritte veräußern können oder müssen?

---

[172]Die Zulässigkeit einer solchen gesellschaftsrechtlichen Vertretungsregelung folgt aus § 125 Abs. 2 HGB. Danach kann gesellschaftsvertraglich z. B. vereinbart werden, dass sämtliche Gesellschafter stets nur gemeinschaftlich zur Vertretung befugt sind. Allerdings muss (§ 106 Abs. 2 Nr. 4 HGB) und sollte (wegen § 15 HGB) eine solche Vertretungsregelung in das Handelsregister eingetragen werden.

[173]Dass der Inhalt des Gesellschaftsvertrags einer OHG grundsätzlich zur Disposition der Gesellschafter steht, folgt aus § 109 HGB (der insoweit weitgehend § 45 Abs. 1 GmbHG entspricht).

Dass für die Gründung einer OHG kein besonderer Formzwang besteht, insbesondere keine Pflicht zur notariellen Beurkundung des Gesellschaftsvertrags, muss kein Vorteil sein. Insbesondere darf der fehlende Formzwang nicht darüber hinwegtäuschen, dass die Gestaltung des Gesellschaftsvertrags einer OHG inhaltlich im Wesentlichen die gleichen Überlegungen erfordert wie die Gestaltung des Gesellschaftsvertrags einer GmbH. Deshalb kann sich der fehlende Formzwang bei Errichtung einer OHG als Nachteil entpuppen, wenn die Gründer geschäftlich unerfahren sind. Denn im Vergleich zur GmbH-Gründung entfallen zwar die Notargebühren, aber eben auch der Beurkundungstermin bei einem Notar, dessen Aufgabe es ist, die Vorstellungen der Beteiligten zu klären und geeignete Regelungsvorschläge zu unterbreiten. Verfügen die Gründer nicht selbst über ausreichende Fantasie und Fähigkeit zur Gestaltung weitsichtiger und durchsetzbarer Regelungen und sind sie auch nicht anderweitig fachkundig beraten, ist die Gründung anfällig für zunächst unerkannte Gestaltungsfehler. Diese werden spätestens dann offenkundig, wenn der Gesellschaftsvertrag einer ersten Belastungsprobe in Form eines internen Konflikts zwischen den Gesellschaftern ausgesetzt wird, aber keinen adäquaten Mechanismus zu dessen Lösung bereithält.

Man kann daher darüber streiten können, ob der fehlende Formzwang bei Gründung einer OHG in Anbetracht niedriger Rechtsformkosten eher vorteilhaft oder wegen des fehlenden „Beratungszwangs" eher nachteilhaft ist. Dagegen steht jedoch zumindest ein Nachteil fest, den OHG im Vergleich zu GmbH und AG haben und der nachstehend betrachtet wird:

5.13.4 Persönliche Haftung der Gesellschafter

Gemäß § 128 HGB haften die Gesellschafter einer OHG für deren Verbindlichkeiten *„den Gläubigern als Gesamtschuldner persönlich. Eine entgegenstehende Vereinbarung ist Dritten gegenüber unwirksam."*[174] Dies bedeutet: Die Gründung einer OHG zum Betrieb eines Unternehmens ist für die Gesellschafter nicht mit einer haftungsrechtlichen Abschirmwirkung verbunden. Denn die Gesellschafter einer OHG haften für Geldverbindlichkeiten „ihrer" OHG auch – also neben und mit der OHG – unbeschränkt persönlich. Die persönliche Haftung der Gesellschafter einer OHG ist nicht auf vertragliche Verbindlichkeiten der OHG beschränkt. Sie gilt z. B. auch für Schadensersatzverbindlichkeiten aus Patent- oder Urheberrechtsverletzungen oder aus Produkthaftung (Abb. 5.7).

---

[174]So der Wortlaut von § 128 HGB. Zum Vergleich: Bei GmbH besteht keine Haftung der Gesellschafter für Verbindlichkeiten der Gesellschaft (§ 13 Abs. 2 GmbHG). Ebenso wenig haften Aktionäre einer AG für deren Verbindlichkeiten (vgl. § 1 Abs. 1 Satz 2 AktG).

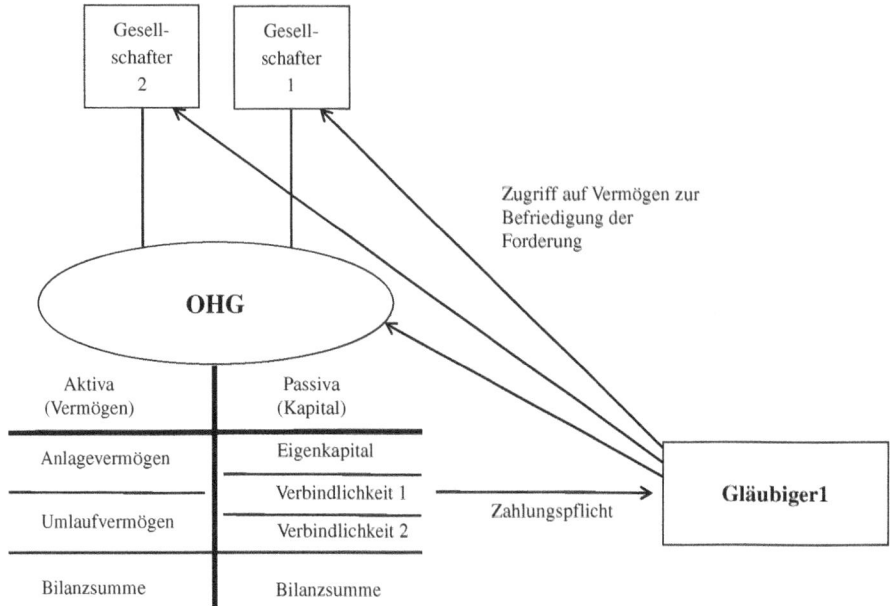

Abb. 5.7 Persönliche Haftung von OHG-Gesellschaftern

Selbst für Verbindlichkeiten der OHG, die nicht in einer Geldschuld bestehen, kann eine persönliche Gesellschafterhaftung in Betracht kommen.[175]Die Gründung einer OHG ist für die Gesellschafter folglich namentlich dann gefährlich, wenn das Geschäftsmodell des Unternehmens riskant ist.

Bei technikbasierten Geschäftsmodellen ist in der Regel nur wenig Fantasie erforderlich, um Risiken zu identifizieren, die mit deren Umsetzung verbunden sind. Denn unabhängig davon, ob Dienste geleistet und/oder Erzeugnisse veräußert werden, kann es z. B. zu erheblichen Personen- und sonstigen Vermögensschäden bei Kunden und Dritten kommen, wenn etwas „schief läuft". Die Gründung einer OHG als Träger eines gewerblichen Unternehmens mag daher „ohne viel Formalismus" und damit vermeintlich unkompliziert möglich sein. In Anbetracht der mit der Gesellschafterstellung bei einer OHG verbundenen Haftungsrisiken sollte gleichwohl von dieser Rechtsform Abstand und stattdessen Rechtsformtypen mit haftungsrechtlicher Abschirmwirkung in den Blick genommen werden. Deshalb wird im Folgenden die KG betrachtet:

---

[175]Vgl. dazu z. B. *Roth* in *Baumbach/Hopt,* Handelsgesetzbuch, 38. Auflage 2018, § 128, Rdnr. 8 ff.

5.14 Kommanditgesellschaft (KG)

5.14.1 Grundsätzliches

Gesetzliche Regelungen zur KG enthalten insbesondere[176] die §§ 161 ff HGB. Nach § 161 Abs. 1 HGB ist eine KG nichts anderes als eine GbR, *„deren Zweck auf den Betrieb eines Handelsgewerbes unter gemeinschaftlicher Firma gerichtet ist, …, wenn bei einem oder bei einigen von den Gesellschaftern die Haftung gegenüber den Gesellschaftsgläubigern auf den Betrag einer bestimmten Vermögenseinlage beschränkt ist (Kommanditisten), während bei dem anderen Teil der Gesellschafter eine Beschränkung der Haftung nicht stattfindet (persönlich haftende Gesellschafter).“*[177] Dieser gesetzlichen Regelung kann namentlich Folgendes entnommen werden:

- KG haben stets zwei verschiedene Gesellschaftertypen, nämlich zum einen sogenannte „Kommanditisten" und zum anderen „persönlich haftende Gesellschafter".
- Jede KG muss mindestens einen Kommanditisten und mindestens einen persönlich haftenden Gesellschafter haben, aber jede KG kann beliebig viele Kommanditisten und beliebig viele persönlich haftende Gesellschafter haben.
- Während für die persönlich haftenden Gesellschafter keine Haftungsbeschränkung gilt, ist die Haftung der Kommanditisten für Verbindlichkeiten der KG *„auf den Betrag einer bestimmten Vermögenseinlage beschränkt"*[178].

Im Übrigen sind KG im Hinblick auf formale Gründungsanforderungen und das Maß an Freiheit bei Gestaltung des Gesellschaftsvertrags mit OHG vergleichbar. Das bedeutet: Eine KG kann ohne die Notwendigkeit notarieller Beurkundung zum Betrieb eines gewerblichen Unternehmens gegründet werden, z. B. durch schriftlichen Gesellschaftsvertrag zwischen den Gesellschaftern, letztlich jedoch auch mündlich.[179] Grundvoraussetzung

---

[176]„Insbesondere" deshalb, weil die §§ 161 ff HGB zwar ausdrücklich das Kommanditgesellschaftsrecht regeln, auf KG jedoch über die in § 161 Abs. 2 HGB enthaltene Verweisung im Übrigen die für OHG geltenden Regelungen (§§ 105 ff HGB) und damit mittelbar (über § 161 Abs. 2 HGB i.V.m. § 105 Abs. 3 HGB) zudem die für GbR geltenden Bestimmungen (§§ 705 ff BGB) ergänzend anwendbar sind.

[177]Wortlaut von § 161 Abs. 1 HGB.

[178]Wortlaut von § 161 Abs. 1 HGB.

[179]Zur Klarstellung: Für den Abschluss eines Gesellschaftsvertrags einer KG gilt grundsätzlich kein gesetzlicher Formzwang. Dass Gesellschaftsverträge von Kommanditgesellschaften in der Praxis gleichwohl z. B. in schriftlicher Form dokumentiert werden, ist dem Interesse der Gesellschafter geschuldet, erforderlichenfalls den zur Durchsetzung gesellschaftsvertraglicher Rechte erforderlichen Nachweis führen zu können. Allerdings kann sich auch bei der Gründung einer KG – wie auch bei GbR und OHG – ein Formzwang für den Abschluss des Gesellschaftsvertrags aus der Art des Beitrags ergeben, den ein Gesellschafter leisten muss. Soll z. B. ein Gesellschafter das Eigentum an einer Immobilie in das Gesellschaftsvermögen einbringen, findet § 311b Abs. 1 BGB auf den Gesellschaftsvertrag mit der Folge Anwendung, dass dieser notariell beurkundet werden muss.

für die Gründung einer KG ist, dass – insoweit vergleichbar zu GbR und OHG – über folgende Fragen Einigkeit zwischen den Gründern besteht:

- Was ist Zweck der Gesellschaft?
- Wer ist Gesellschafter?
- Welcher Gesellschafter soll welche Beiträge zur Förderung des Gesellschaftszwecks leisten?

Zudem muss geklärt sein, wer der KG als nur beschränkt und wer der KG als unbeschränkt haftender Gesellschafter angehören soll. Denn zwischen diesen beiden Gesellschaftertypen bestehen nicht nur im Hinblick auf das persönliche Haftungsrisiko, sondern auch im Übrigen erhebliche Unterschiede.

5.14.2 Persönlich haftende Gesellschafter – Komplementäre

Die persönlich haftenden Gesellschafter einer KG werden wie bei der KGaA auch „Komplementäre" genannt. Die Position eines Komplementärs entspricht der eines OHG-Gesellschafters. Dies gilt namentlich im Hinblick auf dessen Befugnisse und persönliches Risiko.

Das persönliche Risiko eines Komplementärs entspricht dem eines OHG-Gesellschafters, weil die in § 128 HGB geregelte persönliche Haftung von OHG-Gesellschaftern für Verbindlichkeiten der Gesellschaft auch für die Komplementäre gilt. Dies wird zwar in den §§ 161 ff HGB nicht ausdrücklich klargestellt, folgt jedoch aus dem in § 161 Abs. 2 HGB enthaltenen Verweis auf die Bestimmungen des OHG-Rechts. Für die Komplementäre ist die Gründung einer KG daher ebenso wie für die Gesellschafter einer OHG und wie im Übrigen auch für die Komplementäre einer KGaA mit keiner haftungsrechtlichen Abschirmwirkung verbunden.

Auch die Befugnisse der Komplementäre werden in den §§ 161 ff HGB nicht ausdrücklich aufgeführt, sondern über den in § 161 Abs. 2 HGB enthaltenen Verweis auf die für OHG geltenden Bestimmungen geregelt. Bei einer KG sind daher die Komplementäre diejenigen Gesellschafter, die zur Geschäftsführung[180] und Vertretung der Gesellschaft befugt[181] sind. Damit ist die Leitung des von einer KG betriebenen Unternehmens Sache der Komplementäre. Innerhalb der gesetzlich vorgesehenen Organisationsstruktur einer KG liegt die Macht zumindest im Hinblick auf das „Tagesgeschäft" in deren Händen. Allerdings kann diese im HGB grundsätzlich angelegte Machtposition der Komplementäre durch entsprechende Gestaltung des Gesellschaftsvertrags zugunsten der

---

[180]Dazu § 161 Abs. 2 i.V.m. § 114 HGB.

[181]Dazu § 161 Abs. 2 HGB i.V.m. § 125 HGB.

Kommanditisten abgeschwächt werden. Beispielsweise kann im Gesellschaftsvertrag einer KG vorgesehen werden, dass die Komplementäre bestimmte Maßnahmen nur mit vorheriger Zustimmung der Gesellschafterversammlung oder eines bei der KG gebildeten Aufsichts- oder Beirats[182] ergreifen dürfen.[183]

5.14.3 Kommanditisten

Die Stellung der Kommanditisten innerhalb der Organisationsverfassung einer KG ist im Hinblick auf deren Einflussmöglichkeiten mit der Stellung der Aktionäre innerhalb einer AG vergleichbar. Kommanditisten sind nach dem gesetzlichen Leitbild weder geschäftsführungs-[184] noch vertretungsbefugt[185], sondern im Wesentlichen nur informations-[186] und gewinnbeteiligungsberechtigt[187]. Allerdings kann die Position von Kommanditisten innerhalb einer KG durch den Gesellschaftsvertrag abweichend von den grundsätzlich dispositiven Bestimmungen des HGB geregelt werden.

Eine Beteiligung an einer KG als Kommanditist bei deren Gründung setzt wie die Übernahme einer Aktie bei Gründung einer AG voraus, dass der Kommanditist sich zur Leistung einer *„Vermögenseinlage"*[188] verpflichtet. Im Gegensatz zu einer KG-Beteiligung als Komplementär kann man folglich nicht lediglich verbunden mit dem

---

[182]Zur Klarstellung: Eine KG muss keinen Aufsichtsrat haben. Da die Gesellschafter bei Gestaltung des Gesellschaftsvertrags ein erhebliches Maß an Vertragsfreiheit genießen, kann jedoch auch ein Aufsichts- oder Beirat gesellschaftsvertraglich vorgesehen werden. Dessen Aufgaben und Befugnisse müssen ebenfalls nicht den Aufgaben und Befugnissen des Aufsichtsrats einer AG entsprechen, sondern können durch den Gesellschaftsvertrag auf die Bedürfnisse des konkreten Unternehmens und/oder der konkreten Gesellschafterkonstellation zugeschnitten werden.

[183]Hinzuweisen ist in diesem Zusammenhang darauf, dass derartige gesellschaftsvertragliche Kompetenzbeschränkungen der Komplementäre im Außenverhältnis, also im Verhältnis zu Dritten, keine Wirkung entfalten. Schließt z. B. ein Komplementär im Namen der KG einen Vertrag mit einem Dritten ab, ohne zuvor eine gesellschaftsvertraglich erforderliche Zustimmung der Gesellschafterversammlung eingeholt zu haben, ist die KG gleichwohl an diesen Vertrag gebunden. Der Komplementär hat dann lediglich im „Innenverhältnis", also im Verhältnis zur Gesellschaft und den übrigen Gesellschaftern, eine gesellschaftsvertragliche Pflicht verletzt. Dies kann zur Folge haben, dass der Komplementär der Gesellschaft oder den übrigen Gesellschaftern einen durch diese Pflichtverletzung etwa verursachten Schaden ersetzen muss oder aus der KG „hinausgekündigt" werden kann, ändert jedoch nichts daran, dass der Vertrag wirksam zwischen der KG und dem Dritten zustande kam.

[184]Dazu insbesondere § 164 Satz 1 1. Halbsatz HGB: *„Die Kommanditisten sind von der Führung der Geschäfte der Gesellschaft ausgeschlossen".*

[185]Dies folgt aus § 170 HGB.

[186]Dazu insbesondere § 166 HGB.

[187]Dazu § 168 HGB.

[188]So der in § 161 Abs. 1 HGB verwendete Begriff.

gesellschaftsvertraglichen Versprechen, Dienste für die KG zu leisten, Kommanditist werden. Im Übrigen gelten für die Einlage und deren Aufbringung für Kommanditisten ähnliche Grundsätze wie für die Gesellschafter von AG oder GmbH, nämlich folgende:

- Ein Kommanditist muss sich nicht zwingend zur Leistung einer Vermögenseinlage in Geld verpflichten. Das HGB erlaubt auch Sacheinlagen.
- Taugliche Gegenstände einer Sacheinlage können sämtliche Vermögensgegenstände sein, die nicht in Geld bestehen und deren Übertragung auf die KG einen Zuwachs an Eigenkapital bei der KG bewirkt. Diese Voraussetzung ist zumindest dann erfüllt, wenn Gegenstand einer Sacheinlage ein bilanzierungs- und bewertungsfähiger Vermögensgegenstand ist.
- Ein Kommanditist kann sich im Innenverhältnis, also im Verhältnis zu den übrigen Gesellschaftern und/oder zur KG, verpflichten, eine Einlage zu leisten, deren Wert über den Betrag hinausgeht, der für den betreffenden Kommanditisten als Haftsumme ins Handelsregister eingetragen wird.

Ein wesentlicher Unterschied zwischen den Aktionären einer AG und den Kommanditisten einer KG besteht jedoch darin, dass letztere zumindest grundsätzlich für Verbindlichkeiten einer KG haften. Diese persönliche Haftung von Kommanditisten ist jedoch auf die Höhe der sogenannten „Haftsumme" beschränkt. „Haftsumme" in diesem Sinn ist derjenige Betrag, der in Bezug auf einen Kommanditisten als Einlage in das Handelsregister eingetragen ist.[189] In § 171 Abs. 1 HGB wird dies wie folgt zum Ausdruck gebracht:

„*Der Kommanditist haftet den Gläubigern der Gesellschaft bis zur Höhe seiner Einlage unmittelbar; die Haftung ist ausgeschlossen, soweit die Einlage geleistet ist.*[190] *Im Verhältnis zu den Gläubigern der Gesellschaft wird nach der Eintragung in das Handelsregister die Einlage eines Kommanditisten durch den in der Eintragung angegebenen Betrag bestimmt.*[191]" Dies bedeutet:

Gläubiger einer KG können auch jeden Kommanditisten aus einer gegen die KG gerichteten Forderungen in Anspruch nehmen, jedoch nur bis zur Höhe der für den betreffenden Kommanditisten im Handelsregister eingetragenen Haftsumme (Einlage). Hat z. B. ein Gläubiger eine Forderung in Höhe von EUR 100.000 gegen eine KG und ist ein Kommanditist mit einer Haftsumme von EUR 50.000 im Handelsregister eingetragen, kann der Gläubiger von diesem Kommanditisten nur EUR 50.000 fordern. Kann der in Anspruch genommene Kommanditist dann darlegen und beweisen, bereits

---

[189]Zur Klarstellung: Die Haftsumme muss nicht für jeden Kommanditisten gleich sein, sondern jeder Kommanditist kann sich gesellschaftsvertraglich unabhängig von den Einlageverpflichtungen anderer Kommanditisten dazu verpflichten, eine Einlage in einer bestimmten Art (Geld- oder Sacheinlage) und einem bestimmten wertmäßigen Umfang zu leisten.

[190]Bis hierher: Wortlaut von § 171 Abs. 1 HGB.

[191]Wortlaut von § 172 Abs. 1 HGB.

eine Einlage im Wert von EUR 50.000 an die KG geleistet zu haben, haftet der Kommanditist im Verhältnis zu den Gläubigern der KG nicht mehr.[192]

Der Nachweis, eine Einlage im Wert der eingetragenen Haftsumme bereits geleistet zu haben, kann insbesondere dann unproblematisch gelingen, wenn ein Kommanditist eine Geldeinlage auf ein Bankkonto der KG überwiesen hat. Denn Überweisungsvorgänge werden z. B. durch entsprechende Kontoauszüge dokumentiert. Schwieriger ist der Nachweis dagegen dann, wenn der Kommanditist eine Sacheinlage geleistet hat. Denn dann muss nachgewiesen werden, dass der Kommanditist der KG durch Übertragung von Vermögensgegenständen tatsächlich denjenigen Wert zugeführt hat, der dem Betrag der für den Kommanditisten im Handelsregister eingetragenen Haftsumme entspricht. Wenn und soweit dies nicht gelingt, unterliegt der Kommanditist einer Art „Differenzhaftung" zwischen dem tatsächlichen Wert der eingebrachten Vermögensgegenstände zum Einbringungszeitpunkt und der im Handelsregister eingetragenen Haftsumme.[193]

Unabdingbare Voraussetzung für das Eingreifen der betragsmäßigen Haftungsbeschränkung zugunsten der Kommanditisten ist die Eintragung der Haftsumme[194] in das Handelsregister. Unterbleibt die Eintragung der KG und der für die Kommanditisten festgelegten Haftsummen in das Handelsregister, haften sämtliche Gesellschafter für die Verbindlichkeiten der Gesellschaft nach den für OHG geltenden Regeln, also unbeschränkt persönlich.

Damit ist die KG eine der wenigen Rechtsformen, bei denen es auch bei genauerer Betrachtung zutreffend erscheint, von einer beschränkten Haftung der Gesellschafter zu sprechen. Denn die Kommanditisten einer KG[195] haften für Verbindlichkeiten der KG in dem Sinn, dass sie von Gläubigern der KG auf gesellschaftsrechtlicher Grundlage[196] direkt persönlich in Anspruch genommen werden können. Allerdings ist diese Haftung auf einen bestimmten Betrag beschränkt und entfällt, sobald der Kommanditist der KG tatsächlich einen dieser Haftsumme entsprechenden Wert zugeführt hat. Dagegen ist es z. B. bei einer GmbH ungenau, zumindest aber missverständlich, von einer beschränkten Haftung der Gesellschafter zu sprechen. Denn Gesellschafter einer GmbH haften für deren Verbindlichkeit auf gesellschaftsrechtlicher Grundlage nicht beschränkt, sondern überhaupt nicht.[197]

---

[192]Letzteres folgt aus dem zweiten Halbsatz von § 171 Abs. 1 HGB.

[193]Vgl. dazu die in § 9 Abs. 1 GmbHG geregelte „Differenzhaftung" von Gesellschaftern einer GmbH. Diese greift ebenfalls dann, wenn Sacheinlagen vereinbart und geleistet worden sind, deren Wert zum Einbringungszeitpunkt jedoch hinter dem Betrag des nominal aufzubringenden Stammkapitals zurückblieb.

[194]In § 172 Abs. 1 HGB etwas missverständlich als „Einlage" bezeichnet; tatsächlich kann die Einlage eines Kommanditisten auch höher sein als die im Handelsregister eingetragene Haftsumme.

[195]Und nur diese, die Komplementäre dagegen nicht.

[196]Diese Grundlage ist § 171 Abs. 1 HGB.

[197]Dies folgt aus § 13 Abs. 2 GmbHG; ebenso besteht z. B. keine Haftung der Aktionäre einer AG für deren Verbindlichkeiten (dies folgt unmittelbar aus § 1 Abs. 1 Satz 2 AktG). Zur Vermeidung etwaiger Missverständnisse sei zudem klargestellt, dass auch bei KGaA keine gesellschaftsrechtliche Grundlage dafür besteht, dass Gläubiger einer KGaA deren Kommanditaktionäre direkt aus den Verbindlichkeiten der KGaA in Anspruch nehmen.

5.14.4 Zwischenbefund

Ungeachtet der für die Kommanditisten einer KG grundsätzlich gesetzlich vorgesehenen Haftungsbeschränkung leidet die Attraktivität der Rechtsform KG jedenfalls
an der unbeschränkten Haftung der Komplementäre. Zumindest diese sind damit einem
unkalkulierbaren persönlichen Risiko ausgesetzt. Dieses Risiko steigt proportional zur
Risikogeneigtheit des Geschäftsmodells. Deshalb gilt insoweit das zur OHG Ausgeführte
grundsätzlich entsprechend.

Will man zum Betrieb eines Unternehmens dennoch eine Personengesellschaft grün-
den, z. B. weil deren einkommen- und körperschaftsteuerliche Transparenz für die
Gesellschafter vorteilhaft ist, kommt jedoch eine „Körperschaft & Co. KG" in Betracht.
Damit ist eine KG gemeint, bei der zumindest kein Mensch auf gesellschaftsrechtlicher
Grundlage zwingend unbeschränkt für sämtliche Verbindlichkeiten der KG haftet.

Dies kann erreicht werden, indem eine KG gegründet wird, deren (einziger) Komplementär kein Mensch ist, sondern eine andere Gesellschaft, z. B. eine GmbH, eine UG
oder ein ausländischer Rechtsformtyp, z. B. eine nach irischem Recht errichtete „Ltd.".
Entscheidend ist, dass als Komplementärin eine Gesellschaft mit einer Rechtsform eingesetzt wird, bei der keine gesetzliche persönliche Haftung der Gesellschafter für deren
Verbindlichkeiten vorgesehen ist. Damit rückt die Gründung einer „Körperschaft & Co.
KG" in den Blick.

5.15   Körperschaft & Co KG

5.15.1 Grundsätzliches

Eine „Körperschaft & Co. KG", z. B. eine GmbH & Co. KG, ist keine eigene oder
besondere Rechtsform. Eine „Körperschaft & Co. KG", z. B. in Form einer GmbH
& Co. KG, einer UG & Co. KG, einer AG & Co. KG oder einer Ltd. & Co. KG ist
und bleibt eine Kommanditgesellschaft. Die Besonderheit[198] einer solchen Körperschaft & Co. KG besteht wie ausgeführt lediglich darin, dass kein persönlich haftender
Gesellschafter (Komplementär) ein Mensch ist (Abb. 5.8).

---

[198]Dies ist letztlich deshalb keine wirkliche Besonderheit, weil grundsätzlich jeder Marktteilnehmer – Menschen ebenso wie Gesellschaften oder Stiftungen – Gesellschafter einer KG sein
oder werden können. Das HGB enthält gerade keine dem § 1 Abs. 1 Satz 3 PartGG entsprechende
Bestimmung, nach der nur natürliche Personen Gesellschafter einer KG sein dürfen. KG sind –
wie grundsätzlich sämtliche anderen Rechtsformtypen auch – offen für eine Beteiligung anderer
in- oder ausländischer Gesellschaften oder Stiftungen. Deshalb kann eine Gesellschaft wie z. B.
eine GmbH auch Komplementärin einer KG sein oder werden.

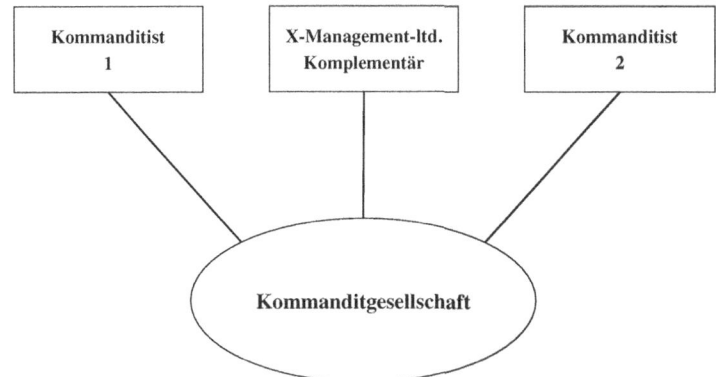

Abb. 5.8 „Kapitalgesellschaft & Co. KG"

5.15.2 Folgen

5.15.2.1 Anwendbarkeit zusätzlicher[199] gesetzlicher Bestimmungen

Haftet bei einer Personengesellschaft, z. B. bei einer KG, kein Mensch auf gesellschaftsrechtlicher Grundlage[200] unbeschränkt persönlich für deren Verbindlichkeiten, führt dies zur
Anwendbarkeit einer Reihe zusätzlicher gesetzlicher Bestimmungen. Auf diese Weise werden
bestimmte Regeln, die „an sich" nur für (bestimmte) Kapitalgesellschaften gelten, auf Körperschaften & Co. KG ausgedehnt. Wichtige gesetzliche Bestimmungen, dieser Art sind z. B.:

Wichtige, auf Körperschaft & Co. KG zusätzlich anwendbare gesetzliche Bestimmungen	
§§/Gesetz	Führt zu(r)
§ 264a HGB	Anwendbarkeit der ansonsten für Kapitalgesellschaften gelten-den Rechnungslegungsvorschriften
§ 15a InsO	Geltung derselben Insolvenzantragspflichten wie bei Körper-schaften, z. B. wie bei AG und GmbH
§ 4 MitbestG	Zurechnung der bei der KG beschäftigten Arbeitnehmer zur Komplementärin, falls diese eine AG, KGaA, GmbH oder Genossenschaft ist, für die Zwecke der Mitbestimmung von Arbeitnehmern in deren Aufsichtsrat[a]

[a]Hervorzuheben ist, dass im Anwendungsbereich des DrittelbG keine vergleichbare Zurechnungs-
vorschrift besteht

---

[199]„Zusätzlich" ist dahingehend zu verstehen, dass es gesetzliche Bestimmungen gibt, die auf eine
KG nur dann Anwendung finden, wenn für deren Verbindlichkeiten kein Mensch auf gesellschafts-
gesetzlicher Grundlage unbeschränkt persönlich haftet, während die betreffenden Bestimmungen
auf KG, deren Komplementär ein Mensch ist, keine Anwendung finden.

[200]Diese Grundlage ist im Grundsatz § 128 HGB, der über § 161 Abs. 2 HGB auch für die Komplementäre einer KG gilt; für Partnerschaften vgl. § 8 Abs. 1 Satz 1 PartGG.

5.15.2.2 Geschäftsführung und Vertretung durch die Komplementär-Körperschaft

Ist eine Körperschaft Komplementärin einer KG, führt dies zudem dazu, dass die Vertretung der KG im Verhältnis zu Dritten und die Führung der Geschäfte des von der KG betriebenen Unternehmens Sache dieser Körperschaft ist. Deshalb wird ein von einer Körperschaft & Co. KG betriebenes Unternehmen faktisch von den Mitgliedern des Leitungsorgans der Komplementär-Körperschaft geführt.

Beispiel GmbH & Co. KG

In einer GmbH & Co. KG ist die Komplementär-GmbH nach § 161 Abs. 2 HGB i.V.m. § 114 Abs. 1 HGB zur Geschäftsführung *„berechtigt und verpflichtet."*[201] Nach § 161 Abs. 2 HGB i.V.m. § 125 Abs. 1 HGB ist die Komplementär-GmbH zudem berechtigt, die KG im Verhältnis zu Dritten zu vertreten, z. B. beim Abschluss eines Vertrags zwischen der KG und einem anderen Marktteilnehmer. Allerdings ist die Komplementär-GmbH kein handlungsfähiger Mensch, sondern kann ihrerseits nur durch Handlungen ihrer Geschäftsführer am Markt teilnehmen, die ihr dann zugerechnet werden. Gemäß § 35 GmbHG wird die Komplementär-GmbH ihrerseits durch ihre Geschäftsführer vertreten. Will die KG einen Vertrag mit einem anderen Marktteilnehmer abschließen, liegt dem Vertragsabschluss auf Seiten der KG folgende Vertretungskette zugrunde:

Die KG wird bei Abschluss des Vertrags mit einem anderen Marktteilnehmer gemäß §§ 161 Abs. 2, 125 Abs. 1 von der Komplementär-GmbH und diese wird wiederum gemäß § 35 Abs. 1 GmbHG von ihrem Geschäftsführer vertreten. Auf diese Weise agiert der Geschäftsführer der Komplementär-GmbH mittelbar für die KG.

Damit liegt zumindest das operative Machtzentrum einer Körperschaft & Co. KG beim Vertretungsorgan der Körperschaft bzw. den Mitgliedern von deren Vertretungsorgan, im Fall einer GmbH & Co. KG also bei den Geschäftsführern der Komplementär-GmbH. Wer sich als Kommanditist einer solchen KG möglichst weitgehende Einflussmöglichkeiten auf die operative Leitung des von der KG betriebenen Unternehmens sichern will, muss sich folglich eine entsprechende Machtposition in der Komplementär-Körperschaft verschaffen. Für Kommanditisten einer GmbH & Co. KG oder UG & Co. KG bedeutet dies z. B. Folgendes:

Naheliegend wäre für einen solchen Kommanditisten zunächst, selbst Geschäftsführer der Komplementär-GmbH zu werden. Allerdings sind Geschäftsführer einer GmbH an die Weisungen gebunden, die von der Gesellschafterversammlung der GmbH erteilt werden. Deshalb liegt die Macht innerhalb einer GmbH in erster Linie bei den Gesellschaftern. Ist eine GmbH Komplementärin einer KG, führt dies folglich dazu, dass die Macht innerhalb einer solchen GmbH & Co. KG auch maßgeblich bei der

---

[201]Wortlaut von § 114 Farbigkeit (IST): 1c

Gesellschafterversammlung der Komplementär-GmbH liegt. Deshalb liegt es für einen Kommanditisten der KG, der sich eine seiner Beteiligungsquote entsprechende Einflussmöglichkeit auf die Geschäfte der KG sichern will, nahe, sich auch als Gesellschafter an der Komplementär-GmbH zu beteiligen. In der Praxis führt dies zu sogenannten „beteiligungsidentischen" GmbH & Co. KG. Deren gesellschaftsrechtliche Struktur ist dadurch gekennzeichnet, dass die Beteiligungsquote jedes Kommanditisten an der KG dessen Beteiligungsquote an der Komplementär-GmbH entspricht (Abb. 5.9).

5.15.2.3 Beurkundungspflichten im Veräußerungsfall

Will ein Gesellschafter einer solchen „beteiligungsidentischen" GmbH & Co. KG seine Unternehmensbeteiligung veräußern und will der Erwerber vollständig in dessen Position einrücken, müssen folglich Anteile an zwei (beiden) Gesellschaften übertragen werden. Zum einen muss der an der KG bestehende Gesellschaftsanteil an den Erwerber abgetreten werden. Zum anderen müssen die Geschäftsanteile des Veräußerers an der Komplementär-GmbH an den Erwerber abgetreten werden.

Während ein Gesellschaftsanteil an einer KG grundsätzlich formfrei[202] übertragbar ist, müssen sowohl der Verkauf als auch die Abtretung von Geschäftsanteilen an einer GmbH notariell beurkundet werden, um wirksam zu sein.[203] Im Fall eines Verkaufs einer Beteiligung an einer GmbH & Co. KG werden die Kommanditbeteiligung und die Geschäftsanteile an der Komplementär-GmbH jedoch als rechtlich-wirtschaftliche Einheit verkauft. Deshalb erstreckt sich die aus § 15 Abs. 4 GmbHG folgende Beurkundungspflicht in diesem Fall auch auf den Verkauf der Kommanditbeteiligung.[204]

---

[202]Gleichwohl ist es zum Zweck einer später etwa erforderlichen Beweisführung sinnvoll, die Abtretung zumindest in Textform zu vereinbaren. Zudem bedeutet „formfrei" nicht „voraussetzungslos". Die Übertragung eines Gesellschaftsanteils an einer Personengesellschaft erfordert grundsätzlich die Zustimmung sämtlicher Gesellschafter. Allerdings kann gesellschaftsvertraglich vereinbart werden, dass ein Gesellschaftsanteil auch ohne Zustimmung der übrigen Gesellschafter übertagen werden darf. Denkbar sind z. B. auch gesellschaftsvertragliche Regelungen, die vorsehen, dass ein Gesellschaftsanteil übertragen werden darf, wenn zuvor ein zustimmender Gesellschafterbeschluss vorliegt, der mit einfacher oder einer bestimmten qualifizierten Mehrheit gefasst werden kann.

[203]Dies folgt aus § 15 Abs. 3 GmbHG.

[204]So. z. B. ausdrücklich OLG Düsseldorf, Beschluss vom 22.02.2005 (Az. 10 W 92/04): „*Verkauf und Übertragung von Kommanditanteilen sind grundsätzlich formfrei möglich, während Verkauf und Übertragung von Geschäftsanteilen an einer GmbH gem. § 15 III, IV GmbHG notarieller Beurkundung bedürfen. Wird – wie hier – ein in der Rechtsform einer GmbH & Co. KG geführtes Unternehmen verkauft, erstreckt sich der für das Verpflichtungsgeschäft zur Übertragung der GmbH-Anteile aus § 15 IV GmbHG folgende Formzwang grundsätzlich auch auf das Verpflichtungsgeschäft zur Übertragung der Kommanditanteile. Hier sind die Verpflichtungsgeschäfte über die Geschäftsanteile an der GmbH und die Gesellschaftsanteile an der Kommanditgesellschaft aufgrund der Interessenlage beider Parteien typischerweise unmittelbar miteinander verbunden, so dass sie eine rechtliche Einheit bilden (…).*"

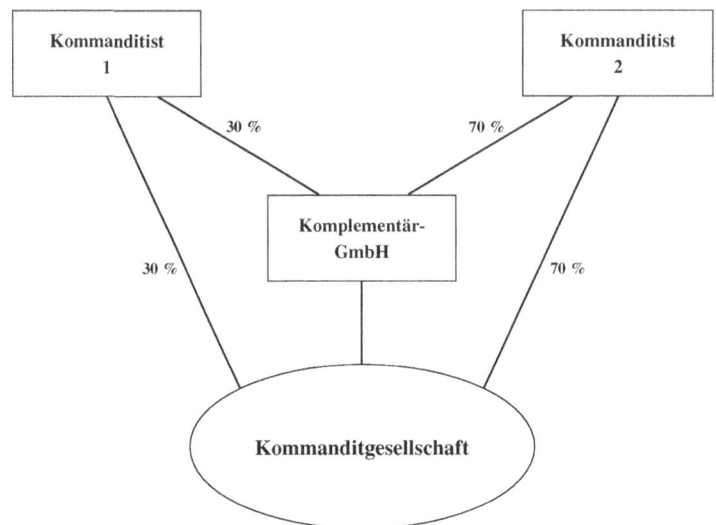

Abb. 5.9 „Beteiligungsidentische GmbH & Co. KG"

Die für die Beurkundung anfallenden Notargebühren sind folglich Transaktionskosten, die nicht anfallen würden, wenn nur eine Kommanditbeteiligung verkauft und
übertragen werden würde. Um diese Transaktionskosten im Fall einer Veräußerung einer
Beteiligung an einer GmbH & Co. KG zu vermeiden und auf diese Weise die Fungibilität der Beteiligung zu verbessern, wurde die sogenannte „Einheits-GmbH & Co. KG"
entwickelt.[205]

5.15.3 Einheits-GmbH & Co. KG

Eine Einheits-GmbH & Co. KG ist eine KG, die Inhaberin sämtlicher Geschäftsanteile
an ihrer eigenen Komplementär-GmbH ist.[206] Dies bedeutet: Einzige Komplementärin einer Einheits-GmbH & Co. KG ist eine GmbH, deren einzige Gesellschafterin die
KG ist, deren Geschäfte die GmbH als Komplementärin zu führen und die sie gegenüber Dritten zu vertreten hat. In dieser Konstellation sind die KG und ihre Komplementär-GmbH folglich wechselseitig gesellschaftsrechtlich aneinander beteiligt. Die
Komplementär-GmbH ist als Komplementärin Gesellschafterin der Personengesellschaft
„KG". Und die KG ist als (einzige) Gesellschafterin an der GmbH beteiligt (Abb. 5.10).

---

[205]Vgl. z. B. *von Bonin,* die Einheits-GmbH & Co. KG in der notariellen Praxis, RNotZ 2017,
S. 1 ff; *Binz/Rosenbauer,* NZG 2015, S. 1136 ff.

[206]Dagegen offenbar abweichend von diesem Verständnis *Engelhardt,* Gesellschaftsrecht, S. 33.

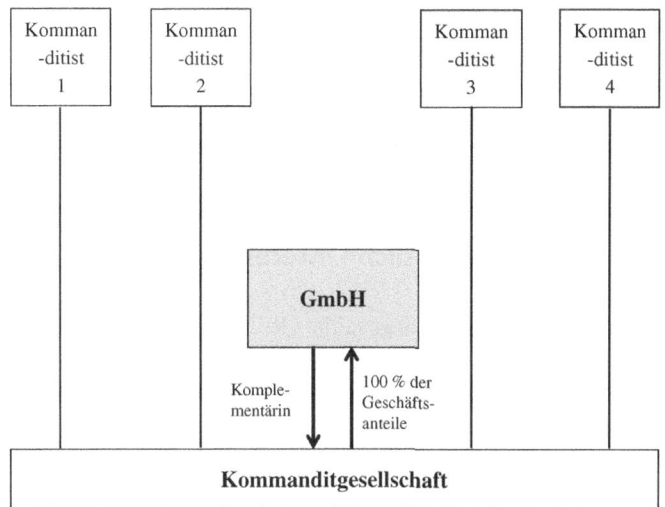

Abb. 5.10   „Einheits-GmbH & Co. KG"

Will ein Kommanditist einer Einheits-GmbH & Co. KG seine Beteiligung veräußern, ist dazu bei dieser Struktur folglich nur die Veräußerung des Kommanditanteils erforderlich. Eine Beteiligung an der Komplementär-GmbH kann der Kommanditist dagegen schon deshalb nicht abtreten, weil der Kommanditist einer Einheits-GmbH & Co. KG nicht (direkt) als Gesellschafter an deren Komplementär-GmbH beteiligt ist. Damit unterliegt dieser Vorgang keiner Pflicht zur notariellen Beurkundung.

In einer Einheits-GmbH & Co. KG sind die Kommanditisten also nur mittelbar an der Komplementär-GmbH beteiligt, nämlich über das „Medium" der KG. Deshalb führt die Abtretung einer Kommanditbeteiligung an einer Einheits-GmbH & Co. KG stets „automatisch" auch zu einer mittelbaren Beteiligung des Erwerbers an der Komplementär-GmbH. Eine Notwendigkeit, diesen Vorgang notariell zu beurkunden, ist damit jedoch nicht verbunden. Deshalb entfallen die mit einer notariellen Beurkundung verbundenen Transaktionskosten.

Klarzustellen ist jedoch, dass auch eine Einheits-GmbH & Co. KG keine eigene oder „besondere" Rechtsform ist. Auch eine Einheits-GmbH & Co. KG ist und bleibt eine KG, deren geschäftsführende, vertretungsberechtigte und persönlich haftende Gesellschafterin eine GmbH ist. Einzige „Besonderheit" an diesem Konstrukt ist, dass die KG gesellschaftsrechtlich an dieser GmbH beteiligt ist.

Die Komplementärin einer solchen Konstruktion muss keine GmbH sein. Auch eine UG, eine AG oder eine nach ausländischem Recht errichtete Körperschaft kann Komplementärin einer KG sein. Allerdings muss z. B. eine AG & Co. KG nicht als „Einheits-AG & Co. KG" strukturiert werden, um im Fall einer Beteiligungsveräußerung Transaktionskosten zu sparen. Denn die Übertragung von Aktien erfordert ohnehin keine notarielle Beurkundung. Deshalb können AG & Co. KG auch als beteiligungsidentische AG &

Co. KG oder mit anderen Beteiligungsverhältnissen an der Komplementär-AG und der KG strukturiert werden, ohne dass dies im Fall einer Veräußerung zu unnötigen Transaktionskosten führt. Anders ist dies jedoch im Fall einer UG & Co. KG. Denn die aus § 15 Abs. 3 und 4 folgenden Beurkundungspflichten gelten auch für die Veräußerung von Geschäftsanteilen an UG.

5.16   Europäische wirtschaftliche Interessenvereinigung (EWIV)

Bevor der bis zu diesem Punkt angestellte Rechtsformvergleich zusammengefasst abgeschlossen wird, erfolgt in aller Kürze noch ein Blick auf den Personengesellschaftstyp Europäische wirtschaftliche Interessenvereinigung (EWIV). Primäre rechtliche Grundlage für die Gründung einer EWIV ist die EWIV-VO.[207]

Nach Art. 4 Abs. 2 EWIV-VO muss eine EWIV mindestens zwei Gesellschafter haben, deren Hauptaktivitäten in verschiedenen Mitgliedsstaaten der EU liegen. Nach Art. 3 Abs. 1 EWIV-VO darf eine EWIV nicht von bisher nicht-unternehmerisch tätigen Personen mit dem Zweck gegründet werden, gemeinsam ein Unternehmen zu betreiben. Die Tätigkeit einer EWIV darf nur eine Hilfstätigkeit zur wirtschaftlichen Tätigkeit ihrer Gesellschafter bilden.

Damit scheidet die Gründung einer EWIV in den im Rahmen dieses Werks betrachteten Konstellationen – mehrere Gründer, die in Deutschland ein Unternehmen mit technikbasierten Geschäftsmodell aufbauen wollen – von vornherein aus. Eine weitere Darstellung der EWIV erübrigt sich damit. Nach zusammenfassender Betrachtung sämtlicher vom deutschen Recht für den Betrieb von Unternehmen bereitgestellten Gesellschaftstypen kann daher folgendes festgehalten werden:

5.17   Zwischenergebnis

Gesellschaften werden zum Betrieb von Unternehmen gegründet, weil auf diese Weise eine haftungsrechtliche Abschirmwirkung erreicht werden kann und liquiditätsschonende Ressourcenbeschaffung möglich wird. Abhängig von der konkreten Struktur kann zudem die Gesamtsteuerbelastung von Gesellschaft und Gesellschaftern minimiert werden.

Die Frage, wie die Gesamtsteuerbelastung von Gründern und einer zum Start-up-Betrieb gegründeten Gesellschaft minimal gehalten werden kann, wird im Rahmen dieses Werks nicht weiter betrachtet. Diese Frage hängt von einer Vielzahl individueller Faktoren ab. Neben der Rechtsform der gegründeten Gesellschaft sind u. a. die Höhe

---

[207]Konkret: Verordnung (EWG) Nr. 2137/85 des RATES vom 25.07.1985 über die Schaffung einer Europäischen Wirtschaftlichen Interessenvereinigung (EWIV).

erwirtschafteter Gewinne und Verluste und der Umfang und die Zeitpunkte etwaiger Ausschüttungen maßgeblich. Zudem spielen anderweitige Einkunftsquellen der Gesellschafter sowie deren Rechtsform(en) und (Wohn-)Sitze eine Rolle. Deshalb wurden vorstehend lediglich einige wesentliche Grundprinzipien der erläutert, nach denen die Gewinnbesteuerung von Gesellschaften in Deutschland erfolgt. Denn diese sollten bei der Planung einer Unternehmung als mit entsprechenden Liquiditätsabflüssen verbundene Aufwendungen einkalkuliert werden.

Insoweit wurde dargestellt, dass ein erheblicher struktureller Unterschied in der Gewinnbesteuerung von Personengesellschaften einerseits und Körperschaften andererseits besteht. Personengesellschaften sind für Zwecke der Einkommen- und Körperschaftsteuer transparent. „Transparenz" in diesem Sinn bedeutet: Die Einkommen- oder – je nach Rechtsform der Gesellschafter – Körperschaftbesteuerung setzt bei den Gesellschaftern an. Dagegen sind Körperschaften wie z. B. AG und GmbH als solche selbst Schuldner der Körperschaftsteuer, die auf erzielte Gewinne anfällt. Werden die (nach Abzug der Steuern) verbleibenden Jahresüberschüsse an die Gesellschafter ausgeschüttet, kommt es bei diesen zu einer (erneuten) Besteuerung, wobei verschiedene Ermäßigungstatbestände eingreifen. Eine grundsätzliche Aussage dahingehend, dass die Wahl einer bestimmten Rechtsform zum Betrieb eines Startups stets zu einer geringeren Gesamtsteuerbelastung von Gesellschaftern und Gesellschaft führt als die Wahl einer anderen Rechtsform, ist jedoch nicht möglich. Denn die Gesamtsteuerbelastung hängt von einer Reihe konstellationsindividueller Faktoren ab.

Dagegen kann eine klare Aussage darüber getroffen werden, durch Wahl welcher Rechtsformtypen eine haftungsrechtliche Abschirmwirkung zugunsten der Gesellschafter erreicht werden kann und durch welche nicht: Eine vollständige haftungsrechtliche Abschirmwirkung kann durch die Gründung von Körperschaften erzielt werden, nicht jedoch durch die Gründung von Personengesellschaften. Die Gründung von Personengesellschaften zur Realisierung riskanter Geschäftsmodelle sollte daher im Grundsatz vermieden werden. Zumindest sollte der Einsatz von Personengesellschaften auf die Nutzung von GmbH/UG & Co. KG-Strukturen beschränkt werden, wenn z. B. zur Minimierung der Gesamtsteuerbelastung unbedingt eine Personengesellschaft gegründet werden soll.

Unter den Körperschaften sticht die GmbH hervor. Diese ist weitgehend einheitlich in einem Gesetz – dem GmbHG – kodifiziert und auf den Betrieb eines Unternehmens zugeschnitten. Dies gilt zwar auch für die AG. Allerdings besteht bei Gestaltung der Satzung einer AG im Vergleich zur Gestaltung des Gesellschaftsvertrags einer GmbH ein erheblich geringeres Maß an Vertragsfreiheit. Zudem ist der Betrieb einer AG zumindest tendenziell mit höheren Rechtsformkosten verbunden als der Betrieb einer GmbH, z. B. infolge der Notwendigkeit, einen Aufsichtsrat zu bilden und mit mindestens drei Personen zu besetzen.[208]

---

[208]Bei einer GmbH kann, muss jedoch kein Aufsichtsrat gebildet werden. Zudem kann ein freiwillig (fakultativ) gebildeter Aufsichts- oder Beirat auch mit weniger als drei Personen besetzt werden. Zwingend ist die Bildung eines Aufsichtsrats bei einer GmbH erst ab Erfüllung der Voraussetzungen für die Anwendbarkeit des DrittelbG (mehr als 500 Arbeitnehmer).

Damit ist die GmbH bzw., falls die Gründer das erforderliche Mindeststammkapital nicht aufbringen können, die UG, der Favorit bei der Wahl eines Start-up-Vehikels.

Auch bei GmbH ist – wie bei den übrigen Rechtsformtypen allerdings auch – die Beschaffung unternehmenserforderlicher Ressourcen gegen Überlassung einer gesellschaftsrechtlichen Beteiligung möglich, also ohne Liquiditätsbelastung. Die mit der Übernahme eines neu geschaffenen Geschäftsanteils an einer GmbH verbundene Pflicht des Gesellschafters zur Aufbringung von Kapital kann nicht nur durch Geldeinlagen erfüllt werden, sondern auch durch Sacheinlagen.[209] Gegenstand solcher Sacheinlagen können nicht nur „Sachen" in dem in § 90 BGB definierten Sinn sein, also nicht nur „*körperliche Gegenstände.*"[210] Auch unkörperliche Gegenstände können Gegenstand einer Sacheinlage sein. Solche Immaterialgüter sind z. B. Erfindungen oder sonstiges Know-how. Für die Umsetzung technikbasierter Geschäftsmodelle sind Immaterialgüter von erheblicher Bedeutung. Deshalb werden im nächsten Kapitel die Möglichkeiten betrachtet, Immaterialgüter zu nutzen und zu schützen.

Literatur

Binz, Mark / Rosenbauer, Iris, Beurkundungspflicht bei der Veräußerung von Anteilen an einer GmbH & Co. KG?, NZG 2015, S. 1136 ff., zit.: *Binz/Rosenbauer*, NZG 2015, S.

Birnbaum, Mathias / Escher, Jens, inkongruente Gewinnverteilung bei Kapital- und Personengesellschaften, DStR 2014, S. 1412 ff, zit.: *Birnbaum/Escher*, DStR 2014, S.

von Bonin, Anna, die Einheits-GmbH & Co. KG in der notariellen Praxis, RNotZ 2017, S. 1 ff, zit.: *von Bonin*, RNotZ 2017, S.

Engelhardt, Clemens, Gesellschaftsrecht, 2018, zit.: *Engelhardt*, Gesellschaftsrecht, S.

Hopt, Klaus / Kumpan, Christoph / Merkt, Hanno / Roth, Markus, Baumbach/Hopt, Handelsgesetzbuch, 38. Auflage 2018, zit.: *Bearbeiter in Baumbach/Hopt*, Handelsgesetzbuch, 38. Auflage 2018 §, Rdnr.

Metzing, Alexander, Folgen des Erlöschens organschaftlicher Vertretungsmacht, NJW 2017, S. 3194 ff, zit.: Metzing, NJW 2017, S.

Stenzel, Roman, Grundlagen von Managementbeteiligungen an AG und GmbH, DStR 2018, S. 82 ff sowie S. 139 ff, zit.: *Stenzel*, DStR 2018, S.

---

[209]Voraussetzung ist allerdings, dass im Rahmen des Gründungsakts im Gesellschaftsvertrag (§ 5 Abs. 4 GmbHG) oder im Rahmen eines späteren Kapitalerhöhungsbeschlusses (§ 56 GmbHG) die Leistung einer Sacheinlage festgesetzt wird.

[210]Wortlaut von § 90 BGB.

Immaterialgüternutzung und -schutz

6

Zusammenfassung

Immaterialgüter können nicht nur zur Kapitalaufbringung dienen, sondern auch entscheidende Produktionsfaktoren sein und Wettbewerbsvorteile begründen. Dies gilt namentlich für Unternehmen mit technikbasierten Geschäftsmodellen. Gegenstand dieses Kapitels ist die Nutzung und Monopolisierung essenzieller Immaterialgüter.

6.1 Einführung

Deutschland im Jahr 2018, kurz vor Heiligabend: Als das Weihnachtsgeschäft seinen Höhenpunkt erreichte, musste Apple den Verkauf mehrerer iPhone-Modelle einstellen. Denn der Halbleiter-Hersteller Qualcomm hatte ein Urteil des LG München erstritten, durch welches Apple u. a. das Anbieten und Inverkehrbringen der iPhone-Modelle 7 und 8 in Deutschland untersagt wurde. Begründet wurde das Urteil damit, dass in den betreffenden iPhone-Modellen Chips mit einer Technologie genutzt werden, für die Qualcomm ein Patent, Apple jedoch keine Lizenz habe.[1]

Technik kann ein unternehmerischer Erfolgsfaktor sein. Und der Rechtsstreit zwischen Qualcomm und Apple belegt – unabhängig vom Ausgang etwaiger Rechtmittelverfahren – dabei: Es reicht nicht, eine Technik zu kennen, zu beherrschen und anwenden zu können. Nur wer sie auch nutzen darf, kann auf den entsprechenden Märken agieren. Wer der einzige ist, der die Technik nutzen darf, hat einen Wettbewerbsvorteil. Den

---

[1] LG München I, Urteil vom 20.12.2018 (Az. 7 O 10495/17 und 7 O 10496/17).

© Springer Fachmedien Wiesbaden GmbH, ein Teil von Springer Nature 2020   245
N. Schädel, *Wirtschaftsrecht für Hightech-Start-ups*,
https://doi.org/10.1007/978-3-658-27033-9_6

vielbeworbenen „*Vorsprung durch Technik*"[2] hat Audi nur, wenn und solange andere Automobilhersteller nicht dieselbe Technik nutzen (dürfen).

Die parallele Nutzung ein und derselben Technologie durch mehrere Marktteilnehmer ist in dem Sinn unproblematisch möglich, dass die Nutzung durch einen Marktteilnehmer andere Marktteilnehmer nicht physisch von der Nutzung ausschließt. Zum Vergleich: Ein und dieselbe Maschine kann kapazitätsbedingt nicht gleichzeitig von unbeschränkt vielen Unternehmen genutzt werden. Und ein und dasselbe Betriebsgrundstück kann raumbedingt nicht gleichzeitig die Produktionsstätten unbeschränkt vieler Unternehmen beheimaten. Denn als körperliche Gegenstände haben Maschinen ebenso wie Immobilien räumlich-physische Grenzen, die ihre Nutzbarkeit für materielle Zwecke beschränken. Solchen Beschränkungen unterliegt die Nutzung einer Technologie – im Sinn eines abstrakten Verständnisses von naturgesetzlichen Zusammenhängen und deren planmäßigem Einsatz – dagegen nicht. Wer eine Technologie kennt, kann sie nutzen, ohne andere von der Nutzung auszuschließen. Technologien sind daher „non-rivale" Wirtschaftsgüter. Dies gilt nicht nur für Technologien, sondern auch für andere Immaterialgüter, z. B. für

- Geschäftsmodelle,
- Software,
- Sprachwerke,
- Melodien und Klänge,
- bewegte und unbewegte Bilder,
- mehrdimensionale Erscheinungsformen von Materie (Designs),
- Know-how und
- Daten.

Wer Zugang zu solchen Immaterialgütern hat, kann sie nicht nur selbst nutzen, sondern auch anderen zugänglich machen. Daten, Wissen und Abbildungen können ohne nennenswerten Aufwand beliebig oft kopiert werden. Damit kommt das Recht ins Spiel. Denn wenn Güter physisch unbeschränkt verfügbar sind, unterliegt deren Zuordnung und Verteilung allenfalls rechtlichen Grenzen. Deshalb kommt diesen rechtlichen Grenzen im Bereich der Immaterialgüternutzung eine maßgebliche Bedeutung zu. Sieht das Geschäftsmodell eines Unternehmens die Nutzung von Immaterialgütern vor, ist die Kenntnis dieser Grenzen folglich unumgänglich, da die Umsetzung des Geschäftsmodells anderenfalls nicht verlässlich geplant kann.

Nachfolgend werden daher die Regeln betrachtet, die für die Zuordnung und Nutzung von Immaterialgütern in Deutschland gelten. Dazu werden zunächst einige wichtige Grundsätze und eine Herangehensweise[3] dargestellt, um ein Immaterialgüternutzungs-

---

[2]Dieser Werbeslogan der Audi AG bringt nicht nur die Bedeutung von Immaterialgütern für Unternehmen zum Ausdruck, sondern wurde als Gegenstand eines markenrechtlichen Grundsatzurteils des EuGH (EuGH, Urteil vom 21.01.2010, Az. C-398/08 P) auch als solcher Teil der „Immaterialgüterrechtsgeschichte".

[3]Dazu z. B. auch Mittelstadt, IP-Management, S. 19 ff.

und -schutzkonzept für ein Unternehmen zu entwickeln. Anschließend werden zentrale gesetzliche Bestimmungen dargestellt, die für unterschiedliche Arten von Immaterialgütern gelten, deren Nutzung und Monopolisierung für Unternehmen mit technikbasierten Geschäftsmodellen wirtschaftlich besonders wichtig sind.

6.2   Relevante Grundsätze

Freies Unternehmertum bedeutet nicht nur Gewerbe-, sondern auch Nachahmungsfreiheit und ungehinderte Informationsflüsse. Deshalb gelten zumindest in Deutschland zunächst folgende drei Grundsätze:

- Grundsätzlich darf jeder Marktteilnehmer jeden anderen Marktteilnehmer kopieren.
- Jeder Marktteilnehmer darf grundsätzlich jede Information nutzen.
- Jeder Marktteilnehmer darf grundsätzlich jede Information an jeden anderen Marktteilnehmer weitergeben.

Diese Grundsätze gelten jedoch nicht uneingeschränkt, sondern nur, wenn und soweit Marktteilnehmern

- die Nachahmung anderer Marktteilnehmer,
- die Nutzung bestimmter Information oder
- die Weitergabe bestimmter Informationen

nicht ausnahmsweise gesetzlich oder vertraglich untersagt ist. Deshalb sind Gesetze und Verträge die zentralen Medien der Immaterialgüternutzung und -monopolisierung. Das macht eine Befassung mit den gesetzlichen und vertraglichen Möglichkeiten der Immaterialgüternutzung und -monopolisierung für Hightech-Start-ups erfolgskritisch. Dabei liegt die nachfolgend beschriebene Herangehensweise nahe, um sicherzustellen, dass die zur Umsetzung eines Geschäftsmodells erforderlichen Immaterialgüter genutzt, geschützt und, wenn möglich, monopolisiert werden können.

6.3   Herangehensweise

6.3.1   Schritte

Die Entwicklung eines Immaterialgüternutzungs- und -schutzkonzepts für ein Unternehmen setzt zumindest drei Schritte voraus. Zunächst ist zu ermitteln, welche Immaterialgüter zur Umsetzung des Geschäftsmodells benötigt werden. Sind die erforderlichen Immaterialgüter identifiziert, ist zu klären, welche Voraussetzungen erfüllt werden müssen, damit das Unternehmen die betreffenden Immaterialgüter auf allen räumlichen Märkten nutzen darf, auf denen das Geschäftsmodell umgesetzt werden soll. Im dritten Schritt müssen diese Voraussetzungen dann geschaffen werden.

6.3.2   Identifikation

Am Beginn der Entwicklung eines Immaterialgüternutzungs- und schutzkonzepts für ein Unternehmen steht die Frage, welche Immaterialgüter für den Wertschöpfungsprozess erforderlich sind. Für Unternehmen mit technikbasierten Geschäftsmodellen kommen insbesondere in Betracht

- erzeugnis- und verfahrensbezogene Technologien,
- Software,
- Texte, z. B. in Form von Anleitungen, als Ergebnis der unternehmerischen Wertschöpfung in Form von Übersetzungen, Berichten oder Belletristik oder als Werbeslogans,
- sonstige Daten und Informationen von bzw. über Lieferanten, Kunden oder Dritte,
- die Gestaltung der Außendarstellung und/oder von Erzeugnissen oder sonstigen Leistungen des Unternehmens und, ganz grundsätzlich,
- das Geschäftsmodell als solches.

6.3.3   Ermittlung der Nutzungs- und Monopolisierungsvoraussetzungen

Sind die erforderlichen Immaterialgüter identifiziert, ist im nächsten Schritt zu klären, ob und gegebenenfalls welche Möglichkeiten bestehen, diese für das Unternehmen zu nutzbar zu machen und im besten Fall sogar zu monopolisieren. Dabei ist gedanklich wie folgt abzuschichten.

6.3.3.1 Bereits vorhandene Immaterialgüter
6.3.3.1.1 Grundsätzliche Fragestellungen
Sollen bereits vorhandene Immaterialgüter genutzt werden, stellt sich folgende Frage: Besteht eine freie Nutzungsmöglichkeit in dem Sinn, dass das Immaterialgut ohne das Risiko genutzt werden kann, dass ein Dritter die Nutzung untersagt?

Lautet die Antwort auf diese Frage „ja", kann das betreffende Immaterialgut ohne weiteres genutzt werden. Führt die Beantwortung der Frage dagegen zu dem Ergebnis, dass das erforderliche Immaterialgut nicht frei nutzbar ist, schließen sich folgende Frage an:

Ist das Immaterialgut rechtlich einem anderen Marktteilnehmer in der Weise zugeordnet ist, dass dieser die Nutzung untersagen kann? Und:

Besteht gegebenenfalls die Möglichkeit, vom Inhaber des „Nutzungsmonopols" die Befugnis zu erhalten, das Immaterialgut zu nutzen?

6.3.3.1.2 Erwerb von Nutzungsberechtigungen

Der Erwerb einer Nutzungsberechtigung an einem Immaterialgut ist grundsätzlich auf zwei Wegen denkbar. Zum einen kommt in Betracht, das Nutzungsmonopol als Ganzes zu erwerben. Z. B. kann das Nutzungsmonopol dem bisherigen Inhaber abgekauft und von diesem dann auf den Käufer übertragen werden, wenn dies rechtlich zulässig und der bisherige Inhaber veräußerungswillig ist.

Zum anderen kommt in Betracht, mit dem Inhaber des Nutzungsmonopols vertraglich zu vereinbaren, dass dieser z. B. gegen Leistung einer Geldzahlung davon absieht, von der Möglichkeit Gebrauch zu machen, die Nutzung zu verbieten. Solche Vereinbarungen werden „Lizenzverträge" genannt. Durch einen Lizenzvertrag wird einer Vertragspartei, dem „Lizenznehmer", die Nutzung eines bestimmten Immaterialguts gestattet[4]. Dazu verzichtet die andere Vertragspartei, der „Lizenzgeber", darauf, ein ihr nach der Rechtsordnung zustehendes Verbietungsrecht geltend zu machen.

Wird dem Lizenznehmer die Nutzungsmöglichkeit nicht unentgeltlich gestattet, sondern für eine Gegenleistung, z. B. in Form einer Lizenzgebühr, weist ein Lizenzvertrag erhebliche strukturelle Ähnlichkeit mit einem Mietvertrag auf. Gegenstand eines Mietvertrags ist die entgeltliche Überlassung einer Sache zur Nutzung vom Vermieter an den Mieter für einen bestimmten Zeitraum.[5] Auch dem Mieter wird kein Eigentum an der Mietsache übertragen, sondern lediglich eine Nutzungsmöglichkeit eingeräumt. Verglichen damit ist ein Lizenzvertrag nichts anderes als ein Mietvertrag über einen unkörperlichen Gegenstand. In Anbetracht der Non-Rivalität immaterieller Gegenstände ist im Rahmen eines Lizenzvertrags allerdings die Frage ungleich drängender zu klären, ob die Nutzungsberechtigung des Lizenznehmers eine ausschließliche oder nur eine nicht-ausschließliche sein soll.

6.3.3.2 Noch nicht vorhandene Immaterialgüter

Möglich ist auch, dass die zur Umsetzung eines Geschäftsmodells erforderlichen Immaterialgüter noch nicht vorhanden sind, sondern erst noch kreiert werden müssen. Dies ist z. B. dann der Fall, wenn eine erforderliche Software erst noch programmiert, ein Design oder ein Logo noch entworfen oder erforderliche Daten erst noch erhoben werden müssen. Soweit erforderliche Immaterialgüter noch nicht vorhanden sind, stellen sich rechtlich betrachtet in erster Linie folgende Fragen:

- Ist die „Herstellung" des erforderlichen Immaterialguts erlaubt oder kann diese von staatlichen Institutionen oder anderen Marktteilnehmern unterbunden werden? Falls die Herstellung erlaubt ist, stellt sich folgende Frage insbesondere im Hinblick

---

[4]In bestimmten Ausnahmefällen kann der Abschluss eines Lizenzvertrags auch erzwungen werden. Z. B. kann der Inhaber eines Patents unter den in § 24 PatG geregelten Voraussetzungen zum Abschluss einer „Zwangslizenz" verpflichtet sein.

[5]Vgl. § 535 BGB.

darauf, ob die (erlaubte) Herstellung des betreffenden Immaterialguts lohnenswert erscheint:

- Besteht gegebenenfalls die Möglichkeit, das betreffende Immaterialgut nach Herstellung zu nutzen und, im Idealfall, sogar ein „Nutzungsmonopol" daran zu erwerben? Kann auch diese Fragen mit „ja" beantwortet werden, sind im Hinblick auf etwaige Voraussetzungen für den Erwerb eines solchen Nutzungs- oder „Monopolrechts" noch folgende Anschlussfragen zu klären:
- Hängt der Erwerb des Nutzungsmonopols an dem zu schaffenden Immaterialgut von besonderen gesetzlichen Voraussetzungen ab, und falls ja, von welchen? Und, in diesem Zusammenhang:
- Wird der Erwerb eines Nutzungsmonopols an einem Immaterialgut dadurch beeinträchtigt oder kann dieser dadurch beeinträchtigt werden, dass an der Schaffung des Immaterialguts mehrere Personen mitwirken, z. B. auch Arbeitnehmer des Unternehmens?

6.3.4   Umsetzung

Die Realisierung eines Immaterialgüternutzungs- und Schutzkonzepts für ein Unternehmen setzt die Beantwortung der vorstehend aufgeworfenen Fragen in Bezug auf ein konkretes Geschäftsmodell voraus. Dies erfordert eine Befassung mit dem einschlägigen Immaterialgüterrecht. Im deutschen Recht unterliegen unterschiedliche Immaterialgüterarten unterschiedlichen gesetzlichen Bestimmungen. Diese werden daher nachstehend bezogen auf diejenigen Immaterialgüter im Einzelnen betrachtet, die für Unternehmen mit technikbasierten Geschäftsmodellen wirtschaftlich besonders bedeutend sind. Die Betrachtung beginnt daher mit der Nutzung von Technik.

6.4   Technik

6.4.1   Einführung

6.4.1.1 Wichtige Begriffe

Bevor dargestellt wird, unter welchen Voraussetzungen Technik in Deutschland genutzt werden darf und monopolisiert werden kann, muss eine wichtige Begrifflichkeit geklärt werden. Denn im Zusammenhang mit der Nutzung von Technologien divergieren die umgangssprachliche und die gesetzliche Terminologie teilweise erheblich.

Im Zentrum der Möglichkeiten, Rechte an Technologien zu erwerben, steht der im Patentgesetz (PatG) genutzte, dort aber nicht näher definierte Begriff „Erfindung". In der behördlichen und gerichtlichen Praxis wird der Begriff „Erfindung" verstanden als eine Anweisung oder Lehre, *„mit bestimmten technischen Mitteln zur Lösung einer* *technischen Aufgabe ein technisches Ergebnis zu erzielen"*[6]. Erfindungen im Sinn des nachstehend näher betrachteten Patentrechts sind folglich (nur) konkret anwendbare Erkenntnisse auf dem Gebiet der Technik.[7]

In Deutschland gilt (auch) in Bezug auf in diesem Sinn verstandene Erfindungen der bereits vorstehend dargestellte Grundsatz: Jeder Marktteilnehmer darf sämtliche technischen Erkenntnisse in oder zur Herstellung von Erzeugnissen nutzen, soweit nicht ausnahmsweise einem Marktteilnehmer ein Nutzungsmonopol an einer konkreten Erfindung zugeordnet ist. Damit ist ein Recht gemeint, das dem Inhaber eine alleinige Nutzungsmöglichkeit zuordnet und diesen dazu befugt, andere Marktteilnehmer von der Nutzung der Erfindung auszuschließen. Für das Gebiet der Bundesrepublik Deutschland kann eine solche ausschließliche Zuordnung einer Erfindung durch Patente, Europäische Patente („EP"), ergänzende Schutzzertifikate und Gebrauchsmuster erfolgen.

Mit „Patent" ist ein auf Grundlage des PatG erteiltes Patent gemeint. Ein Europäisches Patent (EP) ist ein auf Grundlage des Europäischen Patentübereinkommens[8] (EPÜ) zumindest auch für das Gebiet der Bundesrepublik Deutschland erteiltes Patent.[9] Patente und Europäische Patente haben eine Laufzeit von 20 Jahren.[10]

„Ergänzende Schutzzertifikate" sind Rechte, durch die für bestimmte, durch ein Patent geschützte Erfindungen nach Ablauf dieser 20 Jahre noch eine Verlängerung dieses Schutzzeitraums erlangt werden kann.[11] Für diesen ergänzenden Schutz gelten die für die im Rahmen dieses Werks erfolgende Betrachtung wesentlichen Bestimmungen über Patente entsprechend.[12] Deshalb werden ergänzende Schutzzertifikate im Folgenden nicht weiter betrachtet, sondern allenfalls am Rand miterwähnt.

Gebrauchsmuster sind ähnliche Ausschließlichkeitsrechte wie Patente, jedoch mit engerem Anwendungsbereich.[13] Die Laufzeit von Gebrauchsmustern beträgt nur 10 Jahre ab dem Anmeldetag.[14]

---

[6]So z. B. BGH, Beschluss vom 21.03.1958 (Az. I ZR 160/57), GRUR 1958, S. 602.

[7]Vgl. dazu BGH, Beschluss vom 21.03.1958 (Az. I ZR 160/57), GRUR 1958, S. 602.

[8]Übereinkommen über die Erteilung europäischer Patente.

[9]Europäische Patente, die auf Grundlage des EPÜ erteilt werden, dürfen nicht mit sogenannten „Gemeinschaftspatenten" verwechselt werden. „Gemeinschaftspatente" können als dem Recht eines EU-Mitgliedsstaats unterliegende, einheitliche Patente innerhalb der EU erteilt werden, sobald die dafür bereits geschaffenen Rechtsgrundlagen anwendbar sind. Wesentliche Grundlagen für die Erteilung von Gemeinschaftspatenten werden – ab Anwendbarkeit – die EU-Verordnungen Nr. 1257/2012 und Nr. 1260/2012 sein.

[10]Ebenso EP, vgl. Art. 63 Abs. 1 EPÜ.

[11]Zu den Einzelheiten vgl. § 16a PatG sowie Art. 63 Abs. 2 EPÜ.

[12]Dies folgt aus § 16a Abs. 2 PatG.

[13]Gebrauchsmuster können z. B. nicht erteilt werden für biotechnologische Erfindungen (§ 1 Abs. 2 Nr. 5 GebrMG) oder Verfahren (§ 2 Nr. 3 GebrMG), während die Erteilung von Patenten auch für biotechnologische Erfindungen und Verfahrenserfindungen möglich ist.

[14]Dies folgt aus § 23 Abs. 1 GebrMG.

6.4.1.2 Wirkung

Wer in Bezug auf eine bestimmte Erfindung Inhaber eines Patents ist, kann grundsätzlich jedem anderen Marktteilnehmer verbieten, „*ohne seine Zustimmung*

1. *ein Erzeugnis, das Gegenstand des Patents ist, herzustellen, anzubieten, in Verkehr zu bringen oder zu gebrauchen oder zu den genannten Zwecken entweder einzuführen oder zu besitzen;*
2. *ein Verfahren, das Gegenstand des Patents ist, anzuwenden oder, wenn der Dritte weiß oder es auf Grund der Umstände offensichtlich ist, dass die Anwendung des Verfahrens ohne Zustimmung des Patentinhabers verboten ist, zur Anwendung im Geltungsbereich dieses Gesetzes anzubieten;*
3. *das durch ein Verfahren, das Gegenstand des Patents ist, unmittelbar hergestellte Erzeugnis anzubieten, in Verkehr zu bringen oder zu gebrauchen oder zu den genannten Zwecken entweder einzuführen oder zu besitzen.*“[15]

Diese Möglichkeit, andere Marktteilnehmer von der Nutzung der patentierten Erfindung auszuschließen, hat auch der Inhaber eines für das Gebiet der Bundesrepublik Deutschland erteilten EP.[16] Entsprechende Verbietungsmöglichkeiten haben auch die Inhaber ergänzender Schutzzertifikate[17] und von Gebrauchsmustern. Durch Patente können sowohl erzeugnis- als auch verfahrensbezogene Erfindungen geschützt werden.[18] Gegenstand eines Gebrauchsmusters können dagegen nur erzeugnisbezogene Erfindungen sein.[19]

Die Inhaber von Patenten oder Gebrauchsmustern können auch nur „mittelbare" Verletzungen dieser Ausschließlichkeitsrechte untersagen. Beispielsweise ist es anderen Marktteilnehmern nach § 10 PatG auch verboten, ohne Zustimmung des Patentinhabers in der Bundesrepublik Deutschland „*anderen als zur Benutzung der patentierten Erfindung berechtigten Personen Mittel, die sich auf ein wesentliches Element der Erfindung beziehen, zur Benutzung der Erfindung ... anzubieten oder zu liefern,*" wenn

---

[15]Wortlaut von § 9 PatG.

[16]Dies folgt aus Art. 64 Abs. 1 EPÜ: „*Das europäische Patent gewährt seinem Inhaber ab dem Tag der Bekanntmachung des Hinweises auf seine Erteilung im Europäischen Patentblatt in jedem Vertragsstaat, für den es erteilt ist, vorbehaltlich des Absatzes 2 dieselben Rechte, die ihm ein in diesem Staat erteiltes, nationales Patent gewähren würde.*"

[17]Dies folgt daraus, dass in § 16a Abs. 2 PatG auf § 9 PatG Bezug genommen wird.

[18]Dies folgt aus § 1 Abs. 2 PatG.

[19]Dies folgt aus § 2 Nr. 3 GebrMG. Deshalb ist die Wirkung eines Gebrauchsmusters grundsätzlich darauf beschränkt, dass allein dessen „*Inhaber befugt ist, den Gegenstand des Gebrauchsmusters zu benutzen. Jedem Dritten ist es verboten, ohne seine Zustimmung ein Erzeugnis, das Gegenstand des Gebrauchsmusters ist, herzustellen, anzubieten, in Verkehr zu bringen, oder zu gebrauchen oder zu den genannten Zwecken entweder einzuführen oder zu besitzen.*" (Wortlaut von § 11 Abs. 1 GebrMG).

der betreffende Marktteilnehmer *„weiß oder es aufgrund der Umstände offensichtlich ist, dass diese Mittel dazu geeignet und bestimmt sind, für die Benutzung der Erfindung verwendet zu werden."*[20]

Von diesen Verbietungsmöglichkeiten der jeweiligen Schutzrechtsinhaber, also der Inhaber von Patenten, ergänzenden Schutzzertifikaten oder Gebrauchsmustern, sind nur wenige Ausnahmen vorgesehen.[21] *„Handlungen, die im privaten Bereich zu nicht gewerblichen Zwecken vorgenommen werden"*[22] können von den Schutzrechtsinhabern z. B. ebenso wenig untersagt werden, wie *„Handlungen zu Versuchszwecken"*[23]. Über diese gesetzlich geregelten Ausnahmen hinaus gilt jedoch:

Wer zum Betrieb eines gewerblichen Unternehmens eine Erfindung nutzen will, sollte prüfen, ob die betreffende Erfindung Gegenstand eines für die Bundesrepublik Deutschland erteilten Patents oder Gebrauchsmusters ist. Wenn dies nicht der Fall oder ein in der Vergangenheit bereits erteiltes Patent oder Gebrauchsmuster bereits abgelaufen ist, kann die Erfindung frei genutzt werden. Besteht dagegen ein für das Gebiet der Bundesrepublik Deutschland erteiltes Schutzrecht für die Erfindung, bestehen folgende drei Möglichkeiten:

- Entweder wird das Geschäftsmodell dahingehend angepasst, dass die Nutzung der Erfindung nicht (mehr) erforderlich ist, oder
- es wird ein Recht zur Nutzung der Erfindung erworben oder
- die Erfindung wird ohne Nutzungsberechtigung verbunden mit der Inkaufnahme des Risikos genutzt, dass der Schutzrechtsinhaber darauf aufmerksam wird und die infolge der Schutzrechtsverletzungen bestehenden Ansprüche geltend macht.

Eine Anpassung des Geschäftsmodells ist zumindest rechtlich betrachtet unproblematisch und wird daher an dieser Stelle nicht weiter ausgeleuchtet. Die anderen beiden Möglichkeiten werden im Folgenden jedoch betrachtet.

6.4.2 Unbefugte Nutzung

Nutzt ein Unternehmen eine Erfindung, die Gegenstand eines Patents, ergänzenden Schutzzertifikats, EP oder Gebrauchsmusters eines anderen Marktteilnehmers ist, ohne dessen Zustimmung, verletzt das Unternehmen dessen Schutzrecht. Dies ist für den Verletzer mit

---

[20]Wortlaut von § 10 Abs. 1 PatG; die Reglung gilt über § 16a Abs. 2 PatG auch für ergänzende Schutzzertifikate. Zudem enthält § 11 Abs. 2 Satz 1 GebrMG eine weitgehend wortlautgleiche Bestimmung, allerdings verbunden mit der in § 11 Abs. 2 Satz 2 GebrMG enthaltenen Einschränkung.

[21]Diese Ausnahmen werden in den §§ 11 und 12 PatG geregelt, die über § 16a Abs. 2 PatG auch für ergänzende Schutzzertifikate gelten, sowie in § 12 GebrMG.

[22]Wortlaut von § 11 Nr. 1 PatG sowie von § 12 Nr. 1 GebrMG.

[23]Wortlaut von § 11 Nr. 2 PatG und § 12 Nr. 2 GebrMG.

einer Reihe weitreichender Non-Compliance-Risiken verbunden, die bereits in Kap. 2 von der Rechtsfolgenseite her betrachtet wurden. Der Schutzrechtsinhaber kann z. B. folgende Ansprüche gegen den Verletzer geltend machen:[24]

Unterlassung § 139 Abs. 1 PatG § 24 Abs. 1 GebrMG	Der Schutzrechtsinhaber kann von dem das Schutzrecht verletzenden Unternehmen zunächst verlangen, dass sämtliche Maßnahmen unterlassen werden, durch welche das Schutzrecht verletzt wird. Dies kann einen Produktions- und Verkaufsstopp beinhalten.
Vernichtung § 140a Abs. 1 und 2 PatG § 24a Abs. 1 GebrMG	Zudem kann der Inhaber des Schutzrechts verlangen, dass schutzrechtswidrig hergestellte Erzeugnisse vernichtet werden, die sich (noch) im Besitz des das Schutzrecht verletzenden Unternehmens befinden.
Rückruf § 140a Abs. 3 PatG § 24a Abs. 2 GebrMG	Soweit schutzrechtsverletzende Erzeugnisse bereits in den Verkehr gebracht wurden, kann der Schutzrechtsinhaber verlangen, dass diese zurückgerufen oder anderweitig endgültig aus den Vertriebswegen entfernt werden.
Auskunft § 140b PatG § 24b GebrMG	Daneben bestehen weitreichende Auskunftsansprüche gegen den Verletzer, u. a. auf Mitteilung der *„Namen und Anschrift der Hersteller, Lieferanten und anderer Vorbesitzer der Erzeugnisse oder der Nutzer der Dienstleistungen sowie der gewerblichen Abnehmer und Verkaufsstellen, für die sie bestimmt waren, und die Menge der hergestellten, ausgelieferten, erhaltenen oder bestellten Erzeugnisse sowie über die Preise, die für die betreffenden Erzeugnisse oder Dienstleistungen bezahlt wurden. "*[a]
Schadensersatz § 139 Abs. 2 PatG § 24 Abs. 2 GebrMG	Der Schutzrechtsinhaber kann zudem – auch auf Grundlage der erhaltenen Auskünfte – Schadensersatz vom Verletzer fordern. Der Schutzrechtsinhaber kann alternativ einen tatsächlich erlittenen Schaden geltend machen, die Herausgabe des „Verletzergewinns" fordern oder einen Betrag verlangen, *„den der Verletzer als angemessene Vergütung hätte entrichten müssen, wenn er die Erlaubnis zur Benutzung der Erfindung eingeholt hätte "*[b] (sogenannte „Lizenzanalogie").

[a]Wortlaut von § 140b Abs. 3 PatG, der über § 16a Abs. 2 PatG auch im Fall einer Verletzung eines ergänzenden Schutzzertifikats gilt. Im Fall der Verletzung eines Gebrauchsmusters gilt Entsprechendes nach § 24 b Abs. 3 GebrMG.
[b]Wortlaut von § 139 Abs. 2 Satz 2 PatG, der über § 16a Abs. 2 PatG auch im Fall einer Verletzung eines ergänzenden Schutzzertifikats gilt. Zudem enthält § 24 Abs. 2 Satz 2 GebrMG eine entsprechende Bestimmung.

---

[24]Die in der Übersicht genannten Bestimmungen des PatG gelten über § 16a Abs. 2 PatG auch für Verletzungen ergänzender Schutzzertifikate und über Art. 66 EPÜ für Verletzungen europäischer Patente.

Zwar setzt ein Schadensersatzanspruch des Schutzrechtsinhabers voraus, dass die Schutzrechtsverletzung vorsätzlich oder fahrlässig, also „schuldhaft"[25], erfolgte. Diese Voraussetzung mindert das mit einer Schutzrechtsverletzung verbundene Risiko des Verletzers jedoch nur geringfügig. Denn Unternehmer sind zu permanenter Überwachung der „*Schutzrechtslage*"[26] verpflichtet. Wer dies unterlässt, handelt fahrlässig. Dies gilt auch im Hinblick auf Erzeugnisse, die von Lieferanten bezogen werden. Deshalb sollte die Entwicklung einer Immaterialgüternutzungs- und -schutzstrategie nicht nur die permanente Überwachung der Schutzrechtslage beinhalten, sondern auch den Versuch, die mit Schutzrechtsverletzungen verbundenen Risiken zu vermeiden. Dies bedeutet: Wer zur Umsetzung eines Geschäftsmodells eine Erfindung nutzen will, die Gegenstand eines Patents, ergänzenden Schutzzertifikats oder Gebrauchsmusters eines anderen Marktteilnehmers ist, sollte in Betracht ziehen, von diesem eine Nutzungsbefugnis zu erwerben.

6.4.3   Erwerb einer Nutzungsbefugnis

Patente, EP, ergänzende Schutzzertifikate und Gebrauchsmuster können sowohl auf andere Marktteilnehmer übertragen werden als auch Gegenstand von Lizenzverträgen sein.[27] Deshalb werden beide Möglichkeiten im Folgenden näher betrachtet.

6.4.3.1 Erwerb des Nutzungsmonopols (Vollrechts) vom bisherigen Inhaber

6.4.3.1.1 Grundsätzliches
Die Übertragung eines Patents, EP, ergänzenden Schutzzertifikats oder Gebrauchsmusters vom bisherigen Inhaber auf einen Erwerber erfolgt durch Abtretung im Sinn von §§ 398, 413 BGB.[28] Denn Patente, ergänzende Schutzzertifikate und Gebrauchsmuster sind „andere Rechte" im Sinn von § 413 BGB.

Für die Abtretung von Patenten, ergänzenden Schutzzertifikaten und Gebrauchsmustern besteht kein Formzwang. Die Abtretung eines Patents, ergänzenden Schutzzertifikats oder Gebrauchsmusters kann auch mündlich wirksam erfolgen. Eine

---

[25]Vgl. § 276 BGB.

[26]BGH, Urteil vom 03.03.1977 (Az. X ZR 22/73), GRUR 1977, S. 598 ff. (601).

[27]Für Patente folgt dies aus § 15 Abs. 1 PatG. Für Gebrauchsmuster gilt Entsprechendes nach § 22 Abs. 1 Satz 2 GebrMG, für EP nach Art. 71 EPÜ.

[28]Dies folgt aus §§ 398, 413 BGB.

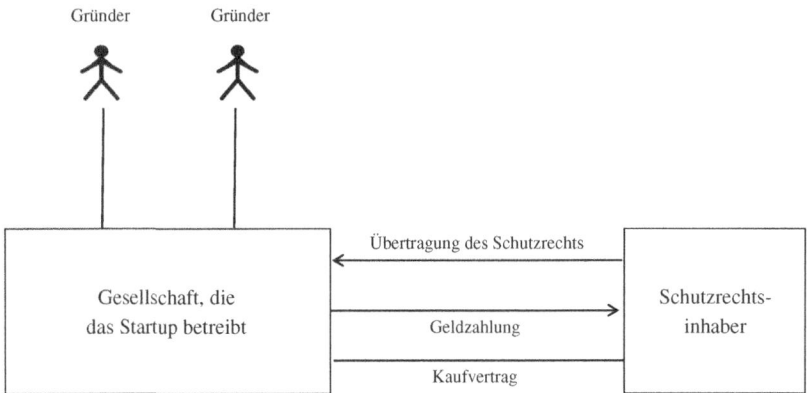

Abb. 6.1 Schutzrechtserwerb auf Grundlage eines Kaufvertrags

Dokumentation zu Beweiszwecken ist jedoch sinnvoll und entspricht kaufmännischer Sorgfalt.[29]

Um den bisherigen Schutzrechtsinhaber zu einer Abtretung zu bewegen, kommen für ein in Form einer Gesellschaft betriebenes Start-up im Wesentlichen zwei Möglichkeiten in Betracht: Ein Angebot, das Schutzrecht abzukaufen, oder ein „Tauschangebot" dahingehend, das Schutzrecht in das Unternehmen einzubringen und im Gegenzug an diesem beteiligt zu werden.

6.4.3.1.2 Abkauf des Schutzrechts – Erwerb auf schuldvertraglicher Grundlage

Zum einen kann der Unternehmensinhaber dem Schutzrechtsinhaber das Schutzrecht abkaufen. Der Abschluss eines Kaufvertrags über ein Patent, ergänzendes Schutzzertifikat oder Gebrauchsmuster führt dazu, dass der Verkäufer das Schutzrecht in Erfüllung seiner Verkäuferpflichten an den Käufer abtreten muss.[30] „Kauf" bedeutet jedoch auch eine Pflicht des Käufers zur Zahlung des vereinbarten Kaufpreises (Abb. 6.1).[31]

Ein Patenterwerb auf Grundlage eines Kaufvertrags ist folglich mit einem entsprechenden Liquiditätsabfluss verbunden. Steht dafür nicht genug Geld zur Verfügung,

---

[29]In diesem Zusammenhang ist darauf hinzuweisen, dass die Eintragung des Erwerbers als Inhaber des Patents in dem nach § 30 PatG vom DPMA geführten Register keine Wirksamkeitsvoraussetzung für die Übertragung des Patents ist; für EP vgl. jedoch Art. 72 EPÜ.

[30]Unterliegt der Kaufvertrag über das Schutzrecht dem Recht der Bundesrepublik Deutschland, folgt dies aus den §§ 453 Abs. 1, 433 Abs. 1 Satz 1 BGB. Denn ein Kaufvertrag über ein Patent, ergänzendes Schutzzertifikat oder Gebrauchsmuster ist ein „Rechtskauf" im Sinn von § 453 Abs. 1 BGB, auf den die Bestimmungen über einen Kauf von Sachen und damit auch § 433 Abs. 1 Satz 1 BGB entsprechende Anwendung finden.

[31]Diese Pflicht folgt dann aus § 433 Abs. 2 BGB i. V. m. dem zwischen dem Rechtsträger des Start-ups und dem bisherigen Schutzrechtsinhaber abgeschlossenen Kaufvertrag.

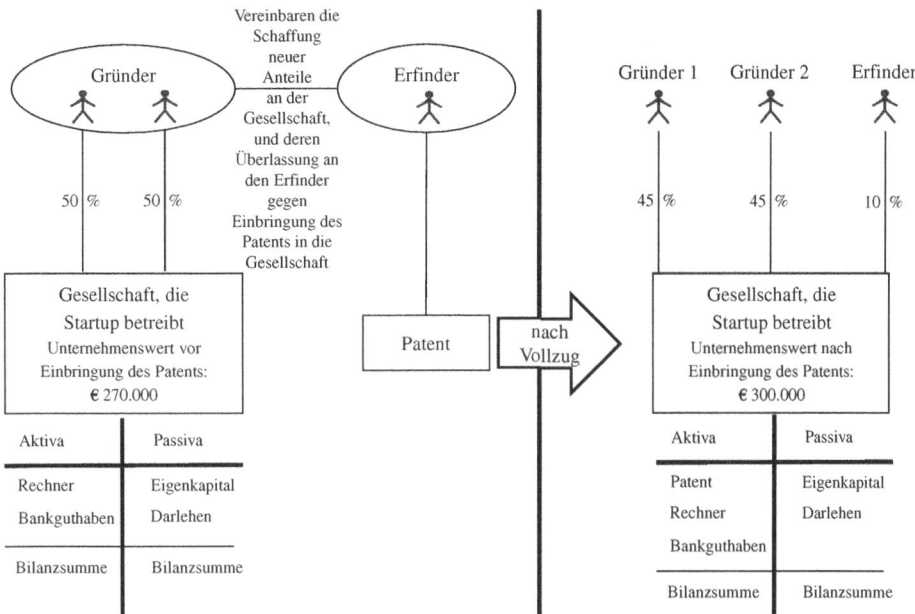

Abb. 6.2 Schutzrechtserwerb durch Einbringung

kommt alternativ in Betracht, den bisherigen Schutzrechtsinhaber gegen Einbringung des Patents am Start-up zu beteiligen, sofern dieses von einer Gesellschaft betrieben wird.

6.4.3.1.3 Einbringungsvorgänge – Erwerb auf gesellschaftsrechtlicher Grundlage

Ein Patenterwerb auf Grundlage eines Beteiligungs- und Einbringungsvorgangs beinhaltet für den bisherigen Schutzrechtsinhaber einen Tausch. Das Schutzrecht wird in das Vermögen der Gesellschaft überführt, die das Start-up betreibt. Im Gegenzug erhält der bisherige Schutzrechtsinhaber (einen) Gesellschaftsanteil(e) an dieser Gesellschaft.

Der Umfang, in dem der bisherige Schutzrechtsinhaber im Zug eines solchen Vorgangs an der unternehmenstragenden Gesellschaft zu beteiligen ist, hängt vom Wert des Patents und dem Unternehmenswert ab, den das Unternehmen nach Erhalt des Schutzrechts hat. Die dem bisherigen Schutzrechtsinhaber fairerweise einzuräumende Beteiligungsquote entspricht dem Quotienten aus dem Wert des Schutzrechts und dem „post-Schutzrechtseinbringungs-Unternehmenswert". Letzterer ist also unter Zugrundelegung der Annahme zu ermitteln, dass dem Unternehmen das Schutzrecht zur Verfügung steht (Abb. 6.2).

Ist der bisherige Schutzrechtsinhaber dagegen weder zu einem Verkauf noch zu einer Einbringung des Patents, ergänzenden Schutzzertifikats oder Gebrauchsmusters bereit, kommt nur der Erwerb einer Nutzungsbefugnis durch Abschluss eines Lizenzvertrags in Betracht.

6.4.3.2 Abschluss von Lizenzverträgen

Ist der Inhaber des Schutzrechts zum Abschluss eines Lizenzvertrags bereit, kann dessen Inhalt grundsätzlich frei ausgehandelt und vereinbart werden. Für den Abschluss eines Lizenzvertrags über ein Patent, ergänzendes Schutzzertifikat oder Gebrauchsmuster besteht kein Formzwang. Es gibt auch keinen Abschnitt im BGB oder HGB, der Lizenzverträge regelt und insoweit konkrete Inhaltsverbote vorsieht. Deshalb bestehen im Hinblick auf die Gestaltung von Lizenzverträgen über Erfindungen nur wenige gesetzliche Beschränkungen, die nicht überschritten werden dürfen. Im Rahmen dieser – weiten – Grenzen sollte ein Lizenzvertrag so gestaltet werden, dass mindestens folgende Fragen beantwortet werden:

- Welche Erfindungen sind Gegenstand des Lizenzvertrags?
- Steht dem Lizenznehmer jegliche Nutzung frei, oder gelten Beschränkungen?
- Bestehen ausschließliche oder nur nicht-ausschließliche Nutzungsrechte des Lizenznehmers?
- Welche Laufzeit hat der Lizenzvertrag und welche Möglichkeiten zu dessen Beendigung (ordentliche und außerordentliche Kündigungsrechte) sollen bestehen?
- In welchem Umfang schuldet der Lizenznehmer Lizenzgebühren, wann werden diese fällig und sind diese brutto an den Lizenzgeber zu entrichten oder muss der Lizenznehmer Beträge einbehalten und an die Finanzverwaltung abführen?[32]

Die vorstehende Aufzählung von Fragen, die im Rahmen eines Lizenzvertrags über Erfindungen geregelt werden sollten, ist nicht abschließend. Abhängig von der konkreten Konstellation kann die Regelung weiterer Fragen erforderlich oder zumindest sinnvoll sein. Infolge des erheblichen Maßes an Vertragsfreiheit bei der Gestaltung von Lizenzverträgen sind der Fantasie bei Gestaltung solcher Vertragsbestimmungen nur wenig Grenzen gesetzt.[33]

---

[32]Ist der Lizenzgeber in Deutschland nur beschränkt einkommen- oder körperschaftsteuerpflichtig, kann der Lizenznehmer nach § 50a EStG zum Steuerabzug verpflichtet sein. Unterlässt der Lizenznehmer einen solchen Abzug, droht eine Haftung gegenüber der Finanzverwaltung. Beim Abschluss und der Durchführung von Lizenzverträgen mit nur beschränkt einkommen- oder körperschaftsteuerpflichtigen Lizenzgebern sollte die steuerrechtlich gebotene Behandlung der Lizenzgebühren zuvor ermittelt und im Lizenzvertrag abgebildet werden.

[33]Die Gestaltungsmöglichkeiten werden z. B. von kartellrechtlichen Schranken begrenzt, sobald eine Vertragsbestimmung in den Anwendungsbereich von § 1 GWB und/oder Art. 101 AEUV fällt. Ist dies der Fall, kommt den sogenannten „Gruppenfreistellungsverordnungen" der EU besondere Bedeutung für die Gestaltung der Vertragsbestimmungen von Patent- und auch anderen Lizenzverträgen zu. Denn im Anwendungsbereich von Gruppenfreistellungsverordnungen finden die „Kartellverbote" keine Anwendung, soweit in den betreffenden Verträgen die in den Gruppenfreistellungsverordnungen vorgesehenen Beschränkungen beachtet werden. Für die Gestaltung von Lizenzverträgen hat z. B. die „Technologietransfer-Gruppenfreistellungsverordnung" (VERORDNUNG [EU] Nr. 316/2014 DER KOMMISSION vom 21.03.2014 über die Anwendung von Art. 101 Abs. 3 des Vertrags über die Arbeitsweise der Europäischen Union auf Gruppen von

Die Bedeutung der Vertragsgestaltung für die Risikoallokation zwischen den Vertragsparteien kann dabei z. B. anhand der Gestaltung der Pflicht des Lizenznehmers zur Zahlung von Lizenzgebühren veranschaulicht werden. Wird eine pauschale Lizenzgebühr vereinbart, die vom Lizenznehmer einmalig vorab oder periodisch wiederkehrend, z. B. monatlich, an den Lizenzgeber gezahlt werden muss, liegt das Nutzungs- und Verwertungsrisiko vollständig beim Lizenznehmer. Dessen Liquidität fließt auch dann in Form von Lizenzgebühren ab, wenn es dem Lizenznehmer nicht gelingt, die lizenzierte Erfindung geldbringend zu nutzen. Das Verwertungsrisiko wird dagegen zumindest auch dem Lizenzgeber zugeordnet, wenn ergebnisabhängige Lizenzgebühren vereinbart werden, z. B. abhängig von den Umsatzerlösen, die der Lizenznehmer durch den Verkauf bestimmter Erzeugnisse[34] erzielt. Dann setzt der Geldabfluss beim Lizenznehmer in Form von Lizenzgebühren erst ein, wenn dieser durch Verwertung der Erfindung auf der Absatzseite auch entsprechende Einnahmen erzielt.[35]

Verfügt ein Unternehmen nur über geringe Liquidität, kann die Gestaltung einer lizenzvertraglichen Vergütungsregelung in der einen oder anderen Weise folglich mitentscheidend dazu beitragen, ob das Unternehmen solvent bleibt oder insolvent wird. Dies belegt, wie wichtig es ist, gedanklichen Aufwand in die Gestaltung der zur Ressourcenbeschaffung erforderlichen Verträge zu investieren und denkbare Gestaltungsalternativen nach wirtschaftlichen Kriterien einschließlich der Auswirkungen auf die Liquidität zu bewerten. Dieser Gestaltungsaufwand entfällt jedoch, wenn zur Nutzung einer Erfindung keine Nutzungsbefugnis von einem anderen Marktteilnehmer erworben werden muss, sondern eine Erfindung durch Erteilung eines Schutzrechts durch die zuständige Behörde monopolisiert werden kann. Daher werden im Folgenden die Möglichkeiten betrachtet, Patente und Gebrauchsmuster auf diese Weise originär zu erwerben.

Technologietransfer-Vereinbarungen) erhebliche praktische Bedeutung. Den Artikeln 4 und 5 der Technologietransfer-Gruppenfreistellungsverordnung kann z. B. entnommen werden, welche Vertragsbestimmungen nach Art und Inhalt vermieden werden sollten, wenn ein Patent- oder anderer Schutzrechtslizenzvertrag in den Anwendungsbereich von Art. 101 Abs. 1 AEUV oder § 1 GWB fällt. Über § 2 Abs. 2 GWB ist die Technologietransfer-Gruppenfreistellungsverordnung auch im Anwendungsbereich von § 1 GWB relevant.

[34]Typischerweise diejenigen Erzeugnisse, die unter Nutzung des lizenzierten Verfahrens hergestellt wurden oder Ausführungsformen der lizenzierten Erfindung beinhalten.

[35]In diesem Fall wird der Lizenzgeber typischerweise daran interessiert sein, Bestimmungen in den Lizenzvertrag aufzunehmen, die dem Lizenzgeber eine möglichst engmaschige Kontrolle des Absatzes des Lizenznehmers ermöglichen.

6.4.4   Patenterteilung

6.4.4.1 Voraussetzungen

6.4.4.1.1 Gesetzliche Regelung

Unter welchen Voraussetzungen Marktteilnehmer ein Patent für eine Erfindung erlangen können, regelt § 1 Abs. 1 PatG. Danach kann für eine Erfindung ein Patent erteilt werden, wenn der Gegenstand der Erfindung

- eine Technik beinhaltet,
- deren Entwicklung auf einer erfinderischen Tätigkeit beruht und
- die gewerblich anwendbar und
- neu ist.

Sind diese Voraussetzungen erfüllt, kann z. B. auch für einen zur Verwendung in einem Arzneimittel vorgesehenen Wirkstoff ein Patent erteilt werden.[36] Gemäß § 1 Abs. 2 PatG können Patente zudem ausdrücklich auch für Erfindungen erteilt werden, *„wenn sie ein Erzeugnis, das aus biologischem Material besteht oder dieses enthält oder wenn sie ein Verfahren, mit dem biologisches Material hergestellt oder bearbeitet wird oder bei dem es verwendet wird, zum Gegenstand haben. Biologisches Material, das mit Hilfe eines technischen Verfahrens auch seiner natürlichen Umgebung isoliert und hergestellt wird, kann auch dann Gegenstand einer Erfindung sein, wenn es in der Natur schon vorhanden war.“*[37]

Keine Erfindungen im Sinn des Patentrechts sind gemäß § 1 Abs. 3 PatG dagegen

- Entdeckungen,
- wissenschaftliche Theorien,
- mathematische Methoden,
- ästhetische Formschöpfungen,
- Pläne,
- Regeln und Verfahren für gedankliche oder geschäftliche Tätigkeiten oder Spiele,
- Programme für Datenverarbeitungsanlagen und
- die Wiedergabe von Informationen.[38]

Das bedeutet nicht, dass die vorstehend aufgezählten Immaterialgüter nicht Gegenstand eines Schutzrechts im Sinn eines Ausschließlichkeitsrechts sein können. Fest steht lediglich: Für die genannten Immaterialgüter kann zumindest kein Patent erteilt werden. Ästhetische Formschöpfungen können jedoch z. B. Gegenstand eines Urheber- oder

---

[36]Vgl. z. B. LG Düsseldorf, Urteil vom 03.07.2012 (Az. 4a O 282/10).

[37]Wortlaut von § 1 Abs. 2 PatG.

[38]Dazu im Einzelnen § 1 Abs. 3 PatG.

Designrechts sein. Für eine „Wiedergabe von Informationen" kann Schutz nach dem Urheberrechtsgesetz bestehen, wenn die Voraussetzungen einer Datenbank erfüllt sind. Dass die in § 1 Abs. 3 PatG genannten Immaterialgüter nicht als Erfindungen gelten, ist letztlich deren fehlender Technizität geschuldet. Und um die geht es beim Patentschutz.

Bevor die einzelnen Voraussetzungen für die Erteilung eines Patents für eine Erfindung näher betrachtet werden, ist zudem darauf hinzuweisen, dass bestimmte Erfindungen einem Patentschutz selbst dann nicht zugänglich sind, wenn diese Voraussetzungen vorliegen. Denn in § 1a Abs. 1 PatG wird Folgendes klargestellt:

„Der menschliche Körper in den einzelnen Phasen seiner Entstehung und Entwicklung, einschließlich der Keimzellen, sowie die bloße Entdeckung eines seiner Bestandteile, einschließlich der Sequenz oder Teilsequenz eines Gens, können keine patentierbaren Erfindungen sein."[39] Gegenstand eines Patents kann insoweit allenfalls sein „[e]*in isolierter Bestandteil des menschlichen Körpers oder ein auf andere Weise durch ein technisches Verfahren gewonnener Bestandteil, einschließlich der Sequenz oder Teilsequenz eines Gens, ..., selbst wenn der Aufbau dieses Bestandteils mit dem Aufbau eines natürlichen Bestandteils identisch ist."*[40]

6.4.4.1.2 Technik

Patente können (nur) *„auf allen Gebieten der Technik"*[41] erteilt werden. *„Technik in diesem Sinn arbeitet mit den Mitteln der Naturkräfte und bedeutet planmäßiges Handeln unter Einsatz beherrschbarer Naturkräfte zur Erreichung eines kausal übersehbaren Erfolgs (…)."*[42] Technik im so verstandenen Sinn muss folglich mit vorhersehbarem Ergebnis anwendbar sein. Damit schließt § 1 Abs. 1 PatG die Patentfähigkeit bloßer „Ideen" oder „Lösungsansätze" ebenso aus wie reine Beschreibungen technisch zu lösender Aufgaben oder erzielter Ergebnisse.[43] Vielmehr erfordert die Patentfähigkeit einer Erfindung einen unter Einsatz von Naturkräften planmäßig beschreitbaren und damit auch wiederholbaren Lösungsweg. Dieser Lösungsweg muss zudem auf erfinderischer Tätigkeit beruhen.

6.4.4.1.3 Beruhen auf erfinderischer Tätigkeit

Gemäß § 4 PatG gilt eine Erfindung nur dann *„als auf einer erfinderischen Tätigkeit beruhend, wenn sie sich für den Fachmann nicht in naheliegender Weise aus dem Stand der Technik ergibt."*[44] Auf diese Weise soll verhindert werden, dass Erfindungen

---

[39]Wortlaut von § 1a Abs. 1 PatG.

[40]Wortlaut von § 1a Abs. 2 PatG.

[41]Wortlaut von § 1 Abs. 1 PatG.

[42]BGH, Beschluss vom 01.07.1976 (Az. X ZB 10/74), GRUR 1977, S. 152 ff. (152).

[43]Vgl. dazu z. B. BGH, Urteil vom 19.07.1984 (Az. X ZB 18/83), GRUR 1985, S. 31 ff. (32).

[44]Wortlaut von § 4 PatG.

patentrechtlich geschützt werden, die lediglich auf einer *„routinemäßigen Weiter-entwicklung der Technik"*[45] beruhen, nicht jedoch auf einem geistig-kreativen Akt.

Die genaue Grenze zwischen einer offenkundigen oder zumindest naheliegenden auf der einen und einer überdurchschnittlich kreativen technischen Lösung auf der anderen Seite liegt letztlich im Auge des Betrachters. In der Praxis sind diese Betrachter zunächst die für die Patenterteilung zuständigen Mitarbeiter des DPMA, im Rahmen streitiger Erteilungsverfahren die letztinstanzlich zuständigen Richter.[46] Ob diese vom Anmelder überzeugt werden können, dass der Erfindung, für die ein Patent beantragt wird, die erforderliche Kreativität zugrunde liegt, ist einzelfallabhängig und in Anbetracht der Unschärfe des Begriffs „erfinderische Tätigkeit" entsprechend unvorhersehbar.

6.4.4.1.4 Gewerbliche Anwendbarkeit

Erheblich unproblematischer ist dagegen die Voraussetzung, dass eine Erfindung gewerb-lich anwendbar sein muss. Gemäß § 5 PatG ist eine Erfindung *„gewerblich anwendbar, wenn ihr Gegenstand auf irgendeinem gewerblichen Gebiet einschließlich der Landwirt-schaft hergestellt oder benutzt werden kann."*[47] Damit sind Erfindungen vom Patent-schutz ausgenommen, die keinerlei gewerbliche Nutzung möglich erscheinen lassen. Die praktische Bedeutung dieser Patentierungsvoraussetzungen ist dementsprechend gering.

6.4.4.1.5 Neuheit

Eine erheblich weitergehende praktische Bedeutung hat dagegen das Neuheits-Erforder-nis. Die Erteilung eines Patents für eine Erfindung setzt gemäß § 1 Abs. 1 PatG voraus, dass diese neu ist. „Neu" ist eine Erfindung dann, *„wenn sie nicht zum Stand der Tech-nik gehört. Der Stand der Technik umfasst alle Erkenntnisse, die vor dem für den Zeit-rang der Anmeldung maßgeblichen Tag durch schriftliche oder mündliche Beschreibung durch Benutzung oder in sonstiger Weise der Öffentlichkeit zugänglich gemacht worden sind."*[48] Das bedeutet:

Patentfähig ist eine Erfindung nur, wenn die technische Lehre oder Handlungsan-weisung, die sie beinhaltet, zum Zeitpunkt der Anmeldung noch nicht irgendwo auf der Welt öffentlich zugänglich war. Dies gilt auch dann, wenn der Anmelder und/oder Erfinder[49] selbst die Erfindung vor der Anmeldung der Öffentlichkeit zugänglich gemacht

---

[45]*Asendorf/Schmidt* in *Benkard,* Patentgesetz, 11. Auflage 2015, § 4, Rdnr. 2.

[46]Vgl. dazu z. B. BGH, Urteil vom 26.09.2017 (Az. X ZR 109/15).

[47]Wortlaut von § 5 PatG.

[48]Wortlaut von § 3 Abs. 1 PatG.

[49]Grundsätzlich steht das Recht auf das Patent gemäß § 6 Satz 1 PatG dem Erfinder zu, im Fall einer gemeinschaftlichen Erfindung durch Mehrere den Miterfindern gemeinschaftlich. Allerdings ist auch das „Recht auf das Patent" übertragbar, weshalb der Antrag auf Erteilung eines Patents auch von einer anderen Person als dem Erfinder gestellt werden kann.

hat, z. B. im Rahmen einer Fachpublikation oder eines Vortrags.[50] Gehört die Erfindung dagegen auch vor diesem Hintergrund nicht zu dem zum Zeitpunkt der Anmeldung öffentlich zugänglichen Stand der Technik und ist die Erfindung auch nicht bereits Gegenstand einer anderweitigen früheren Patentanmeldung, ist die Erfindung patentfähig.

6.4.4.2 Zuständigkeit und Verfahren

Zuständig für die Erteilung von Patenten ist das DPMA mit Sitz in München. Allerdings kann der Antrag auf Erteilung eines Patents (Anmeldung) auch über jedes Patentinformationszentrum gestellt werden.[51] Die Einzelheiten des Patenterteilungsverfahrens werden in §§ 34 ff PatG geregelt. Diese Bestimmungen und die dazu erlassenen Verordnungen sind weitgehend selbsterklärend und werden daher im Rahmen dieses Werks nicht dargestellt. Inhaltlich spannender und für die Realisierung technikbasierter Geschäftsmodelle bedeutender ist dagegen folgende Frage: Wie und gegebenenfalls unter welchen Voraussetzungen kann der Inhaber eines Unternehmens, z. B. eine GmbH, Erfindungen nutzen oder sogar monopolisieren, die Arbeitnehmer des Unternehmens oder sonstige Dritte in dessen Auftrag machen.

6.4.4.3 Erfindungen bestimmter Dritter

6.4.4.3.1 Arbeitnehmererfindungen

Macht ein Arbeitnehmer eine Erfindung, kann der Arbeitgeber die Rechte an einer solchen „Arbeitnehmererfindung" unter bestimmten Voraussetzungen an sich ziehen. Unter welchen Voraussetzungen Arbeitgeber welche Arbeitnehmererfindungen für sich in Anspruch nehmen können, wird geregelt im Gesetz über Arbeitnehmererfindungen („Arbeitnehmererfindungengesetz", kurz „ArbnErfG"). Danach ist wie folgt zu differenzieren:

6.4.4.3.1.1 Diensterfindungen
Macht ein Arbeitnehmer eine sogenannte „Diensterfindung", muss er diese dem Arbeitgeber, also dem Inhaber des Unternehmens, unverzüglich in Textform melden[52], z. B. per E-Mail.[53] „Diensterfindungen" in diesem Sinn sind alle *„während der Dauer des Arbeitsverhältnisses gemachte Erfindungen, die entweder*

1. *aus der dem Arbeitnehmer im Betrieb ... obliegenden Tätigkeit entstanden sind oder*
2. *maßgeblich auf Erfahrungen oder Arbeiten des Betriebes ... beruhen."*[54]

---

[50]Unter den in § 3 Abs. 5 PatG genannten Voraussetzungen kann eine Offenbarung der Erfindung vor dem Anmeldungszeitpunkt ausnahmsweise unschädlich sein.

[51]Dazu § 34 Abs. 2 PatG.

[52]So § 5 Abs. 1 ArbnErfG.

[53]Zu den Voraussetzungen von „Textform" § 126 b BGB.

[54]Wortlaut von § 4 Abs. 2 ArbnErfG.

Geht dem Unternehmensinhaber die Meldung eines Arbeitnehmers über eine Diensterfindung zu, muss eine Entscheidung getroffen werden:

Zum einen kann der Unternehmensinhaber/Arbeitgeber gegenüber dem Arbeitnehmer die Inanspruchnahme der Diensterfindung erklären.[55] Dann *„gehen alle vermögenswerten Rechte an der Diensterfindung auf den Arbeitgeber über."*[56] Dieser Übergang hat im Wesentlichen zwei Folgen:

- Erstens kann und muss der Unternehmensinhaber dann grundsätzlich sowohl im In- als auch im Ausland die Erteilung eines Patents für die Erfindung beantragen und die mit dem oder den Patenterteilungsverfahren verbundenen Kosten tragen.[57]
- Zweitens schuldet der Arbeitgeber dem Arbeitnehmer/Erfinder zusätzlich zu der ohnehin arbeitsvertraglich geschuldeten Vergütung eine *„angemessene Vergütung".*[58]

Alternativ hat der Arbeitgeber nach Eingang einer Meldung über eine Diensterfindung die Möglichkeit, statt der Inanspruchnahme die „Freigabe" der Diensterfindung gegenüber dem Arbeitgeber zu erklären. Diese Erklärung muss der Arbeitgeber in Textform abgeben.[59]

Die Erklärung der Freigabe bewirkt, dass der Arbeitnehmer im Grundsatz selbst über Umgang mit und Verwertung der Erfindung entscheiden kann.[60] In diesem Fall schuldet der Arbeitgeber keine zusätzliche Vergütung und ist in Bezug auf die Erfindung weder berechtigt noch verpflichtet, muss also keine Schutzrechtsanmeldungen durchführen und „spart" die damit verbundenen Kosten. Hierbei müssen namentlich Arbeitgeber, die weniger auf die mit Patenten verbundenen Monopolchancen blicken und mehr den mit Patenterteilungsverfahren verbundenen Aufwand scheuen, eine wichtige Frist beachten:

Gemäß § 6 Abs. 2 ArbnErfG gilt die Inanspruchnahme einer gemeldeten Diensterfindung *„als erklärt, wenn der Arbeitgeber die Diensterfindung nicht bis zum Ablauf von 4 Monaten nach Eingang der ordnungsgemäßen Meldung (§ 5 Abs. 2 Satz 1 und 3) gegenüber den Arbeitnehmer durch Erklärung in Textform freigibt."*[61] Mit anderen Worten:

Versäumt ein Unternehmer diese 4-Montas-Frist, kommt es automatisch zu den oben beschriebenen Folgen einer Inanspruchnahme: Der Arbeitnehmer muss für die Erfindung dann zumindest grundsätzlich im In- und Ausland die Erteilung von Patenten beantragen

---

[55]Dazu § 6 Abs. 1 ArbnErfG.

[56]Wortlaut von § 7 Abs. 1 ArbnErfG.

[57]Zu den Einzelheiten §§ 13 und 14 ArbnErfG.

[58]So der Wortlaut von § 9 Abs. 1 ArbnErfG; zur Bemessung dieser Vergütung vgl. § 9 Abs. 2 und § 11 ArbnErfG sowie die vom zuständigen Bundesministerium erlassenen Richtlinien.

[59]Dazu § 6 Abs. 2 ArbnErfG.

[60]Dazu §§ 8, 18 und 19 ArbnErfG.

[61]Wortlaut von § 6 Abs. 2 ArbnErfG.

und eine angemessene Zusatzvergütung an den Arbeitnehmer entrichten. Der Lauf dieser 4-Monats-Frist wird durch den Zugang einer Diensterfindungsmeldung in Gang gesetzt.

6.4.4.3.1.2 Sonstige Arbeitnehmererfindungen

Macht ein Arbeitnehmer während der Dauer des Arbeitsverhältnisses dagegen eine Erfindung, die nicht die Voraussetzungen einer „Diensterfindung" erfüllt, wird diese als „sonstige Erfindung" oder „freie Erfindung" bezeichnet.[62] Solche „freien Erfindungen" muss ein Arbeitnehmer dem Arbeitgeber ebenfalls in Textform mitteilen.[63] Allerdings kann der Arbeitgeber eine solche „freie Erfindung" nicht für sich in Anspruch nehmen, sondern vom Arbeitnehmer lediglich den Abschluss eines nicht-ausschließlichen Lizenzvertrags zu *„angemessenen Bedingungen"*[64] verlangen. Im Ergebnis bedeutet dies:

6.4.4.3.1.3 Zwischenbefund

Dass ein Unternehmen Nutzungsmöglichkeiten an Erfindungen seiner Arbeitnehmer erlangen kann, ist gesetzlich sichergestellt. Eine ergänzende arbeitsvertragliche Regelung ist zur Sicherung der Interessen des Arbeitgebers insoweit nicht zwingend erforderlich und wegen § 22 ArbnErfG auch nicht uneingeschränkt möglich. Anders ist dies jedoch, wenn Erfindungen, deren Nutzung zur Umsetzung des Unternehmensgeschäftsmodells erforderlich oder zumindest hilfreich ist, nicht von Arbeitnehmern des Unternehmens gemacht werden, sondern von dessen Organmitgliedern oder sonstigen beauftragten Dritten.

6.4.4.3.2 Organmitglieder

Der Anwendungsbereich des ArbnErfG ist auf Arbeitsverhältnisse (und bestimmte öffentlich-rechtliche Dienstverhältnisse) beschränkt. Das Gesetz gilt also nicht für die Beziehung zwischen einem Unternehmensinhaber und dessen Organmitgliedern. Organmitglieder in diesem Sinn sind die Mitglieder des Vertretungsorgans einer Gesellschaft, also z. B. Geschäftsführer einer GmbH und Vorstandsmitglieder einer AG, bei letzterer auch die Aufsichtsratsmitglieder. Soll sichergestellt werden, dass „das Unternehmen", rechtstechnisch also dessen Inhaber, auch Berechtigungen an deren Erfindungen erlangen kann, muss dies vertraglich vereinbart werden. Insoweit besteht grundsätzlich ein sehr weitgehender Gestaltungsspielraum, im Rahmen eines solchen Vertrags[65] zu regeln,

- welche Informationen über etwaige Erfindungen ein Organmitglied dem Unternehmensinhaber erteilen muss,

---

[62]Dazu § 4 Abs. 3 ArbnErfG.

[63]So § 18 Abs. 1 ArbnErfG.

[64]Wortlaut von § 19 Abs. 1 ArbnErfG.

[65]Verträge, in denen diese Fragen geregelt werden, können insbesondere die Dienst- bzw. Anstellungsverträge zwischen einer Gesellschaft und deren Geschäftsführern oder Vorstandsmitgliedern im Sinn der §§ 38 Abs. 1 GmbHG, 84 Abs. 3 Satz 5 AktG sein.

- welche Rechte der Arbeitgeber dann in Bezug auf mitgeteilte Erfindungen hat oder geltend machen kann und
- ob und gegebenenfalls in welchem Umfang das betreffende Organmitglied dafür eine (zusätzliche) Vergütung beanspruchen kann.

Denkbar ist z. B. auch, im Anstellungsvertrag eines GmbH-Geschäftsführers zu vereinbaren, dass die Bestimmungen des ArbnErfG entsprechende Anwendung finden und Erfindungen des Geschäftsführers als Diensterfindungen gelten.[66] Entsprechendes kann auch in den Anstellungsverträgen zwischen einer AG und deren Vorstandsmitgliedern vereinbart werden.

6.4.4.3.3 Selbständige Dienstleister und andere Auftragnehmer

Auch im Verhältnis zu sonstigen Dritten, z. B. Auftragnehmern und anderen Lieferanten, sind vertragliche Regelungen erforderlich, um eine Berechtigungsmöglichkeit an Erfindungen zu sichern, welche von solchen Dritten und/oder deren Arbeitnehmern gemacht werden. Eine solche „Zugriffsmöglichkeit", zumindest im Umfang einer nicht-ausschließlichen Lizenz, ist jedenfalls dann essenziell, wenn die Erfindung eines Lieferanten zur Umsetzung des eigenen Geschäftsmodells erforderlich ist.

Bei Abschluss und Gestaltung von Verträgen mit selbständigen Dienstleistern, sonstigen Lieferanten und möglicherweise auch Kunden ist zu beachten, dass diese „*Vereinbarungen zwischen Unternehmen*"[67] sind. Auch „*Freelancer*"[68] sind selbständige Unternehmer in diesem Sinn, wenn nicht die Voraussetzungen für das Vorliegen eines Arbeitsverhältnisses erfüllt sind.[69] Deshalb ist bei Abschluss von Verträgen mit selbständigen Dienstleistern und sonstigen Lieferanten grundsätzlich der Anwendungsbereich des Kartellrechts eröffnet. Daher sind bei Gestaltung solcher Verträge insbesondere auch einschlägige kartellrechtliche Beschränkungen zu beachten. Damit erlangen die Gruppenfreistellungsverordnungen (GVO) der EU erhebliche Relevanz für die Frage zulässiger Vertragsinhalte, sofern ein Vertrag von deren jeweiligem Anwendungsbereich erfasst wird. Besonders praxisrelevant können in diesem Zusammenhang z. B. die Technologietransfer-GVO[70] und die F&E-GVO[71] sein.

---

[66]Vgl. z. B. OLG Düsseldorf, Urteil vom 28.02.2014 (Az. I-2 U 110/11).

[67]Wortlaut von § 1 GWB.

[68]Vgl. dazu z. B. *Schubert*, RdA 2018, S. 200 ff; *Boss*, NZS 2010 S. 483 ff; BGH, Urteil vom 24.01.2018 (1 StR 331/17).

[69]Dazu § 611a Abs. 1 BGB, § 7 Abs. 1 SGB IV.

[70]VERORDNUNG (EU) NR. 316/2014 DER KOMMISSION vom 21. März 2014 über die Anwendung von Artikel 101 Absatz 3 des Vertrags über die Arbeitsweise der Europäischen Union auf Gruppen von Technologietransfer-Vereinbarungen.

[71]VERORDNUNG (EU) NR. 1217/2010 DER KOMMISSION vom 14. Dezember 2010 über die Anwendung von Artikel 101 Absatz 3 des Vertrags über die Arbeitsweise der Europäischen Union auf bestimmte Gruppen von Vereinbarungen über Forschung und Entwicklung.

Beispiel Antriebstechnik

Der Motorrad-Hersteller M hat eine neue Antriebstechnologie entwickelt, die Gegenstand eines an M erteilten Patents ist. M gestattet dem Automobil-Hersteller A die Nutzung dieser Antriebstechnologie auf Grundlage eines Lizenzvertrags. Neben einer an die Zahl der mit der Antriebstechnologie verkauften Autos anknüpfenden, stückzahlabhängigen Lizenzgebühr wird in diesem Lizenzvertrag folgendes vereinbart: A soll sämtliche Erfindungen, die eine Weiterentwicklung der Antriebstechnologie beinhalten, streng geheim halten und nur M darüber informieren. Zudem soll A sämtliche Rechte an diesen Erfindungen, darunter auch das Recht auf Erteilung eines Patents, sofort an M abtreten. Diese Vertragsbestimmung ist mit einem kartellrechtlichen Unwirksamkeitsrisiko behaftet.

Die Technologietransfer-GVO bewirkt jedenfalls keine Freistellung dieser Vertragsbestimmung vom Kartellverbot. Denn gemäß Art. 5 Abs. 1a) der Technologietransfer-GVO gilt die Freistellung nicht für *„alle unmittelbaren oder mittelbaren Verpflichtungen des Lizenznehmers, dem Lizenzgeber oder einem vom Lizenzgeber benannten Dritten für eigene Verbesserungen an der lizenzierten Technologie oder eigene neue Anwendungen dieser Technologie eine Exklusivlizenz oder Gesamt- bzw. Teilrechte zu gewähren"*[72]: Unproblematisch wäre dagegen gewesen, wenn M als Lizenzgeber mit A als Lizenznehmer vereinbart hätte, dass A verpflichtet ist, eine nicht-ausschließliche Lizenz zu angemessenen Bedingungen an etwaigen Weiterentwicklungen der Antriebstechnologie einzuräumen.

6.4.5 Europäische Patente

Auf Grundlage des EPÜ können Europäische Patente (EP) grundsätzlich unter den inhaltlich gleichen Voraussetzungen erlangt werden wie Patente auf Grundlage des PatG. Denn gemäß Art. 52 Abs. 1 EPÜ werden EP erteilt *„für Erfindungen auf allen Gebieten der Technik ..., sofern sie neu sind, auf einer erfinderischen Tätigkeit beruhen und gewerblich anwendbar sind."*[73] Zudem enthält Art. 52 Abs. 2 EPÜ eine mit § 1 Abs. 3 PatG vergleichbare Aufzählung bestimmter Immaterialgüter, die keine auf Grundlage des EPÜ patentschutzfähige Erfindungen sind.

Das EPÜ ermöglicht es dabei, dass für eine Erfindung im Rahmen eines Erteilungsverfahrens ein EP *„für einen oder mehrere Vertragsstaaten beantragt werden."*[74] Mit anderen Worten: Auf Grundlage des EPÜ kann eine Erfindung durch ein Verfahren für

---

[72]Wortlaut von Art. 5 Abs. 1a) Technologietransfer-GVO.

[73]Wortlaut von Art. 52 Abs. 1 EPÜ.

[74]Wortlaut von Art. 3 EPÜ.

das Gebiet mehrerer Staaten monopolisiert werden, sofern diese Staaten Vertragsstaaten des EPÜ sind. Zuständig ist das Europäische Patentamt mit Sitz in München. Einzelheiten des Verfahrens werden in Art. 75 ff EPÜ geregelt.

Das Ergebnis dieses Vorgangs ist dann jedoch kein einheitliches Patent für das Gebiet sämtlicher oder ausgewählter Vertragsstaaten. Vielmehr kann der Anmelder auf diese Weise ein Bündel nationalstaatlicher Einzelpatente erwerben, deren jeweilige Wirkung vom Recht des jeweiligen Vertragsstaats abhängt: *„Das Europäische Patent hat in jedem Vertragsstaat, für den es erteilt worden ist, dieselbe Wirkung und unterliegt denselben Vorschriften wie ein in diesem Staat erteiltes nationales Patent, soweit dieses Übereinkommen nichts anderes bestimmt. "*[75] Die bedeutet u. a. Folgendes:

Wer ein für das Gebiet der Bundesrepublik Deutschland erteiltes EP eines anderen Marktteilnehmers verletzt, ist denselben Risiken und Ansprüchen ausgesetzt wie der Verletzer eines auf Grundlage des PatG erteilten Patents. Der Inhaber des EP kann dann insbesondere auch die oben bereits dargestellten Unterlassungs-, Vernichtungs-, Rückruf-, Auskunfts- und Schadensersatzansprüche gegen den Verletzer geltend machen. Und umgekehrt gilt: Wer für eine Erfindung ein EP erhält, kann auf diese Weise die Nutzung der Erfindung durch andere Marktteilnehmer unterbinden.

Auch ein Europäisches Patent läuft 20 Jahre[76], ist übertragbar und lizenzierungsfähig.[77] Zu beachten ist jedoch, dass eine vertragliche Übertragung (Abtretung) einer europäischen Patentanmeldung gemäß Art. 72 EPÜ in Schriftform erfolgen muss, um wirksam zu sein. Der Abschluss von Lizenzverträgen ist dagegen auch formfrei möglich.

6.4.6 Gemeinschaftspatent

Ein Europäisches Patent ist nicht mit einem sogenannten „Gemeinschafts-" bzw. – insoweit synonym – „Einheitspatent" zu verwechseln. Ein Gemeinschaftspatent ist ein „Europäisches Patent mit einheitlicher Wirkung" im Sinn von Art. 2 Abs. 2d) der VERORDNUNG (EU) Nr. 1257/2012 DES EUROPÄISCHEN PARLAMENTS UND DES RATES vom 17. Dezember 2012 über die Umsetzung der verstärkten Zusammenarbeit im Bereich der Schaffung eines einheitlichen Patentschutzes (im Folgenden „Gemeinschaftspatent-VO" genannt). Diese Gemeinschaftspatent-VO bildet zusammen mit der „VERORDNUNG (EU) Nr. 1260/2012 DES RATES vom 17. Dezember 2012 über die Umsetzung der verstärkten Zusammenarbeit im Bereich der Schaffung eines einheitlichen Patentschutzes im Hinblick auf die anzuwendenden Übersetzungsregelungen" und

---

[75]Wortlaut von Art. 2 Abs. 2 EPÜ.

[76]Gemäß Art. 63 Abs. 1 EPÜ beträgt die *„Laufzeit des europäischen Patents ... zwanzig Jahre, gerechnet vom Anmeldetag an. "*

[77]Dies folgt aus Art. 71 EPÜ.

dem „Übereinkommen über ein Einheitliches Patentgericht" (EPGÜ) die Grundlage für den Erhalt eines Ausschließlichkeitsrechts für eine Erfindung, welches *„innerhalb der Hoheitsgebiete der teilnehmenden Mitgliedsstaaten"*[78] der EU eine *„einheitliche Wirkung besitzt"*[79].

„Einheitliche Wirkung" in diesem Sinn bedeutet, dass für eine Erfindung nicht lediglich – wie im EPÜ vorgesehen – ein Bündel nationalstaatlich geregelter und wirkender Patente erteilt wird. Vielmehr entfaltet ein Gemeinschaftspatent die nach den für das betreffende Gemeinschaftspatent geltenden, nationalstaatlichen Regelungen vorgesehene Wirkung „einheitlich" auch auf dem Territorium der anderen teilnehmenden EU-Mitgliedsstaaten. Zur Verdeutlichung:

Beantragt und erhält z. B. ein Patentanmelder mit Sitz in Deutschland für eine Erfindung ein Gemeinschaftspatent, dann unterliegt dieses Gemeinschaftspatent nach Art. 7 Abs. 1a) der Gemeinschaftspatent-VO dem nationalen Patentrecht der Bundesrepublik Deutschland. Damit gilt für das betreffende Gemeinschaftspatent das PatG. Die territoriale Wirkung dieses Gemeinschaftspatents ist dann jedoch gleichwohl nicht – wie die Wirkung eines auf Grundlage des PatG erteilten, „deutschen" Patents – auf das Territorium der Bundesrepublik Deutschland beschränkt. Vielmehr wirkt dieses Gemeinschaftspatent dann z. B. auch auf den Gebieten von Frankreich und Österreich. Verletzt ein Marktteilnehmer das Gemeinschaftspatent dann z. B. auf dem Gebiet von Frankreich, kann der Inhaber des Gemeinschaftspatents gegen den Verletzer z. B. Schadensersatz- und Auskunftsansprüche aus den §§ 139 und 140b PatG geltend machen.

Bei Fertigstellung des Manuskripts zu diesem Werk stand noch nicht fest, ob und gegebenenfalls wann das Ratifizierungsverfahren der Bundesrepublik Deutschland zum EPGÜ abgeschlossen sein wird. Deshalb kann an dieser Stelle leider nicht dargestellt werden, ab wann das vorstehend dargestellte „Paket" über Europäische Patente mit einheitlicher Wirkung konkret für die Schutzrechtsstrategie eines Unternehmens nutzbar gemacht werden kann. Wenn und sobald dies der Fall ist, gelten für ein solches Gemeinschaftspatent dann jedoch folgende Grundsätze:

- Ein Gemeinschaftspatent ist abtretbar (übertragbar), jedoch nur *„im Hinblick auf alle teilnehmenden Mitgliedsstaaten"*[80].
- Dagegen kann eine Lizenz an einem solchen Gemeinschaftspatent nicht nur einheitlich für das Territorium sämtlicher teilnehmenden Mitgliedsstaaten erteilt werden, sondern – so ausdrücklich Art. 3 Abs. 2 Satz 4 Gemeinschaftspatent-VO – auch für *„einen Teil der Hoheitsgebiete der teilnehmenden Mitgliedsstaaten"*[81].

---

[78]Wortlaut von Art. 5 Abs. 1 Gemeinschaftspatent-VO.

[79]Wortlaut von Art. 5 Abs. 2 Gemeinschaftspatent-VO.

[80]Dazu Art. 3 Abs. 2 Satz 3 Gemeinschaftspatent-VO.

[81]Wortlaut von Art. 3 Abs. 2 Satz 4 Gemeinschaftspatent-VO.

6.4.7 Gebrauchsmuster

Auch die Erteilung eines Gebrauchsmusters zum Schutz einer Erfindung setzt gemäß § 1 Abs. 1 GebrMG voraus, dass diese neu ist, auf einem erfinderischen Schritt beruht und gewerblich anwendbar ist. Zudem sind eine Reihe verschiedener Immaterialgüter kraft Gesetzes[82] nicht gebrauchsmusterfähig, darunter insbesondere auch

- Entdeckungen,
- wissenschaftliche Theorien,
- mathematische Methoden,
- ästhetische Formschöpfungen,
- Pläne, Regeln und Verfahren für gedankliche Tätigkeiten, Spiele oder geschäftliche Tätigkeiten,
- biotechnologische Erfindungen,
- Verfahren,
- Pflanzensorten,
- Tierarten,
- die Wiedergabe von Informationen sowie
- Programme für Datenverarbeitungsanlagen.

Zuständig für die Erteilung von Gebrauchsmustern ist wie für die Patenterteilung das DPMA. Allerdings besteht im Hinblick auf das Erteilungsverfahren ein wesentlicher Unterschied im Vergleich zum Patenterteilungsverfahren. Dieser Unterschied kommt in § 8 Abs. 1 Satz 2 GebrMG wie folgt zum Ausdruck „*Eine Prüfung des Gegenstands der Anmeldung auf Neuheit, erfinderischen Schritt und gewerbliche Anwendbarkeit findet nicht statt.*"[83]

6.4.8 Wesentliche Unterschiede zwischen Gebrauchsmuster- und Patenterteilung

Damit können die wesentlichen Unterschiede zwischen Patent und Gebrauchsmuster bzw. den jeweiligen Erteilungsverfahren wie folgt zusammengefasst werden:

---

[82]Dazu §§ 1 Abs. 2, 2 GebrMG.
[83]Wortlaut von § 8 Abs. 1 Satz 2 GebrMG.

Patent		Gebrauchsmuster
Inhaltliche (materielle) Prüfung der Erteilungsvoraussetzungen durch das DPMA	**Erteilungsverfahren**	Nur formale Prüfung des Erteilungsantrags auf Voraussetzungen der §§ 4, 4a und 4b GebrMG durch DPMA
20 Jahre	**Laufzeit**	10 Jahre
Ja	**Schutzfähigkeit von Verfahren**	Nein
Ja	**Schutzfähigkeit biotechnologischer Erfindungen**	Nein

6.5 Software

6.5.1 Einführung

Software dient der Steuerung von Computern und anderen Maschinen und ist damit ein wesentlicher Produktionsfaktor für Unternehmen mit technikbasierten Geschäftsmodellen. Deshalb mag Software als Teil der Informationstechnologie („IT") und somit als etwas „Technisches" wahrgenommen werden. Gleichwohl werden *„Programme für Datenverarbeitungsanlagen"*[84] – also Software – vom Patent- und Gebrauchsmusterschutz zumindest grundsätzlich ausgenommen.

6.5.2 Patent- und Gebrauchsmusterschutz

Diese in § 1 Abs. 3 Nr. 3 PatG grundsätzlich vorgesehene Ausnahme von *„Programmen für Datenverarbeitungsanlagen"* aus dem Kreis der nach § 1 Abs. 1 PatG grundsätzlich schutzfähigen Erfindungen wird zwar durch § 1 Abs. 4 PatG relativiert. Danach soll die Nennung von Software in § 1 Abs. 2 Nr. 3 PatG *„der Patentfähigkeit nur insoweit entgegen"* stehen, als für ein Programm „als solches" Schutz begeht wird. Und auch § 1 Abs. 3 GebrMG relativiert dementsprechend die in § 1 Abs. 2 Nr. 3 GebrMG grundsätzlich vorgesehene Ausnahme von *„Programmen für Datenverarbeitungsanlagen"* aus

---

[84]So der Wortlaut von § 1 Abs. 3 Nr. 3 PatG und § 1 Abs. 2 Nr. 3 GebrMG.

dem Kreis grundsätzlich gebrauchsmusterfähiger Erfindungen. Aber letztlich ist unklar, was genau dies für die Patent- und Gebrauchsmusterfähigkeit von Software bedeutet. Der BGH hat dazu z. B. Folgendes ausgeführt:

> „Bei der Bestimmung, was als Programm für Datenverarbeitungsanlagen vom Patentschutz ausgenommen ist, weil es ein Programm als solches ist, kann nicht allein auf das Verständnis von Computerfachleuten zurückgegriffen werden. Die Bestimmung hat vielmehr – wie auch sonst bei der Gesetzesauslegung – ausgehend vom Wortlaut sachbezogen nach Sinn und Zweck der gesetzlichen Regelung zu erfolgen.
>
> a) Die gesetzliche Regelung ergibt schon nach ihrem Wortlaut zunächst, dass weder Programme für Datenverarbeitungsanlagen schlechthin vom Patentschutz ausgenommen sind, noch dass bei Vorliegen der weiteren Voraussetzungen des Gesetzes für jedes Computerprogramm Patentschutz erlangt werden kann. Letzteres führt zu der Erkenntnis, dass eine beanspruchte Lehre nicht schon deshalb als patentierbar angesehen werden kann, weil sie bestimmungsgemäß den Einsatz eines Computers erfordert. Es muss vielmehr bei einer Lehre, die bei ihrer Befolgung dazu beiträgt, dass eine geeignete Datenverarbeitungsanlage bestimmte Anweisungen abarbeitet, eine hierüber hinausgehende Eigenheit bestehen. Da Datenverarbeitung geeignet erscheint, in nahezu allen Bereichen des menschlichen Lebens nützlich zu sein, kann im Hinblick auf diese Notwendigkeit außerdem nicht unberücksichtigt bleiben, dass das Patentrecht geschaffen wurde, um durch Gewährung eines zeitlich beschränkten Ausschließlichkeitsschutzes neue, nicht nahe gelegte und gewerblich anwendbare Problemlösungen auf dem Gebiet der Technik zu fördern. Das wiederum verbietet, jedwede in computergerechte Anweisungen gekleidete Lehre als patentierbar zu erachten, wenn sie nur – irgendwie – über die Bereitstellung der Mittel hinausgeht, welche die Nutzung als Programm für Datenverarbeitungsanlagen erlauben. Die prägenden Anweisungen der beanspruchten Lehre müssen vielmehr insoweit der Lösung eines konkreten technischen Problems dienen. Unter diesen Voraussetzungen ist die beanspruchte Lehre dem Patentschutz auch dann zugänglich, wenn sie als Computerprogramm oder in einer sonstigen Erscheinungsform geschützt werden soll, die eine Datenverarbeitungsanlage nutzt.
> b) Diese Abgrenzung der für Datenverarbeitungsanlagen bestimmten Programme, für die als solche Schutz begehrt wird, von computerbezogenen Gegenständen, die § 1 II Nr. 3 PatG nicht unterfallen, führt dazu, dass Ansprüche, die zur Lösung eines Problems, das auf den herkömmlichen Gebieten der Technik, also der Ingenieurwissenschaften, der Physik, der Chemie oder der Biologie besteht, die Abarbeitung bestimmter Verfahrensschritte durch einen Computer vorschlagen, grundsätzlich patentierbar sind. Ansonsten bedarf es hingegen einer Prüfung, ob die auf Datenverarbeitung mittels eines geeigneten Computers gerichtete Lehre sich gerade durch eine Eigenheit auszeichnet, die unter Berücksichtigung der Zielsetzung patentrechtlichen Schutzes eine Patentierbarkeit rechtfertigt."[85]

---

[85]BGH, Beschluss vom 17.10.2001 (Az. X ZB 16/00), GRUR 2002, S. 143 ff. (144).

Das bedeutet: Software kann Teil einer patent- oder gebrauchsmusterfähigen technischen Lösung sein. Aber softwarebezogene Patent- oder Gebrauchsmusteranmeldungen sind wegen der in der vorstehend zitierten Entscheidung des BGH beschriebenen Abgrenzungsschwierigkeiten mit erheblichen (Rechts-)Unsicherheiten behaftet. Dies bedeutet jedoch nicht, dass Software frei kopier- und nutzbar ist. Denn Software kann unabhängig von der Schutzfähigkeit als Erfindung jedenfalls Gegenstand eines Urheberrechts sein.

6.5.3 Urheberrechtsschutz

6.5.3.1 Grundsätzliches

Dass „*Computerprogramme*" urheberrechtsfähige Werke sein können, wird in § 2 Abs. 1 Nr. 1 UrhG klargestellt. Darüber hinaus enthält das Urheberrechtsgesetz in den §§ 69a–69g UrhG einen Abschnitt mit besonderen „*Bestimmungen für Computerprogramme*".

Danach sind „*Computerprogramme*" im Sinn des UrhG „*Programme in jeder Gestalt einschließlich des Entwurfsmaterials.*"[86] Zudem wird der urheberrechtliche Schutz von Software wie folgt weiter präzisiert bzw. beschränkt:

„*Der gewährte Schutz gilt für alle Ausdrucksformen eines Computerprogramms. Ideen und Grundsätze, die einem Element eines Computerprogramms zu Grunde liegen, einschließlich der den Schnittstellen zu Grunde liegenden Ideen und Grundsätze, sind nicht geschützt.*"[87] Danach umfasst der Urheberrechtsschutz von Software insbesondere auch

- das jeweilige Quellprogramm,
- das Objektprogramm und
- die Dokumentation von Flussdiagrammen (als Teil des Entwurfsmaterials).

Ob zudem die in Hinblick auf die Programmierung einer Software erstellten Lasten- und Pflichtenhefte als Teile des Entwurfsmaterials schutzfähig sind, ist weniger klar. Dazu entschied z. B. das OLG Köln in einem Urteil vom 08. April 2005 unter Bezugnahme auf die §§ 2 Abs. 1 Nr. 1, Abs. 2 und 69a UrhG folgendes:

„Nach diesen Bestimmungen erstreckt sich der Schutz auf Computerprogramme in jeder Gestalt einschließlich des Entwurfsmaterials (§ 69a Abs. 1 und 2 UrhG), während „Ideen und Grundsätze", die nach der gesetzlichen Formulierung – „einem Element eines Computerprogramms zu Grunde liegen", nach § 69a Abs. 2 S. 2 UrhG ausdrücklich nicht dem Urheberschutz unterfallen. Der Schutz bezieht sich damit auf das reine Programm als Solches, als auf „eine Folge von Befehlen, die nach Aufnahme in einen maschinenlesbaren

---

[86]So ausdrücklich § 69a Abs. 1 UrhG.
[87]So § 69a Abs. 2 UrhG.

Träger fähig sind zu bewirken, dass eine Maschine mit informationsverarbeitenden Fähigkeiten eine bestimmte Funktion oder Aufgabe oder ein bestimmtes Ergebnis anzeigt, ausführt oder erzielt" (…). Der Begriff des Computerprogramms ist zwar weit zu verstehen, betrifft aber doch nur Funktionen, die auf elektronischer Datenverarbeitung beruhen. Er erfasst z. B. Betriebssysteme, Anwendungsprogramme, Makros, Suchmaschinen, den Quell-Code und auch einzelne Programmteile. Weiter ist nach der ausdrücklichen Formulierung des Gesetzes in § 69a Abs. 1 UrhG auch Entwurfsmaterial geschützt, darunter sind aber ebenfalls nur EDV-Materialien zu verstehen. Von der Einbeziehung erfasst sind sämtliche Vorstufen wie etwa ein Flussdiagramm oder sonstige Vor- und Zwischenstufen der Programmentwicklung (…). Dem gegenüber sind die außerhalb der EDV liegenden Aufgabenstellungen und Vorgaben an den Programmierer als Ideen und Grundsätze, die einem Computerprogramm zu Grunde liegen, nicht durch die §§ 69a ff. UrhG in den urheberrechtlichen Schutz einbezogen. Insbesondere ist die Idee, zur Lösung einer bestimmten Aufgabe überhaupt ein Programm zu entwickeln, nicht von § 69a UrhG erfasst. Geschützt ist also allein die Form als der konkrete Ausdruck eines Werkes, nicht hingegen der Werkinhalt (vgl. OLG Karlsruhe GRUR 1994, 726, 729 – Bildschirmmasken; …). Dies bedeutet, dass Urheber nach dieser Bestimmung nur derjenige sein kann, der bestimmte von ihm selbst entwickelte oder ihm von dritter Seite vorgegebene Aufgabenstellungen in ein Computerprogramm umsetzt. Dem gegenüber ist derjenige, der die Aufgabe stellt, also – möglicherweise auch sehr ins Detail gehend – die Anforderungen vorgibt, die das Programm erfüllen soll, nicht gleichzeitig Urheber des Programmes. Das folgt aus dem Umstand, dass die Bestimmungen der §§ 69a ff. UrhG nur speziell Computerprogramme als urheberrechtsfähig schützen und damit darauf abstellen, dass eine eigene geistige Schöpfung des Betreffenden sich gerade als Computerprogramm niederschlägt (§ 69a Abs. 3 UrhG). Es kann indes nicht jemand auch nur Miturheber eines Computerprogramms sein, der selbst keinerlei Programmierarbeit eigenverantwortlich geleistet hat. Das gilt auch dann, wann seine intellektuellen Vorgaben den Erfolg der Programmiertätigkeit erst ermöglicht haben."[88]

Ein Urheberrecht ist ebenso wie ein Patent oder Gebrauchsmuster ein Ausschließlichkeitsrecht, dass dem Berechtigten ermöglicht, anderen Marktteilnehmern die Nutzung des Schutzgegenstands auf einem bestimmten Territorium zu untersagen.

---

[88]So OLG Köln, Urteil vom 08.04.2005 Az. 6 U 194/04; in dem dort vom OLG Köln in Bezug genommen Urteil des OLG Karlsruhe führte das OLG Karlsruhe u. a. folgendes aus: *„Ohne urheberrechtliche Bedeutung ist zunächst der Umstand, dass die Bekl. von der Kl. – wie diese behauptet – die Idee übernommen hat, eine Software für die Betriebsratsverwaltung zu entwickeln und auf den Markt zu bringen. Darüber hinaus kann die Kl. aber auch für die Grundeinteilung in die Arbeitsgebiete (oder Module, wie sie sie nennt) keinen Urheberrechtsschutz beanspruchen. Die verschiedenen Bereiche, in denen der Betriebsrat tätig wird, sind durch Gesetz oder durch Betriebsvereinbarungen und betriebliche Übung festgelegt, sodass in der Auswahl keine schöpferische Leistung liegt. Auch die Bezeichnung dieser Arbeitsgebiete steht im Wesentlichen fest (…) und kann dort, wo kein üblicher Begriff Verwendung fand („Info § 90"), keinen Schutz beanspruchen. Dagegen genießt die Gestaltung der übernommenen Bildschirmmasken Urheberrechtsschutz nach neuem Recht. Auch auf diesen Teil des Programms findet § 69a UrhG Anwendung. Dass es dabei nicht um die Programmierleistung im engeren Sinne geht, ist unerheblich, da sich die neue gesetzliche Bestimmung auf Computerprogramme in jeder Gestalt und in jeder Ausdrucksform bezieht (§ 69a Abs. 1 und 2 UrhG)."* (OLG Karlsruhe, Urteil vom 13.06.1994 [Az. 6 U 52/94], GRUR 1994 S. 726 (729).

Unbefugte Nutzer – „Urheberrechtsverletzer" – sind grundsätzlich inhaltsgleichen Risiken und Ansprüchen ausgesetzt wie Verletzer von Patenten und Gebrauchsmustern. Wer ein Urheberrecht verletzt, kann vom Berechtigten insbesondere auch in Anspruch genommen werden auf

- Unterlassung (§ 97 Abs. 1 UrhG),
- Vernichtung (§ 98 Abs. 1 UrhG),
- Rückruf (§ 98 Abs. 2 UrhG),
- Auskunft (§ 101 UrhG) und
- Schadensersatz (§ 97 Abs. 2 UrhG).

Angesichts dieser rechtlich-strukturellen Parallelen des Urheberrechtsschutzes zum Patent- und Gebrauchsmusterschutz ist eine unbefugte Softwarenutzung für ein Unternehmen folglich ebenso riskant wie die unbefugte Nutzung einer Erfindung. Es gibt jedoch auch einige grundsätzliche Unterschiede zwischen dem Patent- und Gebrauchsmusterrecht einerseits und dem Urheberrecht andererseits. Zwei wesentliche Unterschiede sind die Art und Weise der Entstehung des Ausschließlichkeitsrechts und dessen Laufzeit.

6.5.3.2 Entstehung und Dauer

Patente und Gebrauchsmuster werden von einer Behörde nach Durchlaufen eines gesetzlich geregelten Verfahrens erteilt und in für jedermann einsehbare öffentliche Register eingetragen. Für die Entstehung eines Urheberrechts ist dagegen weder ein staatlicher Verwaltungsakt noch eine Registereintragung erforderlich. Ein Urheberrecht entsteht „automatisch" in der Person des Urhebers, wenn und sobald eine urheberrechtsfähige geistige Schöpfung („Werk"[89]) eine konkrete Ausdrucksform gefunden hat. Für Computerprogramme wird dies in § 69a Abs. 3 UrhG präzisiert. Danach ist Voraussetzung für die Entstehung von Urheberrechtsschutz an einer Software, dass diese ein individuelles Werk in dem Sinn darstellt *„dass sie das Ergebnis der eigenen geistigen Schöpfung"* des Urhebers ist. Erfüllt ein Computerprogramm diese Voraussetzungen, genießt dessen Urheber grundsätzlich denselben urheberrechtlichen Schutz wie der Autor eines Sprachwerks, z. B. eines Romans.[90]

Gemäß § 64 UrhG endet dieser Schutz erst 70 Jahre nach dem Tod des Urhebers.[91] Dies führt zu der Frage, wie Unternehmen, die eine Software nutzen wollen, eine Nutzungsberechtigung erlangen können.

---

[89]Dazu § 2 Abs. 2 UrhG.

[90]Dies folgt aus § 69a Abs. 4 UrhG.

[91]Dies bedeutet, dass die Rechte aus dem Urheberrecht nach dem Tod des Urhebers dessen Erben zustehen und für die Dauer von 70 Jahren von diesen oder deren Erben geltend gemacht werden können.

6.5.3.3 Erwerb von Nutzungsbefugnissen

6.5.3.3.1 Grundsätzlich keine Abtretbarkeit von Urheberrechten

Die Frage nach dem Erwerb einer Nutzungsberechtigung an Software führt zu einem weiteren wesentlichen Unterschied zwischen dem Patent- und Gebrauchsmusterschutz einerseits und dem Urheberrechtsschutz andererseits: Im Gegensatz zu Patenten und Gebrauchsmustern sind Urheberrechte grundsätzlich *„nicht übertragbar"*[92] Urheberrechte können folglich nicht in Erfüllung eines Kaufvertrags oder im Rahmen eines Einbringungsvorgangs vom Urheber – z. B. gegen Zahlung eines Kaufpreises oder im Tausch gegen Anteile an einer Gesellschaft – auf andere Marktteilnehmer übertragen werden.

6.5.3.3.2 Lizenzfähigkeit

Allerdings können urheberrechtlich geschützte Werke, namentlich auch Software, Gegenstand von Lizenzverträgen sein. In § 31 Abs. 1 UrhG wird ausdrücklich klargestellt: *„Der Urheber kann einem anderen das Recht einräumen, das Werk auf einzelne oder alle Nutzungsarten zu nutzen (Nutzungsrecht). Das Nutzungsrecht kann als einfaches oder ausschließliches Recht sowie räumlich, zeitlich oder inhaltlich beschränkt eingeräumt werden."*[93]

Wer eine Software in erlaubter Weise nutzen will, muss folglich einen Lizenzvertrag mit deren Urheber abschließen. Hat der Urheber bereits einem anderen Marktteilnehmer ein ausschließliches Nutzungsrecht an der Software eingeräumt, besteht die Möglichkeit, von diesem (ausschließlichen) Lizenznehmer eine Unterlizenz zu erwerben. Voraussetzung dafür ist jedoch, dass der Inhaber des ausschließlichen Nutzungsrechts zur Vergabe solcher Unterlizenzen berechtigt ist.

Dass der Urheber einer Software (oder eines anderen Werkes) einem anderen Marktteilnehmer auf Grundlage eines Lizenzvertrags auch ein ausschließliches Nutzungsrecht einräumen kann, bedeutet: auch wenn Urheberrechte als solche nicht abtretbar sind, kann durch die entsprechende Gestaltung eines Lizenzvertrags ein Ergebnis herbeigeführt werden, das zumindest wirtschaftlich betrachtet der Übertragung des „Vollrechts" entspricht. Voraussetzung dafür ist allerdings die Bereitschaft des Berechtigten zum Abschluss eines Lizenzvertrags, der dem Lizenznehmer ein ausschließliches Nutzungsrecht einräumt.

---

[92]So ausdrücklich § 29 Abs. 1 UrhG; Ausnahmen von diesem Grundsatz sind nur möglich, wenn ein Urheberrecht *„in Erfüllung einer Verfügung von Todes wegen oder an Miterben im Wege der Erbauseinandersetzung übertragen"* (Wortlaut von § 29 Abs. 1 UrhG) wird.

[93]Wortlaut von § 31 Abs. 1 UrhG.

6.5.3.4 Rechte an von Arbeitnehmern und sonstigen „Dienstleistern" hergestellter Software

Will ein Unternehmen eine Software nutzen, kommt es auf die Bereitschaft des Urhebers zum Abschluss eines Lizenzvertrags grundsätzlich dann nicht an, wenn dieser Arbeitnehmer des Unternehmens ist und die Herstellung der Software zu dessen Aufgaben gehörte. Denn gemäß § 69b UrhG gilt: „*Wird ein Computerprogramm von einem Arbeitnehmer in Wahrnehmung seiner Aufgaben oder nach den Anweisungen seines Arbeitgebers geschaffen, so ist ausschließlich der Arbeitgeber zur Ausübung aller vermögensrechtlichen Befugnisse an dem Computerprogramm berechtigt, sofern nichts anderes vereinbart ist.*"[94] Dies bedeutet:

Arbeitgeber erwerben kraft Gesetzes, also „automatisch", ein ausschließliches Nutzungsrecht an Software, die von Arbeitnehmern in Ausübung ihrer arbeitsvertraglich geschuldeten Tätigkeit hergestellt wird. Anders als das ArbnErfG sieht das UrhG dabei keine zusätzliche Vergütungspflicht des Arbeitgebers vor:

> „Nach § 69b I UrhG steht dem Arbeitgeber dann, wenn einer seiner Arbeitnehmer im Rahmen seiner arbeitsvertraglichen Pflichten oder auf Anweisung des Arbeitgebers ein Computerprogramm entwickelt hat, an diesem das ausschließliche Recht der wirtschaftlichen Verwertung zu, sofern nicht anderweitige Vereinbarungen getroffen wurden. Mit dieser Vorschrift wird die bereits vor deren In-Kraft-Treten bestehende Rechtsüberzeugung fortgeschrieben, dass der als Arbeitnehmer tätige Schöpfer urheberrechtsfähiger Werke für seine Leistung regelmäßig dann mit seinem Arbeitslohn abgegolten ist, wenn die Schaffung derartiger Werke zu seinen arbeitsrechtlichen Pflichten nach den mit dem Arbeitgeber getroffenen Absprachen gehört oder von diesem sonst nach dem Arbeitsvertrag verlangt werden kann (…)."[95]

Zudem regelt das UrhG in § 69b Abs. 2 auch den Fall, dass eine für die Umsetzung eines Geschäftsmodells erforderliche Software von einem Organmitglied[96] oder einem sonstigen Auftragnehmer programmiert wird. Danach wird einem Unternehmen nicht nur die von einem Arbeitnehmer, sondern auch die von einem sonstigen Dienstverpflichteten im Rahmen der Dienstverpflichtung hergestellte Software zur ausschließlichen Nutzung zugeordnet. Dies bedeutet:

Auch wenn z. B. ein Geschäftsführer einer GmbH in Ausübung seiner Geschäftsführertätigkeit Software für die von ihm geleitete GmbH programmiert, stehen die Verwertungsrechte an dieser Software der GmbH zu. Dasselbe gilt dann, wenn Software auf Grundlage eines Dienstverhältnisses von einem „Freelancer" oder sonstigen Auftragnehmer programmiert wird.

---

[94]Wortlaut von § 69b Abs. 1 UrhG.
[95]BGH, Urteil vom 23.10.2001 (Az. X ZR 72/98), GRUR 2002, S. 149 ff. (151).
[96]Geschäftsführer, Vorstands- und Aufsichtsratsmitglieder.

6.6 Filme, Texte, Melodien, Zeichnungen, Pläne, plastische Darstellungen und andere Werke

6.6.1 Grundsätzliches

Nicht nur Softwarehersteller genießen Urheberrechtsschutz, sondern die Schöpfer sämtlicher in § 2 Abs. 1 UrhG genannten Werkarten. Voraussetzung dafür ist, dass eine „persönliche geistige Schöpfung" eines Menschen vorliegt, was eine gewisse „Gestaltungshöhe" erfordert. Mit „Gestaltungshöhe" ist letztlich ein Mindestmaß an Kreativität gemeint, was in der Praxis zu ähnlichen Abgrenzungsschwierigkeiten führen kann wie das Erfordernis einer „erfinderischen Tätigkeit" als Voraussetzung der Patentfähigkeit einer Erfindung.

Will ein Unternehmen Filmwerke, Texte, Melodien, Zeichnungen, Pläne oder sonstige urheberrechtlich geschützte Werke nutzen, gilt grundsätzlich das zur Nutzung von Software Ausgeführte entsprechend. Da der Erwerb des Urheberrechts im Sinn eines „Vollrechtserwerbs" wegen § 29 Abs. 1 UrhG ausscheidet, bedeutet dies: Solange noch ein Urheberecht an einem solchen Werk besteht, erfordert dessen Nutzung ein lizenzvertraglich eingeräumtes Nutzungsrecht. Das erfordert den Abschluss eines Lizenz- oder Unterlizenzvertrags mit dem Berechtigten. Dabei gibt es jedoch u. a. folgenden wichtigen Unterschied im Vergleich zum Erwerb von Nutzungsrechten an Software:

6.6.2 Von Arbeitnehmern und anderen Dienstverpflichteten geschaffene Werke

Die aus § 69b UrhG folgende Zuordnung der vermögensrechtlichen Befugnisse an den Arbeitgeber bzw. Dienstberechtigten gilt nur für von Arbeitnehmern oder sonstigen Dienstverpflichteten hergestellte Computerprogramme. Für andere Werkarten gilt grundsätzlich § 43 UrhG. Danach gelten die Bestimmungen des UrhG über die Zuordnung von Nutzungsbefugnissen an einem urheberrechtsfähigen Werk grundsätzlich auch dann, *„wenn der Urheber das Werk in Erfüllung seiner Verpflichtungen aus einem Arbeits- oder Dienstverhältnis geschaffen hat, soweit sich aus dem Inhalt oder dem Wesen des Arbeits- oder Dienstverhältnisses nichts anderes ergibt."*[97]

Diese gesetzliche Bestimmung wirft eine Reihe von Fragen auf: Unklar ist zunächst, welche konkreten „Dienstverhältnisse" vom Anwendungsbereich von § 43 UrhG erfasst werden. Und mindestens ebenso unklar ist die Frage, bei Vorliegen welcher Vorrausetzungen sich aus einem Arbeits- oder Dienstverhältnis etwas *„anderes ergibt"*[98], als in den §§ 31 ff UrhG grundsätzlich vorgesehen wird. Um die mit der Beantwortung dieser Fragen verbundenen Unsicherheiten zu vermeiden, gilt:

---

[97]Wortlaut von § 43 UrhG.

[98]So der Wortlaut von § 43 UrhG.

Unternehmen sollten daher mit sämtlichen Arbeitnehmern und sonstigen Dienstverpflichteten eine vertragliche Regelung der Frage anstreben, zu welchen Bedingungen das Unternehmen Werke nutzen kann, die von den jeweiligen Dienstverpflichteten geschaffen werden. Unternehmen, die den damit verbundenen Gestaltungs- und Verhandlungsaufwand scheuen, haben das Nachsehen, wenn etwa erforderliche Nutzungsrechte nicht erworben werden, weil § 43 UrhG dies „nicht hergibt". Hierbei lohnt sich in Zusammenhang mit der Nutzung sämtlicher in § 2 Abs. 1 UrhG genannten Werkarten im Übrigen auch der Blick über das Urheberrecht hinaus auf das Markenrecht. Denn nicht nur eine urheberrechtliche Nutzung, sondern auch eine etwa erforderliche Nutzung als oder im Zusammenhang mit einer Marke sollte in Betracht gezogen und gegebenenfalls vertraglich mitgeregelt werden.

6.7 Markenschutz

6.7.1 Grundsätzliches

Markenschutz führt ebenfalls zu einem Ausschließlichkeitsrecht.[99] Der Inhaber einer Marke kann Dritten untersagen, *„im geschäftlichen Verkehr in Bezug auf Waren oder Dienstleistungen*

1. *ein mit der Marke identisches Zeichen für Waren oder Dienstleistungen zu benutzen, die mit denjenigen identisch sind, für die sie Schutz genießt,*
2. *ein Zeichen zu benutzen, wenn das Zeichen mit einer Marke identisch oder ihr ähnlich ist und für Waren oder Dienstleistungen benutzt wird, die mit denjenigen identisch oder ihnen ähnlich sind, die von der Marke erfasst werden, und für das Publikum die Gefahr einer Verwechslung besteht, die die Gefahr einschließt, dass das Zeichen mit der Marke gedanklich in Verbindung gebracht wird, oder*
3. *ein mit der Marke identisches Zeichen oder ein ähnliches Zeichen für Waren oder Dienstleistungen zu benutzen, wenn es sich bei der Marke um eine im Inland bekannte Marke handelt und die Benutzung des Zeichens die Unterscheidungskraft oder die Wertschätzung der bekannten Marke ohne rechtfertigenden Grund in unlauterer Weise ausnutzt oder beeinträchtigt. "*[100]

Gegebenenfalls ist es Dritten insbesondere untersagt, „

1. *das Zeichen auf Waren oder ihrer Aufmachung oder Verpackung anzubringen,*

---

[99]Dazu § 14 Abs. 1 MarkenG.
[100]Wortlaut von § 14 Abs. 2 MarkenG.

2. *unter dem Zeichen Waren anzubieten, in den Verkehr zu bringen oder zu den genannten Zwecken zu besitzen,*

3. *unter dem Zeichen Dienstleistungen anzubieten oder zu erbringen,*

4. *unter dem Zeichen Waren einzuführen oder auszuführen,*

5. *das Zeichen als Handelsnamen oder geschäftliche Bezeichnung oder als Teil eines Handelsnamens oder einer geschäftlichen Bezeichnung zu benutzen,*

6. *das Zeichen in Geschäftspapieren oder in der Werbung zu benutzen,*

7. *das Zeichen in der vergleichenden Werbung in einer der Richtlinie 2006/114/EG des Europäischen Parlaments und des Rates vom 12. Dezember 2006 über irreführende und vergleichende Werbung (ABl. L 376 vom 27.12.2006, S. 21) zuwiderlaufenden Weise zu benutzen.* "[101]

6.7.2 Verletzer-Risiken

Wer die Marke eines anderen Marktteilnehmers verletzt, kann vom Berechtigten grundsätzlich in gleicher Weise in Anspruch genommen werden, wie der Verletzer eines Patents oder Urheberrechts. Auch im Fall einer Markenverletzung umfasst die Palette möglicher Ansprüche des Markeninhabers gegen den Verletzer insbesondere

- Unterlassung (§ 15 Abs. 5 MarkenG),
- Vernichtung (§ 18 Abs. 1 MarkenG),
- Rückruf (§ 18 Abs. 2 MarkenG),
- Auskunft (19 MarkenG) und
- Schadensersatz (§ 15 Abs. 5 MarkenG).

Will ein Start-up zur Kennzeichnung von Dienstleistungen oder Erzeugnissen eine Marke nutzen, kann dabei folglich strukturell in derselben Weise vorgegangen werden, wie wenn die Nutzung einer Erfindung angestrebt wird. Zunächst ist zu recherchieren, ob die betreffende Marke im Hinblick auf die maßgebliche Waren- oder Dienstleistungskategorie bereits einem anderen Marktteilnehmer zugeordnet ist oder insoweit zumindest eine Verwechslungsgefahr besteht. Ist dies der Fall und sollen die mit einer unbefugten Markennutzung verbundenen Risiken vermieden werden, bestehen folgende Möglichkeiten:

---

[101]So die weitere Konkretisierung in § 14 Abs. 3 MarkenG.

6.7.3 Erwerb von Nutzungsrechten an bestehenden Marken

Marken können wie Patente und Gebrauchsmuster sowohl durch Abtretung vom Inhaber auf einen anderen Marktteilnehmer übertragen werden[102] als auch Gegenstand eines Lizenzvertrags sein.[103] Sowohl der Verkauf und die Abtretung einer Marke als auch der Abschluss eines Lizenzvertrags können grundsätzlich formfrei erfolgen. Eine Dokumentation zumindest in Textform ist jedoch sinnvoll, um den Umfang eigener Rechte an einer Marke erforderlichenfalls nachweisen zu können, z. B. im Rahmen eines gerichtlich ausgetragenen Rechtsstreits. Daraus folgt:

Eine Marke kann dem bisherigen Inhaber z. B. abgekauft und dann in Erfüllung des Kaufvertrags erworben werden. Ebenso kann eine Marke jedoch in eine Gesellschaft im Tausch gegen Anteile an dieser Gesellschaft eingebracht werden. Im Hinblick auf die Struktur eines solchen Einbringungsvorgangs und die Bewertungsfragen, die sich in diesem Zusammenhang stellen, gilt das vorstehend unter 6.4.2.1.2 zur Einbringung von Patenten Ausgeführte entsprechend.

Ist der Inhaber zu keiner Abtretung bereit, kann zumindest der Abschluss eines Lizenzvertrags angestrebt werden. Auch im Hinblick auf den damit verbundenen Gestaltungsbedarf wird auf das bereits unter 6.4.2.2 zur Gestaltung von Patentlizenzverträgen Dargestellte verwiesen.

6.7.4 Originärer Markenerwerb

Soll eine Marke genutzt werden, die für die betreffende Waren- oder Dienstleistungskategorie noch keinem anderen Marktteilnehmer zugeordnet ist, kann die Begründung eines eigenen Ausschließlichkeitsrechts an der Marke angestrebt werden. Gemäß § 3 Abs. 1 MarkenG können als Marken geschützt werden, *„alle Zeichen, insbesondere Wörter, einschließlich Personennamen, Abbildungen, Buchstaben, Zahlen, Klänge, dreidimensionale Gestaltungen einschließlich der Form einer Ware oder ihrer Verpackung sowie sonstige Aufmachungen einschließlich Farben und Farbzusammenstellungen …, die geeignet sind, Waren oder Dienstleistungen eines Unternehmens von denjenigen anderer Unternehmen zu unterscheiden.“*[104] Zu diesem Zweck ist die Marke zur Eintragung in das vom DPMA geführte Markenregister anzumelden. Mit Eintragung ins Markenregister wird

---

[102]Gemäß § 27 Abs. 1 MarkenG kann eine Marke *„für alle oder für einen Teil der Waren oder Dienstleistungen, für die die Marke Schutz genießt, auf andere übertragen werden oder übergehen.“*

[103]Dazu § 30 MarkenG.

[104]Wortlaut von § 3 Abs. 1 MarkenG; zu so genannten *„Defensivmarken“* vgl. z. B. *Wekwerth*, S. 91 ff.

der Markenschutz erworben[105] („Registermarke"). Die Einzelheiten des Verfahrens werden in den §§ 32 ff MarkenG geregelt. Alternativ oder zusätzlich kommt der (originäre) Erwerb einer Unionsmarke in Betracht.

6.7.5 Unionsmarke

Eine für das Gebiet der gesamten EU und damit auch der Bundesrepublik Deutschland wirkende „Unionsmarke" kann auf Grundlage der Unionsmarkenverordnung[106] erworben werden. Die materiell-rechtlichen Voraussetzungen für den Erwerb einer eingetragenen Unionsmarke entsprechen im Wesentlichen den auch im MarkenG enthaltenen Voraussetzungen für den Erwerb einer deutschen Marke.[107] Beantragt werden muss die Eintragung einer Unionsmarke beim Amt der Europäischen Union für Geistiges Eigentum (EUIPO). Auch die Ausschließlichkeitswirkung einer Unionsmarke[108] entspricht der einer auf Grundlage des MarkenG erworbenen Marke.

Verletzer einer Unionsmarke sind den gleichen Risiken und Ansprüchen ausgesetzt wie Verletzer einer auf Grundlage des MarkenG erteilten Marke. Denn gemäß Art. 14 Abs. 1 der Unionsmarkenverordnung definiert diese zwar die materiell-rechtliche Wirkung einer Unionsmarke. *„Im Übrigen unterliegt die Verletzung einer Unionsmarke"* jedoch *„dem für die Verletzung nationaler Marken geltenden Recht …"*[109].

Nach Art. 102 Abs. 2 der Unionsmarkenverordnung hat ein mit einem Rechtsstreit über die Verletzung einer Gemeinschaftsmarke befasstes *„Unionsmarkengericht"*[110] dazu bei der Entscheidungsfindung anzuwenden: „[D]*as Recht des Mitgliedstaats, ein-*

---

[105]Dazu § 4 Nr. 1 MarkenG; der Vollständigkeit halber sei darauf hingewiesen, dass Markenschutz gemäß § 4 Nr. 2 MarkenG auch erworben werden kann *„durch die Benutzung eines Zeichens im geschäftlichen Verkehr, soweit das Zeichen innerhalb beteiligter Verkehrskreise als Marke Verkehrsgeltung erworben hat"* (Wortlaut von § 4 Nr. 2 MarkenG). Diese Art und Weise, Markenschutz zu erwerben („Benutzermarke"), ist jedoch mit entsprechender Rechtsunsicherheit behaftet und für Start-ups ohne nennenswerte praktische Bedeutung.

[106]VERORDNUNG (EU) Nr. 2017/1001 DES EUROPÄISCHEN PARLAMENTS UND DES RATES vom 14. Juni 2017 über die Unionsmarke.

[107]Dazu Art. 4 Unionsmarkenverordnung.

[108]Dazu Art. 9 Gemeinschaftsmarkenverordnung.

[109]Wortlaut von Art. 17 Abs. 1 Satz 2 Unionsmarkenverordnung.

[110]„Unionsmarkengerichte" sind die von den EU-Mitgliedsstaaten nach Art. 123 Abs. 1 der Unionsmarkenverordnung benannten, nationalen Gerichte erster und zweiter Instanz, welche innerhalb des jeweiligen Mitgliedsstaats die nach der Unionsmarkenverordnung zugeordneten Aufgaben wahrnehmen und damit insbesondere auch für Rechtsstreitigkeiten über (behauptete) Verletzungen von Unionsmarken zuständig sind.

schließlich dessen internationalen Privatrechts, ..., in dem die Verletzungshandlungen begangen worden sind oder drohen."[111]

Wer eine bereits bestehende Unionsmarke nutzen will, muss daher eine entsprechende Berechtigung erwerben. Dies ist sowohl im Weg eines „Vollrechtserwerbs"[112] als auch auf Grundlage eines Lizenzvertrags[113] möglich.

6.8 Schutz zwei- und dreidimensionaler Erscheinungsformen

6.8.1 Grundsätzliches

Die in § 3 Abs. 1 MarkenG genannten „Abbildungen" und „dreidimensionalen Gestaltungen" können ebenso wie jede andere *„zweidimensionale oder dreidimensionale Erscheinungsform eines ganzes Erzeugnisses oder eines Teils davon, die sich insbesondere aus den Merkmalen der Linien, Konturen, Farben, der Gestalt, Oberflächenstruktur oder der Werkstoffe des Erzeugnisses selbst oder seiner Verzierung ergibt"*[114], nicht nur Gegenstand eines Markenschutzes sein, sondern auch eines Designschutzes. Die *„Erscheinungsform eines Erzeugnisses oder eines Teils davon"*[115] kann zudem Gegenstand eines Gemeinschaftsgeschmacksmusters sein.

6.8.2 Designschutz

Die Erlangung von Designschutz für ein Design nach dem DesignG setzt voraus, dass das Design *„neu ist und Eigenart hat."*[116] Wenn diese Voraussetzungen vorliegen, kann ein Design auf Antrag (Anmeldung) vom DPMA in das dort geführte Design-Register („Register") mit der Folge eingetragen werden, dass der Designschutz entsteht.[117]

„Neu" ist ein Design dann, wenn *„vor dem Anmeldetag kein identisches Design offenbart worden ist."*[118] „Eigenart" hat ein Design, *„wenn sich der Gesamteindruck, den es beim informierten Benutzer hervorruft, von dem Gesamteindruck unterscheidet, den ein anderes Design bei diesem Benutzer hervorruft, das vor dem Anmeldetag offenbart worden ist. Bei der Beurteilung der Eigenart wird der Grad der Gestaltungsfreiheit*

---

[111]Wortlaut von Art. 129 Abs. 2 der Unionsmarkenverordnung.

[112]Dies folgt aus Art. 20 Abs. 1 Unionsmarkenverordnung.

[113]Dazu Art. 25 Unionsmarkenverordnung.

[114]Wortlaut von § 1 Nr. 1 DesignG.

[115]Wortlaut von Art. 3 a) der Gemeinschaftsgeschmackmusterverordnung.

[116]Wortlaut von 2 Abs. 1 DesignG.

[117]Dazu § 27 DesignG.

[118]Wortlaut von § 2 Abs. 2 Satz 1 DesignG.

des Entwerfers bei der Entwicklung des Designs berücksichtigt."[119] Damit kommt dem Erfordernis der „Eigenart" für den Designschutz eine vergleichbare Funktion zu, wie dem Erfordernis „erfinderischer Tätigkeit" für den Patent- und der „Gestaltungshöhe" für den Urheberrechtsschutz.

Im Übrigen gelten für den Designschutz die gleichen Grundsätze wie für den Schutz von Erfindungen durch Patente und Gebrauchsmuster und den Markenschutz: Wer bestehenden Designschutz anderer Marktteilnehmer verletzt, muss damit rechnen, von diesen auf Unterlassung, Vernichtung, Rückruf, Auskunft und/oder Schadensersatz in Anspruch genommen zu werden. Wer ein eingetragenes Design nutzen, aber dieses Risiko vermeiden will, kann entsprechende Nutzungsrechte erwerben.

Rechte an einem eingetragenen Design können sowohl auf andere Marktteilnehmer übertragen werden[120] als auch Gegenstand eines Lizenzvertrags sein.[121] Damit kommen für den Erwerb von Nutzungsrechten an einem eingetragenen Design dieselben Möglichkeiten in Betracht wie für den Erwerb von Nutzungsrechten an Erfindungen und Marken. Ein „Vollrechtserwerb" auf Grundlage eines Kaufvertrags ist damit ebenso möglich wie ein „Vollrechtserwerb" im Rahmen eines Einbringungsvorgangs. Daneben besteht die Möglichkeit, Nutzungsrechte auf Grundlage eines Lizenz- oder Unterlizenzvertrags zu erwerben. Solche Lizenz- oder Unterlizenzverträge werfen gegebenenfalls im Wesentlichen dieselben Gestaltungsfragen auf, wie der Abschluss eines Patent- oder Markenlizenzvertrags.

Werden zwei- oder dreidimensionale Erscheinungsformen vom Arbeitnehmer eines Unternehmens gestaltet, ordnet § 7 Abs. 2 DesignG *„das Recht an dem eingetragenen Design dem Arbeitgeber zu, sofern vertraglich nichts anderes vereinbart wurde."*[122] Darüber hinaus gilt diese Regelung jedoch nicht für die Rechte an zwei- oder dreidimensionalen Erscheinungsformen, die von Organmitgliedern oder sonstigen Dienstverpflichteten (Auftragnehmern) geschaffen werden. Mit solchen Personen müssen daher die erforderlichen Regelungen über die Zuordnung von Rechten an neu entworfenen Designs vertraglich vereinbart werden.

6.8.3 Gemeinschaftsgeschmacksmuster

Erscheinungsformen von Erzeugnissen können zudem auf Grundlage der Gemeinschaftsgeschmackmusterverordnung[123] geschützt sein oder werden. „Erzeugnisse" in diesem Sinn sind industrielle oder handwerkliche Gegenstände einschließlich der

---

[119]Wortlaut von § 2 Abs. 3 DesignG.

[120]Dies folgt aus § 29 Abs. 1 DesignG.

[121]Dazu § 31 DesignG.

[122]Wortlaut von § 7 Abs. 2 DesignG.

[123]VERORDNUNG (EG) Nr. 6/2002 DES RATES vom 12. Dezember 2001 über das Gemeinschaftsgeschmacksmuster.

Einzelteile, die zu einem komplexen Erzeugnis zusammengebaut werden sollen, Verpackungen, Ausstattungen, grafische Symbole und typografische Schriftbilder, nicht jedoch Computerprogramme.[124]

Auch der Schutz auf Grundlage der Gemeinschaftsgeschmacksmusterverordnung setzt voraus, dass ein Geschmacksmuster *„neu ist und Eigenart hat.* "[125] Sind diese Voraussetzungen erfüllt, kommt ein Schutz sowohl als *„nicht eingetragenes Geschmacksmuster"*[126] als auch als *„eingetragenes Gemeinschaftsgeschmacksmuster"*[127] in Betracht. Ein Schutz als „nicht eingetragenes Gemeinschaftsgeschmacksmuster" setzt grundsätzlich nur voraus, dass das Geschmacksmuster der Öffentlichkeit zugänglich gemacht wird.[128] Die Schutzdauer beträgt dann jedoch nur drei Jahre *„beginnend mit dem Tag, an dem es der Öffentlichkeit innerhalb der Gemeinschaft erstmals zugänglich gemacht wurde."*[129]

Wird dagegen die Eintragung eines Geschmacksmusters durch das Amt der Europäischen Union für Geistiges Eigentum in das von diesem geführten Register bewirkt, beträgt die Schutzdauer fünf Jahre, beginnend mit dem Anmeldetag. Der Rechtsinhaber kann diese Schutzdauer jedoch auf bis zu 25 Jahre verlängern lassen.[130]

Wer ein Gemeinschaftsgeschmacksmuster eines anderen Marktteilnehmers verletzt, ist im Wesentlichen den gleichen Risiken ausgesetzt, wie der Verletzer eines Patents, einer Marke oder eines eingetragenen Designs. Diese Risiken können durch Erwerb einer Nutzungsbefugnis vermieden werden. Dies kann sowohl durch „Vollrechtserwerb" als auch auf Grundlage eines Lizenzvertrags erfolgen. Denn ein Gemeinschaftsgeschmacksmuster kann sowohl durch Vertrag (Abtretung) auf andere Marktteilnehmer übertragen (abgetreten) werden als auch Gegenstand eines Lizenzvertrags sein.

Das Recht auf ein Gemeinschaftsgeschmacksmuster steht grundsätzlich demjenigen zu, der das Geschmacksmuster entworfen hat. Erfolgt der Entwurf *„jedoch von einem Arbeitnehmer in Ausübung seiner Aufgaben oder nach den Weisungen seines Arbeitgebers"*[131], steht das Recht dem Arbeitgeber zu. In Bezug auf Geschmacksmuster, die von Organmitgliedern oder sonstigen Dienstverpflichteten entworfen werden, besteht jedoch kein entsprechender gesetzlicher Automatismus. Deshalb sind in diesen Fällen entsprechende vertragliche Vereinbarungen über die Rechte-Zuordnung erforderlich, z. B. im Rahmen von Anstellungsverträgen mit Organmitgliedern.

---

[124]Dazu Art. 3 b) Gemeinschaftsgeschmacksmusterverordnung.

[125]Wortlaut von Art. 4 Abs. 1 Gemeinschaftsgeschmacksmusterverordnung.

[126]Dazu Art. 1 Abs. 2 a) Gemeinschaftsgeschmacksmusterverordnung.

[127]Dazu Art. 1 Abs. 2 b) Gemeinschaftsgeschmacksmusterverordnung.

[128]Vgl. dazu Art. 11 Abs. 2 der Gemeinschaftsgeschmacksmusterverordnung.

[129]Wortlaut von Art. 11 Abs. 1 der Gemeinschaftsgeschmacksmusterverordnung.

[130]Dazu Art. 12 der Gemeinschaftsgeschmacksmusterverordnung.

[131]Wortlaut von Art. 14 Abs. 3 Gemeinschaftsgeschmacksmusterverordnung.

6.9   Sortenschutz

Ebenso wie Software sind auch Pflanzen keine Erzeugnisse, die Gegenstand eines Gemeinschaftsgeschmacksmusters sein können.[132] Dies bedeutet jedoch nicht, dass Pflanzen nicht Gegenstand eines Ausschließlichkeitsrechts sein können.

Nach § 1 Abs. 1 SortSchG wird Sortenschutz erteilt *„für eine Pflanzensorte (Sorte) ..., wenn sie 1. unterscheidbar, 2. homogen, 3. beständig, 4. neu und 5. durch eine eingetragene Sortenbezeichnung bezeichnet ist.*"[133] Was eine „Sorte" im Sinn des SortSchG ist, wird in § 2 Nr. 1a SortSchG näher definiert.

Wichtig für Start-ups, die neue Pflanzensorten kreieren, z. B. um pflanzliches Material oder Früchte zur Herstellung von Erzeugnissen wie z. B. Pack- oder Arzneimitteln zu nutzen, ist daher: In Form des Sortenschutzes kann auch für Pflanzensorten ein Ausschließlichkeitsrecht erlangt werden, das wie z. B. ein Patent wirkt.[134]

Zuständig für die Erteilung des Sortenschutzes ist jedoch nicht das DPMA, sondern das Bundessortenamt. Wird Sortenschutz erteilt, kann dieser abgetreten[135] und auch auf Grundlage eines Lizenzvertrags *„ganz oder teilweise Gegenstand ausschließlicher oder nicht ausschließlicher Nutzungsrechte sein.*"[136]

6.10   Halbleiterschutz

Ein weiteres Ausschließlichkeitsrecht, welches das deutsche Recht in einem gesonderten Gesetz ermöglicht, ist der „Halbleiterschutz". Nach § 1 Abs. 1 HalblSchG kann für dreidimensionale Strukturen mikroelektronischer Halbleitererzeugnisse – sogenannte „Topografien" – Halbleiterschutz erlangt werden durch *„Eintragung in das Register für Topografien"*[137]. Zuständig ist das DPMA.

Der Erhalt von Halbleiterschutz setzt voraus, dass die betreffende Topografie „Eigenart" aufweist. Dies ist dann der Fall, wenn die betreffende Topografie *„als Ergebnis geistiger Arbeit nicht nur als bloße Nachbildung einer anderen Topografie hergestellt und nicht alltäglich ist.*"[138]

---

[132]Pflanzen sind als Naturprodukte keine industriellen oder handwerklichen Gegenstände im Sinn von Art. 3b) der Gemeinschaftsgeschmacksmusterverordnung. Durch § 2a PatG werden Pflanzensorten zudem ausdrücklich vom Patentschutz ausgenommen.

[133]Wortlaut von § 1 Abs. 1 SortSchG.

[134]Vgl. dazu § 10 SortSchG.

[135]Dazu § 11 Abs. 1 SortSchG.

[136]Wortlaut von § 11 Abs. 2 SortSchG.

[137]Wortlaut von § 4 Abs. 1 HalblSchG.

[138]Wortlaut von § 1 Abs. 2 HalblSchG.

Die Wirkung des Halbleiterschutzes entspricht der Wirkung eines Patents oder Gebrauchsmusters. Der Inhaber des Halbleiterschutzes kann gegen Verletzer die gleichen Ansprüche geltend machen, wie der Inhaber eines Gebrauchsmusters.[139] Auch für die Übertrag- und Lizenzierbarkeit des Halbleiterschutzes gelten die Vorschriften des Gebrauchsmustergesetzes entsprechend.[140]

6.11 Wissen

6.11.1 Grundsätzliches

Öffentlich zugängliches Wissen, das keine patent- oder gebrauchsmusterrechtlich geschützte Lehre zur Lösung eines technischen Problems beinhaltet, ist grundsätzlich frei nutzbar. Wenn Wissen dagegen ein *„Geschäftsgeheimnis"* eines Unternehmens darstellt, wird es durch § 23 Abs. 1 GeschGehG in Form eines Straftatbestands wie folgt vor einer Weitergabe an Dritte geschützt:

„Mit Freiheitsstrafe bis zu drei Jahren oder mit Geldstrafe wird bestraft, wer zur Förderung des eigenen oder fremden Wettbewerbs, aus Eigennutz, zugunsten eines Dritten oder in der Absicht, dem Inhaber eines Unternehmens Schaden zuzufügen,

1. *entgegen § 4 Absatz 1 Nummer 1 ein Geschäftsgeheimnis erlangt,*
2. *entgegen § 4 Absatz 2 Nummer 1 Buchstabe a ein Geschäftsgeheimnis nutzt oder offenlegt oder*
3. *entgegen § 4 Absatz 2 Nummer 3 als eine bei einem Unternehmen beschäftigte Person ein Geschäftsgeheimnis, das ihr im Rahmen des Beschäftigungsverhältnisses anvertraut worden oder zugänglich geworden ist, während der Geltungsdauer des Beschäftigungsverhältnisses offenlegt."[141]*

Gemäß § 23 Abs. 2 GeschGehG wird ebenso bestraft, *„wer zur Förderung des eigenen oder fremden Wettbewerbs, aus Eigennutz, zugunsten eines Dritten oder in der Absicht, dem Inhaber eines Unternehmens Schaden zuzufügen, ein Geschäftsgeheimnis nutzt oder offenlegt, das er durch eine fremde Handlung nach Absatz 1 Nummer 2 oder Nummer 3 erlangt hat."[142]*

Die mit dieser Strafandrohung verbundene Abschreckungswirkung soll Unternehmen vor Offenlegung ihrer Geschäftsgeheimnisse sowie deren Aneignung oder Nutzung durch unbefugte Dritte schützen. Arbeitnehmer und sonstige Personen können im Fall

---

[139]Vgl. dazu § 9 HalblSchG.
[140]Dazu § 11 Abs. 2 HalblSchG.
[141]Wortlaut von § 23 Abs. 1 GeschGehG.
[142]Wortlaut von § 23 Abs. 2 GeschGehG.

unbefugter Aneignung, Nutzung oder Offenlegung zusätzlich persönlich auf Unter-lassung[143], Vernichtung[144], Rückruf[145], Auskunft[146] und Schadensersatz[147] in Anspruch genommen werden. Allerdings wirft § 23 GeschGehG bei näherer Betrachtung eine Reihe von Fragen auf, nämlich u. a. folgende:

- Was genau qualifiziert eine Information als *„Geschäftsgeheimnis"*?
- Im Rahmen welcher Beschäftigungsverhältnisse findet die Vorschrift überhaupt Anwendung und was genau bedeutet dabei *„anvertraut"*?
- Und was gilt gegebenenfalls nach Beendigung eines solchen Beschäftigungsver-hältnisses?

6.11.2 Geschäftsgeheimnisse

Nach § 2 Nr. 1 GeschGehG setzt die Qualifikation von Informationen als *„Geschäfts-geheimnis"* die Erfüllung folgender 3 Voraussetzungen voraus:

1. Die Information muss in dem Sinn geheim sein, dass sie *„weder insgesamt noch in der genauen Anordnung und Zusammensetzung ihrer Bestandteile den Personen in den Kreisen, die üblicherweise mit dieser Art von Informationen umgehen, allgemein bekannt oder ohne Weiteres zugänglich ist und daher von wirtschaftlichem Wert ist."*[148]
2. Es muss ein *„berechtigtes Interesse an der Geheimhaltung"*[149] bestehen.
3. Die Informationen müssen *„Gegenstand von den Umständen entsprechenden angemessenen Geheimhaltungsmaßnahmen durch ihren rechtmäßigen Inhaber"*[150] sein.

Zumindest die Erfüllung der zuletzt genannten, dritten Voraussetzung hat jedes Unter-nehmen selbst in der Hand. Allerdings ist insoweit unklar, welche *„Geheimhaltungsmaß-nahmen"* in Anbetracht der jeweiligen Umstände des Einzelfalls *„angemessen"* sind.[151]

---

[143]Dazu § 6 GeschGehG.

[144]Dazu § 7 Nr. 1 und 4 GeschGehG.

[145]Dazu § 7 Nr. 2 GeschGehG, vgl. zudem § 7 Nr. 3 GeschGehG *(„dauerhafte Entfernung aus den Vertriebswegen").*

[146]Dazu § 8 GeschGehG.

[147]Dazu § 10 GeschGehG.

[148]Wortlaut von § 2 Nr. 1 a) GeschGehG.

[149]Wortlaut von § 2 Nr. 1 c) GeschGehG.

[150]Wortlaut von § 2 Nr. 1 b) GeschGehG.

[151]Dazu z. B. *Ohly,* GRUR 2019, S. 441 ff. (444); *Hauck,* GRUR-Prax 2019, S. 223 ff. (224); *Dann/Markgraf,* NJW 2019, S. 1774 ff. (1775).

Wer die mit der Auslegung solcher unbestimmten Rechtsbegriffe verbundenen Unsicherheiten vermeiden will, sollte stets sämtliche zur Verfügung stehenden Geheimhaltungsmaßnahmen ergreifen. Dazu zählen neben organisatorischen und technischen Maßnahmen auch die Vereinbarung vertraglicher Geheimhaltungspflichten mit Arbeitnehmern, sonstigen Lieferanten und Kunden.

6.11.3 Vertraulichkeitsvereinbarungen

Vertraulichkeitsvereinbarungen können, müssen aber keine gesonderten Verträge sein. Vielmehr sollten grundsätzlich sämtliche Verträge mit Personen, die in Folge ihrer Zusammenarbeit mit einem Unternehmen Zugang zu dessen Geschäftsgeheimnissen haben (könnten), auch Geheimhaltungspflichten enthalten. Dies gilt für Verträge mit Arbeitnehmern und sonstigen Lieferanten ebenso wie z. B. für Verträge mit Kunden. Sämtliche dieser Verträge sollten zumindest auf folgende Fragen Antworten enthalten:

- Welche Informationen sind „geheimhaltungspflichtige Informationen" und/oder als „Geschäftsgeheimnis" anzusehen? Insbesondere: Sollen zumindest bestimmte Geheimhaltungspflichten auch dann für bestimmte Informationen gelten, wenn oder falls diese kein „Geschäftsgeheimnis" im Sinn von § 2 Nr. 1 GeschGehG darstellen?
- Welche technischen und sonstigen Sicherungsmaßnahmen muss jede Vertragspartei mindestens ergreifen, um diese Informationen geheim zu halten?
- Für welche Dauer (Laufzeit) müssen diese Maßnahmen aufrechterhalten werden?

6.11.4 Lizenzverträge

Wissen kann nicht nur durch Vertraulichkeitsvereinbarungen geschützt, sondern auch ganz bewusst anderen Marktteilnehmern zur Nutzung überlassen werden, z. B. auf Grundlage von Lizenzverträgen. Bei Abschluss und Gestaltung solcher Know-how-Lizenzverträge sind wie beim Abschluss von Lizenzverträgen über Patente oder Gebrauchsmuster insbesondere auch die Schranken des Kartellrechts zu beachten.

Besondere praktische Bedeutung hat in diesem Zusammenhang die Technologietransfer-GVO. In Art. 1 Abs. 1 i) der Technologietransfer-GVO wird „*Know-how*" für Zwecke einer möglichen Freistellung von den kartellrechtlichen Beschränkungen definiert als „*eine Gesamtheit praktischer Kenntnisse, die durch Erfahrungen und Versuche gewonnen werden und die (i) geheim, das heißt nicht allgemein bekannt und nicht leicht zugänglich sind, (ii) wesentlich, das heißt für die Produktion der Vertragsprodukte von Bedeutung und nützlich sind und (iii) identifiziert sind, das heißt, umfassend genug beschrieben sind, so dass überprüft werden kann, ob die Merkmale „geheim" und „wesentlich" erfüllt sind.* "[152]

6.12 Daten

6.12.1 Grundsätzliches

Daten sind der Rohstoff, aus dem Wissen entwickelt werden kann. Als Vorstufe von Wissen unterliegt die Nutzung von Daten grundsätzlich keinen anderen Beschränkungen als die Nutzung von Wissen. Deshalb können Daten, die verfügbar sind, grundsätzlich auch genutzt werden.

Daten können – wie Wissen auch – Gegenstand von Geheimhaltungsvereinbarungen und anderen vertraglichen Zuordnungen sein, also auch Gegenstand von Lizenzverträgen. [153] Praktisch bedeutende Besonderheiten, insbesondere Beschränkungen, gelten dabei jedoch für „personenbezogene Daten".

6.12.2 Nutzung personenbezogener Daten

Personenbezogene Daten können und dürfen von Unternehmen grundsätzlich nicht frei genutzt werden, und zwar auch dann nicht, wenn diese öffentlich zugänglich sind. Die Nutzung personenbezogener Daten wird insbesondere durch zwei Gesetze beschränkt, nämlich zum einen durch das BDSG und zum anderen durch die seit 25.05.2017 geltende EU-DSGVO.

Die EU-DSGVO gilt vorrangig, die Bestimmungen des BDSG gelten ergänzend.[154] Sowohl die EU-DSGVO als auch das BDSG bezwecken den Schutz von Menschen – in der Sprache des Datenschutzrechts ebenfalls „natürliche Personen" genannt – vor den Gefahren, die mit einer Verarbeitung „personenbezogener Daten" verbunden sind.[155] „Personenbezogene Daten" in diesem Sinn sind *„alle Informationen, die sich auf eine identifizierte oder identifizierbare natürliche Person (…) beziehen; als identifizierbar wird eine natürliche Person angesehen, die direkt oder indirekt, insbesondere mittels Zuordnung zu einer Kennung wie einem Namen, einer Kennnummer, zu Standortdaten, zu einer Onlinekennung oder zu einem oder mehreren besonderen Merkmalen, die Ausdruck*

---

[152]Wortlaut von Art. 1 Abs. 1 i) Technologietransfer-GVO.

[153]Vgl. dazu z. B. *Ensthaler,* NJW 2016, S. 3437 ff.

[154]Dies kommt in der in § 1 Abs. 5 BDSG enthaltenen Klarstellung zum Ausdruck, dass das BDSG *„keine Anwendung"* findet, *„soweit das Recht der Europäischen Union, im Besonderen die Verordnung (EU) 2016/679 in der jeweils geltenden Fassung, unmittelbar gilt."* (Wortlaut von § 1 Abs. 5 BDSG).

[155]Vgl. dazu Art. 1 Abs. 2 und 3 EU-DSGVO.

der physischen, physiologischen, genetischen, psychischen, wirtschaftlichen, kulturellen oder sozialen Identität dieser natürlichen Person sind, identifiziert werden kann "[156].

Die Nutzung personenbezogener Daten setzt grundsätzlich die Einwilligung der betroffenen Person voraus.[157] Alternativ kommen bestimmte Ausnahmetatbestände in Betracht, die eine Nutzung personenbezogener Daten auch ohne Einwilligung des Betroffenen erlauben. Dies gilt z. B. für eine Nutzung personenbezogener Daten zur Erfüllung eines Vertrags, dessen Partei die betroffene Person ist[158], sowie die Verarbeitung personenbezogener Daten zur Erfüllung eigener gesetzlicher Pflichten.[159] In allen Fällen gilt jedoch: Ein Unternehmen, das personenbezogene Daten nutzt, muss die Voraussetzungen des jeweiligen Erlaubnistatbestands nachweisen können, auf den sich das Unternehmen zur Nutzung der Daten berufen will. Im Hinblick auf die Einwilligung betroffener Personen sind dabei insbesondere Art. 7 und 8 EU-DSGVO zu beachten.

6.13 Geschäftsmodell

Geschäftsmodelle – im Sinn organisierter Wertschöpfungs- und Marktteilnahmemodelle – stellen grundsätzlich keine Immaterialgüter dar, für die das deutsche Recht die Möglichkeit vorsieht, ein ausschließliches Nutzungsrecht zu erlangen. (Bewährte) Geschäftsmodelle eines Unternehmens können daher von anderen Marktteilnehmern grundsätzlich nachgeahmt werden. Etwas anderes gilt nur, wenn und soweit die Nachahmung nicht ausnahmsweise eine unlautere geschäftliche Handlung im Sinn von § 3 UWG darstellt. Wer sich durch ein Geschäftsmodell einen Wettbewerbsvorteil verschaffen und andere von dessen Nachahmung abhalten will, muss folglich versuchen,

- möglichst viele Informationen über das Geschäftsmodell wie z. B. über zugrundeliegende Planungen, die Organisation, Prozesse sowie eventuell auch Informationen darüber, mit wem zusammengearbeitet wird, geheim zu halten, und
- an möglichst vielen, für sich genommenen schutzfähigen Immaterialgütern, die für die Umsetzung des Geschäftsmodells erforderlich oder nützlich sind, ausschließliche Nutzungsbefugnisse zu erlangen.

Dazu kann und sollte darauf geachtet werden, dass möglichst viele Informationen über das Geschäftsmodell und dessen Umsetzung die Voraussetzungen eines „Geschäftsgeheimnisses" im Sinn von § 2 Nr. 1 GeschGehG erfüllen. Dies erfordert insbesondere auch das Ergreifen von *„angemessenen Geheimhaltungsmaßnahmen"*[160] auf organisatorischer,

---

[156]Wortlaut der Begriffsbestimmung in Art. 4 Nr. 1 EU-DSGVO.

[157]Dazu Art. 6 Abs. 1 a) EU-DSGVO.

[158]Dazu Art. 6 Abs. 1 b) EU-DSGVO.

[159]Dazu Art. 6 Abs. d) EU-DSGVO.

[160]Wortlaut von § 2 Nr. 1 b) GeschGehG.

technischer und vertraglicher Ebene. Zudem sollte der Abschluss von Geheimhaltungsvereinbarungen mit sämtlichen Marktteilnehmern angestrebt werden, die Zugang zu öffentlich nicht bekannten Informationen über das Geschäftsmodell, dessen Organisation oder einzelne Prozesse, Vertragspartner oder -inhalte haben.

Die Erlangung ausschließlicher Nutzungsrechte an möglichst vielen Immaterialgütern, die zur Umsetzung des Geschäftsmodells erforderlich oder zumindest nützlich sind, erfordert zunächst, dass diese (rechtzeitig) identifiziert werden. Die Identifikation der zur Umsetzung eines Geschäftsmodells erforderlichen oder zumindest nützlichen Immaterialgüter ist die erste Stufe einer planmäßigen Immaterialgüternutzungs- und -schutzstrategie.

Anschließend kann versucht werden, die von der Rechtsordnung für die identifizierten Immaterialgüter grundsätzlich bereitgestellten Schutzrechte zu erworben, z. B. durch (rechtzeitige) Anträge auf Erteilung dieser Schutzrechte bei den jeweils zuständigen Behörden. Soweit Arbeitnehmer oder sonstige Dritte an der Immaterialgüterentwicklung beteiligt sind, sollten dazu die gesetzlichen Arbeitgeber- bzw. Auftraggeber-Rechte wahrgenommen werden, z. B. an Erfindungen, Designs und Software.

Ergänzend ist bei Abschluss von Verträgen auf der Beschaffungs- und Absatzseite darauf zu achten, dass entsprechende vertragliche Zuordnungen von Immaterialgütern vereinbart werden. Vertragliche Zuordnungen von Immaterialgütern können z. B. in Form vereinbarter Nutzungsrechte (Lizenzen), der – auch bereits im Voraus vereinbarten – Abtretung von Rechten und/oder von Geheimhaltungspflichten erfolgen. Vor diesem Hintergrund können einige zentrale Punkte des Immaterialgütererwerbs und -schutzes nochmals wie folgt zusammengefasst werden:

6.14 Zusammenfassung

In Deutschland genießen Marktteilnehmer grundsätzlich die Freiheit, andere Marktteilnehmer nachzuahmen und verfügbare Immaterialgüter zu nutzen. Diese Freiheit besteht jedoch nicht, wenn und soweit die Rechtsordnung einzelnen Marktteilnehmern ausnahmsweise in Form eines Schutzrechts ein Ausschließlichkeitsrecht und damit ein Nutzungsmonopol an einem Immaterialgut zuweist. Ein Patent ist z. B. ein solches Schutzrecht. Die Erteilung eines Patents beinhaltet die Zuweisung eines Ausschließlichkeitsrechts an der Erfindung, die Gegenstand des Patents ist.

Der Inhaber eines solchen Schutz- und damit Ausschließlichkeitsrechts ist zur alleinigen Nutzung des geschützten Immaterialguts auf dem Territorium berechtigt, für welches das Schutzrecht besteht. Wer das geschützte Immaterialgut dort nutzen will, kann eine Nutzungsbefugnis vom Schutzrechtsinhaber erwerben. Dazu kann vom Schutzrechtsinhaber entweder das gesamte Schutzrecht als solches erworben oder eine ausschließliche oder nicht-ausschließliche Nutzungsberechtigung (Lizenz) vereinbart werden. Tab. 6.1 fasst die Möglichkeiten zum Erwerb ausschließlicher und nicht-ausschließlicher Nutzungsbefugnisse an einigen für Hightech-Start-ups typischerweise besonders wichtigen Immaterialgütern zusammen.

Tab. 6.1 Möglichkeiten zum Erwerb (ausschließlicher) Nutzungsberechtigung an bestimmten Immaterialgütern

Immaterialgut	Denkbare(s) Schutzrecht(e)	Zuständige Behörde	Übertragbarkeit (Abtretbarkeit) des Schutzrechts	Lizenzierbarkeit
Erfindungen (technische Lehren)	Patent	DPMA	Ja (§ 15 Abs. 1 PatG)	Ja (§ 15 Abs. 2 PatG)
	Europäisches Patent	EPA	Ja (Art. 71 EPÜ)	Ja (Art. 73 EPÜ)
	Gebrauchsmuster	DPMA	Ja (§ 22 Abs. 1 GebrMG)	Ja (§ 22 Abs2 1 GebrMG)
Software und andere persönliche geistige Schöpfungen, z. B. Texte, Melodien, (Bewegt-)Bilder	Urheberrecht	Keine zuständige Behörde. Urheberrecht entsteht automatisch	Nein (§ 29 Abs. 1 UrhG)	Ja (§§ 29 Abs. 2, 31 UrhG)
Zwei- und dreidimensionale Erscheinungsformen	Gemeinschafts-Geschmacks-Muster	EUIPO; Rechtserwerb jedoch auch ohne behördlichen Akt möglich	Ja (Art. 32 Gemeinschaftsgeschmacksmusterverordnung)	Ja (Art. 27, 28 Gemeinschaftsgeschmacksmusterverordnung)
	Design	DPMA	Ja (§ 29 Abs. 1 DesignG)	Ja (§ 31 Abs. 1 DesignG)
	Unionsmarke	EUIPO	Ja (Art. 20 Unionsmarkenverordnung)	Ja (Art. 25 Unionsmarkenverordnung)
Andere Marken und Kennzeichen für Waren oder Dienstleistungen	Marke	DPMA; Rechtserwerb jedoch auch ohne behördlichen Akt möglich „Benutzermarke"	Ja (§ 27 Abs. 1 MarkenG)	Ja (§ 30 MarkenG)
	Unionsmarke	EUIPO	Ja (Art. 20 Unionsmarkenverordnung)	Ja (Art. 25 Unionsmarkenverordnung)

(Fortsetzung)

Tab. 6.1 (Fortsetzung)

Immaterialgut	Denkbare(s) Schutzrecht(e)	Zuständige Behörde	Übertragbarkeit (Abtretbarkeit) des Schutzrechts	Lizenzierbarkeit
Wissen (Know-how) und Daten	Wenn das Wissen eine patentierbare Erfindung beinhaltet, dann wie bei Erfindungen (oben); im Übrigen Schutz über Qualifikation als „Geschäftsgeheimnis" und durch Geheimhaltungs- und Vertraulichkeitsvereinbarungen	Kein behördlicher Erteilungsakt erforderlich	Grundsätzlich ja; im Fall personenbezogener Daten bestehen jedoch datenschutzrechtliche Beschränkungen	Grundsätzlich ja, im Fall personenbezogener Daten bestehen jedoch datenschutzrechtliche Beschränkungen
Dreidimensionale Strukturen mikroelektronischer Halbleitererzeugnisse (Topographien)	Halbleiterschutz	DPMA	Ja (§ 11 Abs. 2 HalbleiterschutzG i. V. m. § 22 Abs. 1 GebrMG)	Ja (§ 11 Abs. 2 HalbleiterschutzG i. V. m. § 22 Abs. GebrMG)
Pflanzensorten	Sortenschutz	Bundessortenamt	Ja (§ 11 Abs. 1 SortenschutzG)	Ja (§ 11 Abs. 2 SortenschutzG)

Tab. 6.2 Mögliche Ansprüche gegen Verletzer und straf-/ordnungswidrigkeitsrechtliche Folgen

Immaterialgut	Die (ausschließlich) Berechtigten können Verletzer in Anspruch nehmen insbesondere auch auf					Straf- oder ordnungswidrigkeitsrechtliche Sanktionen, die Verletzern drohen
	Unterlassung	Schadensersatz	Auskunft	Rückruf	Vernichtung	
Erfindung (technische Lehre), für die ein (Europäisches) Patent oder Gebrauchsmuster erteilt worden ist	§ 139 Abs. 1 PatG (i. V. m. Art. 74, 64 Abs. 1 und 3 EPÜ); § 24 Abs. 1 GebrMG	§ 139 Abs. 2 PatG (i. V. m. Art. 74, 64 Abs. 1 und 3 EPÜ); § 24 Abs. 2 GebrMG	§ 140b PatG (i. V. m. Art. 74, 64 Abs. 1 und 3 EPÜ) § 24b GebrMG	§ 140a Abs. 3 PatG (i. V. m. Art. 74, 64 Abs. 1 und 3 EPÜ) § 24a Abs. 2 GebrMG	§ 140 Abs. 1 PatG (i. V. m. Art. 74, 64 Abs. 1 und 3 EPÜ); § 24a Abs. 1 GebrMG	§ 142 PatG § 25 GebrMG
Urheberrechtlich geschützte Software und sonstige persönliche geistige Schöpfungen („Werke")	§ 97 Abs. 1 UrhG	§ 97 Abs. 2 UrhG	§ 101 UrhG	§ 98 Abs. 2 UrhG	§ 98 Abs. 1 UrhG	§§ 106 ff UrhG
Eingetragenes Design	§ 42 Abs. 1 DesignG	§ 42 Abs.2 DesignG	§ 46 DesignG	§ 43 Abs. 2 DesignG	§ 43 Abs. 1 DesignG	§ 51 DesignG
Gemeinschafts-Geschmacksmuster	§ 62a Nr. 1 DesignG	§ 62a Nr. 1 DesignG	§ 62a Nr. 1 DesignG	§ 62a Nr. 1 DesignG	§ 62a Nr. 1 DesignG	§ 65 DesignG
Marke	§ 14 Abs. 5 MarkenG	§ 14 Abs. 6 MarkenG	§ 19 MarkenG	§ 18 Abs. 2 MarkenG	§ 18 Abs. 1 MarkenG	§ 143 MarkenG
Unionsmarke	Art. 129 Abs. 1 UnionsmarkenVO	Art. 129 Abs. 2 UnionsmarkenVO	Art. 129 Abs. 2 UnionsmarkenVO	Art. 129 Abs. 2 UnionsmarkenVO	Art. 102 Abs. 2 UnionsmarkenVO	§ 143a MarkenG

(Fortsetzung)

Tab. 6.2 (Fortsetzung)

Immaterialgut	Die (ausschließlich) Berechtigten können Verletzer in Anspruch nehmen insbesondere auch auf					Straf- oder ordnungswidrigkeitsrechtliche Sanktionen, die Verletzern drohen
	Unterlassung	Schadensersatz	Auskunft	Rückruf	Vernichtung	
Know-how und Daten, die ein „Geschäftsgeheimnis" i. S. v. § 2 Nr. 1 GeschGehG sind	§ 6 GeschGehG	§ 10 GeschGehG	§ 8 Abs. 1 GeschGehG	§ Nr. 2 GeschGehG	§ 7 Nr. 1 GeschGehG	§ 23 GeschGehG
Pflanzensorte (Sorte), für die Sortenschutz erteilt worden ist	§ 37 Abs. 1 SortSchG	§ 37 Abs. 2 SortSchG	§ 37b SortSchG	§ 37a Abs. 2 SortSchG	§ 37a Abs. 1 SortSchG	§§ 39, 40 SortSchG
Dreidimensionale Strukturen mikroelektronischer Halbleitererzeugnisse (Topographien), für die Halbleiterschutz besteht	§ 9 HalblSchG i. V. m. § 24 Abs. 1 GebrMG	§ 9 HalblSchG i. V. m. § 24 Abs. 2 GebrMG	§ 9 HalblSchG i. V. m. § 24b GebrMG	§ 9 HalblSchG i. V. m. § 24a Abs. 2 GebrMG	§ 9 HalblSchG i. V. m. § 24a Abs. 1 GebrMG	§ 10 HalblSchG

Unbefugten Nutzern von Immaterialgütern (Verletzer) drohen insbesondere auch die in Tab. 6.2 zusammengefassten Ansprüche der jeweils Berechtigten und sonstigen Sanktionen.

(Ausschließliche) Nutzungsberechtigungen an Immaterialgütern können entscheidende Erfolgsfaktoren und Werttreiber für Hightech-Start-ups sein, fehlende Nutzungsbefugnisse und Verletzerrisiken dagegen die Gründe für ihr scheitern. Um beides geht es auch den folgenden Kapiteln.

Literatur

Asendorf, Claus Dietrich/Bacher, Klaus/Deichfuß, Hermann/Engel, Friedrich-Wilhelm/Fricke, Stephan/Goebel, Frank-Peter/Grabinski, Klaus/Hall, Reiner/Kober-Dehm, Helga/Melullis, Klaus-Jürgen/Nobbe, Julia/Rogge, Rüdiger/Schäfers, Alfons/Scharen, Uwe/Schmidt, Christof/ Schramm, Walter/Schwarz, Hans-Detlef/Tochtermann, Peter/Ullmann, Eike/Zülch, Carsten u. a., Benkard, Patentgesetz, 11. Auflage 2015, zit.: Bearbeiter in *Benkard*, Patentgesetz, 11. Auflage 2015, §, Rdnr.

Boss, Sonja, Medienberufe aus arbeits- und sozialversicherungsrechtlicher Sicht – Freie Mitarbeiter, Freelancer, Honorarkräfte und die ewige Gretchenfrage: selbstständig, „scheinselbstständig" oder abhängig beschäftigt?, NZS 2010 S. 483 ff, zit.: *Boss*, NZS 2010, S.

Dann, Matthias/Markgraf, Jochen, Das neue Gesetz zum Schutz von Geschäftsgeheimnissen, NJW 2019, S. 1774 ff, zit.: *Dann/Markgraf*, NJW 2019, S.

Ensthaler, Jürgen, Industrie 4.0 und die Berechtigung an Daten, NJW 2016, S. 3437 ff, zit.: *Ensthaler*, NJW 2016, S.

Hauck, Ronny, Was lange währt … – Das Gesetz zum Schutz von Geschäftsgeheimnissen (GeschGehG) ist in Kraft, GRUR-Prax 2019, S. 223 ff, zit.: *Hauck*, GRUR-Prax 2019, S.

Mittelstaedt, Axel, Strategisches IP-Management – mehr als nur Patente, 1. Auflage 2009, zit.: *Mittelstaedt*, IP-Management, S.

Ohly, Ansgar, Das neue Geschäftsgeheimnisgesetz im Überblick, GRUR 2019, S. 441ff, zit.: *Ohly*, GRUR 2019, S.

Schubert, Claudia, Neue Beschäftigungsformen in der digitalen Wirtschaft – Rückzug des Arbeitsrechts?, RdA 2018, S. 200 ff, zit.: *Schubert*, RdA 2018, S.

Wekwerth, Markus, Rechtliche Aspekte des Ambush-Marketings bei Sportgroßveranstaltungen, 2010, zit.: *Wekwerth*, S.

Herangehensweise und Anwendung anhand eines Beispiels

Zusammenfassung

Ziel dieses Kapitels ist es, Gründern den Umgang mit dem und die Herangehensweise an das Recht anhand eines Beispielfalls zu veranschaulichen. Im Rahmen dieses Beispiels konstruiert eine heterogene Gruppe natürlicher und juristischer Personen die rechtliche Grundlage für die Umsetzung eines technikbasierten Geschäftsmodells. Gezeigt werden soll, wie das bis zu dieser Stelle Dargestellte dabei helfen kann, neben den entscheidenden technischen und betriebswirtschaftlichen Fragen auch die rechtlichen zu stellen und zu beantworten. Dabei gilt jedoch: Jede Gründungskonstellation ist anders. Deshalb gibt es keine allgemeingültigen oder immer passenden Musterlösungen. Das in diesem Kapitel konstruierte Beispiel kann und soll lediglich Denkansätze aufzeigen und anregen, als Blaupause ist es jedoch weder geeignet noch gedacht. Die im Beispiel angedachten Lösungen erheben auch keinen Anspruch auf Vollständigkeit. Vertragsentwürfe sind nie fertig oder vollständig, weil immer noch weitere Fragen und Situationen denkbar sind, die vertraglich geregelt werden könnten.

7.1 „Thiel's Law"

„NOTES ON STARTUPS, or HOW TO BUILD THE FUTURE" lautet der Untertitel von *Peter Thiels* Bestseller *ZERO TO ONE*. Eine dieser *Notes* beinhaltet *„„Thiel's Law": a startup messed up at its foundation cannot be fixed."*[1]

---

[1] *Thiel*, Zero To One, S. 107.

© Springer Fachmedien Wiesbaden GmbH, ein Teil von Springer Nature 2020
N. Schädel, *Wirtschaftsrecht für Hightech-Start-ups*,
https://doi.org/10.1007/978-3-658-27033-9_7

Damit trägt der Autor, Unternehmensgründer und Jurist Thiel dem Umstand Rechnung, dass das rechtliche Fundament eines Unternehmens für dessen Entwicklung eine ähnliche Bedeutung hat wie die DNS für die Entwicklung eines Lebewesens. Entwicklungen, die in der DNS eines Lebewesens nicht angelegt sind, finden nicht statt, zumindest nicht auf natürlichem Weg. Eingriffe wie das Verabreichen bitterer Medizin oder der Einsatz künstlicher Implantate bleiben zwar möglich, aber nicht jedes Leiden kann auf diese Weise kuriert werden. Zudem sind medizinische Eingriffe oft mit Schmerzen und anderen unerwünschten Nebenwirkungen verbunden und nicht ohne zusätzliche Kosten zu haben.

Im übertragenen Sinn gilt für Unternehmen nichts anderes. Eine Voraussetzung für die positive Entwicklung eines Start-ups hin zu einem ertragsstarken Unternehmen ist, dass diese Entwicklung bereits in dessen vertraglicher Grundlage angelegt ist.

7.2　Anforderungen an vertragliche Start-up-Grundlagen

Es mag zwar Fälle geben, in denen *„Thiel's Law"* nicht gilt. Wenn an einer Unternehmensgründung nur eine Person beteiligt ist, können Geschäftsmodell und Unternehmensziele an geänderte Marktanforderungen ebenso reibungslos angepasst werden wie an sich wandelnde Vorstellungen des Gründers. Denn dann muss kein Konsens mit anderen Gründungsbeteiligten gefunden werden. Aber mit *Zero to One* zielt dessen Autor Thiel nicht, zumindest nicht in erster Linie, auf Ein-Personen-Gründungen, sondern auf Konstellationen mit mehreren Gründungsbeteiligten.[2] Und dann stehen am Beginn einer Unternehmung die grundlegenden Absprachen zwischen diesen Gründungsbeteiligten über Ziele und den Weg dorthin.

Dabei geht es nicht nur darum, wer „mit dabei" ist, sondern auch um die Frage, wer wie zur Zielerreichung beitragen und wer welche Entscheidungsmacht und Einflussmöglichkeiten haben soll. Es geht also um typische gesellschaftsrechtliche Regelungsgegenstände – auch wenn dies den Beteiligten noch nicht bewusst sein mag.[3] Werden

---

[2]Vgl. dazu auch *Rappold,* S. 109.

[3]Zur Erinnerung: Sobald zwei oder mehr Personen über die gemeinsame Verfolgung eines Ziels sowie darüber einig sind, wer dazu welche Beiträge leisten soll, kann eine GbR entstehen. Von wenigen Ausnahmen abgesehen muss ein GbR-Vertrag insbesondere auch nicht in Text- oder Schriftform abgeschlossen werden, um wirksam zu sein. Ist das gemeinsam gesetzte und verfolgte Ziel der Betrieb eines gewerblichen Unternehmens, entsteht keine GbR, sondern eine OHG (vgl. § 105 Abs. 1 HGB). Auch für die Gründung einer OHG ist – entgegen etwa verbreiteter Missverständnisse – kein schriftlicher Gesellschaftsvertrag erforderlich. Ebenfalls nicht für den wirksamen Abschluss eines OHG-Vertrags erforderlich ist die Anmeldung und/oder Eintragung einer OHG in das Handelsregister. Eine OHG muss nicht in das Handelsregister eingetragen werden, um (wirksam) zu entstehen, sondern umgekehrt gilt: Weil eine OHG entstanden ist und betrieben wird, muss diese in das Handelsregister eingetragen werden (vgl. § 106 HGB). Unterbleibt die Anmeldung der OHG zum Handelsregister, ändert dies jedoch nichts daran, dass diese als solche besteht.

diese Fragen nicht zu Beginn der Unternehmung weitsichtig beantwortet, kann dies dazu führen, dass bei späteren Konflikten zwischen den Gründungsbeteiligten adäquate Lösungsmechanismen fehlen. Folgen können z. B. Blockademöglichkeiten Einzelner mit entsprechendem „Erpressungspotenzial", unerwartete Vermögensabflüsse oder unternehmerische Fehlentscheidungen sein. Die vertragsrechtliche Grundlage eines Start-ups muss daher, im Sinn eines Pflichtenhefts, insbesondere Folgendes leisten:

- Möglichst weitgehende Transparenz und Vorhersehbarkeit: Jeder Beteiligte sollte den Vertragsgrundlagen eines Start-ups entnehmen können, worauf er oder sie sich einlässt. Dies bedeutet, dass nicht nur die Rechte, sondern insbesondere auch die Pflichten und Risiken der Beteiligten möglichst deutlich geregelt werden sollten. Ein solches Risiko kann auch darin bestehen, dass andere Beteiligte im Hinblick auf bestimmte unternehmerische Entscheidungen und Weichenstellungen andere Vorstellungen haben und diese akzeptiert werden müssen.
- Effiziente Konfliktlösungsmechanismen: Kommt es zu Konflikten zwischen den am Start-up Beteiligten, sollte dessen vertragliche Grundlage einen Mechanismus bereithalten, der eine schnelle und rechtssichere Konfliktlösung ermöglicht. Dies gilt namentlich dann, wenn bei Anhalten des Konflikts unternehmensrelevante Entscheidungen unterbleiben oder verzögert werden oder das Risiko wächst, dass diese aus sachfremden Gründen getroffen werden (Gefahr sinkender Entscheidungsqualität).
- Minimieren existenzgefährdender Risiken: Die rechtlichen Grundlagen eines Unternehmens sollten dieses ebenso wie die daran Beteiligten nach Möglichkeit vor existenzgefährdenden Risiken schützen, namentlich vor dem Risiko einer Insolvenz.

Das Erreichen dieser (Sub-)Ziele erfordert erheblichen Regelungs- und Gestaltungsaufwand. Dabei gilt: Nicht nur ein Übermaß an Regelungen erhöht das Risiko, dass ein Unternehmen scheitert, zu wenig Regelungen erhöhen dieses Risiko auch. Wie dieser Herausforderung begegnet werden kann, soll anhand des nachstehend geschilderten, fiktiven Sachverhalts veranschaulicht werden.

7.3 Beispielsachverhalt: Ausgangslage, Beteiligte und Geschäftsidee

Der selbständige, in Stuttgart lebende Ingenieur M hat eine umweltfreundliche, da besonders schadstoffemissionsarme Kühltechnik (die „Kühltechnik") entwickelt. Für diese hat M vor einigen Wochen bereits die Erteilung eines Patents für die Bundesrepublik Deutschland beantragt, welches jedoch noch nicht erteilt worden ist. M wohnt in einem Eigenheim und verfügt über freie Liquidität (Ersparnisse) im Umfang von EUR 180.000.

M würde die Kühltechnik gerne „zu Geld machen" und diskutiert darüber mit dem befreundeten Informatiker I, der ebenfalls in Stuttgart wohnt und arbeitet. I ist selbstständiger

IT-Berater und Software-Entwickler und als solcher für verschiedene Kunden (Unternehmen) B2B tätig. I verfügt nicht über nennenswerte freie Liquidität (Ersparnisse) und ist darauf angewiesen, laufend Einkommen zu erzielen, um seinen Lebensunterhalt zu bestreiten.

Gemeinsam entwickeln M und I Ideen, wie die Kühltechnik stationär in Supermärkten eingesetzt und so vernetzt werden könnte, dass Energiebedarf und Schadstoffausstoß der Supermarktbetreiber erheblich sinken. Zudem entwickeln M und I bereits Vorstellungen darüber, wie die Kühltechnik auch mobil genutzt werden könnte, z. B. in LKW oder Güterwagen der Bahn.

M und I sind sich darüber im Klaren, dass die Entwicklung marktfähiger Kühlaggregate erheblichen Aufwand erfordern wird, Arbeitszeit ebenso wie Materialaufwand. Zudem ist M und I bewusst, dass die Entwicklung und der anschließende Vertrieb marktfähiger Kühlaggregate auch kaufmännisches Geschick erfordern und in erheblichem Umfang „Verwaltungstätigkeiten" mit sich bringen werden.

Während I bereits mit der Entwicklung von Softwarelösungen zur Vernetzung von Kühlaggregaten mit anderen Geräten sowie Infrastruktur- und Logistikelementen von Supermärkten beginnt, sammelt M Informationen zum Thema Unternehmensgründung. Auf einer Veranstaltung der örtlichen IHK lernt M den B kennen, der ebenfalls in Stuttgart wohnt.

B war in leitender kaufmännischer Position eines Industrieunternehmens tätig und ist kürzlich in den Ruhestand eingetreten. B ist vermögend und erhält regelmäßige Rentenzahlungen. Allerdings empfindet B den beruflichen Ruhestand zunehmend als langweilig. Deshalb ist B offen für neue berufliche Herausforderungen, bei denen B seine beruflichen Erfahrungen und kaufmännischen Fähigkeiten nutzen kann. B kann sich gut vorstellen, als „Business-Angel" in ein Start-up „miteinzusteigen", möchte sein Vermögen jedoch keinem nennenswerten Risiko mehr aussetzen.

Nachdem B auch I kennengelernt hat, entwickeln M, I und B eine Planung („Business-Plan"). Der Business-Plan zeigt auf Grundlage fundierter Annahmen mit erheblichem Detaillierungsgrad auf, wie und mit welchem Finanzierungs- und Liquiditätsbedarf marktreife Kühlaggregate mit der Kühltechnik entwickelt und hergestellt werden könnten. Nach dem Rechenmodell des Business-Plans würden die Herstellungskosten dieser Kühlaggregate voraussichtlich deutlich unter den Herstellungskosten der gegenwärtig am Markt angebotenen Kühlmaschinen liegen.

Allerdings zeigt der Business-Plan auch, dass bereits die Entwicklung eines marktreifen Kühlaggregats voraussichtlich rund EUR 2,1 Mio. kosten dürfte. Die anschließende Herstellung erster verkauf- und installierbarer Kühlaggregate in einer Stückzahl, die für fünf größere Pilot-Supermärkte ausreicht, würde nach der Planung mindestens weitere EUR 900.000 erfordern.

Vor diesem Hintergrund übernimmt B es, verschiedene Risikokapitalgeber daraufhin anzusprechen, ob Interesse daran besteht, den „Business-Plan", also die geplante Unternehmung zu finanzieren. M, I und B sind sich dabei darüber einig, dass

- ein Risikokapitalgeber Geld in einer Größenordnung von mindestens EUR 3 Mio. „beisteuern" müsste, wenn die Finanzierung bis hin zur Herstellung verkauf- und installierbarer Kühlaggregate sichergestellt sein soll, und
- einem solchen Risikokapitalgeber daher eine Beteiligung in erheblichem Umfang eingeräumt werden müsste.

Als B die Geschäftsidee und den Business-Plan vor den Geschäftsführern der VC-GmbH präsentiert, stößt er auf erhebliches Interesse an dem Projekt. Unternehmensgegenstand der VC-GmbH ist die Beteiligung an Start-ups, deren beratende Begleitung über einen Zeitraum von 3–7 Jahren und, wenn möglich, die anschließende Veräußerung der Beteiligungen an Industrieunternehmen oder sonstige Investoren. Sitz und Geschäftsleitung der VC-GmbH sind in Deutschland.

Im Nachgang zur Präsentation von B trifft sich der bei der VC-GmbH für das Projekt zuständige Geschäftsführer G mit M, I und B. G will deren Interessen und Vorstellungen näher kennenlernen und über etwaige Bedingungen einer gemeinsamen Unternehmensgründung verhandeln. Dabei gehen die Beteiligten den folgenden ersten wichtigen Schritt, der erforderlich ist, um abschätzen zu können, ob ein gemeinsames Start-up realisierbar erscheint: Jeder Beteiligte artikuliert seine zentralen Interessen und persönlichen Ziele im Zusammenhang mit der gemeinsam in Betracht gezogenen Unternehmensgründung. Dieser Schritt fördert Folgendes zutage:

7.4 Interessen der Beteiligten

Keiner der Beteiligten will für Verbindlichkeiten des Unternehmens persönlich haften. Zudem hat M in erster Linie folgende Interessen und Ziele:

7.4.1 Interessen und Ziele von M

- Die Finanzierung der Unternehmung soll möglichst langfristig gesichert sein, nach Möglichkeit so lange, bis erste marktfähige Kühlaggregate entwickelt wurden und verkaufs- und installationsbereit sind und sich die Unternehmung aus selbst generierten Einnahmen (cash-flow) finanzieren kann.
- Da M an seine technischen Fähigkeiten glaubt, will M die Entwicklung möglichst selbst und unabhängig leiten und steuern. M ist bereit, sich dazu „voll in das Unternehmen einzubringen". M schätzt allerdings auch das technische Verständnis von I und kann sich deshalb vorstellen, dass I bei der Entwicklung „mitredet".
- Da M sich als „geistige Keimzelle" der Unternehmung und das Unternehmen als „sein Baby" betrachtet, möchte M eine abgesicherte Leitungsposition im Unternehmen haben. Diese soll ihm nach Möglichkeit von den anderen Beteiligten nicht entzogen werden können. Allerdings möchte M mit kaufmännischen und rechtlichen

Fragen möglichst wenig zu tun haben und deshalb für diese Angelegenheiten nur möglichst wenig Verantwortung übernehmen müssen. M wünscht sich, dass diese Aufgaben nach Möglichkeit von B erledigt werden, dem M vertraut.

- Aufgrund seiner Ersparnisse ist M zumindest in den kommenden 3 Jahren nicht auf weiteres Einkommen angewiesen. Deshalb muss M für seine Leitungstätigkeit nicht zwingend mit einem laufenden Gehalt bezahlt werden. Allerdings möchte M sicherstellen, dass er in erheblichem Umfang an den finanziellen Ergebnissen partizipiert, welche die Unternehmung nach seiner festen Überzeugung spätestens ab dem dritten Jahr nach der Gründung mit steigender Tendenz erwirtschaften wird. Zudem will M in erheblichem Umfang am Unternehmenswert beteiligt sein.

7.4.2 Interessen und Ziele von I

I hat im Wesentlichen die gleichen Interessen wie M, jedoch mit zwei wichtigen Unterschieden:

- I wäre zwar bereit, sich in ein gemeinsames Start-up einzubringen, jedoch nicht mit voller Arbeitskraft. I möchte zumindest rund 15 h pro Woche Aufträge von seinen bisherigen Kunden annehmen und erfüllen, um seinen Kundenstamm nicht zu verlieren. Denn falls das „Kühltechnik-Projekt" scheitern sollte, möchte I die Möglichkeit haben, wieder vollumfänglich seiner bisherigen Tätigkeit nachzugehen, ohne „wieder von vorne anfangen zu müssen".
- Zudem ist I wichtig, ein gewisses laufendes und fixes „Grundgehalt" für seine Tätigkeit für das Start-up zu beziehen, da I dieses für seinen Lebensunterhalt benötigt. Im Gegenzug wäre I bereit, mit einer deutlich geringeren Quote am gemeinsamen Start-up beteiligt zu werden, als z. B. M.

7.4.3 Interessen und Ziele von B

B hat insbesondere folgende Interessen:

- B ist grundsätzlich bereit, sich an vier Tagen pro Woche in das Unternehmen einzubringen und sich dabei insbesondere um die Lösung kaufmännischer und rechtlicher Probleme zu kümmern, unter Einschluss von Vertriebs- und Personalangelegenheiten.
- B möchte nur maximal drei Jahre an das Start-up gebunden sein und von der Steigerung des Unternehmenswerts profitieren, die das Start-up in diesem Zeitraum nach seiner Überzeugung erfahren wird.
- Auf ein nennenswertes laufendes Einkommen ist B dagegen nicht (mehr) angewiesen. B würde daher auch ohne Gehalt für das Start-up arbeiten, wenn er dafür fair am Unternehmen beteiligt wird.

7.4.4 Interessen und Ziele der VC-GmbH

Die VC-GmbH hat insbesondere folgende Interessen:

- Die VC-GmbH ist zwar davon überzeugt, dass die Erfindung, die Gegenstand der von M bereits getätigten Patentanmeldung ist, zur Entwicklung und anschließenden Produktion marktfähiger Kühlaggregate genutzt werden kann. Allerdings geht die VC-GmbH davon aus, dass die in dem Business-Plan abgebildeten Erträge nur dann realisiert werden können, wenn das von M beantragte Patent auch tatsächlich erteilt wird und eine entsprechende Monopolstellung besteht. Deshalb will die VC-GmbH zunächst nur ein möglichst geringes Risiko eingehen. Sollte das Patent erteilt werden, wäre die VC-GmbH dagegen erheblich risikobereiter und würde die zur Entwicklung marktfähiger Produkte erforderliche Finanzierung zur Verfügung zu stellen.
- Die VC-GmbH geht davon aus, dass dann jedoch früher oder später andere Unternehmen der Thermotechnik-Branche an einem Erwerb des Start-ups interessiert sein werden. Allerdings geht die VC-GmbH davon aus, dass diese gegebenenfalls mindestens eine Mehrheitsbeteiligung, möglicherweise sogar sämtliche Anteile am Unternehmen erwerben wollen. Die VC-GmbH will daher sicherstellen, dass ein lukrativer „Exit" nicht daran scheitert, dass M, I und/oder B ihre jeweiligen Beteiligungen am Unternehmen nicht mitveräußern wollen.
- Die VC-GmbH hat grundsätzlich erhebliches Vertrauen in die technischen Fähigkeiten von M und I und in die kaufmännischen Fähigkeiten von B. Die VC-GmbH geht zudem davon aus, dass M, I und B zur Realisierung der Planung harmonisch und stringent miteinander zusammenarbeiten werden. Die VC-GmbH ist deshalb grundsätzlich bereit, das M, I und B das Unternehmen leiten und dabei erhebliche Freiheit genießen. Allerdings soll diese Freiheit nicht unbegrenzt bestehen. Deshalb will die VC-GmbH sicherstellen, i) dass sie regelmäßig und jeweils zeitnah über sämtliche unternehmensrelevanten Tatsachen informiert wird und ii) dass zumindest bestimmte, besonders weitreichende Maßnahmen und/oder Rechtsgeschäfte nicht ohne ihre Zustimmung ergriffen werden dürfen.

7.4.5 Zusammenfassung

Die zentralen Interessen und persönlichen Ziele der Beteiligten im Hinblick auf das gemeinsame Start-up können daher wie in Tab. 7.1 erfolgt zusammengefasst werden.

Tab. 7.1 Interessen und Ziele der Beteiligten

Zentrale Interessen und persönliche Ziele im Hinblick auf das Start-up von			
M	I	B	VC-GmbH
Möglichst langfristige Finanzierung bis zur Tragfähigkeit des Start-ups aus eigenen Einnahmen,	Ein gewisses festes Einkommen,	Nur vorübergehende, mittelfristige Bindung an die Unternehmung,	Erhebliche Beteiligung am unternehmerischen Erfolg des Start-ups, u. a. gewährleistet durch
erhebliche Beteiligung am unternehmerischen Erfolg des Start-ups sowie	die Möglichkeit zu anderweitiger beruflicher Betätigung und	eine neue berufliche Herausforderung im kaufmännischen Bereich und	die Sicherung der ausschließlichen Möglichkeit, die Erfindung von M zu nutzen sowie
möglichst unabhängige und unentziehbare Leitungsbefugnisse	eine faire Beteiligung am Unternehmenserfolg	eine faire Beteiligung am Unternehmenserfolg	eine gewisse Kontrolle über die Tätigkeiten von M (sowie von I und B)

7.5   Strukturelle Vorüberlegungen

7.5.1   Vorfragen

Bevor vor dem Hintergrund dieser wechselseitig offengelegten Interessen geklärt werden kann, ob die 4 (potenziellen) Gründer überhaupt „zusammenkommen" und, falls ja, auf Grundlage welcher konkreten Bedingungen, sind einige strukturelle Vorüberlegungen ratsam. Diese beinhalten im Wesentlichen die Klärung folgender drei Fragen:

- Soll zum Betrieb des gemeinsamen Unternehmens eine Gesellschaft gegründet werden und, falls ja, in welcher Rechtsform?
- Welche anderen/weiteren, über den gegebenenfalls ohnehin erforderlichen Gesellschaftsvertrag hinausgehenden vertraglichen Beziehungen zwischen den Beteiligten sind entweder zwingend erforderlich oder aber zumindest nützlich?
- Welche Fragen müssen oder sollten in den jeweiligen Verträgen, also im Gesellschaftsvertrag und etwa daneben und/oder darüber hinaus erforderlichen oder nützlichen Verträgen zwischen den Beteiligten geklärt werden? Mit anderen Worten: Was sollen die jeweiligen Verträge „leisten" müssen?

Die Klärung dieser strukturellen Vorfragen ist sinnvoll, weil durch Beantwortung dieser Fragen für alle Beteiligten der Umfang des rechtlichen „Gesamtpakets" ersichtlich wird. Das macht den Umfang des gedanklichen Aufwands absehbar, der erforderlich sein wird, um für alle regelungsbedürftigen Punkte eine mit der Gesamtstruktur vereinbare und funktionsfähige Lösung zu finden. Dabei ist die Klärung der ersten Vorfrage das geringste Problem:

7.5.2 Gründung einer Gesellschaft

Die Gründung einer Gesellschaft liegt bereits deshalb im Interesse aller Beteiligten, weil die Beteiligten durch die Gründung einer Gesellschaft zum Betrieb der geplanten Unternehmung haftungsrechtlich von dessen Risiken abgeschirmt werden können. Risiken, die mit der Umsetzung des geplanten Geschäftsmodells verbunden sind, sind z. B.:

- Die Gefahr, dass bei Herstellung und/oder Auslieferung von Kühlaggregaten – z. B. infolge unerkannter Sachmängel – Personen- oder Sachschäden mit der Folge verursacht werden, dass der Inhaber der Unternehmung diese ersetzen muss.[4]
- Die Gefahr, dass Patente, die in Bezug auf die Kühltechnik erteilt werden, von Dritten erfolgreich angegriffen werden, z. B. durch Anstrengung von Nichtigkeitsverfahren, und deshalb Verfahrenskosten getragen und erstattet werden müssen.

Zudem könnte durch einen Gesellschaftsvertrag eine Grundlage sowohl für die Mitarbeit von M, I und B als auch für die Bereitstellung von Kapital durch die VC-GmbH geschaffen werden. Eine von den Beteiligten zu gründende Gesellschaft ermöglicht folglich auch das von den Beteiligten angestrebte „Ressourcen-Pooling". Letzteres gilt im Übrigen unabhängig von der konkreten Rechtsform, für die M, I, B und die VC-GmbH sich entscheiden.

7.5.3 Rechtsformwahl

Dennoch ist die Rechtsformwahl erheblich. Denn zwar ermöglicht jede Rechtsform „Ressourcen-Pooling", aber nicht mit jeder Rechtsform ist eine – von den Beteiligten hier angestrebte – haftungsrechtliche Abschirmwirkung verbunden. Der Wunsch der Gründer, nicht für Verbindlichkeiten des Unternehmensträgers haften zu müssen, verkürzt die Liste der zur Verfügung stehenden Rechtsformen. In Betracht kommen danach in erster Linie GmbH, AG, KGaA, Genossenschaft, SE und SCE. Allerdings kommt die Gründung einer SE oder einer SCE für M, I, B und die VC-GmbH bereits deshalb nicht in Betracht, weil die nach Art. 2 SE-VO bzw. Art. 2 SCE-VO erforderlichen Gründungsvoraussetzungen von M, I, B und der VC-GmbH nicht erfüllt werden.

Die Gründung einer Genossenschaft wäre zwar möglich, erscheint den Beteiligten jedoch zu unflexibel. Zudem streben sowohl M als auch die VC-GmbH eine nennenswerte Beteiligungsquote und eine dieser Beteiligungsquote entsprechende Stimmrechtsmacht innerhalb der gemeinsamen Unternehmung an. Die Gründung einer Genossenschaft wird von den Beteiligten, namentlich von M und der VC-GmbH, daher bereits wegen § 43 Abs. 3 GenG abgelehnt.

---

[4]Schadensersatzansprüche Geschädigter, z. B. der Inhaber der „Pilot-Supermärkte", aber auch Dritter, sind dann z. B. auf Grundlage von § 437 Nr. 3 i. V. m. § 280 Abs. 1 Satz 1 BGB oder § 1 Abs. 1 ProdHaftG denkbar.

Die Gründung einer KGaA schließen die Beteiligten deshalb aus, weil keiner der Gründer die Rolle eines persönlich haftenden Gesellschafters (Komplementärs) übernehmen will. Denkbar wäre zwar, zur Ausfüllung der Komplementär-Rolle eine weitere Gesellschaft zu gründen[5]. Allerdings würden dann doppelte Rechtsformkosten anfallen, weil zwei Gesellschaften gegründet und betrieben werden müssten. Für M, I, B und die VC-GmbH kommen daher im Wesentlichen die Gründung einer GmbH oder einer AG als Träger des Start-ups in Betracht.

Da die Beteiligten zumindest bis auf weiteres keinen „Börsengang"[6] anstreben, sind mit einer AG keine entscheidenden Vorteile verbunden. Die Beteiligten entscheiden sich deshalb für die Gründung einer GmbH (und gegen eine AG), weil bei Gestaltung des Gesellschaftsvertrags einer GmbH mehr Gestaltungsfreiheit besteht.[7] Zudem bietet eine GmbH auch mehr Flexibilität im Zusammenhang mit einer etwaigen Rückgewähr von Einlagen sowie der Überführung von Vermögen der GmbH an die Gesellschafter.[8] Hinzu kommt ein weiterer wesentlicher Unterschied zwischen AG und GmbH für den Fall, dass die Kapitalaufbringung durch Sacheinlagen erfolgen soll, was hier – z. B. in Form der von M getätigten Erfindung – denkbar ist:

Bringen Gesellschafter zum Zweck der Kapitalaufbringung nicht Geld, sondern andere Vermögensgegenstände in die GmbH ein, besteht das Risiko, dass diese Gesellschafter einer so genannten „Differenzhaftung" ausgesetzt sind. Zu einer solchen

---

[5]Nicht nur natürliche Personen, sondern auch (andere) Gesellschaften können grundsätzlich Komplementäre einer KGaA sein (vgl. dazu BGH, Beschluss vom 24.02.1997 [Az. II ZB 11/96], NJW 1997, S. 1923 ff.).

[6]Damit ist ein sogenannter „IPO" gemeint, was für *„initial public offering"* steht (vgl. dazu z. B. BFH, Urteil vom 24.08.2011 [Az. I R 46/10], DStR 2011, S. 2085 ff. [2086]). Dahinter verbirgt sich die erstmalige Zulassung von Aktien zum Börsenhandel.

[7]Zur Erinnerung: Für AG gilt gemäß § 23 Abs. 5 AktG das Prinzip der Satzungsstrenge. Danach sind die (umfassenden) Bestimmungen des Aktiengesetzes grundsätzlich zwingend zu beachten. Dies führt zu weniger Spielraum bei der Gestaltung der Satzung einer AG im Vergleich zu denjenigen Gesellschaftstypen, für deren Satzung bzw. Gesellschaftsvertrag grundsätzlich Vertragsfreiheit besteht. Das GmbH-Recht kennt keine „Satzungsstrenge", sondern räumt den Gesellschaftern einer GmbH weitergehende Freiheiten im Hinblick auf die Gestaltung des Gesellschaftsvertrags (= Satzung der GmbH) ein.

[8]Gemäß § 30 Abs. 1 GmbHG kann das Vermögen einer GmbH grundsätzlich an die Gesellschafter ausgezahlt werden, soweit dieses nicht zur Erhaltung des Stammkapitals erforderlich ist. Im Vergleich dazu dürfen bei einer AG wegen § 57 Abs. 1 AktG den Aktionären Einlagen nicht zurück gewährt werden, und zwar auch nicht, wenn und soweit diese zur Erhaltung des Grundkapitals nicht erforderlich wären (vgl. z. B. BGH, Urteil vom 13.11.2007 [11 ZR 294/07], NZG 2008, S. 106 f. [107]: *„§ 57 I 1 AktG erfasst nicht nur die Rückgewähr von Einlagen i.S. des § 54 I AktG (…), sondern jede von der Gesellschaft dem Aktionär erbrachte, auf seiner Gesellschafterstellung beruhende Leistung, auf die ihm das Aktiengesetz keinen Anspruch gewährt (…) und die auch nicht auf Grund einer speziellen gesetzlichen Regelung, etwa den §§ 71 ff. AktG, zugelassen ist (…). Drittgleiche Umsatzgeschäfte, bei denen Leistungen zu marktüblichen Bedingungen ausgetauscht werden, fallen nicht unter §§ 57, 62 AktG (…), weil Leistungen, die die Gesellschaft auf Grund solcher Geschäfte erbringt, nicht auf der Gesellschafterstellung des Aktionärs beruhen."*

Differenzhaftung kann es grundsätzlich dann kommen, wenn der tatsächliche Wert des zur Kapitalaufbringung in das Gesellschaftsvermögen eingebrachten Vermögensgegenstands nicht der Höhe des Kapitalbetrags entspricht, der auf diese Weise aufgebracht werden soll. „Differenzhaftung" bedeutet dann, dass der Gesellschafter den Differenzbetrag zwischen dem tatsächlichen Wert des eingebrachten Vermögensgegenstands und dem Kapital, das hätte aufgebracht werden sollen, in Geld an die Gesellschaft zahlen muss.

Allerdings ist das Risiko, einer solchen Differenzhaftung bei Gründung einer GmbH ausgesetzt zu sein, ungleich geringer als bei Gründung einer AG. Denn der Differenzhaftungsanspruch einer GmbH ist nach § 9 Abs. 1 GmbHG nur auf Zahlung des Differenzbetrags zwischen dem tatsächlichen Wert der Sacheinlage und dem Nominalbetrag des aufzubringenden Stammkapitals gerichtet. Im Vergleich dazu muss der Aktionär einer AG im Fall einer Sacheinlage den Differenzbetrag zwischen dem tatsächlichen Wert der Sacheinlage und dem für eine Aktie festgesetzten Ausgabebetrag[9] an die AG zahlen.[10] Nachdem die Wahl der Beteiligten aus diesen Gründen auf die Rechtsform „GmbH" fällt, wird überlegt, welche Verträge grundsätzlich abgeschlossen werden müssen, um das gemeinsame „Start-up-Projekt aufzugleisen".

7.5.4   Erforderliche Verträge

7.5.4.1 Gesellschaftsvertrag
Infolge dieser Rechtsformentscheidung ist zunächst klar, dass zur Errichtung der von den 4 Gründern favorisierten GmbH ein Gesellschaftsvertrag erforderlich wird. Wegen der Registerpublizität dieses Gesellschaftsvertrags[11] wollen die Gründer diesen jedoch

---

[9]Gemäß § 9 Abs. 1 AktG muss der Betrag, für den eine Aktie an einen Neu-Aktionär ausgegeben wird, mindestens dem Anteil am Grundkapital der AG entsprechen, der nominal auf die Aktie entfällt. § 9 Abs. 2 AktG stellt jedoch klar, dass die Ausgabe von Aktien auch für einen darüber hinausgehenden Betrag zulässig ist.

[10]Dazu z. B. BGH, Urteil vom 06.12.2011 (Az. II ZR 149/10), NZG 2012, S. 69 ff. (71): „*Ein gesetzlicher Differenzhaftungsanspruch besteht auch, soweit der Wert der Sacheinlage zwar den geringsten Ausgabebetrag (§ 9 I AktG), aber nicht das Aufgeld (§ 9 II AktG) deckt (OLG Jena, NZG 2007, 147 = ZIP 2006, 1989 [1997]; ...); ... (...). Das Aufgeld ist bei der AG nach § 9 II AktG Teil des Ausgabebetrags und der mitgliedschaftlichen Leistungspflicht der Aktionäre nach § 54 I AktG, von der sie nach § 66 I AktG grundsätzlich nicht befreit werden können. Insoweit unterscheidet es sich vom Agio bei der GmbH, auf dass sich der Differenzhaftungsanspruch nach § 9 I 2 GmbH nach herrschender Ansicht nicht erstreckt (...).*"

[11]„Registerpublizität" bedeutet in diesem Fall, dass der Gesellschaftsvertrag der gemäß § 7 Abs. 1 GmbHG erforderlichen Anmeldung einer neu errichteten GmbH zum Handelsregister beigefügt sein muss (dazu § 8 Abs. 1 Nr. 1 GmbHG) und der Gesellschaftsvertrag damit öffentlich einsehbar wird. Denn gemäß § 9 Abs. 1 Satz 1 HGB gilt folgendes: „*Die Einsichtnahme in das Handelsregister sowie in die zum Handelsregister eingereichten Dokumente ist jedem zu Informationszwecken gestattet.*"

inhaltlich überschaubar halten. Regelungen, die nicht zwingend im Gesellschaftsvertrag enthalten sein müssen, sollen deshalb in einer nicht öffentlich einsehbaren, neben dem Gesellschaftsvertrag zwischen den Gründern abzuschließenden Vereinbarung geregelt werden („Gesellschaftervereinbarung").

7.5.4.2 Gesellschaftervereinbarung

Neben dem Gesellschaftsvertrag und ergänzend zu diesem wollen die Gründer daher auch eine „Gesellschaftervereinbarung" abschließen, in der diejenigen Fragen geregelt werden, die nicht zwingend Gegenstand des Gesellschaftsvertrags der GmbH sein müssen. Anschließend diskutieren die 4 Gründer die Frage, ob zusätzlich weitere Verträge erforderlich sind oder zumindest nützlich wären, z. B. Anstellungs- oder Lizenzverträge zwischen einzelnen Gründern und der – allerdings erst noch zu errichtenden – GmbH.

7.5.4.3 Strukturskizze

Um einen Schritt weiter zu kommen, veranschaulichen die 4 Gründer die Beziehungen, die nach ihrem Verständnis zwischen den Beteiligten und der noch zu errichtenden GmbH bestehen sollten, in einer Skizze. Aus dieser Skizze wird folgendes ersichtlich (Abb. 7.1).

Zwischen der noch zu errichtenden GmbH und jeweils M, I und B könnten zweiseitige rechtliche Beziehungen begründet werden, auf deren Grundlage M, I und B für die GmbH tätig sind. Deren Bestand und Beendigung ist dann unabhängig davon denkbar, ob die Beteiligten weiter dem Gesellschafterkreis zugehören. Sollen M, I und B z. B. als Geschäftsführer für de GmbH tätig werden, gilt dies z. B. für die Geschäftsführer-Anstellungsverträge zwischen (jeweils) M, I und B einerseits und der noch zu

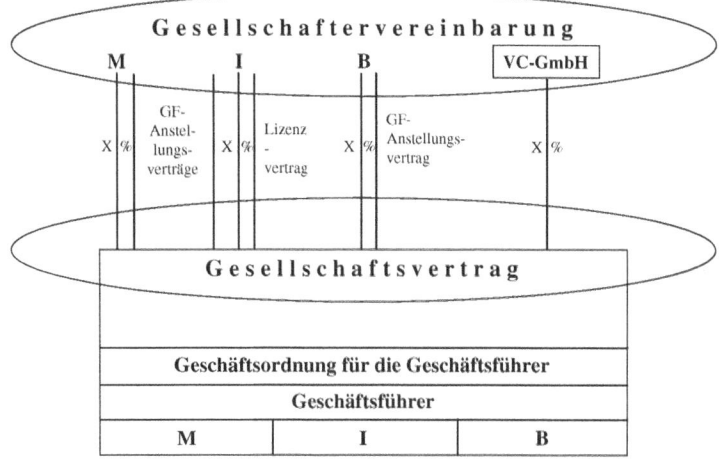

Abb. 7.1 Strukturskizze

errichtenden GmbH andererseits. Dies kann jedoch z. B. auch eine lizenzvertragliche Beziehung zwischen I und der noch zu errichtenden GmbH betreffen.

Die Beteiligten entscheiden daher, dass bestimmte Beziehungen durch zweiseitige Verträge geregelt werden sollen, diese jedoch über die Gesellschaftervereinbarung miteinander zu „verklammern". Das bedeutet, dass durch die Gesellschaftervereinbarung sichergestellt werden soll, dass sämtlich Beteiligten diejenigen zweiseitigen Verträge, die sie zur Vervollständigung des Gesamtkonstrukts abschließen sollen, dann auch tatsächlich abschließen. Vor diesem Hintergrund kommen die Beteiligten zu folgendem Ergebnis: Neben dem Gesellschaftsvertrag und der Gesellschaftervereinbarung sollen zusätzlich Geschäftsführer-Anstellungsverträge zwischen der noch zu errichtenden GmbH auf der einen und M, I und B auf der anderen Seite gestaltet und abgeschlossen werden. Daneben soll ein Lizenzvertrag zwischen der GmbH und I über die Nutzung der von I bereits entwickelten Software abgeschlossen werden.

7.5.5 Gestaltung der Gesellschaftervereinbarung mit Grundlagen- und Verklammerungsfunktion

Die Gründer betrachten deshalb in der Folge nicht den Gesellschaftsvertrag, sondern die Gesellschaftervereinbarung als die zentrale, alle rechtlichen Beziehungen zwischen sämtlichen Beteiligten verknüpfende rechtliche Grundlage des Start-up-Projekts. Denn in der Gesellschaftervereinbarung soll ganz grundsätzlich zwischen den Gründern vereinbart werden,

- dass eine GmbH errichtet werden soll,
- welchen Inhalt deren Gesellschaftsvertrag haben soll,
- wer zu welchen Bedingungen zu deren Geschäftsführung berechtigt und verpflichtet sein und
- deshalb zum Geschäftsführer bestellt werden und
- zusätzlich einen Geschäftsführer-Anstellungsvertrag mit den bereits in der Gesellschaftervereinbarung festgelegten Bedingungen abschließen soll,
- welcher Gründer welche Beiträge an die dann errichtete GmbH leisten muss,
- bei Vorliegen welcher Voraussetzungen jeder Gründer einer Änderung des Gesellschaftsvertrags der GmbH, z. B. einer Kapitalerhöhung zum Zweck einer etwa erforderlich werdenden, weiteren Finanzierung zustimmen muss,
- bei Vorliegen welcher Voraussetzungen ein Gründer verpflichtet ist, seine Geschäftsanteile an der GmbH an diese, einen anderen Gründer oder einen Dritten zu veräußern, und
- wann, von wem und in welchem Umfang der veräußernde Gründer dafür eine Kompensation erhalten soll.

Mit wirksamem Abschluss einer Gesellschaftervereinbarung zwischen den 4 Gründern, in der diese Fragen geregelt sind, wäre dann jeder Gründer zu deren Umsetzung verpflichtet und könnte dies auch von jedem anderen Gründer verlangen. Mit wirksamem Abschluss einer solchen Gesellschaftervereinbarung wäre die Umsetzung des Start-up-Projekts zwischen den Gründern folglich verbindlich vereinbart und damit auch für jeden Beteiligten einklag- und durchsetzbar.

Damit hat der Abschluss der Gesellschaftervereinbarung eine vergleichbare Wirkung wie das Umkippen des ersten Dominosteins als Auslöser einer Kettenreaktion. Um diese Wirkung ohne Verzögerungen herbeizuführen, werden die Inhalte der weiteren Verträge, die zwischen den Beteiligten zur Umsetzung des Start-up-Projekts abgeschlossen werden sollen, in der Gesellschaftervereinbarung nicht nur umrissen. Vielmehr wird dort bereits konkret festgelegt, wann welcher Vertrag mit welchem Inhalt zwischen welchen Beteiligten abgeschlossen werden soll. Denn die Abschlüsse dieser weiteren Verträge in der vorgesehenen Reihenfolge sind die weiteren Dominosteine am Anfang der Kettenreaktion, deren Ziel letztlich die Erfüllung dieser Verträge durch die Beteiligten ist. Deshalb sollen der Gesellschaftervereinbarung konkrete Entwürfe folgender Verträge bereits als Anlage angehängt werden:

- Gesellschaftsvertrag der zu errichtenden GmbH,
- Geschäftsführeranstellungsverträge zwischen dieser GmbH und, jeweils, M, I und B, sowie
- Lizenzvertrag zwischen der GmbH und I.

Damit stellt sich als nächstes die Frage, welchen Inhalt der Gesellschaftsvertrag der GmbH haben soll. Dazu überlegen die Gründer Folgendes:

7.5.6   Gestaltung des Gesellschaftsvertrags der GmbH

Im Hinblick auf die Gestaltung des Gesellschaftsvertrags der zu gründenden GmbH erstellen M, I, B und die VC-GmbH zunächst eine Liste der Punkte, die im Gesellschaftsvertrag geregelt werden sollten. Im Anschluss an die Erstellung dieser Liste sollen dann konkrete gesellschaftsvertragliche Bestimmung verhandelt und gestaltet werden, welche die teilweise unterschiedlichen Interessen der Beteiligten bestmöglich miteinander vereinbaren. Als regelungsbedürftig werden von den Beteiligten insbesondere folgende Fragen identifiziert:

7.5.6.1 Gesellschaftszweck, Unternehmensgegenstand, Firma, Sitz und Geschäftsjahr

Die Regelung des Gesellschaftszwecks und Unternehmensgegenstands der zu gründenden GmbH ist unproblematisch: Gesellschaftszweck und Unternehmensgegenstand der zu gründenden GmbH soll die Entwicklung, Herstellung und Vermarktung von Kühlaggregaten sein.

Bei Regelung der Firma, des Sitzes und des Geschäftsjahrs der zu gründenden GmbH folgen die Beteiligten im Wesentlichen Zweckmäßigkeitserwägungen. Es wird darauf geachtet, dass die für die GmbH gewählte Firma keine Marken- Namens- oder sonstigen Rechte anderer Marktteilnehmer verletzt. Im Hinblick auf das Geschäftsjahr entscheiden die Beteiligten, dass dieses dem Kalenderjahr entsprechen und bis zum Ende des laufenden Kalenderjahres ein sogenanntes „Rumpfgeschäftsjahr" gebildet werden soll.

Im Hinblick auf den Sitz der GmbH sehen die Beteiligten von einer grundsätzlichen Standortanalyse ab und wählen den gemeinsamen Lebens- und Arbeitsmittelpunkt in Stuttgart. Eine wesentliche Folge dieser Entscheidung ist folglich, dass die GmbH wegen § 1 Abs. 1 Nr. 1 KStG in Deutschland unbeschränkt körperschaftsteuerpflichtig ist. Zudem wird die GmbH nach § 2 Abs. 1 und 2 GewStG i. V. m. § 4 Abs. 1 GewStG in Stuttgart als hebesatzberechtiger Gemeinde gewerbesteuerpflichtig sein.

7.5.6.2 Stammkapital

Das Stammkapital der zu gründenden GmbH soll aus verschiedenen Überlegungen EUR 25.000 betragen und damit (nur) der Höhe des „Mindest-Stammkapitals" entsprechen, welches nach § 5 Abs. 1 GmbHG für die Gründung einer GmbH erforderlich ist. Ein niedrigeres Stammkapital als EUR 25.000 lehnen die Beteiligten deshalb ab, weil dann lediglich die Gründung einer UG (haftungsbeschränkt) in Betracht käme.

Eine GmbH in Form einer UG (haftungsbeschränkt) wirkt für die Gesellschafter zwar ebenfalls haftungsabschirmend[12] und ermöglicht ein Pooling ihrer Ressourcen auf gesellschaftsvertraglicher Grundlage. Allerdings sehen M, I, B und die VC-GmbH das Risiko, dass eine UG (haftungsbeschränkt) auf Dritte weniger vertrauenserweckend wirkt, als eine GmbH, weil eine UG (haftungsbeschränkt) mit „Kapitalarmut" assoziiert werden könnte.

Andererseits wollen die Beteiligten im Hinblick auf § 30 Abs. 1 GmbHG, dass das Stammkapital der zu gründenden GmbH möglichst niedrig ist. Dies gibt den Beteiligten mehr Freiheit, bei Bedarf Vermögen der GmbH in das der Gesellschafter – also von M, I. B und der VC-GmbH – zu überführen. Denn die (Unter-)Grenze, bis zu der das Vermögen der GmbH an deren Gesellschafter ausgezahlt werden kann, wird nach § 30 GmbHG durch die Höhe des Stammkapitals bestimmt.

7.5.6.3 Stückelung des Stammkapitals

Das Stammkapital in Höhe von EUR 25.000 soll in insgesamt 25.000 Geschäftsanteile mit einem Nominalkapital (Anteil am Stammkapital) in Höhe von jeweils EUR 1 zerlegt werden. Auf diese Weise besteht z. B. die Möglichkeit, die Beteiligungsquoten zwischen den Beteiligten später in geringem Umfang zu verschieben, ohne dass dazu neue Geschäftsanteile geschaffen oder bestehende Geschäftsanteile geteilt werden müssen. Zudem können ohne Schaffung neuer Geschäftsanteile auch in nur geringem Umfang weitere Marktteilnehmer als Gesellschafter an der GmbH beteiligt werden, indem nur ein oder wenige Geschäftsanteile an diese(n) abgetreten werden.

---

[12]Dies folgt daraus, dass § 13 Abs. 2 GmbHG auch für UG gilt.

7.5.6.4 Beteiligungsquoten

Nach § 3 Abs. 1 Nr. 4 GmbHG gehören zum Mindestinhalt des Gesellschaftsvertrags einer GmbH zudem *„die Zahl und die Nennbeträge der Geschäftsanteile, die jeder Gesellschafter gegen Einlage auf das Stammkapital (Stammeinlage) übernimmt."*[13] Deshalb müssen sich die Beteiligten – dies ist eines der zentralsten Elemente des Projekts – darüber einigen, wer in welchem Umfang (Beteiligungsquote) an der GmbH beteiligt werden soll, die das Start-up betreibt. Formal geht es um die Frage, wie die 25.000 1-Euro-Geschäftsanteile an der zu gründenden GmbH auf die vier Beteiligten verteilt werden sollen bzw. – etwas technischer – welcher Beteiligte in welchem Umfang Geschäftsanteile der GmbH übernehmen darf.

Auch wenn die Zuordnung der Beteiligungsquoten an die einzelnen Beteiligten letztlich – wie alles andere auch – Verhandlungssache ist, hängt diese maßgeblich vom Wert des Beitrags ab, den jeder Beteiligte zur gemeinsam geplanten Unternehmung leistet. Diese Beiträge sind nicht auf Aufbringung der Stammkapital-Nominalbeträge auf die jeweils übernommenen Geschäftsanteile beschränkt. Vielmehr müssen sämtliche Beiträge in den Blick genommen werden, die ein Gesellschafter leisten und für die der betreffende Gesellschafter in Form einer Beteiligung an den mit dem Start-up verbundenen Geschäftschancen vergütet werden soll. Dies bedeutet auch:

Soll ein Gesellschafter in anderer Form als durch eine Beteiligung an den Geschäftschancen für Leistungen für die Unternehmung vergütet werden, z. B. in Form eines Geschäftsführer-Gehalts, sind diese Leistungen durch diese anderweitige Vergütung abgegolten. Solche anderweitig abgegoltenen Beitragsleistungen können von dem betreffenden Gesellschafter nicht als Argument für eine weitergehende gesellschaftsrechtliche Beteiligung am Unternehmen genutzt werden. Da sich auch die Beteiligten M, I, B und die VC-GmbH von diesen Überlegungen leiten lassen, gelangen sie zu folgenden Ergebnissen:

7.5.6.4.1 Beteiligungsquote von M

Die gesamte Unternehmung steht und fällt mit M. Dessen Erfindung – genau genommen die Möglichkeit zur ausschließlichen Nutzung dieser Erfindung – ist für die Unternehmung ebenso wichtig wie die Arbeitskraft und das Know-how von M zur Entwicklung marktfähiger Kühlaggregate. Die Beteiligten einigen sich deshalb darauf, dass M im Umfang von 40 % an der GmbH beteiligt werden soll, wenn M dem Start-up

- die Möglichkeit zur ausschließlichen Nutzung der Erfindung ausschließlich und dauerhaft verschafft und
- seine volle Arbeitskraft und sein Know-how zumindest bis zur Umsetzung der ersten Planungsphase des Geschäftsplans, also bis zur Herstellung marktfähiger Kühlaggregate, ausschließlich und unentgeltlich zur Verfügung stellt.

---

[13]Wortlaut von § 3 Abs. 1 Nr. 4 GmbHG.

7.5.6.4.2 Beteiligungsquote von I

Die Mitarbeit von I ist von den übrigen Beteiligten gewollt und geschätzt. Dennoch ist die Mitarbeit von I für die Umsetzung des Geschäftsplans nicht so entscheidend wie die Mitarbeit von M, weil das Know-how von M und dessen Erfindung für die Entwicklung und Produktion der Kühlaggregate unverzichtbar ist. Zudem will I dem Start-up nicht seine gesamte Arbeitskraft zur Verfügung stellen. Soweit I für das Start-up Tätig wird, will I im Übrigen zumindest in gewissem Umfang eine feste, erfolgsunabhängige Vergütung. Vor diesem Hintergrund einigen sich die Beteiligten darauf, dass I mit einer Quote von 5 % an der gemeinsamen Unternehmung unter den Voraussetzungen beteiligt werden soll, dass

- I zumindest 3 volle Arbeitstrage pro Woche für das Start-up tätig ist und im Rahmen dieser Tätigkeit Softwarelösungen zum Betrieb und zur Vernetzung der Kühlaggregate entwickelt,
- dem Start-up sämtliche Nutzungsrechte an der von I zu diesem Zweck bereits entwickelten Software einräumt und
- die feste Vergütung, welche I für diese Tätigkeit für das Start-up erhält, niedriger ist, als eine marktübliche Vergütung für entsprechende Tätigkeiten wäre, nämlich lediglich brutto EUR 1500 pro Monat.

7.5.6.4.3 Beteiligungsquote von B

Da B sich in das Geschäft bereits eingearbeitet und den Geschäftsplan miterstellt hat und zudem erhebliche kaufmännische Erfahrung mitbringt, wollen die Beteiligten, dass B die kaufmännischen und rechtlichen Belange des Start-ups für mindestens drei Jahre managt. B soll sich insbesondere auch deshalb um die kaufmännischen Belange kümmern, damit M und I sich auf technische Fragen konzentrieren können. Vor diesem Hintergrund einigen sich die Beteiligten darauf, dass B ebenfalls mit einer Quote von 5 % an der gemeinsamen Unternehmung beteiligt wird. Voraussetzung dafür ist, dass B das Start-up mindestens für die Dauer von 3 Jahren mit einem Arbeitseinsatz von 4 Tagen pro Woche unentgeltlich als kaufmännischer Geschäftsführer managt.

7.5.6.4.4 Beteiligungsquote der VC-GmbH

Die Beteiligung der VC-GmbH ist gewollt und erforderlich, weil die VC-GmbH das zur Realisierung des Geschäftsplans erforderliche Geld zur gemeinsamen Unternehmung beisteuern kann. M, I und B hatten ermittelt und prognostiziert, dass zur Umsetzung des Geschäftsplans zunächst ein Betrag in einer Größenordnung von mindestens EUR 3 Mio. erforderlich sein wird. Unter Einplanung eines „Sicherheitspuffers" von EUR 200.000 halten die Beteiligten daher einen Betrag in Höhe von EUR 3,2 Mio. für erforderlich und ausreichend, um das Start-up so lange zu finanzieren, bis dessen Finanzierung aus eigenen Einnahmen möglich ist.

Angesichts dieser Größenordnung sind sich die Beteiligten jedoch auch darüber einig, dass der VC-GmbH ein erheblicher Anteil an der gemeinsamen Unternehmung zusteht, wenn die VC-GmbH mit diesem Betrag „ins Risiko geht". Die Beteiligten einigen sich daher darauf, dass die VC-GmbH mit einer Quote von 50 % an der gemeinsamen Unternehmung unter der Voraussetzung beteiligt wird, dass die VC-GmbH eine Geldeinlage in Höhe von EUR 3,2 Mio. leistet. Hierbei wird der VC-GmbH jedoch zugestanden, dass dieser Betrag nicht sofort und unbedingt zu leisten ist, sondern tranchenweise abhängig davon, ob und gegebenenfalls wann von der Unternehmung bestimmte Zwischenziele (Meilensteine) erreicht werden.

7.5.6.4.5 Zusammenfassung

Vor dem Hintergrund des Vorstehenden können die Beteiligungsquoten und Beiträge der Beteiligten, welche diese zur Umsetzung des Geschäftsplans leisten müssen, wie folgt zusammengefasst werden:

Gesellschafter	Beteiligungs-quote	Zahl der 1-Euro-Geschäftsanteile	Laufende Nummern	Für die Zuordnung der Beteiligungsquoten maßgebliche Beiträge
M	40 %	10.000	1–10.000	Unentgeltliche Mitarbeit mit voller Arbeitskraft für mindestens drei Jahre und Verschaffung des ausschließlichen Nutzungsrechts an der Erfindung
I	5 %	1250	10.001–11.250	Mitarbeit für mindestens drei Jahre im Umfang von 3 Tagen pro Woche für ein unterhalb der Marktüblichkeit liegendes Gehalt sowie Verschaffung ausschließlicher Nutzungsberechtigung an bereits erstellter Software
B	5 %	1250	11.251–12.500	Unentgeltliche Mitarbeit im Umfang von 4 Tagen pro Woche als kaufmännischer Geschäftsführer für mindestens 3 Jahre
VC-GmbH	50 %	12.500	12.501–25.000	Geldeinlage in Höhe von EUR 3,2 Mio. zur Umsetzung des Geschäftsplans, tranchenweise abhängig vom Erreichen bestimmter Meilensteine

7.5.6.5 Aufbringung des Stammkapitals

Nachdem die Beteiligten Einigkeit über Umfang, Zerlegung und quotale Zuordnung des Stammkapitals erzielt haben, wird die Frage erörtert, wie das Stammkapital aufgebracht werden soll. Die Beteiligten diskutieren hierbei insbesondere auch die Frage, ob M und I das von Ihnen jeweils übernommene Stammkapital durch Sacheinlagen aufbringen sollen oder können. Allerdings verwerfen die Beteiligten diese Überlegung aus folgenden Gründen:

- Soll Stammkapital durch Sacheinlagen aufgebracht werden, wird der Gründungsvorgang aufwendiger. Denn nach § 5 Abs. 4 Satz 2 GmbHG müssen dann *„in einem Sachgründungsbericht die für die Angemessenheit der Leistungen für Sacheinlagen wesentlichen Umstände"*[14] dargestellt werden.
- Hinzu kommt das mit Sacheinlagen wegen § 9 Abs. 1 GmbHG verbundene „Differenzhaftungsrisiko".
- Da das Stammkapital der zu gründenden GmbH ohnehin „nur" EUR 25.000 betragen soll und M und I davon nur 40 % bzw. 5 % übernehmen, sind die von M und I zu leistenden Bareinlagen (Geldeinlagen) überschaubar.

Da die aufzubringenden Nominalbeträge von M (EUR 10.000) und I (EUR 1250) dargestellt (geleistet) werden können, sehen die 4 Gründer davon ab, im Gesellschaftsvertrag der GmbH eine Aufbringung des Stammkapitals durch Sacheinlagen vorzusehen. Ungeachtet dessen ist den 4 Gründern jedoch klar, dass daraus nicht etwa folgt, dass M die getätigte Erfindung bzw. sämtliche Rechte an dieser Erfindung und I die bereits entwickelte Software nicht in die GmbH einbringen müssen.

Vielmehr sind die 4 Gründer darüber einig, dass diese Immaterialgüter – die Erfindung und die bereits entwickelte Software – einschließlich der (Nutzungs-)Rechte daran ebenfalls möglichst weitgehend in die GmbH eingebracht werden sollen. Allerdings soll durch diese Immaterialgüter nicht das Stammkapital der GmbH aufgebracht, sondern Rücklagen geschaffen werden. Daher reicht es auch, wenn M und I durch die Gesellschaftervereinbarung dazu verpflichtet werden,

- die Erfindung und sämtliche Rechte an und aus dieser, insbesondere auch sämtliche Rechte auf Erlangung in- und ausländischer Schutzrechte wie z. B. (Europäischer) Patente, auf die zu gründende GmbH zu übertragen (im Fall von M) und
- der GmbH sämtliche Nutzungsrechte an der bereits entwickelten Software ausschließlich und zeitlich unbefristet zur Verfügung zu stellen (im Fall von I).

7.5.6.6 Verfügungen über Geschäftsanteile

Die Beteiligten sind sich zudem einig darüber, dass die Geschäftsanteile der Gesellschafter M, I, B und VC-GmbH an der zu gründenden GmbH nicht frei auf

---

[14]Wortlaut von § 5 Abs. 4 Satz 2 GmbHG.

sonstige Marktteilnehmer übertragbar sein sollen. Denn die 4 Gründer beteiligen sich an der gemeinsamen Unternehmung auch und gerade im Hinblick darauf, dass sie die jeweils anderen Beteiligten kennen und diesen vertrauen.

Grundsätzlich erlaubt § 15 Abs. 1 GmbH den Gesellschaftern einer GmbH die Abtretung ihrer Geschäftsanteile an andere Marktteilnehmer.[15] Allerdings stellt § 15 Abs. 5 GmbHG klar, dass die Abtretbarkeit von Geschäftsanteilen an einer GmbH durch Regelungen im Gesellschaftsvertrag der GmbH *„an weitere Voraussetzungen geknüpft, insbesondere von der Genehmigung der Gesellschaft abhängig gemacht werden"*[16] können. Eine solche sogenannte *„Vinkulierung"*[17] („Fesselung") von Geschäftsanteilen setzt jedoch eine entsprechende Regelung im Gesellschaftsvertrag voraus.

Beipiel Vinklierungsbestimmung

Die 4 Gründer einigen sich daher darauf, im Gesellschaftsvertrag der zu gründenden GmbH folgendes zu regeln: *„Die Abtretung eines Geschäftsanteils ist nur dann wirksam, wenn die Gesellschafter der Abtretung durch einen Beschluss[18] zustimmen. Dies gilt entsprechend für sonstige Verfügungen über Geschäftsanteile, z. B. für die Verpfändung eines Geschäftsanteils."*

7.5.6.7 Ausstritt und Ausschluss

Gesellschafter einer GmbH können nicht nur in der Weise aus der Gesellschaft ausscheiden, dass sie ihre sämtlichen Geschäftsanteile auf einen anderen Marktteilnehmer übertragen. Neben einem Ausscheiden durch Veräußerung der Geschäftsanteile (Übertragung der Mitgliedschaftsrechte in/an der GmbH) sind auch der Austritt oder Ausschluss von Gesellschaftern unter Erlöschen der Mitgliedschaftsrechte denkbar.

Dass im GmbHG kein „Kündigungs-" oder „Austrittsrecht" der Gesellschafter geregelt ist, bedeutet nicht, dass es solche Rechte nicht gibt. Der BGH hat zum Austrittsrecht von GmbH-Gesellschaftern und deren in diesem Zusammenhang stehenden, in der Folge ebenfalls betrachteten Abfindungsberechtigungen Folgendes klargestellt:

„Das Recht des Gesellschafters einer GmbH, bei Vorliegen eines wichtigen Grundes aus der Gesellschaft auszutreten, gehört zu seinen zwingenden, unverzichtbaren Mitgliedschaftsrechten. Es darf nicht in unzulässiger Weise eingeschränkt werden. Führt die im Gesellschaftsvertrag enthaltene Abfindungsbeschränkung zu einem groben Missverhältnis

---

[15]*„Die Geschäftsanteile sind veräußerlich und vererblich"* (Wortlaut von § 15 Abs. 1 GmbHG).

[16]Wortlaut von § 15 Abs. 5 GmbHG.

[17]Vgl. z. B. OLG Naumburg, Urteil vom 22.1.2004 (Az. 7 U 133/03); FG Baden-Württemberg, Urteil vom 09.05.2017 (Az. 5 K 3825/14).

[18]Damit ist noch nicht geregelt, welche Mehrheitsanforderungen für einen solchen zustimmenden Gesellschafterbeschluss gelten. Gesellschafterbeschlüsse einer GmbH kommen grundsätzlich mit einfacher Stimmenmehrheit (50 % + 1 Stimme) zustande (§ 47 Abs. 1 GmbHG). Die Gesellschafter können im Gesellschaftsvertrag jedoch für sämtliche oder bestimmte Beschlüsse andere Mehrheitserfordernisse vorsehen.

zwischen dem vertraglichen und dem nach dem Verkehrswert zu bemessenden Abfindungsanspruch, wird das Austrittsrecht des Gesellschafters in unzulässiger Weise eingeschränkt.
An die Stelle der dadurch unwirksam gewordenen gesellschaftsvertraglichen Abfindungsklausel tritt ein Anspruch auf Gewährung einer angemessenen Abfindung."[19]

Allerdings wollen die 4 Gründer, dass es keinem Gesellschafter grundlos möglich sein
soll, die Stellung als Gesellschafter ordentlich zu kündigen. Ebenso wenig soll es möglich sein, einen Gesellschafter grundlos aus der Gesellschaft auszuschließen. Die 4 Gründer einigen sich daher darauf, dass der Gesellschaftsvertrag der zu gründenden GmbH
regeln soll, dass ein Gesellschafter (nur) bei Vorliegen eines wichtigen Grundes

- zum Austritt aus der GmbH berechtigt und
- durch einen Gesellschafterbeschluss aus der GmbH ausschließbar sein soll.

In diesem Zusammenhang erkennen die 4 Gründer jedoch auch, dass der Begriff „wichtiger Grund" unbestimmt und daher entsprechend streitanfällig ist. M, I, B und die
VC-GmbH einigen sich daher auch darauf, weitergehend, wenn auch nicht abschließend,
zu regeln, bei Vorliegen welcher Voraussetzungen ein wichtiger Grund vorliegt, der zum
Ausschluss eines Gesellschafters berechtigen soll. Ein wichtiger Grund in diesem Sinn
soll namentlich dann gegeben sein, wenn

- ein Gesellschafter gesellschaftsrechtliche und/oder gesellschaftsvertragliche Pflichten so schwerwiegend verletzt, dass das mit diesem Gesellschafter bestehende Ver-
  trauensverhältnis irreparabel zerstört ist,
- ein Insolvenzverfahren über das Vermögen eines Gesellschafters eröffnet wird und/
  oder
- die Zwangsvollstreckung in den Geschäftsanteil eines Gesellschafters betrieben wird.

Beispiel Ausschluss und Austrittsregelung

Um eine entsprechende Ausschlussmöglichkeit im Gesellschaftsvertrag zu verankern,
einigen sich die Beteiligten darauf, folgende Regelung in den Gesellschaftsvertrag mit
aufzunehmen:

„Die Gesellschafter können die Einziehung sämtlicher Geschäftsanteile eines
Gesellschafters beschließen[20], wenn der betreffende Gesellschafter der Einziehung
zustimmt oder ein wichtiger Grund vorliegt. Ein wichtiger Grund, der auch ohne
Zustimmung des betreffenden Gesellschafters zur Einziehung sämtlicher Geschäftsanteile eines Gesellschafters berechtigt, liegt insbesondere auch dann vor, wenn

---

[19]BGH, Urteil vom 16.12.1991 (Az. II ZR 58/91), NJW 1992, S. 892 ff. (893).

[20]Damit ist noch keine Aussage darüber getroffen, welchen Mehrheitserfordernissen ein solcher
Gesellschafterbeschluss genügen muss.

- ein Insolvenzverfahren über das Vermögen eines Gesellschafters eröffnet wird,
- die Eröffnung eines Insolvenzverfahrens über das Vermögen eines Gesellschafters „mangels Masse" abgelehnt wird,
- die Zwangsvollstreckung in einen oder mehrere Geschäftsanteile eines Gesellschafters betrieben wird und/oder
- ein Gesellschafter vorsätzlich oder grob fahrlässig gesetzliche oder gesellschaftsvertragliche Pflichten verletzt und dies dazu führt, dass den übrigen Gesellschafter die Fortsetzung des Gesellschaftsverhältnisses mit dem betreffenden Gesellschafter nicht mehr zumutbar ist. Dies ist insbesondere auch dann der Fall, wenn der betreffende Gesellschafter gesetzliche oder gesellschaftsvertragliche Pflichten wiederholt oder so schwer verletzt, dass die übrigen Gesellschafter berechtigterweise kein Vertrauen mehr in die Redlichkeit und/oder Rechtstreue des betreffenden Gesellschafters haben.

Die Einziehung und der damit verbundene Verlust der Mitgliedschaftsrechte des betreffenden Gesellschafters wird wirksam, wenn und sobald die übrigen Gesellschafter die Einziehung beschließen und die Beschlussfassung protokolliert wird. Der Gesellschafter, dessen Geschäftsanteil(e) Gegenstand der Beschlussfassung ist/sind, ist bei er Beschlussfassung nicht stimmberechtigt. Die Rechte des betroffenen Gesellschafters, den Einziehungsbeschluss wegen etwaiger Beschlussmängel anzugreifen, bleiben jedoch unberührt.[21]

Die Gesellschaft ist zur Einziehung von Geschäftsanteilen verpflichtet, wenn ein wichtiger Grund vorliegt, der einen Gesellschafter zum Austritt aus der Gesellschaft berechtigt und der austrittsberechtigte Gesellschafter den Austritt aus der Gesellschaft innerhalb von einem Monat ab demjenigen Tag erklärt, an dem der austrittsberechtigte Gesellschafter von den für die Austrittsberechtigung maßgebenden Tatsachen Kenntnis erlangt. Versäumt der austrittsberechtigte Gesellschafter diese Monatsfrist, ist das Austrittsrecht unter Berufung auf den betreffenden Austrittsgrund verwirkt. Die Austrittserklärung muss in schriftlicher Form im Sinn von § 126 Abs. 1 BGB (elektronische Form oder sonstige Textform ist ausgeschlossen) gegenüber mindestens einem Geschäftsführer der Gesellschaft und im Fall der Führungslosigkeit der Gesellschaft gegenüber sämtlichen übrigen Gesellschaftern unter ausdrücklicher Nennung des Austrittsgrunds abgegeben werden. Eine ohne Beachtung dieser Form abgegebene Austrittserklärung ist nichtig.

---

[21]Die Frage, ob und unter welchen inhaltlichen und formalen Voraussetzungen Gesellschafter einer GmbH Gesellschafterbeschlüsse wegen etwaiger Beschlussmängel angreifen können, wird im GmbHG ebenfalls nicht geregelt. In der Rechtsprechung werden daher die aktienrechtlichen Bestimmungen (§§ 241 ff AktG) zumindest weitgehend sinngemäß auf Gesellschafterbeschlüsse von GmbH angewandt, wenn und soweit im Gesellschaftsvertrag der betreffenden GmbH keine anderweitigen Regelungen vorgesehen sind. Den Gesellschaftern einer GmbH steht es daher grundsätzlich frei, die Möglichkeiten zu regeln, Gesellschafterbeschlüsse wegen etwaiger Beschlussmängel anzufechten. Im Gesellschaftsvertrag einer GmbH kann dafür z. B. eine Anfechtungsfrist geregelt werden.

Erklärt ein Gesellschafter den Austritt aus der Gesellschaft nach Maßgabe der vorstehenden Sätze, muss die Gesellschaft dessen Geschäftsanteil(e) innerhalb von einem Monat ab Wirksamwerden der Austrittserklärung einziehen, wenn ein Einziehungsbeschluss nicht Kraft zwingend anwendbaren Rechts unzulässig ist. Wird innerhalb der Monatsfrist kein Einziehungsbeschluss gefasst oder ist die Einziehung unzulässig, sind sämtliche Gesellschafter verpflichtet, die schnellstmögliche Auflösung und Abwicklung der Gesellschaft herbeizuführen."

7.5.6.8 Abfindung

7.5.6.8.1 Ausgangsüberlegungen

Die 4 Gründer sind sich jedoch auch darüber einig, dann ein Gesellschafter, der durch Einziehung der Geschäftsanteile aus der GmbH ausscheidet, wirtschaftlich für den Verlust der Gesellschafterstellung kompensiert werden soll.[22] Diese Kompensation soll in Form einer Abfindung in Geld erfolgen. Zudem besteht Einigkeit darüber, dass eine solche Abfindung grundsätzlich dann adäquat ist, wenn der Abfindungsbetrag dem mit der Beteiligungsquote des ausgeschiedenen Gesellschafters multiplizierten Wert des von der GmbH betriebenen Unternehmens entspricht. Die Ermittlung einer adäquaten Abfindung erfolgt daher grundsätzlich nach folgender Formel:

Abfindung = Beteiligungsquote[23] × Unternehmenswert[24]

In diesem Zusammenhang identifizieren M, I, B und die VC-GmbH jedoch 3 wesentliche Probleme, die sie gerne durch Aufnahme entsprechender Regelungen in den Gesellschaftsvertrag lösen würden:

- Die Ermittlung von Unternehmenswerten ist aus mehreren Gründen streitanfällig. Zum einen gibt es mehrere betriebswirtschaftlich anerkannte Bewertungsmethoden. Deshalb kann bereits darüber gestritten werden, nach welcher Methode der Unternehmenswert ermittelt werden soll, falls ein Gesellschafter einen Abfindungsanspruch

---

[22]Vgl. dazu z. B. BGH, Urteil vom 16.12.1991 (Az. II ZR 58/91), NJW 1992, S. 892: „*Der Abfindungsbetrag ist nach dem vollen wirtschaftlichen Wert (Verkehrswert) des Geschäftsanteiles zu bemessen, soweit der Gesellschaftsvertrag keine davon abweichende, seine Höhe beschränkende Abfindungsklausel enthält. Eine Beschränkung des Abfindungsanspruchs unterliegt den Grenzen des § 138 BGB. Sie ist dann als nichtig anzusehen, wenn die mit ihr verbundene Einschränkung des Abflusses von Gesellschaftskapital vollkommen außer Verhältnis zu der Beschränkung steht, die erforderlich ist, um im Interesse der verbleibenden Gesellschafter den Fortbestand der Gesellschaft und die Fortführung des Unternehmens zu sichern.*"

[23]Damit ist die Quote der Beteiligung des ausscheidenden Gesellschafters am Stammkapital der GmbH gemeint.

[24]Damit ist der Wert des von der GmbH betriebenen Unternehmens zum Zeitpunkt des Ausscheidens des betreffenden Gesellschafters gemeint.

hat. Zudem kann selbst bei Einigkeit über die anzuwendende Bewertungsmethode erheblicher Streit darüber aufkommen, welche Tatsachen, Einschätzungen und/ oder Wertungen der Bewertung zugrunde gelegt werden sollen. Bei Anwendung der Ertragswertmethode kann z. B. darüber gestritten werden, welche zukünftigen Ertragserwartungen berechtigt sind und welcher Kapitalisierungszinssatz angemessen ist, um diese auf den Bewertungsstichtag abzuzinsen.

- Die Ermittlung des Abfindungsanspruchs nach der Formel „Beteiligungs-quote × Unternehmenswert" kann zu einem Abfindungsanspruch führen, den die GmbH zumindest nicht sofort erfüllen kann, weil die erforderliche Liquidität fehlt. Deshalb wollen M, I, B und die VC-GmbH eine Regelung treffen, durch die das Risiko sinkt, dass die GmbH insolvent wird, weil eine Abfindungsverbindlichkeit gegenüber einem ausgeschiedenen Gesellschafter erfüllt werden muss.
- Die 4 Gründer wollen verhindern, dass einer von ihnen in Erwartung einer Abfindungs-zahlung einen Ausschluss aus der GmbH provoziert. Deshalb wollen die 4 Grün-der zudem, dass der Umfang einer zu beanspruchenden Abfindung von dem Grund abhängt, der zum Ausscheiden des abfindungsberechtigten Gesellschafters geführt hat.

Vor dem Hintergrund dieser Ausgangsüberlegungen gelangen die 4 Gründer zu folgen-den Ergebnissen:

7.5.6.8.2 Unternehmensbewertung

Um das Streitpotential im Hinblick auf die Bewertung des Start-ups zu senken, einigen sich die 4 Gründer darauf, die gegebenenfalls anwendbare Bewertungsmethode bereits im Gesellschaftsvertrag zu regeln. Weil sowohl die Ermittlung eines Zukunftserfolgs-werts nach der Ertragswert- oder DCF-Methode als auch eine Substanzwertermittlung (zu) viele streitanfällige, da variable, Komponenten beinhalten, soll die Unternehmens-wertermittlung durch bestimmte Multiplikatoren erfolgen.

Bezugsgrößen für das Heranziehen dieser Multiplikatoren sollen Kennzahlen sein, die für jeden Gesellschafter möglichst transparent und unkompliziert feststellbar sind. Die Bezugsgrößen der Multiplikatoren sollen daher Kennzahlen aus zum Zeitpunkt des Ausscheidens abfindungsberechtigter Gesellschafter bereits aufgestellter (nach Möglich-keit auch bereits geprüfter[25]) und festgestellter Jahresabschlüsse der GmbH sein. Denn

---

[25]Das Aufstellen des Jahresabschlusses ist Sache der Geschäftsführer der GmbH (§§ 264 HGB, 41, 42 GmbHG). Ist der Jahresabschluss prüfungspflichtig (dazu § 316 HGB), ist der Jahres-abschluss zunächst dem Abschlussprüfer zur Prüfung und erst anschließend zusammen mit dessen Prüfungsbericht den Gesellschaftern zur Feststellung vorzulegen (vgl. dazu § 42a GmbHG). Ist der Jahresabschluss der GmbH nicht kraft Gesetzes durch einen Abschlussprüfer zu prüfen, müssen die Geschäftsführer den Jahresabschluss ohne den Zwischenschritt einer Abschlussprüfung den Gesellschaftern zur Feststellung vorlegen. Allerdings kann im Gesellschaftsvertrag einer GmbH vorgesehen werden, dass der Jahresabschluss auch dann von einem Abschlussprüfer zu prüfen ist, wenn keine gesetzliche Prüfungspflicht besteht (fakultative Abschlussprüfung).

die von den Gesellschaftern festgestellten Jahresabschlüsse der GmbH liegen jedem Gesellschafter vor.[26]

M, I, B und die VC-GmbH einigen sich daher darauf, dass der Abfindungsanspruch eines ausscheidenden Gesellschafters gegebenenfalls in erster Linie an die in der Vergangenheit von der GmbH erzielten Jahresüberschüsse anknüpfen soll. Allerdings soll dabei auch dem Umstand Rechnung getragen werden, dass die zu gründende GmbH in den ersten drei Jahren voraussichtlich keine Jahresüberschüsse erzielen wird, da die Kühlaggregate zunächst bis zur Marktreife entwickelt werden müssen. Deshalb soll ein Gesellschafter im Fall des Ausscheidens stets mindestens eine Abfindung erhalten, die dem rechnerischen Anteil des ausscheidenden Gesellschafters am Eigenkapital der GmbH und den anteiligen stillen Reserven entspricht. Für letztere soll jedoch eine pauschale Abgeltung vorgesehen werden, um Streit zu vermeiden.

Beispiel Abfindungsregelung

M, I, B und die VC- GmbH einigen sich auf eine Regelung, die nach ihrer Einschätzung klar und wenig streitanfällig ist, nach dem Grund des Ausscheidens differenziert und eine Mindestabfindung garantiert. Zudem soll das Start-up mit der Regelung zumindest in gewissem Umfang vor ausscheidungsbedingter Insolvenz geschützt werden:

„Wird der Geschäftsanteil eines Gesellschafters („Ausscheidender Gesellschafter") eingezogen, hat der Ausscheidende Gesellschafter einen Anspruch gegen die Gesellschaft auf eine Abfindung in Geld („Abfindungsanspruch"). Die Höhe des Abfindungsanspruchs entspricht grundsätzlich (vorbehaltlich der nachstehenden Regelungen) dem mit der auf den eingezogenen Geschäftsanteil entfallenden Quote am Stammkapital der Gesellschaft („Beteiligungsquote") multiplizierten Wert des von der Gesellschaft betriebenen Unternehmens zu dem Zeitpunkt, an dem die Einziehung des Geschäftsanteils wirksam geworden ist („Maßgeblicher Unternehmenswert").

Der Maßgebliche Unternehmenswert entspricht der Summe aus dem mit dem Faktor 5 multiplizierten Jahresüberschuss der Gesellschaft im letzten, vor dem Wirksamwerden der Einziehung abgeschlossenen Geschäftsjahr der Gesellschaft und dem mit dem Faktor 4 multiplizierten Jahresüberschuss der Gesellschaft im vorletzten, vor Wirksamwerden der Einziehung abgeschlossenen Geschäftsjahr der Gesellschaft. Wird die Einziehung genau zum Abschluss eines Geschäftsjahres wirksam, gelten das zeitgleich mit dem Wirksamwerden der Einziehung abgeschlossene Geschäftsjahr als das letzte Geschäftsjahr und das letzte zuvor abgeschlossene Geschäftsjahr als das vorletzte Geschäftsjahr im Sinn des vorstehenden Satzes.

Für Geschäftsjahre, in denen die Gesellschaft keinen Jahresüberschuss erzielt hat, sind für Zwecke der Ermittlung des Maßgeblichen Unternehmenswerts 0 € (null Euro) anzusetzen. Ist der Maßgebliche Unternehmenswert niedriger als der Mindest-Unternehmenswert, ist zur Ermittlung des Abfindungsanspruchs eines Gesellschafters der

---

[26]Zu den Auskunfts- und Einsichtsmöglichkeiten von Gesellschaftern einer GmbH insbesondere auch § 51a GmbHG.

Mindest-Unternehmenswert anstelle des Maßgeblichen Unternehmenswerts anzusetzen. Der Mindest-Unternehmenswert entspricht dem mit dem Faktor 2 multiplizierten Eigenkapital der Gesellschaft bei Abschluss des letzten, vor dem Wirksamwerden der Einziehung abgeschlossenen oder, falls die Einziehung zeitgleich mit dem Abschluss eines Geschäftsjahres wirksam wird, bei Abschluss des zeitgleich mit dem Wirksamwerden der Einziehung abgeschlossenen Geschäftsjahres der Gesellschaft. Durch Ansatz des doppelten Eigenkapitals (Faktor 2) zur Ermittlung des Mindest-Unternehmenswerts wird die rechnerische Beteiligung des abfindungsberechtigten Gesellschafters an stillen Reserven der Gesellschaft pauschal abgegolten.

Wird der Geschäftsanteil eines Gesellschafters eingezogen, weil der betreffende Gesellschafter vorsätzlich oder grob fahrlässig gesetzliche oder gesellschaftsvertragliche Haupt- oder Nebenpflichten verletzt hat, ist der nach den vorstehenden Bestimmungen ermittelte Abfindungsanspruch des ausgeschiedenen Gesellschafters um 20 % (1/5) zu kürzen. Der Abfindungsanspruch des ausgeschiedenen Gesellschafters beträgt dann folglich nur 80 % (4/5) des mit der Beteiligungsquote multiplizierten, nach den vorstehenden Bestimmungen ermittelten Maßgeblichen Unternehmenswerts oder, falls der Mindest-Unternehmenswert höher als der Maßgebliche Unternehmenswert maßgeblich sein sollte, 80 % (4/5) des mit der Beteiligungsquote multiplizierten des Mindest-Unternehmenswerts.

Die Abfindung ist von der Gesellschaft in drei gleichen Raten an den abfindungsberechtigten Gesellschafter auszuzahlen. Die erste Rate (1/3 des Abfindungsanspruchs) ist innerhalb von zwei Wochen nach Wirksamwerden der Einziehung zur Zahlung fällig. Die zweite Rate (das zweite Drittel des Abfindungsanspruchs) ist innerhalb von einem Jahr nach Wirksamwerden der Einziehung zur Zahlung fällig. Die letzte Rate (das letzte Drittel) des Abfindungsanspruchs ist innerhalb von zwei Jahren nach Wirksamwerden der Einziehung zur Zahlung fällig. Die Gesellschaft ist berechtigt, jedoch nicht verpflichtet, auch bereits vor den jeweiligen Fälligkeitszeitpunkten Zahlungen ganz oder teilweise zu leisten. Eine Verzinsung der nicht fälligen Teile (Raten) des Abfindungsanspruchs erfolgt nicht. Kommt die Gesellschaft mit einer Zahlung in Verzug, bleibt das Recht des abfindungsberechtigten Gesellschafters unberührt, Verzugszinsen geltend zu machen."

7.5.6.8.3 Gesellschafterbeschlüsse

M, I, B und die VC-GmbH wollen zudem, dass der Gesellschaftsvertrag auch Regelungen darüber enthält, wie (unter Beachtung welcher formalen Aussetzungen) und mit welchem Mehrheitsanforderungen Gesellschafterbeschlüsse gefasst werden können. Denn die 4 Gründer halten die Bestimmungen, die das GmbHG zur Beschlussfassung der Gesellschafter enthält, zumindest teilweise für unpassend. Deshalb sollen im Gesellschaftsvertrag der zu gründenden GmbH Regelungen enthalten sein, durch welche die gesetzlichen Bestimmungen ersetzt werden.

7.5.6.8.4 Formale Anforderungen

Im GmbHG wird z. B. geregelt, dass Gesellschafterversammlungen (nur) von den Geschäftsführern[27] einberufen werden, wobei diese Einberufung nach § 51 GmbHG *„durch Einladung der Gesellschafter mittels eingeschriebener Briefe"*[28] erfolgen soll. Von diesen Bestimmungen abweichend wollen M, I, B und die VC-GmbH im Gesellschaftsvertrag der zu gründenden GmbH dagegen z. B. regeln, dass

- jeder Gesellschafter zur Einberufung von Gesellschafterversammlungen am Sitz der GmbH berechtigt ist und
- die Einberufung auch unter Nutzung anderer Kommunikationsmittel wie z. B. E-Mail erfolgen kann.

7.5.6.8.5 Mehrheitserfordernisse

Bei GmbH kommen Gesellschafterbeschlüsse grundsätzlich mit *„der Mehrheit der abgegebenen Stimmen"*[29] zustande. Abweichend von diesem Grundsatz erfordern Gesellschafterbeschlüsse über bestimmte, insbesondere die Grundlagen der GmbH betreffende Beschlussgegenstände wie z. B. Kapitalerhöhungen und sonstige Änderungen des Gesellschaftsvertrags[30] oder Umwandlungsvorgänge[31] eine Mehrheit von *„mindestens drei Vierteln der abgegebenen Stimmen."*[32] In Anbetracht der zwischen M, I, B und der VC-GmbH abgestimmten Beteiligungsquoten und der damit jeweils verbundenen Stimmrechtsmacht[33] würde die Anwendung der gesetzlichen Bestimmungen z. B. dazu führen, dass

- M und die VC-GmbH gegen den Willen von I und B auch grundlegende Maßnahmen wie z. B. eine Umwandlung der zu gründenden GmbH durchsetzen könnten und
- die VC-GmbH gemeinsam mit B auch bei „technischen Fragestellungen" M und I überstimmen könnten, wenn ein Gesellschafterbeschluss keiner qualifizierten Mehrheit bedarf.

Die 4 Beteiligten diskutieren daher denkbare Beschlussgegenstände und kommen zu dem Ergebnis, dass für eine Reihe von Beschlussgegenständen besondere

---

[27]Dazu § 49 Abs. 1 GmbHG; ein eigenes „Einberufungsrecht" einzelner Gesellschafter kennt das GmbHG dagegen nicht, lediglich die in § 50 Abs. 1 GmbHG geregelte Befugnis, *„unter Angabe des Zwecks und der Gründe die Berufung der Versammlung zu verlangen"* (Wortlaut von § 50 Abs. 1 GmbHG).

[28]Wortlaut von § 51 Abs. 1 GmbHG.

[29]Wortlaut von § 47 Abs. 1 GmbHG.

[30]Dazu § 53 GmbHG.

[31]Dazu z. B. § 50 Abs. 1 UmwG.

[32]Wortlaut von § 50 Abs. 1 UmwG.

[33]Gemäß § 47 Abs. 2 GmbHG gewährt grundsätzlich jeder Euro eines Geschäftsanteils eine Stimme; allerdings sind auch insoweit abweichende gesellschaftsvertragliche Regelungen denkbar.

Mehrheitsanforderungen im Gesellschaftsvertrag definiert werden sollen. Dies soll z. B. für Beschlüsse gelten über

- Umwandlungsvorgänge,
- die Einziehung von Geschäftsanteilen und
- die Zustimmung zu Geschäften und sonstigen Maßnahmen, welche die Geschäftsführer der zu gründenden GmbH nur mit Zustimmung der Gesellschafterversammlung vornehmen dürfen.

Der zuletzt genannte Punkt soll insbesondere auch dem Wunsch der VC-GmbH Rechnung tragen, eine gewisse Kontrolle über die Geschäftsführer-Tätigkeiten von M, I und B zu erhalten. Allerdings soll die Frage, welche konkreten Geschäfte und sonstigen Maßnahmen („Katalog zustimmungspflichtiger Maßnahmen") nicht im Gesellschaftervertrag geregelt werden, sondern in einer von den Gesellschaftern für die Geschäftsführer zu beschließenden Geschäftsordnung. Denn die Änderung einer solchen Geschäftsordnung kann erforderlichenfalls ohne Notwendigkeit einer notariellen Beurkundung erfolgen, die im Fall einer Änderung des Gesellschaftsvertrags wegen § 53 Abs. 2 GmbHG erforderlich wäre.

7.5.6.9 Weitere Gesellschafterpflichten

Des Weiteren machen sich die 4 Gründer auch Gedanken darüber, ob der Gesellschaftsvertrag der zu gründenden GmbH noch weitere Gesellschafterpflichten vorsehen soll. Im Ergebnis sind M, I, B und die VC-GmbH sich darüber einig, dass der Gesellschaftsvertrag zusätzlich folgende Regelungen enthalten soll:

- Eine Pflicht der Gesellschafter, sämtliche die Gesellschaft betreffenden Informationen einschließlich Geschäftsmodell, Planungen und Beziehungen der Gesellschafter untereinander sowie Beziehungen der Gesellschaft zu Dritten geheim zu halten. Diese Geheimhaltungspflicht soll auch für solche Informationen betreffend die GmbH gelten, die kein Geschäftsgeheimnis im Sinn des GeschGehG darstellen. Ausnahmen von dieser Geheimhaltungspflicht sollen nur bestehen, wenn und soweit
  i) Informationen ohnehin öffentlich bekannt oder zugänglich sind,
  ii) Gesellschafter Informationen mit gesetzlich zur Verschwiegenheit verpflichteten Beratern erörtern, z. B. mit Rechtsanwälten oder Steuerberatern,
  iii) ein Gesellschafter gesetzlich zur Offenlegung oder Weitergabe von Informationen verpflichtet ist, z. B. im Rahmen von Steuererklärungen und/oder
  iv) ein Gesellschafter in Wahrnehmung berechtigter Interessen handelt.
- Ein grundsätzliches Verbot für sämtliche Gesellschafter, in Wettbewerb zu der GmbH zu treten und/oder Wettbewerber in irgendeiner Form zu unterstützen: Anders als z. B. das HGB in § 112 für die Gesellschafter einer OHG sieht das GmbHG kein ausdrückliches gesetzliches Wettbewerbsverbot für die Gesellschafter einer GmbH vor. Die 4 Gründer wollen deshalb durch vertragliche Regelungen eine mit dem Recht der OHG vergleichbare Situation herbeiführen. Dies soll auch für die Rechtsfolgen

gelten, die ein etwaiger Verstoß eines Beteiligten gegen das gesellschaftsvertragliche Wettbewerbsverbot nach sich zieht.[34] Vom Wettbewerbsverbot ausgenommen werden sollen lediglich „[r]*ein kapitalistische Minderheitsbeteiligungen ... an einer Konkurrenzgesellschaft ohne Einfluss auf deren Geschäftsführung, ohne Tätigkeit im Unternehmen und ohne Möglichkeit, dieses zu beherrschen oder Einfluss auf unternehmerische Entscheidungen*"[35] (wobei und wovon die Pflicht zur Verschwiegenheit jedoch unberührt bleiben soll).

7.5.6.10 Geschäftsführer

7.5.6.10.1 Grundsätzliches und Ressort-Verteilung

Die 4 Beteiligten auch darüber einig, dass M, I und B zu Geschäftsführern der zu gründenden GmbH bestellt werden sollen. M soll das Ressort Technik, Entwicklung und Produktion, I das Ressort Informationstechnologie und Software und B das Ressort Betriebswirtschaft einschließlich Finanzen, Personal, Marketing und Recht übernehmen. Die Einzelheiten dazu sollen jedoch in den jeweiligen Geschäftsführer-Anstellungsverträgen geregelt werden. Im Gesellschaftsvertrag der zu gründenden GmbH soll im Hinblick auf § 35 GmbHG lediglich geregelt werden, ob die Geschäftsführer jeweils einzeln oder lediglich zusammen mit anderen Geschäftsführern zur Vertretung der GmbH befugt sind.

Eine solche gesellschaftsvertragliche Vertretungsregelung, die grundsätzlich jede Möglichkeit offen lässt, kann z. B. wie folgt lauten:

> „Hat die Gesellschaft nur einen Geschäftsführer, ist dieser stets einzelvertretungsberechtigt. Sind mehrere Geschäftsführer bestellt, ist jeder Geschäftsführer zusammen mit einem anderen Geschäftsführer oder zusammen mit einem Prokuristen zur Vertretung der Gesellschaft befugt. Die Gesellschafter können einzelnen Geschäftsführern jedoch auch für den Fall, dass mehrere Geschäftsführer bestellt sind, Einzelvertretungsbefugnis erteilen. Zudem können die Gesellschafter sämtliche oder einzelne Geschäftsführer von den Beschränkungen des § 181 BGB befreien."

Mit einer solchen gesellschaftsvertraglichen Regelung ist die Entscheidung darüber, welche konkrete Vertretungsbefugnis M, I und B als Geschäftsführer der GmbH haben sollen, allerdings noch nicht getroffen. Die 4 Beteiligten sollten daher eine Einigung über diese Frage erzielen und das Ergebnis in der Gesellschaftervereinbarung verankern.

---

[34]Dazu insbesondere § 113 HGB; ergänzend kann die Verwirkung einer Vertragsstrafe oder eine pauschale Mindestschadensersatzzahlung für den Fall eines Verstoßes gegen das gesellschaftsvertragliche Wettbewerbsverbot vorgesehen werden (vgl. dazu jedoch z. B. OLG München, Urteil vom 11.11.2010, Az. U [K] 2143/10). Zudem kommt eine Klarstellung dahingehend in Betracht, dass eine vorsätzliche Verletzung des Wettbewerbsverbots einen wichtigen Grund darstellt, der zur Einziehung der Geschäftsanteile des betreffenden Gesellschafters berechtigt.

[35]Wortlaut entnommen dem amtlichen Leitsatz von OLG Stuttgart, Urteil vom 15.03.2017 (Az. 14 U 3/14); vgl. dazu z. B. auch OLG Hamm, Urteil vom 15.02.1993 (Az. 8 U 154/92) sowie OLG Köln, Beschluss vom 24.8.2018 (Az. 4 Wx 4/18).

7.5.6.10.2 Geschäftsführerstellung von M

Um der Forderung von M Rechnung zu tragen, bei der zu gründenden GmbH eine möglichst unentziehbare Geschäftsführer-Stellung zu erhalten, greifen die Beteiligten auf die aus dem Vereinsrecht bekannte Möglichkeit zurück, ein „Sonderrecht" zugunsten von M vorzusehen. M soll ein unentziehbares Sonderrecht erhalten, Geschäftsführer der zu gründenden GmbH zu sein, solange M auch deren Gesellschafter ist. Im Gegenzug soll aber auch sichergestellt werden, dass M der zu gründenden GmbH zumindest für 3 Jahre unentgeltlich und mit voller Arbeitskraft als Geschäftsführer zur Verfügung steht. Deshalb soll im Gesellschaftsvertrag auch eine entsprechende Pflicht von M zur unentgeltlichen Geschäftsführung für einen Zeitraum von 3 Jahren verankert werden.[36]

Beispiel Sonderrecht auf und Pflicht zur Geschäftsführung

M, I, B und die VC-GmbH einigen sich darauf, zur Umsetzung dieser Gestaltungswünsche folgende Regelung in den Gesellschaftsvertrag der zu gründenden GmbH aufzunehmen:

> „Der Gesellschafter M ist zur Geschäftsführung berechtigt und verpflichtet. Das Recht des Gesellschafters M, Geschäftsführer der Gesellschaft zu sein, ist ein unentziehbares Sonderrecht im Sinn von § 35 BGB. Dieses Sonderrecht erlischt, wenn und sobald (i) M das Amt als Geschäftsführer der Gesellschaft freiwillig niederlegt, (ii) M nicht mehr Gesellschafter der Gesellschaft ist und/oder (iii) M das siebzigste Lebensjahr vollendet.
>
> Die Pflicht des Gesellschafters M, die Geschäfte der Gesellschaft zu führen, endet spätestens **[alternativ z. B. nach Ablauf von drei Jahren ab Eintragung der Gesellschaft in das Handelsregister oder an einem bestimmten Datum].** Während des im vorstehenden Satz bestimmten Zeitraums hat der Gesellschafter M keinen Anspruch auf eine Geschäftsführer-Vergütung."

In dieser beispielhaften Formulierung noch nicht enthalten ist eine Regelung darüber, ob M auch ein Recht darauf haben soll, einzelvertretungsberechtigter Geschäftsführer zu sein. Diese Frage sollte von den Beteiligten jedoch ebenfalls erörtert und ausdrücklich geregelt werden.

7.5.7   Geschäftsführer-Anstellungsverträge

7.5.7.1 Hintergrund

Vor diesem Hintergrund erörtern die Beteiligten den Inhalt der Geschäftsführer-Anstellungsverträge, die zwischen der zu errichtenden GmbH einerseits und M, I und B andererseits abgeschlossen werden sollen. Durch diese Geschäftsführer-Anstellungsverträge sollen die Rechte und Pflichten zwischen der GmbH einerseits und M, I und B andererseits vertraglich ergänzt und präzisiert werden.

---

[36]Dazu § 3 Abs. 2 GmbHG.

Die gesellschaftsrechtliche Stellung als Geschäftsführer der zu errichteten GmbH erlangen M, I und B, indem sie jeweils im Gesellschaftsvertrag oder von der Gesellschafterversammlung zum Geschäftsführer der GmbH bestellt werden.[37] Mit Annahme der Bestellung zum Geschäftsführer sind M, I und B zunächst bereits kraft Gesetzes insbesondere auch verpflichtet,

- die Geschäfte der GmbH zu führen, was insbesondere auch die Identifizierung, Analyse und Wahrnehmung von Geschäftschancen für die Gesellschaft zur Verwirklichung des Gesellschaftszwecks (und die Verfolgung des Unternehmensgegenstands) mit dem Ziel beinhaltet, nachhaltig Jahresüberschüsse für die GmbH zu erwirtschaften,
- die GmbH beim Abschluss der dazu erforderlichen Verträge zu vertreten,
- für eine ordnungsmäßige Buchhaltung und Rechnungslegung[38] der GmbH einschließlich der Aufstellung der Jahresabschlüsse[39] sowie
- die Erfüllung der steuerlichen Deklarations- und Zahlungspflichten der GmbH zu sorgen sowie
- einen Insolvenzantrag zu stellen, falls die GmbH zahlungsunfähig oder überschuldet wird.[40]

Diese Pflichten hat jede zum Geschäftsführer bestellte Person mit der „*Sorgfalt eines ordentlichen Geschäftsmannes*"[41] zu erfüllen. Wer diese Anforderungen nicht erfüllt und durch eine sorgfaltswidrige Pflichtverletzung einen Schaden bei der GmbH verursacht, ist der GmbH gegenüber – als im „Innenverhältnis" zur GmbH – zum Schadensersatz verpflichtet.[42] Während das GmbHG für Geschäftsführer umfangreiche Pflichten und einen strengen Haftungsmaßstab regelt, schweigt es jedoch zu der Frage, ob und gegebenenfalls welche Rechte (Ansprüche) der Geschäftsführer einer GmbH gegen diese hat. Das GmbHG kennt z. B. keine gesetzliche Vergütungspflicht.

7.5.7.2 Denkbare Vertragsinhalte

Vor diesem Hintergrund gelangen M, I, B und die VC-GmbH zu dem Ergebnis, dass in den zwischen der zu gründenden GmbH und (jeweils) M, I und B abzuschließenden Geschäftsführer-Anstellungsverträgen folgende Fragen geregelt werden sollten:

---

[37]Vgl. dazu § 6 Abs. 3 Satz 2 sowie § 46 Nr. 5 GmbHG.

[38]Dazu z. B. § 41 GmbHG.

[39]Dazu insbesondere §§ 1, 6, 238 ff, 264 ff HGB und §§ 13 Abs. 3, 42 GmbHG.

[40]Dazu § 15a InsO.

[41]So der Wortlaut von § 43 Abs. 1 GmbHG.

[42]Dazu § 43 Abs. 2 GmbHG.

- Die konkrete Tätigkeit, die vom jeweiligen Geschäftsführer erwartet wird; insoweit müssen die jeweiligen Geschäftsführer-Anstellungsverträge unterschiedliche Regelungen enthalten. Denn M, I und B sollen intern jeweils unterschiedliche Zuständigkeiten haben.[43]

- Eine Regelung des geschuldeten Tätigkeitsumfangs; in dem mit B vorgesehenen Geschäftsführer-Anstellungsvertrags z. B. eine Pflicht, wöchentlich mindestens 4 volle Arbeitstage für die GmbH tätig zu werden.

- Eine Vergütungsregelung, wenn und soweit die Geschäftsführertätigkeit nicht dadurch „abgegolten" sein soll, dass der betreffende Geschäftsführer als Gesellschafter über § 20 Abs. 1 GmbHG (Dividenden) eine Ergebnisbeteiligung erhält. In den mit I vorgesehenen Geschäftsführer-Anstellungsvertrag wäre folglich eine Pflicht der GmbH zur Zahlung der vereinbarten Vergütung aufzunehmen.

- Die Rechte der Geschäftsführer, Urlaub zu nehmen, einschließlich etwaiger Ansprüche auf Erhalt eines Urlaubsentgelts.

- Etwaige Ansprüche der Geschäftsführer auf Fortzahlung einer vereinbarten Vergütung für – zumindest bestimmte – Zeiträume etwaiger krankheits- oder verletzungsbedingter Arbeitsunfähigkeit.

- Die (Mindest-)Laufzeit jedes Geschäftsführer-Anstellungsvertrags; damit verbunden zudem ein Recht der GmbH und des jeweiligen Geschäftsführers, den Geschäftsführer-Anstellungsvertrags (gegebenenfalls nach Ablauf der vorgesehenen Mindestlaufzeit) innerhalb einer bestimmten Frist ordentlich zu kündigen; in dem mit B abzuschließenden Geschäftsführer-Anstellungsvertrag könnte z. B. eine Mindestlaufzeit von 3 Jahren und das Recht vorgesehen werden, den Geschäftsführer-Anstellungsvertrag nach dieser Mindestlaufzeit unter Beachtung einer Kündigungsfrist von 3 Monaten auf das Ende eines Kalendermonats ordentlich zu kündigen.

---

[43]In diesem Zusammenhang ist jedoch darauf hinzuweisen, dass die Übernahme eines bestimmten Ressorts innerhalb der Geschäftsführung einen Geschäftsführer nicht von dessen grundsätzlich bestehender Gesamtverantwortlichkeit für die GmbH befreit. Ungeachtet einer anstellungsvertraglich vereinbarten oder im Rahmen einer von den Gesellschaftern für die Geschäftsführer beschlossenen Geschäftsordnung festgelegten Ressort-Verteilung zwischen den Geschäftsführern bleibt jeder Geschäftsführer zur Überwachung der jeweils anderen Geschäftsführer sowie dazu verpflichtet, einzuschreiten, wenn und sobald Anhaltspunkte dafür vorliegen, dass (ein) andere(r) Geschäftsführer Geschäftsführerpflichten verletzt/en (vgl. dazu z. B. BGH, Urteil vom 06.12.2018 [Az. II ZR 11/17]). Dies bedeutet u. a., dass auch ein nach der Geschäftsordnung und/oder dem Geschäftsführer-Anstellungsvertrag nicht für das Ressort „Finanzen" zuständiger Geschäftsführer die Vermögens-, Finanz- und Ertragslage der GmbH stets im Auge behalten und – z. B. durch Einberufung einer Gesellschafterversammlung – einschreiten muss, wenn und sobald z. B. eine Liquiditätslücke droht oder andere finanzielle Risiken aufkommen. Das FG München entschied dazu z. B.: *„Der Grundsatz der Gesamtverantwortung eines jeden gesetzlichen Vertreters (Geschäftsführers) verlangt zumindest eine gewisse Überwachung der Geschäftsführung im Ganzen. Aus ihr folgt ferner eine solidarische Verantwortung aller Geschäftsführer für die ordnungsgemäße Erfüllung der steuerlichen Verpflichtungen, die der juristischen Person obliegen."* (FG München, Urteil vom 26.11.2009 [Az. 14 K 4775/06]).

- Eine Regelung, nach der Immaterialgüter, z. B. Erfindungen, Software oder Designs, die vom Geschäftsführer während der Laufzeit des Geschäftsführer-Anstellungsvertrags kreiert werden, ausschließlich der GmbH zustehen. Die GmbH sollten zudem möglichst weitgehend sämtliche Schutz- und sonstigen Rechte aus und an Immaterialgütern erhalten, die von den Geschäftsführern geschaffen werden.
- Verschwiegenheits- und Geheimhaltungspflichten, welche die Beendigung des Geschäftsführer-Anstellungsvertrags überdauern, eventuell ergänzt durch ein sogenanntes „nachvertragliches Wettbewerbsverbot".

7.5.8 Lizenzvertrag zwischen der zu gründenden GmbH und I

Zudem machen sich die 4 Beteiligten Gedanken über den Inhalt des Lizenzvertrags, der zwischen der zu gründenden GmbH und I über die Nutzung der Software abgeschlossen werden soll, welche I bereits programmiert hat. M, I, B und die VC-GmbH sind sich darüber einig, dass es an sich wünschenswert wäre, wenn I sämtliche Rechte an der bereits entwickelten Software einschließlich des Urheberrechts an die abtreten könnte und würde. Allerdings scheitert eine solche Abtretung zumindest im deutschen Recht an § 29 Abs. 1 UrhG. Deshalb wollen die 4 Gründer, dass die zu gründende GmbH durch den mit I abzuschließenden Lizenzvertrag nach Möglichkeit so gestellt wird, als sei die GmbH selbst Inhaberin sämtlicher Rechte an der Software unter Einschluss des Urheberrechts. In dem abzuschließenden Lizenzvertrag soll daher insbesondere auch folgendes geregelt werden:

- Die Abtretung sämtlicher Rechte an und aus der Software an die GmbH, soweit diese Rechte abtretbar sind, z. B. nach ausländischen Rechtsordnungen.
- Die Überlassung des Quellcodes der Software an die GmbH unter Einschluss des Rechts, diesen beliebig zu vervielfältigen, zu ändern, weiterzuentwickeln, zu löschen und/oder Dritten zu überlassen.
- Die Einräumung sämtlicher Nutzungsrechte an der von I erstellten Software an die GmbH unter Einschluss der Rechte, die Software zu vervielfältigen, zu dekompilieren, zu verändern, zu verarbeiten, drahtgebunden oder drahtlos öffentlich wiederzugeben sowie anderen Marktteilnehmern unentgeltliche oder entgeltliche, ausschließliche oder nicht-ausschließliche, territorial beschränkte oder weltweite Unterlizenzen zu erteilen.
- Eine Regelung dahingehend, dass die Einräumung der Nutzungs- und sonstigen Rechte an der Software im Sinn einer Gegenleistung dadurch abgegolten wird, dass auch die anderen 3 Gründer über die Aufbringung des Stammkapitals hinaus Leistungen an die GmbH erbringen, nämlich
  i) die VC-GmbH in Form zusätzlicher Geldeinlagen,
  ii) B in Form einer Geschäftsführer-Tätigkeit und
  iii) M ebenfalls in Form einer Geschäftsführer-Tätigkeit sowie durch Einbringung der bereits getätigten Erfindung und sämtlicher Rechte an und aus dieser.

Dazu eine Klarstellung, dass I an der GmbH beteiligt ist und als deren Gesellschafter an deren Wertentwicklung ebenso wie an Ausschüttungen (Dividenden) teilnimmt und die Einräumung der Rechte an der Software auch dafür eine „Gegenleistung" darstellt.

- Eine Klarstellung dahingehend, dass die Einräumung der Rechte an der Software ausschließlich, weltweit und unbefristet sowie ohne eine Pflicht der GmbH erfolgt, eine Vergütung dafür an I zu leisten.
- Eine Regelung, dass die ausschließliche, unbefristete und weltweite Einräumung der Nutzungsrechte an der Software auch dann Bestand haben soll, wenn I – warum auch immer – nicht mehr Gesellschafter und/oder Geschäftsführer der GmbH ist. In diesem Zusammenhang sollte z. B. auch klargestellt werden, dass ein etwaiges Ausscheiden von I aus der GmbH als Geschäftsführer und/oder Gesellschafter insbesondere auch keinen Wegfall der oder einer Geschäftsgrundlage des Lizenzvertrags darstellt.

7.5.9   Kontrollüberlegung zur Gestaltung der Gesellschaftervereinbarung

Vor dem Hintergrund der Überlegungen zum Gesellschaftsvertrag, den mit M, I und B jeweils abzuschließenden Geschäftsführer-Anstellungsverträgen und dem Lizenzvertrag wenden sich die 4 Gründer wieder der Gesellschaftervereinbarung zu. Im Sinn einer Kontrollüberlegung fragen sich die Gründer, welcher konkrete Regelungs- und Gestaltungsbedarf für die Gesellschaftervereinbarung verbleibt. Zwischen M, I, B und der VC-GmbH besteht Einigkeit, dass die Gesellschaftervereinbarung insbesondere auch dazu dienen soll, zukünftige Konflikte zwischen ihnen nach Möglichkeit zu vermeiden. Für den Fall, dass es gleichwohl zu Meinungsverschiedenheiten kommt, sollte die Gesellschaftervereinbarung zumindest einen Konfliktlösungsmechanismus bereitstellen. M, I B und der VC-GmbH ist jedoch auch bewusst, dass es unmöglich ist, bereits vorab jede Frage zu regeln, die bei Umsetzung des gemeinsamen Start-up-Projekts im Rahmen des gemeinsamen Zusammenwirkens aufkommen kann. Die 4 Gründer entscheiden daher, den in der Gesellschaftervereinbarung vorgesehenen Regelungen konkreter Rechte und Pflichten zunächst eine Präambel voranzustellen.

7.5.9.1 Präambel

In dieser Präambel sollen die wesentlichen Ziele und Grundsätze des gemeinsamen Zusammenwirkens zusammengefasst werden. Bei aufkommenden Meinungsverschiedenheiten, z. B. über die Auslegung der Gesellschaftervereinbarung, können und sollen diese dann Orientierung bieten.[44] Vor diesem Hintergrund erscheinen M, I, B und der VC-GmbH zumindest noch folgende Regelungen in der Gesellschaftervereinbarung notwendig:

---

[44]Zur Bedeutung der Präambel für die Vertragsauslegung vgl. z. B. BGH, Urteil vom 18.10.2017 (Az. I ZR 6/16); GRUR 2018, S. 297 ff. (300/301); OLG Düsseldorf, Urteil vom 07.12.2007 (Az. 7 U 162/06).

7.5.9.2 Pflichten der Beteiligten zum Abschluss der angestrebten Verträge

Die vertragliche Pflicht sämtlicher 4 Gründer (jeweils) soll in der Gesellschaftsvereinbarung geregelt werden, darauf hinzuwirken und sämtliche dafür erforderlichen Erklärungen abzugeben und entgegenzunehmen, dass

i)   die GmbH als Trägerin (Inhaberin) des geplanten Start-ups mit dem von den 4 Beteiligten angestrebten Inhalt und den abgestimmten Beteiligungsverhältnissen gegründet wird und M, I und B jeweils zu deren Geschäftsführer bestellt werden,

ii)   die zwischen der GmbH und M, I und B (jeweils) die geplanten Geschäftsführer-Anstellungsverträge abgeschlossen werden und

iii) zwischen der GmbH und I zudem der Lizenzvertrag über die von I bereits erstellte Software abgeschlossen wird.

Sämtliche Verträge, die in Erfüllung der Gesellschaftervereinbarung abzuschließen sind, sollen der Gesellschaftervereinbarung bereits als konkrete, bis im Einzelnen ausgestaltete Entwürfe angehängt werden.

7.5.9.3 Übernahme von Geschäftsanteilen und Leistung vereinbarter Beiträge

Im Zusammenhang mit der Pflicht der Beteiligten zur Errichtung der GmbH zum Betrieb des Start-ups sollen zudem folgende Pflichten der 4 Gründer geregelt werden:

- Die Pflicht von M zur Übernahme von 40 % der Geschäftsanteile an der zu gründenden GmbH unter Aufbringung des auf diese Geschäftsanteile entfallenden Stammkapitals in Geld und darüber hinaus zusätzlich zum Abschluss des vorgesehenen Geschäftsführer-Anstellungsvertrags sowie zur Einbringung „seiner Erfindung" in die zu gründende GmbH; damit ist gemeint, dass M sämtliche Rechte aus und an der von M getätigten Erfindung an die GmbH abtreten muss, z. B. auch das aus § 6 PatG folgende „Recht auf das Patent"[45] und aus § 8 PatG.

- Die Pflicht der VC-GmbH zur Übernahme von 50 % der Geschäftsanteile an der zu gründenden GmbH unter Aufbringung des auf diese Geschäftsanteile entfallenden Stammkapitals und darüber hinaus zusätzlich zur Leistung weiterer Geldeinlagen in Höhe von EUR 3,2 Mio. an die GmbH; um dem Wunsch der VC-GmbH zu entsprechen, dass die geschuldete Geldeinlage in Höhe von 3,2 Mio. nicht sofort und nicht unbedingt in voller Höhe, sondern abhängig vom Erreichen bestimmter „Meilensteine" geleistet werden muss, sind die 4 Gründer mit folgenden Einzelregelungen dazu einverstanden:

---

[45]Wortlaut von § 6 Satz 1 PatG.

   i) Die VC-GmbH muss mit Entstehung der GmbH durch deren Eintragung ins Handelsregister[46] eine Bareinlage in Höhe von EUR 1,2 Mio. an die GmbH leisten. Hintergrund ist, dass die Beteiligten überschlagen haben, dass ein Betrag in Höhe von EUR 1,2 Mio. ausreicht, um erste Entwicklungstätigkeiten sowie die behördlichen Patenterteilungsverfahren für sämtliche Märkte (Territorien) zu finanzieren[47], auf denen die GmbH die Kühlaggregate herstellen oder vertreiben will.

   ii) Als maßgeblicher Meilenstein dafür, dass die VC-GmbH die weitere Geldeinlage (insgesamt bis zur vereinbarten Höhe von EUR 3,2 Mio.) an die GmbH leisten muss, wird der Erhalt bestimmter Patente für bestimmte Märkte (Territorien) vereinbart. Konkret wollen die 4 Gründer vereinbaren, dass die VC-GmbH die übrige Geldeinlage in Höhe von EUR 2 Mio. an die GmbH leisten muss, wenn und sobald die GmbH Patente für die von M eingebrachte Erfindung für folgende Territorien erhalten hat:

Sämtliche Mitgliedsstaaten der EU

USA

Kanada

Australien und Neuseeland

- Die Pflicht von I zur Übernahme von 5 % der Geschäftsanteile an der zu gründenden GmbH unter Aufbringung des auf diese Geschäftsanteile entfallenden Stammkapitals in Geld und darüber hinaus zusätzlich zum Abschluss des vorgesehenen Geschäftsführer-Anstellungs- und des Lizenzvertrags mit der GmbH.
- Die Pflicht von B zur Übernahme von 5 % der Geschäftsanteile an der zu gründenden GmbH unter Aufbringung des auf diese Geschäftsanteile entfallenden Stammkapitals in Geld und darüber hinaus zusätzlich zum Abschluss des vorgesehenen Geschäftsführer-Anstellungsvertrags mit der GmbH.

7.5.9.4 Zuordnung und Geheimhaltung des Businessplans

Die Gesellschaftervereinbarung und die dort vorgesehenen, weiteren Verträge zwischen den Beteiligten sollen letztlich zur Umsetzung des von M, I und B entwickelten Businessplans abgeschlossen werden. Deshalb halten die 4 Gründer es für geboten, auch dessen Bedeutung und rechtliche Zuordnung in der Gesellschaftervereinbarung zu regeln. Im Hinblick auf den von M, I und B entwickelten Businessplan soll daher folgendes gelten:

- Der Businessplan und jede Weiterentwicklung des Businessplans sollen ausschließlich der noch zu gründenden GmbH zur Verfügung gestellt werden.
- Wenn und soweit an dem Businessplan übertragbare Rechte oder Mitberechtigungen von M, I und/oder B bestehen, sind diese als weitere Einlage an die zu gründende GmbH abzutreten.

---

[46]Vgl. dazu § 11 Abs. 1 GmbHG.

[47]Die mit behördlichen Patenterteilungsverfahren verbundenen Kosten können z. B. anfallende Verfahrensgebühren sowie die Vergütungen sein, deren Zahlung an Patentanwälte geschuldet wird, welche die GmbH im Zusammenhang mit Patenterteilungsverfahren beraten und/oder vertreten.

- Wenn und soweit an dem Businessplan nicht übertragbare Rechte oder Mitberechtigungen von M, I und/oder B bestehen, sind diese der GmbH unentgeltlich sowie zeitlich und räumlich unbeschränkt zur ausschließlichen Nutzung zu überlassen.
- Sämtliche Beteiligte haben den Inhalt des Businessplans geheim zu halten.
- Kein Gründer darf die im Businessplan entwickelten Geschäftschancen für eigene Zwecke nutzen; vielmehr haben sämtliche vier Gründer darauf hinzuwirken, dass diese Geschäftschancen von der zu gründenden GmbH realisiert werden.

7.5.9.5 Stimmrechtsausübung

Zudem überlegen die Gründer, ob Pflichten bestehen sollen, die Stimmrechte als Gesellschafter der zu gründenden GmbH bei Abstimmungen über bestimmte Beschlussgegenstände in bestimmter Weise auszuüben. In diesem Zusammenhang vereinbaren die 4 Gründer dann folgendes:

- Jeder Beteiligte kann von den jeweils anderen Beteiligten verlangen, einer Ausschüttung von 50 % der von der zu gründenden GmbH erzielten, durch etwaige Verlustvorträge aus Vorjahren geminderten Jahresüberschüsse der GmbH zuzustimmen.
- Zudem wird vereinbart, dass jeder Beteiligte der Veräußerung von Geschäftsanteilen an der GmbH zustimmen muss, wenn der veräußernde Gesellschafter auf Grundlage der Gesellschaftervereinbarung zur Veräußerung des Geschäftsanteils verpflichtet ist.

7.5.9.6 Mitveräußerungspflichten

Durch Mitveräußerungspflichten[48] soll verhindert werden, dass einzelne Gesellschafter (Gründer) die Annahme attraktiver Erwerbsangebote verhindern können, die auf Erwerb sämtlicher Geschäftsanteile an der GmbH gerichtet sind. Vor diesem Hintergrund vereinbaren die 4 Beteiligten, dass jeder von ihnen zur Annahme eines Erwerbsangebots eines anderen Marktteilnehmers auf Erwerb sämtlicher Geschäftsanteile an der zu gründenden GmbH verpflichtet ist, wenn 1) die Bedingungen des Erwerbsangebots in Bezug auf jeden einzelnen 1-Euro-Geschäftsanteil gleich sind und 2) eine der folgenden Voraussetzungen vorliegt:

i) Sowohl die VC-GmbH als auch M sind für die Annahme des Erwerbsangebots und nehmen dieses an.
ii) Sowohl die VC-GmbH als auch I als auch B sind für die Annahme des Erwerbsangebots und nehmen dieses an.

---

[48]Vertragsbestimmungen über Mitveräußerungspflichten werden in der Praxis oft *„drag along"*-Bestimmungen genannt (vgl. dazu z. B. FG Münster, Urteil vom 15.7.2015 [Az. 11 K 4149/12], DStRE 2016, S. 1489 ff. [1490]; FG Baden-Württemberg, Urteil vom 09.05.2017 (Az. 5 K 3825/14).

iii) Der Erwerber bietet den Kauf sämtlicher Geschäftsanteile für einen Kaufpreis in Höhe von (netto) mindestens EUR 500 pro 1-Euro-Geschäftsanteil zuzüglich etwa anfallender Umsatzsteuer an, M, I und B sind für die Annahme des Erwerbsangebots und nehmen dieses an und das Kaufangebot sieht keine außergewöhnlichen oder unüblichen Verkäufergarantien oder sonstige Verkäuferpflichten vor.

7.5.9.7 Geschäftsordnung für die Geschäftsführer

Als letzten „Dominostein" legen die 4 Beteiligten in der Gesellschaftervereinbarung dann den Inhalt der Geschäftsordnung fest, welche nach Gründung der GmbH und Bestellung von M, I und B zu deren Geschäftsführern für die Geschäftsführer beschlossen werden soll. In dieser Geschäftsordnung soll insbesondere auch Folgendes geregelt werden:

- Die Frequenz und Inhalte von Berichten, welche die Geschäftsführer an die Gesellschafter, dort insbesondere an die im Kreis der Geschäftsführer nicht vertretene VC-GmbH erstatten.
- Der Katalog zustimmungspflichtiger Geschäfte und Maßnahmen, also die Festlegung der Geschäfte und Maßnahmen, welche die Geschäftsführer nur nach vorheriger Zustimmung der Gesellschafterversammlung abschließen bzw. ergreifen dürfen.[49] Als bei der zu gründenden GmbH zustimmungspflichtige Geschäfte und Maßnahmen werden z. B. definiert
  a) die Veräußerung des von der zu gründenden GmbH betriebenen Geschäfts „als Ganzem" im Rahmen eines sogenannten „Asset Deal",
  b) die Veräußerung wesentlicher Gegenstände des Anlagevermögens, insbesondere die Veräußerung von Immaterialgütern und/oder Rechten an Immaterialgütern,
  c) der Abschluss von Verträgen oder das Ergreifen von Maßnahmen, die im Business-Plan nicht vorgesehen sind und für die GmbH mit Zahlungspflichten von mehr als EUR 5.000 verbunden sind,
  d) der Erwerb und die Veräußerung von Immobilien oder grundstücksgleichen Rechten sowie
  e) der Abschluss von Arbeits- oder sonstigen Dienstverträgen, die eine unbestimmte Laufzeit haben und/oder für die GmbH mit Zahlungspflichten von mehr als EUR 50.000 pro Jahr verbunden sind.

---

[49]Klarzustellen ist in diesem Zusammenhang, dass diese Pflicht zur Einholung der Zustimmung der Gesellschafterversammlung vor Abschluss des Geschäfts oder Vornahme der Maßnahme nur im Innenverhältnis besteht. Ein etwaiges Fehlen der Zustimmung hat keine „Außenwirkung" in dem Sinn, dass dies zur Unwirksamkeit des Geschäfts führt und Vertragspartnern der GmbH entgegengehalten werden kann. Die Geschäftsführer, die im Namen der GmbH ein zustimmungspflichtiges Geschäft ohne vorherige Zustimmung der Gesellschafter abschließen, handeln jedoch pflichtwidrig.

- Eine Vorgabe an die Geschäftsführer, dass die Geschäftsführer die Ressourcen der GmbH, insbesondere das von der VC-GmbH eingelegte Geld, zur Umsetzung des Business-Plans und keine anderen Zwecke verwenden sollen.
- Vorgaben über die Art und Weise, wie die 3 Geschäftsführer zusammenarbeiten und diese Zusammenarbeit dokumentieren sollen sowie über die Verteilung der Zuständigkeiten zwischen den Geschäftsführern (Ressort-Verteilung). Hierbei soll unter Beibehaltung der grundsätzlichen Gesamtverantwortung jedes Geschäftsführers vorgesehen werden, dass
  i) M für die technische Entwicklung und Produktion der Kühlaggregate zuständig und verantwortlich ist,
  ii) I die in diesem Zusammenhang erforderliche und/oder nützliche Software entwickelt und zudem für den Bereich Informationstechnologie unter Einschluss von Hardware innerhalb der GmbH verantwortlich sein soll und
  iii) B für kaufmännische und rechtliche Fragen bei der GmbH zuständig ist. Dies soll u. a. die Bereiche Buchhaltung, Rechnungslegung, Besteuerung, Liquiditätsplanung, Personal sowie die Gestaltung und den Abschluss von Verträgen beinhalten, welche die GmbH mit Lieferanten (unter Einschluss von Arbeitnehmern) und Kunden abschließt.

Dass und warum B damit keine leichtere Aufgabe übernimmt als M und I soll u. a. im folgenden Kapitel gezeigt werden. Zuvor ist jedoch noch darauf hinzuweisen, dass und warum der Abschluss der Gesellschaftervereinbarung zwischen den vier Gründern notariell beurkundet werden muss.

7.6 Formale Anforderungen

Bereits bei Abschluss der Gesellschaftervereinbarung müssen die Gründer den gesetzlichen Formzwang beachten, der u. a. aus § 15 Abs. 4 GmbHG folgt. Da sich die Gründer durch die Gesellschaftervereinbarung gegenseitig verpflichten, eine GmbH zu gründen, Geschäftsanteile an dieser zu erwerben und unter bestimmten Voraussetzungen zu veräußern, erfordert die Wirksamkeit der Gesellschaftervereinbarung deren notarielle Beurkundung.

Auch der Vollzug – die Erfüllung – der Gesellschaftervereinbarung erfordert von den 4 Beteiligten einen Gang zum Notar. Denn die gesellschaftervereinbarungsgemäße Gründung der GmbH muss ebenfalls von einem Notar beurkundet werden. Dies folgt aus § 2 Abs. 1 GmbHG. Die Errichtung der GmbH als erster Schritt der Erfüllung der Gesellschaftervereinbarung kann unmittelbar im Anschluss an die Beurkundung der Gesellschaftervereinbarung im Rahmen des gleichen Notartermins erfolgen.

7.7   Zwischenergebnis

Sofern die 4 Gründer die vorstehend entwickelten Überlegungen nachvollziehen und den mit diesen verbundenen Regelungs- und Gestaltungsbedarf erkennen, werden sie die für die notarielle Beurkundung anfallenden Gebühren nicht als unnötige Kosten betrachten. Stattdessen werden sie die im Zusammenhang mit der Beurkundung geschuldeten Beratungsleistungen des Notars mit dem Ziel in Anspruch nehmen, die vertragliche Grundlage ihres Start-ups bestmöglich zu gestalten. Gelingt dies, wird *„Thiel's Law"* beachtet und die Wahrscheinlichkeit steigt, dass die Unternehmung erfolgreich bis hin zu einem möglichen „Exit" verläuft. Die Frage, wie ein möglicher Exit oder eine auf dem Weg dorthin etwa noch erforderliche Beteiligung weiterer Personen am Unternehmen strukturiert werden könnte, ist Gegenstand des letzten Kapitels. Zuvor wird im folgenden Kapitel jedoch noch ein Blick auf einige Teile des Rechts geworfen, die bei Aufnahme der Geschäftätigkeit und im Rahmen des laufenden Betriebs zu beachten sind.

Wirtschaftsrecht im Geschäftsbetrieb

8

Zusammenfassung

Ziel dieses Kapitels ist es, Unternehmensgründern einen Eindruck von der Bandbreite gesetzlicher Bestimmungen zu geben, deren Anwendbarkeit mit dem Gründungsakt und der Aufnahme des Betriebs einsetzt. Die Darstellung erhebt keinen Anspruch auf Vollständigkeit. Im Gegenteil: Es wird ausdrücklich darauf hingewiesen, dass dieses Kapitel bei Weitem nicht sämtliche gesetzlichen Bestimmungen oder auch nur Kodifikationen (Gesetze) einbezieht, die für Start-ups mit technikbasierten Geschäftsmodellen relevant sind. Es behandelt keine Einzelheiten, vielmehr soll es ein Problembewusstsein erzeugen. Dieses ist erforderlich, um bereits im Planungsstadium einer Unternehmung in die richtigen Richtungen zu denken und recherchieren und die rechtlichen Hürden zu identifizieren, die zur Umsetzung eines Geschäftsmodells genommen werden müssen. Erst dann kann der zur Erfüllung der von der Rechtsordnung gestellten Compliance-Anforderungen erforderliche Zeit- und Geldaufwand realistisch geplant werden. Denn das Recht ist ein sämtliche Wertschöpfungsstufen einer Unternehmung von der Beschaffung bis hin zum Absatz betreffende Querschnittmaterie. Es kann nicht nur erhebliche Hürden für die Aufnahme der Geschäftstätigkeit beinhalten, sondern auch mit erheblichen Anforderungen an die Organisation und Liquidität einer Unternehmung verbunden sein.

8.1 Einführung

Wird ein Unternehmen von einer Gesellschaft betrieben, z. B. in Form einer GmbH – bilden deren Gesellschaftsvertrag und die damit zusammenhängenden Verträge, wie z. B. eine zusätzliche Gesellschaftervereinbarung, dessen Grundlage. Damit das Unternehmen auf dieser Grundlage gedeihen kann, müssen anschließend die Aufnahme des

Betriebs und die Umsetzung des geplanten Geschäftsmodells gelingen. Was auch immer am Markt angeboten werden soll – Erzeugnisse und/oder Dienstleistungen – muss entwickelt und abgesetzt werden. Wer dabei unliebsame und insbesondere mit (Mehr)Aufwand verbundene Überraschungen vermeiden will, muss die durch das Recht gesetzten Spielregeln beachten. Das setzt deren Kenntnis voraus.

Bereits die Ermittlung des für eine Unternehmung geltenden Rechts ist aufwendig. Der Ozean bestehender Paragrafen ist unübersichtlich. Ein „Allgemeines Unternehmensgesetzbuch" gibt es nicht. Es gibt nicht einmal in sich abgeschlossene Kodifikationen für einzelne, nahezu für sämtliche Unternehmen relevante Rechtgebiete wie z. B. das Arbeits-, Datenschutz- oder Steuerrecht oder den Bereich des Immaterialgüterschutzes. Viele Gesetze gelten nur für einzelne Branchen oder besondere Geschäftsmodelle. Blickt man jedoch auf die bereits im 2. Kapitel aufgezeigten Risiken, die mit rechtlicher Ignoranz verbunden sind, erscheint es vorzugswürdiger, dem Recht ins Auge zu sehen. Wer ermittelt und versteht, was gilt, kann danach immer noch vom Gründungsvorhaben absehen. Wer gleichwohl gründet, sieht dagegen klarer und kann den Umgang mit dem Recht und den damit verbundenen Zeit-, Geld- und Organisationsaufwand einplanen anstatt auf Improvisation angewiesen zu sein.

8.2   Melde- und Anzeigepflichten

Erste Maßnahmen zur bzw. vor Aufnahme des Betriebs erfordern u. a. die Gewerbe- und die Abgabenordnung. Dazu im Einzelnen:

8.2.1   Abgabenrechtliche Anzeigepflichten

Zunächst beinhaltet die Abgabenordnung (AO) eine Reihe von Anzeigepflichten für Fälle gewerblicher Unternehmensgründungen:

- Die Eröffnung des Gewerbebetriebs ist gemäß § 138 AO der Gemeinde oder dem für die Umsatzbesteuerung zuständigen Finanzamt mitzuteilen.[1]
- Ist Träger des Unternehmens (Unternehmer) kein Mensch, sondern – wie hier unterstellt – eine GmbH[2], sind zusätzlich dem zuständigen Finanzamt und den für die

---

[1]Letzteres folgt aus § 138 Abs. 1a AO: *„Unternehmer im Sinne des § 2 des Umsatzsteuergesetzes können ihre Anzeigepflichten nach Absatz 1 zusätzlich bei der für die Umsatzbesteuerung zuständigen Finanzbehörde elektronisch erfüllen."*

[2]Gleiches gilt für den Fall, dass Unternehmer eine AG oder eine andere, zum Betrieb eines gewerblichen Unternehmens geeignete Gesellschaft ist.

Erhebung der Realsteuern[3] *„zuständigen Gemeinden die Umstände anzuzeigen, die für die steuerliche Erfassung von Bedeutung sind, insbesondere die Gründung"* und *„den Erwerb der Rechtsfähigkeit"*[4]. Nach § 137 Abs. 2 AO sind diese Mitteilungen innerhalb von einem Monat ab Gründung zu erstatten.

8.2.2 Gewerbeanzeige

Die Aufnahme eines Gewerbebetriebs ist zudem – zumindest grundsätzlich – auch nach § 14 Abs. 1 Satz 1 der Gewerbeordnung anzeigepflichtig. Danach ist der Beginn eines Gewerbebetriebs ebenso wie die Gründung einer Zweigniederlassung bei der zuständigen Behörde anzuzeigen. Welche Behörde für die Entgegennahme dieser Anzeige zuständig ist, wird vom Recht des jeweiligen Bundeslandes bestimmt, in dem die Gründung erfolgt.[5]

8.3 Genehmigungspflichten

Der Grundsatz, dass die Aufnahme eines Gewerbebetriebs lediglich anzeigepflichtig ist, gilt jedoch nicht uneingeschränkt. Abhängig vom konkreten Unternehmensgegenstand und Geschäftsmodell sowie dessen Umsetzung können sowohl die Aufnahme des Geschäftsbetriebs als auch einzelne Maßnahmen wie z. B. der Bau einer Produktionsanlage genehmigungspflichtig sein.

Bereits in der GewO, dort in den §§ 31 ff, sind eine Reihe von Unternehmensgegenständen (gewerbliche Tätigkeiten) aufgeführt, die nur mit behördlicher Erlaubnis (Zulassung) ausgeführt werden dürfen. Diese beinhalten z. B. das Betreiben von Spielbanken, Lotterien und Glückspielen ebenso wie den Betrieb von Spielhallen, Pfandleihgewerbe, Bewachungsgewerbe sowie das Vermitteln von Immobilien, Darlehen, Versicherungsverträgen und Finanzanlagen. Weitere, nach anderen Gesetzen genehmigungspflichtige Unternehmensgegenstände sind z. B. Bankgeschäfte und Finanzdienstleistungen (§ 32 KWG), Versicherungsgeschäfte (§ 8 VAG) oder die

---

[3]Der Begriff „Realsteuern" wird in § 3 Abs. 2 AO wie folgt definiert: *„Realsteuern sind die Grundsteuer und die Gewerbesteuer."*

[4]Wortlaut von § 137 Abs. 1 AO.

[5]Dazu § 155 GewO; nach der „Verordnung der Landesregierung über Zuständigkeiten nach der Gewerbeordnung (GewOZuVO)" des Bundeslandes Baden-Württemberg sind dort z. B. die jeweiligen Gemeinden für die Entgegennahme der Anzeigen nach § 14 GewO zuständig (vgl. dazu § 8 Abs. 1 Nr. 1 GewOZuVO).

Herstellung von Arzneimitteln (§ 13 AMG). Daneben sind eine Fülle einzelner Maßnahmen zur Umsetzung eines Geschäftsmodells erlaubnispflichtig, z. B. die Errichtung
von Gebäuden und von Anlagen (§ 4 BImSchG) oder die Benutzung von Gewässern (§ 8
WHG).

Ohne Vorliegen der etwa erforderlichen behördlichen Genehmigungen können die
betreffenden Geschäftsmodelle und Einzelmaßnahmen allenfalls mit dem Risiko realisiert werden, Gegenstand einer behördlichen Untersagungsverfügung zu werden. Kommt
es dazu, ist das Start-up zumindest einstweilen gescheitert. Deshalb sollten sämtliche zur
Geschäftsmodellrealisierung behördlichen Genehmigungen bereits im Planungsstadium
identifiziert, die Erteilungsvoraussetzungen ermittelt und deren Erfüllung ebenso im
Rahmen der Planung berücksichtigt werden wie die voraussichtliche Dauer und etwaige
Kosten des Genehmigungsverfahrens. Denn anderenfalls ist das Risiko erheblich,
dass der eigentlich angestrebte Betrieb gar nicht erst aufgenommen werden kann.

8.4   Relevante Gesetzesauszüge – Beispiele

Darf ein Start-up den Betrieb aufnehmen, weil alle erforderlichen Genehmigungen
vorliegen, ist der – sinnvoller Weise ebenfalls von vorneherein einzuplanende – Com-
pliance-Aufwand nicht erledigt. Es mag nicht möglich sein, abstrakt sämtliche Gesetze
zusammenzufassen, die auf ein Unternehmen Anwendung finden und bei diesen zu
Organisations-, Handlungs- und möglicherweise auch Unterlassungspflichten führen.
Denn jedes Unternehmen ist anders und jedes Geschäftsmodell beinhaltet unterschiedliche Anknüpfungspunkte für verschiedene Gesetze. Es gibt jedoch eine Reihe zentra-
ler Kodifikationen, die nahezu auf jedes gewerbliche Unternehmen mit technikbasiertem
Geschäftsmodell Anwendung finden und dort zu Compliance-Pflichten führen. Die
Erfüllung dieser Pflichten muss organisiert und der damit verbundene Zeit- und Geldaufwand eingeplant werden. Unterbleibt dies, kommt es zu unvorhergesehenen (nicht:
unvorhersehbaren) Liquiditätsabflüssen und Verzögerungen, was jede Planung obsolet
macht. Deshalb werden einige dieser Gesetze in der nachstehenden Übersicht zumindest
kurz aufgeführt. Die genannten Kodifikationen sollten bereits in der Planungsphase in
den Blick genommen werden, wenn in Deutschland ein Start-up von einer GmbH, AG
oder anderen Körperschaft betrieben werden soll. Denn diese Gesetze sind stets oder
zumindest sehr wahrscheinlich einschlägig:

Gesetz (Abkürzung)	Anwendungsbereich und wesentliche Anknüpfungspunkte; das Gesetz gilt insbesondere für	Wichtige Handlungs- und Organisationspflichten; durch das Gesetz werden Unternehmen u. a. verpflichtet zu(r)
Handelsgesetzbuch (HGB), dort §§ 238 ff	Unternehmen, die aufgrund ihres Geschäftsmodells und/oder kraft gesetzlicher Fiktion[a] „gewerblich" sind. GmbH, AG, KGaA, SE mit Sitz in Deutschland, eingetragene Genossenschaften, offene Handels- und Kommanditgesellschaften fallen stets in den Anwendungsbereich des HGB.	Erfassung sämtlicher Geschäftsvorfälle, die für die Vermögens-, Finanz- und/oder Ertragslage des Unternehmens maßgeblich sind, im Rahmen kaufmännischer Buchführung; Aufstellung von Jahresabschlüssen auf das Ende jedes Geschäftsjahres und deren Veröffentlichung innerhalb bestimmter Fristen.
Umsatzsteuergesetz (UStG)	Unternehmen, die in Deutschland Lieferungen und/oder sonstige Leistungen gegen Entgelt ausführen, Gegenstände importieren und/oder Dienst- oder sonstige Leistungen aus dem In- und/oder Ausland beziehen.	Aufzeichnungs-, Rechnungs- und Deklarationspflichten, darunter u. a. die Pflicht zur Übermittlung von Umsatzsteuervoranmeldungen an die Finanzverwaltung sowie zur (jährlichen) Abgabe einer Umsatzsteuererklärung; Pflicht zur Zahlung geschuldeter Umsatzsteuer.
Körperschaftsteuergesetz (KStG)	Körperschaften, namentlich GmbH/UG, AG, KGaA, eingetragene Genossenschaften und SE mit Sitz oder tatsächlicher Geschäftsleitung und/oder einer Einkunftsquelle in Deutschland	Umfassende Aufzeichnungs- und Deklarationspflichten, darunter u. a. Pflichten zur Führung sogenannter „steuerlicher Einlagekonten"[b], zur jährlichen Abgabe einer Körperschaftsteuererklärung und einer Erklärung zur gesonderten Feststellung von Besteuerungsgrundlagen sowie Erfüllung körperschaftsteuerlicher Zahlungspflichten einschließlich Vorauszahlungen.
Gewerbesteuergesetz (GewStG)	Gewerbliche Unternehmen mit „stehendem Gewerbebetrieb in Deutschland" und/oder in Rechtsform einer GmbH, AG, KGaA, eingetragenen Genossenschaft[c] oder SE.	Umfassende Aufzeichnungspflichten sowie Pflicht zur jährlichen Abgabe einer Gewerbesteuererklärung und Zahlung der geschuldeten Gewerbesteuer einschließlich Vorauszahlungen.

Gesetz (Abkürzung)	Anwendungsbereich und wesentliche Anknüpfungspunkte; das Gesetz gilt insbesondere für	Wichtige Handlungs- und Organisationspflichten; durch das Gesetz werden Unternehmen u. a. verpflichtet zu(r)
Außenwirtschaftsgesetz (AWG) und Außenwirtschaftsverordnung (AWV)	Unternehmen mit Güter-, Dienstleistungs-, Kapital-, Zahlungs- und sonstigem Wirtschaftsverkehr mit dem Ausland oder mit Verkehr mit sogenannten „Auslandswerten" und/oder Gold im Aus- oder Inland. Auch Inlandssachverhalte können Pflichten nach dem AWG auslösen, z. B. bestimmte Dienstleistungen („technische Unterstützungen") oder der Erwerb von Unternehmensbeteiligungen, z. B. an Anbietern bestimmter „Cloud-Computing-Dienste".	Ermittlung der auf Grundlage des AWG erlassenen, für die Umsetzung des eigenen Geschäftsmodells einschlägigen Verordnungen und deren Befolgung, insbesondere Erfüllung der damit verbundenen Buchführungs-, Informations- und Meldepflichten und Verbote.
Bundesdatenschutzgesetz (BDSG) und Datenschutzgrundverordnung (EU-DSGVO)	Unternehmen, die personenbezogene Daten speichern oder verarbeiten; Verarbeitung in diesem Sinn ist jeder auch unautomatisierte Vorgang im Zusammenhang mit personenbezogenen Daten wie z. B. das Erheben, das Erfassen, die Organisation, das Ordnen, die Veränderung, das Auslesen, das Abfragen, eine Verwendung, Übermittlung, das Offenlegen, eine Verbreitung oder andere Form der Bereitstellung, ein Ab- oder Vergleich, eine Verknüpfung sowie das Löschen und Vernichten.[d] BGSG und EU-DSGVO sind nebeneinander anwendbar	Vorherige Einholung der Einwilligung Betroffener, umfangreiche Aufzeichnungs- und Meldepflichten, Benennung eines Datenschutzbeauftragten (unter bestimmten Voraussetzungen) sowie Ergreifen und Umsetzen geeigneter technischer und organisatorischer Maßnahmen[e] zur Umsetzung der sogenannten Datenschutzgrundsätze.

[a]AG und KGaA (§§ 3, 278 Abs. 3 AktG) und GmbH (§ 13 Abs. 3 GmbHG) gelten stets als Handelsgesellschaften im Sinn von § 6 HGB und damit geschäftsmodellunabhängig stets als Inhaber eines gewerblichen Unternehmens.
[b]Vgl. dazu § 27 Abs. 1 KStG
[c]Vgl. dazu § 2 Abs. 2 GewStG
[d]Vgl. dazu Art. 4 Nr. 2 EU-DSGVO
[e]Wortlaut von Art. 25 Abs. 1 EU-DSGVO

Beispiel Kleinunternehmer-Status

Dass eine Auseinandersetzung mit den einschlägigen gesetzlichen Bestimmungen und insbesondere auch deren betriebswirtschaftlichen Auswirkungen sinnvoll sein kann, belegt das Beispiel „Kleinunternehmer". Gemäß § 19 Abs. 1 UStG sind „Kleinunternehmer" Unternehmer, welche die folgenden beiden Voraussetzungen erfüllen:[6]

1. Der Umsatz des Unternehmens zuzüglich der darauf entfallenden Umsatzsteuer hat im vorangegangenen Kalenderjahr EUR 17.500 nicht überstiegen und
2. übersteigt im laufenden Kalenderjahr voraussichtlich nicht den Schwellenwert von EUR 50.000.

Unternehmen, welche diese Voraussetzungen erfüllen, schulden grundsätzlich[7] keine Umsatzsteuer. Der Kleinunternehmer-Status ist jedoch auch mit einem wesentlichen Nachteil verbunden:

Kleinunternehmer schulden zwar auf der Ausgangsseite keine Umsatzsteuer, haben dafür jedoch auch nicht die Möglichkeit eines Vorsteuerabzugs.[8] Insbesondere für Unternehmen mit B2B-Geschäft mit vorsteuerabzugsberechtigten Kunden kann der Kleinunternehmer-Status daher nachteilig sein. Denn für solche Unternehmen ist der „Aufschlag" der Umsatzsteuer auf der Ausgangsseite in der Regel kein Problem, weil für die Kunden damit kein Mehraufwand verbunden ist. Denn die Kunden können die vom Unternehmer „aufgeschlagene" – letztlich weiterbelastete – Umsatzsteuer im Rahmen des Vorsteuerabzugs als Vorsteuer geltend machen und erleiden deshalb keine Mehrbelastung. Daher kann es in diesen Fällen betriebswirtschaftlich sinnvoll sein, Umsatzsteuer für die erbrachten Lieferungen und sonstigen Leistungen zu zahlen und dafür auf der Eingangsseite die Möglichkeit des Vorsteuerabzugs zu haben. Die an Lieferanten gezahlten Vorsteuern sind dann keine ertragsteuerlich abzugsfähigen und liquiditätsbelastenden Betriebsausgaben, sondern werden vom Finanzamt erstattet.[9]

---

[6]Dazu § 19 Abs. 1 UStG.

[7]„Grundsätzlich" bedeutet, dass keine Umsatzsteuer für in der Bundesrepublik Deutschland ausgeführte Lieferungen oder sonstige Leistungen im Sinn von § 1 Abs. 1 Nr. 1 UStG geschuldet wird. Verwirklicht das Unternehmen jedoch Sachverhalte, die eine Pflicht zur Zahlung sogenannter „Einfuhrumsatzsteuer" im Sinn von § 1 Abs. 1 Nr. 4 UStG begründet oder erfolgt ein innergemeinschaftlicher Erwerb im Inland gegen Entgelt im Sinn von § 1 Abs. 1 Nr. 5 UStG, muss das Unternehmen die dafür anfallende Umsatzsteuerzahlung leisten.

[8]Zum Vorsteuerabzug § 15 UStG.

[9]Ob dies günstig ist und wie genau sich der Verzicht auf den Kleinunternehmer-Status und das Optieren zur Umsatzbesteuerung auf Liquidität und Ergebnis eines Unternehmens auswirken, sollte aus der Planung ersichtlich sein, und zwar insbesondere aus der Liquiditäts- und Ergebnisplanung (Plan-GUV). Der Unterschied wird deutlich, wenn die Planung zum Vergleich sowohl mit als auch ohne Umsatzbesteuerung erfolgt. Auch wenn die Auswirkungen auf Liquidität und Ergebnis absolut betrachtet überschaubar sein mögen, verdeutlicht das Beispiel Umsatzbesteuerung nicht nur, wie sinnvoll Planung ist, sondern auch, wie erheblich deren Qualität von der Einbeziehung der rechtlichen Rahmenbedingungen und Gestaltungsmöglichkeiten abhängt.

Deshalb kann es für Unternehmen, die „Kleinunternehmer" sind, sinnvoll sein, auf diesen Status zu verzichten und zur Umsatzsteuerpflicht zu optieren, auch wenn dies mit einer Pflicht verbunden ist, Umsatzsteuervoranmeldungen abzugeben.[10] Verzichtet ein „Kleinunternehmer" nicht auf den Kleinunternehmer-Status, entfällt lediglich die Pflicht zur Abgabe von Umsatzsteuer-Voranmeldungen. Die Pflicht zur Abgabe einer Umsatzsteuer-Jahreserklärung trifft dagegen auch Kleinunternehmer.[11]

Neben den in der vorstehenden Übersicht tabellarisch erfassten gibt es eine erhebliche Zahl weiterer Gesetze und auf deren Grundlage erlassener Verordnungen, die für Unternehmen abhängig von deren Geschäftsmodell relevant werden können. Es sind Gesetze wie z. B. das Produktsicherheitsgesetz, das Telekommunikationsgesetz, das Verpackungsgesetz und das Lebensmittel- und Futtermittelgesetzbuch, die in ihren jeweiligen Anwendungsbereichen weitreichende Handlungs- und sonstige Organisationspflichten für Unternehmen sowie Anforderungen an Produkte und Dienstleistungen mit sich bringen, die im Rahmen der Planung berücksichtigt werden müssen, weil deren Erfüllung Zeit kostet und mit erheblichem Aufwand verbunden ist.

Der erste Schritt dazu ist stets die Ermittlung der zeitlichen, räumlichen und sachlichen Anwendungsbereiche der betreffenden Gesetze. Anschließend können die konkreten Markrahmenbedingungen ermittelt und der zu ihrer Erfüllung erforderliche Zeit- und sonstige Aufwand kalkuliert werden. Je komplexer das Produkt oder die Dienstleistung sind, das oder die angeboten werden soll, desto sinnvoller und erforderlicher wird es, dem Recht von vornherein ähnliche Aufmerksamkeit – auch im Sinn einer Zuordnung angemessener personeller Ressourcen – zu widmen wie der technischen Umsetzung und dem Vertrieb. Beispielsweise ist bereits das Einstellen des ersten Mitarbeiters eine Aufgabe, deren Bewältigung auch rechtlich durchdrungen werden sollte, um unliebsame Überraschungen zu vermeiden.

8.5   Einstellung von Arbeitnehmern

8.5.1   Grundsätzliches

Arbeits- und damit zusammenhängende sozial- und steuerrechtliche Fragen können früher oder später für nahezu jedes – zumindest für jedes erfolgreiche – Unternehmen

---

[10]In § 19 Abs. 2 Satz 1 UStG räumt das Umsatzsteuergesetz Kleinunternehmern ausdrücklich die Möglichkeit ein, gegenüber dem Finanzamt auf die Anwendung der „Kleinunternehmer-Regelung" zu verzichten. Die Erklärung kann beim zuständigen Finanzamt auch noch nach Ablauf des betreffenden Kalenderjahres abgegeben werden, denn zeitlich besteht diese Verzichtsmöglichkeit *„bis zur Unanfechtbarkeit der Steuerfestsetzung"* (§ 19 Abs. 2 Satz 1 UStG).

[11]Dazu BFH, Urteil vom 24.07.2013, Az.XI R 14/11.

relevant werden. Arbeitnehmer[12] gehören zu den wichtigsten Lieferanten von Unternehmen. Deshalb werden Arbeitnehmer eingestellt. „Einstellung" in diesem Sinn bedeutet, dass der Unternehmensinhaber, also z. B. die das Unternehmen betreibende GmbH, mit einem Menschen einen Vertrag über die Erbringung von Diensten abschließt.

Allerdings ist nicht jeder Dienstvertrag automatisch auch ein Arbeitsvertrag. Der Inhaber eines Unternehmens kann Dienstverträge auch mit anderen (selbstständigen) Unternehmern abschließen, z. B. mit einem selbständigen Patentanwalt oder Steuerberater. Ist ein Dienstvertrag dagegen ein Arbeitsvertrag, wird der Unternehmensinhaber damit zum Arbeitgeber und der Abschluss des Arbeitsvertrags bringt eine Reihe von Arbeitgeberpflichten mit sich, die über die Zahlung von Arbeitslohn für geleistete Tätigkeiten hinausgehen.

Diese Arbeitgeberpflichten folgen dann zwingend aus verschiedenen arbeitsrechtlichen Gesetzen, also unabhängig davon, ob diese ausdrücklich arbeitsvertraglich vereinbart werden oder nicht. Allerdings gibt es im deutschen Recht kein „Arbeitsgesetzbuch" im Sinn einer Kodifikation, in der sämtliche gesetzlichen Bestimmungen zusammengefasst werden, die für Arbeitsverträge gelten. Arbeitgeber, die ihre Arbeitgeberpflichten kennenlernen wollen, müssen die einschlägigen Einzelgesetze zunächst zusammensuchen. Relevante Einzelgesetze, die zentrale Arbeitgeberpflichten regeln, sind z. B. folgende:

Gesetz (Abkürzung)	Zentraler Regelungsgegenstand	Wichtige Arbeitgeberpflichten
Mindestlohngesetz (MiLoG)	Bestimmung eines Mindestlohns pro Arbeitsstunde für Arbeitnehmer und bestimmte Praktikanten durch die so genannte „Mindestlohnkommission"	Pflicht zur Zahlung des von der „Mindestlohnkommission" festgesetzten Mindestlohns pro Stunde an Arbeitnehmer und bestimmte Praktikanten[a]
Arbeitszeitgesetz (ArbZG)	Bestimmung bestimmter Maximal-Arbeitszeiten, Mindest-Pausen und Beschäftigungsverbote für Arbeitnehmer	Pflicht des Arbeitgebers, Arbeitnehmer nicht jenseits der Grenzen des ArbZG zu beschäftigen.

---

[12]Der Begriff „Arbeitnehmer" ist ideologisch geprägt und sollte nicht darüber hinwegtäuschen, dass es wirtschaftlich betrachtet die Arbeitnehmer sind, die dem „Arbeitgeber" den Produktionsfaktor (Ressource) Dienstleistung (ein Mix aus Energie und Informationen) zuliefern. Arbeitnehmer bieten Arbeitskraft am Markt an, während Arbeitgeber Arbeitskraft am Markt nachfragen. Auch der Begriff „Arbeitgeber" ist folglich ideologisch geprägt und darf nicht darüber hinwegtäuschen, dass Arbeitgeber die Arbeit gerade nicht „geben", sondern entgegennehmen. Arbeitnehmer dagegen nehmen gerade keine Arbeit entgegen, sondern leisten sie.

Gesetz (Abkürzung)	Zentraler Regelungsgegenstand	Wichtige Arbeitgeberpflichten
Entgeltfortzahlungsgesetz (EntgFG)	Vergütungsansprüche von Arbeitnehmern an gesetzlichen Feiertagen sowie im Fall nicht selbst verschuldeter krankheits- oder verletzungsbedingter Arbeitsunfähigkeit	Pflicht zur Entgeltfortzahlung an gesetzlichen Feiertagen und „im Krankheitsfall"[b]
Bundesurlaubsgesetz (BUrlG)	Anspruch auf bezahlten (Mindest-)Urlaub, der jedem Arbeitnehmer mindestens 4 Wochen Urlaub ermöglicht	Pflicht zur Gewährung von Urlaub unter Berücksichtigung der Wünsche des Arbeitnehmers und Zahlung eines Urlaubsentgelts[c]

[a]Zu beachten ist namentlich, dass die Mindestlohnkommission zwischenzeitlich einen höheren Mindestlohn festgesetzt hat, als den in § 1 Abs. 2 Satz 1 MiLoG genannten Mindestlohn in Höhe von EUR 8,50 pro Zeitstunde, der damit überholt ist. Entscheidend ist vielmehr stets die von der Mindestlohnkommission erlassene oder geänderte Rechtsverordnung im Sinn von § 1 Abs. 2 Satz 2 MiLoG.
[b]Zur Höhe der geschuldeten Vergütung vgl. § 4 EntgFG
[c]Zur Höhe und Fälligkeit dieses Urlaubsentgelts § 11 BUrlG

Eine wesentliche Gemeinsamkeit der vorgenannten, aber auch weiterer arbeitsrechtlicher Einzelgesetze ist, dass diese lediglich eine Art „Mindest-Standard" zugunsten von Arbeitnehmern vorgeben. Dies bedeutet: Arbeitgeber und Arbeitnehmer können arbeitsvertraglich jederzeit Regelungen vereinbaren, die zugunsten des Arbeitnehmers von diesem Mindest-Standard abweichen. Verboten (und entsprechend nichtig) sind nur solche arbeitsvertraglichen Bestimmungen, durch die zulasten von Arbeitnehmern „nach unten" von diesem gesetzlich vorgegebenen Mindest-Standard abgewichen wird.[13] Wer als Arbeitgeber diesen gesetzlich zwingend vorgegebenen Arbeitnehmerschutz missachtet, verwirklicht entsprechende Ordnungswidrigkeits- oder Straftatbestände.[14] Zudem muss damit gerechnet werden, dass aufgelaufene Entgeltzahlungsverbindlichkeiten früher oder später erfolgreich geltend gemacht (nachgefordert) werden.[15]

Entgegen in der Praxis immer wieder anzutreffender Missverständnisse gelten diese arbeitnehmerschützenden gesetzlichen Mindest-Standards auch für Arbeitnehmer, die

---

[13]Vgl. dazu z. B. § 13 BUrlG, § 12 EntgFG, § 3 MiLoG und §§7 und 12 ArbZG.
[14]Vgl. dazu z. B. §§ 22, 23 ArbZG und 22 MiLoG.
[15]Vgl. dazu z. B. § 3 MiLoG, insbesondere auch § 3 Satz 3 MiLoG.

(nur) teilzeitbeschäftigt[16] sind. Insbesondere sind auch nur geringfügig beschäftigte[17] Arbeitnehmer – gelegentlich „450-Euro-Jobber" genannt – teilzeitbeschäftigte Arbeitnehmer in diesem Sinn. Auch „450-Euro-Jobber" haben folglich Anspruch auf Entgeltfortzahlung im Krankheitsfall und an gesetzlichen Feiertagen, Mindest-Urlaub (anteilig) und Zahlung des Mindestlohns pro Arbeits-Zeitstunde. Insoweit gelten auch für geringfügig beschäftigte Arbeitnehmer keine arbeitnehmerschutzrechtlichen Besonderheiten. Wesentliche Besonderheiten gelten im Hinblick auf geringfügig beschäftige Arbeitnehmer im Wesentlichen lediglich in den Bereichen des Steuer- und Sozialrechts.

8.5.2 Arbeitnehmer und Arbeitsvertrag

Weil nicht jeder Dienstvertrag ein Arbeitsvertrag und daher für den Dienstberechtigten mit entsprechenden Arbeitgeberpflichten verbunden ist, sollten Unternehmer wissen, was einen Dienstvertrag zum Arbeitsvertrag macht. Diese Frage wird zunächst in § 611a Abs. 1 BGB „beantwortet". Danach ist ein Dienstvertrag ein Arbeitsvertrag und der daraus zur Dienstleistung verpflichtete Mensch „Arbeitnehmer", wenn der Dienstverpflichtete vertraglich *„zur Leistung weisungsgebundener, fremdbestimmter Arbeit in persönlicher Abhängigkeit verpflichtet"*[18] ist. Dabei ist für *„die Feststellung, ob ein Arbeitsvertrag vorliegt, … eine Gesamtbetrachtung aller Umstände vorzunehmen. Zeigt die tatsächliche Durchführung des Vertragsverhältnisses, dass es sich um ein Arbeitsverhältnis handelt, kommt es auf die Bezeichnung im Vertrag nicht an. "*[19]

Der Wortlaut dieser gesetzlichen Bestimmung enthält ersichtlich eine Fülle unbestimmter Rechtsbegriffe, die in der Praxis zu entsprechenden Abgrenzungsschwierigkeiten führen. Aber zumindest ein Punkt wird eindeutig klargestellt: Es spielt keine Rolle, ob ein Vertrag von den Parteien z. B. als „Praktikum" oder „Volontariat" und ob der Dienstverpflichtete z. B. als „Freelancer" oder „freier Mitarbeiter" bezeichnet wird. Entscheidend für die Einordnung eines Dienstverhältnisses als Arbeitsvertrag ist ausschließlich die *„Gesamtbetrachtung"* des tatsächlich Gelebten. In der Rechtsprechung der Arbeitsgerichte wird der Blick im Rahmen solcher Gesamtbetrachtungen auf verschiedene Indizien gerichtet, deren Vorliegen oder Nicht-Vorliegen für oder gegen

---

[16]Der Begriff „Teilzeitbeschäftigter" wird in § 2 des Teilzeit- und Befristungsgesetzes (TzBfG) definiert.

[17]Unter welchen Voraussetzungen ein Arbeitsverhältnis eine geringfügige Beschäftigung beinhaltet, wird in § 8 SGB IV geregelt.

[18]Wortlaut von § 611a Abs. 1 Satz 1 BGB; dieses *„Weisungsrecht kann Inhalt, Durchführung, Zeit und Ort der Tätigkeit betreffen."* (§ 611 a Abs. 1 Satz 2 BGB).

[19]Wortlaut von § 611a Abs. 1 Sätze 3 und 4 BGB.

die Einordnung eines Vertrags als Arbeitsvertrag spricht.[20] Maßgebliche Indizien sind insbesondere auch folgende:

8.5.2.1 Unmittelbares Unternehmerrisiko

Trägt der Dienstverpflichtete ein unmittelbares Unternehmerrisiko, spricht dies gegen eine Einordnung des Dienstverpflichteten als Arbeitnehmer. Unmittelbares Unternehmerrisiko bedeutet z. B., dass sinkende oder entfallende Nachfrage nach der vertraglich geschuldeten Tätigkeit unmittelbar, ohne Erfordernis einer Kündigung, zum Sinken oder Entfall des Vergütungsanspruchs des Dienstverpflichteten führt.

8.5.2.2 Zahl der Auftraggeber

Ist der Dienstverpflichtete für mehrere Auftraggeber tätig, spricht dies zumindest tendenziell gegen eine Einordnung als Arbeitsvertrag. Dabei gilt: Je mehr Auftraggeber ein Dienstverpflichteter hat, desto mehr spricht dies für die Einordnung des Dienstverpflichteten als selbstständiger Unternehmer. Denn bei mehreren Auftraggebern sinkt die wirtschaftliche Abhängigkeit des Dienstverpflichteten von einzelnen Auftraggebern – zumindest in der Regel. Ist der Dienstverpflichtete dagegen nur für einen Auftraggeber tätig, spricht dies für eine Einordnung des Dienstverpflichteten als Arbeitnehmer.

8.5.2.3 Kapitaleinsatz und Organisationsgrad

Für eine Einordnung als Arbeitnehmer spricht zudem, wenn der Dienstverpflichtete die vertraglich geschuldete Tätigkeit ausführen kann, ohne dafür erhebliches eigenes Kapital einzusetzen oder eine eigene Geschäftsorganisation vorzuhalten. Je höher Kapitaleinsatz und Organisationsgrad eines „Dienstleisters" sind, desto mehr spricht dies für dessen Einordnung als (selbstständiger) Unternehmer.

---

[20]Grundlegend dazu z. B. BAG, Beschluss vom 21.01.2019 (Az. 9 AZB 23/18), NZA2019, S 490 (493): *„Ein Arbeitsverhältnis unterscheidet sich von einem Dienstverhältnis durch den Grad der persönlichen Abhängigkeit, in der sich der zur Dienstleistung verpflichtete befindet. Nach § 611a I BGB ist Arbeitnehmer, wer durch den Arbeitsvertrag im Dienste eines anderen zur Leistung weisungsgebundener, fremdbestimmter Arbeit in persönlicher Abhängigkeit verpflichtet ist. Das Weisungsrecht kann Inhalt, Durchführung, Zeit und Ort der Tätigkeit betreffen. Weisungsgebunden ist, wer nicht im Wesentlichen frei seine Tätigkeit gestalten und seine Arbeitszeit bestimmen kann. Der Grad der persönlichen Abhängigkeit hängt dabei auch von der Eigenart der jeweiligen Tätigkeit ab. Für die Feststellung, ob ein Arbeitsvertrag vorliegt, ist eine Gesamtbetrachtung aller Umstände vorzunehmen. Zeigt die tatsächliche Durchführung des Vertragsverhältnisses, dass es sich um ein Arbeitsverhältnis handelt, kommt es auf die Bezeichnung im Vertrag nicht an. Die durch Art. 2 des Gesetzes zur Änderung des Arbeitnehmerüberlassungsgesetzes und anderer Gesetze vom 21.02.2017 (BGBl I 258, 261) eingefügte, am 01.04.2017 in Kraft getretene Regelung des § 611a BGB entspricht hinsichtlich der Abgrenzung von Arbeitsverhältnis und freiem Dienstverhältnis in Absatz 1 den nach der bisherigen Rechtsprechung des BAG geltenden, aus § 84 I 2 und II HGB abgeleiteten Grundsätzen (vgl hierzu BAG, Urt. v. 17.10.2017 – 9 AZR 792/16, …; BAG, NZA-RR2016, 288 = AP BGB § 611 Abhängigkeit Nr. 128 Rn. 16)."*

8.5.2.4 Einbindung in die Organisation des Dienstberechtigten

Je weiter der Dienstverpflichtete dagegen in die Organisation des Auftraggebers eingebunden ist, desto mehr spricht dies für eine Einordnung als Arbeitnehmer. Dabei spielt insbesondere eine Rolle, in welchem Umfang der Dienstverpflichtete selbst darüber entscheiden kann, wann und wo die vertraglich geschuldeten Tätigkeiten verrichtet werden. Je fremdbestimmter der Dienstverpflichtete namentlich im Hinblick auf Zeit und Ort der Tätigkeit ist, desto mehr spricht dies für das Vorliegen eines Arbeitsverhältnisses.

8.5.2.5 Maßgeblichkeit des Gesamteindrucks

Klar ist: Die genannten Kriterien können nicht jeweils nur einzeln zur Abgrenzung von Arbeits- von sonstigen (freien) Dienstverträgen herangezogen werden. Denn jedes einzelne Indiz kann für sich genommen sowohl bei selbstständigen Unternehmern als auch bei Arbeitnehmern vorliegen. Arbeitnehmer können durch Vereinbarung erfolgsabhängiger Vergütungsbestandteile, z. B. in Form von Tantiemenregelungen, auch unmittelbares Unternehmerrisiko tragen. Ebenso ist denkbar, dass Arbeitnehmer im „Home Office" während vereinbarter „Vertrauensarbeitszeit" weitgehend selbstbestimmt arbeiten. Andererseits unterliegen auch (selbständige) Unternehmer vertraglichen Weisungsrechten ihrer Auftraggeber.[21] In unklaren Fällen kann daher immer nur anhand einer Gesamtbetrachtung über die Einordnung eines Vertrags als Arbeits- oder sonstiger (freier) Dienstvertrag entschieden werden, indem sämtliche der vorgenannten Kriterien berücksichtigt werden. Führt diese Gesamtbetrachtung zur Einordnung eines Vertrags als Arbeitsvertrag, sind die Pflichten des Auftraggebers – dann „Arbeitgeber" genannt – weitergehend als in Fällen, in denen einem selbstständigen Unternehmer ein Auftrag erteilt wird. Dies gilt namentlich auch im Hinblick auf steuer- und sozialrechtliche Arbeitgeberpflichten.

8.5.3 Sozialversicherungs- und steuerrechtliche Arbeitgeberpflichten

Die Beschäftigung von Arbeitnehmern begründet für Arbeitgeber eine Reihe sozialversicherungs- und steuerrechtlicher Melde-, Zahlungs- und sonstiger Pflichten. Gemäß § 38 Abs. 1 EStG gilt z. B.: *„Bei Einkünften aus nicht selbstständiger Arbeit wird die Einkommensteuer durch Abzug vom Arbeitslohn erhoben (Lohnsteuer), ..."*[22]. Verantwortlich für diesen Lohnsteuerabzug ist der Arbeitgeber: *„Der Arbeitgeber hat die Lohnsteuer für Rechnung des Arbeitnehmers bei jeder Lohnzahlung vom Arbeitslohn einzubehalten"*[23].

---

[21]Vgl. dazu z. B. § 665 BGB.
[22]Wortlaut von § 38 Abs. 1 EStG.
[23]Wortlaut von § 38 Abs. 3 Satz 1 EStG.

Der Lohnsteuerabzug erfordert deshalb insbesondere auch die Ermittlung des zutreffenden Lohnsteuerbetrags durch den Arbeitgeber. Einzelheiten dazu regeln insbesondere die §§ 38b ff EStG. Unterlaufen dem Arbeitgeber Fehler beim Lohnsteuerabzug, kann den Arbeitgeber eine eigene Haftung für die an sich vom Arbeitnehmer geschuldete[24] Lohnsteuer treffen.[25] Werden diese Arbeitgeberpflichten nicht erfüllt, ist dies für den Unternehmer mit erheblichen Risiken verbunden. Das gilt auch im Hinblick auf die sozialrechtlichen Arbeitgeberpflichten.

Nach § 28 a Abs. 1 SGB IV müssen Arbeitgeber z. B. spätestens bei Beginn der Beschäftigung eines Arbeitnehmers der sogenannten „Einzugsstelle" bestimmte Informationen über den Arbeitnehmer melden. Welche Informationen der Einzugsstelle im Einzelnen wie mitzuteilen sind, wird in § 28a SGB IV geregelt. Zudem muss der Arbeitgeber anschließend die zutreffenden Sozialversicherungsbeiträge ermitteln und abführen. Erfolgt dies nicht, droht dem Arbeitgeber eine Haftung für nicht abgeführte Beiträge. Deshalb sollte bei jedem Start-up für jede dort tätige Person ermittelt werden, ob und in welchem Umfang sozialversicherungsrechtliche Arbeitgeberpflichten bestehen, insbesondere auch Pflichten zur Abführung von Sozialversicherungsbeiträgen.

Bei Zweifeln oder Fragen können die nach dem jeweiligen *„Landesrecht zuständigen Stellen, die Träger der gesetzlichen Krankenversicherung und der sozialen Pflegeversicherung sind"*[26], auf Grundlage von § 15 SGB I um Auskunft ersucht werden. Bestehen bereits grundlegende Zweifel daran, ob eine sozialversicherungsrechtliche Beschäftigung vorliegt, besteht nach § 7a SGB IV die Möglichkeit eines Statusfeststellungsverfahrens. Von diesen Möglichkeiten sollte hemmungslos Gebrauch gemacht werden. Denn eine Verletzung von Arbeitgeberpflichten kann zu erheblichen zivil-, steuer-, sozial- und strafrechtlichen Risiken führen und auch Dritte davon abhalten, sich am Unternehmen zu beteiligen oder dieses vollständig zu erwerben. Darum geht es im nächsten Kapitel.

---

[24]So ausdrücklich § 38 Abs. 1 Satz 1 EStG.

[25]Dazu § 42b EStG.

[26]Wortlaut von § 15 Abs. 1 SGB I.

Gesellschaftsrechtliche Beteiligung Dritter und Exit

9

Zusammenfassung

Gegenstand dieses Kapitels ist die Umsetzung gesellschaftsrechtlicher Beteiligungen neu hinzukommender Gesellschafter an von Gesellschaften betriebenen Start-ups bis hin zum vollständigen Exit der Gründer. Dabei geht es nicht um Einzelheiten der Vertragsgestaltung, sondern um die Erläuterung der grundsätzlichen Strukturen solcher Vorgänge. Zudem soll dargestellt werden, welche die Sichtweise beteiligungs- und erwerbswillige Dritte auf ein Start-up haben und was dies für die Gründer bedeutet. Wer „Finanzierungsrunden" plant und/oder auf einen „Exit" spekuliert, soll auf diese Weise dafür sensibilisiert werden, wie von vorneherein möglichst günstige Voraussetzungen für derartige Transaktionen geschaffen werden können. Weil es im Rahmen dieses Kapitels in erster Linie um Darstellung rechtstechnischer Strukturen geht, erfolgt die Betrachtung weitgehend rechtsformunabhängig. Soweit eine Veranschaulichung anhand von Beispielen erfolgt oder es aus anderen Gründen auf die Rechtsform ankommt, wird von einem Unternehmen in Form einer GmbH ausgegangen.

9.1 Einführung

Elon Musk und Peter Thiel mögen auch deshalb Vorbilder vieler Gründer sein, weil ihnen erfolgreiche „Exits" gelangen. Elon Musk gelangen sogar mehrere. Den wesentlichen Grundstein seines Vermögens legte Elon Musk 1999 durch den Verkauf des von ihm 1995 gemeinsam mit anderen ursprünglich als „Global Link Information Network" gegründeten Unternehmens „Zip2" an Compaq für 307 Mio. US$.[1] In engem zeitlichem

---

[1] *Vance*, S. 62 ff.

© Springer Fachmedien Wiesbaden GmbH, ein Teil von Springer Nature 2020
N. Schädel, *Wirtschaftsrecht für Hightech-Start-ups*,
https://doi.org/10.1007/978-3-658-27033-9_9

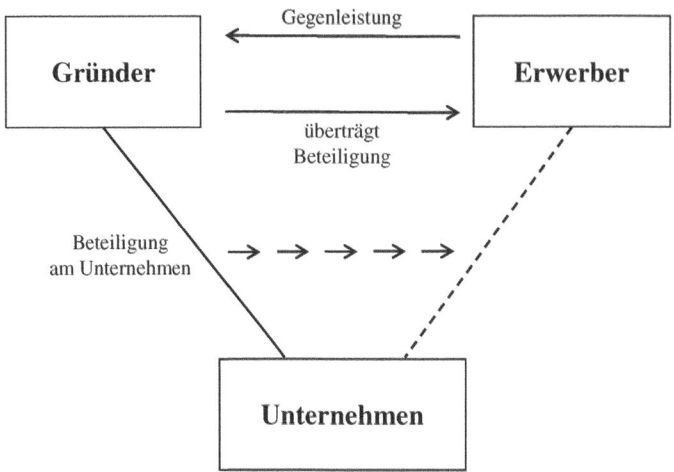

Abb. 9.1 Exit (vereinfacht)

Zusammenhang mit diesem Zip2-„Exit" gründete Elon Musk 1999 zudem das FinTech „X.com". Rund ein Jahr später – im März 2000 – fusionierte X.com dann zunächst mit dem von Peter Thiel mit-gegründeten Start-up „Confinity", das den Bezahldienst PayPal betrieb.[2] Der Verkauf des aus dieser Fusion hervorgegangenen Unternehmens an eBay im Jahr 2002 für rund 1,5 Mrd. US$ war ein gemeinsamer Exit für Musk und Thiel.[3]

„Exit" in diesem Sinn bezeichnet abstrakt betrachtet einen Vorgang, bei dem Gründer „ihr" Unternehmen ganz oder teilweise an Dritte veräußern und dafür unmittelbar oder zumindest mittelbar eine Gegenleistung vom Erwerber erhalten. Diese Gegenleistung kann Geld sein, denkbar ist jedoch auch, dass die Gegenleistung in Anteilen an anderen Unternehmen besteht. Folge eines solchen Exits ist in jedem Fall eine wirtschaftliche und zumindest mittelbare rechtliche Beteiligung des Erwerbers am Unternehmen. Dem Unternehmen selbst wird dabei nicht zwingend zusätzliches Kapital zugeführt wird, sondern es kommt lediglich zu einer Änderung der Zusammensetzung der am Unternehmen wirtschaftlich beteiligten Personen (Abb. 9.1).

Eine Beteiligung Dritter an einem Start-up kann auch in anderer Weise als durch einen „Exit" der Gründer erfolgen. Z. B. können einem Dritten Rechte am Unternehmen eingeräumt werden, die gerade zu dem Zweck neu geschaffen werden, den Dritten am Unternehmen zu beteiligen. Für den Erwerb solcher neu geschaffenen Beteiligungsrechte muss der Erwerber dann zwar in der Regel ebenfalls eine Gegenleistung erbringen. Allerdings fließt diese nicht in das Vermögen der Gründer, sondern in das

---

[2]*Vance,* S. 83–84.

[3]Daneben waren weitere Mitgründer von X.com und Confinity an diesem Exit beteiligt; vgl. dazu *Vance,* S. 87 sowie *Rappold,* S. 77.

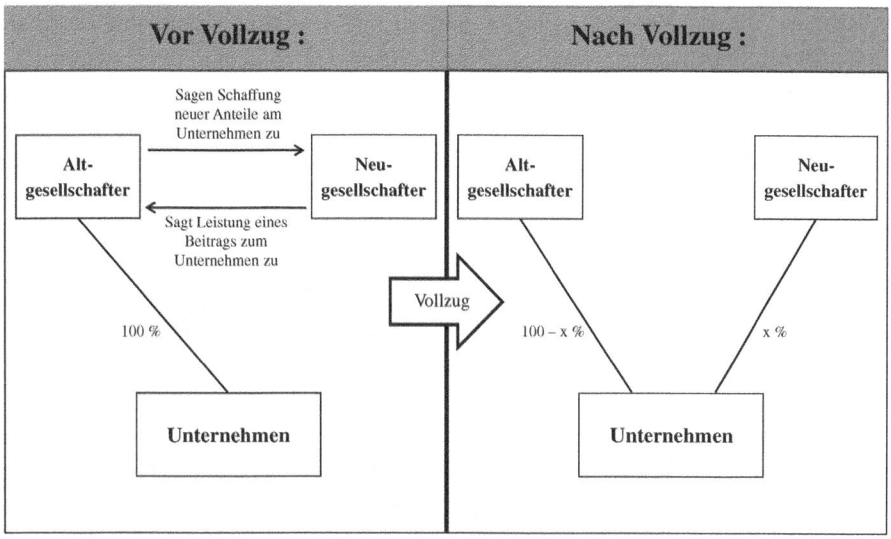

Abb. 9.2 Verwässerung durch Beteiligung Dritter (vereinfacht)

Unternehmensvermögen. In diesem Fall behalten die Gründer ihre bisherigen Rechte am Unternehmen. Für die Gründer bedeutet dies, dass deren (gesellschaftsrechtliche) Beteiligung am Unternehmen zwar als solche bestehen bleibt, aber ihre Beteiligungsquote sinkt. Eine solche, durch das Hinzukommen Dritter verursachte Verringerung der Beteiligungsquote wird „Verwässerung" genannt.[4] Auch in dieser Alternative kommt es folglich zu einer Änderung, zumindest zu einer Ergänzung der am Unternehmen wirtschaftlich beteiligten Personen. Dieser Vorgang ist jedoch im Unterschied zu einem „Exit" mit einem Ressourcenzufluss an das Unternehmen und einer entsprechenden Erhöhung von dessen Eigenkapital verbunden (Abb. 9.2).

Neben den vorstehend abstrakt beschriebenen Alternativen sind auch Vorgänge denkbar, die Komponenten beider Varianten enthalten. Wird ein Unternehmen von einer Gesellschaft betrieben, kann die Beteiligung eines Dritten z. B. auch in der Weise erfolgen, dass

- die bisherigen Gesellschafter („Altgesellschafter") Gesellschaftsanteile an einen Erwerber veräußern,
- der sich im Gegenzug zur Zahlung eines Kaufpreises an die Altgesellschafter
- und zur Leistung einer Einlage in die Kapitalrücklage der Gesellschaft verpflichtet.

---

[4]Vgl. z. B. BGH, Urteil vom 10.07.2018 (Az. II ZR 120/16), NJW 2018, S. 2796 ff. (2799).

Im Rahmen dieses Kapitels geht es jedoch nicht darum, sämtliche denkbaren Kombinationsmöglichkeiten auszuleuchten, Dritte an einem Unternehmen zu beteiligen. Vielmehr geht es darum, Verständnis für die Grundkonzeption von Exit- und Beteiligungsvorgängen zu erzeugen und die wesentlichsten Faktoren zu betrachten, von denen das Gelingen solcher Vorgänge abhängt. Denn nur dann, wenn diese Faktoren bekannt sind, können sie von vornherein in der Planung der Unternehmung berücksichtigt werden.

Wirtschaftlich betrachtet sind im Übrigen auch Fremdkapitalgeber am Unternehmen beteiligt. Auch wer einem Unternehmen ein Darlehen zur Verfügung stellt oder eine An- oder Vorauszahlung leistet, trägt einen Teil des unternehmerischen Risikos. Realisiert sich dieses unternehmerische Risiko beim Schuldner eines Darlehens oder Empfänger einer An- oder Vorauszahlung, z. B. weil Kunden zu Wettbewerbern wechseln, Arbeitnehmer kündigen oder Produktmängel Gewährleistungs- oder Produkthaftungsverbindlichkeiten auslösen, und führt dies zur Insolvenz, droht Fremdkapitalgebern der Ausfall ihrer Forderungen.

Allerdings führt die Gewährung von Fremdkapital zumindest in der Regel nicht auf eine auf unbestimmte Dauer angelegte (Mit-)Inhaberschaft des Fremdkapitalgebers am Unternehmen, sondern ist Folge eines auf Abwicklung angelegten vertraglichen Austauschverhältnisses. Z. B. erfolgt eine Anzahlung in der Regel in der Erwartung, dass das Unternehmen anschließend alsbald die vertraglich vereinbarte Lieferung oder sonstige Leistung erbringt und der zugrundeliegende Vertrag auf diese Weise durch Erfüllung endet. Darlehen werden zwar auch längerfristig vereinbart, jedoch verbunden mit einer Vereinbarung darüber, wie die Tilgung erfolgt und wann sie fällig ist. Unternehmensfinanzierung durch Fremdkapital hat daher in der Regel keine vergleichbaren Auswirkungen auf die rechtliche Grundstruktur eines Unternehmens wie ein Exit im vorstehend definierten Sinn oder eine gesellschaftsrechtliche Beteiligung Dritter, die mit einer Kapitalerhöhung verbunden ist. Deshalb werden „Unternehmensbeteiligungen" durch Fremdfinanzierung in diesem Kapitel nicht betrachtet, auch wenn die Sichtweisen auf ein Unternehmen von Fremdkapitalgebern einerseits und Erwerbs- oder Beteiligungsinteressenten andererseits erhebliche Parallelen aufweisen mögen.

9.2   Erwerberperspektive

9.2.1   Bewertung des Zielunternehmens

Wer ein Unternehmen erwerben oder sich daran beteiligen will, stellt unweigerlich zumindest auch die Frage nach dem Wert dieses „Zielunternehmens". Dies gilt unabhängig davon, welche konkreten Ziele der Erwerbs- oder Beteiligungsinteressent mit der Akquisition des Zielunternehmens oder einer Beteiligung daran ansonsten erreichen will. Dabei ist unerheblich, ob der Erwerber die Gegenleistung für den Erhalt der Beteiligung am Zielunternehmen an die bisherigen (mittelbaren) Unternehmensinhaber oder in das Unternehmensvermögen erbringt. Ein rational handelnder Erwerber wird stets darauf achten, dass der Wert der erworbenen Unternehmensbeteiligung nicht hinter dem Wert der für deren Erwerb aufgewendeten Gegenleistung zurückbleibt.

Um zu ermitteln, welche Gegenleistung adäquat ist und daher vertretbarer Weise für den Unternehmens- bzw. Beteiligungserwerb aufgewendet werden kann, muss der Erwerber das Zielunternehmen bewerten. Dafür benötigt der Erwerber unabhängig von der oder den angewandten Bewertungsmethode(n) Informationen über das Zielunternehmen. Deshalb geht der Beteiligung eines Dritten in der Regel eine Phase voran, in der sich der Erwerber Informationen über das Zielunternehmen beschafft und diese auswertet.

9.2.2 Informationsbeschaffung und -auswertung

Die Beschaffung und Auswertung von Informationen über ein Unternehmen mit dem Ziel, Erkenntnisse über dessen Wert, Bonität oder sonstige betriebswirtschaftliche, technische oder rechtliche Verhältnisse zu gewinnen, wird in der Praxis „Due-Diligence-Prüfung" genannt.[5] Die im Rahmen einer solchen Untersuchung gewonnenen Erkenntnisse kann der Erwerber zur Bewertung des Zielunternehmens nutzen. Zudem kann der Erwerber diese Informationen bei Verhandlung und Gestaltung des Vertrags berücksichtigen, auf dessen Grundlage die Beteiligung gegebenenfalls erworben wird.

Welche Informationen ein Erwerber im Rahmen einer Due-Diligence-Prüfung auswerten will und deshalb vom Unternehmen und/oder den bisherigen Inhabern anfordert, ist grundsätzlich dessen Sache. Jedes Unternehmen ist anders und jeder Erwerber hat im Einzelnen unterschiedliche Vorstellungen und Zielsetzungen. Dennoch hat nahezu jedes Unternehmen eine gewisse technische Ausstattung, eine betriebswirtschaftliche Risikostruktur und rechtliche Verhältnisse, die nahezu jeder Erwerber im Rahmen einer Due-Diligence-Prüfung vernünftigerweise betrachtet. Dazu gehören z. B.

- die Kundenstruktur und mit dieser verbunden z. B. die Fragen, ob langfristige Kundenbeziehungen bestehen, welche Kaufkraft die Kunden haben und ob Abhängigkeiten von einzelnen Kunden bestehen, weil wesentliche Teile der Umsätze auf diese entfallen,
- die Lieferantenstruktur, dazu z. B. die Fragen, ob langfristige Abnahmepflichten und/oder Abhängigkeiten von einzelnen Lieferanten bestehen,
- die im Unternehmen bestehenden Arbeitsverhältnisse, dazu z. B. die Fragen nach der Gehalts- und Altersstruktur, etwaigen Tarifbindungen und den Möglichkeiten von Schlüssel-Arbeitnehmern, das Unternehmen kurzfristig verlassen zu können,

---

[5]Vgl. dazu z. B. OLG Köln, Urteil vom 31.10.2013 (Az. 18 W 66/13); FG Köln, Urteil vom 06.10.2010 (Az. 13 K 4188/07); OLG Oldenburg, Urteil vom 22.06.2006 (Az. 1 U 34/03).

- etwa erforderliche öffentlich-rechtliche Erlaubnisse, die das Unternehmen zur Umsetzung des Geschäftsmodells benötigt,
- die steuerlichen Verhältnisse des Unternehmens, dazu insbesondere die Fragen, ob das Unternehmen in der Vergangenheit stets sämtliche Steuererklärungen rechtzeitig und vollständig abgegeben und sämtliche geschuldeten Steuern fristgerecht bezahlt hat,
- die Berechtigung des Unternehmens, sämtliche zum Geschäftsbetrieb erforderlichen Immaterialgüter zu nutzen, dazu z. B. die Fragen, ob und gegebenenfalls über welche eigenen Patente, Marken oder Designs das Unternehmen selbst verfügt und ob und mit welchen Bedingungen etwa erforderliche Lizenzverträge mit anderen Marktteilnehmern geschlossen wurden.

Neben betriebswirtschaftlichen und technischen Fragen stellen potenzielle Erwerber folglich auch die „Compliance-Frage": Hat das Unternehmen in der Vergangenheit nach den Spielregeln gespielt, oder wurden diese in irgendeinem Punkt missachtet oder zumindest „gedehnt"? Dass ein potentieller Erwerber im Rahmen einer Due-Diligence-Prüfung die Compliance des Zielunternehmens in der Vergangenheit prüft, hat einen einfachen Grund: Die mit etwa identifizierten Regelverstößen verbundenen Risiken werden bei Bewertung des Unternehmens eingepreist, und zwar als Abschläge.

9.2.3 Einpreisen der Auswertungsergebnisse

Bereits im 2. Kapitel wurde der Zusammenhang zwischen Rechtsverletzungen durch ein Unternehmen und dessen Ergebnis dargestellt. Grundsätzlich begründet nahezu jeder Rechtsverstoß unabhängig davon, ob eine gesetzliche oder eine vertragliche Pflicht verletzt wird, ein Risiko, dessen Realisierung für das Unternehmen mit Aufwand und/ oder Ertragseinbußen verbunden ist. „Aufwand" ist dabei im Sinn der Sprache der Buchhalter zu verstehen und bedeutet „Vermögensminderung". Aufwand bewirkt Sinken des Eigenkapitals eines Unternehmens und parallel dazu eine entsprechende Minderung des Jahresüberschusses. Für die Sicht Dritter auf ein Zielunternehmen bedeutet dies: In der Vergangenheit erfolgte Verstöße eines Unternehmens gegen gesetzliche oder vertragliche Pflichten bedeuten potenziellen zukünftigen Aufwand und damit verbundenen Liquiditätsabfluss,[6] alternativ potenzielle Ertragseinbußen. Beides senkt die Ergebniserwartungen.

---

[6]Zur Vermeidung etwaiger Missverständnisse: „Aufwand" bedeutet nicht automatisch auch „Liquiditätsabfluss". Die Bildung einer Rückstellung ist ebenso mit Aufwand verbunden wie die Abschreibung eines Wirtschaftsguts zur Abbildung einer Wertminderung. Dennoch fließt in beiden Fällen keine Liquidität ab. Aufwand, der durch Verstöße gegen gesetzliche oder vertragliche Pflichten entsteht, ist jedoch in der Regel auch mit einem Liquiditätsabfluss verbunden, z. B. in Form von Schadensersatz- oder Bußgeldzahlungen. Soweit ein Unternehmen als Non-Compliance-Folge eine Aktivität unterlassen muss, kommt es zwar zu keinem Liquiditätsabfluss, aber es kann zu einer Liquiditätsminderung kommen, weil der Liquiditätszufluss stockt.

Beispiel Verletzung von Arbeitgeberpflichten

Geschäftsmodell der K-GmbH ist die Lizenzierung von Software, die Unternehmen eine automatisierte, schnelle und zuverlässige Auswertung von Kunden- und Mitarbeiterresonanz (Feedback) ermöglicht. Nachdem die Software mit einigen Pilot-Kunden erfolgreich getestet werden konnte, soll in den Vertrieb der Software investiert werden, um die Skalierung des Geschäftsmodells der K-GmbH zu beschleunigen. Zur Finanzierung dieses Wachstums soll ein Investor gefunden werden, der sich gegen Leistung einer Geldeinlage in Höhe von EUR 1 Mio. an der K-GmbH beteiligt. Die Risiko-Kapitalanlagegesellschaft R-AG erwägt eine Beteiligung an der K-GmbH und führt deshalb – nach Abschluss einer entsprechenden Vertraulichkeitsvereinbarung mit der K-GmbH – eine Due-Diligence-Prüfung bei der K-GmbH durch. Im Rahmen der Durchsicht und Auswertung der angeforderten Informationen stellt die R-AG folgendes fest:

In den vergangenen beiden Jahren beschäftigte die K-GmbH in erheblichem Umfang Software-Programmierer zur Herstellung der Feedback-Software gegen Zahlung eines Stundenlohns, der unter dem nach den Bestimmungen des Mindestlohn-Gesetzes vorgeschriebenen Mindestlohn lag. Die Arbeiten wurden von diesen Software-Programmierern unter Leitung und nach Weisung des Geschäftsführers der K-GmbH ausgeführt, und zwar auf Rechnern und in den Geschäftsräumen der K-GmbH. Der Umfang der von den einzelnen Software-Programmierern für die K-GmbH geleisteten Tätigkeiten legt zudem die Vermutung nahe, dass die Software-Programmierer während der Tätigkeit für die K-GmbH für keine weiteren Auftraggeber tätig waren. Dennoch führte die K-GmbH für keinen der Software-Programmierer Sozialversicherungsabgaben oder Lohnsteuer ab. Auf die Sachverhalte angesprochen begründet der Geschäftsführer der K-GmbH die Nichtabführung von Lohnsteuern und Sozialversicherungsabgaben damit, dass die Software-Programmierer entweder selbstständige „Freelancer" oder sogar „nur" Praktikanten gewesen seien. Deshalb – so der Geschäftsführer der K-GmbH – sei auch „die geringe Vergütung kein Problem".

Entgegen dieser Auffassung des Geschäftsführers der K-GmbH hält die R-AG die im Rahmen der Due-Diligence-Prüfung entdeckten Sachverhalte jedoch für problematisch. Denn nach Auffassung der R-AG bestehen folgende Risiken, die im Fall ihrer Verwirklichung zukünftig zu Geldabflüssen aus der K-GmbH führen würden:

- Denkbar ist zum einen, dass Software-Programmierer geltend machen, nicht als selbstständige Unternehmer, sondern als Arbeitnehmer für die K-GmbH mit der Folge tätig gewesen zu sein, dass Anspruch auf den Mindestlohn besteht, dessen Nachzahlung gefordert wird.
- Die Einordnung der Programmierer als Arbeitnehmer könnte zudem Sozialversicherungsträger und Finanzverwaltung zur Nachforderung von Steuern und Sozialversicherungsbeiträgen veranlassen.

Sollte die R-AG sich gleichwohl gegen Leistung einer Geldeinlage in Höhe von
EUR 1 Mio. an einer Kapitalerhöhung bei der K-GmbH beteiligen, wird die R-AG
diese Risiken „einpreisen". Bewertet die R-AG die K-GmbH durch Ermittlung
eines „Zukunftserfolgswerts" unter Anwendung der Ertragswert- oder DCF-Methode, werden entsprechender Mehraufwand und höhere Zahlungsabflüsse prognostiziert. Dies führt zu einem entsprechend niedrigeren Unternehmenswert, den
die R-AG der K-GmbH zuordnet. Folge ist, dass die R-AG als Gegenleistung für
eine Geldeinlage in Höhe von EUR 1 Mio. eine entsprechend höhere Beteiligungsquote an der K-GmbH fordern wird. Kommt die Beteiligung dann zustande, werden
die bestehenden „Alt-Gesellschafter" bzw. deren Beteiligungsquoten entsprechend
weitergehend „verwässert".

Hält man sich vor diesem Hintergrund vor Augen, dass Unternehmensbewertungen in
der Praxis verbreitet anhand von Ertragswertermittlungen oder DCF-Modellen erfolgen, wird klar: Wenn Non-Compliance in der Vergangenheit potentiellen Aufwand,
Liquiditäts- und/oder Ertragsminderung in der Zukunft bedeutet, dann mindert jede
Non-Compliance den Unternehmenswert. Denn sowohl die Ertragswert- als auch die
DCF-Methode zielen auf Ermittlung von „Zukunftserfolgswerten". Und diese Zukunfts-
erfolgswerte sinken mit jeder Aufwandsbuchung weiter, die für die Zukunft prognostiziert wird. Diese Zusammenhänge wurden bereits im 3. Kapitel dargestellt.

9.2.4   Compliance als Werttreiber

Weil Rechtsverstöße potenzielle Ergebnisminderungen bedeuten und geringere Ergebniserwartungen zu niedrigeren Unternehmenswerten führen, ist die Beachtung des
Rechts ein Werttreiber. Je besser das Geschäftsmodell eines Unternehmens und dessen
Umsetzung an die vom Recht gesetzten Markrahmenbedingungen angepasst ist, desto
höher ist der Unternehmenswert. Und dieser hat Auswirkungen auf die Gegenleistung,
zu deren Aufwendung ein Dritter bereit ist, um eine Beteiligung am Unternehmen zu
erwerben. Sowohl Exit-Szenarien als auch die Möglichkeiten, Dritte im Rahmen von
„Finanzierungsrunden" im Weg einer Kapitalerhöhung am Unternehmen zu beteiligen,
müssen vor diesem Hintergrund betrachtet werden.

9.3   Exit durch Unternehmensverkauf

9.3.1   Grundlagen

Ein Exit der Gründer kommt zunächst durch einen Verkauf des Unternehmens in
Betracht. Wesentliche Elemente jedes Kaufvertrags sind die Pflicht des Verkäufers, dem
Käufer den „Kaufgegenstand" zu verschaffen und die Pflicht des Käufers zur Zahlung

des Kaufpreises.[7] Gegenstand eines Kaufs können Sachen (bewegliche und unbewegliche Sachen [Immobilien]) ebenso sein wie Rechte und andere Immaterialgüter, beispielsweise Know-how:

- Beispiel Maschinen-Kauf: Ist Gegenstand eines Kaufvertrags eine Maschine (= bewegliche Sache), dann ist der Verkäufer der Maschine aus dem Kaufvertrag verpflichtet, diese an den Käufer zu liefern und zu übereignen, während der Käufer aus dem Kaufvertrag verpflichtet ist, den vereinbarten Kaufpreis an den Verkäufer zu zahlen.
- Beispiel Patent-Kauf: Verkauft ein Erfinder ein Patent (= Recht) an einen anderen Marktteilnehmer, dann ist der Erfinder (= Verkäufer) aus dem Kaufvertrag verpflichtet, das Patent an den Käufer abzutreten, während der Käufer zur Zahlung des vereinbarten Kaufpreises an den Erfinder verpflichtet ist.

Soll Gegenstand eines Kaufs dagegen nicht eine bestimmte Sache oder ein bestimmtes Recht sein, sondern ein Unternehmen, dann ist fraglich, was genau Gegenstand des Kaufs sein und folglich vom Verkäufer an den Käufer „geliefert" werden soll. Denn ein Unternehmen kann in den seltensten Fällen auf eine konkrete Sache oder ein bestimmtes Recht oder sonstiges Immaterialgut reduziert werden. Vielmehr sind Unternehmen in der Regel Organisationseinheiten, in denen komplementäre Produktionsfaktoren – darunter auch Sachen und Rechte, aber ebenso die Dienst- und sonstigen Leistungen in- und externer Mitarbeiter – zur Verfolgung der Unternehmensziele koordiniert werden und die deshalb eine bestimmte Marktposition und eine bestimmte Ertragskraft haben. Gerade die letztgenannten – Marktposition und Ertragskraft – mögen für den Käufer eines Unternehmens häufig die für den Kauf ausschlaggebenden Faktoren sein.

Deshalb stellt sich die Frage, ob und gegebenenfalls wie Mitarbeiter, die Marktposition und/oder die Ertragskraft eines Unternehmens zum Gegenstand eines Kaufvertrags gemacht werden können. Mitarbeiter sind weder Sachen noch Rechte. Deren „Verkauf" wäre unzulässiger „Menschenhandel". Und sowohl die Marktposition als auch die Ertragskraft eines Unternehmens unterliegen permanenter Veränderung und sind daher kaum „greifbar".

Gleichwohl können Unternehmen als solche erworben werden, nicht nur unter Einschluss der für den Betrieb maßgeblichen materiellen Gegenstände, sondern auch einschließlich der Mitarbeiter, der maßgeblichen Immaterialgüter, der Marktposition und der Ertragskraft. Die beiden grundsätzlich zur rechtlichen Umsetzung eines Unternehmenskaufs zur Verfügung stehenden Gestaltungsmöglichkeiten werden in der Praxis in der Regel mit den Anglizismen „Asset-Deal" und „Share-Deal" bezeichnet.

---

[7]Dazu beispielsweise der Wortlaut von § 433 BGB.

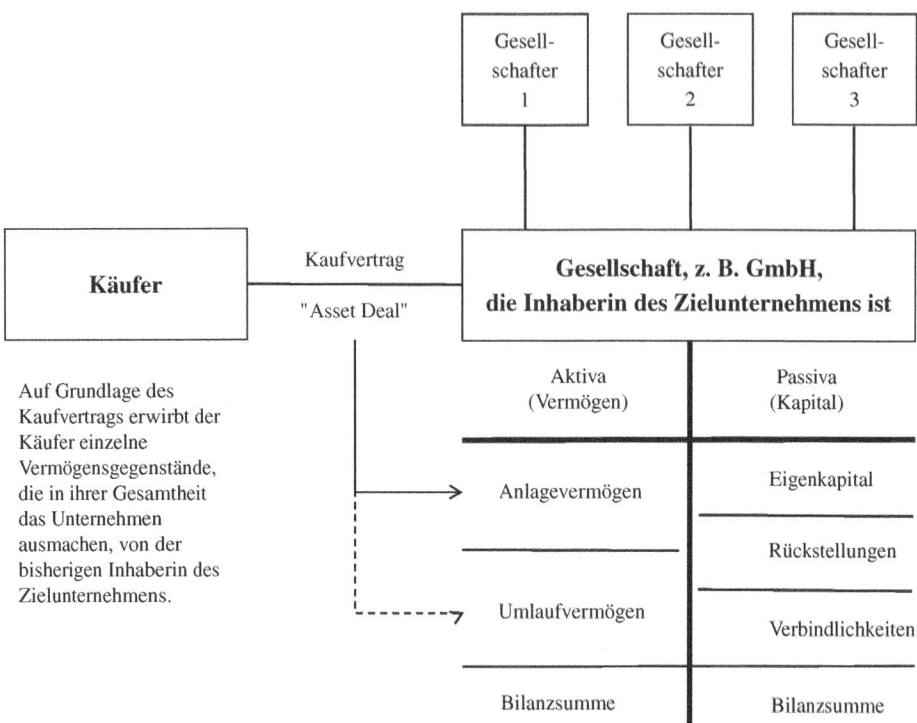

Abb. 9.3 „Asset Deal"

9.3.2 „Asset Deal"

9.3.2.1 Grundidee und Struktur

Beim „Asset-Deal" kauft der Erwerber eine Gesamtheit materieller und immaterieller Vermögensgegenstände, die das Zielunternehmen „ausmachen". In bilanziellen Kategorien ausgedrückt sind Gegenstand eines solchen Kaufvertrags in erster Linie die auf der Aktivseite der Bilanz des Zielunternehmens abgebildeten, für den Betrieb des Unternehmens wesentlichen Vermögensgegenstände. Darunter fällt insbesondere das Anlagevermögen (Abb. 9.3).

Aber auch Vermögensgegenstände des Zielunternehmens, die nicht in der Bilanz abgebildet werden, aber für den Betrieb des Unternehmens gleichwohl wesentlich sind, können von einem Asset Deal umfasst werden. Dies kann insbesondere Marken, sonstige Schutzrechte und/oder Know-how betreffen. In jedem Fall gilt: Welche Vermögensgegenstände konkret Gegenstand des Kaufs sein sollen, muss im Kaufvertrag möglichst konkret geregelt werden.

9.3.2.2 Verbindlichkeiten und Arbeitnehmer

Im Rahmen eines Kaufvertrags, der einen Asset Deal beinhaltet, kann zwar auch vereinbart werden, dass der Käufer Verbindlichkeiten des Verkäufers übernimmt, aber dies erfordert grundsätzlich die Zustimmung der jeweiligen Gläubiger. Zudem ist es ein wesentlicher Vorteil der Strukturierung eines Unternehmenskaufvertrags als Asset Deal, dass die Verbindlichkeiten grundsätzlich beim Verkäufer bleiben.

Während Verbindlichkeiten des Verkäufers beim Asset Deal grundsätzlich beim Verkäufer verbleiben, gehen die mit dessen Arbeitnehmern bestehenden Arbeitsverträge unter den in § 613a Abs. 1 BGB genannten Voraussetzungen auf den Käufer über. Allerdings hat jeder Arbeitnehmer im Fall eines solchen „Betriebsübergangs" das Recht, dem Übergang seines Arbeitsverhältnisses auf den Erwerber zu widersprechen.[8]

9.3.2.3 Verkaufserlös

Wird ein Unternehmen von einer Gesellschaft betrieben, ist diese Gesellschaft im Fall eines Asset Deal die Verkäuferin. Wurde im Rahmen des Betriebs in der Vergangenheit gegen gesetzliche oder vertragliche Pflichten verstoßen, bleiben damit etwa verbundene Zukunftsrisiken grundsätzlich Risiken Verkäuferin. Dieser fließt auch der Kaufpreis zu.

Damit bleiben die Gründer zwar Gesellschafter der verkaufenden Gesellschaft. Aber wenn die Gesellschaft durch den Verkauf von Vermögensgegenständen einen – möglicherweise sogar erheblichen – Jahresüberschuss erzielt, kann dieser anschließend an die Gesellschafter ausgeschüttet und deren Exit auf diese Weise finanziell realisiert werden.

9.3.2.4 Bedeutung von Non-Compliance Risiken

Diese Art eines Exits setzt folglich die Vereinbarung eines entsprechend hohen Kaufpreises voraus. Erkennt der Erwerber im Vorfeld des Kaufs jedoch die Notwendigkeit, das Geschäftsmodell mit der Folge anpassen zu müssen, dass dessen Ertragskraft leidet, führt dies zu entsprechenden Bewertungsabschlägen des Käufers. Diese senken die Bereitschaft des Käufers, für den Erwerb des Unternehmens Geld in die Hand zu nehmen. Beim dem Verkauf rechtmäßig umsetzbarer Geschäftsmodelle besteht dieses Risiko dagegen nicht. Noch größer sind die Risiken der Gründer allerdings, wenn der Exit als Share Deal strukturiert wird.

9.3.3 „Share Deal"

9.3.3.1 Grundidee und Struktur

Beim Kauf von Unternehmen, deren Inhaber eine Gesellschaft ist[9], kommt alternativ der Kauf dieser Gesellschaft – genaugenommen der Kauf sämtlicher oder einzelner

---

[8]Dies folgt aus § 613a Abs. 6 BGB.

[9]Wird ein Unternehmen z. B. von einer GmbH oder einer AG betrieben, dann ist diese GmbH oder AG der Unternehmensträger und Inhaber des Unternehmens, nicht dagegen die Gesellschafter der GmbH oder die Aktionäre (= Gesellschafter) der AG.

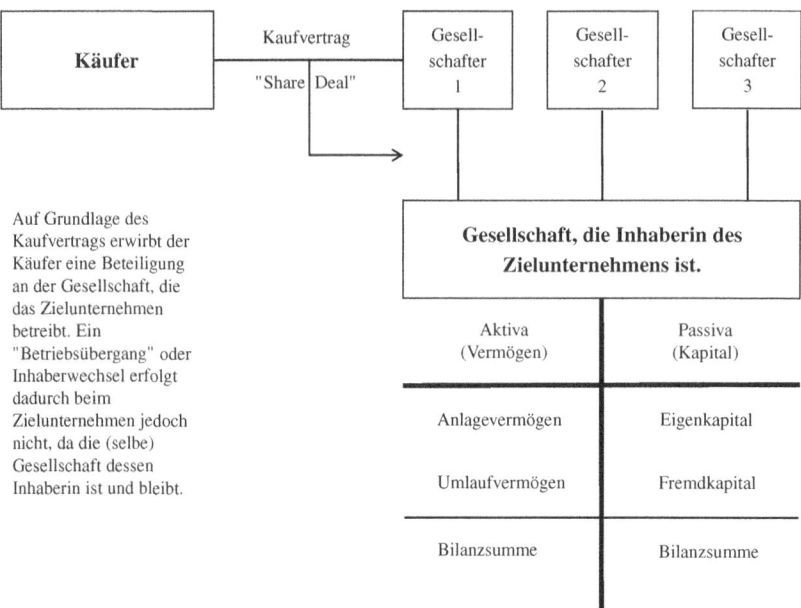

Abb. 9.4 „Share Deal". (Vor Vollzug)

Anteile an dieser Gesellschaft – in Betracht. Der Käufer kauft dann folglich nicht dem Inhaber des Unternehmens – also der das Unternehmen betreibenden Gesellschaft – diejenigen Vermögensgegenstände ab, die das Unternehmen „ausmachen", sondern der Käufer kauft den Gesellschaftern der Gesellschaft, die das Unternehmen betreibt, deren Gesellschaftsanteile ab. Gegenstand eines solchen „Share Deal" sind nicht die einzelnen Vermögensgegenstände, die das Zielunternehmen ausmachen, z. B. Schutzrechte, Immobilien, Maschinen, Fertigerzeugnisse und Forderungen, sondern einzelne oder sämtliche Gesellschaftsanteile am Unternehmensträger (Abb. 9.4).

Beim Share Deal kommt es folglich nicht zu einem Inhaberwechsel beim Zielunternehmen. Es kommt auch zu keinem Betriebsübergang im Sinn von § 613a BGB. Der Käufer erwirbt lediglich eine Beteiligung am Unternehmensträger. Die Vermögenszusammensetzung, die Schulden und das Risikoprofil dieses Unternehmensträgers – also der das Zielunternehmen betreibenden Gesellschaft – bleiben von diesem Vorgang jedoch unberührt. Für den Erwerber hat das weitreichende Folgen.

9.3.3.2 Non-Compliance-Risiken
Realisieren sich beim Zielunternehmen nach dem Beteiligungserwerb durch den Käufer Risiken, die bereits vor dem Beteiligungserwerb begründet wurden, trifft dies wirtschaftlich betrachtet den Erwerber (Käufer), z. B. in Form geminderter Ausschüttungen (Dividenden). Deshalb wird der Käufer versuchen, diese Vergangenheitsrisiken durch

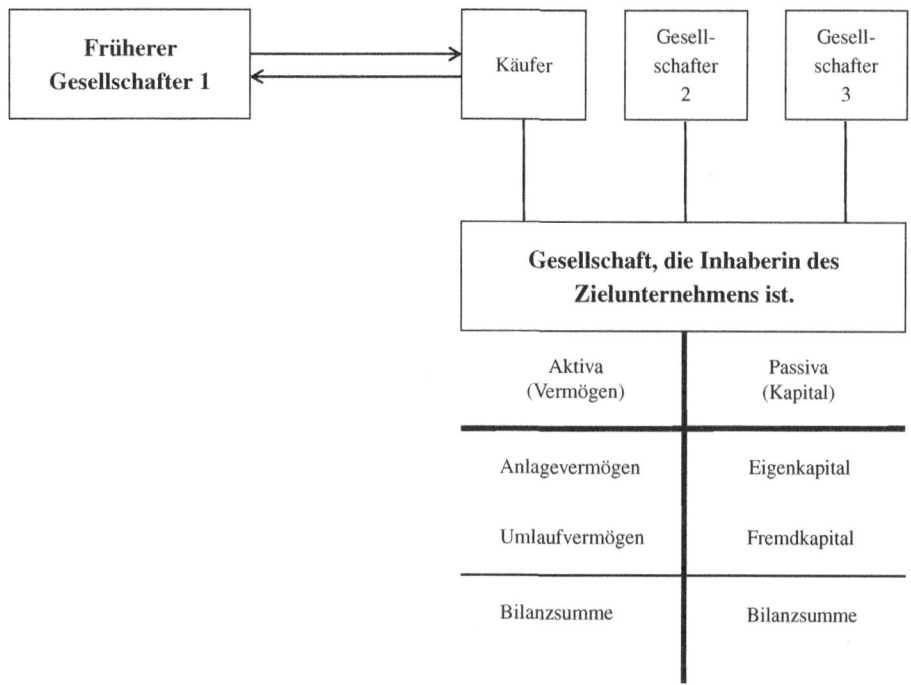

Abb. 9.5 „Share Deal". (Nach Vollzug)

entsprechende Kaufvertragsgestaltung auf den Verkäufer abzuwälzen – was von diesem in der Regel akzeptiert werden muss, weil die Risiken unter dessen „Kontrolle"
geschaffen wurden. Diese Risikoabwälzung auf den Verkäufer kann zunächst dadurch
erfolgen, dass der Käufer von vorne herein nur einen entsprechend niedrigen Kaufpreis
zu zahlen bereit ist. Zudem kann im Kaufvertrag vereinbart werden, dass der Verkäufer
dem Käufer oder der „verkauften" Gesellschaft Aufwendungen erstattet, die durch Versäumnisse in der Vergangenheit verursacht wurden. In beiden Fällen treffen die Folgen
von in der Vergangenheit – also vor dem Share Deal – erfolgten Rechtsverstößen die
Gründer.

9.3.3.3 Vertragsparteien
Während der Käufer im Fall eines Asset Deal den Kaufvertrag mit dem (bisherigen)
Inhaber des Zielunternehmens (Unternehmensträger) abschließt, schließt der Käufer
im Fall eines Share Deal den Kaufvertrag folglich nicht mit dem Inhaber des Zielunternehmens ab, sondern mit dessen Gesellschaftern. Ein Share Deal ist ein Rechtskauf,
dessen Vollzug (Erfüllung) lediglich zu einem Gesellschafterwechsel beim Unternehmensträger führt, also bei derjenigen Gesellschaft, die das Zielunternehmen betreibt
(Abb. 9.5).

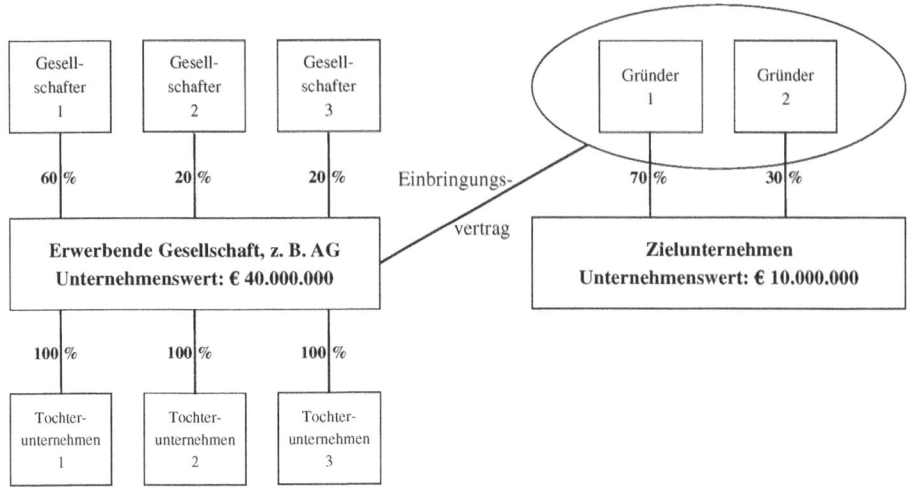

Abb. 9.6 „Anteilstausch". (Vor Vollzug)

Auf Verkäuferseite sind folglich der oder die Gesellschafter – bei Exitvorgängen also die Gründer – Partei des Kaufvertrags und werden aus diesem direkt persönlich berechtigt und verpflichtet. Ein Non-Compliance-bedingt niedriger Kaufpreis geht ebenso direkt zu deren Lasten wie etwaige kaufvertragliche Pflichten, den Käufer oder die Gesellschaft von den Risiken der Vergangenheit freizustellen bzw. schadlos zu halten. Dies belegt, wie lohnend es für Gründer sein kann, die durch das Recht gesetzten Markrahmenbedingungen von vorneherein in den Blick und entsprechend ernst zu nehmen. Dies gilt auch für einen etwaigen Exit im Weg eines Anteilstauschs.

9.4 Anteilstausch

Ein Exit im Weg eines Anteilstauschs beinhaltet einen Vorgang, bei dem die Gründer ihre Gesellschaftsanteile an der Gesellschaft, die das Start-up betreibt, im Rahmen einer Kapitalerhöhung in eine andere Gesellschaft einbringen. Im Gegenzug erhalten die Gründer dafür Gesellschaftsanteile, z. B. Aktien oder Geschäftsanteile, an dieser „aufnehmenden", also die Gesellschaftsanteile der Gründer erwerbenden Gesellschaft (Abb. 9.6).

Anstelle eines Kaufpreises fließen den Gründern bei einem solchen Vorgang (andere) Gesellschaftsanteile zu. Die wirtschaftlich für die Gründer dabei entscheidende Frage ist folglich, in welchem Umfang die Gründer Anteile an der aufnehmenden Gesellschaft erhalten, also an dieser beteiligt werden. Die Beantwortung dieser Frage hängt von der Wertrelation zwischen der aufnehmenden Gesellschaft und den Gesellschaftsanteilen ab, welche die Gründer in diese einbringen.

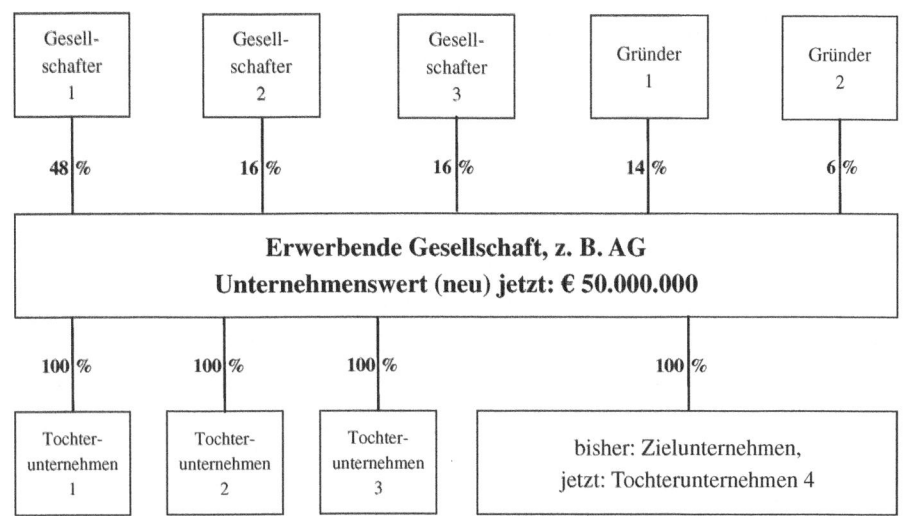

Abb. 9.7 „Anteilstausch". (Nach Vollzug)

Die den Gründern an der aufnehmenden Gesellschaft fairer Weise einzuräumende Beteiligungsquote entspricht grundsätzlich dem Quotienten aus dem Unternehmenswert des eingebrachten Unternehmens und der Summe der Unternehmenswerte der aufnehmenden Gesellschaft vor dem Einbringungsvorgang und dem Unternehmenswert des eingebrachten Unternehmens. Wenn der Wert des eingebrachten Unternehmens X und der Wert der aufnehmenden Gesellschaft vor dem Einbringungsvorgang Y ist, führt dies zu folgender Formel:

Fairer Weise einzuräumende Beteiligungsquote $= X : (X + Y)$

Gründer, die erkennen, dass durch Rechtsverstöße begründete Risiken zu einer Minderung des Unternehmenswerts führen, können diese Erkenntnis von vornherein zur Entwicklung einer vorteilhaften Ausgangsposition bei späteren Exitszenarien nutzen. Dies gilt auch für den Fall, dass ein Exit im Weg eines Anteilstauschs erfolgt. Denn Gründern, die ihre Anteile an der von ihnen zum Start-up-Betrieb gegründeten Gesellschaft in eine andere Gesellschaft einbringen, ist an dieser aufnehmenden Gesellschaft eine dem Wert „ihres" Unternehmens entsprechende Beteiligungsquote einzuräumen. Dieser Zusammenhang gilt – dann allerdings mit umgekehrten Vorzeichen – auch in Fällen, in denen Dritte sich gegen Leistung einer Einlage an der zum Start-up-Betrieb gegründeten Gesellschaft beteiligen, was zu einer Verwässerung der Beteiligungsrechte der Gründer führt (Abb. 9.7).

9.5   Beteiligung Dritter unter Verwässerung der Gründer

„Verwässerung" bedeutet Sinken der Beteiligungsquote, jedoch nicht notwendig einen Wertverlust. Beteiligt sich ein Dritter an einem Start-up gegen Leistung einer Einlage, z. B. gegen eine Geldeinlage im Rahmen einer „Finanzierungsrunde", stellt sich ähnlich wie im Fall eines Exits durch Anteilstausch die Frage, welchen Anteil am Start-up der Dritte dafür fairer Weise verlangen kann. Die Antwort auf diese Frage hängt ebenfalls von einer Wertrelation ab.

Maßgeblich ist das Verhältnis des Werts der Einlage zu dem Wert, den das Start-up nach Erhalt der Einlage haben wird – im Fall einer Geldeinlage also dessen „post-money"-Unternehmenswert. Je höher dieser Wert ist, desto niedriger ist die Beteiligungsquote, die der „Neugesellschafter" beanspruchen kann.

Damit haben es die Gründer auch im Hinblick auf solche Beteiligungsvorgänge in der Hand, die Befassung mit dem Recht und dessen Berücksichtigung bei Umsetzung des Geschäftsmodells als Werttreiber zu erkennen und zu nutzen. Belohnt wird dies mit der Erhaltung höherer Beteiligungsquoten, wenn Dritte dazu stoßen.

The manufacturer's authorised representative in the EU is Springer
Nature Customer Service Centre GmbH, Europaplatz 3, 69115 Heidelberg,
Germany. If you have any concerns regarding our products, please
contact ProductSafety@springernature.com

Printed and bound by CPI Group (UK) Ltd, Croydon, CR0 4YY

28/04/2026

02098485-0010